Anonymus

Hof und Staatshandbuch des Königreichs Bayern 1863

Anonymus

Hof und Staatshandbuch des Königreichs Bayern 1863

ISBN/EAN: 9783742892959

Hergestellt in Europa, USA, Kanada, Australien, Japan

Cover: Foto ©ninafisch / pixelio.de

Manufactured and distributed by brebook publishing software (www.brebook.com)

Anonymus

Hof und Staatshandbuch des Königreichs Bayern 1863

Hof- und Staats-Handbuch des Königreichs Bayern 1863

MÜNCHEN.
Druck der Offizin des k. Central-Schulbücher-Verlags.

Inhalt und Abtheilungen
des
Hof- und Staats-Handbuchs
für das Jahr 1863.

	Seite
I. Genealogie des Königlichen Hauses	1
II. Großbeamte der Krone	6
III. Königliche Orden	7
1. Ritterorden vom heiligen Hubert	7
2. Ritterorden vom heiligen Georg	12
3. Militär-Max-Josephs-Orden	16
4. Verdienst-Orden der bayerischen Krone	19
5. Verdienst-Orden vom heiligen Michael	39
6. Maximilians-Orden für Wissenschaft und Kunst	89
7. Ludwigs-Orden	92
8. St. Michaels-Orden nach dessen früheren Satzungen	98
IV. Ausländische Orden, welche von Bayern getragen werden	101
V. Hofstaat Seiner Majestät des Königs	143
Oberst-Hofmeister-Stab	143
Oberst-Kämmerer-Stab	148
Oberst-Hofmarschall-Stab	164

	Seite
Oberst-Stallmeister-Stab	165
Hofmusik-Intendanz	168
Hoftheater-Intendanz	170
Hofjagd-Intendanz	172
Hofbau-Intendanz	173
Hof-Rechnungs-Revisions-Stelle . .	173
Secretariat Seiner Majestät des Königs .	173
Hof-Secretariat	174
VI. Hofstaat Ihrer Majestät der Königin . .	174
J. K. Hoheiten des Kronprinzen Ludwig und des Prinzen Otto Erzieher und Begleiter	176
VII. Hofstaat Sr. Majestät des Königs Ludwig	176
VIII. Hofstaat der Königlichen Prinzen und Prinzessinnen	178
Hofstaat Sr. K. Hoheit des Prinzen Luitpold .	178
— J. Kaiserl. Hoheit der Prinzessin Augusta Ferdinande Louise Maria Johanna Josepha, Gemahlin des Prinzen Luitpold	179
S. K. Hoheit des Prinzen Ludwig Begleiter.	179
S. K. Hoheit des Prinzen Leopold Erzieher . , . .	179
— J. K. Hoheit der Prinzessin Alexandra .	179
— Sr. K. Hoheit des Prinzen Adalbert .	179
— J. K. Hoheit der Prinzessin Amalie, Gemahlin des Prinzen Adalbert . .	180
— Sr. K. Hoheit des Prinzen Carl v. Bayern	181
— Sr. K. Hoheit des Herzogs Maximilian in Bayern	182
— J. K. Hoheit der Prinzessin Louise von Bayern, Gemahlin Sr. K. Hoh. des Herzogs Maximilian in Bayern .	183

		Seite
IX. Gesammt-Staatsministerium		184
X. Königlicher Staatsrath		184
XI. Landtag des Königreiches		186
XII. Staatsministerium des Königlichen Hauses und des Aeußern		189
Königlich Bayerische Gesandtschaften . .		190
Königlich Bayerische General-Consuln, Consuln, Vice-Consuln und Agenten in auswärtigen Staaten		193
Fremde Gesandtschaften am Königlichen Hofe .		195
Fremde Consuln, Agenten ꝛc. ꝛc. . . .		198
XIII. Staatsministerium der Justiz . . .		199
Ober-Appellationsgericht des Königreiches, zugleich Cassationshof für die Pfalz . .		199
Ober-Berggerichtlicher Senat		200
Handelsappellationsgericht in Nürnberg .		201
XIV. Staatsministerium des Innern . . .		202
Centralstellen und Behörden des Staats-Ministeriums des Innern		202
Ober-Medicinal-Ausschuß		202
Medicinal-Comités		203
Redaction des Gesetz- u. Regierungsblattes, dann des Hof- und Staatshandbuches . .		204
Damenstift zu St. Anna in München .		204
Allgemeines Reichsarchiv u. Archivconservatorien		205
XV. Staatsministerium des Innern für Kirchen- und Schulangelegenheiten . . .		206
Centralstellen des Staatsministeriums des Innern für Kirchen- und Schulangelegenheiten .		206

	Seite
Abtheilung I. Kirche: (Siehe Ziffer XX. p. 404.)	
Abtheilung II. Wissenschaften, Künste und öffentlicher Unterricht: (Siehe Ziffer XXI. p. 409 und Ziffer XXII. p. 449.)	
XVI. Staatsministerium der Finanzen	207
Central-Staatscasse	208
Centralstellen und Behörden des Staatsministeriums der Finanzen	208
Oberster Rechnungshof	208
Rechnungskammer	208
General-Bergwerks- und Salinen-Administration	209
Berg- und Hüttenämter	210
Glasmalerei-Anstalt in München	211
Salinen, mit ihren Speditions- und Verkaufs-Aemtern	211
Forstämter im Salinenforstbezirke von Oberbayern	214
Central-Forstlehranstalt für das Königreich in Aschaffenburg	215
Haupt-Münz- u. Stempelamt	215
Staats-Schulden-Tilgungscommission	216
Untergeordnete Cassen	216
Steuer-Kataster-Commission	218
Königliche Bank zu Nürnberg	218
Untergeordnete Aemter	218
Haupt-Stempel-Verwaltungs- und Verlagsamt in München	220
XVII. Staatsministerium des Handels und der öffentlichen Arbeiten	220

	Seite
Oberste Baubehörde	221
Statistisches Bureau	221
Centralstellen des Staatsministeriums des Handels und der öffentlichen Arbeiten	221
Generaldirection der Königlichen Verkehrsanstalten	221
Untergeordnete Aemter . . .	223
Post- u. Eisenbahnbetriebs-Behörden .	223
Telegraphenamt	234
Betriebsamt der Bodensee-Dampfschifffahrt	235
Canal-Amt	235
General-Zoll-Administration . .	236
Zoll-Aufsichts- und Erhebungsbehörden .	237
Central-Thierarznei-Schule . . .	246
Land- und Stammgestüt . . .	246
Landwirthschaftliche Centralschule in Weihenstephan	247
XVIII. Kriegsministerium	248
Generalität	249
Sr. Maj. des Königs General- und Flügel-Adjutanten	252
Sr. Maj. des Königs Ludwig Flügel-Adjutanten	253
Sr. K. Hoheit des Feldmarschalls, Prinzen Carl von Bayern, Adjutanten . .	253
General-Inspection der Armée . .	253
Leibgarde der Hartschiere . . .	254
General-Quartiermeister-Stab der Armée .	255
Gendarmerie-Corps-Commando . . .	256
General-Commandos	257
General-Divisions-Commando München .	257

	Seite
General-Divisions-Commando Augsburg	258
General-Divisions-Commando Nürnberg	259
General-Divisions-Commando Würzburg	260
Artillerie-Corps-Commando in München	262
Genie-Corps-Commando München	263
Commandantschaften	263
Infanterie	265
Cavalerie	269
Artillerie	271
Zeughaus-Hauptdirection mit den untergeordneten Zweigen	273
Genie-Corps	274
Sanitäts-Compagnien	275
Garnisons-Campagnien	275
Invaliden und Veteranen	275
Militär-Bildungs-Anstalten	276
Artillerie- und Genie-Schule	276
Cadeten-Corps	276
Kriegsschule	276
Operations-Cours für Militärärzte	276
General-Auditoriat	276
Militär-Rechnungskammer	277
Militär-Fondscommission	278
Haupt-Kriegscasse; zugl. provisorisches Taxamt	278
Armée-Montur-Depot	278
Haupt-Montur- und Rüstungs-Depot	279
Administrations-Commission der Militär-Fohlenhöfe	279
Landwehr des Königreichs	280
XIX. Kreisstellen und deren Unterbehörden	284
I. Oberbayern	284
Kreisstellen	284
Regierung	284
Appellationsgericht	286
Kreisbehörden	286
Bezirksgerichte, dann Handelsgerichte	286

	Seite
Stadtgerichte, Stadt- und Landgerichte und Landgerichte	289
Polizeidirection München	293
Bezirksämter	293
Bezirksgerichts- und Bezirksärzte	295
Strafanstalten	296
Kreis-Irren-Anstalt München	296
Stadtcommissariate und der Kreisregierung unmittelbar untergeordnete Magistrate	297
K. Stiftungs-Administration für Erziehung und Unterricht in München	297
Kapellstiftungs-Administration Altötting	298
Oberaufschlagamt München	298
Kreis-Stempel-Verwaltungs- und Verlagsamt	298
Rentämter	298
Besondere Rentämter	299
Staatsguts-Verwaltung Schleißheim	299
Forstämter	299
Triftamt und Holzgarten-Inspection München	301
Baubehörden	301
Brandversicherungs-Inspectoren	302
Kreishilfscasse	302
II. Niederbayern	302
Kreisstellen	302
Regierung	302
Appellationsgericht	304
Kreisbehörden	304
Bezirksgerichte, dann Handelsgerichte	304
Stadtgerichte, Stadt- und Landgerichte und Landgerichte	306
Bezirksämter	309
Bezirksgerichts- und Bezirksärzte	310
Stadtcommissariate und der Kreisregierung unmittelbar untergeordnete Magistrate	311
Oberaufschlagamt	312
Rentämter	312

	Seite
Forstämter	313
Triftamt Passau	314
Baubehörden	314
Brandversicherungs-Inspectoren	315
Kreishilfscasse	315

III. Pfalz 315

Kreisstellen 315
  Regierung 315
  Appellationsgericht 317
Kreisbehörden 317
  Bezirksgerichte 317
  Landgerichte 318
  Bezirksämter 320
  Bezirksärzte 321
  Strafanstalten 322
  Kreisarmenanstalt zu Frankenthal . . 322
  Kreisirrenanstalt zu Klingenmünster . . 322
  Stempel-Verwaltung 322
  Rentämter; zugleich Steuercontroleämter . 322
  Hypotheken-Beamte 323
  Bergämter 323
  Forstämter 324
  Flößerei-Anstalt und Verwaltung der Holzhöfe . 326
  Baubehörden 327
  Kreis-Landgestüts-Verwaltung in Zweybrücken 327
  Kreishilfscasse 327

IV. Oberpfalz und Regensburg . . . 327

Kreisstellen 327
  Regierung 327
  Appellationsgericht 329
Kreisbehörden 329
  Bezirksgerichte, dann Handelsgerichte . 329
  Stadtgerichte, Stadt- und Landgerichte und Landgerichte 331

	Seite
Bezirksämter	334
Bezirksgerichts- und Bezirksärzte	335
Gefangenanstalt Amberg	336
Gefangenanstalt Sulzbach	336
Kreisirrenanstalt Karthaus-Prüll	336
Stadtcommissariate und der Kreisregierung unmittelbar untergeordnete Magistrate	336
Oberaufschlagamt (zugleich Kreis-Stempel-Verlagsamt)	337
Rentämter	337
Forstämter	338
Baubehörden	339
Brandversicherungs-Inspectoren	340
Kreishilfscasse	340

V. Oberfranken 340

Kreisstellen	340
Regierung	340
Appellationsgericht	342
Kreisbehörden	343
Bezirksgerichte, dann Handelsgerichte	343
Stadtgerichte, Stadt- und Landgerichte und Landgerichte	345
Bezirksämter	347
Bezirksgerichts- und Bezirksärzte	349
Straf- und Zwangsarbeits-Anstalten	350
Irrenanstalt zu Bayreuth	350
Stadtcommissariate und der Kreisregierung unmittelbar untergeordnete Magistrate	350
Administration der unmittelbaren Stiftungen in Bamberg	351
„ „ „ in Bayreuth	351
Oberaufschlagamt	351
Rentämter	351
Forstämter	352
Baubehörden	344
Brandversicherungs-Inspectoren	354
Kreishilfscasse	354

	Seite
VI. Mittelfranken	355
Kreisstellen	355
Regierung	355
Appellationsgericht	356
Kreisbehörden	358
Bezirksgerichte, dann Wechsel- und Handelsgerichte	357
Stadtgerichte, Stadt- und Landgerichte und Landgerichte	360
Bezirksämter	338
Bezirksgerichts- und Bezirksärzte	364
Stadtcommissariate und der Kreisregierung unmittelbar untergeordnete Magistrate	365
Strafanstalten	367
Kreis-Irrenanstalt Erlangen	367
Administrationen der allgemeinen und unmittelbaren Stiftungen	367
Oberaufschlagamt	368
Filial-Zahl- und Stempelamt in Nürnberg	368
Rentämter	368
Forstämter	369
Baubehörden	370
Brandversicherungs-Inspectoren	371
Kreishilfscasse	371
VII. Unterfranken und Aschaffenburg	371
Kreisstellen	371
Regierung	371
Appellationsgericht	373
Kreisbehörden	374
Bezirksgerichte, dann Handelsgerichte	374
Stadtgerichte, Stadt- und Landgerichte und Landgerichte	377
Bezirksämter	279
Bezirksgerichts- und Bezirksärzte	381
Zuchthaus Würzburg	382

	Seite
Oberpflegamt des Julius-Hospitals zu Würzburg	382
Hofspital-Stiftung zu Würzburg	382
Waisenhaus-Stiftung in Würzburg	382
Damenstift zu St. Anna in Würzburg	382
Kreis-Irrenanstalt zu Werneck	383
Kreis-Entbindungsanstalt zu Würzburg	383
Badcommissariate	383
Stadtcommissariate und der Kreisregierung unmittelbar untergeordnete Magistrate	383
Wächterswinkler-Pfarrei- u. Schulstiftung	384
Stiftsrentamt Aschaffenburg	384
Oberaufschlagamt	384
Rentämter	384
Besondere Rentämter	385
Forstämter	385
Baubehörden	388
Brandversicherungs-Inspectoren	388
Kreishilfscasse	388
VIII. Schwaben und Neuburg	388
Kreisstellen	388
Regierung	388
Appellationsgericht	390
Kreisbehörden	391
Bezirksgerichte, dann Handelsgerichte	391
Stadtgerichte, Stadt- und Landgerichte und Landgerichte	393
Bezirksämter	396
Bezirksgerichts- und Bezirksärzte	397
Strafanstalt Kaisheim	398
Kreis-Irrenanstalt Irrsee	398
Stadtcommissariate und der Kreisregierung unmittelbar untergeordnete Magistrate	398
Oberaufschlagamt	400
Rentämter	400
Forstämter	461

	Seite
Baubehörden	403
Brandversicherungs-Inspectoren	303
Kreishilfscasse	403

XX. Kirche 404
    Höhere Geistlichkeit 404
    I. Römisch-katholische Kirche . . 404
        Erzbisthum München-Freysing . 404
            Bisthum Augsburg . . . 404
            Bisthum Passau 405
            Bisthum Regensburg . . 405
        Erzbisthum Bamberg . . . 406
            Bisthum Würzburg . . . 406
            Bisthum Eichstädt . . . 407
            Bisthum Speyer 407
    II. Protestantische Kirche . . . 408
        Protestantisches Oberconsistorium . 408
        Protestantisches Consistorium zu Ansbach . 408
            „   „   „ zu Bayreuth 408
            „   „   „ zu Speyer . 409
        Administration der protestantischen Pfarr-Unterstützungs- u. Pfarr-Wittwencasse zu Nürnberg 409

XXI. Centralstellen für Wissenschaft, Kunst und Unterricht 409
    Akademie der Wissenschaften . . 409
    General-Conservatorium der wissenschaftlichen Sammlungen des Staats . 420
    Hof- und Staatsbibliothek . . 422
    Akademie der bildenden Künste . 422
    Central-Gemälde-Gallerie-Direction . 426
    Direction der vereinigten Sammlungen im ehemaligen Gallerie-Gebäude am Hofgarten 426
    Königliche Erzgießerei zu München . 426

	Seite
Bayerisches National-Museum	426
Universitäten	427
Ludwig-Maximilians Universität zu München	427
Julius-Maximilians-Universität zu Würzburg	435
Friedrich-Alexanders-Universität zu Erlangen	441
Administration des Central-Schulbücher-Verlags in München	447
Conservatorium für Musik in München	447
Maximilianeum	448
Max-Joseph-Stift in München	448
XXII. Anstalten für öffentlichen Unterricht und Erziehung in den Regierungsbezirken	449
I. Oberbayern	449
Studienanstalten zu Freysing	449
„ „ „ in München	450
Isolirte lateinische Schulen	451
Schullehrer-Seminar in Freysing	451
Technische Unterrichts-Anstalten	452
Sonstige Anstalten für Unterricht und Bildung	454
Weibliches Erziehungs-Institut zu Nymphenburg	454
Taubstummen-Institut in München	454
Blinden-Institut in München	455
Institut für krüppelhafte Kinder in München	455
Hebammenschule in München	455
II. Niederbayern	455
Studienanstalten in Landshut	455
„ „ Passau	456
„ „ Straubing	456
„ „ Metten	457
Isolirte lateinische Schulen	457
Schullehrer-Seminar in Straubing	457
Technische Unterrichts-Anstalten	457

	Seite
Sonstige Anstalten für Unterricht und Bildung	458
Seminar für Studierende in Landshut	458

III. Pfalz.

Studienanstalten in Speyer	459
" " Zweibrücken	459
Isolirte lateinische Schulen	460
Schullehrer-Seminarien	462
Technische Unterrichts-Anstalten	463

IV. Oberpfalz und Regensburg

	464
Studienanstalten zu Regensburg	464
" " Amberg	465
Isolirte lateinische Schulen	466
Technische Unterrichts-Anstalten	466
Sonstige Anstalt für Unterricht und Bildung	467
Seminar für Studierende in Amberg	467

V. Oberfranken:

	467
Studien-Anstalt in Bayreuth	467
" " " Bamberg	468
" " " Hof	468
Isolirte lateinische Schulen	469
Schullehrer-Seminar in Bamberg	469
Technische Unterrichts-Anstalten	469
Sonstige Anstalten für Unterricht und Bildung:	471
Kreis-Naturalien-Cabinet in Bayreuth	471
Kanzlei-Bibliothek in Bayreuth	471
Naturalien-Kabinet in Bamberg	471
Bibliothek in Bamberg	471
Hebammenschule in Bamberg	471

VI. Mittelfranken:

	472
Studien-Anstalten in Ansbach	472
" " " Eichstädt	472
" " " Erlangen	473
" " " Nürnberg	473
Isolirte lateinische Schulen	473

	Seite
Schullehrer-Seminarien	474
Technische Unterrichts-Anstalten . . .	475

VII. Unterfranken u. Aschaffenburg: . . . 478
    Studien-Anstalten in Würzburg . . . 478
       „   „   „ Aschaffenburg . . 478
       „   „   „ Münnerstadt . . 479
       „   „   „ Schweinfurt . . 479
    Isolirte lateinische Schulen 480
    Schullehrer-Seminar in Würzburg . . 480
    Technische Unterrichts-Anstalten . . 480
    Sonstige Anstalten für Unterricht und Bildung: 482
      K. Knaben-Seminar in Aschaffenburg . 482
      Hofbibliothek in Aschaffenburg . . 482
      Hebammenschule in Würzburg . . 482

VIII. Schwaben und Neuburg . . . 482
    Studien-Anstalten in Dillingen . . . 482
       „   „   „ Augsburg . . 483
       „   „   „ Kempten . . 484
       „   „   „ Neuburg . . 484
    Isolirte lateinische Schulen 485
    Schullehrer-Seminar in Lauingen . . 485
    Technische Unterrichts-Anstalten . . 486
    Sonstige Anstalten für Unterricht und Bildung: 488
      Katholisches Studien-Seminar zu St. Joseph in Augsburg 488
      Kathol. Knaben-Erziehungs-Institut für höhere Bildung in Augsburg . . . 488
      Protestantisches Collegium zu St. Anna in Augsburg 488
      Kreis-Erziehungs-Anstalt für taubstumme Knaben in Augsburg . . . 489
      Seminar für Studierende in Neuburg . 489

Erklärung der Ordensbezeichnungen.

K. Bayerische Orden.

(H.) St. Hubertus-Orden.
(GGpr.) St. Georg-Orden. Großprior.
  1.   ”   ”   Groß-Commenthur.
  2.   ”   ”   Commenthur.
  3.   ”   ”   Ritter.
(MJ1.) Militär-Max-Joseph-Orden. Großkreuz.
  2.   ”   ”   ”   ”   Commenthur.
  3.   ”   ”   ”   ”   Ritter.
  4.   ”   ”   ”   ”   Ehrenritter.
(K1.) Verdienst-Orden der bayerischen Krone. Großkreuz.
  2a   ”   ”   ”   ”   ”   Groß-Commenthur.
  2b   ”   ”   ”   ”   ”   Commenthur.
  3.   ”   ”   ”   ”   ”   Ritter.
(K☉)   ”   ”   ”   ”   ”   goldene Ehrenmünze.
(K☉)   ”   ”   ”   ”   ”   silberne Ehrenmünze.
(M1.) Verdienst-Orden vom heil. Michael. Großkreuz.
  2a   ”   ”   ”   ”   ”   Groß-Commenthur.
  2b   ”   ”   ”   ”   ”   Commenthur.
  3.   ”   ”   ”   ”   ”   Ritter I. Classe.
  4.   ”   ”   ”   ”   ”   ” II. ”
(MaxO.) Maximilians-Orden für Wissenschaft und Kunst.
(L.) Ludwigs-Ordens-Ehrenkreuz.
(L☉)   ”   ”   goldene Ehrenmünze.
(M*1.) Ehemal. Hausorden vom hl. Michael. Großkreuz.
  2.   ”   ”   ”   ”   ”   Capitular.
  3.   ”   ”   ”   ”   ”   Proberitter.
  4.   ”   ”   ”   ”   ”   Ehrenritter.

Ausländische Orden.

(AnB1.2.3.) Herzoglich Anhalt'scher Gesammthaus-Orden Albrecht des Bären. Großkreuz, Commandeur, Ritter.
(BT.) Badischer Orden von der Treue.

XVII

(BZL.) Badisch. Orden vom Zähringer Löwen. (1. Großkreuz. 2a. Commandeur 1. Classe. 2b. Command. 2. Classe. 3. Ritter.)

(BL.) Belgischer Leopold-Orden. (1. Großkreuz. 2. Großofficier. 3. Commandeur. 4. Officier. 5. Ritter.)

(BP.) Brasilianischer Orden von Peter I. (1. Großkreuz.)

(BSK.) „ Südkreuz-Orden. (1. Großkreuz. 2. Dignitär. 3. Officier. 4. Ritter.)

(BR.) „ Orden der Rose.

(BrL.) Herzogl. Braunschweig'scher Löwenorden. (2. Commandeur. 3. Ritter.)

(DD.) Dänischer Danebrogs-Orden. (2. Commandeur. 3. Ritter.)

(FL.) Französischer St. Ludwigs-Orden. (3. Ritter.)

(FEL.) „ Ehren-Legion-Orden. (1. Großkreuz. 2. Großofficier. 3. Commandeur. 4. Offic. 5. Ritter.)

(GE.) Griechischer Erlöser-Orden. (1. Großkreuz. 2. Großcomthur. 3. Commandeur. 4. Officier (gold. Kreuz). 5. Ritter (silbernes Kreuz).

(HG.) Hannoverscher St. Georgs-Orden. (1. Großkreuz.)

(HGu.) „ „ Guelfen-Orden. (1. Großkreuz. 2. Commenthur. 3. Ritter. 4. Classe.)

(HL.) Großherz. Hessischer Ludewigs-Orden. (1. Großkreuz. 2a. Commandeur 1. Classe. 2b. Commandeur 2. Cl. 3a. Ritter 1. Cl. 3b. Ritter 2. Cl.)

(HP.) „ „ Verdienst-Orden Philipps d. Großmüthigen. (1. Großkreuz. 2a. Comthur 1. Classe. 2b. Comthur 2. Cl. 3. Ritter.)

(HE.) Hohenzollernscher Hausorden. (Ehrenkreuz 1., 2. u. 3. Classe.)

(KHL.) Kurhessischer Löwen-Orden.

(KHW.) „ Wilhelms-Orden. (1. Großkr. 2a. Commenth. 1. Cl., 2b. Commenth. 2. Classe. 3. Ritter.)

(LL.) Luccheßischer St. Ludwigs-Orden (3.) dritte Classe.

(LEK.) Großherzoglich. Luxemburgischer Orden der Eichenkrone. 1. Großkreuz. 2. Großofficier. 3. Commandeur. 4. Officier. 5. Ritter.)

XVIII

(MEA.) Herzoglich Modenesischer Orden des Estensischen Adlers. (1. Großkreuz. 2. Commandeur. 3. Ritter.)

(NCD.) Herzoglich Nassauischer Militär- u. Civilverdienst-Orden. (1. Großkreuz. 2a. Comthur 1. Cl. 2b. Comthur 2. Cl. mit Schwertern = m. Schw.)

(NER.) Königl. Niederländischer Orden der Eichenkrone.

(NL.) Niederländischer Löwen-Orden. (1. Großkreuz. 3. Ritter.)

(OGV.) Oesterreich, Goldnes Vließ.

(OSt.) „ St. Stephans-Orden. (1. Großkreuz.)

(OMTh.) „ Maria-Theresien-Orden. (3. Ritter.)

(OL.) „ Leopold-Orden. (1. Großkreuz. 2. Command. 3. Ritter.)

(OER.) „ Orden der eisernen Krone. 1. 2. 3. Classe.)

(OFJ.) „ Franz Joseph-Orden. (1. Großkr. 2. Commandeur. 3. Ritter.)

(OP.) Großherzogl. Oldenburgischer Orden, des Herzogs Peter Friedrich Ludwig. (1a. Großkreuz. 1b. Ehrengroßkreuz. 2. Ehrencomthurkreuz. 3. Ehrenritterkreuz 1. Classe. 4. Kleinkreuz.)

(PCh.) Päpstlicher Christus-Orden.

(PG.) „ Gregorius-Orden. (1. Großkreuz. 2. Commandeur. 3. Ritter.)

(PS.) „ Sylvester-Orden.

(PM.) „ Malteser-Orden. (3. Ritter.)

(PgULF.) Portugiesischer de Nossa Sennora von Villa Viçosa. (2. Commandeur. 3. Ritter.)

(PgCh.) „ Christus-Orden. (2. Commandeur. 3. R.)

(PSA.) Preußen, schwarzer Adler-Orden.

(PRA.) „ rother Adler-Orden. (1. 2. 3. 4., erste, zweite, dritte, vierte Cl. mit Stern in Brillanten = m. Br., mit Stern = m. St., mit Schwertern = m. Schw.)

(PK.) Kronenorden (2. 3. 4., zweite, dritte, vierte Classe.

(PJ.) „ Johanniter-Orden.

(PMV.) „ Orden pour le mérite: Militärische Classe.
(PCV.) „ Civil-Verdienst (pour le mérite). Friedens-Classe.
(RAnd.) Russischer St. Andreas-Orden.
(RAN.) „ St. Alexander-Newsky-Orden (m. Br. = mit Brillanten).
(RG.) Russischer St. Georgs-Orden. (4. vierte Classe.)
(RW.) „ St. Wladimir-Orden. (3. 4. dritte, vierte Classe.)
(RWA.) „ weißer Adler-Orden.
(RA.) „ St. Annen-Orden. (1. 2. 3., erste, zweite, dritte Cl. m. Br. = mit Brillanten, m. Kr. = mit der kaiserlichen Krone.)
(RSt.) „ Stanislaus-Orden. (1. 2. Classe m. St. = mit Stern. 2. Classe, 3. Classe.)
(SK.) Königl. Sächsischer Orden der Rauten-Krone.
(SCV.) „ „ Civil-Verd.Ord. (1. Großkr.. 2a. Commenth. 1. Classe, 2b. Commenth. 2. Cl.. 3. Ritter.)
(SH.) „ „ Militär-St. Heinrichs-Orden. (Ritter.)
(SA.) „ „ Albrechts Ord. (1. Großkreuz. 2a. Comthur 1. Cl. 2b. Comthur 2. Cl. 3. Ritter.)
(SF.) Großherz. Sachsen-Weimar'scher Falken-Ord. (1. Großkreuz, 2. Commenth. 3. Ritter.)
(SEH.) Vereinigtes Herzogthum Sachsen, Herzoglich-Sachsen-Ernestinischer Hausorden. (1. Großkreuz. 2b. Comthur 2. Cl. 3. Ritter. 4. Verdienstkreuz.
(SM.u.L.) Sardinischer Militär-St. Moriz- u. Lazarus-Orden. (1. Großkreuz. 3. Ritter.)
(SER.) Fürstl. Schwarzburg'schen Gesammthauses Ehrenkreuz. (1. 3. Classe.)
(SS.) Schwedischer Seraphinen-Orden.
(SSch.) „ Schwert-Orden. (1. Großkreuz. 2. Command. 3. Ritter.)
(SN.) „ Nordstern-Orden. (1. Commandeur-Großkreuz. 2. Commandeur. 3. Ritter.)
(SO.) „ St. Olafsorden.
(SW.) „ Wasa-Orden. (2. Commandeur. 3. Ritter.)
(ScJ.) Sicilianischer Januarius-Orden.

(ScFd.)	„	Orden des heiligen Ferdinand und des Verdienstes. (1. Großkreuz.)
(ScF.)	„	Orden Franz I. (1. Großkreuz. 2. Commandeur. 3a. Ritter 1. Classe. 3b. Ritter 2. Classe.
(SoG.)	„	Constantinischer St. Georg-Orden. (1. Großkreuz. Ritter.)
(SpGV.)	Spanischer Orden vom goldenen Vließ.	
(SpF.)	„	St. Ferdinands-Orden.
(SpC.)	„	Orden Carls des III. (1. Großkreuz. 2a. Commenthur 1. Cl. 2b. Commenthur 2. Cl. 3. Ritter.)
(SpJ.)	„	Isabellen-Orden. (1. Großkreuz. 2. Commenthur 1. Cl. 3. Commenthur. 4. Ritter.)
(TJ.)	Toscanischer St. Josephs-Orden. (1. Großkreuz. 2. Commandeur. 3. Ritter.)	
(TMV.)	„	Militär-Verdienst-Orden. (2. Commandeur. 3. Officier. 4. Ritter.)
(TkM.)	Türkischer Medschidjie-Orden. (1. 2. 3. 4. Classe.)	
(TkN.)	„	Nischani istihar-Orden.
(WK.)	Königl. Württembergischer Orden der Krone. (1. Großkreuz. 2. Commandeur. 3. Ritter.)	
(WV.)	„	„ Militär-Verdienst-Orden.
(WF.)	„	„ Friedrichs-Orden (1. Großkreuz. 2a. Comthur 1. Cl. 2b. Comthur 2. Cl. 3. Ritter.)
(WGa.)	„	„ Goldner Adler-Orden.

I.
Genealogie des Königlichen Hauses.

Maximilian II.
König von Bayern, Pfalzgraf bey Rhein, Herzog von Bayern, Franken und in Schwaben &. &.

geboren zu München den 28. November 1811; übernimmt die Regierung in Folge Abdication seines Herrn Vaters, des Königs Ludwig I., am 21. März 1848; vermählt am 5. October 1842 durch Procuration, und am 12. October 1842 zu München mit der

Königin
Friederike Franziska Auguste Marie Hedwig,

Königlichen Prinzessin von Preußen, geb. den 15. October 1825.

Kinder:

a) Kronprinz: Ludwig Otto Friedrich Wilhelm, geb. zu Nymphenburg den 25. August 1845.

b) Otto Wilhelm Luitpold Adalbert Waldemar, Königl. Prinz von Bayern, geb. zu München den 27. April 1848.

Eltern des Königs Maximilian:

Vater: Ludwig Carl August, König, geb. den 25. August 1786.
Mutter: Therese Charlotte Louise Friederike Amalie, Herzogliche Prinzessin von Sachsen-Hildburghausen, seit 1826 von Sachsen-Altenburg, geboren den 8. Juli 1792, vermählt zu München am 12. October 1810, gestorben zu München am 26. October 1854.

Geschwister des Königs Maximilian:

1. **Mathilde Caroline Friederike Wilhelmine Charlotte**, Königliche Prinzessin von Bayern, geboren zu Augsburg den 30. August 1813, vermählt zu München am 26. December 1833 mit dem Erbgroßherzog nunmehrigen Großherzog Ludwig von Hessen, gestorben zu Darmstadt den 25. Mai 1862.

2. **Otto Friedrich Ludwig**, Königlicher Prinz von Bayern, geb. zu Salzburg den 1. Juni 1815, seit 27. Mai 1832 König von Griechenland, vermählt zu Oldenburg am 22. November 1836 mit Maria Friederike Amalie, Großherzoglichen Prinzessin von Holstein-Oldenburg.

3. **Theodelinde Charlotte Louise Marie Ahna Theresia**, Königliche Prinzessin von Bayern, geboren zu Würzburg den 7. Oktober 1816, gestorben zu Würzburg am 12. April 1817.

4. **Luitpold Carl Joseph Wilhelm Ludwig**, Königlicher Prinz von Bayern, geboren zu Würzburg den 12. März 1821, vermählt am 15. April 1844 zu Florenz mit Augusta Ferdinande Louise Marie Johanna Josepha, Kaiserlichen Prinzessin und Erzherzogin von Oesterreich, Königlichen Prinzessin von Ungarn und Böhmen, Großherzoglichen Prinzessin von Toscana.

   Kinder:

   a) **Ludwig Leopold Joseph Maria Aloys Alfred**, Königlicher Prinz von Bayern, geboren zu München den 7. Jänner 1845.

   b) **Leopold Maximilian Joseph Maria Arnulph**, Königlicher Prinz von Bayern, geboren zu München den 9. Februar 1846.

   c) **Therese Charlotte Marianne Auguste**, Königliche Prinzessin von Bayern, geboren zu München den 12. Nov. 1850.

   d) **Franz Joseph, Arnulph Adalbert Maria**, Königlicher Prinz von Bayern, geboren zu München den 6. Juli 1852.

5. **Adelgunde Auguste Charlotte Caroline Elisabeth Amalie Marie Sophie Louise**, Königliche Prinzessin von Bayern, geb. zu Würzburg den 19. März 1823, vermählt zu München am 30. März 1842 mit dem Erzherzoge Franz von Oesterreich-Este, Königlichem Prinzen von Ungarn und Böhmen, und Herzoge von Modena.

6. **Hildegard Louise Charlotte Therese Friederike**, Königliche Prinzessin von Bayern, geboren zu Würzburg den 10. Juni 1825, vermählt am 1. Mai 1844 zu München mit dem Erzherzoge Albrecht, Kaiserlichem Prinzen von Oesterreich, Königlichem Prinzen von Ungarn und Böhmen.
7. **Alexandra Amalie**, Königliche Prinzessin von Bayern, geb. zu Aschaffenburg den 26. August 1826.
8. **Adalbert Wilhelm Georg Ludwig**, Königlicher Prinz von Bayern, geboren zu München den 19. July 1828, vermählt am 25. August 1856 zu Madrid mit Amalia Felipe Pilar, Infantin von Spanien, geb. den 12. October 1834.

Kinder:

a) **Ludwig Ferdinand Maria Carl Heinrich Adalbert Franz Philipp Andreas Constantin**, Königlicher Prinz von Bayern, geboren zu Madrid den 22. October 1859.

b) **Alphons Maria Franz von Assisi Clemens Max Emanuel**, Königlicher Prinz von Bayern, geb. zu München den 24. Jänner 1862.

A. Geschwister des Königs Ludwig aus der ersten Ehe Seines Herrn Vaters:

Auguste Amalie, Königliche Prinzessin von Bayern, geboren den 21. Juni 1788, vermählt zu München den 14. Jänner 1806 mit dem Prinzen Eugen, Herzoge von Leuchtenberg und Fürsten von Eichstädt, Wittwe seit 21. Februar 1824, gestorben zu München den 13. Mai 1851.

Charlotte Auguste, Königliche Prinzessin von Bayern, geb. den 8. Februar 1792, vermählt zu München am 29. October 1816 durch Procuration, und am 10. November 1816 zu Wien mit Franz I. Kaiser von Oesterreich, König von Ungarn und Böhmen 2c., Wittwe seit dem 2. März 1835.

Carl Theodor Maximilian August, Königlicher Prinz von Bayern, geboren den 7. Juli 1795.

B. Geschwister des Königs Ludwig aus der zweiten Ehe Seines Herrn Vaters:

Carl Friedrich Wilhelm Ludwig Maximilian Joseph, Pfalzgraf bey Rhein und Herzog von Bayern, geboren zu Amberg den 27. October 1800, gestorben zu München den 12. Februar 1803.

Elisabeth Ludovica, vermählt zu München am 16. Novr. 1823 durch Procuration und am 29. Nov. 1823 zu Berlin mit Friedrich Wilhelm, Kronprinzen dann Könige von Preußen, Wittwe seit 2. Jänner 1861.

Amalie Auguste, vermählt zu München am 10. Nov. 1822 durch Procuration und am 21. Novbr. 1822 zu Dresden mit dem Prinzen Johann Nepomuk von Sachsen, derzeit regierendem Könige von Sachsen.

} Königliche Prinzessinnen von Bayern. } Zwillinge, geboren zu München den 13ten Novbr. 1801.

Sophie Dorothea Wilhelmine, vermählt den 4. November 1824 zu Wien mit Franz Carl, Erzherzoge v. Oesterreich.

Maria Leopoldine Anna Wilhelmine, vermählt am 24. April 1833 zu Dresden mit Friedrich August, Prinzen-Mitregenten, nachher Könige von Sachsen, Wittwe seit 9. August 1854.

} Königliche Prinzessinnen von Bayern. } Zwillinge, geboren zu München den 27ten Jänner 1805.

Ludovika Wilhelmine, Königliche Prinzessin von Bayern, geb. zu München den 30. August 1808, vermählt zu Tegernsee am 9. Sept. 1828 mit Maximilian, Herzoge in Bayern.

Maximiliane Josephine Caroline, Königliche Prinzessin von Bayern, geb. zu Nymphenburg den 21. Juli 1810, gest. zu München den 4. Februar 1821.

Herzogliche Linie:

Maximilian, Herzog in Bayern, geb. zu Bamberg den 4. December 1808, vermählt zu Tegernsee den 9. September 1828, mit Ludovica Wilhelmine, Königlichen Prinzessin von Bayern.

Kinder:

Ludwig Wilhelm, Herzog in Bayern, geboren zu München den 21. Juni 1831.

Wilhelm Carl, Herzog in Bayern, geboren zu München den 24. December 1832, gest. am 13. Februar 1833.

Helene Caroline Therese, Herzogin in Bayern, geb. zu München den 4. April 1834, vermählt zu Possenhofen den 24. August 1858 mit dem Erbfürsten Maximilian von Thurn und Taxis.

Elisabeth Amalie Eugenie, Herzogin in Bayern, geboren zu München den 24. December 1837, vermählt den 24. April

1854 zu Wien mit Franz Joseph I., Kaiser von Oesterreich, Könige von Ungarn und Böhmen ꝛc. ꝛc.

Carl Theodor, Herzog in Bayern, geboren zu Possenhofen den 9. August 1839.

Marie Sophie Amalie, Herzogin in Bayern, geboren zu Possenhofen, den 4. October 1841, vermählt zu München am 8. Januar 1859 durch Procuration, und am 3. Februar 1859 zu Barri mit Franz Maria Leopold, Herzog von Calabrien, Kronprinz, nun König beider Sicilien.

Mathilde Ludovica, Herzogin in Bayern, geboren zu Possenhofen den 30. September 1843, vermählt zu München den 5. Juni 1861 mit Ludwig Maria Grafen von Trani, königlichen Prinzen von Sicilien.

Sophie Charlotte Auguste, Herzogin in Bayern, geboren zu München den 22. Februar 1847.

Maximilian Emanuel, Herzog in Bayern, geb. zu München den 7. December 1849.

II.
Großbeamte der Krone.

Kron-Obersthofmeister.

Der Durchlauchtig-Hochgeborne Herr, Fürst Otto v. Oettingen-Oettingen und Oettingen-Spielberg, erblicher Reichsrath des Königreichs Bayern (H.).

Kron-Oberstkämmerer.

(Unbesetzt.)

Kron-Oberstmarschall.

(Unbesetzt.)

Kron-Oberstpostmeister.

Der Durchlauchtig-Hochgeborne Herr, Fürst Maximilian Carl v. Thurn und Taxis, Fürst zu Buchau, Fürst zu Krotoszyn, gefürsteter Graf zu Friedberg-Scheer, Graf zu Valsassina, auch zu Marchthal und Neresheim, Herr der Herrschaft Eglingen, Herr zu Ostrach und Scheinmerberg, Demmingen, Dischingen, Balmertshofen und zum Bußer ꝛc., Kron-Oberstpostmeister des Königreichs Bayern, auch Erbland-Postmeister des Königreichs Württemberg und mehrerer deutscher Bundes-Staaten, erblicher Reichsrath des Königreichs Bayern, Generalmajor à la suite (H. HGu1. OGW. OL1. PRU1. RUN m. B.).

III.
Königliche Orden.

1. Ritterorden vom heiligen Hubert.

Dieser Orden wurde von Gerhard V., Herzog von Jülich und Berg, im Jahre 1444, zum Andenken eines am Tage des heiligen Hubertus erfochtenen Sieges über Arnold von Egmont gestiftet, am 29. Septbr. 1708 aber von Churfürst Johann Wilhelm von der Pfalz erneuert. Nach den Statuten ist die Zahl der fürstlichen Ritter unbestimmt, die der gräflichen und freyherrlichen Capitularen aber, nebst einem Großcommenthur, auf 12 festgesetzt. Des Königs Maximilian Joseph Majestät haben diesen Orden als den ersten Orden des Reichs mit seinen Statuten und Vorrechten bestätigt, und ihn dergestalt mit dem von Allerhöchstdenselben gestifteten Verdienstorden der Bayer. Krone in Verhältniß gesetzt, daß die bisherigen Capitularen desselben, wenn sie auch Großkreuze des Verdienstordens der bayer. Krone sind, am Range den andern Großkreuzen des Hubertus-Ordens vorgehen, und die 12 Capitularen des Hubertus-Ordens aus den Commenthuren des Verdienstordens der bayer. Krone, welche sich dazu eignen, und die Stelle 6 Jahre bekleiden, gewählt werden sollen. Nach den neuern allerhöchsten Bestimmungen können den Hubertus-Orden nur Souveraine und regierende Fürsten, ihre Agnaten und Verwandten männlicher Seits, in so ferne sie nicht in fremden Dienstes- oder Subjections-Verhältnissen stehen, erhalten, oder sonst Ausländer, welche denselben bey Auswechslung fremder Orden mit dem Hubertus-Orden von ihren Souverains erhalten, oder endlich solche, welche des Königs Majestät als vorzüglich würdig dazu erkennen. Das Ordenszeichen ist ein goldenes, achtspitziges, weiß emaillirtes Kreuz mit dem Bilde des heiligen Hubertus, mit der Legende: in trau vast, in gothischer Schrift; dasselbe wird von den Rittern außer den Ceremonien an einem handbreiten ponceau-rothen Bande mit grüner Einfassung getragen. Bey Feyerlichkeiten haben sie solches über dem Ceremonienkleide, welches in einer schwarzen spanischen Kleidung besteht, an einer goldenen Kette um den Hals. Die Ritter haben noch auf der linken Brust einen spitzigen mit Strahlen matt gestickten Stern, worauf ein mit Silber gesticktes und mit Gold durchwirktes Kreuz mit einer goldenen Einfassung liegt; in der Mitte des Sterns ist eine ponceau-farbene sammtene Zirkelfläche mit obiger Devise.

Oberster Ordensmeister.
Seine Majestät der König.

Ritter aus dem Königlichen Hause:

Se. K. Hoh. Ludwig, Kronprinz von Bayern.
Seine Majestät Otto, Königlicher Prinz von Bayern, König von Griechenland.
Se. K. Hoh. Luitpold, Königl. Prinz von Bayern.
Se. K. Hoh. Ludwig, Königl. Prinz von Bayern.

S. K. Hoh. Adalbert, Königlicher Prinz von Bayern.
Se. K. Hoh. Carl Theodor, Königlicher Prinz von Bayern.
Se. K. Hoh. Maximilian, Herzog in Bayern.
Se. K. Hoh. Ludwig, Herzog in Bayern.
Se. K. Hoh. Carl Theodor, Herzog in Bayern.

Gekrönte Häupter und regierende Herren:

- 1808. Wilhelm Friedrich Carl, König von Württemberg.
- 1819. Friedrich Günther, Fürst von Schwarzburg-Rudolstadt.
- 1821. Leopold, König der Belgier.
- 1822. Johann Nepomuk, König von Sachsen.
- " Günther Friedrich Carl, Fürst von Schwarzburg-Sondershausen.
- 1824. Heinrich LXIV., Fürst von Reuß-Schleiz-Köstriz.
- " Ferdinand I., Kaiser von Oesterreich u. König von Ungarn ꝛc. ꝛc.
- 1829. Alexander II., Kaiser von Rußland.
- 1833. Ludwig III., Großherzog von Hessen.
- 1839. Adolph, Herzog von Nassau.
- 1842. Franz V., Erzherzog von Oesterreich, Herzog von Modena.
- " Wilhelm, König von Preußen.
- 1846. Carl XV., König von Schweden und Norwegen.
- " Ernst II., Herzog zu Sachsen-Coburg und Gotha.
- 1849. Franz Joseph I., Kaiser von Oesterreich ꝛc. ꝛc.
- 1851. Leopold, Fürst von Lippe-Detmold.
- 1852. Georg V., König von Hannover.
- " Friedrich, Großherzog von Baden.
- " Georg Victor, Fürst von Waldeck.
- " Friedrich Wilhelm I., Kurfürst von Hessen.
- 1853. Peter, Großherzog von Oldenburg.
- " Napoleon, Kaiser der Franzosen.
- " Ernst, Herzog von Sachsen-Altenburg.
- 1855. Ferdinand, Landgraf von Hessen-Homburg.
- 1856. Friedrich Franz, Großherzog von Mecklenburg-Schwerin.
- " Ferdinand IV., Erzherzog von Oesterreich, Großherzog von Toscana.
- 1857. Franz Maria Leopold, König beider Sicilien.
- 1860. Adolph Georg, Fürst zu Schaumburg-Lippe.
- 1861. Wilhelm III., König der Niederlande.

Inländer.
Capitularen.

1813. Heinrich Graf v. Reigersberg, Reichsrath und Staatsminister a. D.
1836. Cajetan Peter Graf v. und zu Sandizell, Obersthofmeister Sr. Majestät des Königs.
1851. Friedrich Ludwig Graf zu Castell, Reichsrath.

Fürstliche Ritter.

1820. Ludwig Crato Carl Fürst v. Oettingen-Oettingen und Oettingen-Wallerstein, Staatsrath im a. D.
1830. Maximilian Carl Fürst v. Thurn und Taxis, Kronoberstpostmeister.
1856. Otto Fürst v. Oettingen-Oettingen und Oettingen-Spielberg, Kronobersthofmeister.
1858. Carl Theodor Fürst von Thurn und Taxis, General der Cavalerie.
„ Maximilian Erbfürst von Thurn und Taxis, Major à la suite.

Auswärtige fürstliche Ritter.

1806.
Anton, Fürst Belmonte Pignatelli.

1810.
Heinrich LXVII., Fürst von Reuß-Schleiz-Gera.

1817.
Adolph, Fürst v. Hohenlohe.

1818.
Don Francesco de Paula, Infant von Spanien.

1822.
Carl, Herzog von Braunschweig.

1823.
Fürst Alexander Menschikow, k. russ. Generaladjutant.

1824.
Franz Carl, Erzherzog von Oesterreich.

Eugen Fürst v. Ligne.

1825.
Prinz Gustav Wasa, k. k. österr. Feldmarschall-Lieutenant.

Wilhelm Fürst Radziwill, k. preuß. General der Infanterie.

1830.
Friedrich, Prinz von Württemberg.

1835.
Friedrich Wilhelm Constantin, Fürst v. Hohenzollern-Hechingen, k. preuß. General der Infanterie.

1841.
Carl, Kronprinz von Württemberg.

1843.
Albrecht Friedrich Rudolph, Erzherzog von Oesterreich.

1844.
Carl Ferdinand, Erzherzog von Oesterreich.

1849.
Ferdinand Maximilian, Erzherzog von Oesterreich.
Constantin Nicolaewitsch, Großfürst von Rußland.
Adalbert, Prinz von Preußen.

1850.
Albert, Kronprinz von Sachsen.
Carl, Prinz von Hessen.
Carl Günther, Erbprinz v. Schwarzburg-Sondershausen.

1851.
Leopold, Erzherzog von Oesterreich.
Friedrich Wilhelm Alexander, Herzog von Württemberg.

1852.
Nicolaus Nicolaewitsch, Großfürst von Rußland.
Michael Nicolaewitsch, Großfürst von Rußland.
Franz d'Assis, König, Gemahl J. M. der Königin von Spanien.
Prinz Alexander von Hessen, k. k. österr. Feldmarschall-Lieutenant.

1853.
Leopold, Herzog v. Brabant.
Ludwig (Joseph Anton), Erzherzog v. Oesterreich.
Carl (Ludwig Joseph), Erzherzog v. Oesterreich.
Friedrich August Eberhard, Prinz von Württemberg.
Friedrich Carl Alexander, Prinz von Preußen.
Friedrich Wilhelm Nicolaus Carl, Kronprinz von Preußen.
Friedrich Ludwig, Prinz von Preußen.
Georg, k. Prinz, Herzog zu Sachsen.
Fürst Carl zu Liechtenstein, k. k. österr. General der Cavalerie u. I. Obersthofmeister Sr. M. des Kaisers.

1856.
Friedrich Wilhelm, Herzog zu Sachsen-Altenburg.

1857.
Napoleon, kaiserl. Prinz von Frankreich.
Fürst Basile Dolgoroufy, k. russ. Generaladjutant.
Fürst Alexander Gortschakow, k. russ. Minister des Aeußern.

1858.
Georg Albrecht, Prinz v. Schwarzburg-Rudolstadt.
Carl Anton Fürst von Hohenzollern-Sigmaringen, k. preuß. General der Infanterie.

1859.
Nicolaus Alexandrowitsch, Großfürst, Thronfolger von Rußland.
Wilhelm Graf von Württemberg, Generallieut. u. Gouverneur von Ulm.

1860.
Alexander, Prinz von Preußen.
Rainer, Erzherzog von Oesterreich.
Joseph,   "   "   "

1861.
Ludwig Maria Graf von Trani, Prinz beider Sicilien.
Engelbert, Herzog von Arenberg.

1862.
Oscar, Prinz von Schweden.
Georg, Prinz von Preußen.

Auswärtige gräfliche und freiherrliche Ritter.

1828.
Joseph Graf von Beroldingen, k. württemb. Staatsminister und Generallieutenant a. D.

1850.
Carl Graf Mercy d'Argenteau, Erzbischof von Tyrus.

1852.
Alfred, Herzog von Beaufort-Spontin.

1853.
Graf Carl Ferdinand v. Buol-Schauenstein, k. k. österr. Geheimer Rath, Kämmerer und Staatsminister a. D.

Otto Theodor Frhr. v. Manteuffel, k. preuß. Staatsminister a. D.

1857.
Graf Alexander Collona Walewsky, kais. französischer Minister.

Graf Adlerberg I., kais. russ. Minister u. General-Adjutant.

1860.
Johann Bernhard Graf v. Rechberg und Rothenlöwen, k. k. österr. Geh. Rath, Kämmerer, Minister des kais. Hauses u. des Aeußern und Mitglied des Herrenhauses.

Freiherr v. Schleinitz, k. preuß. Minister des königl. Hauses.

Ordensämter.

Ordens-Groß-Comthur.
—

Ordens-Groß-Eleemosinär.
(Unbesetzt.)

Ordens-Vice-Canzler.
Philipp v. Flad, K. Kämm. und wirkl. Geh. Rath ꝛc.

Ordens-Ceremoniar.
Dr. Johann Joseph Ignaz v. Döllinger, K. Hofcapelldirector u. Stiftspropst.

Ordens-Secretär.
Johann Bapt. Schuller, K. Rath und geheim. Secretär.

Schatzmeister.
Carl August Hillary-Bolgiano, Hof-Confectmeister. (K. O. L. O.)

Herold.
Joseph Tambosi, Hof-Kellermeister. (K. O.)

Garderobier.
—

2. Ritterorden vom heiligen Georg.

Dieser Orden hat seinen Ursprung aus den Zeiten der Kreuzzüge. Churfürst Carl Albrecht (nachher römischer Kaiser) hat ihn den 24. April 1729 zur Ehre der Religion und Beschützung der unbefleckten Empfängniß Mariä und des heiligen Georg erneuert. Die Ritter legen bey ihrer Aufnahme feierliche Gelübde in Rücksicht obiger Zwecke ab, und verbinden sich, dem Großmeister auf Anrufen ins Feld zu folgen. Vor der Aufnahme werden strenge Ahnenproben erfordert. Er besteht aus 3 Classen, als Großkreuze, Commenthure und Ritter. Das Ordenszeichen ist ein auf der einen Seite blau mit dem Bildnisse der heil. Jungfrau Maria, und auf der andern Seite roth mit dem Bildnisse des heiligen Georg emaillirtes Kreuz. Die feierliche Kleidung ist altritterlich, blau und weiß. Die statutenmäßige Capitular-Anzahl der Ordensglieder besteht, außer dem Großmeister und den Großprioren, aus 6 Großkreuzen und 12 Commenthuren; die übrigen sind Ritter, welche keine Stimme im Capitel haben; auch hat der Orden eine geistliche ritterbürtige Classe, welche aus einem Bischofe, Probste, Decanen und Ordens-Caplänen besteht.

Ordens-Großmeister.
Seine Majestät König Maximilian II.

Seine Majestät König Ludwig legte vermöge allerhöchster Entschließung vom 26. März 1848 das Großmeisterthum nieder.

Großpriore

von	Oberbayern:	—
„	Niederbayern:	S. K. H. Carl Theodor, Königl. Prinz von Bayern.
„	Oberpfalz:	S. K. H. Luitpold, Königl. Prinz von Bayern.
„	Franken:	S. K. H. Adalbert, Königl. Prinz von Bayern.

Capitular-Großcommenthure.

1826.
Cajetan Peter Graf von und zu Sandizell, Ordens-Großcanzler, Obersthofmeister u. erbl. Reichsrath.

1843.
Johann Nepomuk Frhr. v. Poißl, Oberstkämmerer.

1850.
Philipp Franz Freiherr v. Ritter zu Grünstein, Geh. Rath.

Maximilian Graf v. Arco auf Valley, erbl. Reichsrath.

1861.
Maximilian Vincenz Frhr. v. Freyberg-Eisenberg, Generalmajor à la suite.

1863.
Carl August Theodor Frhr. v. Fraunhofen auf Alt- und Neu-Fraunhofen, Reichsrath.

Ehren-Großcommenthure.

1839.
Carl Theodor Fürst v. Thurn u. Taxis, General der Cavalerie.

1842.
Carl August Graf v. Reisach, Cardinal.

1845.
Anton Telles von Silva und Menezes, Marquis de Resende, Oberſthofmeiſter Ihrer Majeſtät der Herzogin von Braganja.

1850.
Franz Ludwig Phil. Schenk Frhr. v. Stauffenberg, erbl. Reichsrath, Generalmajor à la suite.

1854.
Conrad Adolph Frhr. v. Malſen, Geſandter.

1855.
Albrecht Graf v. Rechberg und Rothenlöwen, Reichsrath.

Capitular-Commenthure.

1840.
Max Joſ. Graf v. Bylandt.

1843.
Ferdinand Maria Freiherr v. Imsland, Graf von Hoheneck.

1846.
Franz Xaver Graf v. Aham auf Neuhaus, Kämmerer.

1850.
Carl Franz Vitus Chriſtoph Frhr. v. Würzburg, Kämmerer.

Friedrich Carl Freiherr v. Buſeck.

Philipp Ferdinand Frhr. v. Rieſenfels auf Seiſenegg, k. k. öſterr. Kämmerer.

1852.
Carl Theodor Matthäus Graf v. Vieregg auf Tuzing, Oberſt à la suite und Generalmajor der Landwehr.

1858.
Maximilian Joſeph Erklinger Graf von Seinsheim auf Sünching, Kämmerer.

Adolph Guſtav Graf von Oberndorff, Kämmerer.

Maximilian Joſ. Bernhard Graf v. Arco-Zinneberg, Major à la suite.

1861.
Alois Nicolaus Graf v. Arco-Stepperg, Oberſtlieutenant à la suite.

1863.
Carl Graf v. Butler-Clonebough, Generalmajor, Hofmarſchall u. Flügeladjutant.

Ehren-Commenthure.

1855.
Adolph Eberhard Frhr. v. Gumppenberg Pöttmes, Kämmerer u. erbl. Reichsrath.

1858.
Johann Nep. Freiherr v. Imsland, Kämmerer.

1861.
Philipp Anton Freiherr v. Breidbach-Bürresheim genannt von Riedt, herzogl. naſſau'ſcher Generalmajor à la suite.

Ritter.

1839.
Jos. Franz Lothar Frhr. v. Würzburg, erbl. Reichsrath.
Max Joseph Franz Graf v. Preysing-Lichtenegg-Moos, erblicher Reichsrath u. Major à la suite.
Alfred Maria Fortunat Graf v. Oberndorff, Kämmerer.

1840.
Raimund Johann Nepomuk Graf Fugger v. Kirchberg u. Weissenhorn, erbl. Reichsrath u. Oberstlieut. à la suite.

1842.
Max Joseph Graf v. Seinsheim auf Grünbach, Kämmerer.

1843.
Hermann Frhr. von Guttenberg zu Weißenhorn, Kämmerer u. Landw.-Oberstlieutenant.

1844.
Franz Fürst v. der Leyen, Oberlieutenant.

1845.
Max Jos. Frhr. Pergler v. Perglas, Gesandter.
Max Alex. Sigm. Carl Frhr. v. Riedheim auf Harthausen, Kämmerer.
Carl Graf u. Herr zu Elz, gen. Faust v. Stromberg.
Max Ortolff Graf v. u. zu Sandizell auf Malzhausen, Kämmerer u. Rittmeister à la suite.

1846.
Cäsar Marchese Pallavicini.
Andreas Marchese Pallavicini.
Friedrich Wilh. Hermann Graf v. Quadt-Wyckradt-Isny, Legationsrath.

Moritz Graf v. Butler-Clonebough, p. Oberstlieutenant.

1847.
Georg Heinrich Arbogast Frhr. v. u. zu Frankenstein, erbl. Reichsrath.
Otto Bertram Graf v. Quadt-Wyckradt-Isny, erbl. Reichsrath.

1850.
Carl Graf Mercy d'Argenteau, k. niederländischer Kämmerer u. Gutsbesitzer.

1852.
Ernest Erbgraf Fugger v. Glött.
Maximilian Conrad Graf v. Törring zu Seefeld, erbl. Reichsrath.
Leopold Carl Fürst Fugger von Babenhausen, erbl. Reichsrath.

1854.
Maximilian Frhr. v. Ow, Oberst.
Maximilian Graf v. Tauffkirchen, Major à la suite.
Joseph Graf Joner-Tettenweiß, Hauptmann.
Clemens Graf Joner-Tettenweiß, Oberstlieutenant.
Carl Ludwig Graf Fugger v. Babenhausen, k. k. österr. Hauptmann.

1855.
Friedrich Maria Fortunat Graf v. Oberndorff, k. k. österreich. Oberlieutenant.
Maximilian Fürst v. Thurn und Taxis, Rittmeister.
Hugo Edmund Graf Beissel v. Gymnich, k. preuß. Kämmerer u. Mitglied des Herrenhauses.

Maximilian Frhr. v. Lerchenfeld-
Aham, Hauptmann à la suite.
Carl Frhr. v. Leoprechting, Kämmerer.
Friedrich Graf Fugger v. Kirchberg u. Weißenhorn, Legationssecretär.

1856.

Ludwig Frhr. v. Bongart, Erb-
kämmerer des Herzogthums Jülich.
Conrad Ludwig Frhr. v. Malsen,
Legationssecretär.

1858.

August Graf von Reigersberg,
Gesandter.
Ludwig Carl August Graf v.
Paumgarten-Frauenstein, Lega-
tionssecretär.
Carl Graf v. Oberndorff, k. k.
österr. Oberlieutenant.
Franz Wilderich Graf v. Walder-
dorff k. k. Kämmerer.

1859.

Paul Cäsar Graf v. Beroldingen,
k. württemb. Oberstlieut. und
Flügeladjutant.
Ulrich Frhr. v. Hutten zum Stol-
zenberg, Kämmerer u. Haupt-
mann.
Wilhelm Erbgraf v. Waldburg-
Zeil-Trauchburg.

1861.

Carl Joseph Maria Graf von
Maldeghem, Kämmerer.
Ludwig Heinrich Graf v. Lerchenfeld-Köfering, Kämmerer und
erblicher Reichsrath.

Casimir Johann Nepomuk Graf
v. Kwilecki.

1863.

Otto Graf v. Rechberg u. Ro-
thenlöwen.
Carl Graf v. Arco Valley.
Ferdinand Graf v. Arco Valley.
Ludwig Graf v. Arco Zinneberg.
Egon Fürst v. Thurn u. Taxis.
Theodor Fürst v. Thurn u. Taxis.
Carl Graf v. Arco Zinneberg.

Ordensämter.

Ordens-Großcanzler.

Cajetan Peter Graf von und zu
Sandizell, Oberstofmeister,
erbl. Reichsrath u. Capitular-
Groß-Commenthur.

Ordens-Schatzmeister.

Carl August Theodor Frhr. von
Fraunhofen, Reichsrath und Ca-
pitular-Groß-Commenthur.

Ordens-Ceremonienmeister.

Maximilian Erkinger, Graf von
Seinsheim-Sünching, Käm-
merer und Capitular-Comthur.

Ordens-Secretär, Cassier und
Zahlmeister.

Dr. Joseph Rappel, Ministerialrath und Reichsherold.

Ordens-Kanzlist.

Lorenz Ziegler, Ministerialkanzlei-
Secretär.

Ordens-Garderobier.

Robert Zihrer.

3. Königl. Militär-Max-Josephs-Orden.

Se. Majestät der König Maximilian Joseph I. haben zur Belohnung solcher Kriegsthaten, welche mit Einsicht, Geistesgegenwart und Tapferkeit, aus freiem Antriebe und mit Lebensgefahr zum Nutzen und Ruhme des allerhöchsten Dienstes ausgeführt worden sind, und welche das erhabene Gepräge des Ungewöhnlichen und ganz außer den Grenzen der Pflicht Liegenden auf sich haben, unterm 1. März 1806 allergnädigst zu verordnen geruht, daß vom 1. Jänner desselben Jahres, als vom Tage, an welchem die Königswürde in Bayern wieder hergestellt worden ist, das vorige Militär-Ehrenzeichen zu einem königlichen Orden erhoben werde. Ein versammeltes Ordens-Kapitel untersucht nach Anleitung der bestehenden Ordens-Statuten die solche Thaten bewährenden Zeugnisse, und legt das motivirte Abstimmungs-Protokoll Seiner Majestät dem Könige zur allerhöchsten Entscheidung vor. Mit dem Orden sind Pensionen und besondere Vorzüge verbunden; der Rang bestimmt sich für die Offiziere des Heeres von dem Tage der Auszeichnung. Das Ordenszeichen ist ein unter einer goldenen Krone angebrachtes goldenes weiß emaillirtes Kreuz; auf dem mittlern, runden, blau emaillirten Schilde steht in Gold auf einer Seite die Namens-Chiffre des Königlichen Stifters auf der andern Seite die Aufschrift: Virtuti pro patria. Dasselbe wird an einem schwarzen Bande, dessen Breite nach dem Ordensgrade wächst, und welches auf beiden Seiten durch einen weißen und einen blauen schmalen Streifen begränzt ist, von den Rittern auf der linken Brust, — von den Commandeurs um den Hals, — von den Großkreuzen von der rechten Schulter zur linken Hüfte getragen. Bei Letztern befindet sich auch das Ordenszeichen, mit Strahlen von Silber umgeben und mit der Aufschrift: Virtuti pro patria — auf der linken Brust gestickt. Die Großkreuze tragen das verkleinerte Ordenszeichen ihres Grades zugleich um den Hals.

Großmeister des Ordens.
Seine Majestät der König.

Großkreuze.

Se. Maj. Ludwig I. König von Bayern.

Commandeurs.

Ritter.

Casimir Graf von Gravenreuth, General-Lieutenant à la suite.

Georg v. Fahrbeck, p. char. General-Major.

Ludwig v. Madroux, p. char. General-Major.

Heinrich von der Mark, p. General-Lieutenant.

Se. Königl. Hoheit Prinz Carl von Bayern, Feldmarschall u. General-Inspector der Armée.

Max. v. Schlägel, p. char. General-Major.

Ludwig Frhr. von der Tann, Generallieutenant, Generaladjutant u. General-Commandant.

Auswärtige Ordens-Mitglieder.

Großkreuze.

In der Kais. Französischen Armee.

Vicomte Pernety, p. Gen.-Lieut.

In der Königl. Preußischen Armee.

Wilhelm König von Preußen.

Commandeurs.

Leopold, König der Belgier.

In der Kais. Französischen Armee.

Carl Graf de la Grange, General-Lieutenant.

Philipp Graf v. Ségur, General-Lieutenant.

In der Kaiserlich Russischen Armee.

Baron v. Jomini, Gen. der Inf. und General-Adjutant.

Kretow, p. General-Lieutenant.

Ritter.

In der Kais. Französischen Armee.

Graf Ornano, Marschall u. Gouverneur der Invaliden.

Chev. Mabru, p. Oberstlieut.

Baron De la Pointe, p. General-Major.

Baron Gressot, p. Gen.-Major.

Marquis de St. Simon, General-Lieutenant.

Berauville, p. Oberst.

Ruelle, Gen.-Major.

Graf Heinrich Espinchal, p. Oberstlieutenant.

Reinard Vicomte Montesquiou, Herzog v. Fezensac, Gen.-Lieut.

v. Cressac, p. char. Bataillons-Chef.

Graf Joh. Bapt. Lemercier, Oberst.

Jacqueminot, General-Lieutenant.

Graf La Barthe de Thermes, p. Oberst.

Johann Paul Graf Schramm, General-Lieutenant.

August v. Bontems-Lefort, pens. Oberstlieutenant.

Adolph v. Münsthal, Oberstlieut.

Julius Marnier, Oberst.

Schneider, Gen.-Lieutenant.

de Xaintrailles, Oberst.

Marquis de Montmort, p. char. Gen.-Major.

In der K. K. Oesterreichischen Armee.

Max Friedrich Ritter v. Thielen, pens. Oberstwachtmeister.

Albrecht, Erzherzog v. Oesterreich, Kais. Hoh., General der Cavalerie.

Emmerich Fürst von Thurn und Taxis, General-Major u. Brigadier.

Thomas Friedrich Frhr. v. Zobel von Giebelstadt und Darstadt, Feldmarschall-Lieut. u. Festungscommandant in Olmütz.

In der Königl. Preuß. Armee.

v. Hagen, General der Infanterie a. D.

Friedrich Carl, Prinz von Preußen K. Hoh., General-Lieutenant.

In der Kais. Russischen Armee.

Zakrewsky, Gen. d. Inf. u. Gen.-Adjutant.

Brossin, quitt. Gen.-Major.

Graf v. Rochechouart, p. Oberst.

Andriewsky, quitt. Gen.-Major.

Glasenapp, General-Lieutenant.

Frhr. v. Saltza, p. Oberst.

v. Nilus, quitt. Gen.-Major.

Graf v. Kisséleff, Gen. d. Inf. u. Minister der Reichsdomänen.

Baron v. Osten-Sacken, General der Cavalerie.

Graf Orloff, General d. Caval.

Kalsakoff, Admiral.

Timiriazeff, p. Gen.-Lieut. u. Militär-Gouverneur v. Astrachan.

Fenschawe, Geh. Rath.

Esakoff, p. Generallieutenant.

Lanskoy, p. Generalmajor.

Stan, p. Oberst.

L'woff, quitt. Oberst.

Mellikoff, quitt. Gen.-Major.

Derschau, Gen.-Maj. u. Stadt-Commandant von Abo.

v. Kramin, quitt. Generalmajor.

Krasnokutsky, General-Major, quitt.

v. Wiszniowsky, p. Major.

Ordens-Amt.

Großcanzler des Ordens.

Der jeweilige Kriegsminister.

Ordens-Archivar.

Michael v. Gönner, General-Secretär im Kriegsministerium. (K3. M3. L. OF33.)

Ordens-Canzelist.

Funct.: Friedrich Velden, Ministerial-Secretär im Kriegsministerium.

4. Verdienst-Orden der Bayerischen Krone.

Diesen Orden stiftete des Königs Maximilian Joseph I. Majestät am 19. May 1808 zur Auszeichnung jedes Eingebornen, welcher dem Staate vorzügliche Dienste geleistet, sich durch höhere bürgerliche Tugenden ausgezeichnet, oder um den Nutzen und Ruhm des Vaterlandes besonders verdient gemacht hat. Die Statuten vom obigen Tage bestimmen vier Classen: Großkreuze, Comthure, Ritter und Inhaber der goldenen und silbernen Medaille, wozu vermöge der allerhöchsten Verordnung vom 24. Juni 1855 noch die Classe der nach den Großkreuzen einzureihenden Großcomthure sich gesellte. Das Ordenszeichen ist ein achteckiges, weißemaillirtes, mit einem Eichenkranze umgebenes Kreuz, mit der Königskrone bedeckt, in dessen Mitte die blauen und weißen Rauten, nebst der goldnen Krone und der Umschrift: Virtus et honos, auf der andern Seite aber das Brustbild des Allerdurchlauchtigsten Stifters in Gold mit der Umschrift: Max Joseph Rex Bojoariae, sich befinden; dasselbe wird nach den Graden in verschiedener Größe an einem gewässerten blauseidenen auf beiden Seiten durch einen weißen schmalen Streifen begränzten Bande von den Rittern im Knopfloche, von den Comthuren am Halse, von den Großcomthuren gleichfalls am Halse mit einem Sterne auf der linken Brust und von den Großkreuzen von der linken Schulter zur rechten Hüfte nebst einem größeren Sterne auf der linken Brust getragen.

Ordens-Meister:
Seine Majestät der König.
Großkreuz.
Aus dem Königlichen Hause.

Se. Königl. Hoheit Prinz Carl von Bayern.

Großkreuz,
welcher zugleich Hubertus-Ordens-Capitular ist.

1808.
Heinr. Graf v. Reigersberg, Reichsrath u. Staatsminister a. D.

Großkreuze,
welche zugleich fürstliche Ritter des St. Hubertus-Ordens sind.

1820.
Ludwig Crato Carl Fürst v. Oettingen-Oettingen und Oettingen-Wallerstein, Staatsrath i. a. D.

1850.
Carl Theodor Fürst v. Thurn und Taxis, General der Cavalerie.

Großkreuze.

1823.
Philipp Fürst v. Löwenstein-Wertheim.

1844.
Carl Graf v. Seinsheim, Staats- und Reichsrath.

1847.
Franz Olivier Graf v. Jenison-Walworth, Staatsrath i. a. D.

1849.

Ludwig Frhr. v. d. Pfordten, Gesandter.

1855.

Carl August Graf v. Reisach, Cardinal.

1856.

Ernst Frhr. v. Dörnberg zu Herzberg, Chef der fürstl. Thurn- und Taxis'schen Gesammtverwaltung.

1860.

Conrad Adolph Frhr. v. Malsen, Gesandter.

1861.

August Frhr. v. Cetto, Gesandter.

Otto Graf v. Bray-Steinburg, Staatsminister a. D., erblicher Reichsrath und Gesandter.

1863.

Georg Ludw. v. Maurer, Staats- und Reichsrath.

Großcomthure.

1856.

Dr. Friedr. v. Ringelmann, Staatsrath im o. D.

August Lothar Graf v. Reigersberg, Gesandter.

1857.

August Frhr. v. Wendland, Gesandter.

1859.

Ferdinand Frhr. v. Verger, Gesandter.

Friedr. Frhr. v. Zu Rhein, Staats- und Reichsrath, dann Regierungspräsident.

Heinrich Delpy v. La Roche, Generallieutenant u. General-Adjutant Seiner Majestät des Königs.

1861.

Anton v. d. Mark, Generalquartiermeister u. Generallieutenant.

1863.

Max v. Neumayr, Staatsminister.

Comthure.

1839.

Carl Fürst v. Wrede, Staatsrath im a. D., Reichsrath u. Oberstlieut. à la suite.

1840.

Philipp v. Flad, Geheimer Rath und q. Ministerialrath.

1847.

Moritz v. Weigand, Staatsrath im a. D.

1849.

Eduard v. Weishaupt, p. Generalmajor.

1850.

Dr. Carl August Joseph v. Kleinschrod, Staatsrath im a. D. und Appell.-Ger.-Präsident.

Theodor v. Zwehl, Staatsminister.

Carl Anselm Frhr. v. Gumppenberg, Staatsrath im a. D.

1852.
Maximilian Frhr. v. Pelkhoven, Staatsrath im o. D.

Carl Frhr. v. Schrenk, Staatsminister.

1854.
Dr. Anton v. Fischer, Staatsrath im o. D.

1855.
Johann Nepomuk Max Leonhard Frhr. v. Hohenhausen, char. General d. Caval., Generaladjutant Sr. Maj. des Königs u. Generalcapitän der Leibgarde der Hartschiere.

1856.
Dr. Max. v. Schilcher, Staatsrath im o. D.

Baptist Keller Frhr. v. Schleitheim, p. Generallieutenant.

Heinrich Vicomte de Vaublanc, Oberhofmeister Ihrer Maj. der Königin.

1857.
Peter Eberhard v. Korbach, Appellationsgerichts-Präsident.

Johann v. Kunst, p. Generallieutenant.

Carl Barthol. v. Lehner, Ober-Appellationsgerichtspräsident.

Joseph v. Allweyer, qu. Appellationsgerichts-Präsident.

1858.
Wilhelm Ritter v. Manz, char. Generallieut. u. Stadtcommandant.

Leo v. Klenze, Geh. Rath ꝛc. ꝛc.

Dr. Friedr. Benedict Wilhelm v. Hermann, Staatsrath ꝛc. ꝛc.

Dr. Johann Evangelist v. Wanner, Geh. Rath u. Präsident des obersten Rechnungshofes.

Dr. Franz Ser. v. Gietl, Geh. Rath u. Leibarzt Sr. Maj. des Königs.

Gustav v. Hohe, Regierungs-Präsident.

1859.
Dr. Johann Joseph v. Kiliani, Staatsrath im o. D. und General-Staatsanwalt.

Franz Ludwig Philipp Schenk Frhr. v. Stauffenberg, erbl. Reichsrath u. Generalmajor à la suite.

Ludwig Graf v. Montgelas, Gesandter.

Heinrich Arnold Frhr. v. d. Becke, qu. Appellationsger.-Präsident.

Max v. Gutschneider, Regierungs-Präsident.

Nicolaus v. Weis, Bischof.

Ferdinand v. Paplus, Appell.-Ger.-Präsident.

1860.
Ludwig Friedrich v. Volz, Staatsrath im o. D.

Gregor v. Scherr, Erzbischof u. Reichsrath.

Carl Maria v. Aretin, Geh. Rath, Reichsrath und Vorstand des geh. Haus- und Staatsarchivs.

Georg K. v. Reindl, Domdechant u. geistl. Rath.

Julius v. Niethammer, Reichsrath.

Hugo v. Bosch, Generallieutenant und Präsident des General-Auditoriats.

Dr. Carl Friedrich v. Heinz, Staats- und Reichsrath, dann II. Ober-Appellationsger.-Präsident.

1861.

Maximilian Frhr. v. Freyberg, Generalmajor à la suite und pens. Hofmarschall Sr. k. Hoh. des Herzogs Maximilian in Bayern.

Ludwig v. Wich von der Reuth, Legationsrath.

Wolfgang v. Ott, Generalmajor.

Friedrich v. Schnizlein, Generalmajor u. Bundesfestungs-Gouverneur.

1862.

Ludwig Frhr. von der Tann, Generallieut. Generaladjut. u. Generalcommandant.

Maximil. Frhr. Pergler von Perglas, Gesandter.

Dr. Joh. Nep. v. Ringseis. Geh. Rath, Obermedicinalrath ꝛc.

Ritter.

1813.

Joseph Ernst Ritter v. Koch-Sternfeld, Akademiker.

1814.

Heinrich Ludwig v. Spengel, qu. Hof-Oekonomierath.

1817.

Carl Freiherr v. Stengel, qu. Appellationsgerichts-Präsident.

1820.

Friedrich Philipp v. Marthus, Geh. Rath.

Friedrich v. Schenk, Geh. Rath.

1824.

Friedrich v. Flotow, p. char. General der Cavalerie.

1826.

Peter v. Cornelius, Director.

1827.

Johann Baptist Frhr. v. Weveld, qu. Ministerialrath.

1828.

Johann Georg v. Oettl, Bischof.

1831.

August Frhr. v. Frays, p. General-Major.

Martin v. Neumann, p. Hauptm.

1835.

Carl Frhr. v. Lotzbeck, Kämmerer.

1839.

Alexander v. Hagens, Generalmaj.

1840.

Daniel Gustav v. Bezold, Geh. Rath und qu. Ministerialrath.

Carl Aug. v. Friederich, Geh. Rath u. qu. Minist.-Rath.

Franz Xaver v. Haren, p. Generalmajor.

1842.

Dr. Hieronymus v. Bayer, Reichsrath, Geh. Rath u. Univ.-Prof.

1844.

Jacob v. Aurweck, k. Rath und qu. Archivar.

Bernhard Gottfr. Frhr. v. Godin, qu. Regierungspräsident.

1845.
Dr. Sim. v. Haller, qu. Appell.-Ger.-Präsident.
Heinrich v. Kiliani, qu. Appell.-Gerichts-Director.
Johann Christian David v. Bartels, Commercienrath.

1846.
Carl v. Kleinschrod, Geh. Rath und qu. Ministerialrath.
Wilhelm v. Kaulbach, Akademie-Director.
Friedrich du Jarrys Frhr. v. La-Roche, Generalmajor und Hof-Marschall Sr. Maj. des Königs Ludwig.

1847.
Maximilian Graf v. Arco auf Valley, erbl. Reichsrath.
Carl v. Goeb, Geheimer Rath.
Friedrich August v. Pauli, Ober-Baudirector.

1848.
Dr. Franz v. Berks, qu. Staatsrath.
Alois August v. Schilcher, Regierungspräsident.
Dr. Joh. Baptist v. Weißbrod, Geheim. Obermedicinalrath und qu. Universitätsprofessor.

1849.
Friedrich Christian v. Arnold, Staatsrath im a. D. und qu. Appellationsgerichtspräsident.
Wilhelm v. Benning, qu. Regierungspräsident.
Stephan v. St. Germain, vormal. Oberstlieutenant.
Heinrich v. Claus, p. char. Oberst.

Georg Carl Frhr. v. Hettersdorff, p. char. Oberst.
Friedr. Wilh. v. Bettinger, Regierungs-Director.
Oscar Frhr. v. Zoller, Generallieutenant und Generalcommandant.

1850.
Franz Graf von Pocci, Ober-Ceremonienmeister.
Franz Xaver v. Molitor, Ober-Appellationsgerichtsdirector.
Ludwig Lucas v. Gombart, qu. Appellationsgerichtsdirector.
Heinrich v. Schubert, Ministerial-Rath.
Joh. Bapt. v. Mehrlein, Geheim. Rath und qu. Ministerialrath.
Dr. Heinrich v. Hofstätter, Bischof.
Dr. Georg Anton v. Stahl, Bischof und päpstl. Hausprälat.
Dr. H. Aug. v. Vogel sen., Hofrath.
Johann Nepomuk v. Sutner, Ministerialrath, Vorstand der Staatsschulden-Tilgungs-Commission ꝛc.
Christian v. Schmalz, p. General-Major.
Dr. Georg v. Jäger, Hofrath, qu. Lyceal- u. Gymnasial-Rector.

1851.
Otto Frhr. v. Lerchenfeld-Aham, Vice-Oberststallmeister.
Dr. Sebastian v. Daxenberger, Ministerialrath.
Georg Frhr. v. Lautphöus, Ober-Appellationsgerichts-Director.
Ferdinand v. Miller, Erzgießerei-Inspector.

Carl v. Hailbronner, p. General-Lieutenant.
Friedrich Frhr. von Magerl, p. char. Generallieutenant.
Ludwig v. Madroux, p. char. Generalmajor.
Dr. v. Röser, k. griech. Leibarzt.
Joseph Ant. Ritter v. Maffei, Handels-Appell.-Gerichts-Assessor.

1852.
Carl Ascan Graf v. Verri della Bosia, p. Generalmajor.
Joseph Ritter v. Zehrer, p. Oberst.
Johann Baptist v. Graf, Ministerialrath und Kronanwalt.
Franz Jos. v. Brand, Regierungs-Director.
Friedrich Frhr. v. Du Prel, Regierungs-Director.
Dr. Franz Joseph v. Allioli, Dompropst und geistl. Rath.
Carl v. Liel, Generalmajor und Kriegsminister.
Paul v. Denis, Oberbaurath.
Maximilian Graf v. Montgelas, Reichsrath.
Maximilian Graf v. Lerchenfeld-Brennberg, char. Generallieut. ꝛc.
Vincenz Ritter v. Achner, p. Generalmajor.
Dr. Justus Frhr. v. Liebig, Geh. Rath, Vorstand der Akademie der Wissenschaften und Univ.-Professor.
Dr. Emanuel v. Geibel, Universitäts-Professor.
Gottlieb Michael v. Plank, Ministerialrath und General-Zoll-Administrator.
Clemens v. Zimmermann, Gallerie-Director.
Maximilian Graf v. Marogna, Ministerresident.

Ignaz Ritter v. Reichert, qu. Appellationsgerichts-Director.
Wilhelm Carl Ludwig v. Greiner, Appellationsgerichts-Director.
Mathias v. Lifer, Regierungs-Director.

1853.
Ludwig v. Schmitt, General-Staatsprocurator.
Caspar v. Steinsdorf, I. rechtsk. Bürgermeister.

1854.
Dr. Adolph v. Harleß, Reichsrath und Oberconsistorial-Präsident.
Ludwig Frhr. v. Brück, General-Director der Verkehrsanstalten.
Baptist v. Koppelt, Generalmajor.
Jacob Ritter v. Hartmann, Generallieut. u. Generalcommand.
Dr. Max v. Stablbaur, Universitäts-Professor.
Theodor v. Cramer-Klett, Fabrikbesitzer.
August v. Voit, Oberbaurath.
Moriz Graf v. Bentheim-Tecklenburg.
Dr. Anton v. Schauß-Kempfenhausen, herz. Rath.
Dr. Friedrich v. Faber, qu. Ministerialrath.
Philipp Frhr. v. Zu Rhein, Regierungspräsident.

1855.
Max. Frhr. v. Gise, Minister-Resident.
Franz v. Dillis, Ministerialrath.
Dr. Carl v. Graf, Medicinalrath.
Benno Heinr. v. Pfeufer, Staats-Minister.

Jacob v. Ermarth, p. char. Generallieutenant.
Joseph v. Weniger, p. General-Major.
Dr. Conrad v. Haus, Kreis-Medicinalrath.
Dr. Carl v. Pfeufer, Obermedicinalrath.
Dr. Johan Christian Conrad v. Hofmann, Universitäts-Profess.
Franz Seraph v. Pfistermeister, Hofrath u. Secretär des Königs.

1856.
Wilhelm v. Weber, Ministerialrath.
Ernst v. Will, Appellationsgerichts-Präsident.
Friedrich Frhr. v. Podewils, Regierungs-Präsident.
August Graf v. Drechsel, Kämmerer und Landwehr-Generalmajor.
Johann Joseph Ignaz v. Hoffmann, Hofrath, Lycealdirector und Professor.
Gotthard v. Reber, Director der Steuerkataster-Commission.
Franz Xaver v. Hainbl, Ober-Münzmeister.
Ludwig Graf v. Benzel-Sternau, Generalmajor und Brigadier.
Carl Ritter v. Brodesser, Generalmajor und Brigadier.
Antonin v. Schlichtegroll, qu. Ober-Baurath.
Dr. Carl v. Hierneiß, k. Rath und Advocat.
Carl Reißner Frhr. v. Lichtenstern, k. Rath und qu. Landrichter.
Michael Ritter v. Schuh, Generalmajor und Cadetencorps-Commandant.

1857.
Philipp Frhr. v. Brandt, p. Generallieutenant.
Friedrich Graf v. Hundt, Ministerialrath.
Dr. Franz Christoph v. Rothmund, Universitätsprofessor und Conservator.
Georg Mich. v. Obermayr, Regierungsdirector und qu. Straf-Anstalts-Vorstand.
Nepomuk Ritter v. Eichenauer, char. Generalmajor u. Vorstand der Armee-Montur-Depot-Commission.
Dr. Wilhelm v. Dönniges, Geh. Legationsrath und Geschäftsträger.
Carl Christoph Frhr. von Waldenfels, Appell.-Ger.-Präsident.
Dr. Joseph v. Barth, Appellations-Gerichtspräsident.
Julius Frhr. v. Rotenhan, Regierungsdirector.
Michael v. Deinlein, Erzbischof und Reichsrath.
Carl v. Meixner, Ministerialrath.
Ludwig v. Burbaum, Regierungs-Director.
Dr. Friedrich v. Scanzoni, Geh. Rath u. Universitäts-Professor.
Ludwig Graf v. Rechberg-Rothenlöwen, Kämmerer, char. Generalmajor u. Generaladjutant.

1858.
Ludwig v. Neumayr, Appellations-Gerichts-Präsident.

Nicolaus von Endres, Ober-Appellationsgerichts-Director.
Dr. Franz Ant. v. Heigl, Appellations-Gerichts-Präsident.
Carl v. Epplen, Ministerialrath und General-Secretär.
Alois v. Hermann, Regierungs-Director.
Gustav v. Bezold, Ministerialrath und Generalsecretär.
Eduard v. Wolfanger, Ministerial-Director.
Joseph v. Döring, Oberzollrath.
Johann v. Hake, p. char. Generalmajor.
Otto Frhr. Vogt v. Hunoltstein, genannt Stein-Kallenfels, p. Generalmajor.
Benjamin v. Herman, General-Major und Brigadier.
Maximilian v. Feder, Generallieut. und Generalcommandant.
Wilhelm v. Engerer, Ministerialrath.
Carl Christoph v. Krafft, qu. Ober-Appellationsgerichts-Director.
Philipp Heinr. v. Krämer, Hüttenwerksbesitzer.
Carl Ritter v. Krazeisen, General-Major und Brigadier.
Carl Ritter v. Feinaigle, General-Verwaltungsdirector.

1859.

Adolph Eberh. Frhr. v. Gumppenberg-Pöttmes, erbl. Reichsrath.
Eduard v. Zink, Oberappellations-Gerichts-Director.
Nicolaus v. Koch, Ministerialrath.
Franz v. Schönwerth, Ministerial-Rath.

Franz Frhr. v. Lobkowitz, Ministerialrath und Bankcommissär.
Joseph v. Lehmair, Oberst und Ministerialreferent.
Georg v. Wehner, qu. Appellations-Gerichts-Director.
Dr. Ferdinand Theodor v. Hopf, Appellationsgerichts-Director.
Ernst Frhr. v. Lerchenfeld, Regierungs-Präsident.
Johann Baptist v. Lottner, qu. Regierungs-Director.
Carl Frhr. v. Dobeneck, Kämmerer, Consist.-Director und Regierungsrath.
Gustav v. Sundahl, p. Oberpostrath u. Landwehr-Generalmajor.
Leopold Frhr. v. Reichlin Meldegg, p. Generalmajor.
Dr. Carl Friedrich v. Dollmann, Universitätsprofessor.
Georg v. Fornbran, rechtsk. Bürgermeister.
Carl Graf v. Butler-Clonebough, Generalmajor, Flügeladjutant und Hofmarschall.

1860.

Theodor Graf v. La Rosé, char. Oberst.
Julius v. Hofmann, k. Rath und Hofsecretär.
Dr. Gottfried v. Feder, Ministerialrath.
Wilhelm Ritter v. Kobell, Regierungs-Director.
Carl August Theodor Frhr. v. Fraunhofen, Reichsrath.
Dr. Ignaz v. Döllinger, Stifts-Propst.
Dr. Joseph Alois v. Prand, Dompropst.

Dr. Joseph Nicolaus v. Mantel, Ministerialrath.

Carl v. Spruner, Generalmajor u. Flügeladjutant.

Michael v. Gönner, General-Secretär.

Ferdinand Graf v. Hompesch, Ministerresident.

Carl Conrad Wilh. v. Kärner, Appellationsgerichts-Director.

Max v. Dall' Armi, Oberstaatsanwalt.

Wilhelm Johann Nepom. Frhr. v. Pechmann, Regierungspräsident.

Franz v. Greßer, Regierungs-Director.

Robert Frhr. v. Grainger, Major à la suite und Landwehr-Generalmajor.

Christoph v. Klinger, Landwehr-Generalmajor.

Friedrich Graf v. Spretti, General-Major und Brigadier.

Walther Frhr. v. Grainger, Oberst à la suite.

Dr. Ignatius v. Senestrey, Bischof.

Pankratius v. Dinkel, Bischof u. Reichsrath.

Carl v. Lindner, Regierungs-Director.

Dr. Joseph Carl v. Ahorner, Regierungsrath.

1861.

Sebastian v. Kobell, General-Secretär des Staatsraths u. Collegialdirector.

Eduard Frhr. v. Rieberer, Legationsrath.

August v. Petersen, Appellations-Gerichts-Director.

Rudolph v. Metz, Appellations-Gerichts-Director.

Dr. Heinrich v. Wirschinger, Ober-Staatsanwalt.

Marquard v. Rehlingen, Ministerialrath.

Anton v. Widder, II. rechtsk. Bürgermeister.

Dr. Adam v. Gengler, Dombechant.

Dr. Christian v. Böckh, Ober-Consistorialrath.

Dr. Heinrich Carl August v. Burger, Oberconsistorialrath.

Peter v. Heß, Hofmaler.

Carl Frhr. v. Eichthal, Kämmerer.

Carl v. Dyck, Generaldirectionsrath u. Telegraphenamts-Vorstand.

Adolph v. Pfretzschner, Ministerial-Rath.

Joseph v. Leopolder, Regierungs-Director.

Alfred v. Weishaupt, Oberberg- und Salinenrath.

Friedr. Frhr. v. Reichlin-Meldegg, General-Auditor.

Carl Graf zu Pappenheim, Oberst und Flügeladjutant Sr. Maj. des Königs.

Heinrich v. Posselt, Rath d. Steuer-Kataster-Commission.

Dr. Georg Carl von Seuffert, Handels-Appelat.-Ger.-Präsident.

Dr. Franz v. Vogt, Ministerialrath.

Stanislaus v. Schmelcher, Apell.-Gerichts-Director.

Maxim. v. Wächter, I. rechtsk. Bürgermeister.

Dr. Maxim. Schleiß von Löwenfeld, Leibchirurg Sr. Maj. d. Königs.

1862.

Joseph v. Hüther, Hofsecretär und Cabinetscassa-Vorstand.

Friedr. Daniel v. Pixis, Ob.-Appellat.-Ger.-Rath.

Georg Jos. v. Seuffert, qu. Bezirks-Ger.-Director.

Leonhard v. Osberger, Reggs.-Rath.

Johann v. Schraudolph, Akademie-Professor.

Heinrich Andreas v. Morgenroth, Ministerialrath.

Theodor Frhr. v. Zeeße, Generalmajor u. Flügeladjut. Sr. Maj. d. K. Ludwig.

Bernhard v. Heß, char. Generallieut. u. Vicepräsid. d. Generalauditoriats.

Ferdinand Ritter von Malaisé, Oberst u. Erzieher der Prinzen-Söhne des Prinzen Luitpold, Königl. Hoheit.

Joseph v. Schmidtlein, Universitäts-Professor.

Dr. Joh. Ludw. Christoph Wilhelm v. Döderlein, Hofrath und Univ.-Professor.

Heinrich v. Buz, Oberst.

Joseph v. Schmitt, Oberauditor.

1863.

Dr. Friedrich Ferdinand v. Kerstorf, Advocat und Sachsen-Coburg-Gothaischer Hofrath.

Ausländer.

Großkreuze.

1812.
Leopold, König der Belgier.

1817.
Graf v. Castelalfer, k. sardin. Gesandter in Berlin.

1818.
Fürst Hermann Pückler-Muskau, k. preußischer Generalmajor.

1819.
Fürst Heinrich zu Carolath-Beuten, Reichsgraf zu Schöneich.

1823.
Heinrich Graf v. Schönburg-Glauchau-Rochsburg.

1824.
Joseph Graf v. Trauttmansdorf, k. k. österr. Geheim. Rath und Kämmerer.

1826.
Fürst Nicolaus Dolgorucky, Grand Maître de la Cour de Russie.

Fürst Montleart.

1829.
Joachim Eduard Graf v. Münch Bellinghausen, k. k. österreich. Staatsminister u. Mitglied des Herrenhauses.

1833.
Heinrich Anton v. Zeschau, k. sächs. Staatsminister a. D. und Minister des Königlichen Hauses.

Frhr. v. Grancy, p. großh. hess. Oberststallmeister.

1834.
Carl Graf Mercy d'Argenteau, Erzbischof von Tyrus.

1835.
Bartholomäus Graf v. Stürmer, k. k. österr. Geheimer Rath.

1838.

Graf Wladimir Adlerberg I., kaif. ruff. Minifter u. General-Adjutant.

Demetrius v. Severin, kaif. ruff. wirkl. Geh. Rath u. Gefandter.

1842.

Marquis v. Molza, herzogl. mod. Oberftkämmerer.

Graf v. Noftitz, k. preuß. General der Cavalerie und General-Adjutant des Königs.

J. Graf v. Salis-Soglio, Oberft-Hofmeifter des Herzogs von Modena.

1844.

Graf Guido Alberto Della Gherardesca, Maggior-domo Maggior.

1845.

José Joaquim Comes de Caftro, k. portug. Minifter.

Graf Solar de la Marguérite, k. fardin. Minifter.

1846.

Auguft Graf Bellegarde, k. k. öfterr. Feldmarfchallieutenant in Penfion.

Camillus Graf de Briey, Baron de Landres, p. k. belg. Gefandter.

1847.

Carl Ludwig Morichini, Cardinal.

1848.

Albrecht Graf v. Bernftorff, k. preuß. Botfchafter am k. großbritannifchen Hof.

Fabius Marchefe Pallavicini, k. fardin. Minifter.

Jacob Antonelli, Cardinal.

d'Harcourt, kaif. franz. Botfchafter.

1849.

Carl Graf Grünne, k. k. öfterr. Feldmarfchallieutenant, Oberftftallmeifter u. Capitaine der Garde-Gendarmerie.

Friedrich Graf Thun-Hohenftein, k. k. öfterr. Geh. Rath, Kämmerer u. Gefandter in St. Petersburg.

1850.

Anton Kriezis, Vice-Admiral und Senator.

de Lahitte, Präfident des kaiferl. franzöf. Artillerie-Comité, Senator u. Divifions-General.

1851.

Friedrich Ferdinand Frhr. v. Beuft, k. fächf. vorfitzender Staatsminifter, Minifter der auswärtigen Angelegenheiten und des Innern.

1852.

v. Filofophoff, kaif. ruff. Generallieutenant u. General-Adjutant.

1853.

Heinrich Frhr. v. Heß, k. k. öfterr. Feldmarfchall und Hauptmann der Trabanten-Leibgarde.

Carl Filangieri Fürft von Satriano Duca di Taormina, k. neapolit. Generallieutenant.

Conftantin Frhr. v. Neurath, k. württemb. Staatsminifter und Präfident des geheimen Raths.

Frhr. v. Wrangel, k. preuß. General-Feldmarfchall.

Graf von der Gröben, k. preuß. General der Cavalerie u. General-Adjutant des Königs.
Graf Carl v. Sacconi, Cardinal.

1854.
Lopez de la Torre d'Ayllon, k. span. Senator, a. Gesandter und bevollmächt. Minister.
Franz Ernst Graf v. Harrach, k. k. österr. Geh. Rath u. Kämmerer.

1855.
Anton Frhr. Prokesch v. Osten, k. k. österreich. Feldmarschalllieutenant und Internuntius in Constantinopel.

1856.
Rudolph Graf Aponyi, k. k. österr. Kämmerer und Botschafter in London.
Don Juan de Zavala, Graf von Paredes de Nava, Grand von Spanien I. Classe.
Antonio Saverio de Luca, apostol. Nuntius und Erzbischof.

1857.
Graf v. Altamira, Herzog von Montemar, k. span. Oberst-Stallmeister.
Herzog v. Osuna und von Infantado, k. span. Kammerherr und Generalmajor.
Herzog v. Baylen, k. span. Oberst-Kämmerer und Generallieuten.

1858.
Friedrich Frhr. Kellner von Köllenstein, k. k. österr. Feldmarschalllieutenant und Oberlieutenant der Arcieren-Leibgarde.
Eduard v. Thouvenel, kais. franzos. Senator.

Fürst Callimaki, kais. osmanisch. Botschafter.
Ludwig Ritter Carafa di Traëto, k. neapolit. Minister.
Peter Fürst v. Bisignano, k. neapolitanischer Obersthofmeister.
Wilhelm Graf Ludolf, k. sicilian. Gesandter am großbritannischen Hofe.
Edmund Graf Hartig, k. k. österr. Geh. Rath und Kämmerer.

1859.
Eugen Baron v. Meneval, ehem. kais. französ. Gesandter.
Herzog v. Serracapriola, k. sicilianischer Präsident d. Consulta.

1860.
Thomas Iglesias J. Barones, Patriarch von Indien.
Graf v. Keller, k. preußischer wirkl. Geh. Rath u. Oberschloßhauptmann.
Franz Graf Folliot de Crenneville, k. k. österr. Feldmarschalllieutenant und I. General-Adjutant Sr. Maj. des Kaisers.
Mathias Constant. Graf v. Wickenburg, k. k. österr. Geh. Rath, Kämmerer u. Minister des Handels.

1861.
von Wussow, k. preuß. General der Infanterie u. Armée-Corps-Commandant.
von Roon, k. preuß. General-Lieutenant u. Kriegsminister.
von Hahn, k. preuß. General der Infanterie u. Generalinspector der Artillerie.
Leopold del Re, k. sicilian. Minister u. Viceadmiral.

Fürst von Ruffano, k. sicil. Oberst-
hofmarschall u. Feldmarschall.
Fürst Flavio Chigi, apostolischer
Nuntius.
F. Ritter van Stuers, k. niederl.
Generallieut. u. Generaladjut.
S. M. d. Königs d. Niederlande.
1862.
Clemens von St. Julien Graf von
u. zu Wallsee, k. k. österr. Geh.
Rath, Major u. Obersthofmeister
Ihrer Majestät der verwittw.
Kaiserin Caroline von Oesterreich.
Franz Graf zu Elz, k. k. österr.
Geh. Rath, Feldmarschall-Lieu-
tenant u. Obersthofmeister Ihrer
Kaiserl. Königl. Hoheit der Erz-
herzogin Hildegarde.

Groß-Comthure.
1855.
Carl Frhr. Pergler v. Perglas,
k. k. österr. General d. Cavalerie
in Pension.
1857.
Thomas de Ligués y Barbaff, k.
span. Ministerial-Sections-Di-
rector.
Fleury, kais. französ. General.
Baron Haußmann, kais. französ.
Präfect und Senator.
Carl Friedrich Müller, k. hannov.
Generalmajor.
1861.
Emanuel Gotthard Graf v. Schaff-
gotsch, k. preuß. Kammerherr u.
Vice-Oberceremonienmeister.

Comthure.
1810.
Graf v. Pons, kais. franz. Kammerherr.

1811.
Marquis v. Bellisen, kais. französ.
Kammerherr.
1820.
August Frhr. von Gemmingen-
Gemmingen, großherzogl. bad.
Kammerherr.
1823.
Friedrich Constantin Wenzesl. Frhr.
ô Byrn, k. sächs. wirkl. Geh.
Rath, Kämmerer Sr. Maj.
des Königs und Oberhofmeister
Ihrer Maj. der Königin von
Sachsen.
1825.
Graf Heinrich v. Bassewitz, genannt
v. Schlitz, Erbherr auf Wardow.
1829.
Franz Frhr. v. Lebzeltern-Collen-
bach, k. k. österr. p. Staats-
und Conferenzrath.
1830.
v. Soßmann, k. preuß. Geheimer
Oberfinanzrath a. D.
1832.
Demetrius Plapoutas k. griech.
Generallieutenant a. D.
Gabriel Catakazi, kaiserl. russ.
Staatsrath u. Senator.
Baron Phillipp v. Brunnow, kais.
russ. Geh. Rath u. Botschafter.
1833.
Ernst Michaelis, k. preuß. Geh.
Legationsrath a. D.
Dr. Ludwig Bogislaus Kühne,
k. preuß. wirkl. Geheimer Rath.
Fürst Constantin Carabja, k. griech.
Gesandter.

1834.
v. Braun, herzogl. sachsen-altenburgischer Geh. Rath.

1836.
Alexander v. Dusch, großherz. bad. Staatsminister a. D.

1837.
Kuhlmeyer, k. preuß. wirkl. Geh. Rath.

1841.
Rudolph v. Könneritz, k. sächs. wirkl. Geh. Rath, Kammerherr, außerord. Gesandter u. bevollmächtigter Minister am k. k. österr. Hofe.

Franz August Eichmann, k. preuß. wirkl. Geh. Rath und Oberpräsident der Provinz Preußen.

August Graf v. Dönhoff, k. preuß. wirkl. Geh. Rath und Oberst-hofmeister der Königin Wittwe.

1842.
Joseph Graf v. Forni, herzogl. modenes. Kämmerer u. Staatsrath.

1843.
Franz Frhr. v. Andlaw-Birseck, großherz. bad. Geheimer Rath a. D.

1844.
Joseph Frhr. v. Werner, k. k. österr. Geh. Rath u. Gesandter in Dresden.

1849.
Eugen Graf v. Wrbna, k. k. österr. Generalmajor und Brigadier.

Heinrich Frhr. v. Handel, k. k. österr. Feldmarschalllieutenant.

1850.
J. C. Ritter v. Gevers, k. niederl. Gesandter in St. Petersburg.

Frhr. v. Trotha, großherz. hess. Generalmajor und General-Adjutant.

Frhr. v. Viel Castel, Chef der politischen Section im Ministerium des Aeußern in Paris.

1851.
Franz Frhr. v. Kalchberg, k. k. österr. Geh. Rath u. Unterstaatssecretär, Sectionschef im Finanzministerium.

1852.
Dr. Carl Frhr. v. Hock, k. k. österr. Sectionschef im Finanzministerium.

1853.
Max Graf O'Donnel, k. k. österr. Generalmajor in Pension.

Johann Egon Landgraf zu Fürstenberg, k. k. österr. Geh. Rath Kämmerer und Oberceremonienmeister.

Johann Friedr. v. Pommer-Esche, k. preuß. Generalsteuerdirector.

Illaire, k. preuß. wirkl. Geheimer Rath.

Don José de Garaycoechea, Chef de Bureau au Ministère des affaires étrangères à Madrid.

Carl Hermann v. Thile, k. preuß. Gesandter zur Disposition.

1855.
von Balan, k. preuß. Gesandter.
Dr. Christian Albert Weinlig, k. sächs. Geh. Rath u. Ministerial-Director im Ministerium des Innern.

1858.
Franz Wendland, Secretär des Königs von Griechenland.

Ferdinand Graf v. Ysenburg-Philippseich, großherzogl. heff. Hofmarschall und Major.

1860.
Carl Frhr. v. Rothschild, k. bayer. Generalconsul.

1861.
von Madelung, k. preuß. Oberst, zur Disposition.

Hartmann, k. preuß. Oberst à la suite.

von Uechtritz, k. preuß. Oberst à la suite.

Graberg, k. preuß. Oberst.

Dr. Alfred v. Reumont, k. preuß. Ministerresident.

Baron v. Schumacher, k. sicilian. General.

Don Giovanni Ruiz de Ballesteros, k. sicilian. Ministerial-Depart.-Chef u. Secretär d. Königs.

Frhr. v. Brandenstein, großherz. mecklenb. Viceoberstallmeister.

Gustav v. Rauch, k. preuß. Oberst-lieut. u. Regim.-Commandant.

Emerich Fürst von Thurn u. Taxis, k. k. öster. General-Major.

Leopold Frhr. v. Edelsheim, k. k. österr. Oberst.

1862.
Gavini, Präfect des französischen Departements der Seealpen.

Corréard, command. General des französ. Depart. der Seealpen.

Athanasius Valtinos, k. griech. Oberst u. Adjutant.

Ritter.

1810.
v. Villeneuve, vormal. I. Kammer-herr der Königin von Holland.

v. Marmol, vormal. Stallmeister der Königin von Holland.

Des Champs, vormal. Sécrét. des commandements Ihrer Maj. der Kaiserin Josephine.

Carl v. Gimbernat, spanischer Ge-lehrter.

1811.
Gentil, Generaldirector der kaif. französischen Domainen.

1812.
Graf v. Fagnani, vormal. Kammer-herr des Kaisers Napoleon I.

1814.
Carl Anton Fürst Palffy, k. k. österr. Geheimer Rath u. Käm-merer.

1815.
Ernst Michael Barklay de Tolly, kaif. russischer Oberst.

1817.
Frhr. v. Rieben, großherzoglich mecklenburgischer Landstand.

Graf v. Erdödy, k. k. österreich. Kämmerer.

1818.
Ivan Ortäus, k. ruff. Geh. Rath und Senator.

Ludwig v. Wolframsdorf, kaiserl. ruff. Oberst.

1819.

Varlet, kaif. französ. Douanen-Inspector.

Dessenant, kaif. französ. Marine-Adjunct.

François Chev. d'Agon de Lacontrie.

1820.

Franz Ludwig Frhr. v. Zöpffel, kaif. französ. General.

1822.

François Hyacinthe de Maubreuil, kaif. französ. Rittmeister.

Frhr. v. Germar, großherzogl. weimar'scher Hofrath.

v. Lützerode, k. sächs. Rittmeister.

Friedr. Heinr. Wilhelm v. Preuß, k. sächs. Kammerherr u. Geh. Rath.

Baron Darney, herzogl. Leuchtenbergischer Kammerjunker.

1823.

de los Rios, k. span. General.

Marquis v. Lucchesini, k. preuß. wirkl. Geh. Rath u. Hofmarschall des Prinzen Carl von Preußen.

1825.

Graf v. Marcolini, k. sächsischer Kammerherr.

Graf v. Bethune, k. niederländ. Kammerherr.

Ludw. Nicol. v. Planat, Oberstlieut. à la suite.

1826.

Etienne Nicol. Rousseau, kaiserl. französ. Oberst.

1828.

Ludwig Philipp v. Kolb, kaiserl. französ. Hauptmann.

1830.

Frhr. v. Münchhausen, herzogl. sachsen-altenburg'scher Hofmarschall.

1831.

v. Verdier, großherz. hess. Geh. Regierungsrath.

1832.

Dr. Philipp Franz v. Siebold, Professor an der Universität Leyden.

1833.

Schwedes, kurhess. Geh. Oberbergrath.

Franz Graf v. Linden, k. württemb. Staatsrath und Gesandter in Berlin.

1834.

v. Röder, herzogl. sachs.-cob.-goth. Kammerherr u. Ministerresident.

v. Fischern, herzogl. sachsen-meining. Ministerialrath.

v. Thon, herzoglich sachs.-weimar'scher geh. Legationsrath.

v. Friedrich, k. preuß. Geh. Oberpostrath.

1836.

Carl Frhr. v. Gigling, k. preuß. Geh. Rath in Hechingen.

1837.

Horatio Thomas v. Austin, ehemaliger Commandant des englischen Dampfschiffes Medea, Contreadmiral der k. Marine.

August Frhr. v. Wächter, kgl. württemb. Staatsrath u. Gesandter in Paris.

Eckhardt, großherzogl. hess. Geh. Rath.

Carl Reuter, herzogl. nassau'scher Landesbankdirector.

Dr. Souchay, Senator der freien Stadt Frankfurt.

1838.

Joseph Ritter Zuechl von Morecci, k. k. österr. Generalmajor, in Pension.

Dr. Nicolaus Arendt, kais. russ. Staatsrath.

Dr. Fr. Ant. Markus, kais. russ. Geh. Rath.

Fürst Wladim. Dolgorouky, kais. russ. General-Adjutant.

Johann v. Geißel, Erzbischof in Cöln.

1839.

August Frhr. v. Marschall, großh. bad. Oberhofrichter.

1840.

Joseph Frhr. v. Moll, k. k. österr. Kämmerer.

1841.

C. Th. Kunz, k. sächs. Wasserbau-Director.

Uhden, k. preuß. Staatsminister.

1842.

Ludwig Graf v. Forni, herzogl. modenes. Oberstlieutenant.

Graf von der Gröben, k. preuß. Kammerherr und Mitglied der General-Ordenskommission.

1843.

Heinrich Graf v. Redern, k. preuß. wirkl. Geh. Rath u. Gesandter.

1844.

Matthäus Bittheuser, großherz. toscan. Geh. Secretär.

Eduard Frhr. v. Hohenbruck, k. k. österr. Regierungsrath.

Moriz Graf Braida, k. k. österr. Feldmarschalllieut. u. Obersthofmeister Sr. kaiserl. Hoheit des Erzherzogs Albrecht.

Theodor Frhr. v. Kast, k. k. österr. Legationsrath.

Julius Schnorr v. Carolsfeld, k. sächs. Galleriedirector.

1845.

Dr. Christian Allerz, k. preuß. Geh. Sanit.-Rath in Rom.

J. R. L. Vicomte Herkhoven de Varent, Präsident der archäologischen Gesellschaft in Antwerpen.

Carl Meyer Frhr. v. Rothschild, k. b. Hofbanquier und Generalconsul.

1846.

Hermann Frhr. von Reischach, k. württemb. Kammerherr und Major a. D.

Carl Frhr. v. Reischach, k. k. österr. Geheimer Rath.

1849.

Demetrius Mavromichalis, kgl. griech. Oberstlieutenant a. D.

Alexander Ritter v. Karst, k. k. österr. Oberst.

v. Plehwe, k. preuß. Major a. D.

Marquis Franz Paolucci, herzogl. modenes. Rittmeister.

Friedr. Frhr. Packeny von Kielstabten, k. k. österr. Generalmajor u. Brigadier.

1850.

Ludwig Franul v. Weissenthurn, k. k. österr. p. Oberst.

Carl Adolph Metzner, k. preuß. Geh. Oberpostrath.

Georg Bernhard v. Bilfinger, k. württemb. Director der Eisenbahn-Commission.

Anton Langer, k. k. österr. p. Rath.

Ferdinand Zwiedinek von Südenhorst, k. k. österr. p. Oberst.

Felix Frhr. v. Brüssele, k. k. österr. p. Oberst.

1851.

Johann Carl Casimir v. Ende, kurfürstl. hess. Oberst u. Vorstand des Kriegsministeriums.

Carl Wilhelm Jeremias v. Loßberg, kurfürstl. hess. Generalmajor u. General-Adjutant.

Heinrich August Ludwig Frhr. v. Schenk zu Schweinsberg, kurf. hess. Generalmajor und Commandant von Kassel.

Moriz Ritter v. Peßler, k. k. österr. p. Oberst.

August Ritter v. Ruff, k. k. österr. Generalmajor.

Eugen Julius Ruhl, kurfürstl. hess. Oberbaudirector.

Johann Pichler, k. k. österreich. Ministerial-Rath.

1852.

Anton Peter, k. k. österr. Sections-Rath im Finanzministerium.

Ballin de Monbel, kais. französ. Polizei-Inspector.

v. Geiger, ehemal. Deputirter in Metz.

1853.

J. G. A. Most, k. belg. Director der Steuern, Zölle u. Accisen.

Bela Graf v. Haddik von Futák, k. k. österr. Geh. Rath u. Contreadmiral.

Phillipp Ritter v. Dräxler v. Carle, k. k. österr. Hofrath u. Canzleidirector des Oberstofmeisteramts.

Dr. Johann Nepomuk Ritter v. Seeburger, k. k. österr. Hofrath und 1. Leibarzt.

Alois Auer Ritter v. Welsbach, k. k. österr. Hofrath u. Director der Staatsdruckerei.

v. Pfuel, k. preuß. Oberst u. Regimentscommandeur.

Hugo, k. preuß. Oberstlieut. a. D.

Dr. Romberg, k. preuß. Geh. Medicinalrath.

Carl Freiherr v. Boxberg, k. k. österr. Oberst.

Lenné, k. preuß. Gartendirector.

1854.

v. Gerdten, kaiserl. russ. Director.

Hugo v. Weckbecker, k. k. österr. Oberst.

Carl Fürst v. Liechtenstein, k. k. österr. Oberstlieutenant a. D.

Robert Eduard v. Zezschwitz, k. sächs. Kammerherr und Hofmarschall Sr. K. Hoheit des Kronprinzen v. Sachsen.

Friedrich Keller, großherzogl. badischer Oberst u. Chef des Generalstabs.

Max v. Schlegell, k. preußischer Oberst und Flügeladjutant des Königs.

C. Nellessen-Ketterer, Bürgermeister in Aachen.

Balde, k. preuß. Oberpostdirector.

Schöning, k. preuß. Geheimer Kammerier a. D.

August Müller, Edler von Wandau, k. k. österr. Oberst u. Brigadier.

Julius Kindt, k. belg. Legationsrath und Inspector der industriellen Angelegenheiten.

Don Rafael Ferraz, k. spanischer Attaché.

Ubald Ritter v. Merfort, k. k. österreich. Ministerialrath u. Finanz-Landesdirector.

1855.

Friedrich Braun, herzogl. sachs.-coburg-goth. Ministerialrath.

Adam Ritter v. Burg, k. k. österr. Regierungsrath und Professor.

Dr. Rudolph Dietz, großherzogl. badischer Geh. Referendär.

Trapp von und zu Ehrenschild, herzogl. nass. Ministerialrath.

Dr. Ferdinand v. Steinbeis, k. württ. Director der Centralstelle für Handel und Gewerbe.

Jacob Reuther, k. k. österr. Rath u. Custos des technischen Cabinets.

Geim, k. preuß. Geh. Oberfinanzrath.

Ludwig Friedrich v. Gaab, k. württ. Oberbaurath.

1856.

Arlés Dufour, eidgenöss. General.

Jos. Frhr. v. Gasser-Paraskovich, k. k. österr. p. Hofrath.

François v. Wolffers, k. französ. Divisionschef.

Dr. Vincenz Ritter von Maly, k. k. österr. Sectionsrath im Ministerium für Handel.

Graf Georg v. d. Gröben, k. preuß. Oberst und Flügeladjutant des Königs.

Ferdinand Rudolph Ritter v. Zwierzina, k. k. österr. Legationsrath.

Eduard Pechmann, k. k. österr. Oberst u. Vermessungs-Referent beim Grundsteuerkataster.

Demetrius Botzaris, k. griech. Oberstlieutenant und Kriegs-Minister.

Graf v. Bismark-Bohlen, k. preuß. Oberst und Flügeladjutant.

1857.

Wedding, k. preuß. Geh. Regierungsrath.

Vicomte de Ameria zu Madrid.

Moriz Frhr. Ebner v. Eschenbach, k. k. österr. Oberstlieutenant.

Christian Götz, großherzogl. badischer Oberstlieutenant.

Graf Labedoyere, kaiserl. französ. Kammerherr.

Alexander Apleef, kais. russ. Oberst u. Flügeladjutant.

Fürst Dimitry Dolgorouky, kais. russ. Kammerjunker.

Dr. Franz Dingelstedt, großherz. sächs. General-Intendant.

1858.

Constantin Fürst zu Hohenlohe-Schillingsfürst, k. k. österr. Oberstlieut. und Flügeladjutant Sr. Maj. des Kaisers.

Garabed Artin Davoud-Oghlou, kaiserl. türk. Generalconsul.

Adolph Müller, k. württ. Regierungsrath.

Adolph Frhr. v. Holzing, großherz. bad. Oberstlieutenant u. Flügeladjutant.

Adolph Graf Alberti di Poja, k. k. österr. Oberstlieutenant u. Militärgestüts-Commandant.

Ritter Ferdinand v. Piscicelli, Sectionschef im sicilian. Ministerium des Auswärtigen.

Eugen de Bouquet, k. sicilian. Ministerialbeamter I. Classe.

1859.

Joseph Georg v. Böheim, k. württ. Oberbaurath.

1860.

Dr. Lepsius, k. preuß. Universitäts-Professor.

Georg Zimmermann, großherzogl. hess. Geh. Cabinetsrath.

Baron du Casse, kais. französ. Major im Generalstab.

Emerich Graf Hunyady de Kethely, k. k. österr. Oberstlieutenant und 1. Stallmeister Sr. Maj. des Kaisers.

Carl v. Seifert, k. k. österr. Hofrath u. Privatfonds-Cassendirector.

Adolph Ritter v. Wolfersdorf, k. k. österr. Major.

Ignaz Steinbauer v. Angerstein, k. k. österr. Major.

Daniel Weisweiller, k. bayersch. Generalconsul in Madrid.

1861.

Joseph Emanuel Bellotti, k. bayer. Generalagent in Neapel.

The Losen, k. preuß. Major.

v. Löbell, k. preuß. Oberstlieut.

Dr. F. Th. Frerichs, k. preuß. Geh. Medicinal-Rath u. Professor.

Dr. Franz Lotz, kurfürstlich hess. Reggs.-Rath.

Cesare Necco, k. sicilian. Ministerialbeamter.

Carl Frhr. v. Eber, k. k. österr. General-Consul in Bucharest.

J. François Loos, Bürgermeister in Antwerpen.

Maybach, k. preuß. Geh. Regierungsrath.

Joh. Drakos, k. griech. Major u. Flügeladjutant.

Dr. Johann Bouros, Leibarzt Sr. Maj. d. Königs von Griechenland.

1862.

Wilh. Grobben, k. k. österr. Major.

Molaussena, kaiserl. französ. Maire von Nizza.

Dr. Tobias Wildauer, k. k. österr. Professor.

Adolph Chalaupka, k. k. österr. Sectionsrath.

Constantin v. Schultz, kais. russ. Garde-Capitän.

Cäsar Romas, k. griech. Hauptmann u. Ordonanz-Officier.

Leonidas Palasca, k. griech. Corvetten-Capitän.

1863.

Florian Ritter v. Pasetti, kais. österr. Ministerialrath.

Herman Rose, herzogl. sachsen-koburgscher Regierungsrath.

5. Verdienst-Orden vom heil. Michael.

Dieser Orden wurde im Jahre 1693 am 29. September von dem Churfürsten zu Cöln, Joseph Clemens als Herzog von Bayern, bey seiner Anwesenheit in München gestiftet, und bei der Reformation der k. Orden, unter dem 11. September 1808, von Sr. Majestät dem Könige Maximilian Joseph bestätiget.

Sein ursprünglicher Zweck war die Aufrechthaltung der Religion, und die Verfechtung der göttlichen Ehre, zu welchem bei der am 6. August 1810 erfolgten neuen Bestätigung, respective Modification der Ordens-Statuten, jener der Unterstützung der Vertheidiger des Vaterlandes hinzu kam.

Die Großmeisters-Stelle dieses Ordens war mit Königlicher Allerhöchster Genehmigung einem Prinzen des Hauses übertragen.

Nach dem erfolgten Ableben Sr. K. H. des Herzogs Wilhelm in Bayern, als des VIII. Großmeisters seit dem Bestande des Ordens, aber wurde der St. Michaels-Orden unter Aufhebung der bisherigen Satzungen desselben, am 16. Februar 1837, was die nach diesem Tage stattgefundenen Verleihungen desselben betrifft, von Sr. Majestät dem Könige Ludwig zu einem Verdienst-Orden erhoben, ohne daß jedoch mit demselben eine Verleihung des Adels verbunden wäre, wie dieses bei dem K. Verdienst-Orden der Bayer. Krone der Fall ist.

Nach den an diesem Tage gegebenen neuen Satzungen dieses Ordens ist zur Aufnahme in denselben ohne Unterschied des Standes, der Geburt und der Religion geeignet, wer sich durch Anhänglichkeit, durch Vaterlandsliebe und durch ausgezeichnet nützliches Wirken irgend einer Art die besondere Zufriedenheit Sr. Majestät des Königs erworben hat.

Als Ordensgrade wurden bestimmt: Großkreuze, Comthure und Ritter. Eine Erweiterung erfuhr der Orden vermöge der allerhöchsten Verordnung vom 24. Juni 1855 durch Einführung von Großcomthuren, welche nach den Großkreuzen sich einzureihen haben, dann durch Abtheilung des Rittergrades in Ritter erster und zweiter Classe.

Das Ordenszeichen besteht bei allen Classen aus einem von Gold lasurblau emaillirten Kreuze mit acht breiten Spitzen, oben mit der Königs-Krone bedeckt, auf dessen vier von Außen mit Gold eingefaßten Theilen die gleichfalls goldenen Buchstaben P. F. F. P. sich befinden, bezeichnend: Principi fidelis favere Patriae. Bei den Ordenszeichen der Großkreuze, Großcomthure und Comthure erscheint in der Mitte der Hauptseite, in Gold erhaben dargestellt, der heilige Michael in kriegerischer Rüstung, von Blitzstrahlen rings umgeben. Sein Schild führt die Aufschrift: „Quis ut Deus". Auf der Gegenseite ist die Mitte auf goldenem Grunde mit dem blau emaillirten Worte: „Virtuti" bezeichnet. Die Ritterkreuze enthalten anstatt des Bildnisses des heiligen Michael auf der mit Gold eingefaßten Hauptseite auf lasurblauem Email in Gold die Worte: „Quis ut Deus", und auf der Gegenseite auf lasurblauem Grunde ebenfalls in Gold das Wort: „Virtuti." Das Band, an welchem der Orden getragen wird, ist zu zwei Drittheilen der Breite dunkelblau, und zu einem Drittheile rosa, und letztgenannte Farbe auf den beiden äußern Seiten gleich vertheilt angebracht. Großkreuze tragen das Ordenszeichen ersterer Art an einem solchen vier Finger breiten Bande von der linken Schulter zur rechten Seite abwärts und außerdem noch einen goldgestickten Stern von Strahlen, worauf das Ordenskreuz mit dem Sinnspruche: „Quis ut Deus" wiederholt ist, auf der rechten Brust; Großcomthure das etwas kleiner gebildete Ordenszeichen an dem minder breiten Ordensbande am Halse auf der Brust hangend, nebst einem minder großen Sterne auf der rechten Brust; Comthure dasselbe Ordenszeichen wie die Großcomthure am Halse ohne den Stern auf der Brust; die Ritter das gegen die vorige Classe noch kleinere, zum Theil anders gestaltete Kreuz an einem gleichen aber noch schmäleren Bande auf das Kleid geheftet, und zwar die Ritter erster Classe mit einer Krone, die Ritter zweiter Classe ohne eine solche.

Die Grade des St. Michael-Ordens reihen sich denjenigen des Verdienst-Ordens der Bayer. Krone in solcher Weise an, daß auf jeden der Grade des Großkreuzes, Großcomthurs und Comthurs des Ordens der Bayer. Krone der entsprechende Grad des Ordens vom heiligen Michael im Range folgen soll, daß ebenso das Ritterkreuz des Ordens der Bayer. Krone dem Ritterkreuze erster Classe des Ordens vom heiligen Michael vorgehen, daß sodann an letzteres das Ritterkreuz zweiter Classe desselben Ordens sich anreihen und diesem die Medaille des Ordens der Bayer. Krone nachfolgen soll.

Ordensmeister.

Seine Majestät der König.

Großkreuze.

1839.
Carl Graf v. Seinsheim, Staats- und Reichsrath.

1844.
Franz Olivier Graf v. Jenison-Wallworth, Staatsrath im a. D.

1847.
Conrad Adolph v. Malsen, Gesandter.

1849.
Carl Theodor Fürst v. Thurn und Taxis, General der Cavalerie.

1852.
Otto Graf v. Bray-Steinburg, Staats- und Reichsrath, Gesandter.

1854.
August Frhr. v. Cetto, Gesandter.
Dr. Carl August Joseph Frhr. v. Kleinschrod, Appellations-Gerichts-Präsident.
Theodor v. Zwehl, Staatsminister.

1857.
Dr. Friedr. v. Ringelmann, Staatsrath im o. D.

August Graf v. Reigersberg, Gesandter.

1858.
Georg Ludwig v. Maurer, Staats- und Reichsrath.
Leonhard Frhr. v. Hohenhausen, char. General der Caval., Generaladjut. Sr. Maj. d. Königs u. Generalcapitän der Leibgarde der Hartschiere.

1860.
Carl Freiherr v. Schrenk, Staats-Minister.

1861.
Ferdinand Frhr. v. Verger, Gesandter.
Wilh. Paul Ernst v. Löwenstein-Wertheim-Freudenberg, erbl. Reichsrath.

1862.
Victor Heinrich Vicomte de Vaublanc, Oberhofmeister Ihrer Maj. d. Königin.
Heinrich Delpy von Laroche, Generallieutenant u. Generaladjut. Sr. Maj. d. Königs.

August Frhr. v. Wendland, Gesandter.

Anton von der Mark, General-Lieutenant u. Generalquartiermeister.

Großcomthure.

1856.
Friedr. Frhr. v. Zu Rhein, Staats- und Reichsrath, Regierungs-Präsident.

Dr. Max v. Schilcher, Staatsrath im o. D.

1857.
Graf Carl Tascher de la Pagerie, Kämmerer.

1860.
Carl Barthol. v. Lehner, Ober-Appellationsgerichtspräsident.

Friedrich v. Flotow, p. char. General der Cavalerie.

1861.
Max v. Neumayr, Staatsminister.

1862.
Ludwig Graf v. Montgelas, Gesandter.

Hugo v. Bosch, Generallieutenant und Präsident des General-Auditoriats.

1863.
Carl Freiherr v. Mulzer, Staatsminister.

Benno Heinrich v. Pfeufer, Staatsminister.

Comthure.

1839.
Joh. B. Frhr. v. Weveld, qu. Ministerialrath.

1840.
Carl Frhr. v. Stengel, qu. Appellationsgerichtspräsident.

1842.
Carl August Graf v. Reisach, Cardinal.

1843.
Leo v. Klenze, Geh. Rath und Hofbau-Intendant.

1844.
Moritz von Weigand, Staatsrath im a. D.

1845.
Friedrich W. Alfred Graf v. Dürckheim-Montmartin, qu. Oberst-hofmeister weiland Ihrer Maj. der Königin Therese.

1846.
Carl Anf. Frhr. v. Gumppenberg, Staatsrath im a. D. und qu. Oberappell.-Gerichtspräsident.

Max Frhr. v. Zandt, p. charakt. General der Cavalerie.

1847.
Dr. Anton v. Fischer, Staatsrath im o. D.

Dr. Michael Stautner, Geh. Rath u. q. Oberappellations-Gerichts-Director.

1848.
Daniel Gustav v. Bezold, Geh. Rath u. qu. Ministerialrath.

Dr. Carl Friedrich von Heintz, II. Oberappell.-Ger.-Präsident, dann Staats- u. Reichsrath.

1849.
Peter Eberhard Korbach, Appell.-Gerichtspräsident.

Johann Baptist Keller Frhr. v. Schleitheim, p. Generallieut.

Friedrich v. Schnizlein, General-Major.

Dr. Nicolaus v. Weis, Bischof.

1850.

Ludwig Friedr. v. Volz, Staats-Rath im o. D.

Carl Theodor Graf v. Vieregg auf Tutzing, Oberst à la suite u. Landwehr-Generalmajor.

1851.

Maximilian Frhr. v. Pelkhoven, Staatsrath im o. D.

Heinrich A. Frhr. von der Becke, qu. Appell.-Gerichtspräsident.

Simon v. Haller, qu. Appell.-Gerichts-Präsident.

August Frhr. v. Frays, p. General-major.

1852.

Johann v. Kunst, p. Generallieutenant.

Joseph v. Allweyer, qu. Appell.-Gerichtspräsident.

Johann Damboer, p. General-lieutenant.

Eduard Graf v. Walderdorf, Guts-besitzer.

Gustav v. Hohe, Regierungspräsident.

Julius v. Niethammer, Reichsrath.

1853.

Dr. Benedict Friedr. Wilh. v. Hermann, Staatsrath im o. D.

1854.

Dr. Joh. Evang. v. Wanner, Geh. Rath u. Präsident des Obersten Rechnungshofes.

Johann Nepomuk v. Sutner, Ministerialrath u. Vorstand der Staatsschuldentilgungs-Commission.

Dr. Franz Seraph. v. Gietl, Geheimer Rath u. Leibarzt Sr. Maj. des Königs.

1855.

Dr. Joh. Jos. v. Kiliani, Staats-Rath im o. D. u. General-Staatsanwalt.

Dr. Joh. Nep. v. Ringseis. Geh. Rath u. Obermedicinalrath.

Max. v. Gutschneider, Regierungspräsident.

1856.

Ferdinand v. Papius, Appell.-Gerichts-Präsident.

Alois August v. Schilcher, Regierungs-Präsident.

Dr. Georg v. Reindl, Domdechant und geistl. Rath.

Dr. Justus Frhr. v. Liebig, Geh. Rath, Vorstand der Akademie der Wissenschaften u. Universitätsprofessor

Carl Maria Frhr. v. Aretin, Reichs- und Geh. Rath, dann Vorstand des geh. Haus- und Staatsarchives.

Dr. Franz Jos. v. Allioli, Dompropst u. geistl. Rath.

1857.

Wilhelm Ritter v. Manz, char. Generallieut. u. Stadtcommandant.

Gregor von Scherr, Reichsrath und Erzbischof.

Philipp Frhr. v. Zu Rhein, Regierungspräsident.
Franz Ludwig Schenk Frhr. v. Stauffenberg, Reichsrath und Generalmajor à la suite.
Carl v. Kleinschrod, Geh. Rath und qu. Ministerialrath.

1858.

Friedrich August v. Pauli, Ober-Baudirector.
Ludwig Frhr. v. Brück, General-Director d. Verkehrsanstalten.
Dr. Sebastian v. Daxenberger, Ministerialrath.
Max Graf v. Marogna, Ministerresident.
Max Joseph Freiherr Pergler v. Perglas, Gesandter.
Franz Joseph v. Brand, Regierungsdirector.
Julius Frhr. v. Rotenhan, q. Regierungsdirector.
Friedrich Wilhelm v. Bettinger, Regierungsdirector.
Ludwig Frhr. v. d. Tann, Generallieutenant, Generaladjutant Sr. Maj. des Königs u. General-Commandant.

1859.

Friedrich Du Jarrys Freiherr v. La Roche, Generalmajor und Hofmarschall Sr. Maj. des Königs Ludwig.
Dr. Hieronymus v. Bayer, Reichs-Rath u. Geh. Rath.
Heinrich v. Schubert, Ministerial-Rath.
Max Frhr. v. Gise, Ministerresident.

Ludwig v. Wich von der Reuth, Legationsrath.
Heinrich v. Hofstätter, Bischof.
Max v. Schlägel, pens. charakt. Generalmajor.
Ludwig Graf v. Bentzel-Sternau, Generalmajor und Brigadier.
Wolfgang v. Ott, Generalmajor.

1860.

Franz Graf von Pocci, Ober-Ceremonienmeister.
Franz Seraph v. Pfistermeister, Hofrath u. Secretär des Königs.
Franz Xaver v. Molitor, Ober-Appellationsgerichtsdirector.
Franz v. Dillis, Ministerialrath.
Carl Christoph Frhr. v. Waldenfels, Appell.-Gerichtspräsident.
Friedrich Freiherr v. Podewils, Regierungspräsident.
Dr. Georg v. Oettl, Bischof.
Jacob Ritter v. Hartmann, Generallieut. u. Generalcommandant.
Paul v. Denis, Oberbaurath.

1861.

Otto Freiherr v. Lerchenfeld-Aham, Vice-Oberstallmeister.
Friedrich Freiherr v. Du Prel, Regierungsdirector.
Dr. Georg Anton v. Stahl, Bischof.
Dr. Adolph v. Harleß, Oberconsistorial-Präsident.
Wilhelm v. Kaulbach, Akademie-Director.
Carl v. Meixner, Ministerialrath.
Johann Baptist v. Graf, Ministerialrath u. Kronanwalt.

Philipp Frhr. v. Brandt, p. Generallieutenant.
Carl Ritter von Krazeisen, Generalmajor und Brigadier.
Gustav Friedrich v. Sundahl, p. Oberpostrath.

1862.
Carl Graf v. Butler-Clonebough, Generalmajor, Flügeladjutant Sr. M. d. K. u. Hofmarschall.
Ernst Christian Frhr. v. Lerchenfeld, Regierungspräsident.
Gottlieb Mich. v. Plank, Ministerialrath u. General-Zolladministrator.
Caspar Joseph v. Steinsdorf, I. rechtsk. Bürgermeister.
Dr. Franz Anton v. Heigl, Appell.-Gerichtspräsident.

1863.
Mathias v. Lifer, Rggs.-Director.
Bernhard v. Heß, char. Generallieutenant u. Vicepräsident des Generalauditoriats.
Carl v. Lindner, Regierungs-Director.

Ritter I. Classe.
1838.
Dr. August Buchner, qu. Ministerialrath.
Joh. Bapt. v. Mehrlein, Geheimer Rath u. qu. Ministerialrath.
Franz Ulwens, qu. Regierungspräsident.
Jacob Ritter v. Aurweck, k. Rath und qu. Archivar.
Friedrich Rückert, corr. Mitglied der Akademie der Wissenschaften in Neusses bei Coburg.
Peter v. Heß, Hofmaler.
Joseph v. Lehmair, Oberst.

1839.
Theobald Böhm, Hofmusikus.
Christoph von Schelhorn, qu. Forstmeister u. Forstrath.
Anton Ziegler, p. Hauptmann.
Carl Forster, Fabrikbesitzer.
Ludwig v. Burbaum, Regierungs-Director.
Jos. Frhr. v. Asch, charakt. Generalmajor und Secondlieutenant der Leibgarde der Hartschiere.

1840.
Dr. Georg Friedr. Wiedemann, Domcapitular u. geistl. Rath.
Vincenz v. Achner, p. Generalmaj.
Bernhard Frhr. v. Godin, q. Regierungspräsident.
Jos. Alois Sauter, Appell.-Gerichtsrath.
Dr. Jos. v. Barth, Appellations-Gerichts-Präsident.
Dr. G. F. W. Rapp, qu. Consistorialrath.
Dr. Georg Carl v. Seuffert, Handels-Appellat.-Ger.-Präsident.
Alois v. Kirchbauer, Rentbeamter.
Philipp Heinrich v. Krämer, Hüttenbesitzer.
Wilhelm Sattler, Fabricant.
Adam Müller, Fürstl. Thurn und Taxis'scher Generalpostdirector.

1841.
Dr. Georg Phillips, k. k. österr. Universitätsprofessor.
Dr. Carl August Steinheil, Ministerialrath.

Dr. Georg Heinr. Schnell von Schnellenbühl, qu. Regierungs-Director.

Georg Frhr. v. Tautphöus, Ober-Appell.-Gerichtsdirector.

Heinrich v. Killani, qu. Appell.-Gerichtsdirector.

Christian v. Landgraf, Regierungs-Rath.

Georg Michael v. Obermayr, Regierungsdirector und Straf-Anstalts-Vorstand.

Carl Gemming, char. Oberstlieut.

Joh. Christian David v. Bartels, Commercienrath.

Filkentscher, Fabricant.

Dr. Carl v. Graf, Medicinalrath.

1842.

Joseph v. Döring, Oberzollrath.

Carl v. Liel, Generalmajor und Kriegsminister.

Joseph Ritter v. Maffei, Handels-Appellationsgerichts-Assessor.

1843.

Friedrich Ziebland, Oberbaurath u. Professor.

Carl Friedr. Böcking, Appellations-Gerichtsdirector.

Wilhelm Braun, Oberzollinspector.

Dr. Georg v. Jäger, Hofrath u. qu. Lycealrector.

1844.

Wilhelm v. Benning, qu. Regierungspräsident.

Carl v. Goeb, Geheimer Rath.

Dr. J. F. W. J. G. v. Faber, qu. Ministerialrath u. Oberconsistorialrath.

Franz Ritter v. Oswald, p. char. Generalauditor.

Franz Weiß, qu. Stabsrath.

Heinrich Fahrmbacher, k. Rath u. qu. geh. Secretär.

Anton v. Spruner, Appellations-Gerichtsdirector.

August Adolph Lufft, qu. Regierungsdirector.

Joseph Ritter v. Flembach, qu. Appell.-Gerichtsrath.

Dr. Christian Friedrich Meyer, Kreisforstrath.

Carl Reisner Frhr. v. Lichtenstern, k. Rath u. qu. Landrichter.

Max Delamotte, Regierungsrath.

Dr. v. Röser, k. griech. Leibarzt.

1845.

Wilhelm v. Weber, Ministerialrath.

Dr. Johann Joseph Ignaz von Döllinger, Stiftspropst.

Wilhelm Haberstumpf, qu. Oberrechnungsrath.

Nicolaus Frhr. v. Stengel, Kreis-Forstrath.

Carl Alex. Heideloff, Conservator und Professor.

Erh. Chr. Hagen v. Hagenfels, Bürgermeister.

Dr. Michael Hastreiter, Leibarzt Sr. K. Hoheit des Prinzen Carl von Bayern.

1846.
Carl Friedr. Breitenbach, Appellationsgerichtsdirector.
Dr. Mich. Ulbrecht, Hofrath und Universitätsprofessor.
Carl Hubert Grosch, qu. Ober-Aufschlagsinspector.
Ferdinand y. Miller, Erzgießerei-Inspector.
Dr. Ignaz Zaubzer, Vorstand der Gemeindebevollmächtigten.

1847.
Friedrich Weichsler, Finanzdirector u. qu. Central-Staatscassier.
Joseph Geiger, Director der k. Rechnungskammer.
Ludwig Carl Seitz, qu. Hofgärten-Intendant.
Friedrich Speck, p. char. Oberst.
Joseph Nadler, Kreisbaurath.
Dr. Carl Edel, Universitätsprofessor.
Joseph Ritter v. Zehrer, p. Oberst.
Franz G. U. Schell, qu. Landrichter.
Dr. Franz Prunner, in Cairo.

1848.
Anton Mengein, Domdechant.
Johann Baptist Mussinan, pens. Oberkriegskommissär.
Ludwig Friedrich August Spach, Appellationsgerichtsrath.
Dr. Franz Wolfg. Ritter v. Kobell, Universitätsprofessor.
Wilhelm Seydel, Oberst.
Dr. Joh. Ludw. Christoph Wilh. v. Döderlein, Univ.-Professor.
Dr. Carl August Mechel, genannt van Mecheln, Landrichter.
Franz Meyer, Regierungs-Director.
Dr. Joh. Georg Beilhack, Gymnasial-Rector.
Nepomuk Ritter v. Eichenauer, char. Generalmajor u. Vorstand der Armee-Monturdepot-Commission.
Gottfried Stengel, Bürgermeister.
Joh. v. Schraudolph, Professor.
Andreas Urneth, geistl. Rath u. k. griech. Hofcaplan.
Ludwig Sander, Wechsel-Appellationsgerichts-Assessor.
Max Nero, Hauptmann.
Johann Georg Fürthmaier, qu. Centralpostcassier.
Walther Freiherr von Grainger, Oberst à la suite u. Landwehr-Districts-Inspector.
Franz Lachner, General-Musikdirector.

1849.
Sebastian v. Kobell, Generalsecretär des Staatsraths u. Collegialdirector.
Gg. Friedr. Carl Ludw. Faber, qu. Legationsrath.
Eduard v. Zink, Oberappellationsgerichtsdirector.
Gregor Conrad, Bezirksgerichts-Director.
Carl Friedrich Voigt, Medailleur.
August v. Voit, Oberbaurath.
Max Widnmann, Professor.
Dr. Joh. Joseph Ignaz v. Hoffmann, Hofrath u. Lycealrector.

Dr. Max v. Stadlbaur, Universitätsprofessor.
Wilh. Joh. Nep. Frhr. v. Pechmann, Regierungspräsident.
Johann Gottfr. Christ. Mayer, q. Bankdirector.
Dr. Bonifaz Haneberg, Abt und Universitätsprofessor.
Wilhelm Ritter v. Kobell, Regierungsdirector.
Carl Eduard v. Hartlieb, Bezirks-Amtmann u. Stadtcommissär.
Dr. Carl Friedr. v. Dollmann, Universitätsprofessor.
Franz Xav. v. Haindl, Obermünzmeister.
Dr. Franz Leo, Rector und Professor.
Georg Merz, Opticus.
Johann Anton Schwerdtner, Handelsgerichts-Assessor.
Johann Zeltner, Fabricant.
Friedrich Merz, Fabricant.
Moritz Herdegen, Großhändler.
Dr. Carl v. Hoffmann, Kreis-Medicinalrath.
Dr. Conrad v. Haus, Kreismedicinalrath.
Johann Caspar Aiblinger, Capellmeister.
Fr. Xaver Eichheim, Baurath.
Stephan List, p. Major.
Ernst Nüzel, p. Major.
Benedict Herter, Oberstlieutenant.
Ignaz Dietl, Oberstlieutenant.
Theod. Abelein, ehemal. Hauptmann.

Clemens Graf v. Joner-Tettenweiß, Oberstlieutenant.
Heinr. Frhr. v. Feilitzsch, ehemal. Hauptmann.
Carl Frhr. v. Reichlin-Meldegg, Oberst.
Heinr. Dorner, p. Regimentsquartiermeister.
Wilhelm Algn, Hauptmann.
Ferdin. Kohlermann, Hauptmann.
Johann Kohl, Hauptmann.
Adalbert Stark, p. Oberlieut.
Adolph Wolfgang Fink, Bezirks-Amtmann.
Ferdinand Klein, Forstmeister.
Dr. Lindermayer, k. griech. Stabs- und Leibarzt.
Max Frhr. v. Maillot, Regierungsrath.
Dr. Georg Casp. Mezger, Studienrector.
Heinrich Knissel, Stadtpfarrer.

1850.
Ignaz Ritter v. Reichert, qu. Appellations-Gerichtsdirector.
W. C. Ludwig v. Greiner, Appell.-Gerichtsdirector.
Ludwig Philipp Ruppenthal, qu. Oberappell.-Gerichtsrath.
Ignaz Eisenhardt, qu. Oberappellationsgerichts-Rath.
Nicolaus v. Endres, Ober-Appellationsgerichts-Director.
Joseph Seiz, Appellationsgerichts-Rath.
Clemens Steyrer, Ministerialrath und Generalsecretär.
Georg Gugel, Appellationsgerichts-Rath.

Dr. Carl v. Hierneiß, k. Rath u. Advocat.

Dr. Joseph v. Ahorner, Regierungs-Rath.

Alois v. Hermann, Regierungs-Director.

Gottlieb Meinel, Regg.-Rath, Bezirksamtmann u. Stadtcommiss.

Carl Philipp Heldrich, Landrichter.

Max Heiß, Stadt- u. Landrichter.

Dr. Michael Krappmann, Hofrath und q. Gerichtsarzt.

Carl August Popp, Großhändler.

Johann Bapt. Weber, rechtsk. Magistratsrath.

Johann Witzgall, Landwehrmajor.

Philipp Michal, Wechselgerichts-Assessor.

Martin Heufelder, Dompropst.

Dr. Alois Buchner, Domcapitular.

Dr. Franz Christ. v. Rothmund, Universitätsprofessor und Conservator.

Dr. Franz Rinecker, Universitäts-Professor.

Dr. Ed. Jos. v. Schmidtlein, Universitäts-Professor.

Clemens v. Zimmermann, Gallerie-Director.

Joh. Bapt. v. Lottner, qu. Regierungsdirector.

Dr. Jos. Nicolaus von Mantel, Ministerialrath.

Jacob Möhl, Hauptcassier.

Friedrich Halder, Kreisbaurath.

Dr. Johann Jacob Weidenkeller in Lichtenhof.

Franz Kreuter, Architect.

Johann Nepomuk Aulitscheck, p. char. Oberst.

Joseph Hütz, Generalmajor, dann Stadt- u. Festungscommandant.

Max Freiherr v. Nesselrode-Hugenpoet, Oberst.

Joseph Schmölzl, Oberstlieut.

August Frhr. v. Welden, char. Major.

Wilhelm Bieringer, wirkl. Rath, p. Oberregistrator u. Archivar.

Max Kaltenborn, Hofjagdinspector.

Carl Frhr. v. Dobeneck, Kämmerer, Consist.-Director u. Regierungsrath.

Christoph v. Klinger, Generalmajor der Landwehr.

Carl Frhr. v. Berchem, Generalmajor à la suite.

Georg Christ. Förster, Landwehr-Oberst.

Franz Roth, Stadtpfarrer.

Joseph Knorr, Oberbergs- u. Salinenrath - dann Oberappellationsgerichtsrath in Bergwerkssachen.

1851.

Dr. Jos. Rappel, Ministerialrath und Reichsherold.

Joh. B. Schuller, k. Rath und Geheimer Secretär.

Ernst v. Will, Appellationsgerichts-Präsident.

Ferd. Schwertfelner, qu. Ober-Appellationsgerichtsrath.

Dr. Ferdinand Theod. v. Hopf, Appellat.-Gerichtsdirector.
Ludwig v. Schmitt, Generalstaats-Procurator.
Friedrich H. Graf v. Hundt, Ministerialrath.
Nicolaus v. Koch, Ministerialrath.
Joh. Bapt. Eberth, k. Rath und qu. geh. Secretär.
Simon Taucher, Bezirksamtmann und Stadtcommissär.
Carl v. Pigenot, Bezirksamtm.
Paul Rummel, Bezirksgerichts-Director.
Chr. Chelius, k. Rath u. Bezirksamtmann.
August Friedr. Hänlein, qu. Ministerialrath.
Dr. A. Gengler, Domdechant.
Dr. G. Jos. Götz, Domcapitular und Stadtpfarrer.
Dr. Christ. Friedr. v. Böckh, Oberconsistorialrath.
Joseph Reichthalhammer, geistl. Rath und Pfarrer.
Dr. Heinr. Carl August v. Burger, Oberconsistorialrath.
Johannes Schiller Pfarrer.
Dr. Eugen Schneider, Professor.
Dr. Carl Emil Schafhäutl, Universitäts-Professor.
Dr. Valentin Leiblein, Professor.
Franz X. v. Schönwerth, Ministerialrath.
Dr. Wilhelm Ritter v. Dönniges, Geschäftsträger u. Geh. Legationsrath.
Julius v. Hofmann, k. Rath u. Hofsecretär.

Sebast. Mutzl, qu. Gymnasialrector.
Dr. Joh. Christ. Held, Gymnasialrector.
Max Em. Ainmüller, Glasmalereianstalts-Inspector.
Johann Halbig, Professor.
Johann Georg Friedr. Trautner, Finanzdirector und p. General-Lotto-Administrator.
Christoph Schmitz, Oberbergrath.
Ludw. Reinhard Frhr. v. Raesfeldt, Ministerialrath u. Vorstand der General-Bergw.- u. Salinen-Administration.
Max. Frey, Regierungsdirector.
Ambros Frisch, Kreiscassier.
Michael Grünberger, k. Rath und Rentbeamter.
Ludwig Kröber, Forstrath u. qu. Forstmeister.
Michael Ziegler, k. Rath und Salzbeamter.
Matthäus Bernatz, Oberbaurath.
Ludwig Zwierlein, Oberzollrath.
Wenzeslaus Böttinger, qu. Oberpostmeister.
Dr. Heinrich Alexander, Rector und Ministerialreferent.
Friedrich v. Welsch, Cassa-Controleur.
Joh. Christ. Merk, Handelsappell.-Gerichtsassessor.
Heinrich Fischer, Fabricant.
Jos. Anton Bolongaro-Crevenna, Wechselgerichts-Supplant.
Jos. Seidenbusch, qu. Landrichter.
Leopold Frhr. v. Reichlin-Meldegg, p. Generalmajor.

Joseph Raus, p. Generalmajor.

Georg Hertel, char. Generalmajor u. Stadtcommandant.

Andreas Eßl, p. char. Oberst.

Michael v. Gönner, Generalsecretär.

Joseph v. Kolb, Regierungsrath.

Dr. B. Winder, Bezirksgerichts-Rath.

Carl Böhe, p. Oberst.

Caspar v. Hagens, Generalmajor u. Brigadier.

Carl Kriebel, Oberst.

Dr. Franz v. Sicherer, Stabsarzt.

Jos. v. Hüther, Oekonomierath Sr. Maj. des Königs Ludwig.

Ignaz Mayer, ehem. Landwehr-Kreisinspector.

Ignaz Schneider, Landwehroberstlieutenant.

Heinrich Ritter v. Thiereck, Major.

Norbert Mahla, k. Rath.

Joh. Bapt. Schwarz, Pfarrer.

1852.

Eduard v. Wolfanger, Ministerial-Director.

Carl Rauchenberger, qu. Oberappell.-Gerichtsrath.

Carl Ritter v. Brodesser, Generalmajor und Brigadier.

Theodor Lori, p. char. Oberst.

Christoph Horn, Oberzollrath.

Alex. Fhr. v. Reitzenstein-Hartungs, Oberzollrath u. Grenzwach-Inspections-Commissär.

Friedr. Erdinger, Generaldirectionsrath.

Dr. Jos. Alois v. Prand, Dompropst, geistl. Rath, dann Oberkirchen- und Schulrath.

Nepomuk Neumayer, Generalmajor.

Dr. Ludwig Feder, General-Stabsarzt.

Carl Grünler, p. Ober-Kriegscommissär.

Max Dannhauser, q. Bezirksgerichts-Director.

Dr. Ludwig Arndts, Professor.

Georg v. Wehner, qu. Appell.-Ger.-Director.

Max Isidor v. Dall'Armi, Oberstaatsanwalt.

Dr. Christian Glück, qu. Ober-Appell.-Ger.-Rath.

Joh. Sim. Aug. Ebnet, Bezirksgerichts-Director und Handels-Ger.-Vorstand.

Dr. Arnold Möhl, Bezirksger.-Präsident.

Gustav Hilgard, Ober-Appell.-Ger.-Rath.

Friedrich Carl August Scherer, qu. Reggs.-Director.

Ferdinand Roll, qu. Landrichter.

Mathias Prantner, qu. Landrichter.

Christ. Heinr. Eschenbach, Bezirksamtmann.

Philipp Ludw. Frhr. v. Aretin, qu. Landrichter.

Friedr. Aug. Ploner, Bezirksamtmann.

Heinrich Philipp Schulz, Bezirksamtmann.
Dr. Johann Nep. Buchinger, qu. Reichs-Archivsrath u. Universf. Professor.
Jacob Wiener, p. Oberrechnungs-Commissär.
Ignaz Herzinger, Strafanstalts-Inspector.
Dr. Max Schreiner, Bezirksarzt.
Joh. Christoph Edelmann, Ober-Consistorialrath.
Dr. Albert Kölliker, Hofrath u. Univ.-Professor.
Dr. Joh. Mich. Leupoldt, Univ.-Professor.
Jacob Ehgartner, Domcapitular.
Dr. Christ. Steph. Gottlieb Elsperger, Gymn.-Rector u. Professor.
Franz Jos. Hennisch, Postrath.
Franz Graf, Oberzollinspector.
Dr. Joh. Bapt. Riederer, Lyceal-Professor.
Bened. Jacob Schubarth, ehem. Kaufmann.
August Frommel, Wechsel-Appell.-Ger.-Suppleant.
Georg Kraus, Fabricant.
David Wiß, Handels-Appellat.-Ger.-Assessor.
Daniel Ley, Kaufmann.
Carl W. Christ. Clericus, Landwehr-Oberst.
Leonhard Welker, qu. Oberbergrath.
Heinrich Posselt, Steuerrath.
Heinrich Hofmann, qu. Regierungs-Rath.

Joseph Mördes, Kreis-Forstrath.
Dr. Georg Danzer, Oberrechnungs-Rath.
Carl Stumpf, Forstlehranstalts-Director.
Ulbrecht Kühlemann, Rentbeamter.
Johann v. Hake, p. char. General-Major.
Philipp Schönhammer, p. General-Major.
Thaddä v. Binder, p. Generalmajor.
Dr. Ignaz Perner, k. Hofrath u. Advocat.
Dr. Carl Fraas, Univ.-Professor.
Friedrich Fikentscher, Oekonom u. Chemiker.
Joseph Hirschberger, Gutsbesitzer.
Alois Westner, p. Oberstlieutenant.
Jos. Marq. Frhr. v. Pfetten, Kämmerer u. Landwehr-Oberst.
Anton Kalchgruber, Regierungs-Rath.
Franz Frhr. v. Frönau, Hauptmann.
Moritz Graf v. Bentheim-Tecklenburg.
Christ. Rehbach, Fabricant.
Ludwig von Klöckel, Bezirksamtmann.
Georg Oberhäuser, Optiker.
Albert v. Fröhlich.
Carl Freiburger, Rentbeamter.
Philipp Lorch, Landrichter.
Adalbert Dilg, Rath u. qu. Landcommissär.

Cajetan Frhr. v. Tautphoeus, Ministerialrath.

Antonin v. Schlichtegroll, qu. Oberbaurath.

Georg Anton Widmann, Oberzollrath.

Vincenz Waldmann, Generaldirectionsrath.

Cajetan Kaiser, Professor.

Gustav v. Bezold, Ministerialrath u. Generalsecretär.

Carl v. Epplen, Ministerialrath u. Generalsecretär.

Ludwig b. Neumayr, Appell.-Ger.-Präsident.

Carl Schrauth, Appell.-Gerichts-Director.

1853.

Lorenz Schäzler, p. Generalmajor.

August Ferdinand Stademann, Reggs.-Rath u. Geh. Secretär.

Dr. Maximilian Schleiß von Löwenfeld, Leibchirurg Sr. M. d. Königs.

Heinrich Vocke, Oberzollinspector.

Adolph v. Seidel, Buchhändler.

Benedict v. Glas, Hammerwerksbesitzer.

Dr. Leofried Adelmann, Polytechniker und Magistratsrath.

Joseph Dürr, Oberzollinspector.

Michael v. Deinlein, Erzbischof u. Reichsrath.

Dr. v. Scanzoni, Geh. Rath u. Univ.-Professor.

Dr. Carl Schmidt, Kreis-Medicinalrath.

Julius Frhr. v. Seckendorf, Regierungsrath.

Carl v. Nagel, Bezirksamtmann.

Wilhelm Frhr. v. Pechmann, Bezirksamtmann.

Christoph Theodor Schön, Landrichter.

Carl August Höfl, Landrichter.

Johann Sigmund Frhr. v. Haller von Hallerstein, Magistratsrath.

Friedrich August Schattenmann, qu. Appell.-Ger.-Rath.

Georg Joseph v. Seuffert, Bezirksgerichts-Director.

Wilhelm Buckingham, qu. Bezirksgerichts-Director.

Friedr. Wilhelm v. Hornberg, qu. Regierungs-Director.

Ludwig Schrauth, Rentbeamter.

Wilhelm Dietrich, Rentbeamter.

Joseph Scheidler, Rentbeamter.

Franz Anton Jerchl, qu. Forstmeister.

Gottfried Schäfer, Forstmeister.

Gallus Weber, p. char. Oberst.

Carl Horn, p. char. Generalmajor.

Dr. Friedrich Sommer, Oberstabsarzt.

Dr. Joseph Merkel, Lyceal-Professor.

Christian Otto Heerwagen, Oberzollinspector.

Heinrich Heinlein, Landschaftsmaler.

Johann Heinrich Frhr. v. Sulzer-Wart, Kämmerer, Salzhandlungs-Commissär und General-Consul zu Winterthur.

Conrad Wilhelm Carl v. Kärner, Appell.-Ger.-Director.

Jacob Carl Frhr. v. Mettingh, qu. Forstmeister.

Carl Dilchert, Bürgermeister.

Paul v. Stetten, p. Oberst.

Max Schenk, Forstrath.

Dr. Georg Al. Schreyer, qu. Kreismedicinalrath.

Christ. Wilh. Fleischmann, Fabricant.

Friedrich Lutz, q. Forstmeister.

Carl Muffat, städt. Baurath.

1854.

Dr. Joseph Haller, ehem. Redacteur.

Rudolph v. Metz, Appell.-Ger.-Director.

Alois Schreyer, qu. Appellat.-Ger.-Rath.

Albert Carl Ernst Erdmann Frhr. v. Reitzenstein, qu. Appell.-Ger.-Rath.

Ernst Frhr. v. Waldenfels, Bezirksgerichts-Director.

August v. Petersen, Appell.-Ger.-Director.

Anton v. Widder, Bürgermeister.

Franz v. Greßer, Regierungs-Director.

Carl Ritter v. Mangstl, Regierungs-Rath.

Kilian Hauck, Bezirksamtmann.

Cäsar Widder, Bezirksamtmann.

Carl Friedrich Zauner, Bezirksgerichts-Director.

Joseph Simon Schmid, qu. Landrichter.

Johann Georg v. Jorndran, Bürgermeister.

Dr. Joseph Syller, Bezirksgerichts- u. Stadtgerichts-Arzt.

Joseph Frhr. v. Freyberg-Eisenberg, Major à la suite u. Landwehr-Oberst.

Dr. Johann Lamont, Univ.-Professor u. Conservator.

Joseph Schlotthauer, q. Professor.

Dr. Gottfried Thomasius, Univ.-Professor.

Dr. August Bomhard, geistl. Rath u. Decan.

Dr. Franz Xav. Zenger, Univ.-Professor.

Dr. Ernst Frhr. v. Bibra, Gutsbesitzer.

Carl v. Dyck, Gen.-Directions-Rath u. Vorstand d. Telegr.-Amtes.

Friedrich Hänlein, Oberpostmeister.

Max Joseph Kaiser, Oberzollinspector.

Joseph Wolf, Baubeamter.

Hermann Herrmann, Oberbaurath.

Dr. Martin Bald. Kittel, Gewerbsschul-Rector.

Friedr. Frhr. v. Reitzenstein, Landwehr-Oberstlieutenant.

Eduard v. Pfister, Magistratsrath.

Joseph v. Leopolder, Regierungs-Director.

Georg Hasler, Ministerialrath u. Kronanwalt.

Albert Schultze, Kreis-Forstrath.

Alfred v. Weishaupt, Ober-Berg- u. Salinenrath.

Carl Schirlinger, qu. Rentbeamter.

Franz Mitterhuber, qu. Rentbeamter.

Max Röttger, Forstmeister.

Carl Wilhelm Griesmayer, Forstmeister.

Michael Ritter v. Schuh, Generalmajor u. Cadetencorps-Commandant.

Friedr. Frhr. v. Reichlin-Meldegg, Generalauditor.

Joseph v. Schmitt, Oberauditor.

Leonhard Zeller, p. Oberstlieutenant.

Georg Winklmair, Geh. Registrator.

Max Frhr. v. Vequel-Westernach a. Hohenkammer, Kämmerer u. Landw.-Oberstlieutenant.

Ignaz Heunisch, Schullehrer-Seminarinspector u. geistl. Rath.

Wilhelm v. Melzl, Forstmeister.

Peter Grimm, Rentbeamter.

Franz Lauböck, Oberpostmeister.

Georg Eckart, Bezirksamtmann und Stadtcommissär.

Dr. Johann Söltl, Geh. Hausarchivar u. Univ.-Professor.

Joseph Thorr, qu. Krankenhaus-Inspector.

Dr. Martin Geigel, pract. Arzt.

Dr. Carl v. Pfeufer, Obermedicinalrath.

Dr. Franz Seraph Horner, Medicinalrath u. Krankenhaus-Director.

Dr. Carl Widmer, Kreis-Medicinalrath.

Dr. Franz Selz, Univ.-Professor.

Dr. Carl Kaltdorf, Gerichtsarzt.

Carl Riederer, Magistratsrath u. Handelsgerichts-Assessor.

1855.

Friedrich Gottlieb Mayer, General-Secretär.

Dr. Heinrich v. Wirschinger, Ober-Staatsanwalt.

Carl Christoph v. Krafft, qu. Ober-Appell.-Ger.-Director.

August v. Schmid, Ober-Appell.-Ger.-Rath.

Joh. Baptist Keller, Appellationsgerichts-Rath.

Adolph Wolf, Ober-Appell.-Gerichts-Rath.

Franz Xaver Adam, qu. Landrichter.

Gottlieb Fruth, Bezirksamtmann.

Franz Xaver Riß, qu. Landrichter.

Joh. Bapt. Donle, qu. Landrichter.

Dr. Wilhelm Bucher, Regier.-Rath.

Dr. Joseph Seiberth, Bezirks-Arzt.

Dr. Martin Böhm, Bezirksarzt.

Conrad Heinrich, qu. Bürgermeister.

August Graf v. Drechsel, Kämmerer u. Landw.-Generalmajor.

Carl Aug. Frhr. v. Fraunhofen, Reichsrath.

Moriz Ritter v. Schwind, Professor der Historienmalerei.

Dr. Joh. Jos. Scherer, Univ.-Professor.

Dr. Joh. Christian v. Hofmann, Univ.-Professor.

Dr. Hubert Beckers, Univ.-Professor.

Dr. Carl Halm, Hof- u. Staatsbibl.-Director u. Univ.-Professor.

Christian Friedr. Schäßler, Decan u. Pfarrer.

Franz Frhr. v. Lobkowitz, Ministerialrath u. Bankcommissär.

Wilhelm v. Engerer, Ministerialrath.

Johann Martin Wendel, Regierungs-Director.

Heinrich Luz, Regierungs- und Fiscalrath.

Johann August Besold, Rentbeamter.

Carl Pramberger, Forstmeister.

Carl Hummel, qu. Oberbaurath.

Franz v. Forthuber, Kreisbaurath.

Adolph Nobiling, Generaldirections-Rath.

Max. Graf v. Reigersberg, Oberpostmeister.

Joh. Michael Romig, Rector u. Professor.

Frhr. v. Dittfurt auf Schloß Theres, Kämmerer u. Landwehr-Oberstlieutenant.

Franz v. Sauer, qu. Oberzollinspector.

Wilhelm Carles, char. Generalmajor.

Carl Frhr. v. Lindenfels, General-Major.

Joseph Riepertinger, p. char. General-Major.

Joseph Schmauß, Oberst u. Genie-Director.

Dr. Carl Golch, p. Regimentsarzt.

Dr. Xaver Gast, Regimentsarzt.

Dr. Joh. Sim. Jeremias Dieß, Krankenhaus-Oberwundarzt.

Dr. Robert Hoffmann, pract. Arzt.

Lothar Faber, Fabricant.

Dr. Emil Dingler, Fabricant.

Georg Münch, Fabricant.

Dr. Caspar Beeg, Rector.

Dr. Max. Pettenkofer, Univ.-Professor.

August Riedel, Historienmaler in Rom.

Theodor Frhr. v. Zeeße, Generalmajor u. Flügeladjut. S. M. d. Königs Ludwig.

Joseph Oberwegner, ehem. Landwehr-Oberstlieutenant.

Dr. Carl v. Raumer, k. Hofrath u. Univ.-Professor.

Maximilian v. Wächter, Bürgermeister.

Peter Geiße, Forstmeister.

1856.

Albert Rößgen, Ministerialrath.

Dr. Friedrich Loschge, Ministerialrath.

Eduard Friedrich Frhr. v. Niederer, Legationsrath.

Meinhard Zottmayr, k. Rath u. Cabinetssecretär S. K. H. des Prinzen Carl v. Bayern.

Wilhelm v. Branca, Regierungs-Rath.

Franz Anton Nußer, Ober-Staatsanwalt.

Stanislaus v. Schmelcher, Appell.-Gerichts-Director.

Christoph Carl Gottl. Frhr. v. Tucher, Ober-Appell.-Ger.-Rath.

Carl Wilh. Rehm, Bezirksgerichts-Director.

Richard Schuster, Bezirksgerichts-Director.

Joh. Bapt. Neumeyer, Geh. exp. Secretär.

Heinrich Wand, Regierungs-Rath.

Georg Wilh. Kahr, Regier.-Rath.

Carl v. Paur, Bezirksamtmann.

Jacob August Kurz, Regier.-Rath.

Anton Wimmer, Bezirksamtmann.

Carl Friedr. Staudinger, qu. Landrichter.

Franz Schmitt, Landrichter.

Franz Carl Wilh. Ant. Braun, Bezirksamtmann.

Georg Gierisch, Bezirksamtmann.

Dr. Julius Bettinger, Regierungs-Director.

Dr. Daniel Friedr. Erhard, Hofrath, Bezirks- u. Brunnenarzt.

Dr. Paul Speth, Bezirksarzt.

Dr. August Solbrig, Kreis-Irrenanstalts-Oberarzt.

Christoph Frhr. v. Leoprechting, Major.

Robert Frhr. v. Grainger, Kämmerer, Landwehr-Generalmajor und Major à la suite.

Sigmund Frhr. v. Juncker-Bigatto, Major à la suite.

Ignaz Klaußner, Magistratsrath.

Friedr. Heinr. Ranke, Consistorialrath.

Philipp Folz, Professor d. Historienmalerei.

Dr. Joseph Pözl, Univ.-Prorector u. Professor.

Dr. Franz Hoffmann, Univ.-Professor.

Dr. Adolph v. Scheuerl, Univ.-Professor.

Carl Eggert, Regierungsrath u. Kreis-Schulreferent.

Johann Adam Schmidt, qu. Lyceairector.

Adolph v. Pfretzschner, Ministerialrath.

Heinr. Andr. v. Morgenroth, Ministerialrath.

Carl August Bertele, Ober-Berg- u. Salinenrath.

Carl Pausch, Reggs.- u. Fiscal-Rath.

Hermann Grieshammer, Oberrechnungs-Rath.

Dr. Eduard Haßold, Oberrechnungs-Rath.

Georg Hofmann, q. Rentbeamter.

Michael Bregeard, Rentbeamter.

Eugen Duetsch, Forstmeister.

Jacob Reverdys, Forstmeister.

Andreas Nüßler, Ministerialrath und General-Secretär.

Joseph Baumann, Generaldirectionsrath.
Friedrich Dietl, qu. Oberzoll-Inspector.
Friedrich Frhr. v. Pöllniz auf Frankenberg, Gutsbesitzer.
Herm. Frhr. v. Gaisberg zu Neubeck, Gutsbesitzer.
Fabius Graf Ricciardelli, Oberst und Cornet der Leibgarde der Hartschiere.
Phil. Frhr. v. Podewils, Oberst.
Max Graf v. Tattenbach, Major u. Artillerie-Director.
Heinr. Graf v. Tattenbach, Hauptmann.
Dr. Georg Wolfgang Carl Lochner, qu. Gymn.-Rector.
Dr. Rudolph Virchow, Universitäts-Professor.
Sebastian Freudensprung, qu. Lycealrector u. geistl. Rath.
Friedrich Hauber, qn. Professor.
Dr. Julius Hamberger, Professor.

1857.

Anton Joseph Maria Frhr. v. Pfetten, Appell.-Ger.-Director.
Johann Baptist Meißner, Appell.-Gerichts-Director.
Dr. Gottfried v. Feder, Ministerialrath.
Max Joseph Gutschneider, Reichsarchivsrath.
Friedrich Wiedemann, Landwehr-Oberstlieutenant.
Dr. Johann Philipp Gust. Jolly, Universitäts-Professor.
Heinrich Föringer, Bibliothekar d. Hof- u. Staats-Bibliothek.

Heinrich Badhauser, Generaldirections-Rath.
Hermann Fischer, Generaldirect.-Rath u. Fiscal.
Friedrich Bürklein, Generaldirect.-Rath und Architect.
Eduard Rüber, Generaldirections-Rath.
Georg Friedrich Wilhelm Reichenbach, Ober-Berg- u. Salinen-Rath.
Jacob May, qu. Rechnungsrath.
Friedrich Hopp, qu. Steuerrath.
Eduard Frhr. v. Rotberg, Generalmajor.
Heinrich v. Buz, Oberst.
Max Herdegen, Oberst.
Nepomuk Frhr. v. Müller, Major.
Ludwig v. Gropper, Ober-Kriegs-Commissär.
Hermann Keller, Ober-Kriegscommissär.
Conrad Samhaber, Appellationsgerichts-Rath.
Georg Ant. Val. Kraußold, Bezirksgerichts-Director.
Johann Nepomuk Leeb, Ober-Staatsanwalt.
Johann Georg Carl Vogel, Consistorialdirector u. Rggs.-Rath.
Stephan Frhr. v. Leonrod, Reggs.-Rath u. Stadtcommissär.
Carl Breidenbach, Bezirksamtm.
Eduard Schwarz, Regierungs-Rath.
Heinrich Wilh. Schlemmer, Landrichter.
Matthäus Schraz, Regierungsrath.

Dr. Melchior Stemmler, Bezirks-Arzt.

Franz Jörg, rechtsk. Bürgermeister.

Hermann Graf v. Hirschberg, Hauptmann à la suite u. Landwehr-Oberst.

Dr. C. F. Wilhelm Fabri, Kirchenrath, Decan u. Stadtpfarrer.

Dr. Joseph Held, Universitäts-Professor.

Anton Hinterhuber, Gymn.-Rector u. Professor.

Dr. Joseph Gutenäcker, qu. Gymn.-Rector u. Professor.

Carl v. Kärner, Kreisbaubeamter.

Albert Frommel, Kreisbaubeamter.

Carl Helfrich, qu. Director.

Friedrich Frhr. v. Moreau, Kämmerer.

Friedrich Erhard, Regierungsrath.

Friedrich Wieland, Rentbeamter.

Friedrich Feiler, Rentbeamter.

Michael Schneller, qu. Forstmeister.

Johann Späth, Triftbeamter.

Martin Mager, Oberst.

Otto Kleemann, Hauptmann.

Dr. Theodor Ludwig Wilhelm Bischoff, Univers.-Professor u. Conservator.

Dr. Jos. Hell, Bezirksgerichtsarzt.

Carl Exter, Generaldirectionsrath u. Obermaschinenmeister.

Dr. Balduin Zink, Hofrath und Leibarzt S. K. H. des Prinzen Luitpold.

Johann Peter Herrmann, wirkl. Rath u. Regierungs-Secretär.

1858.

Eduard Riedel, Hofbau-Inspector.

Wolfg. Frhr. v. Thüngen, Minister-Résident.

Georg Adam Seuffert, Ober-Appell.-Gerichts-Rath.

Anton v. Schmid, qu. Bezirksgerichts-Director.

Marquard v. Rehlingen, Ministerialrath.

Dr. Joh. Bapt. Stautner, Reggs.-Rath.

Dr. Heinrich Fischer, Hofrath u. Privatdocent.

Carl Schuller, ehem. Landwehr-Major.

Dr. Carl Theodor v. Siebold, Univ.-Professor u. Conservator.

Ludwig Lange, Professor der Architektur.

Dr. Jacob Heinrich v. Hefner-Alteneck, Professor u. Conservator.

Friedrich Koch, Hofmedicus und Kreis-Medicinal-Ausschuß-Mitglied.

Carl Frhr. v. Leoprechting, Oberst und Vorstand der Landgestüts-Verwaltung.

Joseph v. Prätorius, Central-Zoll-Cassier.

Adolph Eberhard Frhr. v. Gumppenberg-Pöttmes, erbl. Reichsrath.

Carl Frhr. v. Eichthal, Kämmerer.
Dr. Max Joseph Gerstner, Reggs.-Director.
Christian Pfeufer, Regierungs- u. Fiscalrath.
Leopold v. Hüllesheim, Rechnungs-Rath.
Franz Auer, charakt. Generalmajor.
Xaver v. Predl, charakt. Oberst.
Friedrich Frhr. v. Steinling, p. Oberst.
Friedrich Buz, Oberst.
Sigmund Frhr. v. Prankh, Oberstlieutenant.
Alois Eberl, Oberauditor u. Militär-Fiscal.
Franz Joseph v. Schab, Ober-Staatsanwalt.
Moriz Frhr. v. Junker, qu. Bezirksgerichts-Director.
Georg Johann Hecht, Regierungsrath.
Julius Frhr. v. Lindenfels, Regierungs-Director.
Franz Xaver Mark, Regierungsrath.
Wilhelm v. Buchner, Reggs.-Rath.
Franz Seraph Paur, Bezirksamtmann.
Lorenz Huber, Bezirksamtmann.
Ludwig Römmich, Bezirksamtm.
Georg Angerer, Bezirksamtmann.
Friedrich Wilhelm Ludwig v. Ammon, Bezirksamtmann.
Ludwig Friedr. Schmidt, qu. Landrichter.
Carl Löwel, Landrichter.
Dr. Joh. Nep. Loë, qu. Gerichts-Arzt.

Friedrich Schultes, Bürgermeister.
Friedrich Graf v. Pückler-Limburg, Landwehr-Oberst.
Joseph Hyrenbach, Landw.-Oberstlieutenant.
Dr. Lorenz Clemens Gratz, Domcapitular u. Kreisscholarch.
Carl Eugen Prinz, qu. Consistorial-Director.
Dr. Franz Jos. Reuter, Univ.-Professor.
Dr. Eugen Roßhirt, Univ.-Professor.
Dr. Johann Georg Weidmann, Gymnasialrector u. Professor.
Dr. Heinrich Dittmar, qu. Gymnasialrector u. Professor.
Dr. Heinr. Christian Friedr. Gebhardt, Gymnasialrector u. Professor.
Vitus Graf, geistl. Rath u. Schullehrer-Seminar-Inspector.
Wolfgang Braun, geistl. Rath u. Stadtpfarrer.
Michael Fischer, Dechant u. Pfarrer.
Franz Seelos, Stadtpfarrer.
Joh. Ludwig Lochner, Pfarrer.
Ludwig Wickenmayer, geistl. Rath u. Domcapitular.
Carl Euler-Chelpin, Oberpostmeister.
Dr. Georg Löhner, Postrath.
Ignaz Vorhölzer, Post- u. Bahn-Inspector.
Beatus Max v. Chlingensberg, Kreisbaurath.

Joseph Maria Freiherr v. Gumppenberg-Pöttmes, Kreisbaurath.
Friedrich Alex. Fischer, k. Rath und qu. Oberzollinspector.
Dr. Joh. Bapt. Wandner, Lyceal-Professor.
Dr. Müller, Fabrikbesitzer.
Wilhelm Neuffer, Großhändler.
Friedr. Wilh. Günther, Bergrath.
Dr. Marcus Mayer, qu. Kreiscassier.
Melchior Grohe, Kreis-Forstrath.
Carl v. Spruner, Generalmajor und Flügeladjutant S. M. d. Königs.
Friedr. Helfreich, p. Ober-Kriegs-Commissär.
Moriz Graf v. Butler-Clonebough, p. Oberstlieutenant.
Albert Jäger, Regierungsrath u. Director der pfälzischen Eisenbahnen.
Georg Lehner, Dechant.
Hermann Bernau, k. Consul in Athen.
Engelbert Seibertz, Historienmaler.

1859.

Leonhard v. Osberger, Regierungs-Rath.
Hugo Frhr. v. Herman, Ministerialrath.
Dr. Leonhard Spengel, Univ.-Professor.
Carl Wiedmann, Bibliothekar.
Carl Vocke, Central-Staats-Cassier.
Johann Carl Auer, Steuerrath.
Carl Albrecht Roth, Central-Post- u. Eisenbahn-Cassier.
Gustav Cella, Oberst.
Johann Illing, Major.
Heinrich Jogt, Major.
Dr. Leopold Bauridl, p. char. Stabsarzt.
Friedrich Wilhelm Hermann Graf v. Quadt-Wickradt-Isny, Ministerresident.
Friedrich Daniel v. Pixis, Ober-Appellations-Ger.-Rath, zugleich funct. General-Staats-Procurator am Cass.-Hof f. d. Pfalz.
J. M. Frhr. v. Welser, Bezirks- u. Handels-Appellat.-Gerichts-Director.
Philipp Jacob Serini, Appellat.-Gerichts-Rath.
Dr. Joseph Heine, Kreis-Medicinalrath.
Carl Brenner, Regierungs-Rath.
Joseph Leinfelder, Reggs.-Rath.
Georg Wiesend, Bezirksamtmann.
Alexander v. Aufin, qu. Landrichter.
Joh. Carl Frhr. v. Leoprechting, Bezirksamtmann.
Franz Franz, Regierungsrath und Stadtcommissär.
Dr. Franz Xaver Pündter, k. Rath Bezirks-Arzt.
Dr. Thomas Lauber, Bezirks-Arzt.
Theodor Frhr. v. Frays, Gendarmerie-Hauptmann.
Ernst v. Stetten, Landwehr-Oberst.
Theodor Keppel, Landw.-Oberstlieutenant.
Joseph Wurm, Domcapitular.
Peter Eck, Dompropst u. General-Vicar.

Friedrich Hermann, Decan und Stadtpfarrer.
Dr. Sebastian Reißmann, Univ.-Professor.
Dr. Carl Christian von Staudt, Universi.-Professor.
Johann Baptist Hutter, Gymn.-Rector.
Johann Hocheder, Gymn.-Professor u. Custos an der Hofbibliothek in Aschaffenburg.
Dr. Joachim Meyer, qu. Gymn.-Professor.
Joseph Frhr. v. Hertling, Kämmerer.
Carl Gerhäuser, Regierungs-Rath.
Friedrich Carl Roth, Univ.-Professor.
Eduard Frhr. v. Crailsheim, Forstmeister.
Wilhelm Seiler, Oberpostmeister.
Moriz Ritter v. Reichert, Oberzollrath.
Franz Kickinger, Oberzollinspector.
Peter Gries, Kreisbaurath.
Joseph v. Hirsch, belg. Consul.
Wilhelm Frhr. v. Lindenfels, Generalmajor.
Melchior Meller, Hauptbuchhalter u. Secretär.
Joseph Baader, Domcapitular u. geistl. Rath.
Dr. Gottlieb Flatz, Domcapitular.
Carl Schmid, Schullehrer-Seminar-Inspector.
Jacob Lang, Pfarrer.

1860.
Dr. Carl Weichselbaumer, Hofstabsrath.

Georg Herbst, Hofcassier.
Dr. Joseph Hugo Sigmund, Legationsrath.
Dr. Franz v. Vogt, Ministerialrath.
Paul Edelhard, Ober-Appell.-Gerichts-Rath.
Dr. Philipp Briel, Appell.-Gerichts-Director.
Max Joseph Ruhwandl, Advocat.
Eduard Schlereth, Regierungs-Rath.
Wilhelm Merkel, Generalmajor und Gendarmerie-Corps-Commandant.
Franz Maurer, Magistrats-Rath.
Wilhelm Völk, Ministerialrath.
Max Pracher, Ministerialrath.
Anton Lichtenauer, Domcapitular.
Adolph v. Lieberskron, Oberconsistorialrath.
Dr. Friedrich Kunstmann, Univ.-Professor.
Dr. Franz Streber, Univ.-Professor.
Carl Piloty, Professor.
Julius Thäter, Professor.
Dr. Conrad Maurer, Univ.-Professor.
P. Gregor Höfer, Gymn.-Rector u. Professor.
Michael Suttner, Ministerialrath.
Johann Wilhelm Deppert, General-Direct.-Assessor.
Gg. Ludwig Gerbig, Oberzollrath.
Wilhelm Bromberger, Bankdirector.
Dr. Carl Andreas Bischof, Regierungs-Rath.
Carl Jopp, Steuerrath.

Carl De Herigoyen, Ober=Berg= u. Salinen=Forstrath.
Baptist Stephan, Generalmajor u. Brigadier.
Anton Blaimberger, Ober=Kriegs=Commissär.
Friedrich Schultheiß, Ober=Kriegs=Commissär.
Carl Gehm, Oberauditor.
Ignaz Freiherr v. Hertling, qu. Appellations=Gerichts=Rath.
Emeran Persch, Appell.=Gerichts=Rath.
Carl Friedrich v. Landgraf, Handelsgerichtsdirector u. qu. Bezirks=Gerichts=Rath.
Ludwig Albert Freiherr v. Gumppenberg, Regierungs=Rath.
Carl Nar, Reggs.=Director.
Dr. Eduard Fleischer, Regierungs=Rath.
Alois Wigard, Reggs.=Rath.
Georg Ritter v. Grundner, Bezirksamtmann.
Franz Schrobt, Stadtcommissär und Reggs.=Rath.
Max Jos. Bauer, Bezirksamtm.
Joseph Muggenthaler, Bezirksamtmann.
Johann Schmittbüttner, Stadtcommissär u. Bezirksamtm.
Christoph Forster, Bezirksamtm.
Carl Aug. Finweg, Bezirksamtm.
Carl Ludwig Medicus, Bezirksamtmann.
Augustin Damm, Bezirksamtm.
Friedrich Kirchner, Bürgermeister.
Dr. Joseph Oberndorfer, Bezirks=Arzt.
Dr. Joh. Nep. Forster, Bezirks=Arzt.
Dr. Gustav Höfler, Bezirksarzt.
Peter Köstler, Domcapitular.
Friedrich Börsch, Consistorial=Rath.
Dr. Franz Delitzsch, Univ.=Professor.
Carl Ludwig W. Söber, Decan u. Districts=Schulinspector.
Oscar v. Schelleret, Oberpostmeister.
Leonhard Schmidtner, Kreisbau=Beamter.
Ludwig Diehl, Oberzoll=Inspector.
Mathias Trieb, Gewerbschul=Rector.
Philipp Heinrich Frhr. v. Thüngen auf Weißenbach, Kämmerer.
Wilhelm Frhr. v. Thüngen zu Roßbach, Kämmerer u. Reichsrath.
Benedict v. Schwarz, Gutsbesitzer.
August Manz, Finanzrath.
Johann W. Emonts, q. Reggs.=Rath.
Wilhelm Ulmer, Reggs.=Rath.
Friedrich Aug. Dorner, Oberrechnungs=Rath.
Ludwig Hilger, Rentbeamter.
Alois Pracher, Rentbeamter.
Friedrich Pausch, Forstmeister.
Anton Reisenegger, Forstmeister.
Baptist Klein, General=Major, Stadt= u. Festungscommandant.
Franz Limmer, Generalmajor u. Brigadier.
Dr. Joseph Mahlmeister, Stabs=Arzt.
Dr. Wenzel Linhard, Universi.=Professor.

Dr. Ludwig Krembs, Gerichtsarzt.

Dr. Jacob Braun, Professor und Spitalhausarzt.

Joseph Anton v. Kladt, ehem. kurfürstl. Hofkammerrath.

Friedrich Magnus Schwerd, Lyceal- u. Gymnasial-Professor.

Ignaz Reichert, Bezirks-Gerichtsdirector.

Eugen Mündler, Eisenbahn-Director.

1861.

Wilhelm Schmitt, Hoftheater-Intendanz-Rath.

Friedrich Wilhelm Hofer, k. Rath u. Hofsecretär Sr. K. Hoheit des Prinzen Carl von Bayern.

Ludwig Graf v. Paumgarten, Legationssecretär.

Georg Wortmann, Consul in Gibraltar.

Dr. Hermann Orges, Redacteur der Allgem. Zeitung.

Michael Pruner, Appellations-Gerichts-Director.

Joseph Salzmann, Ober-Appell.-Ger.-Rath.

Dr. Johann Georg Heinzelmann, Ministerial-Rath.

Ferdin. Haubenschmied, II. Staatsanwalt am Ober-Appell.-Gericht.

Hermann Fitting, Appell.-Gerichts-Rath.

Nicolaus Lindner, Appell.-Ger.-Rath.

Adam Dobmayr, Appell.-Gerichts-Rath.

Friedrich Kahl, Bezirks-Gerichts-Director.

Quirin Lüft, Advocat u. Wechselgerichts-Notar.

Ferdinand Graf v. Rambaldi, Regierungs-Rath.

Joseph Zimmerer, Regierungs-Rath.

Georg Henner, Reggs.-Rath.

Friedrich August Saile, Regierungs-Rath.

Friedrich Gottlieb Völkel, Hofökonomie-Rath u. Vorstand d. Redaction des Gesetz- u. Regierungsblattes.

Pleikhart Stumpf, Landtags-Archivar.

Ludwig Frhr. v. Freyberg, Bezirksamtmann.

Carl Zölch, Bezirksamtmann.

Franz Seraph Christoph, Bezirksamtmann.

Carl Reißner Frhr. v. Lichtenstern, Bezirksamtmann.

Conrad Barlet, Bezirksamtmann.

Joh. Franz Weidner, Bezirksamtm.

Ferdinand Koneberg, Bezirksamtmann.

Wilhelm Freiherr v. Holzschuher, Bezirksamtmann.

Franz Flamin Meuth, Strafanstalts-Inspector.

Max Bruckbräu, Hauptmann.

Dr. Joseph Carl v. Linprun, k. Rath u. Bezirksarzt.

Dr. Carl Barth, Bezirksgerichts- u. Bezirksarzt.

Hermann Münch, rechtsk. Bürgermeister.

Johann Alois Marcus v. Ruösch, Landw.-Oberstlieutenant.

Dr. Johann Bapt. Herz, pract. Arzt.

Christoph Pözath, Ministerialrath.

Alois Schmid, Domcapitular u. Dompfarrer.

Dr. Hermann Wein, Domcapitular.

Dr. Joseph Georg Dreer, Domcapitular.

Dr. Benedict Prand, geistl. Rath u. Erziehungsinstit.-Inspector.

Johann Christian Sixt, protest. Decan u. Hauptprediger.

Dr. Franz Xaver Reithmayr, Universitäts-Professor.

Dr. Wilhelm Heinrich Riehl, Universitäts-Professor.

Dr. Franz Löher, Univ.-Professor.

Dr. August Hauner, Univ.-Profess.

Paul Heyse, Schriftsteller.

Dr. Heinrich Bamberger, Univ.-Professor u. Oberarzt.

Dr. Joseph Gerlach, Univ.-Professor.

Dr. Carl Thiersch, Univ.-Professor.

Franz Hauser, Director des Musik-Conservatoriums.

Paul Klostermaier, Lycealrector u. geistl. Rath.

Joseph Wilhelm Thum, Gymn.-Rector.

Caspar Eilles, Gymnas.-Professor u. Conrector.

Friedrich Petri, Generaldirections-Assessor.

Georg Beuschel, Generaldirectionsrath.

Georg Lavale, Kreisbaurath.

Hermann Sodi, Baubeamter.

Johann Georg Seiling, Oberzoll-Inspector.

August Frhr. v. Dürsch, Vorstand d. Kreisackerbauschule u. Staatsguts-Verwalter in Schleißheim.

Dr. Joseph Bauer, Kreis-Landwirthschafts- u. Gewerbsschul-Rector.

Dr. Heinrich Rose, Kreis-Landw.- u. Gewerbsschul-Rector.

Heinrich Faber, Kreis-Landw.- u. Gewerbsschul-Rector.

Alois Graf v. Arco-Stepperg, Kämmerer und Oberstlieutenant à la suite.

Albert Frhr. v. Süßkind, Gutsbesitz.

Carl Frhr. v. Bethmann, Kämmerer u. Gutsbesitzer.

v. Mühldorfer, Brauerei- u. Realitätenbesitzer.

v. Paur, Gutsbesitzer.

Georg Scheibenpflug, Oberrechnungsrath.

Johann Kaul, Regierungsrath.

August Roos, Ministerialrath.

Franz Winkler, Reggs.- u. Kreisforstrath.

Anton Lori, Rentbeamter.

Benno Steyrer, Rentbeamter.

Max Ott, Rentbeamter.

Friedr. Heldrich, Kreisforstmeister.

Max Hönig, Forstmeister.

Andreas Knott, Generalmajor.

Joseph Mändl, Oberst.

Friedrich Graf v. Bothmer, Oberst.

Heinrich Wolf, Oberauditor.

Carl Orff, Oberkriegscommissär.

Heinrich Häring, Oberstlieutenant.

Max Aldoßer, Oberstlieutenant.

August Frhr. v. Leonrod, Major.

Philipp Schumacher, Major.

Friedrich Welß, Major.
Dr. Hugo Schröder, Regiments-Arzt und Leibarzt Sr. K. H. des Prinzen Adalbert v. Bayern.
Carl Steinheil, k. Rath u. q. geh. Secretär.
Ludwig Haag, k. Rath u. Cassier.
Dr. Carl Ritter v. Mayer, Privatier.
Ferdinand Moser, Forstmeister.
Dr. Joh. Evang. Stadler, Domdechant.
Dr. Johann Nep. Ströhl, Univ.-Bibliothekar.
Eduard Lillbopp, bischöfl. geistl. Rath, Dechant u. Pfarrer.
Christoph Burger, Stadtpfarrer u. geistl. Rath.
Max Hemmer, qu. rechtsk. Magistratsrath.
Albert v. Hirsch, Privatier.
Peter Sutor, Forstmeister.
Dr. Joh. August Roderich Stinzing, Univ.-Professor.
Johann v. Pillement, Major.
Adrian Frhr. v. Lafabrique, Hauptmann à la suite.

1862.
Franz Seraph Leinfelder, Geh. Secretär.
Eduard Bomhard, Ober-Staatsanwalt.
Ernst Kleinschrod, Appellat.-Ger.-Rath.
Carl Ernst Joh. Georg Meißner, Minist.-Assessor.
Dr. Friedr. Dotzauer, Reggs.- u. Kreismedicinalrath.
Peter Zink, Landrichter.
Dr. Eduard Meß, Strafanstalts-Inspektor.
Dr. Franz Dirnberger, Domdechant.
Jacob Friedr. Schnitzlein, Dechant u. Kreisschol.

Dr. Anton Rietter, Univ.-Professor.
Dr. Franz X. Wegele, Univ.-Professor.
Dr. Moriz Carriere, Secretär d. k. Akad. d. bildend. Künste u. Ehrenprofessor an d. k. Ludw.-Maxim.-Universität.
Dr. Friedrich Bodenstedt, Univ.-Professor.
Aug. Kreling, Director d. Kunstgewerbschule u. Historienmaler.
Carl Ruland, Regierungs- und Kreisbaurath.
Friedr. Weber, Post- u. Bahnamtsvorstand.
Joh. Bapt. Riebel, Advocat.
Ludw. Pummerer, Generalsecretär.
Ludwig Stetter, Regier.-Director.
Gustav Beyer, Regierungsrath.
Max Jos. Schöller, Rentbeamter.
Clemens Schedel, Generalmajor.
Joh. Nep. Fuchs, Generalmajor.
Ludwig Ritter v. Jenisch, Oberst.
Wilh. Frhr. v. Brück, Oberst.
Franz v. Gmainer, Major und Flügeladjutant Sr. Maj. des Königs Ludwig.
Elsner, Advocat.
Fidel. v. Baur-Breitenfeld.
Dr. Wilh. Friedr. Carl Hecker, Univ.-Professor.
Frhr. v. Gienanth, Eisenwerksbesitzer.
Ulrich v. Zoller, rechtsk. Bürgermeister.
Bernhard Solger, städt. Baurath.

1863.
Dr. Friedrich Schelling, Decan und Stadtpfarrer.
Anton Kaufmann, qu. Hauptcassier.
Emanuel Bachmeyer, Pfarrer u. Districts-Schulinspector.
Dr. Mayer, Decan, Pfarrer und Districts-Schulinspector.

Ritter II. Classe.

1855.
Georg Friedrich Domeyer, Handels-Appell.-Gerichts-Assessor.
Benedict Zahn, Handelsgerichts-Assessor.
Ferdinand Stieber, Fabricant.

1856.
Dr. Baumann, Gutsbesitzer.
Ludwig Riedinger, Techniker.
Max Ebenauer, Fabrikbesitzer.
Gerhard Sipmann, p. Lehrer.

1857.
Friedrich Dürk, Maler.
Carl Pengler, Rechnungscommissär.
Johann Bernhard Lunkenheimer, Gesandtschafts-Secretär.
Eduard Heinzelmann, Fabrikbesitzer.
Friedrich Krämer, Fabrikbesitzer.
Michael Rath, Hammerwerksbesitzer.
Caspar Leist, Wechsel-Appell.-Gerichts-Assessor.
Ludwig Folz, Professor.

1858.
Bernhard Stange, Landschaftsmaler.
Christoph Schönhammer, Official.
Jacob Rathmayer, Trigonometer.
Steinhäuser, Fabricant.
Joseph Unterberger, qu. Appellat.-Gerichts-Secretär.
Heinrich Lichtenberger, Bürgermeister.
Georg Jacob Haid, Bürgermeister-Adjunct.
Joseph Bernhardt, Portraitmaler.

1859.
Carl Wilhelm Schmidt, Gerichtsschreiber.
Wilhelm Eugen Schulz in Zweibrücken.
Dr. Max Carron du Val, Kreis-Medic.-Aussch.-Mitglied.
Dr. Franz Joseph Schuh, Kreis-Medic.-Aussch.-Mitglied.
Carl Sachs, Specialcassier.
Adam Buchner, Landwirthschafts- u. Gewerbsschul-Lehrer.
Joseph Scherpf, techn. Baurath.
Ludwig Rose, Fabricant.
Albert Hertel, Wechselgerichts-Assessor.
Franz Seraph Sporrer, Landw.-Major.
Joseph Leeb, Bürgermeister.
Joseph Propst, Pfarrer.

1860.
Anton Jägerhuber, gräflich Arco'scher Oberinspector.
Gabriel Sedlmayr, Bierbrauer.
Carl Wolfanger, Vereinscontroleur u. Zoll-Inspector.
Joseph Martin Reichenberger, Fabricant.
Friedrich Krackhart, Kaufmann.
Friedrich Carl Spies, Reggs-Secretär.
Carl Buß, Fabrik-Director.
Joseph Schneider, Magistratsrath.
Caspar Michael Martin, Rechn.-Commissär.
Ludwig Thiersch, Historienmaler.

Carl Schreyer, b. Magistratsrath.
Joseph Teichlein, b. Magistatsrath.
Haffner, Bürgermeister und Kaufmann.

1861.

Johann Aug. Herbst, Hofgestütmeister u. Thierarzt.
Joseph Spiegel, Canzleisecretär.
Christian Morgenstern, Landschaftsmaler.
Friedrich Brugger, Bildhauer.
Joseph Albert, Hof-Photograph.
Carl v. Orff, Registrator.
Max v. Schedel, Revierförster.

Joseph Benzino III, Rentner.
Ludwig Eichheim, Revierförster.
Mathias Berger, Civil-Architekt.
Alois Streller, Revierförster.
Philipp Jacob Reuter, Verwalter.

1862.

Aug. Wolfg. Burger, Landwehr-Major.
Joh. Phil. Engelhardt, qu. Postverwalter.
Philipp Diß, Kaufmann u. Vorstand d. Handelsrathes.
Schäffer, Landw.-Oberstlieut.
Mertel, Bürgermeister.
Leo Gasteiger, Glashüttenverwalt.

Ausländer.

Großkreuze.

1838.

Alexander v. Dusch, großherzogl. bad. Staatsminister a. D.
Fürst Eugen v. Ligne in Brüssel.

1840.

Anatole de Demidoff, kais. russ. Kammerjunker.
Heinrich Frhr. v. Heß, k. k. österr. Feldmarschall, Trabanten-Leibgarde-Hauptmann u. Mitglied des Herrenhauses.

1841.

Graf Wielhorski, Stallmeister J. K. H. der Großfürstin Maria, Herzogin von Leuchtenberg.
v. Neumann, k. preuß. General d. Infanterie, General-Adjutant d. Königs.

1843.

Baron Nothomb, k. belg. Gesandter am k. preuß. Hofe.
Camilla Graf de Briey, k. belg. p. Gesandter.

1844.

Heinrich Marquis Forcella, pens. k. sicillan. Oberst u. Adjutant.
Graf v. Stedingk, Capitain der k. schwedischen Garden.
Jules van Praet, k. belg. Minister.
Graf Goblet d'Alviella, k. belg. pens. Generallieutenant.
A. Dechamps, k. belg. Staatsminister a. D. und Deputirter.

1845.

Marquis Leon. Martellini, großherzogl. toscan. Maggiordomo.
Graf Rossi, k. sardin. Gesandter.

1846.
Gust. Adolph Senft v. Pilsach, k. sächsischer General-Lieutenant außer Dienst.

1847.
Paul Carl Amable Baron v. Bourgoing, k. französ. Gesandter.

1848.
Spiridion Tricoupis, k. griech. Senator u. Gesandter.

Ludw. Frhr. v. Rüdt-Collenberg, großherzogl. bad. Staatsminister a. D.

1849.
Joseph Frhr. v. Werner, k. k. österr. Geh. Rath u. Gesandter in Dresden.

Panajotis Notaras, k. griech. General-Major, Senator u. Hofmarschall.

Graf v. Sevilla, k. spanischer Introducteur.

v. Peucker, k. preuß. General der Infanterie.

v. Prittwitz, k. preuß. General d. Infanterie a. D.

1850.
Ferdinand Christoph Graf v. Degenfeld-Schomberg, k. württemb. Staatsrath u. Gesandter in München.

Constant. d'Hoffschmidt de Resteigne, Gutsbesitzer in Brüssel.

Ferdinand Freiherr v. Schirnding, k. k. österr. p. Feldmarschall-lieutenant.

Carl Fürst zu Solms, k. k. österr. Generalmajor.

Heinrich Frhr. Sunstenau v. Schützenthal, k. k. österr. p. Feldmarschall-Lieutenant.

Armand Lefèvre, kaiserl. französ. Gesandter.

Bernhard Graf von Rechberg und Rothenlöwen, k. k. österr. Geh. Rath, Minister des kaiserl. Hauses u. Aeußern, u. Mitglied des Herrenhauses.

Ignaz Ritter v. Legeditsch, k. k. österr. p. General d. Cavalerie.

1851.
Bernhard Prinz zu Solms-Braunfels, k. hannov. General à la suite.

1852.
Wassill Baron v. Korff, kaiserl. russ. Generaladjutant.

Eduard v. Thouvenel, kaiserl. französ. Minister.

Carl Theodor Frhr. v. Rotberg, großherzogl. bad. Generalmajor.

Andreas Frhr. v. Baumgartner, k. k. österr. Geh. Rath, Präsident der Akad. d. Wissenschaften und Mitglied des Herrenhauses.

Waldner v. Freudenstein, kaiserl. französ. General-Lieutenant.

Marrey Monge, kais. franz. Gen.-Lieutenant.

Anton Frhr. v. Csorich von Monte-Creto, k. k. österr. p. Feldzeugmeister.

v. Rochow, k. preuß. Hofmarschall weiland d. Prinzen Wilhelm von Preußen.

Graf v. Keller, k. preuß. wirkl. Geh. Rath u. Oberschloßhauptmann.

1853.
Maximilian Frhr. v. Handel, k. k. österr. Geh. Rath u. Gesandter in Stuttgart.

Frhr. v. Dalwigk, großherzogl. heſſ. Präſident des Geſammtminiſteriums.

Thomas Freiherr v. Zobel von Gibelſtadt und Darſtadt, k. k. öſterr. Feldmarſchall-Lieutenant und Feſtungscommandant in Olmütz.

Friedrich Frhr. v. Kellner von Köllenſtein, k. k. öſterr. Feldmarſchall-Lieutenant u. Oberlieutenant der Arcierenleibgarde.

Joſeph Frhr. v. Bamberg, k. k. öſterr. Feldmarſchall-Lieutenant und Truppen-Commandant in Krakau.

Dominik Fürſt von San Giorgio-Spinello, ſicilian. Generaldirector der k. Muſéen.

Commandeur Ludwig Carafa di Traëtto, k. neapol. Miniſter.

Joſeph Fürſt von d'Ottojano-Medici, k. ſicilian. General-Intendant.

Franz Frhr. v. Winſpear, k. ſicilian. Generallieutenant.

Johann Frhr. v. Sallaba, k. k. öſterr. Feldmarſchalllieut. und Oberſthofmeiſter Sr. Kaiſ. Hoheit des Erzherzogs Wilhelm.

Friedrich v. Wachter, großherz. heſſ. General-Lieutenant.

v. Wuſſow, k. preuß. General der Infanterie.

Auguſt Frhr. v. Stillfried-Rattoniz, k. preuß. wirkl. Geh. Rath u. Oberceremonienmeiſter.

1854.

Nicolaus Herzog v. Satriano, k. neapol. Theat.-Intendant.

Wilh. Graf von Taubenheim, k. württ. Oberſtſtallmeiſter.

Hans Heinrich v. Könneritz, k. ſächſ. Oberkammerherr a. D.

v. Schöler, k. preuß. General-Major a. D.

Carl Auguſt Max v. Engel, k. ſächſ. General-Lieutenant, General-Adjutant, und Oberſtſtallmeiſter Sr. Maj. des Königs von Sachſen.

Ritter Felix Sabatelli, k. neapol. General.

Genndos Colocotronis, k. griech. Generallieutenant, Senator u. Oberſtſtallmeiſter.

Graf v. Dönhoff, wirkl. Geh. Rath u. Oberſthofmeiſter J. M. d. Königin Wittwe v. Preußen.

Don Antonio Cabalero k. ſpan. Staatsrath.

Graf v. Reinhard, kaiſ. franzöſ. Geſandter.

Ernſt Reichard, k. ſächſ. Generallieutenant.

Emil Frhr. v. Maucler, k. württ. Oberhofraths- und Geh. Cabinets-Chef.

1855.

Joh. Paul Grf. v. Schramm, kaiſerl. franzöſ. Gen.-Lieut. u. Senator.

Camillo Richard v. Seebach, herzoglich. ſachſ.-coburg-goth. Staatsminiſter.

Carl v. Mansbach, k. ſchwed. General-Lieutenant.

Alexis v. Wenewitinoff, kaiſerlich ruſſ. Oberhofmeiſter.

1857.

Alexander Graf Adlerberg II., kaiſerl. ruſſ. General-Adjutant.

Alexis Swistounoff, kaiserl. russ. Staatsrath.

Franz Fürst von Montemileto, k. sicilian. Kammerherr.

Ritter Friedrich Roberti, k. sicilianischer Viceadmiral.

Marquis de los Llamos, k. spanischer Maggiordomo.

Graf Baciocchi, kais. franz. I. Kammerherr.

Rolin, kaiserl. franz. General u. General-Pallast-Adjutant.

Baron v. Beville, kais. französ. General u. Adjutant d. Kaisers Napoleon III.

Ludwig Michael von Reinhard, k. württ. Staatsrath u. Bundestags-Gesandter.

1858.

Aldephonse Baron Du Jardin, k. belg. Gesandter in den Niederlanden.

Alzo Rangabé, k. griech. Professor.

Constantin Provelegios, k. griech. Senator.

Demetrius Plapoutas Koliopoulos, k. griech. Generallieutenant a. D.

Baron Wedel-Jarlsberg, k. schwed. Gesandter.

Andreas Coundouriotis, k. griech. Minister.

Khalil-Bey, k. ottom. Gesandter.

F. A. Regenauer, großherzoglich bad. Staatsminister a. D.

1859.

v. Löwenskiold, k. schwed. Gesandter.

Joseph Ritter v. Schmerling, k. k. österr. Feldmarschalllieut.

1860.

Georg Sachinis, k. griech. Contreadmiral u. Adjut. b. Königs.

Marquis von San Gregorio Vicomte de Ona, Leibarzt J. M. d. Königin von Spanien.

Diego de Bledma y Fonseca, Einführer d. Gesandten in Spanien.

v. Willisen, Generallieut. u. Oberstallmeister Sr. M. d. Königs von Preußen.

Simon Frhr. v. Sina, k. griech. Gesandter u. bevollm. Minister.

Clemens Graf v. Boos-Waldegg, k. preuß. wirkl. Geh. Rath und Obersthofmeister Ihrer Maj. der Königin von Preußen.

1861.

v. Korffleisch, k. preuß. Generallieutenant und Divisionscommandant.

Franz Ritter v. Hauslab, k. k. österr. Feldzeugmeister.

v. Puttkammer, k. preuß. Generallieutenant u. Artill.-Inspector.

Conrad Abée, kurfürstl. hessischer Justiz-Minister.

Graf Don Salvatore Grifeo des Princes de Partano, k. sicilian. Gesandter.

von Bülow, großherz. meklenb. Obermarschall.

Fürst Alexander von Ghika aus der Wallachei.

Marquis von Banneville, kaiserl. franz. bevollm. Minister.

H. Clifford, k. niederl. Hofmarschall u. Großofficier.

v. Griesheim, k. preuß. General-Major.

Graf v. Pückler, k. preuß. Ober-
hof- u. Hausmarschall u. Generalmajor.

1862.
Emanuel Hahn, k. griech. Gene-
ralmajor.
Dimitrios Haziskos, k. griech.
Senator.
Otto v. Minckwitz, herz. sächs.-
altenb. Oberfthofmeister.

1863.
Graf Brassier de St. Simon,
k. preuß. Gesandter.
Francke, herzogl. sächs. geheimer
Staatsrath.

Großcomthure.
1856.
Henri Collet-Meygret, kaiserlich
französ. Receveur-General, (Ge-
neral-Steuereinnehmer).

1857.
Don José Joaquin Mateos, k.
span. Geh. Cabinets-Secretär.
Don Victoriano de Pedroreno, k.
span. Minist.-Canzlei-Chef.
Ludwig Schuler, großherz. bad.
General-Major.
Nicolaus v. Schaufuß, kais. russ.
wirkl. Staatsrath.
Ludwig Bianchini, k. neapolitan.
Staatsrath.
Graf Alfred Nieuwerkerke, Gene-
ral-Director d. kaiserl. französ.
Muséen.

1858.
Graf Lesseps, kaiserl. französ. bevollmächt. Minister.
Theodor v. Baumbach, großherz.
bad. Oberschloßhauptmann a. D.
Alexander v. Baumbach, kurfürstl.
hess. Geh. Legat.-Rath, außerord.
Gesandter u. bevollmächt. Minister in Disponiblit.

1860.
Nicolaus Theocharis, Procurator
am griech. obersten Rechnungs-
hofe.
Graf v. Massignac, kaiserl. fran-
zös. Legations-Secretär.
Athanasius Onnate, k. spanischer
General-Schloßinspector.
Georg Isfordink von Kostniz, k.
k. österr. Legations-Rath.
Ludwig Graf v. Forni, herzogl.
modenes. General-Adjutant u.
Oberfthofmeister.
Carl Frhr. v. Reischach, großherz.
bad. Oberftkammerherr.

1861.
Freiherr von der Golz I. k. preuß.
Generallieutenant.
v. Wachersleben, k. preuß. Generallieutenant.
Eduard v. Gobbäus, kurfürstl.
hess. Geh. Legationsrath.
Frhr. v. Stenglin, großherz. mecklenb. Hausmarschall.
Anton Ritter v. Hammer, k. k.
österr. Hof- u. Ministerialrath.
W. v. Weckherlin, k. württemb.
Staatsrath u. Geh. Secretär
Ihrer Maj. d. Königin d. Niederlande.
v. Roeder, k. preuß. erster Cere-
monienmeister u. Schloßhaupt-
mann.
Dr. Müller, Senator u. Bürgermeister in Frankfurt a. M.

Comthure.
1838.
Joseph Fürst v. Wrede, kais. russ.
quitt. Oberst.

Alexis v. L'woff, kais. russ. Oberhofmeister.

1840.

Johann Frhr. v. Moll, k. k. österr.
p. Feldmarschalllieutenant.

Paul Graf Fersen, kaiserl. russ.
Oberstjägermeister.

1841.

Carl Soutzos, k. griech. Oberlieutenant a. D.

Johann v. Geissel, Erzbischof von
Cöln.

Dr. Johann v. Falkenstein, k. sächs.
Staatsminister des Cultus und
öffentl. Unterrichts.

1842.

v. Schack, k. preuß. Generalmajor a. D.

Claud. Graf v. Bentivoglio, Obersthofmeister J. k. Hoh. der Frau
Herzogin von Modena.

1843.

Graf v. T'Serclaes, k. belg.
Gouverneur d. Provinz Limburg.

1844.

Donatus Brillandi, großherzogl.
toscan. Ministerial-Secretär.

Eduar Graf Wengersky von Un-
gerschütz, k. k. österr. p. Feldmarschalllieutenant.

Wilh. Frhr. v. Lebzeltern, k. k.
österr. Feldmarschalllieutenant.

1845.

Daniel Menst Ritter v. Klarbach,
k. k. österr. p. Hofrath.

Antonio Joaqu. Gomes d'Olveira,
k. portug. Generaldirector.

1846.

F. Feuillet de Conches, kais. franz.
Chef du protocolle im auswärt.
Ministerium.

Carl Heß, herzogl. sachs.-cob.-goth.
Geh. Rath.

1848.

d'Arnao, k. span. Botschafts-Se-
cretär.

Theodor v. Küstner, k. preuß.
General-Intendant der k. Schau-
spiele a. D.

1849.

Adolph Frhr. v. Brenner-Felsach,
k. k. österr. Kämmerer u. Gesandter in Kopenhagen.

Alexander Frhr. v. Hübner, k. k.
österr. Geh. Rath.

Frhr. v. Sloët v. Oldultenborgh,
k. niederländ. Oberst u. Flügel-
Adjutant.

Johann Baptist Graf v. Guerra,
herzogl. modenes. Oberstlieut.

Carl Philipp Frhr. v. Bechtold,
großh. hess. pens. Generallieut.

1850.

Peter Graf Morzin, k. k. österr.
Kämmerer u. p. Feldmarschall-
lieutenant.

Carl Adolph Graf v. Hohenthal,
k. sächs. wirkl. Geh. Rath,
außerord. Gesandter u. bevollm.
Minister am k. preuß. Hofe.

Maximilian Graf O'Donnel, k. k.
österr. p. Generalmajor.

Heinrich v. Rupprecht, k. k. österr.
Generalmajor u. Brigadier.

Johann Graf Montforte Duca di
Laurito, k. k. öster. Feldmarsch.-
Lieutenant.

Soleille, kais. französ. Divisions-
general.

1851.

Alfred Ritter v. Hennikstein, k. k. österr. Feldmarschalllieutenant und 1ter Generaladjutant der Armée im Lomb. Venet.

Erwin Graf v. Neipperg, k. k. österr. Generalmajor u. Brigadier.

Adolph Baron v. Thierry, k. k. österr. Geh. Rath u. Staatsrath.

Julius Heinr. Grünler, k. sächs. Geh. Legationsrath in Disponibilität.

Franz Wendland, Secretär Sr. Maj. des Königs von Griechenland.

Aug. Schirmer, kurhess. Generallieutenant a. D.

Wilh. Burkart v. Helmschwerdt, kurhess. Generallieut. a. D.

Jacob Ignaz Hittorff, kais. franzöf. Architect.

1852.

v. Brauchitsch, k. preuß. Generallieutenant.

Dr. August Böckh, k. preuß. Geh. Regierungsrath und Professor.

Dr. Franz Leopold Ranke, k. preuß. Professor.

Nicolaus Krasnokoutsky, kais. russ. Generalmajor.

Peter Fürst Bagration, kais. russ. Generalmajor.

Ignaz Frhr. Lichmann v. Palmrode, k. k. österr. Hof- und Ministerialrath.

August Stüler, k. preuß. Geh. Oberbaurath.

Graf Malher, kais. franz. Präfect.

Ferdinand Graf Vetter von der Lilie, k. k. österr. p. Generalmajor.

Ferdinand Schmid v. Dondorf, k. k. österr. Generalmajor u. Brigadier.

1853.

Eduard Frhr. v. Bach, k. k. österr. Geh. Rath u. Statthalter in Disponibilität.

August Regnault, kais. französ. Genie-Oberst.

Max Ludwig v. Biegeleben, k. k. österr. Hof- u. Ministerialrath.

Johann Graf Hupn, k. k. österr. Generalmajor.

Dr. Hermann Harnier, Senator, Syndicus und Bundestagsgesandter der freien Stadt Frankfurt.

Matthäus Marchese Antici-Mattei, Geh. Kämmerer Sr. Heiligkeit des Papstes.

Vincenz di Sangro, k. neapolit. pens. Staatsrath.

Max Philipsborn, k. preuß. wirkl. Geh. Legationsrath.

Martin Friedrich Rudolph Dellbrück, k. preuß. Geh. Ober-Regierungsrath.

Stouffos, k. griech. Postdirector.

Joseph Mollo, k. sicilian. General der Marine.

Franz Bonelli, k. sicilian. General.

Ritter Nicolaus di Somma k. sicilian. pens. Oberst.

Anton v. Jüptner, k. k. österr. Oberst.

J. J. E. Chapellé, k. belg. Generallieutenant u. Commandant de l' école militaire.

Vincenz Müller, k. k. österr. Generalmajor.

1854.

v. Olfers, k. preuß. wirkl. Geh. Rath und Generaldirector der königl. Museen.

Dr. v. Schönlein, k. preuß. Ober-Medicinalrath und Leibarzt. a. D.

v. Alvensleben, k. preuß. General-Major u. Generaladjutant des Königs.

Franz Xaver Frhr. v. Menshengen, k. k. österr. Hof- u. Ministerial-Rath.

Dr. Grimm, k. preuß. Geheimer Obermedicinalrath und Leibarzt.

Carl Ludwig Schill, k. sächs. Regierungsrath.

Nicolaus Issakoff, kais. russ. Generalmajor.

Anton Schwarzl, k. k. österr. Feldmarschall-Lieutenant.

Frhr. v. Manteuffel, k. preuß. Generallieut. u. Gen.-Adjut. d. Königs.

Georg Scouffos, Dimarch von Athen.

1855.

Georg v. Viebahn, k. preuß. Regierungspräsident in Oppeln.

Obreskoff, kais. russ. Oberst.

Eugen Mussard, kais. russ. Staatsrath.

Otto v. Vegesack, kaiserl. russisch. Staatsrath u. Legationsrath.

v. Tißenhofer, landgräfl. heff. Hofmarschall.

Frhr. v. Reibniß, Zolldirector des Großherzogthums Luxemburg.

1856.

Mayer Carl Frhr. v. Rothschild, k. b. Hofbanquier und General-Consul.

Friedrich Graf v. Gronsfeld, k. württemb. Oberst u. Adjutant des Königs.

Robert Wilke, k. sächs. Geh. Finanzrath, Major von der Armee.

Carl Graf Bigot de St. Quentin, k. k. österr. Feldmarschalllieut.

Rudolph Frhr. v. Geuder, k. k. österr. Generalmajor und Brigadier.

Fürst Nicol. Youssoupoff, kaiserl. russ. Kammerjunker.

Jacob Marieni, k. k. österr. p. General-Major.

Antonio Casanova, k. span. General-Secretär.

1857.

Johann Sigmund Frhr. Schott v. Schottenstein, k. württemb. Regierungsdirector in Ulm.

Franz Büchl, k. k. österr. p. Generalmajor.

Hermann Zimmer, großh. bad. Director der Verkehrsanstalten.

Ivan Skolkoff, kais. russ. Oberst u. Flügeladjutant.

Peter v. Albedinsky, kais. russ. Generalmajor.

Fürst Galißine, kais. russ. Marine-Capitän.

Hamburger, kais. russ. Staatsrath.

Arthur Frhr. v. Mohrenheim, kais. russ. Staatsrath.

Johann Anton Frhr. v. Brentano, k. k. österr. Ministerialrath im Finanzministerium.

Bernhard Quaranta, Mitglied der Akademie in Neapel.

Ferdinand Rodriguez, k. neapolit. Fregattencapitän.

Oreste Graf v. Macchi, Geh. Kämmerer Sr. Heil. des Papstes.

Michel Chevalier, membre de l'institut et conseiller d'etat.

Migneret, kaif. franz. Präfect.

Friedrich v. Bayer-Ehrenberg, k. württemb. Oberst, commandirt zur Bundesmilitärcommission.

1858.

Franz Seraphin Edler v. Blumfeld, k. k. österr. Ministerialrath im Ministerium für Handel ꝛc. ꝛc.

Franz Dupuy, k. sicilian. Gendarmerie-Oberst.

Johann Delyannis, k. griech. Generalsecretär.

Dr. Heinrich Treiber, k. griech. Generalstabsarzt.

Rudolph Dufiva, k. k. österreich. Linienschiffscapitän.

Mahomed Emir-Bey, Secretär Sr. Maj. des Sultans.

Nusred Bey, türk. Oberst.

Jacoby, k. preuß. Oberstlieut.

Anastasius Valtinos, k. griech. Oberst u. Adjutant des Königs.

Dr. Carl v. Weber, k. sächs. Ministerialrath.

Franz d'Agostino, k. sicilian. General.

Augustin Severino, k. sicilian. p. Oberst.

Johann Minet, großherzogl. bad. Legationsrath.

Anton Walli, großherzogl. bad. Ministerialrath.

Dr. Märker, k. preuß. Geheimer Archivrath.

v. Boy, k. schweb. Oberstallmeister.

Johann Pittakós, k. griech. Ober-Intendant der Armee.

1860.

Franz Freiherr Philippovich von Philippsberg, k. k. österr. Oberst u. Truppenbrigadier.

Gustav Graf v. Messey de Bielle, k. k. österr. Oberst u. Vorsteher der Kammer Sr. kais. Hoheit des Erzherzogs Rainer.

Anton Mayer v. Löwenschwert, österr. k. k. Oberstlieutenant.

Dr. Johann Frhr. v. Seiller, Vicepräsident des Verwaltungs-Rathes der k. k. österr. Staatseisenbahngesellschaft.

v. Röder, k. preuß. Oberst und Adjutant Sr. k. Hoheit des Prinzen Alexander von Preußen.

Kiamil Bey, kaif. osman. Ober-Ceremonienmeister.

Cabouly Effendi, kaiserl. osman. Generalsecretär im auswärt. Ministerium.

Adolph v. Holzing, großherzogl. bad. Oberstlieutenant.

Lenné, Generaldirector der preuß. Gärten.

Richer v. Marthille, Major und Adjutant d. Fürsten zu Schaumburg-Lippe.

1861.

G. Weste, k. hannöverischer Oberst.

Marquis Johann Cantono di Ceva zu Turin.

Franz Frhr. v. Raule, k. k. österr. Handelsg.-Präsident.

Dr. Heimsoeth, k. preuß. Geh. Oberjustizrath und Senatspräsident.

Joseph Fabisch, k. k. österr. Generalmajor u. Präses des Artill.-Comité.

Frhr. v. Stein, k. k. österr. Generalmajor u. Artillerie-Arsenal-Director.
Teisler, k. preuß. Oberst.
Neumann, k. preuß. Oberst.
Dr. Romberg, k. preuß. Geheim. Medicinalrath u. Univ.-Profess.
Graf Capaccio Doria, k. sicilian. Hofcavalier.
Domenico Carbonelli dà Baroni de Letino, k. sicilian. Ministerialreferent.
Angelo Parsi, Bischof von Nikopolis.
Jean Hector Catoir, k. belgischer Hauptmann u. Ordonn.-Offizier des Herzogs von Brabant.
A. E. Mansfeldt, k. niederl. Major u. Adjutant des Königs.
K. T. v. Lynden, Hofmarschall J. Maj. d. Königin der Niederlande.
Achilles Jubinal, Schriftsteller u. Mitglied des französ. gesetzgebenden Körpers.

1862.
Johann Vesque von Püttlingen, k. k. österr. Hof- u. Ministerialrath.
Anton Graf v. Lazansky, k. k. österr. Hofrath.
Johann Drakos, k. griech. Major u. Adjutant.
A. v. Beaulieu-Macconay, Kammerherr u. Vorstand der Hof- u. Privatkanzlei Sr. K. H. des Großherzogs v. Oldenburg.

1863.
Friedr. Frhr. Pergler v. Perglas, kgl. württemberg. Oberst.
Johann Alphons Loureiro, kais. brasilianischer Geschäftsträger.

Ritter I. Classe.
1838.
Dr. Friedrich Jäger, k. k. österr. Rath und Professor.
Dr. August Bozzo Granville, Mitglied der engl. Akademie der Wissenschaften und prakt. Arzt in London, großbritanischer Akademiker.
Thomas Ritter v. Hartmann, k. russ. wirkl. Staatsrath.

1839.
Eduard v. Kletzl, k. k. österreich. Hof- und Ministerialrath.
Dumreicher, k. dänischer Consul in Alexandrien.
Friedrich Overbeck, Historienmaler in Rom.
Luigi Santarelli, Abbate.
Julius Schnorr von Carollsfeld, k. sächsischer Galleriedirector.

1840.
Benjamin v. Schlick, Kammerherr Sr. K. Hoheit des Infanten Herzogs von Lucca.

1841.
Frederichs, k. belg. General a. D. Director der Kanonengießerei.
Ernst Friedrich Anton Carl Frhr. v. Imhoff, fürstl. reuß. Ober-Forstmeister.
v. Bechtold, großherzogl. hess. Hauptmann.
Hans Julius August v. Mangold, k. sächs. Generallieutenant a. D.
Carl Frhr. v. Urban, k. k. österr. Feldmarschalllieutenant.

1842.
Joseph Marquis v. Rangoni, erzherzogl. moden. Kämmerer.
Peter Tenerani, Bildhauer in Rom.
Gaëtano Gamorra, herzogl. modenesischer Cabinetssecretär.
Wilhelm August Tuchen, k. preuß. Rechnungsrath.
Dr. Christian Allerz, k. preuß. Gesandtschaftsarzt in Rom.

1843.
Dr. Georg Friedrich v. Jäger, k. württemb. Obermedicinal-Rath a. D.
Dr. Maximilian Chelius, großherz. bad. Geh. Rath u. Professor.
Andreas Wilhelm v. Hesse, großh. hess. Geh. Rath.
Eligius Frhr. v. Münch-Bellinghausen, Hofrath und I. Custos der k. k. österr. Hofbibliothek u. Mitglied d. Herrenhauses.

1844.
Johann Peter Campanna, Cavalier in Neapel.
Dr. Jos. v. Greppi, vorm. k. k. österr. Legationssecretär.
Koloman Graf v. Szechenyi k. k. österr. Kämmerer.
Alex. Moreau de Jonnès, kais. französ. Ministerial-Bureau-Chef.

1845.
Friedrich Bukeisen, k. k. österr. Statthalterei-Rath.
Ludwig Kachel, großherzogl. bad. Münzrath.
Gustav Kunz, großherzogl. bad. Generallieutenant.

Graf Cardenas, k. sardin. Legations-Secretär.
Jose Verissimo da Silva, kgl. portugies. Ministerialdirector.
Dom Ped. de Sousa Botelho, k. portugies. Legationssecretär.

1846.
Joseph Frhr. v. Reichlin-Meldegg, großherzogl. bad. Amtmann.
Dr. Friedr. Eduard Oberländer, herzogl. sachsen-meiningenscher Regierungsrath.
Graf Leopold v. d. Steen de Jehay, k. belg. Legationsrath.
Ludwig v. Egressy, k. k. österr. p. Rittmeister.
Theodor Ritter v. Schwarzhuber, k. k. österr. Internunziatur-Dolmetsch.
Heinrich Conscience, Greffier und Schriftsteller in Antwerpen.
Julius Anton Törmer, k. sächs. Generalmajor.
Eugen Graf Vécsey v. Hainácskés, k. k. österr. p. Rittmeister.
Baron Wappers, k. belg. Hofmaler in Paris.
Julius Ferdinand Weise, k. sächs. Oberstlieutenant u. Ministerial-Rath im Kriegsministerium.
Johann Jacob Weitzel, großherz. hess. Hauptmann.

1847.
Ludwig del Punto, großh. toscan. Leibarzt.
Dr. Moritz Buffalini, großherzogl. toscan. Professor in Florenz.
Georg Stavros, Director der griechischen Nationalbank.

Macdon. Herzog v. Tarent, kaif. französ. Kammerherr.

Marchese d'Albergo aus Florenz.

1848.

Clod Bey, Leibarzt des Vicekönigs von Aegypten.

Constantin Mourousi, k. griechisch. Fregattencapitän und Adjutant des Königs.

Friedrich Wilh. Walz, k. bayer. General-Consul in St. Petersburg.

1849.

Georg Graf von der Gröben, k. preuß. Oberst u. Flügeladjutant des Königs.

Heinrich Graf v. Cappy, k. k. österr. Oberstlieut.

Nicolaus Strattis, k. griechischer Hauptmann a. D.

Constantin Pallis, k. griech. Major.

Frhr. Waiz v. Eschen.

Dr. Alfred v. Reumont, k. preuß. Ministerresident zur Disposit.

Alexander v. Karst, k. k. österr. Oberstlieutenant.

Josaphat Etlinger, k. b. Consul in Odessa.

Rudolph Frhr. v. Seldeneck, großherz. bad. Oberstlieutenant.

Albert Lendvay, Ritter von Olaszwar, k. k. österr. p. Oberstlieutenant.

Carl Wachter Edler v. Wachtenheim, k. k. österr. Generalmajor u. Brigadier.

Franz Marquis v. Paolucci, herzogl. modenesischer Rittmeister.

Dr. August Heinrich Heine, kgl. hannov. Ober-Staatschirurg a. D.

Graf Leon de Laborde, Mitglied des Institus de France.

Baron H. Plaze de Bury.

Clamor Friedr. Hageborn, k. b. General-Consul in Philadelphia.

Reinhard Haus, Oberlieutenant im Frankfurter Linienbataillon.

1850.

Ferd. Rud. Ritter v. Zwierzina, k. k. österr. Legationsrath.

Wilhelm Schellenberg, großherz. bad. Oberstlieut. u. Artill.-Director.

Ubo Frh. v. Laroche-Starkenfels, großherzogl. badischer Major.

Andreas v. Maffei.

Philipp v. Faber, großherz. bad. Generalmajor.

E. Dahmen, k. b. Consul in Aachen.

Graf v. Ysenburg, großh. hess. Oberstlieutenant und Flügel-Adjutant.

Gonnart, kaif. französ. Douanen-Director.

Johann Freiherr v. Fröhlich von Salion, k. k. österr. Oberst.

Alexander v. Geiger, Fabrikbesitzer zu Saargemünd.

Friedrich Graf v. Berlichingen, k. k. österr. Major a. D.

F. J. Navez, Historienmaler in Brüssel.

Louis Gallait, Historienmaler in Brüssel.

de Biefve, Historienmaler in Brüssel.

de Keyser (Nicaise), Historienmaler in Antwerpen.

Eugen Joseph Verböckhoven, Thiermaler zu Brüssel.

Wilhelm Geefs, Bildhauer in Brüssel.

Hansen, k. griech. Architect.

Heinrich Leys, Historienmaler in Antwerpen.

Simonis, Bildhauer in Brüssel.

Alois Schmitt, k. b. Kammermusiker, domicil. in Frankfurt a. M.

1851.

Wilhelm Frhr. v. Hornstein, k. k. österr. Geh. Rath, Oberst und Obersthofmeister Sr. kais. Hoheit des Erzherzogs Carl Ludwig.

Anton v. Maltitz, k. k. österr. Oberstlieutenant a. D.

Franz Frhr. v. Sedlnitzki, k. k. österr. Oberst a. D.

C. A. d'Hailly, kais. französ. Legationssecretär.

Dr. Johann Herz, k. k. österr. Regierungsräth u. Generalsecretär d. galizisch. Carl Ludwigs-Bahn.

Friedrich v. Segenschmid, k. k. österr. Oberkriegscommissär.

Nicolaus Miauoulis, k. griech. Fregattencapitän und Adjutant des Königs.

Christian Siegel, Professor in Athen.

Johann Stieger, k. k. österreich. Platz-Oberlieutenant.

Hermann Ludwig Carl Julius Hans v. Eschwege, kurhess. Oberstlieutenant und Oberstallmeister.

Hermann Heinrich Friedrich Ludwig v. Biedenfeld, kurhess. Oberstlieutenant u. Commandeur des II. Husaren-Regiments.

Eduard v. Kallée, k. württemb. Oberst und Adjutant des Kriegsministers.

Dr. Paul Wiegand, kurhess. Medicinalrath zu Fulda.

Dr. Georg Adelmann, kurhess. Physicus zu Fulda.

Eduard Graf v. Helninger-Eriswyl, k. sicilian. Hauptmann.

Dr. Carl Friedrich Heusinger, kurhessischer geh. Medicinalrath u. Professor zu Marburg.

Dr. Wenzel Jechl, k. k. österr. Regimentsarzt.

Joseph Frhr. v. Uracca, k. k. österr. Major.

Joseph Feuerstein, k. k. österreich. Trigonometer in Wien.

Alexander Dunker, k. preuß. Hofbuchhändler.

Arthur Gustav v. Landesberg, k. hannov. Major.

August Graf Grote, k. hannov. Kammerherr.

1852.

Leon Vicomte de Limminghe, k. belg. Legationssecretär in Brüssel.

Alexander Graf v. Pappenheim, k. k. österr. Oberst.

Heinrich Graf zu Pappenheim, k. k. österr. Oberstlieutenant.

Serge Fürst Trubetzkoy, kaif. ruff. Gardecapitän.

Serge Fürst Gagarin, kaif. ruff. Gardecapitän.

Graf Schouwaloff, kaiferl. ruff. Oberst u. Flügeladjutant.

August Frank, Commercienrath u. Banquier in Breslau.

Friedrich Ritter de Boullenois zu Paris.

Constantin Frhr. v. Rotberg, großherzogl. bad. Oberlieutenant.

Dr. Chenu, Oberchirurg u. Professor in Paris.

Johann Ritter v. Cosiron, kgl. neapolit. Major.

Eduard von der Nüll, k. k. österr. Architekt.

Gottfried Höch, großherzogl. bad. Oekonomierath.

de Chévigné, kaif. französ. Unter-Präfect.

v. Beurmann, kaif. französ Hauptmann.

v. Plazanet, kaif. französ. Hauptmann.

Vial, kaif. französ. Hauptmann.

Mairet, kaif. französ. Lieutenant.

Carl Gelinek, k. preuß. Justizrath.

Dr. Johann Bouros, Leibarzt Sr. Maj. des Königs von Griechenland.

Adolph Parmentier, Sectionsrath im k. k. österr. Minist. für Handel 2c.

August Reichenbach, k. k. österr. Statthalterei-Rath.

August von der Nüll, Architekt u. Professor an der Akademie der bildend. Künste in Wien.

Adolph von Hildebrandt, k. b. Generalconsul in Hamburg.

Theodor Lürmann, k. b. General-Consul in Bremen und Oldenburg.

Georg Gwinner, k. b. Consul in Triest.

Clemens Coomans, k. b. Consul in Antwerpen.

Johann Heinrich Frhr. v. Sulzer-Warth, k. b. General-Consul u. Salzhandlungs-Commissär in Winterthur.

Andreas Sauter, k. k. österreich. Landesforstdirector in Innsbruck.

1853.

Marchese Cocapani, herzogl. modenesischer Kammerherr.

Lanfray, k. belg. Oberzoll- und Steuerinspector.

Julius Anton Frhr. v. Handel, k. k. österr. Statthaltereirath.

Carl Taets Frhr. v. Amerongen, k. k. österr. Rittmeister a. D.

Wilhelm Naske, k. k. österr, p. Major.

Carl Selfert, k. k. österr. Hofrath und Privatfonds-Cassendirector.

Dr. Franz Grillparzer, k. k. österr. p. Hofrath und Mitglied des Herrenhauses.

Ludovico Fausti, Gentilumo des Cardinals Antonelli.

Duca di Strozzi, großherzogl. toscan. Kämmerer.

Graf Benincasa, großherz. moden. Kammerherr.

Pasqual Frhr. v. Manfre, kgl. ficilian. Professor der Klinik.

Georg Kilian, vormal. k. bayer. Handelsagent in Messina.

Ritter Vincenz Tineo, k. sicilian. Gartendirector in Palermo.

Ritter Blanco, Marquis v. Giovanni, k. sicilian. Major.

Johann Koblitz, k. k. österr. Major.

Adolph Albrecht, k. sächs. Hauptmann.

Friedrich v. Thielau, k. sächsisch. Major u. Flügeladjutant Sr. Maj. d. Königs.

v. Stockhausen, großherz. hess. Hauptmann.

Mootz, großherzogl. hess. Hauptmann.

C. G. Bormann, k. belg. Generalmajor u. Flügeladjutant.

Joseph Emanuel Belotti, k. b. General-Agent in Neapel.

v. Knobelsdorf, k. preuß. Hauptmann.

Fournier, k. preuß. Geh. Reggs.-Rath und vorsitzender Director der Anhalt'schen Eisenbahn.

Malet, kais. französ. Hauptmann.

Friedrich Frhr. v. Genotte, k. k. österr. Cabinetssecretär.

Gittard, Advocat in Paris.

1854.

J. P. Mages in Nizza.

Heinrich Hassenwein, k. k. österr. Linienschiffslieut. in Pension.

Dr. N. E. Posselt, k. russ. Hofrath.

Felix Graf Elston, kais. russ. Generalmajor.

Alexander Rodenbach, k. belgisch. Repräsentant.

Dr. Evans, Zahnarzt zu Paris.

Dr. Wagner, k. preuß. Stabsarzt.

v. Heinz, k. preuß. Oberstlieutenant u. Hofmarschall d. Kronprinzen.

Bernhard Oscar Funke, k. sächs. Hauptmann der Artillerie im Geniestabe.

Otto Julius v. Tschirsky-Bögendorf, k. sächs. geh. Finanzrath und Vorsitzender der Staats-Eisenbahndirection in Dresden.

Vicomte de Caumont in Paris.

v. Reuchlin, großherzogl. bad. Consul in Tiel.

Dr. Alexander Volpi, k. k. österr. Professor in Padua.

Alfred Graf v. Königsegg, k. k. österr. Generalmajor u. Obersthofmeister J. Maj. d. Kaiserin Elisabeth.

Franz Graf v. Falkenhayn, k. k. österr. Major a. D.

Dr. Juritz, k. dänischer Consul in Kappstadt.

Johann Friedel, k. k. österreich. Oberst.

Caspar v. Neupauer, k. k. österr. p. Gubern.-Rath in Graz.

Dr. Julius Friedrich Heinrich Abegg, k. preuß. geh. Justizrath und Professor.

Jacob Heinrich Frhr. v. Sulzer-Warth, k. b. Consul in Bordeaux.

1855.

Wilhelm Ritter von Engert, k. k. österr. Regierungsrath und Central-Director der Staatseisenbahngesellschaft.

Peter von Tunner, Sectionsrath und Director der Montan=Lehranstalt in Leoben.

Richard Hartmann, Maschinenfabricant in Chemnitz.

Dr. Julius Ambrosius Hülße, Director der polytechnischen Schule in Dresden.

Alfred Krupp, Fabrikbesitzer bei Essen.

Leopold Schöller, k. preuß. Commercienrath.

Friedrich Freiherr von Diergardt, k. preuß. Geh. Commercienrath und Mitglied des Herrenhauses.

Adolph v. Rauch, Papierfabricant in Heilsbronn.

Robert Gerwig, großherzogl. bad. Oberbaurath.

Dr. Zeller, großherz. hess. Regierungsrath.

Rudolph Ferber, Kaufmann in Gera.

Lichthammer, großherz. hess. Ober-Ingenieur.

Franz Mayer k. k. österr. Rath und Haupt=Zollamts=Director in Triest.

Hector Rößler, großherzogl. hess. Regierungsrath.

Heinrich Müller, herzogl. sachsen-coburg-gothaischer Regierungs-Assessor.

Carl Karmarsch, k. hannov. Director.

Otto v. Rudloff, k. hannov. Regierungsrath.

Dr. Friedr. Carl Medicus herzogl. nass. Professor in Wiesbaden.

Dr. Christian Heinrich Temme, Gymnasiallehrer zu Oldenburg.

Dr. Heinrich Bodemer, Fabrikbesitzer in Großenhayn.

Friedrich Gg. Wieck, Schriftsteller in Leipzig.

Dr. jur. Hermann Pölchau in Hamburg.

F. U. Junge, Fabrikbesitzer in Frankfurt a. M.

Bernhard Hausmann, General-Consul der freien Stadt Lübeck in Hannover.

Heinrich Conrad von Karl, königl. preuß. Geh. Commercienrath.

Brüggemann, k. preuß. Hofrath und General=Bevollmächtigter der Münchener=Aachener=Feuer-Versicherungsgesellschaft.

Rudolph Ludwig Decker, k. preuß. geh. Oberhofbuchdrucker.

Julius Grund, k. württemb. Bau-Inspector.

Wilhelm v. Hackländer, k. württ. Bau- und Gartendirector.

A. Legoyt, Chef im kais. französ. statistischen Bureau.

Wilhelm Taubert, k. preuß. Capellmeister und Hofpianist.

1856.

August Rogues, Fabrikbesitzer in Paris.

Eugen Pellgot, kais. französ. Professor in Paris.

Ludwig v. Wolowski, kais. französ. Professor in Paris.

Christian Wilhelm Huber, vormal. k. k. österr. Generalconsul in Aegypten.

Friedrich Strohl, k. Consul in Straßburg.

Joseph Weindl, k. k. österr. Ober-Inspector bei der südl. Staatsbahn.

de Chatelain, kaif. französ. Ministerial=Secretär.

Carl Muszynski, k. k. österreich. Hauptmann.

Dr. Guyon, kaif. französ. Oberarzt in Algier.

Dr. Johann Baptist Luft, Mainzer Domcapitular.

Christian August Landerer, prot. Decan in Ulm.

Johann Hammer, k. k. österreich. Polizeicommissär in Salzburg.

1857.

Dr. Constantin Tischendorf, kgl. sächs. Hofrath u. Professor der Theologie an der Universität zu Leipzig.

Juan Rizzo, k. span. Ministerial-Official.

Dionysios Brendergast, k. span. Hof=Intend.=Secretär.

E. du Somerard, kaif. französ. Conservator.

Tournemine, kaif. französ. Conservator.

Dr. Wilhelm Fleischmann, k. k. österreich. Privatdocent an der Universität in Wien.

Peter v. Mauritz, kaif. russ. Secretär des commendements.

v. Müller, kaif. russ. Collegienrath.

Peter v. Sabouroff, kaif. russischer Legationssecretär.

Dr. Heydenreich, herzogl. nass. Medicinalrath im Bad Ems.

Marquis du Prat in Paris.

Frhr. Benedict v. Majorano in Palermo.

Ritter Joseph Galli, k. sicilian. pens. General.

Ritter Johann Bracale, k. sicilianischer p. Oberst.

Ritter Julius Minervini, Mitglied der sicilianischen Akademie der Wissenschaften.

Hamilcar v. Anguissola, k. sicilian. Fregattencapitän.

Vicomte de Rességuier, kaiserl. französ. Garde=Capitän, nun Gutsbesitzer zu Arc.

Alejandro Sanchez, k. spanischer Escadronschef u. adel. Stallmeister.

Manuel Servantes, k. spanischer Escadronschef u. adel. Stallmeister.

Graf Marc Horace de Salviac de Viel Castel, Conservator im kaiserl. französ. Museum zu Paris.

Eudore Soullé, Conservator im kais. französ. Museum zu Versailles.

Samuel Gustav James Frhr. v. Rothschild, Administrator der Eisenbahn von Lyon.

Cäsar Ernst André, Administrator der Eisenbahn von Lyon.

Dr. F. Th. Frerichs, k. preuß. Professor u. Leibarzt d. Königs.

Franz Flaminj, k. b. Consul in Civita vechia.

Friedrich Oexle, k. b. Consul in Venedig.

1858.

C. G. Schäzler, k. b. Consul in Amsterdam.

Friedrich Kestner, k. b. General-Consul in Hâvre de Grace.

Carl Friedrich Abaë, k. b. Consul in Cincinnati, Staat Ohio.

6 *

Ignaz Steinbauer von Ungerstein, k. k. österr. Major.

Julius Ritter v. Sonnenstein, k. k. österr. Oberstlieut. a. D.

Joseph Böhm, Betriebsdirector bei der lombardisch-venetianischen Eisenbahn.

Vicomte A. de Beauchesne, kais. französ. Archivs-Chef.

Scabell, k. preuß. Bauinspector u. Branddirector.

L. Schneider, k. preuß. Hofrath.

Moriz Ritter v. Asten, k. k. österr. Sectionsrath im Ministerium d. Aeußern.

Peter Gennatás, k. griech. Oberstlieutenant.

Ludwig Stellwag, k. griechischer Oberstlieut.

Constantin Axelos, k. griech. Major.

Dr. Alexis Pallis, k. griech. Universitäts-Professor.

Stammatis Dokos, k. griechisch. Universitäts-Secretär.

Alexander Scarlatos, k. griech. Cabinets-Cassier.

Dr. Alexander Kessel, k. griech. Nomarchialarzt.

Epaminondas Basilion, k. griech. Oberstlieutenant a. D.

Georg Zechos, k. griech. Oberstlieutenant.

Nicolaus Zalakostas, k. griech. Major.

Andreas Styppas, k. griechischer Schiffscapitän.

Dr. J. Guggenbühl, Cretinenanstalts-Vorstand in d. Schweiz.

Johann Pelzl, k. k. österr. Fregatten-Capitain.

Wilhelm Frhr. v. Wickede, k. k. österr. Linienschiffs-Lieutenant.

Dr. Ludwig Baur, großh. hess. Archivdirector.

Dr. Heinrich Hübsch, großh. bad. Baudirector.

C. Bartoli, kais. franz. General-Secretär.

Hermann Helminger, großh. bad. Eisenbahn-Transport-Inspector.

Wilhelm v. Bayer-Ehrenberg, k. württ. Oberstlieutenant.

Auguste de Saur, kais. französ. Schiffslieutenant.

Joseph von Barozzi, Dollmetscher der k. griech. Gesandtschaft zu Constantinopel.

Anton Lemonnier, k. k. österr. Polizeidirector in Brünn.

v. Walther, k. preuß. Major.

von der Osten, k. preuß. Hauptmann.

Carl v. Stolzenberg, k. hannov. Oberstlieutenant.

Aug. Häusler, großh. bad. Major.

Dr. A. v. Gräfe, Professor in Berlin.

Dr. Xaver Landerer, k. griech. Professor u. Leibapotheker.

Georg Conéménos, k. ottoman. Legationsrath.

Dr. Joh. Caspar Bluntschli, Hofrath u. Universitäts-Professor in Heidelberg.

Feodor Dieß, großherzogl. badischer Hofmaler.

1859.

Ramiero Baluffi, k. b. Consul in Ancona.

Ernst Carl Angelrodt, k. b. Consul in St. Louis.

v. Lyncker, großh. hess. Hauptmann.

Adolph Eybel, Akad.-Professor in Berlin.

Joseph Schrader, Akademie-Professor in Berlin.

Dr. Wilhelm Schwarz, k. k. österr. Kanzleidirector.

Lamoral Fürst Thurn und Taxis, k. k. österr. Rittmeister.

Friedrich Fürst Thurn und Taxis, k. k. österr. Oberlieutenant.

Dr. Gustav Flügel, Professor u. Mitglied der Gesellschaft der Wissenschaften in Leipzig.

Adolph Grüzmann, k. württemb. Regierungsrath und Oberamtmann in Ulm.

Ritter Johann Rossi, k. sicilian. Minist.-Divis.-Chef.

Salvator Criscuolo, k. sicilian. Marinebeamter.

Dominik Bianchini, k. sicil. Gesandtschafts-Attaché.

Léon de Vrière, Attaché im k. belg. Ministerium.

Peter Franz X. de Ram, Universs.-Rector in Löwen.

Carl Frhr. v. Dorth, großherz. hess. Kammerherr.

Carl Heimerdinger, k. württemb. Baurath.

Dr. G. Rosen, k. preuß. Consul.

Constantin Couzzourelis, k. griech. Viceconsul.

Carl Weegmann, württemb. Consul.

Carl Wurzinger, Professor a. d. Akademie der bild. Künste in Wien.

1860.

Christian Tönsberg, k. b. Consul in Christiania.

Georg Heinrich Siemon, k. b. Consul in Neu-York.

Friedrich Zoller, k. württ. Regierungs-Rath.

Florentin Theodor Schmidt, Kaufmann in Hamburg.

Nicolaus Zörpas, k. griechischen Oberstlieut.

Bernhard Ornstein, k. griech. Regiments-Arzt.

Germanos Mavromichalis, k. griech. Oberstlieutenant a. D.

Johann Sotiriades, k. griech. Fregattencapitän a. D. u. Deputirter.

Nicolaus Kalisperis, k. griech. Advocat.

Léon Badin, k. griech. Hafenkapitän.

Richard Ralli, Banquier in Syra.

Carl Eduard Lotz, herzogl. sachsen-coburg-goth. Ministerialrath.

Hermann Rose, herzogl. sachsen-coburg-goth. Ministerialrath.

Eduard Froschmaier Ritter v. Scheibenhof, k. k. österr. Hauptmann.

Eduard Falkner, Official der k. k. österr. General-Adjutantur.

Joseph Korren, k. k. österr. Major a. D.

Alphons Sulak, k. k. österr. Regiments-Caplan.

Franz Edler von Haffinger, k. k. österreichischer Oberlieut.

Ferdinand Mihokovic, k. k. österr. Unterlieutenant.

Peter Gibitz, k. k. österr. Lieut.
Carl Keißler, k. k. österr. Rath u. Director d. Kaiserin Elisabeth-Bahn.
Joseph Anton von Klabt, großherzogl. bad. Hoftammerrath.
Nicolaus von Kokscharow, kais. russ. Oberst.
Manuel de Nuncz-Gallego, adel. Stallmeister der Königin von Spanien.
Friedrich Dillenius, k. württemb. Director.
Christian Winter, großherzoglich hess. Rechnungsrath u. Cabinetscassier.
Ludwig Menges, großherz. hess. Cabinetsgüter-Director.
Johann Jordan, großherz. hess. Baumeister.
Rudolph v. Winterfeld, k. preuß. Hauptmann.
v. Dahlström, k. schwedischer Capitän u. Flügeladjutant.
Grimsgaard, k. schwed. Capitän u. Flügeladjutant.
Gustav Fischer, großherzogl. bad. Oberpostmeister.
Ernst Graf zu Lippe-Weißenfeld, k. preuß. Rittmeister a. D.
Dr. Göppert, k. preuß. Univers.-Professor, geh. Medic.-Rath und Director des botanischen Gartens in Breslau.
Carl Albinus, k. preuß. Oberpost-Rath.

1861.

v. Wussow, k. preuß. Hauptmann.
Joseph von Swobbda, k. k. österr. Rath u. herzogl. modenesischer Hofrath.

Dr. Constantin v. Ettingshausen in Wien.
Anton Ritter von Fernkorn, k. k. österr. Erzgießereidirector und Bildhauer in Wien.
von Barner, k. preuß. Major.
Meisner, k. preuß. Hauptmann.
Grabe, k. preuß. Hauptmann.
Wiebe, k. preuß. Hauptmann.
Gieße, k. preuß. Hauptmann.
von Dresky, k. preuß. Hauptm.
Carl Brodrück, großherzogl. hess. Major.
L. F. Hesse, k. preuß. Oberhofbaurath und Schloßbaumeister.
Giovanni Jocca, k. sicilian. Legat.-Secretär.
M. J. Pellegrin, kais. franz. Oberlieut. und Professor der Normalschule der Gymnastik zu Joinville le pont.
Otto von Kühne, k. russ. Major und Stallmeister.
Frhr. Demeter von Bellio in Bucharest.
Moritz Hartl, Architekt in Bucharest.
Dr. von Meyer, Arzt in Bucharest.
Clemens Lauterer, Commercienrath und Präsid. der großherzogl. hess. Ludwigsbahn.
J. Kempf, Director der großherzoglich hess. Ludwigsbahn.
Albert Varrentrapp, Präsident des Verw.-Rathes der Frankfurter-Hanauer-Bahn.
Eugen Ludwig van Rode, k. belgischer Hauptmann und Ordonanzoffizier des Herzogs von Brabant.

A. Bogaers, Vicepräsident des k. niederl. Gerichtshofes zu Rotterdam.
von Thaden, k. preuß. Premierlieut.
Cäsar Romas, k. griech. Hauptmann und Ordonanzoffizier Sr. Majestät des Königs.
Roosmale Nepveu, k. niederländischer Hauptmann und Ordonanzoffizier des Königs.
Dr. Johann Bärwindt, Garnisonsarzt in Frankfurt.
Emil Vuigner, kais. franz. Oberingenieur.
Fassiaur, funct. Generaldirector der Eisenbahn-, Post- und Telegraphen-Verwaltung in Brüssel.
Dr. P. van Bleecker, k. niederländischer Oberstlieutenant.
A. A. van de Kasteele, Director des k. niederländischen Museums im Haag.
Julius Wening, Secretär Seiner Majestät des Königs von Griechenland.
von Erhardt, k. preuß. Hauptmann u. Vorstand des Artilleriedepot in Berlin.

1862.
Vernhette, kaiserl. französischer Unterpräfect.
Nicolaus Vitalis, k. griechischer General-Consul in Corfu.
Johann Laimos, k. griech. Linienschiffslieut.
Dr. Friedr. Schelling, Decan und Stadtpfarrer in Marbach.
Reinhold Salbach, k. preuß. Premierlieutenant.
Lordereau, Commissaire centrale in Nizza.
Avigdor, k. württ. Consul in Nizza.
de Larminat, kaiserl. französischer Schiffslieutenant.

Dr. Firmenich-Richarz, Professor in Berlin.
Theophil Graf von Revertera, k. k. österr. Hof- und Ministerial-Concipist.
Johann Vesque von Püttlingen, k. k. österr. Hof- u. Ministerial-Concipist.
Spiridion Karaiskakis, k. griech. Hauptmann u. Ordonanzoffizier.
Euthymios Hatzipetros, k. griech. Oberlieut. u. Ordonanzoffizier.
Dr. Friedrich Ritschl, kgl. preuß. Geh. Regierungsrath u. Prof.
Dominik Honoré Hippolyt de Ferandy, kais. franz. Hauptm.
v. Tansen, großherzogl. oldenburg. Oberlieutenant.
von Tanßen, Oberlieut. u. Großh. oldenburg. Ordonanzoffizier.
J. M. Baudouin, Advocat am kais. Appellat.-Gerichte zu Paris und Professor d. Rechtsschule daselbst.
F. Barrière, Schriftsteller in Paris.

Ritter II. Classe.
1855.
Leopold Bayer, k. k. österr. Regierungsrath und Secretär I. M. d. Kaiserin Elisabeth.
Dr. Albert Veiel, k. württ. Hofrath u. Oberamts-Arzt in Cannstadt.
Grg. Th. Ostus, Advocat zu Hanau.
M. Bloch, kais. französ. Minist.-Unterbureau-Chef.
Hesse, k. preuß. Lieut. u. Architect.

1856.
Theophil Baron v. Testa, Dragoman bei der k. preuß. Gesandtschaft in Constantinopel.
Joseph Michael Löwenthal, k. k. österr. Bankdirector.
Franz Theobald Wahl, Chef du mouvement der Eisenbahn von Lyon.

1857.

Lamoninari, Chef du mouvement der Straßburger-Eisenbahn.

Antoine Bertora, Secretär du service des chambellans de l'empire.

Franz Florimo, k. sicilian. Archivist im Musik-Conservat. in Neapel.

Charles de Chauveau, Chef du cabinet du grand chambellan.

Dr. Julius Petzholdt, Bibliothekar S. M. d. Königs von Sachsen.

Honoré Clair, kais. franz. Advocat.

Emil With, kais. franz. Ingenieur.

1858.

Dr. Eulenburg, k. preuß. Sanitätsrath.

Ritter Gaétano Nobile, Verleger u. Buchdrucker in Neapel.

p. Bougerel, kais. franz. Ostbahnbetriebsdirector.

Max Joseph Richard Janillon, großherz. bad. Castellan des Schlosses zu Heidelberg.

Anton Manarakis, k. griech. Hofmarschallamts-Secretär.

Dr. Adam Göden, k. preuß. Medicinalrath.

August v. Bayer, großh. bad. Hofmaler.

Philipp Veit, Director u. Historienmaler in Mainz.

Heinrich Rustige, k. württ. Professor u. Gallerie-Inspector.

Robert Kummer, Landschaftsmaler in Dresden.

Ludwig Richter, Landschaftsmaler in Dresden.

Ernst Hähnel, Bildhauer in Dresden.

Friedrich Preller, Landschaftsmaler in Weimar.

Joseph Führich, Historienmaler.

August Siccard von Siccardsburg, k. k. österr. akadem. Professor.

Friedrich Amerling, Portraitmaler.

Albert Zimmermann, Landschaftsmaler.

August Fischer, Professor u. Bildhauer in Berlin.

Friedrich Eduard Meyerheim, Professor u. Genremaler in Berlin.

Eduard Hildebrandt, Landschaftsmaler in Berlin.

Fr. Magnus, Porträtmaler in Berlin.

Gustav Richter, Porträtmaler in Berlin.

Andreas Achenbach, Landschaftsmaler in Düsseldorf.

J. Röting, Porträtmaler in Düsseldorf.

1859.

Dr. Benedict v. Hönigsberg, k. k. österr. Badearzt in Gastein.

1860.

Johann Saëz, k. spanischer Haus-Hofmeister.

Franz Emminger, k. k. österr. Oberwundarzt in Pension.

Moriz Jahnel, k. k. österr. Cassa-Official.

Alfred Michel, k. k. österr. Directorstellvertreter bei der Kaiserin-Elisabeth-Westbahn.

Ferdinand Kolitz, k. preuß. Postinspector.

Nicolaus Lechner, großherzogl.
hess. Bahningenieur u. Bahn-
verwaltungs-Vorstand.
Plettner, Hofrath und Hofstaats-
Secretär des Prinzen Adalbert
von Preußen, Königliche Ho-
heit.
Götschmann, k. preuß. Pastor.
Friedrich Ludwig Bassermann, k.
b. Consul in Mannheim.
Joh. Bapt. Wiegand, Actuar in
Frankfurt a. M.

1861.
Anton Krziz, k. k. österr. Grenz-
obergeometer.
Gireaud, Generalsecretär d. französischen Ostbahnen.
Eduard Muck, k. k. österr. Oberlieutenant.
vom Amsberg, k. preuß. Premierlieutenant.

Wilhelm Zobel, Ingenieur-Direc-
tor d. Frankfurt-Hanauer-Eisen-
bahn.
Vincenz Statz, Baumeister in Cöln.
J. E. Ziellesen, Präsident d. zoolog.
Gesellschaft in Amsterdam.
Nicolaus Lechner, Bahn-Ingenieur
in Darmstadt.
Johann Miedanner, Stallmeister
Sr. Maj. d. Königs von Grie-
chenland.

1862.
Adolph Gauthier, Eisenbahn-Be-
triebs-Inspector zu Lyon.
Alois Sohn, k. k. österr. Poli-
zei-Commissär.
Hermann Dennstedt, k. preuß.
Polizeilieutenant.
J. Pr. Alibert, Bergwerksbesitzer
aus Sibirien.

1863.
Joseph Lezak, k. k. österr. Poli-
zei- u. Bade-Commissär.

6. Maximilians-Orden für Wissenschaft und Kunst.

Dieser Orden wurde von Sr. Majestät dem Könige Maximilian II. am 28. November 1853 gestiftet, um hervorragenden Leistungen in dem Gebiete der Wissenschaft und Kunst eine besondere Auszeichnung zu gewähren.

Der Orden besteht nur aus einer Classe mit zwei Abtheilungen für Wissenschaft und Kunst, — und ist vorzugsweise für deutsche Gelehrte und Künstler bestimmt.

Das Ordenszeichen besteht aus einem dunkelblau emaillirten gothischen Kreuze mit weißem Rande und vier Strahlen in den Winkeln, umgeben von einem goldenen Kranze von Lorbeer und Eichenlaub. — Die Mitte des Kreuzes bildet ein gekrönter Schild, auf dessen einer Seite das Bildniß des Stifters mit der Umschrift: „Maximilian II.; König von Bayern", auf dessen anderer für die Abtheilung der Wissenschaften das Symbol der Eule mit einer Rolle, für die Abtheilung der Künste Symbol des Pegasus mit der Hippokrene und die Umschrift: „Für Wissenschaft und Kunst" sich befindet. — Auf der einen Seite des Kreuzes zeigen die Worte: „28. November 1853" den Stiftungstag an. — Auf dem Kreuze ruht eine goldene Königskrone. — Das Ordenszeichen wird an einem dunkelblauen Bande mit weißer Randeinfassung um den Hals getragen.

Es besteht ein aus sieben Mitgliedern und einem Schriftführer gebildetes Ordenskapitel, welches sich jährlich im Monate November versammelt, um über die Ernennung neuer Mitglieder des Ordens sein Gutachten abzugeben.

Ordens-Großmeister:
Seine Majestät der König.

Ordens-Capitel.
A. Die Mitglieder.

Emanuel v. Geibel, Universitäts-Professor.
Bened. Friedr. Wilhelm v. Hermann, Staatsrath im o. D.
Wilhelm v. Kaulbach, Director.
Leo v. Klenze, Geh. Rath u. Hofbau-Intendant.
Franz Lachner, General-Musikdirector.
Justus Freiherr v. Liebig, Geh. Rath, Vorstand d. Akademie d. Wissensch. u. Univ.-Professor.
Hieronymus von Bayer, Reichsrath, Geh. Rath u. Universitäts-Professor.

B. Schriftführer.

Sebastian v. Daxenberger, Ministerialrath.

Ordens-Ritter.
A. Im Gebiete der Wissenschaft.

1853.

Andreas Frhr. v. Baumgartner, k. k. Präsident der österr. Akademie der Wissenschaften und Mitglied des Herrenhauses.
August Böckh, k. preuß. Geh. Regierungs-Rath und Univers.-Professor.
Johann Caspar Bluntschli, Hof-Rath und Univ.-Professor in Heidelberg.
Ignaz v. Döllinger, Stiftspropst.
Wilhelm Ritter v. Dönniges, Geschäftsträger u. Geh. Legationsrath.
Christian Gottfried Ehrenberg, k. preuß. Univ.-Professor u. Mitglied der Akademie.
J. F. Encke, Professor u. Director der k. Sternwart in Berlin.
Jacob Grimm, Hofrath u. Professor in Berlin.
Benedict Friedrich Wilhelm v. Hermann. (Siehe Ordenscapitel.)
Justus Frhr. v. Liebig. (S. Ordenscapitel.)
Carl Friedrich Philipp v. Martius, Geheimer Rath.
Hugo v. Mohl, k. württ. Univ.-Professor in Tübingen.
Franz Leopold Ranke, k. preuß. Professor u. Historiograph.
Carl Theodor Ernst v. Siebold, Univ.-Professor u. Conservator.
Carl August Steinheil, Ministerialrath.
Dr. Friedrich Wilhelm Wöhler, k. hannov. Director des allgemeinen chemischen Laboratoriums etc. in Göttingen.
Ferdinand Wolf, Custos d. k. k. österr. Hofbibliothek.

1854.

Christian August Brandis, k. preuß. Geh. Regierungs-Rath u. Univ.-Professor in Bonn.
Eilert Mitscherlich, k. preuß. Geh. Medicinalrath u. Univers.-Professor in Berlin.
G. Homeyer, k. preuß. Geheim-Obertribunalrath u. Univ.-Professor in Berlin.

Johann Lamont, Univ.-Professor u. Conservator.

Adolph Friedrich v. Schack, großherzogl. Mecklenburg'scher Geh. Legat.-Rath u. Kammerherr.

1855.
Friedrich Diez, k. preuß. Univ.-Professor in Bonn.

1857.
Wilhelm Haidinger, k. k. österr. Hofrath u. Director der geolog. Reichsanstalt.

Friedrich Gottlieb Welker, k. preuß. Univ.-Professor in Bonn.

Heinrich Carl Ludolph v. Sybel, k. preuß. Universit.-Professor in Bonn.

Christian Lassen, k. preuß. Univ.-Professor in Bonn.

1858.
Theodor Ludwig Wilhelm Bischoff, Univ.-Professor u. Conservator.

Immanuel Bekker, k. preuß. geh. Regierungsrath u. Univ.-Professor in Berlin.

1859.
Georg Heinr. Pertz, k. preuß. Geh. Regierungs-Rath u. Oberbibliothekar.

Max Pettenkofer, Univ.-Professor.

Wilhelm Weber, k. hannoverischer Director des physikalischen Cabinets 2c. in Göttingen.

1860.
Johann Ludwig Christoph Wilh. v. Döderlein, Univ.-Prof.

F. G. J. Henke, Hofrath u. Universit.-Professor in Göttingen.

1861.
Hieronymus von Bayer. (S. Ordenscapitel.)

Dr. Carl Georg von Wächter, k. sächs. Geh. Rath und Universit.-Professor in Leipzig.

Ludwig Häußer, Hofrath u. Universitäts-Professor in Heidelberg.

B. Im Gebiete der Kunst.

1853.
Anton Alexander Graf von Auersperg, k. k. österr. Kämmerer und lebenslängliches Mitglied des Herrenhauses.

Peter v. Cornelius, k. preuß. Director in Rom.

Sebastian v. Darenberger. (S. Ordenscapitel.)

Franz Dingelstedt, großherzogl. sächs.-weimar'scher General-Intendant.

Emanuel v. Geibel, Univ.-Professor. (Siehe Ordenscapitel.)

Franz Grillparzer, k. k. österr. p. Hofrath und Mitglied des Herrenhauses.

Peter v. Heß, Hofmaler.

Wilhelm v. Kaulbach. (S. Ordenscapitel.)

Leo v. Klenze. (S. Ordenscapitel.)

Franz Wolfgang Ritter v. Kobell, Universitäts-Professor.

Franz Lachner. (S. Ordenscapitel).

Carl Friedrich Lessing, k. preuß. akad. Professor und Maler in Düsseldorf.

J. Meyerbeer, k. preuß. General-Musik-Director und Hofcapellmeister.

Friedrich Overbeck, Professor der Akademie di San Luca u. Historienmaler in Rom.
Friedrich Rückert, herzogl. sachsen-cob. Geh. Regierungs-Rath in Neusses bei Coburg.
Julius Schnorr v. Carolsfeld, k. sächs. Gallerie-Director.
Johann Schraudolph, k. akadem. Professor u. Historienmaler.
Carl Simrock, k. preuß. ordentl. Professor a. d. Universität Bonn.
August Stüler, k. preuß. Geh. Oberbaurath u. Professor a. d. Bauakademie in Berlin.
August v. Voit, Oberbaurath.
Friedrich Ziebland, Oberbaurath u. Professor.

1858.
Moritz Ritter v. Schwind, Professor der Historienmalerei.
Moritz Hauptmann, Cantor und Musikdirector in der Kirche zu St. Thoma und St. Nicolai in Leipzig.

1859.
Hitzig, k. preuß. Baurath.
J. Ch. Andersen, Dichter in Kopenhagen.

1860.
Friedrich Hebbel, Dichter in Wien.
Gustav Freitag, Hofrath u. Dichter in Leipzig.

1861.
Ernst Julius Hähnel, Bildhauer und Professor an der Akademie der bild. Künste in Dresden.

1862.
Frhr. von Münch-Bellinghausen, k. k. österr. Hofrath.
E. Deger, Professor in Düsseldorf.
Ferdinand Hiller, Capellmeister in Cöln.
Dr. Eduard Mörike, Professor in Stuttgart.

---

7. Königlicher Ludwigs-Orden.

Dieser Orden wurde von Sr. Majestät dem Könige Ludwig am 25. August 1827 zur Belohnung derjenigen Diener gestiftet, die nach dem in diesem Jahre eingetretenen Allerhöchsten Geburts- und Namenstage das 50ste Dienst-Jahr vollendeten. Nach den von Sr. Königlichen Majestät erlassenen Statuten dieses Ordens (s. Reg. Blatt Nro. 35. vom Jahre 1827) kann jeder Diener in diesen Orden aufgenommen werden, welcher 50 Jahre mit höchster Zufriedenheit im K. Hof-, Staats-, Kriegs- und kirchlichen Dienste gestanden hat. Zur Volljährigmachung der Dienstjahre dürfen auch jene gerechnet werden, welche früher in den, nachher dem Königreiche einverleibten Ländern geleistet worden sind. Jedes Jahr eines mitgemachten Feldzuges darf doppelt angerechnet werden, dagegen wird die im Quiescenz- oder Pensions-Stande zugebrachte Zeit nicht gezählt. — Das Ehrenzeichen des Ordens besteht

1) Für die Offiziere oder die im Offiziers-Range beim Heere stehen, desgleichen für jene Hof- und Staatsdiener, so wie für die Geistlichen, welche Raths-Rang haben, aus einem goldenen, mit der Königskrone bedeckten Kreuze, auf welchem sich das Brustbild des Stifters in Gold, auf weiß emaillirtem Grunde befindet, und auf dessen 4 Ecken die Umschrift: „Ludwig, König von Bayern" angebracht ist, die Rückseite aber einen grün-emaillirten Eichen-Kranz zeiget, welcher in Goldschrift auf weißem Grunde die Worte: „Für ehrenvolle 50 Dienstjahre" — umschließt. Die 4 Ecken dieser Rückseite zeigen mit den Worten: „Am 25. Aug. 1827" den Stiftungstag an.

2) Für die Mitglieder niederen Ranges aus einer goldnen Ehrenmünze, welche übrigens auf beiden Seiten denselben Inhalt, wie das Kreuz, vorstellt.

3) Sowohl das Kreuz als auch die Münze werden an einem carmoisinrothen und himmelblau eingefaßten Bande getragen, welches nur bei jenem breiter als bei dieser ist, und im Knopfloche befestiget wird.

Das Ehrenkreuz erhielten:

1834.

Johann Damboer, p. Generallieutenant.

1836.

Franz Xaver v. Haren, p. General-Major.

1837.

Max Frhr. v. Zandt, p. charakt. General der Cavallerie.

1839.

Michael Straub, p. Major.

Joseph Gröbl, p. Oberstlieutenant.

Carl Sack, p. char. Major.

1840.

Max Ritter v. Thiereck, p. char. Generalmajor.

1841.

Sigmund v. Bieber, p. Generalmajor.

Wilhelm Zieglwalner, p. Oberstlieutenant.

Heinrich von der Mark, p. Generallieutenant.

Andreas Eßl, p. char. Oberst.

1843.

Jacob v. Ermarth, p. char. Generallieutenant.

Xaver Reigl, p. Rittmeister.

Franz v. Hetzendorf, p. Generalmajor.

Joseph Jouvin, p. char. Major.

Dr. Thomas Fleschuez, p. char. Oberstabsarzt.

1844.

Gustav Friedr. v. Sundahl, qu. Oberpostrath und Landwehr-Generalmajor.

Johann v. Kunst, p. Generallieut.

1845.

Max v. Schlägel, p. char. Generalmajor.

Joseph Vittorelli, p. char. Major.

Joseph Ritter v. Zehrer, p. Oberst.

Joseph v. Weniger, p. Generalmajor.

Ludwig v. Deroy, p. char. Generalmajor.

1846.

Carl v. Stedingk, wirkl. Rath und p. Militär-Administrations-Commissär.

Vincenz Ritter v. Achner, p. Generalmajor.

Dr. Xaver Braun, p. Regiments-Arzt.

Hugo v. Bosch, Generallieutenant und Präsident des General-Auditoriats.

Friedr. Frhr. v. Magerl, p. char. Generallieutenant.

1847.

Martin Kirschbaum, p. Major.

Friedrich v. Flotow, p. char. General der Cavalerie.

Joseph Ritter v. Miller, p. char. Generalmajor.

Christian v. Schmalz, p. Generalmajor.

Eduard v. Weishaupt, p. Generalmajor.

Georg Kraft, p. Oberlieutenant.

Xaver Steidl, p. Oberstlieutenant.

Ludwig Narciß, p. char. Oberst.

1848.

August v. Brunnenmayr, p. char. Major.

1849.

Heinrich Ludwig v. Spengel, qu. Hof-Oekonomierath.

Max Graf v. Lerchenfeld-Brennberg, char. Generallieutenant.

Heinrich Neff, Adjutant der Leibgarde der Hartschiere u. Rittmeister.

Carl Ritter v. Brodesser, Generalmajor und Brigadier.

Peter Leers, wirkl. Rath u. qu. Archivar.

Valentin Hartmann, p. Generalmajor.

Ludwig v. Mabroux, p. char. Generalmajor.

Leonhard Frhr. v. Hohenhausen, char. General der Cavallerie, Generaladjutant Sr. Maj. des Königs und General-Capitän der Leibgarde der Hartschiere.

Florian Koller, geistl. Rath und Beneficiat in Straubing.

1850.

Christoph Engelhard, pens. char. Oberst.

Franz Saalmüller, p. Oberst.

Dr. David Hölberlin, p. char. Stabsarzt.

Paul Becker, p. Oberst.

Dr. Mich. Krappmann, Hofrath und qu. Gerichtsarzt.

Bernhard Pangerl, geistl. Rath u. Pfarrer.

1851.

Baptist v. Koppelt, Generalmajor.

Wolfgang v. Ott, Generalmajor.

Paul v. Stetten, p. Oberst.

Wilh. Frhr. v. Guttenberg, p. char. Oberst.

Dominik Stöckel, p. Hauptmann.

Carl v. Hailbronner, p. Generallieutenant.

Joseph Hazinger, geistl. Rath u. Pfarrer.

Carl Ascan Graf v. Verri della Bosia, p. Generalmajor.

Baptist Keller Frhr. v. Schlett-
heim, p. Generallieutenant.

1852.
Joh. Nep. Frhr. v. Poißl, Oberst-
Kämmerer.

1853.
Leopold Frhr. v. Reichlin-Meldegg,
p. Generalmajor.

Carl Reisner Freiherr v. Lichtenstern, k. Rath u. qu. Landrichter.

Johann Georg Friedrich Trautner,
Finanzdirector u. qu. General-
Lottoadministrator.

Georg Freiherr v. Hettersdorf,
p. char. Oberst.

1854.
Cajetan Peter Graf von und zu
Sandizell, Obersthofmeister u.
erbl. Reichsrath.

Dr. Johann Baptist v. Weißbrod,
Geh. Obermedicinalrath und
qu. Universitätsprofessor.

Philipp Schönhammer, p. Generalmajor.

Johann Jacob Wiener, k. Rath
und Oberrechnungs-Commissär.

Ludwig Graf v. Benzel-Sternau,
Generalmajor.

Albert Stenglein, k. Rath und
Ober-Aufschlagsbeamter.

Johann Cronenbold, p. charakt.
Oberst.

Carl Graf v. Seinsheim, Staats-
und Reichsrath.

Dr. Georg v. Jäger, Hofrath,
qu. Lyceal- u. Gymnasial-Rector.

Dr. Grg. Alois Schreyer, qu. Kreis-
medicinalrath.

Johann v. Hake, p. charakt. Ge-
ralmajor.

1855.
Franz v. Sauer, qu. Oberzollinspector.

Carl Freiherr von Lottersberg,
p. Oberstlieutenant.

Wilhelm Caries, charakt. Generalmajor.

Sigm. Ritter Merckel v. Wiesenthal, p. charakt. Oberst.

Georg Hoppe, Regiments-Quartiermeister.

Heinrich Delpy v. La Roche, Generallieutenant u. Generaladjutant Sr. Maj. des Königs.

1856.
Dr. Erhard Rubenbauer, p. Regimentsarzt.

Johann Simon Carl Bullemer,
Kirchenrath, Decan u. Pfarrer.

Joseph Frank, p. Kriegscommissär.

Friedrich Merkel, p. Oberst.

Dr. Alois Buchner, Domcapitular und bischöflich geistl. Rath.

Joseph Reichthalhammer, erzbi-
schöflich geistl. Rath, Decan u.
Pfarrer.

Georg Hertel, char. Generalmajor
und Stadtcommandant.

Carl Frhr. v. Geuder genannt Rabensteiner, p. Generalmajor.

Christoph von Schelhorn, Forstrath und qu. Forstmeister.

Dr. Joh. Joseph Ignaz v. Hoffmann, Hofrath, Lycealrector u.
Professor.

1857.

Maximilian Vincenz Frhr. v. Freyberg-Eisenberg, Generalmajor à la suite.

Burkhard Wirthmann, Kriegscommissär.

Johann Nagelschmidt, Kriegscommissär.

Dr. Michael Stautner, Geheimer Rath und qu. Oberappellat.-Gerichtsdirector.

Carl Hubert Grosch, qu. Ober-Aufschlags-Inspector.

Max Schenk, Forstrath.

Ignaz Pilati, Kriegscommissär.

Johann Christian Kämpf, Kirchenrath und Pfarrer.

1858.

Gottfried Schäfer, Forstmeister.

Wilhelm Bieringer, wirkl. Rath, p. Oberregistrator u. Archivar.

Nepomuk Peringer, pens. Regiments-Quartiermeister.

Nepomuk Ritter v. Eichenauer, char. Generalmajor u. Vorstand der Armee-Monturdepot-Commission.

Philipp Frhr. v. Brandt, p. Generallieutenant.

Joseph Rudolph Dietrich, k. Rath und Oberaufschlagsbeamter.

Joseph Frhr. v. Asch, char. Generalmajor.

Wilhelm Carl Ludwig v. Greiner, Appellationsgerichts-Director.

Andreas Kapfenberger, geistl. Rath und Decan.

Paul Grill, p. charakt. Rittmeister.

Mathias Kiener, erzbischöfl. geistl. Rath.

1859.

Joseph Peßinger, qu. Fohlenhofs-Verwalter.

Franz Schönfeßl, p. char. Major.

Joseph Spindelbauer, k. Rath u. qu. Secretär der General-Zoll-Administration.

Conrad Adolph Frhr. von Malsen, Gesandter.

Anton von der Mark, Generallieutenant und Generalquartiermeister.

Dr. Franz Xaver Pündter, k. Rath und Bezirksarzt.

Martin Heufelder, Dompropst.

Carl Ritter v. Krazeisen, Generalmajor und Brigadier.

Ignaz Freiherr v. Pfetten, charakt. Generalmajor.

Johann Carl Auer, Steuerrath.

Friedrich Hopp, Steuerrath.

1860.

Joseph Riepertinger, p. charakt. Generalmajor.

Friedrich Freiherr v. Brandenstein, Major à la suite.

Mathias Zirngibl, geistl. Rath und Pfarrer.

Xaver v. Predl, charakt. Oberst.

Christoph Dittmann, Forstmeister.

Joseph v. Lehmair, Oberst.

Benjamin v. Herman, General-Major und Brigadier.
Lorenz Schäzler, p. Generalmajor.
Gottfried Goes, charakt. Oberst.
Peter Geiße, Forstmeister.
Joseph Freiherr v. Schatte, Kämmerer und qu. Landrichter.
Se. Königliche Hoheit Prinz Carl von Bayern.
Georg Rupp, charakt. Unterlieutenannt und Zeugwart.
Friedrich Ernst Wilhelm v. Hornberg, qu. Regierungs-Director.
August Ferd. Stademann, Regg.-Rath u. geheimer Secretär.
Nicolaus Freiherr von Stengel, Regierungs- u. Forstrath.
Dr. Johann Bernhard Friedrich, Gymnasial-Professor.
Wilhelm Merkel, Generalmajor und Gendarmerie-Corps-Commandant.
Baptist Klein, General-Major, Stadt- u. Festungscommandant.
Friedrich Alex. Fischer, Oberzoll-Inspector.
Joseph v. Prätorius, Central-Zollcassier.
Cajetan Graf v. Berchem, Kämmerer u. Hauptmann à la suite.
Conrad Zerwick, p. charakt. Major.
Johann Baptist Römer, p. Unterquartiermeister.
Christoph Freiherr v. Guttenberg, Kämmerer u. Major à la suite.
Franz Köck, Unterarzt.
Friedrich v. Schnizlein, Generalmajor u. Gouverneur der Bundesfestung Landau.
Dr. Johann Steiner, p. Regiments-Arzt.
Friedrich Schultheiß, Oberkriegs-Commissär.

Dr. Joseph Merkel, Lycealprofessor und Hofbibliothekar.
Caspar Michaeli, charakt. Major.
Dionys Fink, geistl. Rath, Decan und Pfarrer.
Anton Förch, geistl. Rath, Decan und Pfarrer.

1861.
Friedrich v. Schenk, Geh. Rath.
Johann Rueff, Canzlei-Secretär.
Carl Ziebland, k. Rath und qu. Geh. Registrator.
Daniel Gustav v. Bezold, Geh. Rath u. qu. Ministerialrath.
Michael Ziegler, k. Rath und Salzbeamter.
Joseph Wurm, Domcapitular u. erzbisch. geistl. Rath.
Wenzeslaus Böttinger, Oberpostmeister.
Albrecht Kühlmann, Rentbeamter.
Joseph Burgartz, Oberstlieutenant.
Johann Peter Herrmann, k. Rath u. Reggs.-Secretär.
Bapt. Steinle, Generalmajor u. Brigadier.
Carl Ritter v. Rogister, p. char. Major.
Carl Lehmann, Rath u. Hypothekenbewahrer.
Friedr. Carl Schmitt, Domcapitular.
Wilhelm Seydel, Oberst.

1862.
Dr. Joh. Eduard Hierl, Univ.-Professor.
Friedr. Ludwig Edler v. Braun, Postrath.
Peter Paul Grabler, Domcapitular.
Franz Joseph Heunisch, Postrath.
Franz Limbach, p. char. Major.
Frhr. v. Godin, qu. Reggs.-Präsident.

Gg. Michael Obermaier, Reggs.-Director.
Simon Schrödl, Kriegscommissär.
Georg Christoph Sigmund Esper, prot. Kirchenrath u. I. Pfarrer.
Friederich Halder, Reggs.- und Kreisbaurath.
Simon Münzing, Oberlieutenant u. Prem.-Brigad.

1863.
Carl Frhr. v. Lindenfels, Generalmajor u. Stadtcommandant.
Michael v. Gönner, Generalsecretär.

August Graf v. Seinsheim, Kämmerer und Reichsrath.
Carl Frhr. v. Mettingh, Kämmerer und Forstmeister.
Alexander Frhr. v. Reizenstein, Oberzollrath.
Carl Hofmann, Forstmeister.
Dr. Adam Hereth, Regimentsarzt.
Anton Schmid, Oberstlieutenant.
Joseph v. Döring, Oberzollrath.
Eduard Frhr. v. Rotberg, Generalmajor u. Brigadier.
Georg Schmid, Pfarrer u. geistl. Rath.

Anmerkung.

St. Michael-Orden
nach dessen früheren Satzungen,

deren wesentlicher Inhalt folgender ist:

Wie bereits oben erwähnt, war die Großmeister-Stelle dieses Ordens mit Königlicher Allerhöchster Genehmigung einem Prinzen des Hauses übertragen.

Der Orden bestand ursprünglich aus drey Classen: den Großkreuz-Herren, welche zugleich Capitularen waren, den Amtsherren und den Rittern, zu welcher dritten Classe später eine Neben-Classe der Ehren-Ritter gekommen ist. Zur Erlangung der ersten drei Classen wurden strenge Ahnenproben erfordert. Zur Neben-Classe der Dritten wählte der Durchlauchtigste Großmeister aus eigenem Antriebe, und ohne Bittgesuche anzunehmen, Männer von besonderem Verdienste, ohne Rücksicht auf Geburt, Stand und Religion.

Die sämmtlichen Mitglieder wurden nur nach der vorherigen Bewilligung Sr. Majestät des Königs in den Orden aufgenommen. Achtzehn Großkreuz-Herren, acht Amtsherren, sechs und dreißig Ritter und zwölf Ehren-Ritter, theils geistlichen, theils weltlichen Standes, machten die statutenmäßige Zahl der Ordens-Glieder aus.

Das Ordenskreuz besteht in einem goldenen, lasurblau geschmelzten und mit goldener Einfassung versehenen, viereckigen Kreuze, in dessen Mitte der heilige Michael, in erhabener Arbeit in Gold, von Strahlen umgeben, sich befindet; sein Schild führt die Aufschrift: „Quis ut Deus!" Auf der Revers-Seite findet man die Worte: „Dominus potens in praelio." Auf den 4 Theilen des Kreuzes befinden sich die Buchstaben P. F. abgewechselt, und zwar die P oben und unten, die F zu beiden Seiten, welche die Worte „Pietas, Fidelitas, Perseverantia, Fortitudo" bezeichnend, den Ordensgliedern diejenigen Eigenschaften andeuten, wodurch sie sich auszeichnen sollen. Von der obigen Beschreibung weicht das Kreuz der Ehrenritter nur in so ferne ab, daß dasselbe, statt des Bildnisses des heil. Michael, auf einem Email von lasurblau die goldenen Worte: „Quis ut Deus!" enthält.

Die weltlichen Großkreuze tragen das Ordenskreuz bei der gewöhnlichen Ordenskleidung an einem himmelblauen, handbreiten Bande mit kornblauer, in's Violette endender Einfassung, von der rechten Schulter abwärts unter dem linken Arme, en écharpe oberhalb des Degens; die geistlichen aber am Halse. Für die höchsten Feierlichkeiten ist die Ordenskette bestimmt, welche auf ihren Sinnbildern die vorgemeldeten abwechselnden Buchstaben enthält. Die Amtsherren, Ritter und Ehrenritter tragen das Kreuz an dem vier fingerbreiten Bande um den Hals. Hierzu kömmt für die ersten drei Classen noch ein Stern von Strahlen, worauf das Ordenskreuz mit der Aufschrift: „Quis ut Deus!" wiederholt wird, und für die weltlichen Mitglieder eine eigene gestickte Uniform, wovon die Farbe dunkelblau und die Stickerey Gold ist; die geistlichen Ritter haben die Erlaubniß, bei feierlichen Gelegenheiten die Kleidung der päbstlichen Haus-Prälaten zu tragen.

Großkreuz = Capitularen mit Proben.

1818.
Cajetan Albert Graf und Herr von Edling.

Max Joseph Friedrich Carl v. Grimaud, Graf von Orsay.

1830.
Carl Joseph Freiherr v. Münster-Euerbach.

Alexander Frhr. v. Vrints-Treuenfeld, Gutsbesitzer in Brüssel.

1831.
Anselm Friedr. Frhr. Groß von und zu Trockau.

Mathias Constantin Graf v. Wickenburg, k. k. österr. Geheimer Rath und Minister des Handels.

1833.
Ferdinand Achill Graf de la Roche-Pouchin.

1834.
Joseph Fürst v. Chimay in Brüssel.

1835.
Heinrich Joseph Raphael Bassclet Graf v. La Rosée.

Amtsherren.
Die acht Amtsherren-Stellen sind unbesetzt.

Probe = Ritter.

1822.
Hieronymus Marquis v. Spreti.

Clemens Wenzeslaus Casimir Franz Xaver Frhr. v. Junker, gen. Bigatto.

1823.
Wilhelm Clemens Anton Frhr. v. Berchem, char. Oberstlieutenant à la suite.

1824.
Johann Nep. Mar. Leonh. Frhr. v. Hohenhausen, char. General der Caval., Generaladjutant Sr. Maj. des Königs u. General-Capitän der Leibgarde der Hartschiere.

1826.
Wilhelm Ernst Graf v. Arschott-Schoonhoven, Gutsbesitzer in Brüssel.

1834.

Philipp Georg Adam Freiherr v. Redwitz auf Wildenroth u. Weissenbrunn, aus dem Hause Unterlangenstadt, Gutsbesitzer und Oberlieutenant à la suite.

Julius Cäsar Anton Graf Gazzoli.

1836.

Philipp Heinrich Graf v. Linden, großherzogl. hess. Kammerherr.

Ehren-Ritter.

(Ohne Rücksicht auf Geburt, Stand und Religion.)

1832.

Dr. Ludwig Koch, Hofmedicus.

1836.

Dr. v. Schauß-Kempfenhausen, k. Rath.

IV.

Ausländische Orden,

welche von Bayern getragen werden.

Vereinigtes Herzogthum Anhalt.

Anhaltischer Gesammthaus-Orden Albrecht des Bären.

Commandeur I. Classe.

Otto Frhr. v. Lerchenfeld-Aham, Vice-Oberststallmeister.

Ritter I. Classe.

Carl Gemming, charakt. Oberstlieutenant.

Ludwig Frhr. v. Pöllnitz, Rittmeister à la suite.

Richard Graf v. Bentheim-Tecklenburg-Rheda.

Ritter II. Classe.

Friedrich Petri, Generaldirections-Assessor.

Baden.

1. Orden der Treue.

Se. Königl. Hoheit Prinz Carl von Bayern.

Se. Königl. Hoheit Prinz Luitpold von Bayern.

Se. Königl. Hoheit Prinz Adalbert von Bayern.

Ludwig Crato Carl Fürst v. Oettingen-Oettingen u. Oettingen-Wallerstein, Staatsrath in a. D.

2. Orden des Zähringer Löwen.

Großkreuze.

Se. Königl. Hoheit Prinz Adalbert von Bayern.

Ferdinand Frhr. v. Verger, Gesandter.

Carl Frhr. v. Schrenk, Staatsminister.

Commandeur I. Classe.

Eduard v. Weishaupt, p. Generalmajor.

Friedrich Graf v. Spreti, Generalmajor.

Carl v. Liel, Generalmajor und Kriegsminister.

Commandeure II. Classe.

Ludwig v. Klenze, Geh. Rath u. Hofbau-Intendant.

Franz Olivier Graf v. Jenison, Staatsrath im a. D.

Daniel Gustav v. Bezold, Geheimer Rath u. qu. Minist.-Rath.

Carl v. Goeb, q. General-Verwalter der K. Posten und Eisenbahnen.

Dr. Anton v. Fischer, Staatsrath im o. D.

Otto Frhr. v. Lerchenfeld-Aham, Vice-Oberststallmeister.

Dr. Carl Friedrich Philipp von Martius, Geheimer Rath.
Dr. Justus Frhr. v. Liebig, Geh. Rath, Vorstand der Akad. d. Wiss. u. Univ.=Professor.
Johann Baptist v. Graf, Ministerialrath und Kronanwalt.
Johann Nep. v. Gutner, Vorstand der Staatsschuldentilgungs=Commission und Ministerialrath.
Carl v. Meixner, Ministerialrath.
Carl Maria Freiherr v. Aretin, Geh. Rath und Reichsrath.

Ritter.

Gustav Friedr. v. Sundahl, qu. Oberpostrath.
Vinzenz Ritter v. Achner, p. Generalmajor.
Carl Frhr. v. Berchem, Generalmajor à la suite.
Carl Graf zu Pappenheim, Oberst und Flügeladjutant.
Dr. Carl v. Graf, Medicinalrath.
Ludw. Frhr. v. Brück, General-Director d. Verkehrs=Anstalten.
Ferd. v. Miller, Erzgießerei=Inspector.
Dr. Joh. Ev. v. Wanner, Geh. Rath u. Präsident des Obersten Rechnungshofes.
Friedrich v. Schnitzlein, Generalmajor.
Wilhelm Seydel, Oberst.
Friedrich Wilhelm v. Bettinger, Reggs.=Director.
Ludwig Graf zu Pappenheim, Oberstlieut. à la suite.
Thomas Mayer, p. Hauptmann.
Carl Ziegler, Hauptmann.
Camill Frhr. v. Egloffstein, Oberst.

Ludwig Frhr. v. Gumppenberg, Major.
Dr. Johann Philipp August Jolly, Universitäts=Professor.
Dr. Albert Kölliker, Hofrath und Universitäts=Professor.
Philipp Lessel, Oberstlieut.
Dr. Friedrich Magnus Schwerd, Lycealprofessor.
Heinrich Luz, Regierungs= und Fiscalrath.
Ludwig Frhr. v. Malsen, Legations=Secretär.
Carl Ritter von Feinaigle, General=Verw.=Director.
Joseph Pfistermeister, Hauptmann u. Genb.=C.=Comm. Adjut.

Belgien.

Leopold-Orden.

Großofficiere.

Carl Graf v. Seinsheim, Staatsrath im a. D. u. Reichsrath.
Philipp v. Flad, Geh. Rath u. qu. Ministerialrath.

Commandeure.

Leo v. Klenze, Geh. Rath und Hofbauintendant.
Joh. Christ. David v. Bartels, Commercienrath.
Vincenz Ritter v. Achner, p. Generalmajor.
Wilhelm v. Kaulbach, Akademie-Director.

Officiere.

Bernhard Ludwig Fr. v. Volz, Staatsrath im v. D.

Dr. Fr. Bened. Wilhelm v. Hermann, Staatsrath im o. D.

Peter v. Heß, Hofmaler.

Julius v. Niethammer, erbl. Reichsrath.

Albert Rösgen, Ministerialrath.

Carl v. Meixner, Ministerialrath.

Friedrich Gottlieb Mayer, Generalsecretär.

Rudolph Freiherr von der Tann, Major.

Ritter.

Ludwig Graf, Regierungsrath.

Dr. Franz Ritter v. Kobell, Universitäts-Professor.

Carl Alex. Heideloff, Conservator.

Maximilian Frhr. v. Günderode, Kämmerer u. q. Legat.-Secret.

Carl v. Spruner, Generalmajor u. Flügel-Adjutant.

Jos. Schmölzl, Oberstlieut.

Dr. A. Spring, Professor.

Nepomuk Neumayer, General-Major.

Ludwig Zwirlein, Oberzollrath.

Ludwig Aug. Riedinger, Fabrikbesitzer.

Cajetan Zeiler, Stallmeister.

Joseph Pfistermeister, Hptm. u. Genb.-C.-C.-Adjutant.

Jos. Hepberger, p. Unterlieut.

Brasilien.

1. Orden von Pedro I.

Großkreuz.

Se. Königl. Hoheit Prinz Carl von Bayern.

2. Orden vom Südkreuz.

Officier.

Friedr. Graf v. Spreti, Gen.-Major u. Brigadier.

Ritter.

Mich. Ritter v. Schuh, Gen.-Maj. und Cadetencorps-Commandant.

Dr. v. Martius, Geh. Rath.

3. Orden der Rose.

Großkreuz.

Ernst Graf v. Fischler-Treuberg.

Commandeur.

Vinzenz Ritter v. Achner, p. Gen.-Major.

Officiere.

Dr. v. Martius, Geh. Rath.

Joseph Hüß, Generalmajor.

Joseph Schmölzl, Oberstlieut.

Ritter.

Sigmund v. Grundherr, char. Major.

Dr. Anton von Schauß-Kempfenhausen, k. Rath.

Braunschweig.

Löwen-Orden.
Commandeur I. Cl.
Maximilian Joseph Frhr. Pergler v. Perglas, Gesandter.

Ritter.
Max Alboßer, Oberstlieut.

Dänemark.

Dannebrog-Orden.
Commandeur.
Leo v. Klenze, Geh. Rath u. Hofbau-Intendant.

Ritter.
Dr. Steinheil, Akademiker und Ministerialrath.
Dr. v. Martius, Geh. Rath.

Ehemalig Großherzogl. Frankfurtischer Concordien-Orden.
Commandeur.
Freiherr Lambert v. Varicourt, Kämmerer.

Frankreich.

1. St. Ludwigs-Orden.
Ritter.
Frhr. Lambert v. Varicourt, Kämmerer.
Jerquet de Chevigny.

2. Ehren-Legion.
Großkreuze.
Se. Königl. Hoheit Prinz Luitpold von Bayern.
Ludwig Carl Heinrich Frhr. von der Pfordten, Gesandter.

Großoffiziere.
Georg Ludw. v. Maurer, Staatsrath im a. D. und Reichsrath.
Jacob Ritter v. Hartmann, Generallieutenant u. Generalcommandant.
Otto Graf v. Bray-Steinburg, erbl. Reichsrath, Staatsminister a. D. u. Gesandter.
August Frhr. v. Wendland, Gesandter.

Commandeur.
Gustav v. Hohe, Regierungspräsident.

Offiziere.
Philipp Eichhorn, vormals franz. Hauptmann.
Philipp v. Flad, Geh. Rath und qu. Ministerialrath.
Ludwig Frhr. v. Brück, General-Director der Verkehrsanstalten.
Dr. Anton v. Fischer, Staatsrath im o. D.
Dr. Friedr. Wilhelm Benedict v. Hermann, Staatsrath im o. D.
Felix Villeroy.
Friedrich Wilh. Hermann Graf v. Quadt-Wickradt-Jsny, Ministerresident.

Dr. Justus Frhr. v. Liebig, Geh. Rath, Vorstand der Akademie der Wissenschaften u. Univ.-Professor.

Wilh. v. Weber, Ministerialrath.

Ritter.

Joh. Nep. Aulitscheck, p. ch. Oberst.

Ernst Beck, Gutsbesitzer.

Dr. Caspar Beeg, Rector.

Ludwig Graf v. Benzel-Sternau, Generalmajor.

Sigmund v. Bieber, p. Gen.-Maj.

Wilhelm Caries, char. Gen.-Maj.

Wilhelm Caspers, p. Major.

Johann Dambör, p. Gen.-Lieut.

Paul v. Denis, Oberbaurath.

Christoph Engelhard, p. char. Oberst.

Friedrich v. Flotow, p. char. General der Cavalerie.

Georg Frank, Hartschier.

Max Fuggs, p. Major.

Casim. Graf v. Gravenreuth, General-Lieutenant à la suite.

Valent. Hartmann, p. Gen.-Major.

Johann Fr. Delahausse, p. Geh. Secretär.

Joh. Bapt. v. Heeg, p. char. Oberst.

August Heidenreich, vormals franz. Hauptmann.

Carl v. Hailbronner, p. Gen.-Lieut.

Franz v. Hetzendorf, p. General-Major.

Nep. Höggenstaller, Forstinspector.

Leonhard Frhr. v. Hohenhausen, char. General der Cavallerie, Gen.-Adjutant Sr. Maj. des Königs u. General-Capitän der Leibgarde der Hartschiere.

Ferdinand Graf v. Hompesch, Minister-Resident.

Ferdinand Frhr. v. Hornstein, Rittmeister à la suite.

Albert Jäger, Regierungsrath, Director der pfälzischen Eisenbahnen.

Wilhelm v. Kaulbach, Director der Akademie der bild. Künste.

Rupert v. Kellner, Oberstlieutenant à la suite.

Martin Kirschbaum, p. Major.

Leo v. Klenze, Geh. Rath u. Hofbau-Intendant.

Heinr. Delpp v. La Roche, Gen.-Lieut. u. Gen.-Adjutant.

Simon Loritz, p. Hauptmann.

Ludwig v. Madroux, p. char. General-Major.

Friedrich Frhr. v. Magerl, p. char. Gen.-Lieutenant.

Heinrich v. der Mark, p. Gen.-Lieutenant.

Simon Mathaus, q. Postverwalter.

Caspar Mees, p. char. Major.

Christian Mennacher.

Joseph Ritter v. Miller, p. char. General-Major.

Ernst Alexander Marquis de Molac.

Heinrich Neff, Rittmeister.

Franz Saalmüller, p. Oberst.

Dr. Carl Emil Schafhäutl, Univ.-Professor.

Joh. Bapt. Frhr. v. Schleitheim, p. Gen.-Lieutenant.

Christian v. Schmalz, p. General-Major.

Anton v. Schmid, Gutsbesitzer.
Ferd. v. Schöpf, Legationsrath.
J. Schubarth, ehem. Kaufmann.
Julius Schulze, Oberlieutenant.
Paul v. Stetten, p. Oberst.
Christian Sturz, p. Hauptmann.
Rudolph Frhr. von der Tann, Major.
Carl Graf Tascher de la Pagerie, Kämmerer.
Carl Ascan Graf v. Verri Della Bosia, p. Gen.-Major.
Joseph v. Weniger, p. Generalmajor.
Anton Zäch, p. Major.
Max Frhr. v. Zandt, p. char. General der Cavalerie.

Griechenland.

Orden des Erlösers.

Großkreuze.

Se. Königl. Hoheit, Kronprinz Ludwig von Bayern.
Se. Königl. Hoheit Prinz Luitpold von Bayern.
Se. Königl. Hoheit Prinz Adalbert von Bayern.
Se. Königl. Hoheit Prinz Carl von Bayern.
Se. Königl. Hoheit Prinz Ludwig von Bayern.
Se. Königl. Hoheit Maximilian, Herzog in Bayern.
August Freiherr v. Oetto, Gesandter.
Franz Olivier Graf v. Jenison Staatsrath im a. D.
Georg Ludwig v. Maurer, Staatsrath im a. D. u. Reichsrath.
Christian v. Schmalz, p. Generalmajor.
Leonhard Frhr. v. Hohenhausen, char. General der Cavallerie, Generaladjutant Sr. Maj. des Königs u. Generalcapitän der Leibgarde der Hartschiere.
Otto Graf v. Bray-Steinburg, Staatsminister a. D. u. Gesandter.
Johann Georg v. Oettl, Bischof.
Ludwig Frhr. von der Pfordten, Gesandter.
Aug. Frhr. v. Wendland, Gesandter.
Max Joseph Frhr. Pergler v. Perglas, Gesandter.

Großcomthure.

Philipp v. Flad, Geh. Rath.
Bernhard v. Heß, char. Generallieutenant und Vicepräsident des General-Auditoriats.
Max Graf v. Marogna, Ministerresident.
Friedrich Du Jarrys Frhr. v. La Roche, Generalmajor u. Hofmarschall Sr. Maj. d. Königs Ludwig.
Otto Frhr. v. Lerchenfeld-Aham, Vice-Oberststallmeister.
Joseph Frhr. v. Asch, char. General-Major.
Max v. Feder, Generallieut. u. Generalcommandant.
Ludwig Frhr. v. d. Tann, Generallieutenant, Generaladjutant u. Generalcommandant.
Jacob Ritter v. Hartmann, Generallieutenant u. Generalcommandant.
Franz Graf von Pocci, Oberceremonienmeister.

Carl Graf von Butler-Clonebough, Generalmajor u. Flügelabjutant.

Commandeure.

Leo v. Klenze, Geh. Rath u. Hofbau-Intendant.
Alex. v. Hagens, Generalmajor.
Victor Heinrich Vicomte de Vaublanc, Oberhofmeister J. Maj. der Königin.
Otto Frhr. v. Hunoltstein, p. Gen.-Major.
Oscar Frhr. v. Zoller, Generallieutenant u. Generalcommand.
Joseph Ritter v. Miller, p. char. Gen.-Major.
Georg Friedr. Carl Ludw. Faber, p. Legationsrath.
Ludwig Frhr. v. Brück, Generaldirector der Verkehrsanstalten.
Theodor Frhr. v. Zeetze, Generalmajor u. Flügelabjutant.
Max v. Steinsdorf, Oberst.
Friedrich Graf v. Luxburg, Kämmerer u. Regierungsrath.
Carl v. Spruner, Generalmajor und Flügelabjutant.
August Graf v. Seinsheim, lebensl. Reichsrath.

Officiere.

(Goldenes Kreuz.)

Friedr. v. Schnitzlein, Gen.-Major.
Jos. von Lehmair, Oberst.
Max Frey, Reggs.-Director.
Anton Solomé von Rambervilier, p. Legationsrath.
Phil. Frhr. v. Brandt, p. Generallieutenant.
Dr. Carl Wibmer, Kreis-Medicinalrath.
Wilh. Schnitzlein, p. Oberst.
Friedr. Graf v. Bothmer, Oberst.
Nepomuk Neumayer, General-Major.
Dr. Georg v. Reindl, Dombechant und geistl. Rath.
Dr. v. Ringseis, Geh. u. Ober-Medicinal-Rath.
Franz Auer, char. Generalmajor.
Barthol. Kirchmair, q. Inspector.
Benedict Herter, Oberstlieutenant.
Joseph Hüß, Generalmajor.
Dr. Adam Seuffert, Bezirksarzt.
Julius Schnorr v. Carolsfeld, k. sächs. Galleriedirector.
Max Joseph Graf v. Seinsheim auf Grünbach, Kämmerer.
Ludwig Graf, Regierungsrath.
Fabius Graf Ricciardelli, Oberst.
Edmund Frhr. v. Speidl, Major.
Dr. Gottfried von Feder, Ministerialrath.
Dr. Jos. Rappel, Ministerialrath.
Dr. Franz v. Gietl, Geh. Rath u. Leibarzt S. M. des Königs.
Dr. Sebast. v. Daxenberger, Ministerialrath.
Dr. Max August v. Schilcher, Staatsrath im o. D.
Dr. Wilhelm Ritter v. Dönniges, Geschäftsträger u. Geh. Legationsrath.
Emil Strunz, Oberstlieutenant.
Dr. Franz Joseph v. Allioli, Dompropst.

Franz Seraph v. Pfistermeister, Hofrath u. Secretär des Königs.

Ludwig Graf v. Rechberg u. Rothenlöwen, char. Generalmajor u. Generaladjutant Sr. Maj. d. Königs.

August Ferdinand Stadmann, Regierungs-Rath u. Geh. Secretär.

Albert Rösgen, Ministerial-Rath.

Wilhelm Ritter v. Xylander, pens. Oberst.

Dr. Anton v. Schauß-Kempfenhausen, K. Rath.

Clemens Schedel, Generalmajor.

Wilhelm Merkel, Generalmajor u. Gend.-Corps-Commandant.

Franz v. Gmainer, Major und Flügel-Adjutant.

Dr. Justus Frhr. v. Liebig, Geh. Rath, Vorstand d. Akad. d. Wiss. u. Univ.-Professor.

Caspar v. Steinsdorf, I. Bürgermeister.

Friedrich Ritter v. Zentner, Major.

Dr. Friedrich Dotzauer, Regierungs- u. Kreis-Medicinalrath.

Baptist Steinle, Generalmajor u. Brigadier.

Joseph Mändl, Oberst.

Wilhelm Schweizer, Oberst.

Gustav Friedrich von Sundahl, qu. Oberpostrath u. Oberpost- und Bahnamts-Vorstand.

Carl Euler-Chelpin, Oberpost- u. Bahnamts-Vorstand.

Ludw. Frhr. v. Malsen, kgl. Kämmerer u. Legat.-Secretär.

Ritter.
(Silbernes Kreuz.)

Dr. Thom. Fleschuez, p. char. Ober-Stabsarzt.

Carl Ritter v. Krazeisen, General-Major.

Rupprecht, Hartschier.

Philipp Schönhammer, p. General-Major.

Carl Voigt, Medailleur.

Joh. Keller, Oberst.

Xaver v. Predl, char. Oberst.

Ignaz Dietl, Oberstlieutenant.

Wilhelm Ritter v. Manz, char. Generallieutenant und Stadt-Commandant.

Max Abel, p. Hauptmann.

Andr. Baumann, ehemal. Kriegs-Commissär.

Dr. Friedrich Schuh.

Carl Frhr. v. Berchem, General-Major à la suite.

Anton Bäch, p. Major.

Ludwig Zwierlein, Oberzollrath.

Johann Altmann, p. Hauptmann.

Thomas Mayer, p. Hauptmann.

Baptist Stephan, Generalmajor und Brigadier.

Dr. Franz Jos. Schuch, prakt. Arzt.

Dr. Carl Golch, p. Regimentsarzt.

Franz Bauer, p. char. Major.

Georg Könlein, p. char. Major.

Emil Frhr. v. Stockum, p. Oberst.

Jos. v. Prätorius, Cassier.

Aug. Frhr. v. Frays, p. Gen.-Maj.

Joseph Ritter v. Zehrer, p. Oberst.

Jos. Frhr. v. Großschedel, Oberst-Lieutenant.
Ludwig Auerweck, p. Oberstlieut.
Ernst Ritter v. Paschwitz, p. Major.
Joseph Schmölzl, Oberstlieut.
Eduard Kiderlin, Bahnhofverwalter.
Stanislaus Loy, Oberkriegscommissär.
Friedrich Köppel, Hauptmann.
Carl Fortenbach, Oberstlieutenant.
Erich Redenbacher, p. Major.
Christ. Reichenbach, Salzfertiger.
Jos. Mindler, Secretär.
Wilhelm Ritter, p. Rittmeister.
Florenz Schäfer.
Dr. Hannitz, prakt. Arzt.
Heinr. Dorner, p. Regim.-Quartiermeister.
Ludwig Herrmann, med. Dr.
Ludwig Lange, Professor.
Carl Thomann, Oberapotheker.
Franz Prand, Geh. Registrator.
Eduard Mogg, Postverwalter.
Gustav Dillmann, vorm. Hauptmann.
Philipp Beutner, Kriegscommissär.
Dr. Friedrich Braun, Lehrer.
Dr. Friedrich Caspar Köpf, Bezirks-Arzt.
Dr. Balduin Zink, K. Hofrath, Leibarzt Sr. K. H. des Prinzen Luitpold v. Bayern.
Ed. Riedel, Hofbauinspector.
Franz Ehlinger, Hauptmann.
Jos. Forster, p. Oberapotheker.
Traugott v. Heydenaber, Hauptmann.
Alfred Leeb, Hauptmann.
Simon Münzing, Oberlieut.
Johann Schuller, K. Rath und Geh. Secretär.
Wilhelm v. Spruner, p. Oberapotheker.
Aug. H. Wolf, p. Hauptmann.
Clemens v. Sicherer, Bauconduct.
Jos. Schmidt, Reggs.-Secretär.
Joh. Casp. Aiblinger, Hofcapellmeister.
Simon Schmidschneider, Revierförster.
Constantin Röser, Bauinspector.
Julius Meyer, Pfarrer.
Dr. Eugen Schneider, Professor.
Jos. v. Hüther, Oekonomie-Rath Sr. Maj. des Königs Ludwig.
Max Wepfer, p. Major.
Ludwig Thiersch, K. griech. Professor der Malerei.
Johann Heilmann, Hauptmann.
Michael Ant. Hoch, Bauinspector.
Franz Faust, Oberst.
Nepomuk Fuchs, Generalmajor und Brigadier.
Alex. Max Seitz, Historienmaler.
Dr. Ludwig Ditterich, Professor.
Carl de Herigoyen, Oberbergrath.
Dr. Franz Trautmann.
Mathias Weinzierl, Domcapitular.
Anton v. Roth, Hauptmann.
Ludwig Müller, Hauptmann.
Franz Binner, Oberlieutenant.

Heinrich Deßloch, Major.
Oscar v. Schellerer, Oberpost- u. Bahnamts-Vorstand.
Franz Lauböck, Oberpost- und Bahnamts-Vorstand.
Friedrich Hänlein, Oberpostmeister.
Max Graf v. Reigersberg, Oberpost- und Bahnamts-Vorstand.
Ludwig Frhr. v. Gumppenberg, Major.
Dr. Hermann v. Schlagintweit, Privatgelehrter.
Carl Johann Baptist Kette, qu. Secretär u. Großherzogl. Sachsen-Meiningenscher Hofrath.
Georg Lesche, Regimentsquartiermeister.
Moriz Ritter v. Schwind, Professor der Historienmalerei.
Alois Königsberger, Hauptmann.
Ferdinand Volkert, Lehrer der Handelswissenschaften u. funct. Secretär im kgl. griechischen Consulate.
Udalbert Marc, Rittmeister.
Friedr. Laubreis, Privatier zu Kissingen.
Dr. Joh. Bapt. Riederer, Rector und Lycealprofessor.

Hannover.

1. St. Georgs-Orden.

Großkreuz.

Seine Königl. Hoheit Prinz Luitpold v. Bayern.

2. Guelphen-Orden.

Großkreuze.

Friedrich Ludwig Graf zu Castell, erbl. Reichsrath.
Max. Carl Fürst v. Thurn u. Taxis, Kronoberstpostmeister und erbl. Reichsrath.
Carl Thomas Fürst v. Löwenstein-Wertheim-Rosenberg, Reichsrath.
Leonhard Frhr. v. Hohenhausen, char. General der Cavallerie Gen.-Adjutant und General-Capitän der Leibgarde der Hartschiere.
Leo v. Klenze, Geheimer Rath und Hofbauintendant.
Max Frhr. Pergler von Perglas, Gesandter.

Commandeure I. Classe.

Friedrich Graf v. Pückler-Limpurg, Erlaucht, Landwehr-Oberst.
Philipp Ernst Fürst zu Hohenlohe u. Waldenburg-Schillingsfürst.
Heinrich Delpy v. La Roche, General-Lieut. und General-Adjutant.
Max. Erbfürst v. Thurn u. Taxis, Major à la suite.
Ludwig Graf v. Montgelas, Gesandter.
Friedrich Graf v. Spreti, Generalmajor und Brigadier.
Dr. Justus Frhr. v. Liebig, Geh. Rath, Vorstand der Akad. d. Wiss. und Univ.-Professor

Commandeur II. Classe.

Friedrich Frhr. v. Truchseß, Kämmerer u. Legations-Secretär.

Ritter.

Carl Gemming, char. Oberstlieut.
Jac. Ritter v. Hartmann, Gen.-Lieut. u. Gen.-Commandant.
Dr. Carl August v. Burger, Oberconsistorialrath.
Max Graf zu Pappenheim, Rittmeister à la suite.

IV. Classe.

Ludw. Frhr. von der Tann, Gen.-Lieutenant, Gen.-Adjutant u. Gen.-Commandant.
Friedrich Kiliani, Oberlieutenant.
Dr. Hermann v. Schlagintweit, Privatgelehrter.
Robert v. Schlagintweit, Privatgelehrter.
Jos. Pfistermeister, Hptm. und Genb.-C.-C.-Adjut.

Kurhessen.
1. Löwen-Orden.
Ritter.

Se. Königl. Hoheit Prinz Luitpold von Bayern.
S. Königl. Hoheit Prinz Adalbert v. Bayern.
Carl Theodor Fürst v. Thurn u. Taxis, General der Cavalerie.
Johann Damboer, p. Gen.-Lieut.
Ludwig Frhr. von der Pfordten, Gesandter.

2. Wilhelms-Orden.
Großkreuze.

Heinrich Delpp v. La Roche, Gen.-Lieut. u. General-Adjutant.
Carl Frhr. v. Schrenk, Staats-Minister.

Commandeure I. Classe.

Carl v. Hailbronner, p. General-Lieutenant.
Bernhard v. Heß, char. General-Lieutenant u. Vicepräsident des General-Auditoriats.

Commandeure II. Classe.

Philipp Schönhammer, p. General-Major.
Friedr. v. Schnizlein, Gen.-Major.
Heinrich Dobmayer, p. Oberst.
Wilhelm Caries, char. Gen.-Major.
Alexander v. Hagens, Gen.-Major.
Otto Frhr. Vogt v. Hunoltstein, gen. Stein-Kallenfels, p. Gen.-Major.
Ludwig Frhr. von der Tann, Generallieutenant, Gen.-Adjut. u. Gen.-Commandant.
Wolfgang Freiherr von Thüngen, Ministerresident.

Ritter.

Franz Christian v. Jagemann, q. Fürstlich Löwenstein-Werth. geh. Justizrath.
Caspar v. Hagens, Generalmajor.
Wilhelm Schnizlein, p. Oberst.
Eduard Frhr. v. Rotberg, General-Major.
Carl Böhe, p. Oberst.
Joseph Hütz, Generalmajor.
Clemens Schedel, Generalmajor.
Georg Frhr. v. Lamotte, Oberst.
Franz Bijot, Oberst.
Heinrich Luß, Major.
Clemens Graf v. Joner-Tettenweiß, Oberstlieutenant.
Clemens Sartor, Hauptmann.
Wilh. Frhr. v. Horn, p. Rittmeister.
Max Frhr. v. Berchem, Hauptm.
Max Stöckel, Hauptmann.
Carl v. Vallade, Hauptmann.
Friedrich Faber, Rittmeister.
Maximilian Fürst v. Thurn u. Taxis, Rittmeister.

Clemens Schenk Frhr. v. Stauffenberg, Rittmeister à la s.
Georg Ney, p. Major.
Baptist Günther, p. char. Oberst.
Joseph Burgartz, Oberst=Lieut.
Wilhelm Frhr. v. Waldenfels, p. Oberst.
Friedrich Graf v. Stralenheim=Wasabourg, p. Major.
Wilhelm Frhr. v. Brück, Oberst.
Albert Seekirchner, Major.
Michael Schuch, Major.
Friedrich Graser, Hauptmann.
Alexander Graf v. Guiot du Ponteil, Oberlieut. à la suite.
Dr. Friedr. Sommer, Ober=Stabsarzt.
Dr. Welsch, Brunnenarzt.

Großherzogthum Hessen.

1. **Großhrz. Hessischer Hausorden, jetzt Ludewigs-Orden.**

Großkreuze.

Se. Königl. Hoheit Prinz Luitpold von Bayern.
Se. Königl. Hoheit Prinz Adalbert von Bayern.
Se. Königl. Hoheit Prinz Carl von Bayern.
Se. Königl. Hoheit Herzog Maximilian in Bayern.
Se. Königl. Hoheit Herzog Ludwig in Bayern.
Se. Königl. Hoheit Herzog Carl Theodor in Bayern.
Cajetan Peter Graf von und zu Sandizell, Obersthofmeister.
Ludwig Frhr. von der Pfordten, Gesandter.

Commandeure I. Classe.

Joh. Nep. Frhr. v. Poißl, Oberst=Kämmerer.
Friedrich du Jarrys Frhr. v. La Roche, Generalmajor u. Hofmarschall Sr. M. d. Königs Ludwig.
Ludw. Frhr. v. Brück, General=Director der Verkehranstalten.

Commandeure II. Classe.

Theodor Frhr. v. Zeetze, General=Major und Flügel=Adjutant.
Franz Bijot, Oberst.

Ritter I. Classe.

Moriz v. Weigand, Staatsrath im a. D.
Friedrich Tünnermann, p. Oberstlieutenant.
Dr. Franz Ritter v. Kobell, Prof.
Carl v. Spruner, Generalmajor und Flügel=Adjutant.
Dr. Franz Seraph v. Gietl, Geh. Rath u. Leibarzt.
Ludwig Graf v. Rechberg u. Rothenlöwen, char. Generalmajor und Generaladjutant Sr. Maj. d. Königs.
Franz v. Gmainer, Major und Flügel=Adjutant.
Johann Keller, Oberst.
Emil Strunz, Oberstlieut.
Baptist Klein, Generalmajor.
Xaver v. Predl, char. Oberst.
Carl Schadelook, p. Oberst.
Vincenz Waldmann, Generaldirectionsrath.
Franz Lauböck, Oberpost= u. Bahnamts=Vorstand.
Dr. Carl v. Graf, Medicinalrath.

Carl Euler-Chelpin, Oberpost- und Bahnamts-Vorstand.
Dr. Justus Frhr. v. Liebig, Geh. Rath, Vorstand der Akad. d. Wiss. und Univ.-Professor.
Albert Roth, Major.
Ignaz Schumacher, Oberst.
Carl Frhr. v. Mantey-Dittmer, Oberst.
Jacob Rottmann, Oberstlieut.
August Frhr. v. Leonrod, Major.
Dr. Christian Friedrich v. Böck, Oberconsistorialrath.
Max Graf v. Reigersberg, Ober-Post- u. Bahnamts-Vorstand.
Friedrich Ritter v. Zentner, Major u. Platzstabsofficier bei dem Festungsgouvernement Landau.
Franz Seraph v. Pfistermeister, Hofrath u. Secretär d. Königs.
Dr. Heinrich Fischer, Hofrath.
Heinrich Badhauser, General-Directionsrath.
Carl Ritter von Feinaigle, General-Verw.-Director.
Robert v. Schlagintweit, Privat-Gelehrter.
Caspar Graf v. Kreith, Rittmeister und Adjutant des Prinzen Adalbert, K. Hoheit.
Dr. Heinrich Bamberger, Univ.-Professor.
Joseph Schwalb, Major.
Caspar Elblein, Oberstlieutenant.
Eduard Högele, Major.
Theodor v. Cramer-Klett, Fabrikbesitzer.

2. Verdienst-Orden Philipps des Großmüthigen.

Großkreuze.

Heinrich Delpy von La Roche, General-Lieutenant und General-Adjutant.
Wilhelm Ritter v. Manz, char. Generallieutenant und Stadt-Commandant.
Vicomte de Vaublanc, Kämmerer und Oberhofmeister J. M. der Königin.
Jacob Ritter v. Hartmann, Generallieutenant und General-Commandant.

Commandeure I. Cl.

Gustav v. Hohe, Regg.-Präsident.
Baptist v. Roppelt, Generalmajor.
Friedrich Du Jarrys Frhr. v. La Roche, Generalmajor u. Hofmarschall Sr. Maj. d. Königs Ludwig.
Otto Frhr. v. Lerchenfeld-Aham, Vice-Oberststallmeister.
Carl v. Liel, Generalmajor und Kriegsminister.
Ludwig Frhr. v. d. Tann, Generallieutenant, Generaladjutant u. Generalcommandant.
Ludwig Theodor Frhr. v. Jeetze, Generalmajor und Flügeladjutant Sr. Maj. des Königs Ludwig.
Caspar v. Hagens, Generalmajor und Brigadier.
Johann v. Hake, char. p. General-Major.

Commandeure II. Cl.

Max Graf v. Marogna, Ministerresident.
Walter Frhr. v. Grainger, Oberst à la suite.
Joseph v. Weniger, p. Gen.-Major.
Ludwig Graf v. Benzel-Sternau, Gen.-Major.
Theodor Graf v. La Rosée, char. Oberst.

Baptist Stephan, Generalmajor und Brigadier.

Dr. Justus Frhr. v. Liebig, Geh. Rath, Vorstand der Akad. d. Wiss. und Univ.-Professor.

Baptist Klein, Generalmaj., Stadt- u. Festungs-Commandant.

Maximilian Graf v. Otting, Kämmerer u. Oberhofmeister der Prinzessin Auguste, Kaiserliche Hoheit.

Carl Graf zu Pappenheim, Oberst und Flügel-Adjutant.

Edmund Frhr. v. Speidl, Major, Hofmarschall u. Adjutant S. K. H. des Prinzen Luitpold von Bayern.

Philipp Lessel, Oberstlieut.

Gallus Weber, p. charakt. Oberst.

Philipp Frhr. v. Podewills, Oberst.

Franz v. Gmainer, Major u. Flügeladjut. S. M. d. K. Ludwig.

Dr. Friedr. von Scanzoni, Geh. Rath und Univ.-Professor.

Bapt. v. Tausch, Oberst.

Ritter I. Cl.

Carl Ritter v. Rögister, p. chat. Major.

Fr. X. v. Haindl, Obermünzmeister.

Franz Lachner, Gen.-Musikdirect.

Max Wepfer, p. Major.

Max Frhr. v. Ow, Oberst.

Georg Frhr. v. Lamotte, Oberst.

Dr. Jacob Heinrich v. Hefner-Alteneck, Professor.

Alois Westner, p. Oberstlieutenant.

Joseph Schmölzl, Oberstlieut.

Paul v. Denis, Oberbaurath.

Carl v. Dyck, Generaldirectionsrath u. Telegraphenamts-Vorstand.

Johann Heilmann, Hauptmann.

Carl Louis, Professor.

Joseph Schwalb, Major.

Eduard Freiherr v. Reitzenstein, Hauptmann.

Ignaz Schumacher, Oberst.

Carl Frhr. v. Mantey-Dittmer, Oberst.

Sigmund Frhr. v. Geuder genannt Rabensteiner, Major.

Traugott v. Heydenaber, Hauptmann.

Carl Holzinger, Stabs-Auditor.

Carl Frhr. v. Horn, Major.

Franz Seraph v. Pfistermeister, Hofrath und Secretär des Königs.

B. J. Schubarth, Kaufmann.

Joseph v. Hüther, Oekonomierath Sr. Maj. d. Königs Ludwig.

Oscar v. Schellerer, Oberpost- u. Bahnamts-Vorstand.

Dr. August Eckart, Bataillonsarzt.

Friedr. Petri, Generaldirections-Assessor.

Dr. Theodor Ludwig Wilhelm Bischoff, Univers.-Professor.

Johann König, Ingenieur.

Carl Friedr. Voigt, Medailleur.

Joh. Bapt. Veith, Oberst.

Max Graf Topor-Morawitzky, p. Hauptmann.

Albert Jäger, Regierungsrath u. Director der pfälzischen Eisenbahnen.

Friedrich Frhr. v. Reitzenstein, Hauptmann.

Jos. Frhr. Kreß v. Kreßenstein, Hauptmann.
Dr. Franz v. Sicherer, Stabs-Arzt.
Dr. Max Schleiß von Löwenfeld, k. Leibchirurg.
Dr. Adam Stucky, Bataillonsarzt.
Gustav v. Kohlhagen, Post- und Bahnamts-Vorstand.
Rudolph Frhr. v. Reibeld, Oberpostamtsverweser.
Carl Frhr. v. Limpöck, Oberlieut.
Carl Goes, Hauptmann.
Adolph Schamberger, Eisenbahn-Bezirks-Inspector.
Ernst Roder, Eisenbahnbezirks-Inspector.
Dr. Hugo Schröder, Regim.-Arzt.
Johann Fallot v. Gemeiner.
E. Mündler, Subdirector d. pfälz. Eisenbahnen.
August v. Urthelm, Post- und Bahnamtsvorstand.
Joseph v. Schmitt, Oberauditor.
Julius v. Hofmann, k. Rath u. Hofsecretär.
Wilhelm Schmitt, Hoftheater-Intendanzrath.
Dr. philos. Carl Ritter v. Mayer.
Jos. Pfistermeister, Hauptmann und Gend.-C.-C.-Adjut.
Frz. Hanfstängl, herzogl. Sachsen-Coburg-Gotha'scher Hofrath.
Eugen Gigl, Ostbahnbetriebs-Inspector.
Ferdinand Nareiß, Hauptmann.
Christian König von Königsthal, Hauptmann.
Conrad Uebler, Oberlieut.

Julius Rohe, Unterlieut.
Moritz Bornhard, Unterlieut.
Norbert Hechtl, Bat.-Quartiermeister.
Sigmund Klein, Hauptmann.
Friedr. v. Berg genannt Schrimpf, Oberlieut.
Dr. Lorenz von Tutschek, Leibarzt Sr. Maj. d. Königs Ludwig.
Georg Lavale, Kreisbaurath.
Joachim Wirthmann, geh. Secretär.
Eugen Sprengler, Hauptmann.

Ritter II. Classe.

Joh. Bapt. Kette, qu. Secretär und herzogl. Meiningen'scher Hofrath.
Heinrich Gerber, Ingenieur.

Hohenzollern.

Fürstl. Hohenzollernscher Haus-Orden.

Ehrenkreuze I. Classe.

Se. Königl. Hoheit Prinz Carl von Bayern.
Frhr. Ernst Schenk v. Geyern.

II. Classe.

Ludwig Frhr. v. Godin, Kämmerer.

III. Classe.

Maximilian Simon, Oberlieut.

Lucca.

St. Ludwigs-Orden.

III. Classe.

Dr. v. Schauß-Kempfenhausen, k. Rath.
Carl Gerhäuser, Regierungsrath.

Großherz. Luxemburg.

Orden der Eichenkrone.

Großkreuze.

Carl Frhr. v. Schrenk, Staats-Minister.

Heinrich Delpy von La Roche, Generallieutenant u. General-Adjut. Sr. Maj. d. Königs.

Ludw. Frhr. v. d. Tann, General-Lieut., Generaladjutant Sr. Maj. des Königs u. General-Commandant.

August Frhr. v. Wendland, Gesandter.

Großofficiere.

Carl v. Liel, Generalmajor und Kriegsminister.

Franz Seraph von Pfistermeister, Hofrath und Secretär Sr. Maj. des Königs.

Commandeur.

Carl Graf zu Pappenheim, Oberst und Flügeladjutant Sr. Maj. des Königs.

Officiere.

Philipp Leffel, Oberstlieut.

Georg Anton Widmann, Oberzollrath u. Zollvereinsbevollmächtigter.

Carl Ritter v. Feinaigle, General-Verwaltungsdirector.

Ritter.

Dr. Friedrich Wilhelm Ghillany, Professor u. K. württembergischer Hofrath.

Dr. Franz Löher, Universitäts-Professor.

Modena.

Orden des Estensischen Adlers.

Großkreuze.

Heinrich Delpy v. La Roche, Generallieutenant u. General-Adjutant Sr. Maj. d. Königs.

Friedrich du Jarrys Frhr. v. La Roche, Generalmajor und Hofmarschall Se. M. des Königs Ludwig.

Carl Graf v. Seinsheim, Staatsrath im a. D.

Commandeur.

Ludwig Frhr. von der Tann, Generallieutenant, Generaladjutant u. Gen.-Commandant.

Ritter.

Walter Frhr. v. Grainger, Oberst à la suite.

Dr. Franz Seraph v. Gietl, Geheimer Rath u. Leibarzt.

Fabius Graf Ricciardelli, Oberst.

Hugo Frhr. v. der Tann, Major.

Nassau.

Militär- und Civilverdienst-Orden Adolphs von Nassau.

Großkreuz ohne Schwerter.

Carl Frhr. v. Schrenk, Staats-Minister.

Comthure 2. Classe.

Dr. Gg. Carl v. Seuffert, Handels-Appell-Ger.-Präsident.

Comthur 2. Cl. mit Schwertern.

Philipp Freih. von Podewils, Oberst und Director der Gewehrfabrik.

Ritter.
Dr. Anton Sporer, Beneficiat.
Dr. Anton Frhr. v. Tröltsch, Privatdocent.

Niederlande.
Löwen-Orden.
Großkreuz.
Se. Königl. Hoheit Prinz Carl von Bayern.

Ritter.
Franz Hanfstängl, Herz. Sachsen-Coburg-Gothaischer Hofrath.

Oesterreich.
1. Orden des goldenen Vließes.
Se. Königl. Hoheit Prinz Luitpold von Bayern.
Se. Königl. Hoheit Prinz Carl von Bayern.
Se. Königl. Hoheit Herzog Maximilian in Bayern.
Se. Königl. Hoheit Herzog Ludwig in Bayern.
Se. K. H. Herzog Carl Theodor in Bayern.
Maxim. Carl Fürst v. Thurn und Taxis, Kronoberstpostmeister.

2. St. Stephans-Orden.
Großkreuze.
Se. Königl. Hoheit Prinz Luitpold von Bayern.
Se. Königl. Hoheit Prinz Adalbert von Bayern.
Se. Königl. Hoheit Prinz Carl von Bayern.
Se. Königl. Hoheit Herzog Maximilian in Bayern.
Se. Königl. Hoheit Herzog Ludwig in Bayern.
Ludwig Frhr. von der Pfordten, Gesandter.
Carl Theodor Fürst v. Thurn und Taxis, General der Cavalerie.
Carl Frhr. v. Schrenk, Staatsminister.

3. Maria-Theresien-Orden.
Ritter.
Se. Königl. Hoheit Prinz Carl von Bayern.

4. Leopolds-Orden.
Großkreuze.
Maximilian Carl Fürst v. Thurn u. Taxis, Kronoberstpostmeist.
Cajetan Peter Graf von und zu Sandizell, Obersthofmeister.
Ludwig Freiherr von der Pfordten, Gesandter.
Carl Theodor Fürst von Thurn u. Taxis, General der Caval.
Leonhard Frhr. v. Hohenhausen, char. General d. Cavallerie, Generaladjutant u. Generalcapit. der Leibgarde d. Hartschiere.
Carl Frhr. v. Schrenk, Staatsminister.
Heinrich Delpy von La Roche, Generallieut. u. Generaladjutant Sr. Maj. d. Königs.

Commandeure.
Friedr. Frhr. v. Zu Rhein, Staats- u. Reichsrath u. Regierungspräsident.
Carl v. Hailbronner, p. Generallieutenant.

Dr. Gustav v. Bezold, Geh. Rath u. qu. Ministerialrath.

Wilhelm Ritter v. Manz, char. Generallieut. und Stadtcommandant.

Maximilian Vincenz Frhr. v. Freiberg-Eisenberg, Gen.-Major à la suite.

Dr. Anton v. Fischer, Staatsrath im o. D.

Dr. Friedrich Benedict Wilhelm v. Hermann, Staatsrath im o. D.

Jacob Ritter v. Hartmann, Generallieut. u. Generalcommand.

Friedrich du Jarrys Frhr. v. La Roche, Generalmajor u. Hofmarschall Sr. Majestät d. K. Ludwig.

Carl Graf v. Butler-Clonebough, Gen.-Major, Hofmarschall u. Flügeladjutant.

Ritter.

Carl Frhr. v. Stengel, qu. Appellat. Ger.-Präsident.

Paul v. Stetten, p. Oberst.

Eduard v. Weishaupt, p. General-Major.

Alois Nicolaus Graf v. Arco-Stepperg, Oberstlieut. à la s.

Walter Frhr. v. Grainger, Oberst à la suite.

Maximilian Jos. Bernhard Graf v. Arco-Zinneberg, Major à la s.

Ludwig Frhr. v. Brück, General-Director der Verkehrsanstalten.

Carl v. Goeb, Geh. Rath.

Heinrich Arnold Frhr. von der Becke, qu. Appellationsgerichts-Präsident.

Franz Xav. Sigritz, Oberappellat.-Ger.-Rath.

Wilhelm v. Buchner, Reggs.-Rath.

Johann Thenn, Baurath.

Max v. Gutschneider, Regierungs-Präsident.

Georg Frhr. v. Hettersdorff, p. char. Oberst.

Sigm. Ritter Merckel v. Wiesenthal, p. char. Oberst.

Ludwig v. Wich von der Reuth, Legationsrath.

Wilhelm v. Weber, Ministerialrath.

Georg Frhr. v. Lamotte, Oberst.

Fabius Graf Ricciardelli, Oberst.

Ludwig v. Heusler, Oberst.

Baptist Stephan, Generalmajor und Brigadier.

Friedr. Graf v. Bothmer, Oberst.

Franz Limmer, Generalmajor.

Maximilian Adam, p. char. Oberst.

Ludwig Graf von Rechberg und Rothenlöwen, char. Generalmajor u. Generaladjutant Sr. Majestät des Königs.

Marquard v. Rehlingen, Ministerialrath.

Carl Frhr. v. Moy, Hauptmann und Flügel-Adjutant Sr. Maj. des Königs.

Friedrich August v. Paull, Ober-Baudirector.

Maximilian Frhr. v. Seckendorff, Oberst.

Otto Frhr. v. Waldenfels, pens. Major.

Dr. Heinrich Fischer, k. Hofrath.

Dr. Jos. Rappel, Ministerialrath.

5. Orden der eisernen Krone.

I. Classe.

Franz Olivier Graf v. Jenison-Walworth, Staatsrath im a. D.

Alfred Graf v. Dürckheim-Montmartin, Oberfthofmeister weil. I. Maj. der Königin Therese.

Ant. von der Mark, Gen.-Lieut. und Gen.-Quartiermeister.

Johann Damboer, p. Gen.-Lieut.

Carl v. Hallbronner, p. General-Lieutenant.

August Frhr. v. Wendland, Gesandter.

Heinr. Delpy v. La-Roche, Gen.-Lieut. u. Gen.-Adjutant Sr. Maj. d. Königs.

Leonhard Frhr. v. Hohenhausen, char. General der Cavallerie, Gen.-Adjutant und General-Capitän der Leibgarde der Hartschiere.

Carl August Graf v. Reisach, Cardinal.

Maximilian Graf v. Arco-Valley, Reichsrath.

Ludwig Frhr. v. d. Tann, Generallieut., Generaladjutant u. Generalcommandant.

Otto Frhr. v. Lerchenfeld-Aham, Vice-Oberststallmeister.

II. Classe.

Walter Frhr. v. Grainger, Oberst à la suite.

Jacob Ritter v. Hartmann, Generallieut. u. Gen.-Command.

Alex. v. Hagens, Generalmajor.

Wilhelm Ritter v. Manz, char. General-Lieut. u. Stadtcommandant.

Dr. Friedrich Benedict Wilhelm v. Hermann, Staatsrath ic.,

Carl v. Kleinschrod, Geh. Rath.

Maximilian Vincenz Frhr. v. Freyberg-Eisenberg, Generalmajor à la suite.

Franz Graf von Pocci, Ober-Ceremonienmeister.

Ludwig v. Wich von der Reuth, Legationsrath.

Carl v. Meixner, Ministerialrath.

Ludwig v. Heusler, Oberst.

Wilh. Caries, char. Generalmajor.

Franz Xaver v. Hainbl, Obermünzmeister.

Baptist Stephan, Generalmajor und Brigadier.

Clemens Schedel, Generalmajor.

Max Graf v. Reigersberg, Ober-Post- u. Bahnamts-Vorstand.

Franz Seraph v. Pfistermeister, Hofrath u. Secretär d. Königs.

Carl Graf zu Pappenheim, Oberst und Flügeladjutant.

Theodor Frhr. v. Jeetze, General-Major u. Flügeladjutant Sr. Maj. des Königs Ludwig.

Gustav Cella, Oberst.

Carl v. Spruner, Generalmajor und Flügeladjutant.

Carl Frhr. v. Wulffen, Kämmerer und Oberhofmeister I. K. H. der Herzogin Louise in Bayern.

Dr. Sebastian von Daxenberger, Ministerialrath.

Bernhard Franz Gottfried Frhr. v. Goblin, qu. Regierungs-Präsident.

III. Classe.

Carl Frhr. v. Aretin, Geh. Rath u. Reichsrath.
Arnulf Graf v. Deym, Rittmeister.
Edm. Frhr. v. Speidl, Major.
August Frhr. v. Leonrod, Major.
Ludwig Graf v. Rechberg und Rothenlöwen, char. Gen.-Major u. Gen.-Adjutant Sr. Maj. des Königs.
Emil Strunz, Oberstlieut.
Marquard Holderer, p. Hauptm.
Christian Faber, Rittmeister.
Wilh. Frhr. v. Brück, Oberst.
Sigmund Frhr. v. Prankh, Oberstl.
Carl v. Orff, Major.
Maximilian Fürst v. Thurn und Taxis, Rittmeister.
Clemens Graf v. Joner-Tettenweiß, Oberstlieut.
Hubert v. Gernler, p. Major.
Ludwig Eberhard, Hauptmann.
Ludwig Friedmann, Oberlieut.
Dr. Wilhelm Bucher, Regierungsrath.
Vinzenz Waldmann, Generaldirectionsrath.
Friedrich Gottl. Mayer, General-Secretär.
Dr. Joh. Mich. Diepolder, Ministerial-Assessor.
Moriz v. Reichert, Oberzoll-Rath.
Dr. v. Schauß-Kempfenhausen, k. Rath.
Friedrich August v. Pauli, Oberbaudirector.
Georg Eckart, Bezirksamtmann.
Gotthart v. Reber, Director der Steuerkataster-Commission.
Dr. Lamont, Universitäts-Profess.

Carl Frhr. v. Eichthal, Kämmerer.
Joseph Baumann, Generaldirectionsrath.
Carl Frhr. v. Moy, Hauptmann u. Flügel-Adjutant Sr. Maj. des Königs.
Alexander Freiherr v. Freyberg, Hauptmann.
Joseph Maillinger, Major.
Wilhelm Damboer, Hauptmann.
Max Frhr. v. Horn, Hauptmann.
Clemens Graf zu Pappenheim, Bezirksamtmann.
Caspar v. Steinsdorf, I. rechtsk. Bürgermeister.
Gustav Friedrich v. Sundahl, qu. Oberpostrath u. Oberpost-Bahnamts-Vorstand.
Franz Lauböck, Oberpost- und Bahnamtsvorstand.
Adolph Nobiling, Generaldirectionsrath.
Carl Exter, Generaldirectionsrath.
Oscar v. Schellerer, Oberpost- u. Bahnamtsvorstand.
Hippolyt v. Klenze, Oberstlieutenant und Commandant des 6. Jägerbataillons.
Julius v. Hofmann, k. Rath und Hofsecretär.
Hermann Ritter v. Hartmann, Unterlieutenant.
Ludwig Frhr. v. Gumppenberg, Major.
Albert Frhr. v. Guttenberg, Hauptmann.
Max du Jarrys Frhr. v. La Roche, Oberlieutenant.
Carl Wörlein, Lieutenant.

Carl Ritter von Feinaigle, General-Verw.-Director.
Gustav Grf. zu Castell, Hauptm.
Joh. Bapt. Heidenreich, quiesc. Aggs.-Rath.
Rudolph Gombart, geh. Secretär.

6. Franz Joseph-Orden.

Großkreuze.

Max Frhr. v. Pelkhoven, Staatsrath im o. D.
Ludwig Frhr. v. Brück, General-Director der Verkehrsanstalten.

Comthur.

Benno Heinr. v. Pfeufer, Staats-Minister.
August Graf v. Reigersberg, Gesandter.
Dr. Franz Sebastian v. Daxenberger, Ministerialrath.
Philipp Frhr. v. Zu-Rhein, Regierungspräsident.
Dr. Franz v. Gietl, geh. Rath u. Leibarzt.
Dr. Joseph Franz v. Allioli, Dompropst.
Dr. Justus Frhr. v. Liebig, Geh. Rath, Vorstand d. Akad. d. Wiss. u. Univ.-Professor.
Albert Stobäus, Legationsrath.
Dr. Georg Carl von Seuffert, Handelsappellations-Gerichts-Präsident.
Dr. Friedr. Ferd. von Kerstorf, Advocat u. herzogl. Sachsen-Coburg-Gotha'scher Hofrath.

Ritter.

Carl v. Dyk, Generaldirections-rath u. Telegraphenamts-Vor-stand.
Friedr. Schultheiß, Ober-Kriegs-Commissär.
Dr. Friedr. Sommer, Ober-Stabs-arzt.
Franz Seraph v. Pfistermeister, Hofrath und Secretär des Königs.
Dr. Max Schleiß von Löwenfeld, Leibchirurg S. M. des Königs.
Michael v. Gönner, Generalsecret.
Dr. Anton v. Schauß-Kempfenhausen, k. Rath.
Clemens v. Zimmermann, Centr.-Gemäldegallerie-Director.
Johann Kohl, Hauptmann.
Friedr. Petri, Generaldirections-Assessor.
Sebastian v. Kobell, Generalsecretär des Staatsrathes.
Ferd. v. Miller, Erzgießerei-Inspector.
Johann Halbig, Professor.
Joseph Spiegel, Canzleisecretär.
Joseph Mayler, Hauptcassier.
Dr. Heinrich Fischer, Hofrath.
Theodor v. Cramer-Klett, Fabrikbesitzer.
Heinrich v. Posselt, Steuerrath.
Andreas Dietz, Pfarrer.
Carl Goes, Hauptmann.
Dr. Franz v. Sicherer, Stabs-Arzt.
Peter Röder, Kriegscommissär.
Anton Dümler, Stabs-Auditor.
Heinrich Vocke, Oberzoll-Inspect.
Ant. Winter, Landrichter.
Dr. Carl Loßbeck, Bataillonsarzt.
Conrad v. Crafft, Magistratsrath.

Heinrich Babhaufer, Generaldirec-
tions-Rath.
Franz Joseph Heunisch, Postrath.
Carl Weidemann, Bezirksamt-
mann.
Philipp Kühles, Bezirksingenieur.
Emil Stirner, Betriebs-Ingenieur.
Adolph Schamberger, Bezirks-
Inspector.
Ernst Baumann, Bezirksinspector.
Carl Riederer, Magistratsrath.
Joseph Schneider, Magistratsrath.
Ernst Zander, Redacteur.
Dr. August Berger, Bezirksarzt.
Max v. Volthenberg, Landrichter.
Dr. Ludwig Loe, Regimentsarzt.
Gustav Frhr. v. Hasselholdt-Stock-
heim, p. Hauptmann.
Friedrich Reuß, Hauptmann.
Carl Pitzner, Bezirksamtmann.
Franz Seraph Leinfelder, Geh.
Secretär.
Joseph Heyberger, p. Unterlieut.
Georg Beuschel, Generaldirections-
Rath.
Franz Xaver Babhauser, Magi-
stratsrath.
August Huber, Regimentsauditor.
Johann Baptist Schmittbüttner,
  Bezirksamtmann und Stadt-
  commissär.
Ludwig Friedmann, Oberlieut.
Franz Maller, Oberlieutenant.
Johann Luz, Ministerialassessor.
Paul Frhr. Ebner v. Eschenbach,
Unterlieut.
Matthäus Kirchner, Priester.
Dr. Heinrich Mai, Leibarzt und
pract. Arzt.
Jos. Abel, Oberzollinspector.
Dr. Welsch, Hofrath u. Brunnen-
arzt.

Oldenburg.

Orden des Herzogs Peter Friedrich
Ludwig.

Großkreuze.

Se. Kgl. Hoheit Prinz Luitpold
von Bayern.
Se. Kgl. Hoheit Prinz Adalbert
von Bayern.
Max Frhr. v. Washington.

Ehrengroßkreuz.

Heinrich Delpy von La Roche,
Generallieut. und Gen.-Adjut.
Sr. Maj. des Königs.

Ehrencomthure.

Max Grf. zu Pappenheim, Ritt-
meister à la suite.
Adolph Frhr. von Seckendorff,
Oberst à la suite.

Ehren-Ritter I. Classe.

Otto v. Parseval, Hauptmann.
Carl Frhr. v. Horn, Major.

Kleinkreuz.

Camil Frhr. v. Egloffstein, Oberst.
Franz Flamin Meuth, Strafanstalts-Inspector.

Päpstlicher Stuhl.

1. Christus-Orden.

Carl Graf v. Seinsheim, Staatsrath im a. D.
Maximilian Graf v. Spaur.

2. Orden Gregors des Großen.

Großkreuze.

Otto Graf v. Bray-Steinburg,
Staatsminister a.D. Gesandter
u. Reichsrath.

Clodwig Fürst zu Hohenlohe-Schillingsfürst.
Maximilian Graf v. Arco-Valley, erbl. Reichsrath.
Friedrich du Jarrys Frhr. von La Roche, Generalmajor und Hofmarschall S. M. des Königs Ludwig.

Commandeure.
Franz Graf von Pocci, Ober-Ceremonienmeister.
Maximilian Frhr. v. Pelkhoven, Staatsrath im o. D.
Dr. Joh. Nep. v. Ringseis, Geh. Rath, Obermedizinalrath u. Universitäts-Professor.
Dr. v. Bayer, Reichsrath, Geheimer Rath u. Univ.-Professor.
Carl Frhr. v. Eichthal, Kämmerer.

Ritter.
Dr. Gustav Höfler, Bezirksarzt.
Heinrich Fahrmbacher, K. Rath u. qu. Geh. Secretär.
Dr. Phillips, Univers.-Professor.
Ernst Zander, Redacteur.
Franz v. Gmainer, Major und Flügeladjutant.
Conrad v. Berg, Major.
Carl Voigt, Medailleur.
Dr. Joh. Nep. Lamont, Univ.-Prof
Dr. Franz Streber, Univ.-Prof.
Eduard Jörg, Reichs-Archivs-Kanzlist.
J. C. Aiblinger, Hofcapellmeister.
Dr. Patricius Wittmann, Rentner.
Joseph Frhr. v. Karg-Bebenburg, Oberlieutenant im päpstlichen Bersaglierscorps.
Franz Xaver Badhauser, rechtsk. Magistratsrath.
Ferdinand Hefner, Hauptmann im päpstl. Zuaven-Bataillon.
Carl Wörlein, Lieutenant.
Joseph Ferdinand Müller, Hofcaplan.
Dr. Joh. Nep. Nußbaum, Univ.-Professor.
Dr. Carl Hapler, Arzt im päpstl. Dienst.
Theodor Mehlem, päpstl. Hptm.
Gregor Oehninger, Banquier.
Arthur Breßelau von Breßendorf, Praktikant bei den kgl. Verkehrsanstalten.
Jos. Ritter v. Mann, Unterlieut. à la suite.

3. Sylvester-Orden.
Ritter.
G. J. Manz, Buchhändler.
G. Merz, Opticus.
Johann Baptist Vogl, Redacteur der bayerischen Zeitung.
Carl Riederer, Magistratsrath.
Ludwig Filchner, Lieutenant in päpstl. Diensten.
Anton Pummerer, Kaufmann.
Joseph Pummerer Kaufmann.

4. Pius-Orden.
Ritter III. Classe.
Robert v. Fröhlich, Hofbanquier.
Max Ainmüller, Inspector der Glasmalerei-Anstalt.
Joseph von Heckel Hofblumen-Fabrikant.

5. Maltheser-Orden.
Ritter.
Theodor Fürst von Thurn und Taxis, Oberlieutenant.
Max Graf v. Holnstein aus Bayern, Rittmeister à la suite.

Portugal.

1. Orden Unserer Lieben Frau zur Empfängniß von Villa Viçosa.

Commandeur.

Ludwig Frhr. v. Godin, Kämmerer.

Ritter.

Dr. v. Martius, Geh. Rath.

Carl Alexander Heideloff, Professor und Conservator.

Dr. Franz Stephan, Badarzt.

Dr. Friedrich Kunstmann, Universitäts-Professor.

2. Christus-Orden.

Commandeure.

Leo v. Klenze, Geh. Rath.

Ritter.

Franz Diez, Haushofmeister Sr. K. Hoheit des Prinzen Carl von Bayern.

Daniel Gust. v. Bezold, Geh. Rath u. qu. Ministerialrath.

Dr. Fr. B. Wilh. v. Hermann, Staatsrath im o. D.

Carl v. Kleinschrod, Geh. Rath u. qu. Minist.-Rath.

Maximilian Joseph Frhr. Pergler v. Perglas, Gesandter.

Carl Ritter v. Rogister, p. char. Major.

Dr. Seb. Fischer, herzogl. Leuchtenb. Leibarzt.

Adolph Otto, herzogl. Leuchtenb. Administrations-Rath.

Otto Progel, p. Kriegsminist.-Secretär.

Preußen.

1. Schwarzer Adler-Orden.

Se. Königl. Hoheit Prinz Luitpold von Bayern.

Se. Königl. Hoheit Prinz Adalbert von Bayern.

Se. Königl. Hoheit Prinz Carl von Bayern.

Se. Königl. Hoheit Maximilian, Herzog in Bayern.

2. Rother Adler-Orden.

I. Classe (in Diamanten).

Carl Graf v. Seinsheim, Staatsrath im a. D.

I. Classe.

Se. Königl. Hoheit Prinz Adalbert von Bayern.

Se. Königl. Hoheit Prinz Carl von Bayern.

Maximilian Carl Fürst v. Thurn und Taxis, Kron-Oberstpostmeister.

Carl Theodor Fürst v. Thurn u. Taxis, General der Cavalerie.

Friedrich v. Flotow, p. char. General der Cavalerie.

Ludwig Frhr. von der Pfordten, Gesandter.

Leonhard Frhr. v. Hohenhausen, char. General der Cavallerie, Generaladjutant u. General-Capitän der Leibgarde der Hartschiere.

Victor Heinrich Vicomte de Vaublanc, Oberhofmeister J. M. der Königin.

Otto Graf v. Bray-Steinburg, erbl. Reichsrath, Staatsminister a. D. und Gesandter.

II. Classe (mit dem Stern).

Heinr. Delpy v. La Roche, Gen.-Lieutenant u. Gen.-Adjutant.

Anton von der Mark, Generallieut. u. Generalquartiermeister.

Dr. Anton v. Fischer, Staatsrath.

II. Classe (mit dem Stern und den Schwertern am Ringe).

Ludwig Frhr. von der Tann, Generallieut., Gen.-Adjutant u. Gen.-Commandant.

II. Classe (mit den Schwertern.)

Eduard v. Weishaupt, p. Generalmajor.

Christian v. Schmalz, p. Generalmajor.

II. Classe (mit Eichenlaub.)

v. Staff, genannt Reitzenstein.

II. Classe.

Daniel Gustav v. Bezold, Geheimer Rath u. qu. Minist.-Rath.

Carl v. Kleinschrod, Geh. Rath u. qu. Minist.-Rath.

Maximilian Vincenz Frhr. v. Freyberg-Eisenberg, Generalmajor à la suite.

L. Frhr. v. Brück, Generaldirector der Verkehrsanstalten.

Maximilian Joseph Frhr. Pergler v. Perglas, Gesandter.

Carl v. Meixner, Ministerialrath.

Georg Hertel, char. Gen.-Major.

Wolfgang v. Ott, Generalmajor.

Bernhard v. Heß, char. General-Lieut. und Vicepräsident des General-Auditoriats.

Lorenz Schäzler, p. Generalmajor.

Carl Maria Frhr. v. Aretin, Geh. Rath, Reichsrath u. Vorstand des Geh. Haus- u. Staats-Archives.

Dr. Fr. B. Wilh. v. Hermann, Staatsrath im o. D.

Otto Frhr. v. Lerchenfeld-Aham, Vice-Oberststallmeister.

Wilh. Ritter v. Dönniges, Geschäftsträger und Geh. Legationsrath.

Carl Ritter v. Krazeisen, General-Major.

Gustav v. Hohe, Regierungspräsident.

Nicolaus von Weis, Bischof.

Baptist Stephan, Generalmajor u. Brigadier.

Ludwig Graf v. Rechberg und Rothenlöwen, char. Generalmajor u. Generaladjutant Sr. Maj. d. Königs.

Adolph Eberhard Frhr. v. Gumppenberg-Pöttmes, erblicher Reichsrath.

August Carl Graf v. Drechsel, Kämmerer u. Landwehr-Generalmajor.

Oscar Frhr. v. Zoller, Gen.-Lieut. u. Gen.-Commandant.

Anton Hanser, Generalmajor u. Brigadier.

III. Classe.

v. Benda, fürstl. Thurn- u. Taxi'scher Domänenrath.

Ferdinand Freiherr v. Verger, Gesandter.

Gustav Friedrich v. Sundahl, qu. Oberpostrath u. General-Major der Landwehr.

Dr. Carl v. Graf, Medicinalrath.
Joseph v. Döring, General-Zoll-Administrationsrath.
Dr. Max August v. Schilcher, Staatsrath im o. D.
Vincenz Ritter v. Uchner, p. Generalmajor.
Carl Graf v. Butler-Clonebough, Generalmajor, Hofmarschall u. Flügeladjutant.
Ludwig Graf v. Montgelas, Gesandter.
Friedrich Weichsler, Finanzdirector u. qu. Central-Staatscassier.
Dr. Michael Hasreiter, Medicinalrath u. Leibarzt S. K. H. des Prinzen Carl von Bayern.
Leo v. Klenze, Geh. Rath u. Hofbau-Intendant.
Jacob Ritter v. Hartmann, Gen.-Lieut u. Gen.-Commandant.
Dr. Franz Pruner.
Dr. v. Schauß-Kempfenhausen, K. Rath.
Max Ainmüller, Inspector.
Friedr. Graf v. Bothmer, Oberst.
Paul v. Denis, Oberbaurath.
Dr. Franz Ser. v. Gietl, Geh. Rath und Leibarzt.
Friedr. Merkel, p. Oberst.
Theodor Graf v. La Rosée, char. Oberst.
Friedrich Ziebland, Oberbaurath.
Vincenz Waldmann, Generaldirectionsrath.
Franz Seraph v. Pfistermeister, Hofrath und Secretär des Königs.
August v. Voit, Oberbaurath.
Friedr. August v. Pauli, Oberbaudirector.
Friedr. Börsch, Consistorialrath.

Philipp Frhr. v. Podewils, Oberst.
Alex. Frhr. v. Freyberg, Hauptmann.
August Frhr. v. Leonrod, Major.
Ludwig Frhr. v. Godin, Kämmerer.
Dr. Guido Koch, Prof. hon.
Wilhelm Paul Ernst Fürst von Löwenstein-Wertheim-Freudenberg, erbl. Reichsrath.
Dr. Mathias Meyer, Decan.
Max Graf v. Reigersberg, Oberpost- und Bahnamts-Vorstand.
Meinhard Zottmayr, Rath und Cabinetssecretär S. K. H. des Prinzen Carl von Bayern.
Dr. Johann Ferdinand Heyfelder, kais. russ. Collegienrath und Professor.
Maximilian Graf zu Pappenheim, Rittmeister à la suite.
Georg Frhr. v. Lamotte, Oberst und Regimentscommandant.
Dr. Heinrich Carl Ludolph v. Sybel, Universitätsprofessor.
Carl Exter, Generaldirectionsrath.
Adolph Nobiling, Generaldirectionsrath.
Carl Schoch, Major.
Theodor Ritter, Major.
Franz Murrmann, Hauptmann.
Max Graf v. Verri della Bosia, Hauptmann.
Edmund Frhr. v. Speidl, Major.
Dr. Gg: Carl v. Seuffert, Handelsappell.-Ger.-Präsident.
Franz Meyer, Reggs.-Director.
Dr. Carl von Raumer, Hofrath und Univ.-Professor.
Clemens Graf zu Pappenheim, Bezirksamtmann.
Peter v. Heß, Hofmaler.

III. Classe (mit den Schwertern.)
Carl v. Liel, Generalmajor und Kriegsminister.

IV. Classe.

Dr. Sebast. v. Daxenberger, Ministerialrath.
Ludwig Graf, Regierungs-Rath.
Joh. David Wiß, Handels-Appellations-Gerichts-Assessor.
Dr. Wilhelm Stahl, Universitäts-Professor.
Carl Forster, Fabrikbesitzer.
Joseph Lipf, Domvicar.
Barthol. Kirchmair, q. techn. Inspector der Donau-Dampfschifffahrts-Verwaltung.
Friedr. Bär, k. sächsischer Commissions-Rath.
Franz Kreuter, Architect.
Dr. Fr. Gergens, Cantonsarzt.
Dr. Friedr. Ludwig.
Jos. Baumann, Generaldirectionsrath.
Dr. Jac. Heinr. v. Hefner-Alteneck, Professor.
Dr. Ernst Förster, Akademiker u. Kunsthistoriker.
A. Paintner, ehemal. Secretär des Fürstbischofs v. Diepenbrock.
Sigm. Frhr. v. Pranth, Oberstlieutenant.
Anton v. Mayer, Oberstlieut.
Wilhelm Köster, Bürgermeister.
Gustav v. Flotow, Rittmeister.
Franz Xav. v. Haindl, Obermünzmeister.
Friedr. Reindl, p. char. Major.
Franz Xaver König, Hauptmann.
Friedr. Gottlieb Mayer, General-Secretär.
Carl Waagen, preuß. Commissionsrath.
Joseph Bernhardt, Portraitmaler.
Friedrich Frhr. von der Tann, Major.
Joseph Ball, p. Oberst.
Carl Warnberg, p. Hauptmann.
Joseph Michell, Oberlieutenant.
Friedr. Petri, Generaldirections-Assessor.
Oscar Ritter v. Schellerer, Oberpost- u. Bahnamts-Vorstand.
Julius v. Hofmann, k. Rath und Hofsecretär.
Dr. Ernst Frhr. v. Bibra.
Theodor v. Cramer-Klett, Fabrikbesitzer.
Dr. Friedr. Ferdin. v. Kerstorf, Advocat u. herzogl. Sachsen-Coburg-Gotha'scher Hofrath.
Dr. Carl Emil Schafhäutl, Universitäts-Professor.
Dr. Friedr. W. Ghillany, Prof.
Dr. Adolph Schlagintweit, Naturforscher.
Dr. Hermann v. Schlagintweit, Naturforscher.
Sixtus Jarwart, preuß. Hofmaler.
Friedrich Hänlein, Oberpostmeister.
Franz Lauböck, Oberpost- und Bahnamts-Vorstand.
Dr. Carl Ludwig Urlichs, Universitäts-Professor.
Joh. Heilmann, Hauptmann.
Dr. Theodor Martius, Universitäts-Professor.
Friedrich Wilhelm Hofer, k. Rath u. Hofsecretär Sr. k. H. des Prinzen Carl von Bayern.
Dr. Robert von Schlagintweit, Privatgelehrter.
Joseph Maria Frhr. v. Gumppenberg-Pöttmes, Regierungs- u. Kreisbaurath.
Carl Effner, Oberhofgärtner.

Gottlieb Frhr. v. Süßkind, Unterlieutenant.
Hermann Ritter v. Hartmann, Unterlieutenant.
Max Graf v. Leublfing, Major.
Moritz Orff, Oberlieutenant.
Carl Götz, Oberlieutenant.
Emil Wahl, Hauptmann.
Jacob v. Ehrne-Melchthal, Oberlieutenant.
Johann Lutz, Ministerialassessor.
Joseph Heyberger, p. Unterlieut.
Gustav Freiherr von Hasselholdt-Stockheim, p. Hauptmann.
Dr. Paul Johannnes Merkel, Univ.-Professor. zc.
Carl Ritter v. Feinaigle, General-Verw.-Director.

3. Kronen-Orden.
2. Classe.
Edmund Frhr. v. Speidl, Major, Hofmarschall u. Adjut. Sr. K. Hoh. des Prinzen Luitpold von Bayern.

3. Classe.
Alfred Freiherr v. Bibra, Legat.-Secretär.
Maximilian Graf von Verri della Bosia, Hauptmann.
Philipp Freiherr von Podewils, Oberst.
Maximilian Graf zu Pappenheim, Rittmeister à la suite.
Georg Lavalle, Kreisbaurath.
Albert Jäger, Regierungsrath u. Director der pfälzischen Eisenbahnen.

4. Classe.
Carl Frhr. v. Limpöck, Oberlieut.
Ernst Rhomberg, Hauptmann.

Jos. Pfistermeister, Hauptm. u. Gend.-C.-C.-Adjut.
Dr. Carl Ritter von Mayer, Kammerjunker..
Dr. Oscar Heyfelder, russ. Stabs-Arzt.

4. St. Johanniter-Orden.
Carl Graf v. Pückler u. Limpurg.
Theobald Frhr. v. Malsen.
Friedr. Wilh. Alfred Graf v. Dürckheim-Montmartin, qu. Oberst-hofmeister weiland Ihrer Maj. d. Königin Therese.
Carl Graf zu Ortenburg-Tambach, Reichsrath u. Oberst à la s.
Alexander Frhr. von Reitzenstein-Hartungs, Oberzollrath.
Adolph Graf v. Castell.
Carl Frhr. v. Lindenfels, Gen.-Major.
Dietrich Frhr. v. Stein.
Julius Frhr. von Dörnberg zu Herzberg, p. Rittmeister.
Carl Frhr. v. Dobeneck, Consistorialdirector u. Regierungs-Rath.
Wilhelm v. Schönfeld.
Hans Frhr. v. u. zu Aufseß, Akademiker.
Wilhelm Frhr. von Waldenfels, p. Oberst.
Carl Frhr. v. Loßbeck, Kämmerer.
Otto Frhr. Vogt v. Hunoltstein, gen. Stein-Kallenfels, p. Gen.-Major.
Carl Graf zu Pappenheim, Oberst - und Flügeladjutant.
Ludwig Graf zu Pappenheim, Oberstlieut. à la suite.
Max Frhr. v. Günderode, q. Legationssecretär.

Ludw. Frhr. von der Tann, Gen.-Lieut., Gen.-Adjutant u. General-Commandant.
Friedrich v. Flotow, p. char. General der Cavalerie.
Julius v. Niethammer, erblicher Reichsrath.
Crafft Max Frhr. v. Crailsheim-Rügland auf Amerang, Kammerjunker.
Cajetan Graf v. Berchem-Haimhausen, Kämmerer.
Max Graf v. Lurburg, Kämmerer.
Alphons Frhr. v. Mirbach, Kämmerer.
Max Frhr. v. Washington.
Friedrich v. Niethammer, Kämmerer u. Legationssecretär.
Friedr. Frhr. v. Truchseß-Weßhausen, Kämmerer.
Feodor Frhr. v. Crailsheim, Kämmerer und Landrichter.
Wilhelm Paul Ernst Fürst von Löwenstein-Wertheim-Freudenberg, erbl. Reichsrath.

Ehrenritter:

Wolfg. Graf zu Castell, Oberlieutenant à la suite.
Ludwig Crato Carl Fürst v. Oettingen-Oettingen und Oettingen-Wallerstein, Staatsrath im a. D.
Max Frhr. v. Seefried, p. Major.
Max Graf zu Pappenheim, Rittmeister à la suite.
August Frhr. v. Feilitzsch, Major.

5. Orden „pour le mérite".
Militärische Klasse.
Christian v. Schmalz, p. Generalmajor.

Friedens-Classe.
Julius Schnorr v. Carolsfeld, k. sächs. Gallerie-Director.

Peter v. Cornelius, Director.
Wilhelm v. Kaulbach, Director.
Dr. Justus Frhr. v. Liebig, Geh. Rath, Vorstand d. Akad. d. Wiss. und Univ.-Professor.
Dr. Friedrich Benedict Wilhelm v. Hermann, Staatsrath im o. D.
Leo von Klenze, Geheimer Rath und Hofbauintendant.

Rußland.

1. St. Andreas-Orden.
Se. Königl. Hoheit Prinz Carl von Bayern.

2. St. Alexander-Newsky-Orden (mit Brillanten).
Maximilian Fürst v. Thurn und Taxis, Kronoberstpostmeister u. erblicher Reichsrath.
Ludwig Carl Heinr. Frhr. v. der Pfordten, Gesandter.

St. Alexander-Newsky-Orden.
Se. Königl. Hoheit Prinz Carl von Bayern.
Carl Theodor Fürst v. Thurn und Taxis, General der Cavalerie.
Otto Graf v. Bray-Steinburg, Staatsminister a. D. u. Gesandter.

3. St. Georgs-Orden.
IV. Classe.
Se. Königl. Hoheit Prinz Carl von Bayern.

4. St. Wladimir-Orden.

III. Classe.

Philipp v. Flad, Geh. Rath u. qu. Minist.-Rath.

Leo v. Klenze, Geh. Rath u. Hofbau-Intendant.

Dr. Justus Frhr. v. Liebig, Geh. Rath, Vorstand der Akademie der Wissenschaften und Univ.-Professor.

IV. Classe.

Heinrich v. der Mark, p. Generallieutenant.

Constantin Miller, Oberzollinspector.

Carl Frhr. v. Berchem, Gen.-Major à la suite.

Otto Frhr. v. Hunoltstein, p. Gen.-Major.

Jac. Ritter v. Hartmann, Generallieut. u. General-Commandant.

Michael Ritter v. Schuh, General-Major u. Cadetencorps-Commandant.

Caspar Graf v. Berchem, Major à la suite.

Adolph Otto, Herzogl. Leuchtenb. Administrations-Rath.

Carl v. Liel, Gen.-Major und Kriegsminister.

Dr. B. Fr. Wilhelm v. Hermann, Staatsrath im o. D.

Carl v. Grundherr, Rittmeister.

August Frhr. v. Leonrod, Major.

5. Weißer Adler-Orden.

Se. Königl. Hoheit Prinz Carl von Bayern.

Otto Graf v. Bray-Steinburg, Staatsminister a. D. und Gesandter.

August Graf v. Reigersberg, Gesandter.

6. St. Annen-Orden.

I. Classe.

Se. Königl. Hoheit Prinz Carl von Bayern.

Heinrich Delpp v. La Roche, Generallieut. u. Gen.-Adjutant.

Friedr. Frhr. v. Zu-Rhein, Staats- und Reichsrath, Regierungs-Präsident.

August Frhr. v. Wendland, Gesandter.

Anton von der Mark, Generallieutenant u. Generalquartiermeister.

II. Classe (in Brillanten).

Maximilian Graf von Arco auf Valley, erbl. Reichsrath.

Ludwig Graf v. Rechberg und Rothenlöwen, char. Generalmajor u. Generaladjutant Sr. Maj. d. Königs.

II. Classe.

Philipp v. Flad, Geh. Rath u. qu. Ministerialrath.

Leo v. Klenze, Geh. Rath u. Hofbauintendant.

Johann Damboer, p. Gen.-Lieut.

Max Ritter v. Thiereck, p. char. Generalmajor.

Friedrich Frhr. v. Magerl, p. char. Generallieutenant.

Heinr. v. der Mark, p. Gen.-Lieut.
Peter v. Heß, Hofmaler.
Carl Frhr. v. Lindenfels, General-Major.
Friedr. Graf v. Luxburg, Kämmerer, Regierungsrath.
Wilh. Frhr. v. Lindenfels, General-Major.
Dr. J. W. v. Scanzoni, Geh. Rath. und Universitäts-Professor.
Baptist Stephan, Generalmajor und Brigadier.
Dr. Ferdinand Heyfelder, kaiserl. russ. Staatsrath u. Professor.

III. Classe.

Aug. Frhr. v. Frays, p. Gen.-Maj.
Gallus Weber, p. char. Oberst.
Dr. Alois Wurm, p. Stabs-Arzt.
Max Wepfer, p. Major.
Ludw. Frhr. v. Brück, Generaldirector der Verkehrsanstalten.
Sigmund Graf v. Yrsch-Pienzenau, p. Oberst.
Max Graf v. Luxburg, Kämmerer.
Adolph v. Pfretzschner, Ministerial-Rath.
Hermann Griesshammer, Ober-Rechnungsrath.
Ferd. Graf v. Hompesch, Ministerresident.
Christoph Frhr. v. Leoprechting, Major.
Anton Frhr. v. Cetto, Unterlieut.
Dr. Justus Frhr. v. Liebig, Geh. Rath, Vorstand der Akademie der Wissenschaften und Univ.-Professor.

Alexander Freiherr von Freyberg, Hauptmann.
Otto v. Parseval, Hauptmann.
Maximilian Graf zu Pappenheim, Rittmeister à la suite.
Theodor Horschelt, Maler.

7. St. Stanislaus-Orden.

I. Classe.

Carl Graf v. Seinsheim, Staatsrath im a. D.
Johann v. Kunst, p. Gen.-Lieut.
Sigmund v. Bieber, p. Gen.-Maj.
Leo v. Klenze, Geh. Rath u. Hofbauintendant.
Heinrich Delpy v. La Roche, General-Lieut. und General-Adjutant.
Victor Heinrich Vicomte de Vaublanc, Oberhofmeister I. M. der Königin.
Ludwig Frhr. von der Tann, Generallieutenant, Generaladjutant u. Generalcommandant.

II. Classe (mit dem Stern).

Carl Frhr. v. Stengel, q. Appellat.-Ger.-Präsident.

II. Classe.

Max Graf v. Lerchenfeld, char. Gen.-Lieut. und Premier-Lieut. der Leibgarde der Hartschiere.
Leonhard Frhr. v. Hohenhausen, char. General der Cavallerie, Gen.-Adjutant und General-Capitän der Leibgarde der Hartschiere.
Carl Graf v. Verri della Bosia, p. Gen.-Major.

Ludwig Narciß, p. char. Oberst.

Friedrich v. Flotow, p. char. General der Cavalerie.

Carl Frhr. v. Berchem, Gen.-Major à la suite.

Peter v. Heß, Hofmaler.

Michael Ritter v. Schuh, Gen.-Major u. Cadetencorps-Commandant.

Dr. Alois Wurm, p. Stabs-Arzt.

Dr. v. Martius, Geh. Rath.

Ernst Christian Frhr. v. Lerchenfeld, Regierungs-Präsident.

Emil Strunz, Oberstlieut.

Ludwig v. Neumayr, Appell.-Gerichts-Präsident.

Carl August v. Friederich, Geh. Rath u. qu. Ministerialrath.

Joh. Bapt. v. Graf, Ministerialrath u. Kronanwalt.

Dr. Joseph Nicolaus v. Mantel, Ministerialrath.

Franz Seraph v. Pfistermeister, Hofrath u. Secretär d. Königs.

Carl Euler-Chelpin, Oberpost- u. Bahnamts-Vorstand.

Friedr. August Dorner, Oberrechnungsrath.

Dr. Carl Schmidt, Kreismedicinalrath.

Camill Frhr. v. Egloffstein, Oberst.

Ferdinand Graf von Hompesch, Minister-Resident.

Dr. Franz von Kobell, Univ.-Professor.

Dr. Joh. Ferd. Heyfelder, kais. russ. Staatsrath u. Professor.

III. Classe.

August Lufft, q. Reggs-Director.

Wilhelm Richstein, Herzogl. Leuchtenberg'scher Forstmeister.

Carl Weyse, Herzogl. Leuchtenberg'scher Forstmeister.

Dr. Friedrich Carl Stahl, Kreis-Irrenanstalts-Oberarzt.

Hermann Kolb, Advocat.

Johann Baptist Schuller, k. Rath und Geh. Secretär.

Ludwig Reizammer, Kreisbaubeamter.

Carl v. Burchtorff, Bezirksamtmann.

Dr. Michael Riegel, Bezirks- und Badearzt.

Dr. Mich. Haftreiter, Medicinalrath und Leibarzt S. K. H. des Prinzen Carl von Bayern.

Christian Schmitt, Oberlieutenant.

Dr. Carl Ritter v. Mayer.

Theodor Horschelt, Maler.

Dr. Oscar Heyfelder k. russischer Theaterarzt.

Ludwig Thiersch, Kunstmaler.

Königreich Sachsen.

1. Orden der Rauten-Krone.

Se. Königl. Hoheit Prinz Carl von Bayern.

Se. Königl. Hoheit Herzog Ludwig in Bayern.

Heinrich Graf v. Reigersberg, Reichsrath u. Staatsminister a. D.

2. Civil-Verdienst-Orden.

Großkreuze.

Cajetan Peter Graf v. Sandizell, Oberſthofmeiſter.

Maximilian Frhr. v. Zandt, p. char. General der Cavalerie.

Ernſt Frhr. v. Dörnberg zu Herzberg, Chef der fürſtl. Thurn und Taxiſſchen Geſammtverwaltung.

Ludwig Carl Heinrich Frhr. v. der Pfordten, Geſandter.

Commandeur I. Claſſe.

Maximilian Vincenz Frhr. v. Freyberg-Eiſenberg, Generalmajor à la suite.

Commandeure II. Claſſe.

Leo v. Klenze, Geh. Rath u. Hofbau-Intendant.

Bernhard v. Heß, char. Generallieutenant u. Vicepräſident des General-Auditoriats.

Oscar Frhr. v. Zoller, Generallieut. u. General-Commandant.

Ritter.

Carl v. Goeb, Geh. Rath.

Dr. Carl v. Graf, Medicinalrath.

Gallus Weber, p. char. Oberſt.

Daniel Guſt. v. Bezold, Geh. Rath u. qu. Miniſt.-Rath.

Dr. v. Martius, Geh. Rath.

Bernhard Ludw. Fried. v. Volz, Staatsrath im o. D.

Moritz v. Weigand, Staatsrath im a. D.

Dr. Fr. B. Wilh. v. Hermann, Staatsrath im o. D.

Philipp Fries, p. Oberſtlieutenant.

Friedrich Weichsler, Finanzdirector u. q. Central-Staatscaſſier.

Dr. v. Schauß-Kempfenhauſen, K. Rath.

Johann Keller, Oberſt.

Dr. Adolph v. Harleß, Oberconſiſtorial-Präſident u. Reichsrath.

Carl Heideloff, Conſervator und Profeſſor.

Carl Forſter, Fabrikbeſitzer.

Joh. Jac. Heller, Mechaniker.

3. Militär-St. Heinrich-Orden.

Ritter.

Theod. Eberle, fürſtl. Hohenzollern-Hechingenſcher Freiherr, mit d. Prädik. „Gnadenthal."

4. Albrecht-Orden.

Großkreuz.

Carl v. Hailbronner, p. Generallieutenant.

Commandeure I. Cl.

Ludw. Frhr. v. Brück, Generaldirector der Verkehrsanſtalten.

Dr. Anton v. Fiſcher, Staatsrath im o. D.

Maximilian Frhr. v. Gife, Miniſterreſident.

Commandeure II. Cl.

Friedrich Auguſt v. Pauli, Oberbaudirector.

Otto Frhr. v. Lerchenfeld Aham, Vice-Oberſtſtallmeiſter.

Dr. Friedrich Benedict Wilhelm v. Hermann, Staatsrath im o. D.

Baptiſt Stephan, Generalmajor u. Brigadier.

Carl Friedrich Frhr. v. Wulffen, Oberhofmeister J. K. H. der Frau Herzogin Louise in Bayern.
Carl Maria Frhr. von Aretin, Geh. Rath und Reichsrath.

Ritter.

Friedrich Faber, Rittmeister.
Franz Xaver v. Haindl, Obermünzmeister.
Adolph Nobiling, Generaldirectionsrath.
Adolph v. Pfretzschner, Minist.-Rth.
Dr. Jacob Heinrich v. Hefner-Alteneck, Conservator.
Theodor v. Cramer-Klett, Fabrikbesitzer.
Dr. Ludwig Feder, General-Stabs-Arzt.
Carl Exter, Generaldirectionsrath u. Obermaschinenmeister.
Friedrich Petri, Generaldirections-Assessor.
Alex. Frhr. v. Freyberg, Hauptmann.
Dr. Heinrich Alexander, Rector und Ministerialreferent.
Johann Bernhard Lunkenheimer, Gesandtschafts-Secretär.
Dr. Balduin Zink, k. Hofrath u. Leibarzt Sr. K. H. des Prinzen Luitpold.
Johann Thenn, Baurath.
Dr. Anton Frhr. v. Tröltsch, Privatdocent.
Carl Ritter v. Feinaigle, General-Verw.-Director.
Friedrich v. Niethammer, Legat.-Secretär.
Franz Joseph Heunisch, Postrath u. Post- u. Bahnamtsvorstand.
Caspar Fricker, Oberlieutenant.

Großherzogth. Sachsen-Weimar.

Orden zur Wachsamkeit oder vom weißen Falken.

Großkreuz.

Carl Theod. Fürst v. Thurn u. Taxis, General der Cavalerie.

Commandeure.

Daniel Gust. v. Bezold, Geh. Rath u. qu. Minist.-Rath.
Wilhelm von Weber, Ministerial-Rath.

Ritter.

Leo v. Klenze, Geh. Rath u. Hofbau-Intendant.
Antonin von Schlichtegroll, qu. Oberbaurath.
Alexander Freiherr v. Reitzenstein-Hartungs, Oberzollrath.
Hermann v. Kraft, Consul.
Dr. Ernst Förster, Akademiker u. Kunsthistoriker in München.
Ferdinand v. Miller, Erzgießerei-Inspector.
Heinrich Adalbert v. Gleichen, genannt v. Rußwurm zu Bonland, Kämmerer u. p. Oberstlieut. der Landwehr.
Moriz Ritter v. Schwind, Professor der Historienmalerei.
Dr. Robert von Schlagintweit, Naturforscher.
Dr. Hermann von Schlagintweit, Naturforscher.

Vereinigtes Herzogthum Sachsen.

Herzoglich Sachsen-Ernestinischer-Haus-Orden.

Grosskreuze.

Se. Königl. Hoheit Prinz Luitpold von Bayern.
Se. Königl. Hoheit Prinz Adalbert von Bayern.
Se. Königl. Hoheit Prinz Carl von Bayern.
Friedrich Ludwig Graf zu Castell, erbl. Reichsrath.
Carl Graf zu Orttenburg-Tambach, Reichsrath, Oberst à la s.
Clodwig Fürst zu Hohenlohe-Schillingsfürst, Reichsrath.
Otto Graf v. Bray-Steinburg, Staatsminister a. D. und Gesandter.
Friedr. Wilh. Alfred Graf v. Dürckheim-Montmartin, qu. Oberstofmeister weiland J. M. der Königin Therese.
Ludwig Frhr. von der Pfordten, Gesandter.
Julius v. Niethammer, erblicher Reichsrath.
Maximilian Frhr. v. Zandt, p. char. General der Cavalerie.
Wilhelm Paul Ernst Fürst von Löwenstein-Wertheim-Freudenberg, erbl. Reichsrath.
Carl Frhr. v. Schrenk, Staatsminister.

Commandeure I. Classe.

Maximilian Frhr. v. Gise, Ministerresident.
Friedrich Du Jarrys Frhr. v. La Roche, General-Major und Hofmarschall Sr. Maj. des Königs Ludwig.
Carl Graf zu Castell, Rittmeister à la suite.
Ludwig Frhr. v. Brück, Generaldirector d. Verkehrs Anstalten.

Commandeure II. Cl.

Daniel Gustav v. Bezold, Geheimer Rath und qu. Minist.-Rath.
Leo v. Klenze, Geh. Rath u. Hofbau-Intendant.
Joseph Anton Ritter v. Maffei, Assessor.
Wilhelm v. Weber, Ministerialrath.
Franz Xaver v. Haindl, Obermünzmeister.
Gotthard Reber, Director der Steuerkataster-Commission.
Dr. Joseph Nicolaus v. Mantel, Ministerialrath.
Dr. Friedrich Loschge, Ministerialrath.

Ritter.

Steinwarz, Fürstl. Leiningenscher Domänenkanzlei-Director.
Otto Frhr. Vogt v. Hunoltstein, p. Generalmajor.
Philipp Frhr. v. Zu Rhein, Regierungs-Präsident.
Carl Alexander Heideloff, Professor und Conservator.
Carl Frhr. v. Dobeneck, Consistorialdirector u. Reg.-Rath.
Carl Bouhler, p. Oberstlieutenant.
Sigmund Ritter Merckel von Wiesenthal, p. char. Oberst.
Franz Kreuter, Architekt.
Camill Frhr. v. Egloffstein, Oberst.
Dr. Friedrich Dotzauer, Reggs.- u. Kreis-Medicinalrath.
Friedrich Freiherr v. Steinling, p. Oberst.
Anton v. Mayer, Oberstlieutenant.
Maximilian Frhr. v. Lerchenfeld-Aham, Hauptmann à la suite.

Dr. Michael Haftreiter, Leibarzt Sr. K. H. des Prinzen Carl von Bayern.

Wolfgang Frhr. v. Thüngen, Ministerresident.

Joseph Pelletier, p. Hauptmann.

Maximilian Graf v. Tauffkirchen, Major à la suite.

Moritz v. Schwind, Professor.

Dr. Carl Friedrich v. Dollmann, Hofrath u. Univ.-Professor.

Carl v. Dyk, Generaldirections-Rath u. Vorstand d. Telegraphenamts.

Gustav Graf zu Castell, Hauptmann.

Friedrich Petri, Generaldirections-Assessor.

Heinrich v. Posselt, Steuerrath.

Dr. Friedrich Bodenstedt, Univ.-Professor.

Maximilian v. Wächter, Bürgermeister.

Joseph v. Hüther, Oekonomierath Sr. Maj. d. Königs Ludwig.

Hermann Herrmann, Oberbaurath.

Eduard Rüber, Generaldirections-Rath.

Ferdinand Frhr. v. Rast, herzogl. coburg-goth. Kammerherr.

Carl Johann Baptist Rette, qu. Secretär und großherz. Sachsen-Meiningscher Hofrath.

Dr. phil. Ernst Förster in München.

Franz Hanfstängel, herzogl. Sachsen-Coburg-Gotha'scher Hofrath.

Dr. Welsch, Hofrath u. Brunnenarzt.

Verdienstkreuze.

Carl v. Spruner, Generalmajor u. Flügeladjut. Sr. Maj. des Königs.
Aug. Michell, Hauptmann.
Johann Adam Klein, Maler.
Carl Rumohr, Obertelegraphist.

Sardinien.

Militär- St. Moritz- und Lazarus-Orden.

Großkreuze.

Ludwig Carl Heinrich Frhr. von der Pfordten, Gesandter.
Otto Graf v. Bray-Steinburg, Staatsminister a. D. und Gesandter.

Ritter.

Ernst Alexander Marquis de Molac.
Max Joseph Frhr. Pergler v. Perglas, Gesandter.
Dr. Justus Frhr. v. Liebig, Geh. Rath, Vorstand d. Akad. d. Wiss. u. Univ.-Professor.
Dr. v. Siebold, Univ.-Professor.
Dr. Albert Kölliker, Univ.-Prof.

Fürstliches Gesammthaus Schwarzburg.

Ehrenkreuze.

I. Classe.

Bernhard v. Heß, char. Generallieutenant u. Vicepräsident d. General-Auditoriats.

II. Classe.

Carl Joh. Bapt. Rette, qu. Secretär u. großherzogl. Sachsen-Meiningen'scher Hofrath.

III. Classe.

Alexander Wilhelm, Hauptmann.
Dr. Gustav Höfler, Gerichtsarzt.

Schweden und Norwegen.

1. Seraphinen-Orden.
Se. Königl. Hoheit Prinz Carl von Bayern.

2. Schwert-Orden.
Großkreuz.
Ludwig Frhr. v. d. Tann, Generallieutenant, Generaladjut. und General-Commandant.

Commandeur.
Christian v. Schmalz, p. General-Major.

Ritter.
Michael Ritter v. Schuh, Gen.-Major u. Cadetencorps-Commandant.

Caspar Graf v. Berchem, Major à la suite.

Carl Ritter v. Rogister, p. char. Major.

Johann Heilmann, Hauptmann.

Maxim. Fürst v. Thurn u. Taxis, Rittmeister.

3. Nordstern-Orden.
Commandeur-Großkreuze.
Otto Graf v. Bray-Steinburg, Staatsminister a. D. und Gesandter.

Commandeure.
Dr. Justus Frhr. v. Liebig, Geh. Rath, Vorstand der Akad. d. Wissensch. u. Univ.-Professor.

Dr. v. Martius, Geh. Rath.

Ritter.
Dr. Alois Wurm, p. Stabs-Arzt.

Jos. v. Lehmair, Oberst.

Ferdinand v. Miller, Erzgießerei-Inspector.

Dr. Johann Lammont, Univer.-Professor und Conservator der Sternwarte.

Dr. Friedrich von Scanzoni, Geh. Rath u. Universitäts-Professor.

4. Wasa-Orden.
Ritter.
Michael Wankel, Hofkammerrath.

Ferdin. v. Miller, Erzgießerei-Inspector.

Dr. Seb. Fischer, Herzogl. Leuchtenberg'scher Leibarzt.

Philipp Heim, q. Landrichter.

Dr. Franz Anton Balling, Hofrath u. Brunnenarzt.

5. St. Olafs-Orden.
Ritter.
Carl Ritter v. Rogister, p. char. Major.

Theodor Fürst v. Thurn u. Taxis, Oberlieutenant.

Königreich beider Sicilien.

1. Orden des heil. Ferdinand u. des Verdienstes.
Großkreuze.
Se. Königl. Hoheit Prinz Luitpold von Bayern.

Se. Königl. Hoheit Maximilian, Herzog in Bayern.

Se. Königl. Hoheit Ludwig, Herzog in Bayern.

2. Orden vom heil. Januarius.
Ludwig Frhr. von der Pfordten, Gesandter. (m. Br.)
August Frhr. v. Wendland, Gesandter.
Ferdin. Frhr. v. Verger, Gesandter.
Carl Freiherr v. Schrenk, Staats-Minister.

3. Constantinischer St. Georg-Orden.

Großkreuz.

Carl Graf v. Butler-Clonebough, Generalmajor, Hofmarschall und Flügeladjutant Se. Maj. des Königs.
Carl Frhr. v. Wulffen, Oberhofmeister Ihrer K. H. d. Herzogin Louise in Bayern.

Ritter.

Leo v. Klenze, Geh. Rath und Hofbau-Intendant.
Johann Georg Oettl, Bischof.
Eduard Friedrich Frhr. v. Riederer, Legationsrath.

4. Orden Franz I.

Großkreuze.

Maxim. Vincenz Frhr. v. Freyberg-Eisenberg, Generalmaj. à la s.
Ludwig Graf von Rechberg und Rothenlöwen, char. Generalmajor u. Generaladjutant Sr. Maj. des Königs.
Gregor v. Scherr, Erzbischof u. Reichsrath.
Carl Frhr. v. Wulffen, Oberhofmeister Ihrer K. H. der Herzogin Louise in Bayern.
Ludwig v. Heusler, Oberst u. Adjutant S. K. H. d. Herzogs Maximilian in Bayern.
Maximilian v. Feder, Generallieut. u. General-Commandant.

Commandeur mit dem Stern.

Dr. Friedrich Loschge, Ministerial-Rath.
Ernst Frhr. v. Lerchenfeld, Kämmerer u. Regierungs-Präsident.
Pankratius v. Dinkel, Bischof.
Dr. Heinrich Fischer, k. Hofrath.

Commandeure.

Ludwig Graf, Regierungsrath.
Dr. Ignaz v. Döllinger, Stiftsprobst.
Cajetan Frhr. v. Tautphöus, Ministerialrath.
Franz Ser. v. Pfistermeister, Hofrath und Secretär des Königs.
Otto Frhr. v. Lerchenfeld-Aham, Vice-Oberststallmeister.
Friedrich Gottlieb Mayer, Generalsecretär.
Eduard Friedrich Frhr. v. Riederer, Legationsrath.
Dr. Anton von Schauß-Kempfenhausen, k. Rath.
Adolph Graf von Spreti, Oberappell.-Ger.-Rath.
Hermann Frhr. von Reischach, k. württ. Kammerherr u. Major a. D.
Franz Auer, char. Generalmajor.
Friedrich v. Niethammer, Legat.-Secretär.
Joseph Mayler, Kanzleidirector des Herz. Max in Bayern K. H.
Georg v. Fordran, Bürgermeister.

Ritter I. Classe.

Friedrich Ritter v. Zentner, Major.
Eduard Mogg, Postverwalter.
Georg Eckart, Bezirksamtmann und Stadtcommissär.
Hugo Frhr. v. Herman, Ministerialrath.
Friedrich Graf v. Fugger, Legat.-Secretär.

Carl Frehr. von Perfall, Kämmerer.
Rudolph von Gasser, Legat.-Secretär.
Leonhard Enzler, Hofcaplan und Canonicus.
Friedrich Wolf.
J. B. Vogl, Redakteur.
Ernst Zander, Redakteur.
Carl Albert Regnet, Polizeicommissär.
Carl Riederer, Kaufmann u. Magistratsrath.
Joseph Ferd. Müller, Hofcaplan.
Jos. Stumpf, Officiant.
Dr. Franz X. Reithmayr, Univ.-Professor.
Dr. Joh. Nep. Nußbaum, Univ.-Professor.
Hermann Ritter v. Hartmann, Unterlieutenant.

Ritter II. Classe.

Ludwig Ehrl, Kammachermeister.
Joseph von Heckel, k. Hofblumenfabrikant.
Ludwig Frhr. von Schleich, Unterlieut.

Spanien.

1. Orden vom goldenen Vließ.

Se. Königl. Hoheit Prinz Adalbert von Bayern.
Se. K. H. Prinz Ludwig Ferdinand von Bayern.

2. St. Ferdinands-Orden.
Ritter.

Ernst Alexand. Marquis de Molac.
August v. Bäumen, Hauptmann.
Edgar Frhr. v. Harold, Oberlieutenant.
Eduard Schlagintweit, Oberlieut.
Friedrich Lissignolo, Oberlieut.

3. Orden Carls III.
Großkreuze.

Se. Königl. Hoheit Prinz Luitpold von Bayern.
Se. Königl. Hoheit Prinz Adalbert von Bayern.
Se. Königl. Hoheit Prinz Alphons von Bayern.
Ludwig Frhr. von der Pfordten, Gesandter.
August Frhr. v. Wendland, Gesandter.

Comthure mit dem Stern.

Dr. Justus Frhr. v. Liebig, Geh. Rath, Vorstand der Akad. d. Wissensch. u. Univ.-Professor.
Max Graf v. Leublfing, Major.
Caspar Graf v. Kreith, Rittmeister.

Commenthure.

Dr. Franz Sebastian v. Daxenberger, Ministerialrath.
Friedr. Wilh. Hermann, Graf v. Quadt-Wickradt-Isny, Ministerresident.

Ritter.

Joseph v. Lehmair, Oberst.
Alfred Frhr. v. Bibra, Legationssecretär.
Ludwig Graf Bacinetti, Unterlieut.
J. G. Mayer, General-Secretär.
Dr. Friedr. Kunstmann, Universitäts-Professor.
Dr. Ferdinand Kolb.

4. Isabellen-Orden.
Großkreuze.

Gg. Ludw. v. Maurer, Staats- u. Reichsrath.
Friedrich du Jarrys Frhr. v. La Roche, Generalmajor u. Hofmarschall Sr. Maj. des Königs Ludwig.

Commenthur I. Classe.
Johann Fallot v. Gemeiner.

Commenthure.
Ludwig Frhr. v. Malsen, Kämmerer u. Legat.-Secretär.
Franz Seraph v. Pfistermeister, Hofrath u. Secretär d. Königs.
Alfred Frhr. v. Bibra, Legations-Secretär.
Alexander Crebert, Secretär S. K. H. des Prinzen Adalbert von Bayern.
Dr. Franz Seraph v. Gietl, Leibarzt und Geh. Rath.
Friedrich Speck, p. char. Oberst.
Theodor Graf v. LaRosée, char. Oberst.
Dr. Hugo Schröder, Regiments-Arzt.
Rudolph Frhr. v. d. Tann, Major.
Joseph von Hirsch, Hofbanquier.

Ritter.
Dr. Leopold Wertheim.
Dr. Oscar Peschel, Akademiker.
Franz Seitz, Maler u. Hoftheater-Costumier.
Friedrich Petri, Generaldirections-Assessor.
Dr. Hermann v. Schlagintweit, Naturforscher.
Hermann Bernau, k. b. Consul in Athen.
Dr. Sigismund Feldmann.
Franz Hanfstängl, herzogl. Sachsen-Coburg-Gothaischer Hofrath.

Toscana.
1. St. Josephs-Orden.
Großkreuze.
Se. Königl. Hoheit Prinz Luitpold von Bayern.
Se. Königl. Hoheit Prinz Ludwig von Bayern.
Se. Königl. Hoheit Prinz Carl von Bayern.

Commandeure.
Dr. Max August v. Schilcher, Staatsrath im v. D.
Heinrich Delpy v. La Roche, General-Lieut. u. Gen.-Adjutant Sr. Maj. des Königs.
Alexander v. Hagens, General-Major.
Carl Graf v. Butler-Clonebough, Generalmajor, Hofmarschall u. Flügeladjutant.
Maximilian Graf v. Otting, Oberhofmeister I. K. K. Hoheit der Prinzessin Luitpold von Bayern.

Ritter.
Caspar Mees, p. char. Major.
Georg Günther, p. char. Rittmeister.
Johann v. Kunst, p. Gen.-Lieutenant.
Edmund Frhr. v. Speidl, Major, Hofmarschall u. Adjutant Sr. K. H. d. Prinzen Luitpold v. Bayern.
Dr. Balduin Zink, K. Hofrath, Leibarzt Sr. K. H. des Prinzen Luitpold von Bayern.
Ferdinand Ritter von Malaisé, Oberst.
Dr. Ludwig Feder, Generalstabsarzt.
Georg Eckart, Bezirksamtmann u. Stadtcommissär.

2. Militär-Verdienst-Orden.
Commandeure.
Edmund Frhr. v. Speidl, Major, Hofmarschall u. Adjutant Sr. K. H. d. Prinzen Luitpold v. Bayern.

Offizier.
Jos. Frhr. v. Großschedel, Oberstlieut. und Exempt der Leibg. d. Hartschiere.

Ritter.
Heinrich v. Vallade, Oberlieutenant.

3. Civilverdienst-Orden.
Ritter.
Oscar Stobäus, r. Bürgermeister.

Carl Theodor Siry, Post- und Bahnamtsvorstand.

Joseph Dürr, Oberzoll-Inspector.

Joseph Schels, k. Rath u. Hofsecretär Sr. K. Hoheit des Prinzen Luitpold von Bayern.

Joseph Deier, Oberzollinspector.

Türkey.
1. Medschidije-Orden.
I. Classe.
Se. Königl. Hoheit Prinz Adalbert von Bayern.

II. Classe.
Gg. Ludwig v. Maurer, Staats- und Reichsrath.

Ludwig Frhr. v. d. Tann, Generallieutenant, Generaladjutant und Generalcommandant.

III. Classe.
Ludwig v. Wich von der Reuth, Legationsrath.

IV. Classe.
Max v. Steinsdorf, Oberst.

Joseph Mindler, qu. k. Secretär der Eisenbahnbau-Commission.

Dr. Franz Sebastian v. Daxenberger, Ministerialrath.

2. Nischani istihar.
Christian Sester.

Württemberg.
1. Orden der Württembergischen Krone.
Großkreuze.
Ludwig Frhr. von der Pfordten, Gesandter.

Albert Graf von Rechberg und Rothenlöwen, Standesherr u. Reichsrath.

Commenthure.
Philipp v. Flad, Geh. Rath u. qu. Minist.-Rath.

Jacob Ritter v. Hartmann, Gen.-Lieut. u. Gen.-Commandant.

Julius v. Niethammer, erblicher Reichsrath.

Hugo v. Bosch, Gen.-Lieut. u. Präsident des Gen.-Auditoriats.

Dr. Anton v. Fischer, Staatsrath in o. D.

Otto Frhr. v. Lerchenfeld-Aham, Vice-Oberststallmeister.

Ludwig v. Wich von der Reuth, Legationsrath.

Michael Ritter v. Schuh, Gen.-Major u. Cadetencorps-Commandant.

Ritter.
Mor. v. Weigand, Staatsrath im a. D.

Vinzenz Ritter v. Achner, p. Gen.-Major.

Carl v. Liel, Gen.-Major und Kriegsminister.
Ludwig Frhr. v. Brück, Generaldirector d. Verkehrsanstalten.
Wilh. v. Weber, Ministerial-Rath.
Ludwig Frhr. v. d. Tann, Generallieutenant, Generaladjutant u. Generalcommandant.
Benno Heinr. v. Pfeufer, Staats-Minister.
Dr. Franz Anton Balling, Brunnenarzt.
Max Wepfer, p. Major.
Joseph Schmölzl, Oberstlieut.
Georg Faber, p. Legationsrath.
Clemens v. Zimmermann, Gallerie-Director.
Dr. Carl v. Pfeufer, Obermedizinalrath.
Maximilian v. Wächter, Bürgermeister.
Franz Xaver v. Haindl, Obermünzmeister.
Friedrich August v. Pauli, Oberbaudirector.
Dr. Franz Sebastian v. Daxenberger, Ministerialrath.
Dr. Robert v. Schlagintweit, Naturforscher.
Joseph Maria Frhr. v. Gumppenberg-Pöttmes, Regierungs- u. Kreisbaurath.
Ferdinand v. Miller, Erzgießerei-Inspector.
Franz v. Fackenhofen, Major.
Dr. Ferdinand von Kerstorf, Advokat u. Herzogl. Sachsen-Coburg-Gotha'scher Hofrath.

2. Militär-Verdienst-Orden.

Alex. Frhr. v. Schacht, p. char. Oberst.

3. Friedrichs-Orden.

Großkreuze.

Carl Graf v. Seinsheim, Staatsrath im a. D.
Ludwig Frhr. von der Pforbten, Gesandter.
Maximilian Frhr. v. Pelkhoven, Staatsrath im v. D.
Carl Frhr. v. Schrenk, Staatsminister.
Max v. Neumayr, Staatsminister.

Commenthure I. Classe.

Dr. Benedict Friedr. Wilhelm v. Hermann, Staatsrath im v. D.
Carl v. Liel, Generalmajor und Kriegsminister.

Commenthure II. Classe.

Dr. Justus Frhr. v. Liebig, Geh. Rath, Vorstand der Akad. d. Wissensch. u. Univ.-Professor.
Franz Xaver v. Haindl, Obermünzmeister.
Friedrich Graf v. Luxburg, Kämmerer und Bezirksamtmann.
Wilh. Merkel, General-Major u. Gend.-Corps-Comm.

Ritter.

Dr. Anton v. Schauß-Kempfenhausen, k. Rath.
Carl Ruland, Regierungs- und Kreisbaurath.
Carl Waagen, k. preuß. Commissionsrath.
Max Graf v. Tattenbach, Major.
Ludwig Frhr. v. Malsen, Kämmerer u. Legat. Secretär.
Maximilian Haltinger, Bezirks-Amtmann.
Dr. Max Pettenkofer, Universitäts-Professor.

Adolph Gruber, Gutsbesitzer.
Rudolph Gombart, geh. Secretär.
Ferdinand v. Leutner zu Wilbenburg, Major.
Carl Ritter von Feinaigle, Generalverwaltungs=Director.
Carl Frhr. von Stengel, Unterl.

Jos. Pfistermeister, Hauptmann und Gend.=C.=C.=Adjutant.

4. Goldner Adler-Orden.
Ludwig Crato Carl Fürst von Oettingen=Oettingen u. Oettingen=Wallerstein, Staatsrath im a. D.

V.
Hofstaat Seiner Majestät des Königs.

Obersthofmeister=Stab.

Oberstkofmeister.
Se. Excell. Cajetan Peter Graf von u. zu Sandizell, der Krone Bayern erbl. Reichsrath. (H. Gl. L. HL1. OL1. SCW1.)

Stabsrath.
Dr. Carl Weichselbaumer. (M3.)

Stabs-Cassier.
Jakob Kammerknecht.

Controlirender Stabsbuchhalter.
Carl Fischer.

Stabsofficianten.
Georg Chirard.
Carl Seifers.

Stabsdiener.
Tobias Kaltner.

Stabsbote.
Peter Bittl.

Hofstabs-Profoß.
Erasmus Eisenmann, functionir.

Hof=Kirchensprengel.
Königl. Allerheiligen Hof=Kirche.

Dignitarien.

Hofcapelldirector.
Dr. Ignaz v. Döllinger, Propst a. d. St. Cajet.=Hof= und Stifts=kirche, Ceremoniarius des K. Hausordens vom hl. Hubert, Professor der Theologie an der Ludwig=Maximilians=Universität, Mitglied der Akad. der W. (K3. M3. Max.O. ScF2.)

Dechant.
Johann Georg Lehner. (M3.)

Hofcapläne.
Dr. Joh. Nep. Ströhl, Unterbibliothekar. (M3.)
Mathias Roming.
Leonhard Enzler.
Johann Schrott.

— — —
— — —

Aeltere Hofcapläne.
Johann Georg Münz, Canonicus ad honores.

Hofprediger.
Carl Graf Gulot du Ponteil, Canonicus ad honores und Aufseher der reichen Capelle.

Hofbeneficiaten.
Beneficium der St. Georgen- oder Kaiser Ludwigs-Messe: Joseph Anton Schneider, Professor u. Inspector an der k. Pagerie.

Beneficiat der Churf. Maximilians-Messe: Anton Reindl, Canonicus ad honores und Professor.

Obiger Hofcaplan Johann Georg Münz, Beneficiat der Messe zum hl. Lorenz u. zur hl. Margaretha.

Beneficium der unbefleckten Empfängniß- und Magdalena-Messe: Dr. Johann Friedrich.

Hofpriester.
Carl Dibell.
Joseph Egid Katzensteiner.

Paul Cammerer.
Franz Xaver Richter.
Max Graf v. Zech-Lobming.
Dr. Franz Xaver Pfeifer.

Ceremoniar und Votivar.
Joseph Merk, Canonicus ad honores des K. Hof- nud Collegiatstifts St. Cajetan.

Weltliches Kirchenpersonal.
Oberrcapelldiener.
Domin. Schapperer. (LO).
3 Capelldiener.

K. Hof- und Collegiatstifts-Kirche zum hl. Cajetan.

Collegiatstift.
Propst.
Obiger Dr. Ignaz v. Döllinger, Hofcapell-Director, Ceremoniar des Hausordens v. heil. Hubert ꝛc.

Dechant.
Johann Georg Lehner. (M3.)

Aeltere Canoniker.
Obige Hofcapläne:
Dr. Joh. Nep. Ströhl.

— — —
— — —

Jüngere Canoniker.
Oblge Hofcapläne:
Mathias Roming.
Leonhard Enzler.
Joh. Schrott.

Aeltere Chorvicare.
Obige Hofpriester:
Karl Dibell.
Joseph Egid Katzensteiner.
Paul Lammerer.

Jüngere Chorvicare.
Obige Hofpriester:
Franz Xaver Richter.
Max Graf v. Zech-Lobming.
Dr. Franz Xaver Pfeifer.

Stiftsprediger.
Jacob Babel, Canonicus ad honores.

Ceremoniar und Votivar.
Dr. Isidor Silbernagel.

Musikchor-Dirigent.
Ulrich Hieber.
1 Sakristan.
1 Sakristeigehilfe.
1 Kirchendiener.

Hofcapelle in der Herzog-Maxburg.
Hofcaplan.
Joseph Ferdinand Müller, Wilhelm. und erster Herzogl. Clement. Hofbenefic. (PG3. SeFl.)

Hofbeneficiat.
Ignaz Streber, zweiter herzogl. Clementin. Beneficiat. (prov.)
1 Capelldiener.

Hofkirche zum hl. Michael.
Kirchenpräfect und Officiator.
Sebastian Mall, Herzogl. Ernestinischer Beneficiat.

Prediger.
Dr. Franz Xaver Lierheimer.

Diacon.
Johann Baptist Keil. (prov.)

Subdiacon.
Otto Caries.

Ceremoniarius.
Anton Schuegraf.

Musikchor-Dirigent.
Peter Berchtold.
1 Sakristan.

Herzogspital-Hofkirche.
Kirchenpräfect.
Heinrich Meixner, Schulinspector und Herzoglich Albertinischer St. Salvator Beneficiat.
1 Küster.

Hofcapelle in Nymphenburg.
Hofkurat-Caplan.
Georg Freitag, Gaßnerischer Beneficiat.
1 Capelldiener.

Hofcapelle in Schleißheim.
Hofkurat-Caplan.
Max Hollitschka.
1 Capelldiener.

St. Loretto in Italien.
Beneficiat.
Zur Zeit unbesetzt.

Landhofkirche Fürstenfeld.
Hofpriester.
Jacob Türk.
1 Meßner.

Hofkirche in Neuburg a. D.
Kirchenpräfect.
Joseph Wilhelm Thum, Gymnasialrector. (M3.)
1 Meßner.

Blutenburg bei Menzing.
Beneficiat.
Engelbert Pfettischer.

———

K. Leibgarde der Hartschiere.
(S. Abtheilungen der Armee.)

K. Hausschatz.
Schatzmeister.
Fct.: Friedrich v. Schenk, K. Geh. Rath. (K3. L.)
Schatzdiener.
Anton Schneider.

———

K. Leibarzt, Leibwundarzt und Hofstabsärzte.
Leibarzt.
Dr. Franz Ser. v. Gietl, Geh. Rath. (K2b. M2b. GE4. HL3a. ME A3. OF32. PRA3. Sp32.)
Leibchirurg.
Dr. Max Schleiß v. Löwenfeld. (K3. M3. HP3. OF33.)
Hofstabsärzte.
Aloys Urban, Dr. Ernest Buchner, Hofstabs-Hebarzt, Dr. Johann Nepom. Fahrer, und Dr. Joseph Wolfsteiner, Stabsärzte.

Hofapotheke.
Leib- und Hof-Apotheker.
Dr. Max Pettenkofer, ordentl. öffentl. Professor an der K. Ludwigs-Maximilians-Universität, Mitglied der K. B. Akademie der Wissenschaften und des Ober-Medicinalausschusses. (M3. Max.-O. WF3.)
Officianten.
Johann Nepomuk Reichender, Franz v. Gimmi, Mich. Pettenkofer.

———

K. Residenz in München.
Burgpfleger.

———

Residenz-Polizeiofficiant.
Gustav v. Reinhardstöttner, k. Bezirks-Polizeicommissär.

Ober-Tapezier.
Anton Schneider.

Leinwandmeisterin.
Franzisca Braun.
1 Appartementsdiener.
3 Hoftapezierer.

K. Wittelsbacher-Palast.
Hausmeister.
Mathias Spiegel.

K. Herzog-Maxburg.
Burgwart.
Philipp Hüther. (K☉. L☉.)

K. Lustschlösser.
Nymphenburg.
Schloßverwalter.
Dr. Georg Wendling.

Gardemeuble-Aufseher u. Schloßdiener.
Joseph Pfeiffer.
3 Schloßdiener.

Fürstenried.
1 Schloßdiener.

Berg am Würmsee.
Schloßwart.
Heinrich Gerstlacher.
1 Schiffmeister.

K. Residenzen und Schlösser.
(Außerhalb München).
Oberbayern.
Schloß Berchtesgaden.
Schloßwart.
Sebastian Zauner.

Villa Berchtesgaden.
Obiger Schloßwart.

Bartholomä am Königssee.
1 Schloßdiener.

Niederbayern.
Landshut.
Schloßverwalter.
Anton Flad.

Schwaben und Neuburg.
Neuburg a. d. Donau.
Schloßwart.
Georg Reh.
1 Schloßdiener.

Mittelfranken.
Ansbach.
Schloßverwalter.
Ludwig Klees.

Leinwandmeisterin.
Wilhelmine Wächter.
2 Schloßdiener, 1 Feuerwächter.

Triesdorf.
Obiger Ludwig Klees.
1 Schloßdiener.

Oberfranken.
Bayreuth.
Schloßverwalter.
Ludw. Meizner.
1 Schloßdiener.

Eremitage bei Bayreuth.
Schloßwart.
Georg Heller, funct.

Bamberg.
Schloßwart.
Johann Baptist Lehner.

Zimmerwart.
Jacob May.
1 Portier.

Unterfranken u. Aschaffenburg.
Würzburg.
Schloßinspector.
Carl Th. Möhl.
1 Zimmerputzer.
3 Hausknechte.

10*

Aschaffenburg.

Schloßverwalter.
Heinrich Noé.

Zimmerwart.
Michael Seeland.
1 Zimmerputzer, 1 Hausknecht.

Weitshöchheim.

Schloß-Wart.
Michael Häber.

Brückenau.

Schloß-Zimmerwart.
Lor. Wippert, Hofgärtner. (funct.)

Oberst-Kämmerer-Stab.

Oberst-Kämmerer.
Se. Excellenz Johann Nepomuk Frhr. v. Poißl, Kämmerer. (G1. L. HL2a.)

Ober-Ceremonienmeister.
Dr. Franz Graf v. Pocci, Kämmerer. (K3. M2b. GG2. OG K2. PG2.)

Stabs-Officiant.
Joseph Werner, besorgt zugleich die Secretariats-Geschäfte.

Hof-Officiant.
Franz Naizer.
Bei ceremoniellen Veranlassungen sind dem Stabe zugewiesen: das sämmtliche Hofcapell-Personal, die Hoffouriere u. sämmtliche Hofofficianten.

Kämmerer.
1803.
Johann Nepomuk Franz v. Paula Freiherr v. Poißl, Oberstkämmerer.

1804.
Cajetan Peter Graf von und zu Sandizell, Obersthofmeister S.

Maj. d. Königs und erblicher Reichsrath.
Carl Graf v. Seinsheim, Staats- u. Reichsrath.

1806.
Peter Carl Freiherr von Speth zu Tapfheim.
Joseph Marquard Frhr. v. Pfetten auf Ober- und Nieder-arnbach.

1809.
Anton Victor Graf v. Travers v. Ortenstein.
Salomon Eman. du Plessis-Gouret.

1810.
Fr. Wilhelm Frhr. von der Borch.
Rudolph Heinr. du Plessis-Gouret.
Fr. Ant. Graf v. Pestalozza zu Tagmersheim.
Friedrich August Graf v. Brockdorff.

1811.
Franz Em. du Plessis-Bock.
Franz Xaver Freiherr v. Feury auf Hilling.

Franz Xav. Graf v. Aham auf Neuhaus.
Carl Theodor Graf von Holnstein aus Bayern, p. Reggs.-Rath.

1812.
Joseph v. Hippolity.
Martin Joseph Frhr. v. Besenval auf Brunnstädt.
Joseph Graf v. Firmian.

1813.
August Graf v. Seinsheim, Reichsrath.
Sigism. Graf v. Berchem auf Piesing.

1814.
Franz Olivier v. Jenison, Graf von Wallworth, Staatsrath im a. D.
Philipp Frhr. v. Guttenberg.
Friedrich Wilhelm Carl Graf v. Nordegg zu Rabenau.

1815.
Carl Frhr. v. Fraunhofen, Reichs-Rath.
Johann Nepomuk Frhr. v. Mandl.
Carl René Picter de Rochemont.

1816.
Carl Alexander Graf v. Westerholdt.
Carl Joseph Freiherr v. Lilgenau, Major à la suite.
Max Frhr. v. Freyberg-Eisenberg, Gen.-Major à la suite.
Clemens Frhr. v. Junker, gen. Bigatto.
Joseph Frhr. v. Schatte, q. Landrichter.

Leonhard Frhr. v. Hohenhausen, char. General d. Cavall., General-Adjutant S. M. des Königs, u. General-Capitän der Leibgarde der Hartschiere.
Max Graf v. Lerchenfeld-Brennberg, char. Gen.-Lieut. und Premierlieutenant b. Hartschier-Leibgarde.
Conr. Ad. Frhr. v. Malsen, außerord. Gesandter u. bevollmächtigter Minister am großherzogl. bad. Hofe.
Fdr. v. Flotow, p. char. General der Cavalerie.
Philipp Frhr. Tänzl von Trazberg auf Dietldorf, Reggs.-Rath.

1817.
Wilhelm Frhr. v. Berchem, Oberstlieutenant à la suite.
Christoph Freiherr v. Guttenberg, Major à la suite.
Ludw. v. Mabroux, p. char. General-Major.
Carl Freiherr Schenk von Geyern, p. char. Major.
Adolph Freiherr v. Sternbach, q. Forstmeister.

1818.
Cajetan Graf v. Berchem, Hauptmann à la suite.
Carl Ascan Graf Verri della Bosia, p. Gen.-Major.
Alois Frhr. v. Gumppenberg-Payerbach.
Friedrich Frhr. v. Hutten, Major à la suite.
Johann Baptist Frhr. v. Weveld, q. Ministerialrath.

1820.

Friedrich Ludwig Frhr. v. Welly-Jungkenn.

Paul Christoph von Stetten, p. Oberst.

Sigmund Friedr. Frhr. v. Junker-Bigatto, Major à la s.

1821.

Carl Franz Vitus Christoph Frhr. v. Würzburg.

Friedrich Franz Xav. Frhr. v. Magerl auf Saulburg, p. char. Gen.-Lieutenant.

Jacob Carl Frhr. v. Mettingh, q. Forstmeister.

Wilhelm Frhr. v. Guttenberg, p. char. Oberst.

C. Erwin Frhr. v. Pöllnitz.

Ludwig Frhr. v. Berger.

1822.

Franz Ludwig Schenk Frhr. v. Stauffenberg, erblicher Reichsrath und Generalmajor à la suite.

Bernhard Franz Gottfried Frhr. v. Godin, q. Regierungspräsident.

Erasmus Adalbert Freiherr von Malsen.

Joseph Anton Frhr. v. Pöllnitz.

Ludwig Frhr. v. Messen.

Johann Nepomuk Frhr, p. Imsland.

Phil. Franz Frhr. v. Ritter zu Grünstein, Geh. Rath.

Philipp Heinrich Frhr. v. Thüngen auf Zeitlofs.

Walter Frhr. v. Grainger, Oberst à la suite.

1823.

Max Graf v. Seydewitz.

Carl Philipp Freiherr v. Thüngen.

Franz Xav. Frhr. v. Hofmühlen.

Michael Ritter v. Henin.

Friedrich Adolph v. Uechtritz.

N. Graf v. Garden.

Benedict Frhr. v. Freyberg, Revierförster.

Robert Frhr. v. Grainger, Major à la suite.

Alfred Graf v. Oberndorff.

Wilhelm Frhr. Seefried v. Buttenheim a. Mühlfeld.

Carl Theodor Graf v. Vieregg auf Tutzing, Oberst à la suite u. Landw.-Generalmajor.

1824.

Franz Carl Graf v. Riesch.

Joseph Frhr. v. Redwitz.

Alex. Frhr. v. Reitzenstein-Hartungs, Oberzollrath u. Zollvereins-Bevollmächtigter.

Carl Frhr. v. Gumppenberg-Pöyerbach, Staatsrath u. q. Präsident des Oberappellationsgerichts.

Friedrich Carl Freiherr v. Lehsten.

Alex. Frhr. v. Zuylen-Nyeveldt.

Joseph Frhr. v. Asch, char. Generalmajor u. Secondelieut. d. Leibgarde der Hartschiere.

1825.

Adolph Gustav Graf v. Oberndorff.

Casimir Graf v. Gravenreuth, Generallieutenant à la suite.

1826.

Lorenz Graf Soderini.

Ernst Frhr. v. Hirschberg.

Johann Nep. Freiherr v. Reichlin-Meldegg.

1827.

Carl Theodor Frhr. v. Gemingen.

Joseph Graf Tampieri.

Maximilian Graf v. Arco auf Valley, erbl. Reichsrath.

1828.

Joseph Maria Frhr. v. Gumppenberg-Pöttmes, Kreisbaurath.

August Freiherr v. Frays, p. Generalmajor.

Max Joseph Graf v. Gravenreuth, erbl. Reichsrath.

1829.

Theodor Graf v. Larosée, char. Oberst und Exempt der Leibgarde der Hartschiere.

Anton Joseph Ferd. Frhr. Horneck v. Weinheim.

Max Graf v. Montgelas, erblicher Reichsrath.

Carl Frhr. v. Münster.

Alois Nic. Ambros Graf v. Arco-Stepperg, Oberstlieutenant à la suite.

1830.

Carl Ludwig Frhr. v. Lotzbeck.

Julius Frhr. v. Rotenhan, Regierungs-Director.

Max Emanuel Graf Basselet v. Larosée.

Christoph Frhr. v. Schrottenberg auf Reichmannsdorf.

Theobald Graf v. Butler-Clonebough, gen. Haimhausen.

Heinrich Adalbert Frhr. v. Gleichen-Rußwurm zu Bonland, Landwehr-Oberstlieutenant.

Georg Frhr. v. Ditfurth zu Obertheres.

Andreas Frhr. v. Geyerstein, k. k. österreich. Rittmeister.

Maximilian Frhr. v. Zandt, p. char. General der Cavalerie.

1831.

Heinrich Graf Basselet v. Larosée.

Gustav Frhr. v. Cöster.

Ludwig Graf v. Bentzel-Sternau, Gen.-Major.

1832.

Ferdinand Graf v. Traitteur-Brauneberg.

Friedr. Frhr. v. Zu Rhein, Staats- u. Reichsrath u. Reggs.-Präsident.

Otto Graf v. Bray-Steinburg, Staats- u. erblicher Reichsrath, dann außerordentlicher Gesandter u. bevollmächtigter Minister am k. k. österr. Hofe.

Ludwig Graf v. Geldern zu Arcen, Major à la suite.

Maximilian Joseph Erkinger Graf
v. Seinsheim auf Sünching.

1833.

Franz Frhr. v. Seckendorff-Aberdar zu Ebneth.

Friedrich Frhr. v. Brandenstein, Major à la suite.

Max. Joseph Bernhard Graf v. Arco-Zinneberg, Major à la s.

Ferdinand Freiherr v. Loßbeck.

Adolph Eberhard Frhr. v. Gumppenberg-Pöttmes, erbl. Reichsrath.

Carl Frhr. v. Venningen, Rittmeister à la suite.

August Frhr. v. Cetto, außerord. Gesandter u. bevollm. Minister am K. großbrit. Hofe.

1834.

Carl Graf v. Leyden.

Carl Joseph Frhr. v. Bodeck.

Carl Theodor Graf v. Geldern zu Arcen.

Max Alex. Sigm. Carl Frhr. v. Riedheim auf Harthausen.

Carl Freiherr v. Pfetten.

1835.

Anton de Brody, Graf v. Poninsky.

Friedrich Frhr. v. Graffenried-Villars.

Joseph Frhr. v. Hertling, Regierungs- und Kreis-Forstrath.

Leo v. Klenze, Geh. Rath u. Hofbau-Intendant.

1836.

Carl Graf Tascher de la Pagerie.

Gustav Freiherr v. Lerchenfeld, Staatsrath.

Max Graf Mardgna, Minister-Resident am k. belgischen u. k. niederländischen Hofe.

Carl Frhr. v. Lindenfels-Reißlas, Generalmajor.

Heinrich Gustav v. Pawel-Rammingen.

1837.

Max Joseph Franz Graf v. Preysing-Lichtenegg-Moos, erbl. Reichsrath u. Major à la s.

Hermann Graf v. Hirschberg, Hauptmann à la suite.

Richard Heinrich Freiherr Weisman v. Weißenstein, p. Oberstlieutenant.

Carl v. Stedingk, wirkl. Rath u. pens. Militär-Admin.-Commissär.

Emil Frhr. Marschalk von Ostheim auf Trabelsdorf.

Friedrich Graf v. Hegnenberg-Dux.

Caspar Graf v. Berchem, Major à la suite.

Rudolph Frhr. v. Reibeld, Oberpostmeister.

Amand Joseph Frhr. von u. zu Guttenberg.

1838.

Philipp v. Flad, Geh. Rath.

Otto Frhr. Vogt v. Hunoltstein, genannt Stein-Kallenfels, p. Generalmajor.

Ernst Alexander Marquis de Molac.

Georg Frhr. v. Tautphöus, Ober-Appell.-Ger.-Director.

Ferd. Rouvlon Frhr. v. Verger, außerordentl. Gesandter und bevollm. Minister beim päpstl. Stuhl und an den k. Höfen von Turin und Neapel.

Carl Frhr. v. Waldenfels, Appell.-Ger.-Präsident.

Alex. v. Hagens, General-Major.

Carl Graf v. Helmstatt, Regierungsrath.

Carl Freiherr v. Dobeneck, Consistorialdirector und Regierungs-Rath.

Hans Frhr. v. Aufseeß.

Hermann Frhr. von u. zu Guttenberg.

Georg Carl Frhr. v. Hettersdorf, p. char. Oberst.

Max Frhr. v. Pelkhoven, Staatsrath.

Cajetan Joseph Friedr. Frhr. v. Lautphöus, Ministerialrath.

Carl Frhr. v. Aretin auf Haidenburg, Reichsrath.

Frederic Spencer a. d. Herzogl. Hause Marlborough.

Heinr. Delpy v. La Roche, Gen.-Lieut. u. Gen.-Adj. S. M. des Königs.

Victor Heinrich Vincent Vicomte de Vaublanc, Oberhofmeister J. Maj. d. Königin.

1839.

Oscar Freiherr v. Zoller, Gen.-Lieut. u. Gen.-Commandant.

Johann Nep. Frhr. v. Imhof auf u. zu Untermeitingen.

Max Joseph Graf v. Otting und Fünfstetten, Oberhofmeister J. K. K. H. der Prinzessin Luitpold von Bayern.

Franz Graf Pocci, Ober-Ceremonienmeister.

Friedrich Christian Ernst Frhr. v. Crallsheim auf Fröbstockheim.

Sigmund Graf v. Drsch-Pienzenau, p. Oberst.

Carl Frhr. v. Würzburg.

Carl Frhr. v. Schrenk, Staatsminister des Königlichen Hauses und des Aeußern.

1840.

Albert Frhr. v. Reißenstein, qu. Appellat.-Gerichtsrath.

Max Heinrich Basselet Graf v. Larosée, q. Forstmeister.

Carl Graf v. Butler-Clonebough, General-Major, Hofmarschall u. Flügel-Adjutant.

August Carl Graf v. Drechsel auf Karlstein.

1841.

Adolph Fürst v. Wrede.

Friedr. Wilh. Alfred Graf v. Dürckheim-Montmartin, p. Obersthofmeister weil. J. Maj. der Königin Therese.

Friedrich Hector Graf v. Hundt, Ministerialrath.

Julius Frhr. v. Ponickau auf Osterberg und St. Mang, erbl. Reichsrath.

Wilhelm Heinrich Frhr. v. Schäßler auf Scherneck u. Sulzemoos.

Max Joseph Graf v. Seinsheim-Grünbach.

Max Jos. Frhr. v. Künsberg auf Guttenthau u. Kirmsees.

Franz Lambert Frhr. v. Baricourt.

Maximilian Graf v. Holnstein aus Bayern.

Philipp Frhr. v. Zu Rhein, Regierungs-Präsident.

Adolph Graf v. Spreti Oberappellations-Gerichts-Rath.

1842.

Clemens Frhr. v. Limpöck, q. Appellationsgerichtsrath.

Adolph Graf von Saporta.

Carl Frhr. v. Welden, Major à la suite.

Anton Frhr. v. Pfetten-Arnbach, Appellat.-Gerichts-Director.

August Graf von Reigersberg, Staatsrath im a. D. und Gesandter.

Wilhelm August Frhr. v. Thüngen, Reichsrath.

Emanuel Friedr. Ritter v. Jenner.

Friedr. Du Jarrys Frhr. v. La Roche, Generalmajor u. Hofmarschall Sr. Maj. des Königs Ludwig.

Eduard Graf v. Spreti auf Weilbach.

Julius Frhr. v. Lindenfels, Regierungs-Director.

Ludwig Ritter v. Mann, Edler von Tiechler auf Theuern, Rittmeister à la suite.

Graf Amatus Marie Franz de Broc de la Tuvelière.

Joh. Frhr. v. Holzschuher-Harrlach, Rentbeamter.

1843.

Carl Maria Freiherr v. Aretin, Reichs- u. Geh. Rath.

Wilhelm Frhr. v. Brück, Oberst.

Gustav Frhr. v. Gemmingen-Hagenschieß.

Eduard Freiherr v. Berchem-Königsfeld.

Gustav Frhr. v. Stain zum Rechtenstein.

Carl Ludwig Cäsar Freiherr v. Bethmann.

Friedrich Frhr. v. Du Prel, Regierungs-Director.

Carl Jul. Frhr. v. Seckendorff-Aberdar, Regierungsrath.

Carl Theobald Frhr. v. Schönstett auf Wolfring.

Heinrich Carl Frhr. v. Bibra auf Adelsdorf, p. char. Rittmeister.

Ernst Frhr. v. Linden auf Bühl, Major à la suite.

1844.

Ludwig Frhr. v. Brück, Gen.-Director der Verkehrs-Anstalten.

Johann Heinrich Frhr. v. Sulzer-Wart, Salzhandlungs-Commissär zu Winterthur.

Joseph Frhr. v. Feury, Ober-Appell.-Ger.-Rath.

Carl Unterrichter Frhr. v. Rechtenthal auf Salegg.

Max Joseph Pergler Freiherr v. Perglas, außerordentlicher Gesandter und bevollmächter Minister am k. russischen Hofe.

Wolf v. Tümpling-Sorna, Rittmeister à la suite.

Ludwig Graf v. Rechberg und Rothenlöwen, char. Generalmajor u. Generaladjutant Sr. Maj. des Königs.

Friedrich Frhr. v. Reichlin-Meldegg, General-Auditor.

Friedrich Carl Frhr. Buirette v. Oehlefeld, qu. Landrichter.

Felix Graf v. Cornet de Ways-Ruart.

1845.

Max v. Planck auf Haidenkofen, qu. Landger.-Assessor.

Rudolph Frhr. v. Freyberg-Eisenberg auf Knöringen.

Carl Friedr. Wilh. Frhr. Tucher v. Simmelsdorf.

Anton Domenico Graf Zambieri Gamberini.

Wilhelm Joh. Nep. Frhr. v. Pechmann, Regierungs-Präsident.

Franz Emil Frhr. v. Aretin, Appellations-Ger.-Rath.

Max Graf v. Taufkirchen auf Englburg und Tittling, qu. Grenzobercontroleur.

Gustav Frhr. v. Rummel, Oberst.

Joh. Nepom. Frhr. Voith von Voithenberg auf Herzogau.

Max Frhr. v. Günderode, qu. Legations-Secretär.

Ferdinand Graf v. Hundt, Oberaufschlagsbeamter.

Phil. Ludw. Frhr. v. Aretin auf Winbuch, qu. Landrichter.

1846.

Theodor Ludwig Graf v. Holnstein aus Bayern, Appellations-Gerichts-Rath.

Georg Heinrich Arbogast Frhr. von u. zu Frankenstein, erbl. Reichsrath.

Stephan Frhr. v. Leonrod, Regierungs-Rath.

Friedrich Carl v. Stoll auf Wespach.

1847.

Maximilian Ortolff Graf v. u. zu Sandizell, Rittmeister à la s.

Otto Frhr. v. Lerchenfeld-Aham, Vice-Oberststallmeister.

Adolph Frhr. v. Lupin, Ober-Appellationsgerichtsrath.

Alphons Frhr. v. Mirbach.

Ludwig Graf v. Montgelas, außerord. Gesandter u. bevollmächtigter Minister am K. preußischen Hofe.

Ludwig Frhr. v. Seefried-Buttenheim, t. pens. Rittmeister.

Joseph Eduard Frhr. v. Gemmingen-Hagenschies.

The honourable John Oliphant Murray.

Victor Emil Frhr. v. Gebsattel, Gutsbesitzer.

Edmund Frhr. v. Speidl, Major Hofmarschall u. Adjut. S. K. H. des Prinzen Luitpold.

Alfred Frhr. v. Lotzbeck, erbl. Reichsrath.

Alexander Christian Ernst Frhr. von Feilitzsch auf Trogen.

1848.

Ludwig Freiherr v. Crailsheim-Fröhstockheim.

Friedrich Schenk, Frhr. v. Stauffenberg.

Hugo Frhr. v. Herman, Ministerialrath.

1849.

Fabius Graf Ricciardelli, Oberst und Cornet der Leibgarde der Hartschiere.

1850.

Ferdinand Frhr. v. Schleich, qu. Bezirksgerichts-Rath.

Gottl. Em. Frhr. v. Strehl-Brizay.

Max. Frhr. v. Seefried-Buttenheim, p. Major.

1851.

Franz v. Gmainer, Major und Flügeladjutant Sr. Maj. des Königs Ludwig.

Friedrich Freiherr v. Moreau auf Taufkirchen.

Aug. Frhr. v. Wendland, außerord. Gesandter u. bevollmächtigter Minister am kais. französ. u. k. span. Hofe.

Ludwig Frhr. v. Godin, Domainen-Director.

Hippolyt Maria v. Klenze, Oberstlieutenant.

Carl Freiherr v. Mulzer, Staatsminister.

1852.

Ludwig Frhr. von der Tann, Generallieutenant, Generaladjutant Sr. Maj. d. Königs u. Generalcommandant.

Maximilian Graf v. Rottenhan.

Theodor Graf v. Hundt, Regierungs-Rath.

Friedrich v. Arnim, p. char. Major.

Maximilian Freiherr v. Vequel-Westernach.

Carl Frhr. v. Cunibert, Appellationsgerichtsrath.

Carl August Frhr. v. Leonrod, Major.

Maximilian Frhr. v. Gise, Minister-Resident am K. Sächsischen Hofe.

Carl Franz Xaver Frhr. v. Schacky auf Thierlstein.

Friedr. Graf v. Bothmer, Oberst.

Ludwig Freiherr v. Mandl auf Tußling.

Maximilian Frhr. v. Cetto.

Carl Frhr. v. Eichthal.

1853.

Maximilian Freiherr v. Gumppenberg-Bayerbach, p. Hauptmann.

Joh. Nep. Frhr. v. Kreittmayr auf Offenstetten.

Joh. Michael Frhr. v. Welser, Bezirksger.-Director.

Franz Frhr. v. Lobkowitz, Ministerialrath u. Bankcommissär.

Max. Graf v. Leublfing, Major.

Carl Frhr. v. Pfeffel.

Wolfg. Frhr. v. Thüngen, Ministerresident.

Ludwig v. Hagens, Appellationsgerichts-Rath.

Carl Ritter v. Täuffenbach, Bezirksgerichts-Director.

Max. Frhr. v. Schönprun, Gutsbesitzer.

Clemens Graf v. Joner-Tettenweiß, Oberstlieut.

Carl Frhr. von und zu Leoprechting, Landw.-Major u. Commandant des Landw.-Bataill. in Neuötting.

Felix Frhr. von Ow, Bezirks-Amtmann.
Jof. Graf v. Joner-Tettenweiß, Hauptmann.
Wilh. Frhr. v. Künsberg, Major à la suite.

1854.

Friedr. Ritter v. Zentner, Major.
Carl Frhr. von Wulffen, Oberhofmeister J. K. Hoheit der Herzogin Louise in Bayern.
Friedr. Frhr. v. Truchseß Wetzhaufen, Legationssecretär.
Albert Freiherr v. Guttenberg, Hauptmann.
Frz. Phil. Frhr. v. Mairhofen zu Klingenberg u. Aulenbach.
Franz v. Handel, Rittmeister à la s.
Ernst Frhr. v. Lerchenfeld, Regierungspräsident.
Ad. Jof. Frhr. v. Lochner-Hüttenbach.
Max Graf v. Reigersberg, Oberpostmeister.
Albert Frhr. v. Strehl-Brizay.
Sigmund Graf und Edler zu Boineburg-Lengsfeld.
Wilhelm Frhr. v. Mulzer, Oberst-Lieutenant.

1855.

Max Frhr. v. Lerchenfeld-Aham, Hauptm. à la suite.
Ernst Molitor v. Mühlfeld, Hauptmann à la suite.
Max. Frhr. v. Maillot de la Trelle, Regier.-Rath.
Ludovico March. Florenzi.
Hugo Frhr. v. u. zu der Tann, Major.

Adolph Freiherr v. Seckendorff, Oberst à la s.
Heinrich Carl August Frhr. v. Felitzsch.
Carl Freiherr v. Lottersberg, p. Oberstlieut.
Maximilian Frhr. v. Freyberg, Gutsbesitzer.
Carl Frhr. v. Perfall.

1856.

Heinr. v. Heydenaber, p. Hauptm.
Ludw. Carl Frhr. v. Kesling.
Feodor Frhr. v. Crailsheim, Bezirksamtmann.
Wilh. v. Schleich, Oberstlieut.
Reinhard Freiherr v. Freyberg-Oepfingen, Regierungsrath.
Ludw. Frhr. v. Malsen, Legations-Secretär.
Carl Theodor Frhr. v. Künsberg, Gutsbesitzer.
Max. Graf v. Luxburg.
Max. Frhr. v. Perfall, Gutsbesitzer.
Otto Frhr. v. Herman, Bezirksgerichtsrath.
Anton Freiherr v. Barth von und zu Harmating.
Ludwig v. Deroy, p. char. Generalmajor.
Friedrich Freiherr von Wulffen, qu. Bez.-Ger.-Director.
Sigmund v. Renner, Appellat.-Ger.-Rath.
Jof. Wilh. Graf v. Egdorf.
Max Graf v. Tauffkirchen, Major à la suite.

1857.

Adolph Frhr. v. Ritter, Gutsbesitzer.

Eugen Frhr. v. Seefried-Buttenheim, Rittmeister à la suite.

Craft Max Frhr. v. Crailsheim, Gutsbesitzer.

Theodor Frhr. v. Frays, Hauptmann.

Friedr. Graf v. Luxburg, Kämmerer u. Regierungs-Rath.

Ludwig Frhr. v. Gise, Hauptmann à la suite.

Franz Freiherr v. Eyb-Eierlohe-Vestenberg.

Ludw. Alb. Frhr. v. Gumppenberg, Regier.-Rath.

Casimir Frhr. v. Gravenreuth, Major.

Jos. Frhr. v. Großschedel, Oberstlieutenant u. Exemt der Leibgarde der Hartschiere.

Clemens August Frhr. v. Karg-Bebenburg, Bezirksgerichts-Rath.

Joh. Baptist Ritter Miller v. Altammerthal, p. Hauptmann.

Theod. Graf v. Leublfing, Hauptmann.

Ulysses Frhr. v. Hermann.

Carl Frhr. von Ow, Bezirks-Amtmann.

Carl Freiherr v. Gumppenberg-Bayerbach, Staatsanwalt.

1858.

Friedr. Frhr. v. Podewils, Regierungs-Präsident.

August Frhr. v. Lerchenfeld-Aham, Hauptmann und Pagenhofmeister.

Maxim. Graf v. Holnstein aus Bayern, erbl. Reichsrath u. Rittmeister à la suite.

Emil Frhr. v. Schäzler, Oberlieut. à la suite.

Albin Frhr. v. Leitner, Gutsbesitzer.

Gustav Adolph Graf Eckart von der Mühle auf Leonberg.

Carl Theodor Frhr. von Lilgenau, Landgerichts-Assessor.

Ludwig Frhr. v. Freyberg-Oepfingen, Bezirksamtmann.

Friedrich Frhr. von Mauchenheim gen. Bechtolsheim.

Johann Carl Frhr. Leoprechting, Bezirksamtmann.

Reinhard Carl Frhr. von Thüngen zu Zeitlofs.

Ulrich Frhr. v. Hutten zu Stolzenberg, Hauptmann.

Friedrich Frhr. v. Weichs.

Heinrich Frhr. v. Maltzan, Wartenberg und Penzlin.

1859.

Carl Frhr. v. Guttenberg, Hauptmann à la suite.

Wilhelm Freiherr v. Weinbach, Rittmeister.

Antonio Graf Montanari-Bianchini.

Johann Gemrich Frhr. v. Neuberg, Gutsbesitzer.

Friedr. Wilh. Ferd. Frhr. v. Reitzenstein, Hauptmann.

Eduard Frhr. v. Riederer, Legationsrath.

Rudolph Frhr. von der Tann, Major.

Carl Frhr. v. Moy, Hauptmann und Flügel-Adjutant Sr. Maj. des Königs.

Carl Frhr. v. Fechenbach, Gutsbesitzer.

1860.

Ludwig Graf v. Lerchenfeld-Köfering, erbl. Reichsrath.

Gustav Heinrich v. Barth, pens. Hauptmann.

Dr. Oscar Freiherr von Redwitz, Gutsbesitzer.

Joseph Frhr. v. Leonrod, Rittmeister.

August Frhr. v. Leonrod, Major.

Guido Frhr. v. Guttenberg, Hauptmann.

Theodor Frhr. v. Zech, General-Major u. Flügeladjutant Sr. Maj. des Königs Ludwig.

Friedrich Frhr. v. Frays, Hauptmann.

Carl Graf v. Waldeghem.

Friedrich Frhr. Kreß v. Kressenstein, Bezirksger.-Rath.

Maximilian Frhr. v. Günderrode, Gutsbesitzer.

Ludwig v. Niethammer.

Friedrich v. Niethammer, Legations-Secretär.

Philipp Frhr. v. Hertling, Rittmeister.

1861.

Max Frhr. v. Besserer-Thalfingen, Rittmeister.

Cuno Graf v. Castell, Regierungs-Accessist.

Bruno Freiherr von Seefried-Buttenheim, p. Rittmeister.

Otto Graf v. Deym, erbl. Reichsrath u. Major à la suite.

Alex. Grf. v. Brockdorff, Bahnhofverwalter.

1862.

Ludw. Freih. v. Gumppenberg-Bayerbach, Landw.-Oberstlieut.

Friedr. Graf von Ingelheim, genannt Echter von Mespelbrun, Oberlieut. à la suite.

Ignaz Freiherr von Pfetten-Füll, qu. Forstmeister.

Carl Graf von Arco auf Valley.

Caspar Graf von Kreith, Rittmeister und Adjutant Sr. K. Hoheit des Prinzen Adalbert von Bayern.

Oscar v. Schellerer, Oberpostmeister.

Carl Frhr. v. Gienanth.

Otto Frhr. v. Magerl, p. Rittmeister.

Carl Graf v. Dürkheim-Montmartin.

Wilh. Frhr. v. Reck auf Autenried, k. k. österr. Rittmeister.

Maximilian v. Flotow, Hauptm.

Maximilian Frhr. von Berchem, Major.

Eduard Frhr. v. Grainger.

Carl Graf v. Tauffkirchen, Stadtrichter.

Ferdinand Graf von Hompesch, Ministerresident am k. griechischen Hofe.

Kammerjunker.

1826.

Max Frhr. v. Waldenfels, Baubeamter.

Ernst Rudolph Frhr. v. Geuder zu Heroldsberg.

Wilhelm Theodor Graf v. Holnstein aus Bayern.

1827.
Dietrich Christian Wilhelm Frhr. v. Münster von und zu Euerbach.
Franz Carl Hugo Frhr. v. Thüngen.
Ludwig Carl August Freiherr v. Reichlin-Meldegg.

1828.
Friedrich Adolph v. Hofstetten, Ober-Appell.-Gerichtsrath.
Max. Frhr. v. Krauß.
Max. Jos. Frhr. v. Gobel, qu. Landger.-Assessor.

1829.
Max Frhr. v. Nesselrode-Hugenpoet, Oberst.
Raph. Alois Frhr. v. Ruffin.
Adalbert Frhr. v. Münster, Forstmeister.

1830.
Carl Theodor Ritter v. Rogister, p. char. Major.
Sigmund Ritter Merckel v. Wiesenthal, p. char. Oberst.

1831.
Wilh. v. Jungkenen, gen. Münzer v. Mohrenstamm.

1832.
Max Frhr. v. Prielmayr, Kreisbaubeamter.

1833.
Georg Frhr. v. Lamotte, Oberst.

1834.
Wilh. Frhr. v. Pelkhoven, Baubeamter.

1835.
Max Jos. Frhr. v. Seckendorff, Oberst.
Ludwig v. Heusler, Oberst, funct. Hofmarschall u. Adjutant Sr. K. H. des Herzogs Maximilian in Bayern.
Carl Wilh. Frhr. v. Pechmann, Forstmeister.

1836.
Theodor Freiherr v. Zu Rhein, p. Hauptmann.
Franz Edler v. Steiger auf Balbenburg u. Thaal.
Ignaz Frhr. v. Hertling, qu. Appellations-Ger.-Rath.

1837.
Albrecht Ernst v. Stetten.
Marcus Aug. v. Stetten.
Carl Frhr. Reisner v. Lichtenstern, Bezirksamtmann.
Christoph v. Korb auf Püchersreuth.
Carl Eduard v. Hartlieb, genannt Walsporn, Bezirksamtmann.

1838.
Friedrich Wilhelm Frhr. v. Walbenfels.
Alois v. Chlingensperg.
Max Joseph Frhr. v. Riedheim, Hauptmann.
Emil Frhr. v. Andrian-Werburg, Major.

1839.
Wilh. Frhr. v. Leonhardi.
Max Frhr. v. Laßberg.

1840.

Georg Frhr. v. Esebeck, p. Rittmeister.

Max. Ritter v. Enhuber, Appell.-Ger.-Rath.

Carl Frhr. v. Poißl, Landrichter.

1841.

Oscar Frhr. v. Taube.

Heinrich Gottfried Freiherr von Künsberg.

Ernst Frhr. v. Preuschen v. und zu Liebenstein.

Max Frhr. v. Pfetten-Arnbach.

1842.

Ernst Friedrich Frhr. v. Crailsheim.

Max Frh. v. Branca, Appellat.-Gerichts-Rath.

Friedr. Frhr. v. Harsdorf, Landrichter.

Max Graf v. Rambaldi, pens. Hauptmann.

Herm. Frhr. v. Venningen.

Carl Frhr. v. Zandt.

Wilh. Frhr. v. Pechmann, Landrichter.

Maximilian v. Mabroux, Rittmeister.

Max. v. Derop.

1843.

Anton Ehrne v. Melchthal, Oberlieutenant.

Carl Frhr. v. Schacky auf Offendorf und Neuenhinzenhausen.

Carl Max Anton Frhr. v. Andrian-Werburg, zu Froschgrün, Lieutenant à la suite.

Alois Graf v. Benzel-Sternau, Postamts-Vorstand.

Maximilian v. Grafenstein.

1844.

Friedr. Carl Frhr. v. Guttenberg.

Franz Frhr. v. Köppelle, Haupt-Zollamts-Controleur.

Jos. Ritter v. Koch-Sternfeld, Landrichter.

Anton Frhr. von Weveld, pens. Hauptmann.

Jacob v. Baur-Breitenfeld, Bezirksgerichtsrath.

1845.

August Graf v. Preysing-Lichtenegg.

Oscar Frhr. v. Ruffin, Regierungs-Assessor.

Ignaz Freiherr v. Barth, Landrichter.

Georg Wilhelm Friedrich Carl v. Grundherr, Oberappellat.-Gerichts-Rath.

Carl Frhr. v. Thüngen.

Friedrich Graf v. Kreith.

Ludwig Graf v. Paumgarten-Frauenstein, Legations-Secretär.

1846.

Ludwig Ritter v. Oberkamp.

Maximil. Jos. Graf Verri della Bosla, Hauptm.

Friedr. Wilh. v. Stetten, Rittmeister.

1847.

Philipp Frhr. v. Adelsheim, p. Hauptmann.

Franz Ant. v. Heiligenstein, qu. Revierförster.

Maximilian Ritter v. Weinbach, Bez.-Amts-Assessor.

1850.

Georg v. Grafenstein, qu. Post-Verwalter.

1851.

Robert v. Kern-Kernried, Baubeamter.

1852.

Ludwig Zech v. Deybach Frhr. zu Sulz.

Alfred Freiherr v. Bibra, Legations-Secretär.

Ludwig Bernhard v. Allweyer, Oberlieutenant.

Friedrich Graf v. Zech, pens. Rittmeister.

Camillo Frhr. v. Beulwitz, Rittmeister.

1853.

Conrad Frhr. v. Malsen.

Hans Fallot Edler v. Gemeiner.

Ignaz Frhr. v. Künsberg.

Max. Frhr. v. Pelkhoven, Regierungssecretär.

Wilh. Frhr. von u. zu der Tann, Oberlieut. u. Premier-Brigadier der Leibgarde der Hartschiere.

Leopold. Frhr. v. Leonrod, Bezirksgerichts-Assessor.

1854.

Jos. Ritter v. Mann, Unterlieut. à la suite.

Ludwig v. Reger, Hauptmann.

Rudolph v. Gasser, Legations-Secretär.

Max. Pappus v. Tratzberg Frhr. v. Laubenberg und Rauhenzell, Oberlieut.

Ludwig Graf v. Holnstein, aus Bayern, Oberlieut à la suite.

Friedr. Frhr. v. Mettingh.

Joseph v. Parseval, Rggs.-Assessor.

Ant. v. Sauer, Hauptmann.

Friedr. v. Berg, gen. Schrimpf, Oberlieut.

Adalbert Frhr. v. Harold, Bezirksamts-Assessor.

1855.

Edgar Frhr. v. Harold, Oberlieutenant.

Moritz Frhr. v. Mettingh.

Bernhard Frhr. v. Eichthal, Oberlieutenant à la suite.

Georg Frhr. v. Rotenhan, Gutsbesitzer.

1856.

Albert v. Lilier.

Carl Theodor Graf v. Yrsch.

Desider. Frhr. v. Crailsheim.

1857.

Anton Frhr. v. Cetto, Unterlieut. und Ordonnanz-Officier Sr. M. d. Königs.

Max Joseph Ritter v. Ellenrieder, Oberlieut.

Friedrich v. Lüneschloß, Hauptmann.

Moritz Frhr. v. Müller, Unterauditor.

Theobald Frhr. v. Malsen, Revierförster.

Albert Frhr. v. Malsen, Unterlieutenant.

Philipp Freiherr v. Künsberg, Unterlieut. à la suite.

Carl Frhr. v. Washington, Oberlieutenant.

1858.

Ludwig Hörmann v. Hörbach.

Carl Frhr. Gemmingen v. Massenbach, Oberlieut.

Christian Frhr. Lochner von Hüttenbach, Unterlieutenant.

Carl August Ferdinand v. Rücker, Bezirksamtmann.

Ludwig Frhr. v. Bettendorff, Unterlieutenant à la suite.

Otto Carl Frhr. v. Fuchs.

Franz Ludwig Freiherr v. Fuchs.

Friedrich Graf v. Drsch, Unterlieutenant.

1859.

Heinrich Ludwig Frhr. v. Gleichen-Rußwurm.

Alfred Graf v. Leyden-Schönburg, Unterlieutenant.

Otto Graf von Holnstein aus Bayern.

1860.

Richard Graf zu Bentheim-Tecklenburg-Rheda.

1861.

Emil Frhr. v. Fürstenwärther-Kellenbach, Forstamtsactuar.

Anselm Frhr. Lochner von Hüttenbach, Ober-Postamts-Official.

Wilhelm Künsberg Freiherr von Fronberg, Unterlieut. à la suite.

Gustav von Hopfgarten-Mülverstedt, Oberlieutenant à la s.

Ludw. Freih. von Zu-Rhein.

Emanuel Graf von La Rosée.

1862.

Oscar Freiherr von Gemmingen-Hagenschieß, Unterlieut. à la suite.

Luitpold du Jarrys Frhr. von La Roche.

Max August Freih. von Welden-Großlaupheim.

Dr. Carl Ritter von Mayer.

Ernst Frhr. v. Crailsheim.

Carl Frhr. Ebner von Eschenbach, p. Oberlieut.

August Graf v. Larosée, Gutsbesitzer.

Rudolph Edgeworth Freiherr von Tautphöus.

1863.

Theodor Graf v. Spreti.

Carl Frhr. v. Brück.

Alfred Frhr. v. Schäzler.

Theodor Frhr. v. Fraunberg.

Maximilian v. Klenze, Unterlieut.

Rudolph Frhr. v. Roman, Rittergutsbesitzer.

Hermann Frhr. v. Bechtolsheim, Rittergutsbesitzer.

Alphons Graf von Lerchenfeld-
Brennberg, Unterlieutenant.
Hermann Hans Christoph Frhr.
v. Mauchenheim genannt Bechtolsheim, Rittergutsbesitzer.

Hofjunker.
1847.
Sigm. v. Schab, Landrichter.

Joh. Nepomuk Ritter v. Len-
grießer, qu. Landger.-Assessor.
Carl v. Hueb, Landgerichtsassessor.

1855.
Christoph v. Schmöger, Landgerichts-Assessor.

Oberst-Hofmarschall-Stab.

Hofmarschall.
Carl Graf v. Butler-Clonebough,
Kämmerer, Generalmajor und
Flügeladjutant Sr. Maj. des
Königs. (G3. K3. M2b. GE2.
OL2. PrU3. ScG1. TJ2.)

Stabs-Bureau.
Stabs-Cassier.
Friedrich Bayer.

Stabs-Buchhalter.
Gottfried Vogtherr.

Stabs-Actuar.
Johann Paul Berger.

Hoffouriere.
Anton Branoner, Franz Bergmann.

Officendienst.
Proviantmeister.
Johann Nepom. Moser.

Kellermeister.
Jos. Tambosi, Herold des Ritter-
Ord. v. heil. Hubert. (K☉.)

Confectmeister.
Carl Hillary Bolgiano, Schatzmeister des Ritter-Ordens vom
heil. Hubert. (K☉. L☉.)

Silberverwahrer.
Carl Pury.

Leinwandmeisterin.
Josepha Schirsner.

Hof-Officianten I. Classe.
Johann Rottenhöfer, Damascen
Kürzinger, Alois Flad, Max
Mayer, Heinrich Bönell, Felix
Krismayr, Joh. Schafft.

Hof-Officianten II. Classe.
Joh. Nep. Niggl, Joseph Schmer
(L☉), Mich. Gratzl, Ludw.
Schneider, Franz Schell, Heinr.
Mank, Adam Merkel.

Hof-Officianten III. Classe.
Heinrich Hühner, Andr. Rieger,
Joh. Nep. Beckmann, Johann
Gäßler, Anton Hölzlmayr,
Max Dorsch, Ludwig Eckert.

Hof-Officianten IV. Classe.
Friedrich Zanders, Adolph Lädermann, Andreas Hein, Ludwig Urban.

Officen-Gehilfinnen.
Josepha Riggl, Anna Luttenbacher, Antonie Szwirschina.

3 Livreediener I. Cl.
2 „ II. Cl.
3 „ III. Cl.
4 Fischer.
22 ständige Tagwerkerinen.

K. Hofgärten.

Oberhofgärtner.
Carl Effner (PR U4).
Carl Effner, Hofgärtner.

Hofgärtner.
München.
Michael Schmaus, im Hof- und englischen Garten, dann in der Hofbaumschule daselbst.
— — — im Hofküchengarten (am Lehel).
Ludwig Löwel, in der Blumentreiberei für den Wintergarten (in der Tattenbachstraße.)

Nymphenburg.
August Klein, im Hofgarten.
Ludw. Sckell, im Hofküchengarten.

Schleißheim.
Joseph Oth.

Dachau.
Ernest Mayr.

Freysing.
Mathias Riedmayr.

Würzburg.
Joseph Heller.

Veitshöchheim.
Sebastian Walch, Verweser.

Aschaffenburg.
Max May.

Schönbusch bei Aschaffenburg.
Christian Siebold.

Brückenau.
Lorenz Wippert.

Ansbach.
Hermann Seitz.

Bayreuth.
Wilhelm Adler.

Oberst-Stallmeister-Stab.

Vice-Oberst-Stallmeister.
Otto Frhr. v. Lerchenfeld-Aham, Kämmerer. (K3. M2b. AU B2. B3L2. GE2. HP2a. OER1. PRU2. SU2. ScF2. WK2.)

Stabscassier.
August Appel.

Stabsbuchhalter.
Friedrich Werner, zugl. Cassecontroleur.

Stabsofficianten.
Ludwig Hornstein, Ernst Bouché.

Stabsdiener.
Georg Stumpf. (BO.)

Pagerie.

Pagen-Hofmeister.

August Frhr. v. Lerchenfeld-Aham, Kämmerer u. Hauptmann im 1. Artillerie-Regim. Prinz Luitpold.

Professoren u. Inspectoren des Hauses.

Priester Joseph Anton Schneider, Hofbeneficiat.

Priester Joseph Costa.

Edelknaben.

1. Johann Carl v. Zwehl.
2. Reinhold Frhr. v. Fuchs.
3. Ernst v. Molitor-Mühlfeld.
4. Franz Graf v. Waldkirch.
5. Friedrich v. Kobell.
6. Melchior Frhr. v. Redwitz.
7. Wilhelm Frhr. v. Cetto.
8. Hugo Graf v. Pestalozza.
9. Theophil Frhr. v. Reichlin-Meldegg.
10. Anton Frhr. v. Aretin.
11. Paul von Branca.
12. Franz Frhr. v. Rehlingen.
13. Oscar Frhr. v. Unterrichter.
14. Carl Freiherr v. Pechmann.
15. Jos. Frhr. v. Pfetten.
16. Carl Frhr. v. Horn.
17. Luitp. Frhr. von der Tann.
18. Max Frhr. v. Donnersperg.
19. Carl Graf von der Mühle.
20. Lothar Graf v. Hegnenberg-Dux.
21. Hugo Frhr. v. Habermann.
22. Carl Frhr. v. Müller.
23. Eugen Grf. v. Geldern.
24. Ferdinand Grf. v. Seinsheim.

Lehrer und Exercitienmeister.

Franz Freiherr Gemmingen von Massenbach, Hauptmann im Generalquartiermeister-Stabe, Lehrer der Kriegs-Wissenschaften.

Dr. Georg Mayer, Professor der theoret. Mathematik.

Carl Engelbreit, Hauptmann im 1. Artillerie-Regiment Prinz Luitpold, und Lehrer im k. Cadeten-Corps, Lehrer der angewandten Mathematik und des Militärzeichnens.

Anton Linsmayer, Gymnasial-Professor, Repetitor.

Dr. Julius Hamberger, protestantischer Religionslehrer u. Professor der Geschichte.

Maurice Trautmann, Lehrer der französischen Sprache.

Patrick O'Brien, B. A., Lehrer der englischen Sprache.

— — — Lehrer der italienischen Sprache.

Franz Xaver Eichheim, Baurath u. Lehrer an d. K. Baugewerkschule, Lehrer des Architekturzeichnens. (M3.)

Michael Lueger, Lehrer der freien Handzeichnungskunst.

Johann Baptist Kette, Lehrer der Kalligraphie, herzogl. Sachsen-Meiningenscher Hofrath (GE5. HP4. SEH3. SER2.)

Carl Horn, k. Hofmusicus, Musikdirigent u. 1ter Violin-Lehrer.

Ignaz Sigl, k. Hofmusicus, Violoncell-Lehrer.

Heinr. Schönchen, Clavierlehrer.

August Freitag, k. Hofmusicus, Lehrer im Flöten-Spiele.
Ludwig Wolf, k. Hofmusicus, 2ter Violin-Lehrer.
Franz Xav. Nadler, pens. k. Hoftänzer, Lehrer der Tanzkunst.
Carl Gruber, k. Universitäts-Fechtmeister, Lehrer der Fecht-, Voltigir- u. Turnkunst.
Für den Reitunterricht, welchen die k. Pagen in der k. Hofreitschule erhalten, ist ein k. Oberbereiter oder Bereiter aufgestellt.
4 Edelknabendiener. 1 Hausknecht. 1 Köchin. 1 Küchenmagd. 1 Aufbetterin. 1 Wäscherin.

Livrée.
Leibjäger.
Michael Bauer, Max Halder, Carl Deigl, Joseph Heiß, zugleich funct. Gewehrkammer-Aufseher, Joseph Siegner.
1 Leiblakay und 29 Hoflakaien.

Marstall.
Stallmeister.
Cajetan Zeiler. (BL5.)

Oberbereiter.
Bernhard Kolb.

Bereiter.
Heinrich Weiß, Albrecht Adam, Georg Menge, Wilhelm Finster, Johann Kolb.

Thierärzte.
Anton Strigl, Jacob Wellnhofer.

Bereiterscholaren.
Friedrich Ammon.
Otto Fischer.

Leibkutscher.
Philipp Krämer (L⊙) und Conrad Doser.

Wagenmeister.
Johann Kolb. (L⊙.)

Sattelmeister.
Bernhard Kolb. (L⊙.)

Oberpostillone.
Johann Spannagl sen. und Max Schmidt.

Futtermeister.
Franz Kolb (L⊙) und Georg Schneider sen. (L⊙.)

4 Beschlagschmiede, 1 Wagenschmied, 2 Sattler, 2 Sattelkammerdiener, 2 Reitschulpfleger, 2 Wagenhausgehülfen, 16 Kutscher, 16 Postillone, 16 Vorreiter, 12 Reitknechte, 9 Schulreitknechte, 4 Fuhrknechte, 1 Pferdekrankenwärter.

Fourage-Magazin.
Magazin-Verwalter.
Albrecht Adam Bereiter, (functionirend).

Heumeister.
Christoph Riß.
2 Heubinder.

Hofgestüte Rohrenfeld und Bergstetten mit Neuhof.

In Rohrenfeld.

Zweiter Gestütmeister.
Johann August Herbst. (M4.)

Thierarzt und Gestütmeister-Gehilfe.

Futtermeister.

Lorenz Striegel.
1 Baumeister, zugleich Beschlagschmied und
2 Gestütsknechte.

In Bergstetten.
Erster Gestütmeister.

Andreas Ammon.

Thierarzt und Gestütmeister-Gehilfe.

Carl Ammon.

Futtermeister.

Joseph Zeller.
1 Baumeister und
3 Gestütknechte.

K. Hofmusik-Intendanz.

Intendant.

———————

Intendanz-Secretär.

Theodor Moralt, Secretär und Cassier.

Intendanz-Arzt.

Dr. Matthäus Daxenberger.

Dirigirende.
General-Musikdirector.

Franz Lachner. (M3. MaxO. H V4. SE H4.)

Capellmeister.

Johann Caspar Aiblinger, (M3. GE5. PG3.)

Hof-Musikdirector.

Friedrich Wilhelm Meyer.

Dirigirende Mitglieder.

Peter Moralt.

———————

Vocal-Musik.
Kammersängerinen.

Caroline v. Mangstl.
Sophie Diez.

Hofcapell-Sängerinen.

Sopranistinen: Marie Wühr, Josepha Moralt, Walburga Rohrleitner, Josepha Vogel.

Accessistinen: Katharina Heller, Maria Schimon.

Contra-Altistinen: Helena Heigel, Magdalena Lenz, Magdalena Zehetmayr, Emma Seehofer, Louise Mayer.

Accessistinen: Augusta Ageron, Cresc. Mayer.

Hofcapell-Sänger.

Tenoristen: Friedrich Diez, Dr. Martin Härtinger, Michael Hieber, Michael Schmid, Ludwig Schmid, Samuel Heinrich.

Bassisten: Mathias Sedlmayr (L⊙), Eduard Sigl, Gustav Pordesch, August Kindermann.

Hofchoralisten.
Anton Alſſer, Frz. Xaver Degele.

Organiſten.
Franz X. Pentenrieder, Theodor Lachner.

Instrumental-Musik.
Hofmusiker.

Violin: Emanuel Schülein (L⊙), Carl Mayer, Carl Theodor Hom, Chriſt. Janſon, Ludwig Held, Unt. Moralt, Heinrich Kahl, Wilhelm Moralt, Heinrich Eckardt, Ignaz Hegnauer, Conſtantin Friedl, Franz Schemenauer, Joseph Steigenberger, Mich. Hieber, Rudolph Hailer, Adalbert Wilkoſzewski, Cajetan Schießl, Adolph Closner, Anton Fick, Joseph Walter, Joseph Wenzl, Carl Hieber d. j., Chriſtoph Lehner.

Eleven: Carl Kampftler, Benno Walter.

Viola: Ludwig Lorenz Wolf, Andr. Kirchner, Joseph Rauch, Michael Niederhuber, Carl Hieber d. ä., Anton Thoms, Pius Köhler.

Eleve: — — —

Violoncell: Jg. Sigl, August Moralt, Georg Menter, Hypolit Müller, Max Mayer, Joseph Werner, Carl Thoms.

Eleve: — — —

Contrabaß: Georg Geißler (L⊙), Tobias Hummel, Joh. Baptiſt Sigler, Bernhard Hartmann, Philipp Iſta, Johann Geißler, Xaver Thoms.

Eleve: — — —

Flöte: Wilhelm Zink d. ä., Carl Rohrleitner, Sigm. Zabuck, Ludwig Stettmeyer.

Piccolo: August Freitag.

Eleve: — — —

Oboe: Johann Baptiſt Beutler (L⊙), Joseph Vizthum, Joh. Ludwig, Friedrich Feyertag.

Eleve: Wilh. Zink d. j.

Clarinette: Joseph Faubel, Carl Held, Ludwig Schülein (L⊙), Franz Reitmayer, Carl Bärmann.

Eleve: — — —

Fagott: Joseph Wermuth, Ludwig Brandt, Jacob Metzger (L⊙), Nicolaus Schroder, Christian Mayer.

Eleve: — — —

Waldhorn: Friedr. Moralt, Carl Nieſt, Friedrich Sendelbeck, Carl Erneſti, Joh. Faſtlinger, Franz Strauß, Franz Stahl.

Eleve: — — —

Hoftrompeter.
Carl Feldhaus, Joh. Lang (L⊙), Clemens Knierer, Carl Hettele, Aug. Sendelbeck, Xav. Wittel.

Hofpauker.
Ludwig Mayer.

Eleve: Peter Hettele.

Harfe.
Elise Brauchle.
August Tombo.

Buchhalter.
Gustav Pordesch.

Copist.
Joseph Steigenberger.

Calcanten.
Franz Hartwig, Joseph Moralt.

K. Hoftheater-Intendanz.

Intendant.
— — —

Intendanz-Rath.
Wilhelm Schmitt, (M3. HP3.)

Intendanz-Aktuar.
Max Leigh.

Oekonomie.
Oekonom.
Carl Kugler.

Oekonomie-Officiant.
Carl Stehle.

Cassa.
Haupt-Cassier.
Ferdinand Seyberth, mit dem Range eines Regierungsrathes.

Tags-Cassier.
Friedrich Langenberger.

Cassa-Officiant.
Melchior Feldigl.

Cassa-Functionär.
Ludwig Klug.

Schauspiel-Personal.
Regisseur.
Heinrich Richter.

Schauspieler.
Heinrich Büttgen, Adolph Christen, Friedrich Dahn, Heinrich Davidcit, Georg Eiseneck, Franz Herz, Carl Jost, Carl Keller, Ferd. Lang, Max Leigh, Heinrich Richter, Ludw. Schmid, Julius Straßmann, Ernst Tomschitz.

Souffleur.
Franz Prüller.

Inspicient.
Anton Hagen.

Schauspielerinnen.
Johanna Büttgen, Constanze Dahn, Maria Dahn-Hausmann, Maria Denker, Clara Jahn, Rosa Lanzlott, Henriette Meindl, Clara Schunke, Elise Seebach, Ludovica Söltl, Maria Straßmann.

Opern-Personal.
General-Musikdirector.
Franz Lachner. (M3. MaxO. HP4. SEH4.)

Musik-Director.
Friedrich Wilhelm Meyer.

Orchester-Dirigent.
Peter Moralt.

Regisseure.
Aug. Kindermann, Eduard Sigl.

Repetitor.
Xaver Pentenrieder.

Inspicient.
Joseph Rauch.

Sänger.
Caspar Bausewein, Ferdinand Bohlig, Moritz Grill, Peter Hartmann, Samuel Heinrich, Eduard Hoppe, August Kindermann, Mich. Schmid, Eduard Sigl.

Souffleur.
Joseph Korb.

Sängerinnen.
Soph. Diez, Walburga Eichheim, Philippine v. Edelsberg, Walb. Rohrleitner, Franziska Schwarzbach, Emma Seehofer, Sophie Stehle, Auguste Stöger.

Chor.
Chor-Dirigent.
Conrad Max Kunz.
28 Choristen u. 20 Choristinen.

Ballet.
Balletmeister.
Franz Hoffmann.
Repetitor.
Cajetan Schleßl.
Solotänzer.
Franz Fenzl, Michael La Roche.
Solotänzerinen.
Clara Braniczka, Margaretha Roseri, Bertha Thierry.
12 Figuranten und 12 Figurantinen.

Decorations- u. Maschinerie-Dienst.
Maler.
Heinrich Döll, Simon Quaglio, Angelo Quaglio.
Maschinist.
Joseph Penkmayr.
Poliere.
Ferdinand Blaumüller. Alexander Eckert,
16 Zimmerleute.

Allgemeiner u. Haus-Dienst.
Costumier.
Franz Seitz. (Sp33.)
Ober-Garderobier.
Joseph Ziehr.
Garderobier.
Benno Kammerknecht.
Garderobiere.
Franziska Diefinger.
8 Schneider.
Requisiteur.
Joseph Goubau.
Beleuchtungs-Aufseher.
August Herrmann.
6 Beleuchtungsdiener.
Ober-Haus- und Feuer-Wächter.
Georg Killer, Mich. Märkel, Anton Christ.
Portier.
Sebastian Diefinger.
Brunnenwart.
Joseph Lindner.
24 Feuerwächter.
2 Wagendiener.
1 Zettelträger.

K. Hofjagd-Intendanz.

Vorstand.
Maximilian Kaltenborn, Hofjagd-Inspector mit Rang und Uniform eines Kreisforstrathes. (M3.)

Intendanz-Bureau.
Rechnungs- und Casse-Führer.
Joseph Federl. (K☉.)

Actuar u. Casse-Controleur.
Ludwig v. Bar.

Jagd-Arzt.
Alois Urban, k. Hofstabs-Arzt.

Intendanz-Schreiber.
Max Leitensdorfer (funct.).

Bureaudiener.
Augustin Näßl. (funct.)

Hofjägerei.
Zwirkmeister.
Joseph Federl. (K☉.)

Jagdzeug-Wagenmeister.
Andreas Baader.

Futterwärter.
Hubert Kirchmair.

Schwanenwärterin.
Therese Schiller.

Personal in den Leibgehegs-Hofjagden, und zwar:

Im Forstenrieder Wildparke: Carl Heller, Parkmeister u. Revierförster in Forstenried.

Joseph Bauer, Jagd- u. Dielwart am untern Parktheile.

Georg Dillis, Revierjäger und Forstwart am oberen Parktheile.
 4 Jagdgehilfen.
 3 Dielhüter.

Im Grünwalder Wildparke: Julius Bomhard, Parkmeister u. Revierförster zu Wörnbrunn.

Wilibald Gräff, Jagdwart am obern Parktheile.
 4 Jagdgehilfen.
 3 Dielhüter.

Im Perlacher Wildparke: Joseph Schilcher, Parkmeister u. Revierförster im Fasanenhause bei Perlach.
 1 Stationsgehilfe.
 1 Jagdgehilfe.

Im Thiergarten bei Nymphenburg: Andreas Winter, Revierjäger daselbst.

Franz Paul Kloiber, Thorwart am untern Jägerhause.

In der Fasanerie zu Hartmannshofen: Ist zur Zeit dem Jagdreviere Gern unterstellt, mit einem Stationsgehilfen daselbst.

In der Fasanerie zu Moosach: Ludwig Reindl, Fasanenmeister daselbst.

In der Fasanerie Schleißheim: Friedrich Sperr, Fasanerie-Verweser daselbst.

Im Jagdreviere Allach: Carl Melsheimer, Forstwart in Obermenzing.
 2 stationirte Jagdgehilfen.
 1 Jagdgehilfe.

Im Jagdreviere Gern: Max Roth, Revierjäger in Gern.
 2 Jagdgehilfen.

Im Jagdreviere Hirschau: Christian Näßl, Revierjäger und Forsteiförster in Culturshelm.
  1 Jagdgehilfe.

Im Jagdrev. Schleißheim: Franz Rauchenberger, Revierf. u. Revierjäger in Schleißheim. (LO.)
  2 Jagdgehilfen.

K. Hofbau-Intendanz.

Intendant.
Leo v. Klenze, Kämmerer, wirkl. Geh.Rath. (K2b. M2b. MaxO. BZC2b. BC3. DD2. FEC3. GC2. HGu1. PgCh2. PCV. PRU3. RU1 m. Br. RSt1. RW3. SCW2b. SCH2b. SJ3. ScG2.)

Hofbau-Inspector.
Eb. Riedel (M3. GC5.)

Ingenieur.
Carl Mühlthaler.

Cassier und Rechnungsführer.
Georg Dillis.

Controleur u. Materialverwalter.
Joseph Arnold.

Actuar.
Joh. Bapt. Adler.

Hofbrunnenmeister.
Mathias Negele.

Magazin-Aufseher.
In München: Johann Hefele.

Bureaudiener.
Christoph Gerhauser.

K. Hof-Rechnungs-Revisions-Stelle.

Vorstand.
Johann Nepomuk v. Sutner, Ministerialrath und Vorstand der Staatsschuldentilgungs-Commission. (K3. M2b. BZC2b.)

Rechnungs-Commissär.
Carl Pengler. (M4.)

Secretariat Seiner Majestät des Königs.

Secretär des Königs.
Franz v. Pfistermeister, k. Hofrath. (K3. M2b. GC4. HC3a. HP3. LCK2. OCK2. OJZ3. PRU3. RSt2. ScJ2. SpZ2.)

K. Hof-Secretariat.

Hofsecretär.
Julius v. Hofmann, k. Rath. (K3. M3. GE5. HP3. OER3. PRU4.)

Hofcassier.
Lorenz Düfflipp.

Cassencontroleur.
Max Grünewald.

Zahlmeister.
Michael Brunner.

Kanzleidiener.
Mathias Hoffmann.

VI.
Hofstaat Ihrer Majestät der Königin.

Obersthofmeister.
Als solcher functionirend:
Victor Heinrich Vicomte de Vaublanc, k. Kämmerer und Oberhofmeister. (K2b. M1. GE3. HP1. PRU1. RSt1.)

Obersthofmeisterin.
Als solche functionirend:
Julie Gräfin von der Mühle, geb. Freiin von Wöllwarth, Oberhofmeisterin, des k. Theresien-Ordens-Ehren-Dame, des St. Elisabethen- und des k. spanischen Maria-Louisen-Ordens-Dame.

Palastdamen.
Die Durchlauchtig-hochgeb. verw. Fürstin Amalie v. Oettingen-Oettingen und Oettingen-Spielberg, geborne Fürstin v. Wrede, des K. Theresien-Ordens Ehrendame.

Ihre Excellenz, Elisabetha Gräfin von und zu Sandizell, geb. Gräfin v. Törring-Guttenzell, des K. Theresien-Ordens-Ehrendame des Elisabethen-Ordens Ehren- u. Stiftsdame zu St. Anna, Oberhofmeisters- u. erblichen Reichsraths Frau.

Carolina Freyfrau v. Besserer von Thalfingen, geb. Freyin v. Verger, des K. Theresien-Ordens-Ehrendame u. des Elisabethen-Ordens Dame, Kammerherrns-, Gen.-Majors- u. Flügel-Adjutantens-Wittwe.

Ihre Exc. Carol. Freyfr. v. Zweybrücken, geb. Gräfin v. Rechberg u. Rothenlöwen, d. K. Theresien-Ordens Ehrendame, Kammerherrns-, Gen. der Cavalerie u. der K. Hartschier-Leibgarde-General-Capitains-Wittwe.

Ihre Excellenz Franziska Freyfrau v. Gise, geb. Gräfin Bertrand de la Perouse, des K. Theresien-

Ordens Ehrendame, Kammerherrns-, Geh. Raths-, Staatsraths- und Staats-Ministers-Wittwe.

Ihre Exc. Hippolyte Gräfin v. Rechberg u. Rothenlöwen, geb. Freyin v. Pelkhoven, d. K. Theresien-Ordens Ehrendame, Kammerh.-, Geh. Raths- u. Oberst-hofmeisters-Wittwe.

Ihre Exc. Sophie Gräfin v. Seyssel d'Aix, geb. Gräfin v. Yrsch, des K. Theresienordens u. des St. Anna-Stifts Ehrendame, Kammerh.-, Gen.-Lieut.- und pens. Hartschier-Leibgarde-General-Capitains Wittwe.

Franzisca Freyfrau v. Grainger zu Ipwisog, geb. Freyin v. Widnmann, des K. Theresien-Ordens-Ehrendame, Stiftsdame zu St. Anna, Kammerherrns- u. char. Oberstens-Frau.

Anna Gräfin v. Arco auf Valley, geborne Gräfin Marescalchi, des K. Theresien-Ordens Ehrendame, und der k. k. österr. Sternkrone Ordensdame, Kammerherrns- u. erblichen Reichsraths-Frau.

Ihre Exc. Emilie Freyfr. v. Zandt, geb. Freyin v. Reinach, d. K. Theres-Ord. Ehrendame, Kammerherrn, und char. Generals der Cavalerie Frau.

Ihre Exc. Eleonora Sophie Gräfin v. Dürkheim-Montmartin, geb. Fürstin v. Oettingen-Wallerstein, des K. Theresien-Ordens Ehrendame, Kammerherrns- und weiland J. M. der Königin Therese Oberst-hofmeisters-Frau.

Maria Anna Louise Gräfin v. Yrsch, geb. Gräfin v. Kreith, des K. Theresien-Ordens Ehrendame, Kammerherrns, Ober-Ceremonienmeisters u. Reichsraths-Wittwe.

Ihre Exc. Hippolyte Gräfin v. Bray, geb. Fürstin San-Giacomo Dentice, des K. Theresienordens Ehrendame, Kammerherrns-, Staats- und Reichs-Raths-, Staatsministers- u. Gesandten-Frau.

Albertine Gräf. Pocci, geb Gräf. Marschall, d. k. Theresien-Ordens Ehrendame, Kammerherrns u. Oberceremonieneisters Frau.

Mathilde Gräfin v. Waldkirch, geb. Freyin v. Magerl, d. K. Theresien-Ordens Ehrendame, Kämmerers-, Staats- und Reichsraths-Wittwe.

Gabriele Gräfin v. Rechberg, geb. Gräfin v. Bray, d. K. Theresien-Ordens Ehrendame, Kämmerers- u. Generalmajors-Frau.

Friederike Freifrau v. Fraunhofen, geb. Freyin v. Aretin, des K. Theresien-Ordens Ehrendame, Kammerherrns- u. Reichsraths-Frau.

Ida Gräfin v. Seinsheim-Grünbach, geb. Gräfin von Deym, des k. Theresienordens-Ehren-Dame, Kämmerers-Frau.

Auguste Freifrau von Schrenk, geb. Freiin von Frankenstein, des k. Theresienordens-Ehren-Dame, Kämmerers, Staats-Raths u. Staatsministersfrau.

Isabella Gräfin von Lerchenfeld-Köfering, geb. Gräfin v. Waldbott-Bassenheim, des K. The-

resienordens-Ehrendame, Käm̃=
merers- Reichsraths= und Ge=
sandtens=Wittwe.

Hofdamen.

Charlotte Gräfin Fugger zu Glött,
des k. Theresien=Ordens Ehren=
dame und Elisabethen=Ordens
dame.

Theresia Freiin v. Redwitz, des k.
Theresien = Ordens = Ehrendame
und Elisabethen=Ordensdame.

Secretär.

Julius von Hofmann, k. Rath,
und Hofsecretär. (K3. M3. GE5.
HP3. OER3. PR U4.)

Kammerfrauen.

Anna Abbt und Caroline Bumüller.

Garderoberinen.

Caroline Moll u. Carol. Rudolph.

„Ihrer Königlichen Hoheiten des Kronprinzen Ludwig
und des Prinzen Otto von Bayern:"

Erzieher.

Theodor Graf v. La Rosée, Käm̃e=
rer, char. Oberst und Exempt
der k. Leibgarde der Hartschiere.
(K3. HP3. PRU3. Sp32.)

Begleiter.

Anton Orff, Hauptmann bei der
Artillerie=Berathungs=Commis=
sion.

VII.

Hofstaat Sr. Majestät des Königs Ludwig.

Hofmarschall.

Friedrich Du Jarrys Frhr. v.
La Roche, Käm̃erer, General=
major im Generalquartiermei=
sterstabe. (K3. M2b. GE2.
HL2a. HP2a. MCU1. OL2.
PG1. SCH2a. Sp31.)

Flügeladjutanten.

Theodor Frhr. v. Zeetze, Käm̃erer
und Generalmajor (K3. M3.
GE3. HL2b. HP2a. OER2.)

Franz v. Gmainer, Käm̃erer und
Major. (M3. GE4. HL3a.
HP2b. PG3.)

Leibarzt.
Dr. Lorenz Tutschek. (HPZ.)

Hofsecretariat und Cabinetscasse.
Joseph von Hüther, K. Rath, Hofsecretär und Cabinetscasse-Vorstand, mit dem Range eines Reggs-Rathes. (K3. M3. GE5. HP3. SEH3.)

Cabinetscassier.
Joseph Spengruber.

Controleur.
Wilh. Eßl.
1 Cabinetscasse-Diener.

Dem Hofmarschallamte unterstellt.

Hofmarschallamts-Cassier.
Max Selz.

Hofmarschallamts-Secretär u. Controleur.
Joseph Gresbach.

Hofmarschallamts-Officiant zugl. Hoffourier.
Ludw. Anderl.

Haushofmeister.
Friedrich Bärenfänger.

Proviantkammer-Gehilfe.
Joseph Moosmaier.

Kellereigehilfe.
Joseph Rauwolf.

Mundkoch.
Ant. Hüther.

Hofkoch.
Carl Sedlmeier.

Beiköche.
Ant. Zihlbauer, Joh. Näßl
1 Küchenmann.

Conditor u. Mundschenk.
Jacob Seiff.
1 Conditorei-Arbeiter.

Conditorei- u. Mundschenks-Gehilfin.
Francisca Sedlmaier.

1. Tafeldecker, zugl. Silberverwahrer.
Jodoc Rißler.

2. Tafeldecker.
Georg Mathaeus.

Leinwandverwahrerin.
Josepha Baumüller.

Näherin u. Büglerin.
Josepha Salvinp.

Leibwäscherin.
Walb. Sauer.

Kammerportiere.
Carl Heißer (L☉) und Ludwig Steinmetz.

Ritterportier.
———

Kammerlakayen.
Ludw. Stiglhofer, Nicol. Schneck.

Leibjäger.
Dominicus Altherr.
10 Hoflaquaien.

Beim Marstalle.
Ober-Bereiter.
Carl Bram.

Leibkutscher u. Wagenmeister.
Andreas Schmid.

Sattel- u. Fouragemeister.
Adam Welker.
5 Postillone.
3 Reitknechte.
6 Vorreiter.

VIII.
Hofstaat der K. Prinzen und Prinzessinnen.

Hofstaat Sr. K. H. des Prinzen Luitpold.

Hofmarschall u. Adjutant.
Edmund Frhr. v. Speidl, Kämmerer und Major im 1. Artillerie-Regiment Prinz Luitpold. (GE4. HP2b. OER3. P.K.2. PRU3. TJ3. TMW2.)

Leibarzt.
Dr. Balduin Zink, Hofrath. (M3. GE5. SU3. TJ3.)

Hofsecretär.
Joseph Schels, k. Rath und Secretär des St. Elisabethen-Ordens. (TEW3.)

Dem Hofmarschallamte unterstellt.

Haushofmeister.
Carl Blumenstock.

Silberverwahrer u. Tafeldecker.
Ludwig Ebeling.

Hofofficiant.
Joseph Uffinger.

Schloßverwalter.
Joseph Marez.

Köche.
Jacob Scheidl und Carl Anton.

Leinwandmeisterin.
Friederike Kramer.

Livrée.
1 Portier.
2 Jäger.
9 Hoflaquaien.
2 Frotteurs.

Marstall.
Stallmeister.
Max Kolb.

Sattelmeister.
Johann Fick.
5 Kutscher.
1 Reitknecht.
1 Postillone.
1 Vorreiter.
1 Sattler.
1 Wagenaufseher.

Hofstaat Ihrer Kaiserl. Hoheit der Prinzessin Augusta Ferdinande Louise Maria Johanna Josepha, Gemahlin des Prinzen Luitpold.

Oberhofmeister.

Max Joseph Graf v. Otting und Fünfstetten, Kämmerer. (HP2. T32.)

Hofdamen.

Natalie Gräfin v. Rottenhan, des K. Theresien-Ordens und Elisabethen-Ordens Dame und Stiftsdame des Freihrl. v. Hutten'schen adelichen Damenstifts.

Therese Gräfin von Dürkheim-Montmartin, des K. Theresien-Ordens u. Elisabethen-Ordens Dame.

Kammerdienerin.

Mathilde Feder.

Garderoberinnen.

Walburga Spindlbauer, Johanna Brück und Maria Mändl.

Sr. K. Hoheit dem Prinzen Ludwig zur Dienstleistung zugetheilt:

Albert Freiherr von Malsen, Kammerjunker und Lieutenant im 2. Infanterie-Regimente Kronprinz.

Sr. K. Hoheit des Prinzen Arnulph

Erzieher: Heinrich v. Vallade, Oberlieutenant im 12. Infanterie-Regim. König Otto von Griechenland (TM4.)

Hofstaat J. K. H. der Prinzessin Alexandra.

Hofdamen.

Cunigunde Freiin v. Berchem, des K. Theresien-Ordens Ehrendame.

Franziska Freiin v. Freiberg-Oepfingen, des K. Theresien-Ordens Ehrendame.

Kammerdienerinnen.

Anna Ditt und Anna Ziebland.

Garderoberinnen.

Marie Ziebland und Elise Ditt.

Hofstaat Sr. K. H. des Prinzen Adalbert.

Hofmarschall.

Als solcher functionirend: Caspar Graf von Kreith, k. Kämmerer und Rittmeister im 1. Cuirassier-Regiment Prinz Carl. (HP3.)

12*

Adjutant.
Casp. Grf. v. Kreith, Kämmerer und Rittmeister im 1. Cuirassier-Regiment Prinz Carl (HP3. SpE2am.St.)

Leibarzt.
Als solcher functionirend: Dr. Hugo Schröder, Regimentsarzt bei der k. Commandantschaft München. (M3. HP3. Sp32.)

Hofsecretär.
Alexander Erebert, königl. Rath. (Sp.3.2.)

Dem Hofmarschallamte unterstellt.

Haushofmeister.
Joseph Krisack.

Silberverwahrer.
Mich. Schefzky.

Hofofficianten.
Vincenz Welker, Franz Hamosch und Nepomuk Kürzinger.

Mundkoch.
Ludwig Lang.

Leinwandmeisterin.
Ros. Bendel.

Livrée.
1 Leibjäger.
6 Hoflaqualen.
1 Canzleidiener.

Marstall.

Stallmeister.
Ehrenfried Hornig.

Leibkutscher.
Georg Krämer.
3 Kutscher.
2 Postillons.
2 Reitknechte.
2 Vorreiter.
2 Stallwarte und 1 Wagenaufseher.

Hofstaat J. K. H. der Prinzessin Amalie, Gemahlin des Prinzen Adalbert.

Oberhofmeister.
———

Oberhofmeisterin.
———

Hofdame.
Freifräulein Irene von Reichlin Meldegg.

Kammerdienerin.
Henriette v. Pernat.

Garderoberin.
Helene Huber.

Hofstaat Sr. K. Hoheit des Prinzen Carl von Bayern.

Oberhofmeister.
———

Hofmarschall.
———

Adjutanten.
Emil Strunz, Oberstlieutenant im General-Quartiermeisterstab. (GC4. HL3¾. OCK3. RSt2.)

Alex. Frhr. v. Frenberg, Hauptmann im 1. Artillerie-Regiment Prinz Luitpold. (OCK3. PrK3. RU3. SU3.)

Leibarzt.
Dr. Michael Hastreiter, Oberstabsarzt à la suite u. k. Medicinalrath. (M3. PrK3. RSt3. SCH3.)

Geschäfts-Kanzlei.
Cabinetssecretär.
Meinhard Zottmayr, k. Rath. (M3. PrK3.)

Hofsecretär.
Friedrich Wilhelm Hofer, k. Rath. (M3. PrK4.)

Secretär.
Franz Roman Eheberg.

Hofcassier.
Carl Böhm.

Registrator.
Georg Scharrer.
1 Kanzleidiener.

Kammerpersonal.
Kammerdiener.
Georg Wopperer.
Joseph Eger.
4 Leibjäger.

Hofmarschallamts-Personale.
Haushofmeister.
Franz Diez. (PgCh3.)

1. Koch.
Louis Valery Aubry.

Hofofficianten.
Joseph Zürn, Franz Schönecker, Eugen Klein, Carl Klein.

2. Koch.
Johann Mayer.

3. Koch.
Joseph Werner.

4. Koch.
Anton Neff.

Livrée.
1 Schweizer.
15 Hoflaquaien.

Marstall.
Stallmeister.
Adolph Lefeldt, senior.

Bereiter.
Adolph Lefeldt junior.
1 Wagenmeister.
1 Sattelmeister.
1 Futtermeister.
1 Leibkutscher.
Stallpersonale 14.

Hofstaat Sr. K. Hoh. des Herzogs Maximilian in Bayern.

Hofmarschall-Amt.

Hofmarschall (funct.) und **Adjutant.**
Ludwig v. Heusler, Kammerjunker und Oberst im K. 2ten Artillerie-Regim. Lüber. (OER2. OL3. ScF1.)

Hofmarschallamts-Secretär u. Kammerfourier.
Max Siebert.

Hofmarschallamts-Diener.
Andreas Sponsel.

Dem Hofmarschallamte unterstellt.

Kammerportier.
Joseph Stürmer.

Küchenmeister und 1ter Mundkoch.
Georg Wild.

2ter Mundkoch.
Carl Hölz.

Küchengehilfen.
Joseph Rottner und Maximilian Pöhlmann.
2 Küchenmänner.

Kellerofficiant.
Erhard Hemmer.
1 Kellerdiener.

Tafeldecker und Silberverwahrer.
Simon Wild.

Hausmeister.
Joseph Pletzer.

Weißzeug-Verwalterin.
Apollonia Schmid.

Livrée.
1 Portier. 1 Jäger. 10 Laquaien.
3 Frotteurs.
1 Hauspalier.

Marstall.

Bereiter.
Heinrich Queister.

Unterbereiter.
Wilhelm Tämmler.

Wagenmeister.
Valentin Jochim.
4 Kutscher. 3 Postillone. 2 Reitknechte. 4 Vorreiter.

Geschäftskanzlei.

Kanzleidirector und Hauptcassier.
Jos. Mahler. (OJ3. ScF2.)

Rechtsconsulent und Herzogl. Hofrath.
Dr. Anton v. Schauß-Kempfenhausen, K. Rath (K3. M3*. BR4. GE4. LL3. OER3. OJ3. PRU3. ScF2. SCW3. WF3.)

Rechnungscommissär.
Christ. Paul Weissenberger.

Expeditor und Registrator.
Franz Xav. Haas.

Kanzleisecretär.
Joseph Herd.

Funct. Kanzlist.
Joseph Roll.

Kanzleidiener.
Carl Mayer.

Herzogl. Local-Zahlamt in Bamberg.
Zahlmeister.
Johann Baptist Huber.

Cassadiener.
Andreas Geiß.

Hofstaat Ihrer K. H. der Prinzessin Louise von Bayern, Gemahlin Sr. K. H. des Herzogs Maximilian in Bayern.

Oberhofmeister.
Carl Friedrich Frhr. v. Wulffen.
Kämmerer. (OER2. SU2. ScF1. ScG1.)

Oberhofmeisterin.
Aug. Gräfin v. Rottenhan, des K. Theresien-Ordens- u.d.k.k. österr. Sternkreuz-Ordens Ehrendame.

Hofdamen.
Camilla Gräfin v. Otting.
Amalie Freiin v. Tänzl-Trazberg.

Garderobebienerin.
Johanna Beutelrock.
2 Laquaien.

IX.
Gesammt-Staatsministerium.

Staatsminister des K. Hauses und des Aeußern, dann mit der einstweiligen Leitung der Geschäfte des Staatsministeriums des Handels und der öffentlichen Arbeiten beauftragt: Se. Exc. Carl Frhr. v. Schrenk.

Staatsminister des Innern für Kirchen- und Schul-Angelegenheiten: Se. Exc. Theodor v. Zwehl.

Staatsminister des Innern: Se. Exc. Max v. Neumayr.

Staatsminister der Justiz: Se. Exc. Carl Frhr. v. Mulzer.

Staatsminister der Finanzen: Se. Exc. Benno Heinrich v. Pfeufer.

Kriegs-Minister: Se. Exc. Generalmajor Carl v Liel.

X.
Königlicher Staatsrath.

Se. Majestät der König.

Seine Königl. Hoheit Prinz Luitpold von Bayern.
Seine Königl. Hoheit Prinz Adalbert von Bayern.
Seine Königl. Hoheit Prinz Carl von Bayern.

A.

Staatsräthe im ordentlichen Dienste.

Sämmtliche oben genannte k. Staats-Minister.

(Der Rang derselben richtet sich nach ihrem Dienst-Eintritt in den Staatsrath.)

Dann folgende Staatsräthe:

Maximilian Frhr. v. Pelkhoven. (K2b. M2b. OF31. PG2. WF1.)

Bernhard Ludwig Friedr. v. Volz. (K2b. M2b. BL4. SCW3.)

Dr. Friedrich v. Ringelmann. (K2a. M1.)

Dr. Anton v. Fischer. (K2b. M2b. BZL2b. FEL4. OL2. PRU2 mit Stern. SU2a. WR2.)

Dr. Max August v. Schilcher. (K2b. M2a. GE4. PRU3. T Z2.)

Dr. Friedr. Benedict Wilhelm v. Hermann. (K2b. M2b. Max O. BL4. FEL4. OER2. OL2. Pg CH3. PEW. PRU2. RW4. S U2b. SEW3. WF2a.)

Dr. Joh. Jos. v. Kiliani. (K2b. M2b.)

General-Secretariat des K. Staatsraths.

Generalsecretär.

Sebastian v. Kobell, Collegialdirector. (K3. M3. OJ3.)

Geheimer Secretär.

August Ferdin. Stademann, Regierungsrath. (M3. L. GE4.)

Geheimer Registrator.

Georg Winklmair, k. Rath und Archivar. (M3.)

Bureausecretär.

Friedrich Steinberger.

Kanzleisecretär.

Franz Roth.

Staatsrathsdiener.

Ignaz Fuchs, Anton Klingler.

Lithographische Anstalt.

Nicolaus Bach.

Johann Obernetter. (OGWR.)

B.

Staatsräthe im außerordentlichen Dienste.

Georg Ludwig v. Maurer.

Carl Graf v. Seinsheim.

Ludwig Crato Carl Fürst v. Oettingen-Wallerstein.

Carl Fürst v. Wrede.

Carl Frhr. v. Gumppenberg.

Friedr. Frhr. v. ZuRhein.

Moritz v. Weigand.

Dr. Carl Friedrich v. Heintz.

Gustav Frhr. v. Lerchenfeld.

Otto Graf v. Bray-Steinburg.

Friedrich Christian v. Arnold.

Dr. Carl August Joseph Frhr. v. Kleinschrod.

Dr. Ludwig Carl Heinrich Frhr. von der Pfordten.

August Graf v. Reigersberg.

Franz Olivier Graf v. Jenison-Walworth.

XI.
Landtag des Königreichs.

I. Kammer der Reichsräthe.

Directorium während des Landtages.

Frhr. Franz Schenk v. Stauffenberg, I. Präsident.
Se. Exc. Graf Carl v. Seinsheim, II. Präsident.
Julius v. Niethammer, I. Secretär.
Graf Maximilian v. Montgelas, II. Secretär.

1. Eingeladene Prinzen des Königlichen Hauses.

Se. Königliche Hoheit Prinz Luitpold von Bayern.
Se. Königliche Hoheit Prinz Adalbert von Bayern.
Se. Königliche Hoheit Prinz Carl von Bayern.
Se. Königliche Hoheit Prinz Ludwig Leopold von Bayern.
Se. Königliche Hoheit Herzog Maximilian in Bayern.
Se. Königliche Hoheit Herzog Ludwig in Bayern.
Se. Königliche Hoheit Herzog Carl Theodor in Bayern.

2. Einberufene Reichsräthe.

A. Erbliche Reichsräthe, und solche, welche nach dem Gesetze vom 9. März 1828 den erblichen gleich zu achten sind.

a. Kronbeamte des Reiches.

Se. Durchl. Fürst Otto v. Oettingen=Oettingen und Oettingen=Spielberg, k. Kronoberstthofmeister.
Se. Durchl. Fürst Maximilian v. Thurn und Taxis, k. Kron=Oberstpostmeister.

b. Erzbischöfe.

Se. Exc. Gregor v. Scherr, Erzbischof von München=Freysing.
Se. Exc. Michael von Deinlein, Erzbischof von Bamberg.

c. Häupter der ehemaligen reichsständischen fürstl. und gräfl. Häuser.

Se. Erl. Graf Ludwig zu Castell.
Se. Erl. Graf Ferdin. Jugger zu Glött.
Se. Erl. Graf Franz zu Ortenburg=Tambach.
Se. Erl. Graf Raimund Jugger v. Kirchberg=Weissenhorn.
Se. Erl. Graf Hugo v. Waldbott=Bassenheim.
Se. Erl. Graf Erwin v. Schönborn=Wiesentheid.
Se. Erl. Graf Ludw. v. Rechteren=Limpurg.

Se. Erl. Graf Eberhard zu Erbach-Erbach und von Wartenberg-Roth.
Se. Durchl. Fürst Chlodwig v. Hohenlohe-Schillingsfürst.
Se. Erl. Graf Philipp Carl v. Jugger-Kirchheim-Hoheneck.
S. Erl. Graf Otto v. Quadt-Wykradt-Isny.
Se. Durchl. Fürst Leopold v. Jugger-Babenhausen.
Se. Durchl. Fürst Leopold v. Waldburg-Zeil-Wurzach.
Se. Durchl. Fürst Wilhelm Paul Ludwig v. Löwenstein-Wertheim-Freudenberg.
Se. Durchl. Fürst Carl v. Löwenstein-Wertheim-Rosenberg.
Se. Durchl. Fürst Ernst Emich zu Leiningen.
Se. Erlaucht Graf Ludwig zu Pappenheim.
Se. Durchlaucht Fürst Friedrich v. Oettingen Wallerstein.

d. **Bischof.**

Pancratius v. Dinkel, Bischof von Augsburg.

e. **Präsident des protestantischen Oberconsistoriums.**

Dr. Adolph v. Harleß.

f. **Erbliche Reichsräthe, welche vormals reichsständische Besitzungen überhaupt nicht, oder doch nicht in Bayern haben.**

Se. Exc. Graf Cajetan von u. zu Sandizell.
Frhr. Joseph v. Würzburg.
Graf Maximilian v. Gravenreuth.
Graf Maximilian v. Arco-Valley.
Frhr. Franz Schenk v. Stauffenberg.
Graf Maximilian v. Preysing-Lichtenegg-Moos.
Julius v. Niethammer.
Graf Maximilian v. Montgelas.
Frhr. Adolph v. Gumppenberg-Pöttmes.
Frhr. Georg v. Frankenstein.
Frhr. Julius v. Ponickau auf Osterberg.
Frhr. Alfred v. Loßbeck.
Graf Maxim. v. Törring-Seefeld.
Graf Carl Leopold v. Maldeghem.
Se. Durchl. Fürst Carl Friedrich v. Wrede.
Graf Otto von Bray-Steinburg.
Graf Erasmus v. Deroy.
Graf Ludwig v. Lerchenfeld-Köfering.
Graf Max v. Holnstein aus Bayern.
Graf Otto von Deym.

B. **Lebenslängliche Reichsräthe**

Se. Exc. Graf Heinrich v. Reigersberg.
Se. Exc. Georg Ludwig v. Maurer.
Graf August v. Seinsheim.
Graf Albert v. Rechberg und Rothenlöwen.
Se. Exc. Frhr. Friedrich v. Zu-Rhein.
Frhr. Carl v. Aretin auf Haidenburg.
Se. Exc. Graf Carl v. Seinsheim.
Se. Exc. Dr. Carl Friedr. v. Heintz.
Se. Exc. Fürst Theodor v. Thurn und Taxis.
Dr. Hieronymus v. Bayer.
Frhr. Carl August Theodor v. Fraunhofen.
Frhr. Carl Maria v. Aretin.
Frhr. Wilhelm August v. Thüngen.

II. Kammer der Abgeordneten.
Dermalen nicht constituirt.

Archivariat des Landtags.
Archivar.
Pleickhard Stumpf, mit dem Range eines k. Regierungsrathes, außerordent. Mitglied der k. Akademie b. Wissenschaften. (M3.)

XII.
Staatsministerium des K. Hauses und des Aeußern.

Staatsminister.

Se. Excellenz Carl Freiherr von Schrenk, Kämmerer u. Staatsrath im ordentlichen Dienste, zugleich mit der Leitung des Staatsministeriums des Handels und der öffentlichen Arbeiten allerhöchst betraut. (K2b. M1. BZl1. KHW. LER1. NCW1. OL1. OSt1. SeZ. SCH1. WF1.)

Ministerialräthe.

Dr. Sebastian v. Daxenberger. (K 3. M2b. MaxO. GE4. OER2. OFZ2. PRU4. SpR2. TkM4. WR3.)

Wilhelm v. Weber. (R3. M3. FEL4. OL3. SCH2. SF2. WR3.)

Dr. Joseph Rappel, zugl. Reichsherold und des St. Georgenordens Secretär. (M3. GE4. OL3.)

Cajetan Joseph Frhr. v. Tautphöus, Kämmerer.(M3. SeF2b.)

Albert Roesgen. (M3. BL4. GE4.)

Dr. Friedrich Loschge. (M3. SCH2b. SeF2a.).

Generalsecretär.

Friedrich Gottlieb Mayer, zugl. geheimer Chiffreur u. Schatzmeister des St. Elisabethen-Ordens. (M3. BL4. OER3. PRU4. SeF2b. SpR3.)

Legationsrath.

Dr. Joseph Hugo Sigmund. (M3.)

Geheime Secretäre.

Joh. Bapt. Schuller, k. Rath und Secretär des St. Hubertus-Ordens. (M3. GE5. RSt3.)

Dr. Ernst Prestele.

Franz Seraph Leinfelder. (M3. OFZ3.)

Eugen Brochier.

Rudolph Gombart (OER3. WF3.)

Joh. B. Fürthmaier.

Registratoren.

Edmund Ritter v. Sedelmair, erster geh. Registrator.

Johann Peter Schürmer, zweiter geh. Registrator.

Geheimer Protokollist.

Max Jos. Reindl.

Registraturgehilfen.

Wolfgang Christian Schmetzer.

Theodor Neumayer.

Kanzleisecretär.

Lorenz Ziegler.

Geheimes Haus-Archiv.
Vorstand.
Carl Maria Freiherr v. Aretin, Kämmerer, Reichs= u. Geh. Rath, dann Vorstand des geheimen Staatsarchivs sowie d. Nationalmuseums. (K2b. M2b. BZL2b. OEK3. PKU2. SU2b.)

Hausarchivar.
Dr. Johann Michael Söltl, geh. Hausarchivar und Universitäts= Professor. (M3.)

Secretär.
Ludwig Schönchen.

Geheimes Staats-Archiv.
Vorstand.
Carl Maria Frhr. v. Aretin. Siehe oben: geheimes Hausarchiv.

Registrator.
Johann Evangelist Pflieger, geh. Registrator.

Secretär.
Friedrich Ziegler.

Königlich Bayerische Gesandtschaften.

Deutscher Bundestag.
Bundestags-Gesandter.
Ludwig Carl Heinrich Frhr. von der Pfordten, Staatsrath im außerord. Dienst, Excellenz., (K1. FSL1. GE1. HL1. KhL. OL1. OSt1. PKU1. RAUmB. SC W1. SEH1. ScJ1mB. SM u. L 1. SpK1. WF1. WK1.) (zugleich bei d. Großherzogl. Hessischen u. Herzogl. Nassauischen Hofe accreditirt).

Legationssecretär.
Friedrich v. Niethammer, Kämmerer. (PJ. SU3. ScF2b.)

Gesandtschaftssecretär.
Johann Bernhard Lunkenheimer. (M4. SU3.)

Baden.
Außerordentlicher Gesandter und bevollmächtigter Minister.
Conrad Adolph Frhr. v. Malsen, Kämmerer. (G2. K1. M1. L. JohZ.)

Belgien.
Ministerresident.
Max Graf v. Marogna, Kämmerer, Legationsrath, (K3. M2b. GE2. HP2b.) (zugleich bei dem K. Niederländischen Hofe beglaubiget).

Legationssecretär.
Friedrich Graf Fugger von Kirchberg, Weißenhorn. (G3.)

Frankreich.
Außerordentlicher Gesandter und bevollmächtigter Minister.
August Frhr. v. Wendland, Kämmerer (K2a. M1. FSL2. GE1. NL1. OEK1. RK1. ScJ1. SpK1.) (zugleich am K. Spanischen Hofe beglaubiget).

Legationssecretär.
Ludwig Frhr. v. Malsen, Kämmerer. (G3. BZL3. GE4. SpJ3. WF4.)

Großbritannien.

Außerordentlicher Gesandter und bevollmächtigter Minister.

August Freiherr v. Cetto, Kämmerer. (K1. M1. GE1.)

Legationssecretär.

Ludw. Graf v. Pauingarten-Frauenstein, Kammerjunker. (G3. M3.)

Griechenland.

Ministerresident.

Ferd. Graf v. Hompesch, Kämmerer (K3. FGL5. RU3. RSt2.)

Legationssecretär.

Rudolph von Gasser, Kammerjunker (ScF3.)

Hannover.

Ministerresident.

Friedrich Wilhelm Graf v. Quadt-Wickradt-Isny. (G3. M3. FGL4. SpK2b.)

Großherzogthum Hessen.

Außerordentlicher Gesandter und bevollmächtigter Minister.

Ludwig Carl Heinrich Frhr. von der Pfordten. (S. Deutscher Bundestag.)

Kurhessen.

Ministerresident.

Wolfgang Frhr. v. Thüngen, Kämmerer (M3. KHW2b. SEH3.)

Nassau.

Außerordentlicher Gesandter und bevollmächtigter Minister.

Ludwig Carl Heinrich Frhr. von der Pfordten. (S. Deutscher Bundestag.)

Niederlande.

Ministerresident.

Max Graf v. Marogna. (S. Belgien).

Oesterreich.

Außerordentlicher Gesandter und bevollmächtigter Minister.

Otto Graf v. Bray-Steinburg, Kämmerer, Staatsminister a. D., Staatsrath im außerord. Dienste u. erblicher Reichsrath des Königreiches Bayern, Excellenz. (K1. M1. FGL2. GE1. PG1. PRU1. RUN. RWU. SEH1. SMuL1. SM1. JoH3.)

Legationssecretär.

Ludwig v. Wich von der Reuth, Legationsrath. (K2b. M2b. OE K2. OL3. TkM3. WK2.)

Kanzleisecretär.

Joseph Spiegel, (M4. OFJ3.)

Preußen.

Außerordentlicher Gesandter und bevollmächtigter Minister.

Ludwig Graf v. Montgelas, Kämmerer. (K2b. M2a. HGu2. PRU3.)

Legationssecretär.

Alfred Frhr. v. Bibra, Kämmerer. (PR3. SpJ2. SpK3.)

Rom.

Außerordentlicher Gesandter und bevollmächtigter Minister.

Ferdinand Frhr. v. Verger, Kämmerer. (K2a. M2a. BZL1. PRU3. ScJ1.) (zugleich bei d. k. Neapolitan. Hofe beglaubigt).

Legationssecretär.

Eduard Friedr. Frhr. v. Rieberer, Kammerjunker und Legationsrath. (K3. M3. ScF2. ScG3.)

Rußland.
Außerordentlicher Gesandter und bevollmächtigter Minister.

Maximilian Joseph Frhr. Pergler von Perglas, Kämmerer. (G3. K2b. M2b. BrAL2. GE1. HGu1. PgCh3. PRU2. SMuL3.) (zugleich bei dem k. schwedischen Hofe beglaubiget.)

Legationssecretär.

Friedrich Frhr. v. Truchseß, Kämmerer. (HGu2b. PJ3.)

Königreich Sachsen.
Ministerresident.

Maximilian Frhr. v. Gise, Kämmerer. (K3. M2b. SA2a. SGH2a.)

Großherzogth. Sachsen-Weimar.
Der Vorige.

Herzogthum Sachsen-Altenburg.
Der Vorige.

Herzogthum Sachsen-Coburg.
Der Vorige.

Herzogthum Sachsen-Meiningen.
Der Vorige.

Schweden.
Außerordentlicher Gesandter und bevollmächtigter Minister.

Maximilian Joseph Freiherr Pergler von Perglas. (Siehe Rußland.)

Beide Sicilien.
Außerordentlicher Gesandter und bevollmächtigter Minister.

Ferdinand Frhr. v. Verger. (s. Rom.)

Schweiz.
Geschäftsträger.

Dr. Wilh. Ritter von Dönniges, geh. Legationsrath. (K3. M3. MaxO. GE4. PRU2.)

Der Gesandschaft beigegeben:
Albert Stobäus, Legationsrath. (OFJ2.)

Spanien.
Außerordentlicher Gesandter und bevollmächtigter Minister.

August Frhr. v. Wendland. (s. Frankreich.)

Württemberg.
Außerordentlicher Gesandter und bevollmächtigter Minister.

August Graf v. Reigersberg, Kämmerer und Staatsrath im a. D. Excellenz. (G3. K2a. M1. OFJ2. RWU.)

General-Consuln, Consuln, Vice-Consuln und Agenten in auswärtigen Staaten.

Aachen: C. E. Dahmen, Consul. (M3.)
Amsterdam: Carl Aug. Schäzler, Consul. (M3.)
Ancona: — — —
Antwerpen: Clemens Coomans, Consul. (M3.)
Athen: Herman Bernau, Consul. (M4. Sp 34.)
Bahia: Joaquin Jorge Monteiro, Viceconsul.
Baltimore: W. Dresel, Consul.
Bordeaux: Jacob Heinr. Frhr. v. Sulzer-Warth, Consul. (M3.)
Bozen: Joh. Puzer Edler v. Relbegg, Consul.
Bremen: Theodor Lürmann jun., General-Consul. (M3.)
Carlsruhe: Carl Barthold, Consul.
Christiania: Christian Tönsberg, Consul. (M3. BZ L3. DD3. HG3. ScF3. SpC3. W F3. Hannover. Ehrenmedaille in Gold für Kunst u. Wissenschaft.)
Cincinnati, Staat Ohio: Carl Friedr. Abae, Consul. (M3. HG4. OP4. WF3.)
Civita vechia: Franz Flamini, Consul. (M3.)
Cöln: — — —
Cuba: Tito Vifino in Havanah, Consul.
Dresden: Gottwald Ludwig Hesse, Consul.
Emden: Carl Vocke, Consul.
Fiume: — — —
Frankf. a.M.: Carl Meyer Frhr. v. Rothschild, k. b. Hofbanquier, General-Consul für das Großherzogthum Hessen, Herzogthum Nassau u. die freie Stadt Frankfurt. (K2b. M2b.)
Genua: — — —
Gibraltar: Georg Wortmann, Consul. (M3. O P4. PRU3.)
Girgenti: Raphael Politi, Handels-Agent.
Hamburg: Eugen Kulenkamp, General-Consul.
Hannov. Münden: Joh. Bernhard Holzmüller, Consul.
Harburg: — — —
Hâvre de Grace: Friedr. Kestner, Consul. (M3. H G3. OP3.)
Lissabon: Georg Seidel, General-Consul.
Liverpool: Carl Stöß, Consul. (SpJ3.)
Livorno:

London:	Adolph Brandt, General-Consul.	Oldenburg:	Theodor Lürmann, General-Consul. (M3.)
St. Louis:	Ernst Carl Angelrodt, Consul. (M3. B3 L3. HP2b. OP4. PRU3. SU3. S EH2b. WR3.)	Patras.	Gust. Clauß, Consul.
		Pernambuco (Brasilien):	Manuel João de Amorin, Vice-Consul.
" "	Robert Barth, Viceconsul.	Petersburg:	Friedr. Walz, General-Consul. (M3.)
Louisville:	Joh. Smidt, Consul.	Philadelphia:	Clamor Friedr. Hagedorn, General-Consul. (M3. B3 L3. Brs.L3. HP4. OP4.)
Lübeck:	Carl Heinr Müller, Consul.		
Lyon:	Johann Schlenker, Consul.	Porto Allegre:	José Luiz Cardozo de Salles, Vice-Consul.
Madrid:	Daniel Weisweiller, General-Consul. (R3. SpZ.)	Riga:	Wilh. Rütz, Consul.
		Rio de Janeiro:	Franz Carl Kerstein, Consul und Verweser des K. General-Consulats.
Mannheim:	— — —		
Messina:	— — —		
Milwaukee:	Ludw. Frhr. v. Baumbach, Consul.	Rio Grande de San Pedro:	Ant. Fereira Cardozo, Vice-Consul.
Montpellier u. Cette:	Alfred Westphal, Consul.	Rotterdam:	Carl Köhler, Consul.
Moskau:	Peter Dreyer, Consul.	Stockholm:	Carl Heinemann, Generalconsul.
		Syra:	— — —
Neapel:	— — —	Triest:	Grg. Gwinner, Consul. (M3.)
Neu-Orleans:	Jac. Heinr. Eimer, Consul.	Venedig:	Friedrich Oexle, Consul. (M3.)
New-York:	Georg Heinr. Siemon, Handels-Consul. (M3.)	Wien:	Leop. Edler v. Wertheimstein, Consul.
Odessa:	Josaphat Etlinger, Cons. (M3. FCL5. RSt3. SM. L3.)	Winterthur:	Johann Heinr. Frhr. v. Sulzer-Warth, Kämmerer u. Generalconsul. (M3.)

Fremde Gesandtschaften am Königl. Hofe.

Baden.
Außerordentlicher Gesandte und bevollmächtigter Minister.

Christian Frhr. v. Berkheim. (BL3. B3L3. PG1. PRU2. RSt1.)

Belgien.
Außerordentlicher Gesandter und bevollmächtigter Minister.

A. Frhr. von Beaulieu (BL3. D D1. DP1. HP1. NGW1. OW2. PRU3. PgB2b. SEH2b. Sp K2a.)

Erster Legationssecretär.

A. Ritter v. Moyard. (BL5. PgCh2. PgULF. SpK2b.

Zweiter Legationssecretär.

Albert Paternostre.

(Wohnsitz in Frankfurt a. M.).

Brasilien.
Geschäftsträger.

Chevalier Vianna de Lima.

Attaché.

de Avellar.

(Wohnsitz in Bern.)

Frankreich.
Außerordentlicher Gesandter und bevollmächtigter Minister.

Comte de Reculot (FGL3. 2c.)

Legationssecretäre.

Comte de Gabriac (FGL5. PG2. SM u. L3. ScJ2a.)

Gustav Arthur Marquis de Sayve. (GE4. PsL. u. S3.)

Gesandtschaftskanzlist.

Adolph Desbortier.

Griechenland.
Außerordentlicher Gesandter und bevollmächtigter Minister.

Simon Frhr. v. Sina (M1. FGL5. GE1. OL3. OP1. PR U1. RU2mBr. Tk33. TkR.)

Legationssecretär.

Nicolaus Anathasius Liborikis. (GE5. PK3. RW4. TkR.)

(Wohnsitz in Wien.)

Großbritannien.
Außerordentlicher Gesandter und bevollmächtigter Minister.

Lord Augustus William Frederik Spencer Loftus.

Legationssecretäre.

Alfred Guthole Graham Bonar, Esqr.

Gwalter Borranskill Congreve Lonsdale, Esqr.

Attaché.

Power Henry de Poer-Trench.

Hannover.
Außerordentlicher Gesandter und bevollmächtigter Minister.

Ernst v. d. Knesebeck, K. Hannöv. Oberst im General-St be. (H G2. HWR. WK2.)

Großherzogthum Hessen.

Außerordentlicher Gesandter und bevollmächtigter Minister.

Niederlande.

Außerordentlicher Gesandter und bevollmächtigter Minister.

Friedrich Heinr. Wilh. Jonkheer von Scherff, Staatsrath im außerord. Dienste (DD1. HL1. HW1. LER1. NL1. NW1. PRU1. SJ3.)

Legationssecretär.

B. O. T. Westenberg (LER5. PR4. SGH3.)

Attaché.

R. A. A. E. Jonkheer von Pertel.

Gesandtschaftscanzlist.

August Schönling (LER5.) (Wohnsitz in Frankfurt a. M.)

Oesterreich.

Außerordentlicher Gesandter und bevollmächtigter Minister.

Joseph Alexander Fürst zu Schönburg-Hartenstein, wirklich. Kämmerer. (BL1. FCL5. PRU3.)

Legationsrath.

Ferdinand Rudolph Ritter v. Zwierzina. (K3. M3. GE4. OER3. PG2.)

Attaché.

Leopold Ritter von Zwierzina.

Preußen.

Außerordentlicher Gesandter und bevollmächtigter Minister.

Wilhelm Graf von Perponcher-Sedlnitzky, k. preuß. Kammerherr und geh. Legationsrath. (BL2a. GE2. HP1. ScJ1. P3. PRU2mE. PRU3mSchw. RSt1. RW4. TkN.)

Legationsrath.

Carl Adalbert v. Labenberg. (BL3. PRU4.)

Legationssecretär.

Hugo Freiherr von Landsberg. (BL5.)

Gesandtschaftscanzlist.

Rudolph Bier.

Rom.

Apostolischer Nuntius.

Mathäus Eustachius Gonella, Erzbischof v. Neucesarea in part. Sr. Päpstlichen Heiligkeit Hausprälat und Thronassistent.

Auditor.

Abbé Cajetan Aloisi.

Secretär.

Abbé Franz Xaver Jaeckel.

Rußland.

Außerordentlicher Gesandter und bevollmächtigter Minister.

Ritter Dimitri v. Séwérin, Kaif. Ruff. wirklicher Geh. Rath und Kammerherr. (K1. BZLmBr.

HL1. PgT u. S2. RUNmBr. RU1. RSt2mSt. RWU. RW 2. SM u. L1. SpR2. Inhaber des Ehrenzeichens für 50 Dienstjahre.)

Erster Legationssecretär.

Otto v. Vegesack, kaiserl. Kammerherr, Staats=Rath. (M 2b. RU2mKr. RW2. Inhaber des Ehrenzeichens für 25 Dienstjahre.)

Zweiter Legationssecretär.

Alexander von Nelidoff, kaiserl. Kammerjunker und Collegien=Assessor. (RSt3.)

Attachés.

Adolph v. Martini, K. Russ. Staatsrath. (OP. RU2mKr. WR3.)

Eugen Fürst von Sayn=Wittgenstein, kais. Collegien=Secretär.

Königreich Sachsen.

Ministerresident.

Carl Gustav Adolph v. Bose, K. Sächsischer Kammerherr und Legationsrath. (FEL4. PgCh3. SCW2b. SJ3. WR2.)

Schweden.

Außerordentlicher Gesandter und bevollmächtigter Minister.

Friedrich Due (NO1. SS. Tk M1.)

Legationssecretär.

Carl von Burenstam, Kammerherr. PR3. PS u. L4.)

Militär-Attaché.

Rudolph Frhr. v. Klinkowström, Oberstlieut., Adjutant weiland S. M. des Königs Oskar von von Schweden und Norwegen und Officier des Generalstabs. (DD3. SO3. SSch3. SpJ3.) (Wohnsitz in Wien).

Sicilien.

Außerordentlicher Gesandter und bevollmächtigter Minister.

Graf Louis Cito de Torrecuso, Kammerherr.

Spanien.

Außerordentlicher Gesandter und bevollmächtigter Minister.

Louis Lopez de la Torre Aylon, Senator (K1. SpR1. ic.)

Legationssecretär.

Emilio de Muruaga y Vildosola.

Attachés.

Don Silverio Baguer. (Wohnsitz in Wien.)

Württemberg.

Außerordentlicher Gesandter und bevollmächtigter Minister.

Ferdinand Christoph Graf v. Degenfeld=Schomberg, Kammerherr u. Staatsrath. (M1. RSt. 2. SU1. WF1. WR2.)

Legationssecretär.

Oscar Frhr. v. Soden, Kammerherr. (SU3. WF3.)

fremde Consuln, Agenten ꝛc.

Argentinische Republik.
(Fürth.) Daniel Ley, Consul. (M3.)

Belgien.
(München.) Moritz von Hirsch, Consul.
(Nürnberg.) — — —

Bremen, freie Stadt.
(Aschaffenburg.) Franz Dessauer, Consul.

Frankreich.
(Ludwigshafen.) Johann Friedrich Kaufmann, Viceconsul.

Griechenland.
(München.) Robert v. Fröhlich, Consul.

Niederlande.
(Ludwigshafen.) Wilhelm Andreas Travers, Vice-Consul.
(Nürnberg.) Carl Meyer, Consul.

Nordamerikanische Freistaaten.
(Augsburg.) Carl Obermayer, Consul.
(Carlsruhe.) O. B. Duncan, Consul für die Pfalz.
(München.) Franklin Webster, Consul.
(Nürnberg.) C. Gilbert Wheeler. Consul.

Portugal.
(Aschaffenburg.) Frz. Dessauer, General-Consul und Alois Dessauer Viceconsul.

Großherzogth. Sachsen.
München.) Herm. v. Kraft, Consul. (SF3.)

Spanien.
(Aschaffenburg.) Franz Dessauer, Consul.
Philipp Dessauer, Vice-Consul.

Württemberg.
(München.) Joseph v. Hirsch, Consul. (M3./SpF2b.)

XIII.
Staatsministerium der Justiz.

Staatsminister.
Se. Excell. Carl Frhr. v. Mulzer, Kämmerer, Staatsrath im ordentlichen Dienste. (M2a.)

Ministerialräthe.
Dr. Franz v. Vogt. (K3. M3.)
Clemens Steyrer, General-Secretär. (M3.)
Dr. Ludwig Weis.
Dr. Joh. Grg. Heinzelmann. (M3.)

Ministerialassessoren.
Lorenz Beselmiller.
Theodor Schuler.
Dr. Wilhelm Rosenkrantz.
Johann Lutz. (OFJ3. PRU4.)

Archivar.
Gustav Stieber.

Geheimer exped. Secretär.
Johann Bapt. Neumeyer. (M3.)

Geheime Secretäre.
Philipp Lenk.
Anton Sigmund.

Geheime Registratoren.
Max Adamo.
Franz Xaver Böhm.

Ministerialsecretäre.
Max Heinrich Fuchs.
Dr. Julius Staudinger.

Canzleisecretär.
Johann Mayer.

Etatsbuchhalter.
Jacob Deitmayer.

Geheime Kanzlisten.
Gustav Stieber jun.
Joseph Kohl.

Oberappellationsgericht des Königreichs, zugleich Cassationshof für die Pfalz.

I. Präsident.
Se. Exc. Carl Bartholomä v. Lehner. (K2b. M2a.)

II. Präsident.
Se. Exc. Dr. Carl Friedrich von Heintz, Staatsrath im außerord. Dienste und Reichsrath, zugleich Vorstand des Cassationshofes der Pfalz. (K2b. M2b.)

Directoren.
Georg Freiherr v. Tautphöus, Kämmerer. (K3. M3.)
Franz Xav. v. Molitor. (K3. M2b.)

Eduard v. Zink. (K3. M3.)
Nicolaus v. Endres. (K3. M3.)

Räthe.
Paul Edelhard. (M3.)
Friedrich Daniel v. Piris, zugleich funct. General-Staats-Procurator am Cassationshofe für die Pfalz. (K3. M3.)
Leopold Fürst.
Franz Paul Fleißner.
Georg Adam Seuffert. (M3.)
Joseph Salzmann. (M3.)
Hermann Oelschläger.
Ludwig Franz Jos. Welkard.

Friedrich Gresbeck.
Adolph Graf v. Spreti, Kämmerer. (ScF2b.)
Gustav Hilgard. (M3.)
August v. Schmid. (M3.)
Friedr. v. Hofstetten, Kammerj.
Joseph v. Schiber.
Christoph Carl Gottlieb Frhr. v. Tucher. (M3.)
Friedrich Escherich.
Dr. Joseph Bartholomä Mayr.
Ulysses Frhr. v. Lupin.
Joseph Hiltner.
Joseph Frhr. v. Feury, Kämmerer.
Georg Wilhelm Friedrich Carl v. Grundherr, Kammerjunker.
Eduard Lang.
Andreas Sedlmayr.
Eduard Gietl.
Carl Kamerknecht.
Goswin v. Hörmann.
Dr. Johann Georg Kalb.
Alois Zöhnle.
Adolph Wolf. (M3.)
Dr. Joseph Bauer.
Carl Ferdinand v. Spies.
Ludwig Braun.
Carl Damm.
Adolph Frhr. v. Lupin, Kämmerer.
Johann Nepomuk von Inama-Sternegg.
Dr. Anton v. Langlois.
Carl Johann Ernst Georg Meißner. (M3.)
Gustav Miller.

Friedrich Künßberg.
Carl Schebler.

General-Staatsanwalt am Oberappellationsgerichte.

Dr. Johann Joseph v. Kiliani, Staatsrath im ordent. Dienste. (K2b. M2b.)

II. Staatsanwalt.

Ferdinand Haubenschmied. (M3.)

Secretäre.

Ludwig Wollschläger, K. wirkl. Rath, zugleich functionirender Gerichts-Schreiber am Cassationshofe der Pfalz.
Caspar Schweller, zugleich funct. Einregistrirungs- u. Stempelbeamter am Cassationshofe.
Joseph Maria Mayer, zugleich Suppleant des Gerichtsschreibers am Cassationshofe.
Friedrich Philipp Koppmann, expedirender Secretär, zugleich Suppleant des Einregistrirungsbeamten am Cassationshofe.
Georg Gerber.
Dr. Clemens Hellmuth.

Registrator (extra statum).

Johann Nep. v. Mässenhausen.

Kanzlist (extra statum).

Valentin Meyer.

Den Oberberggerichtlichen Senat bilden

unter dem Vorsitze des Ober-Appellationsgerichts-Präsidenten:

Director.

Georg Frhr. v. Tautphöus, Ober-Appellationsger.-Director.

Räthe.

Christoph Schmitz,
Joseph Knorr, Oberberggräthe.

Joseph Salzmann,
August v. Schmid,
Carl Kamerknecht, Oberappellationsgerichts-Rath.

Stellvertretende Mitglieder.
Georg Reichenbach,

Carl August Bertele, Oberbergräthe.

Goswin v. Hörmann,

Friedrich Franz Künsberg, Oberappellationsgerichtsrath.

Handelsappellationsgericht für die Landestheile diesseits des Rheins zu Nürnberg.

Präsident.
Dr. Georg Carl v. Seuffert. (K3. M3. NCW2b. OJ2. PR3.)

Räthe.
Theodor Freitag.
Dr. Otto Frhr. v. Völderndorff-Waradein.
Johann Caspar Gottlieb Merkel.
Augustin Georg Albert Merz.

Handelsappellationsgerichts-Assessoren.
Friedrich Carl Alexander Heerdegen, Großhändler.
Joh. Georg Martin Ebermayer, Großhändler u. Fabrikbesitzer.
Georg Friedrich Domeyer, Großhändler. (M3.)
Georg Benedikt Wilhelm Zahn, Großhändler.
Friedrich Carl Alexander v. Grundherr, Großhändler.
Wilhelm Puscher, Fabrikbesitzer.
Gustav Birkner, Fabrikbesitzer.
Louis Vetter, Kaufmann u. Fabrikbesitzer.
Wilhelm Merk, Großhändler.
Friedr. Wilh. Lambrecht, Großh.
Friedrich Georg Christian Muccat, Großhändler.
Albert Platner, Großhändler.

Secretäre.
Gustav Friedrich Steinbrüchel,
Michael Schrepfer.

XIV.
Staatsministerium des Innern.

Staatsminister.
Se. Excellenz Max v. Neumayr, Staatsrath im ordentl. Dienste. (K2c. M2a. WF1.)

Ministerialräthe.
Franz v. Dillis. (K3. M2b.)
Heinrich v. Schubert. (K3. M2b.)
Friedrich Hector Graf v. Hundt, Kämmerer und außerordentl. Mitglied der Akad. d. W. (K3. M3.)
Dr. Gottfried v. Feder. (K3. M3. GE4.)
Carl v. Epplen, General-Secretär. (K3. M3.)
Marquard v. Rehlingen. (K3. M3. OL3.)
Nicolaus v. Koch. (K3. M3.)

Obermedicinalräthe.
Dr. Johann Nep. v. Ringseis, Geh. Rath. (K3. M2b. GE4. PG2.)
Dr. Carl v. Pfeufer. (K3. M3. WK3.)

Regierungsräthe.
Dr. Joh. Bapt. Stautner. (M3.)

Leonhard v. Osberger. (K3. M3.)
Eduard Schlereth. (M3.)

Archivar.
Ludwig Meyer.

Geheime Registratoren.
Corbinian Grahamer.
Carl Joseph Geys.

Geheime Secretäre.
Maximilian Dietrich.
Carl Höfl.
Georg Friedr. Kohler.

Ministerialsecretäre.
Dr. Gust. Heim.
Emil Riedel.

Kanzleisecretäre und geheime Kanzlisten.
Friedrich Wilhelm Späth.
Franz Xaver Frhr. v. Zündt.
Balth. Bergmayer.
Ludwig Sommer.
Edmund Frhr. von Harold.

Central-Stellen und Behörden des Staats-Ministeriums des Innern.

Obermedicinal-Ausschuß.

I. Vorstand.
Dr. Johann Nep. v. Ringseis, Geheimer Rath, Obermedizinal-Rath ꝛc.

II. Vorstand.
Dr. Carl v. Pfeufer, Obermedizinalrath.

Beisitzer.

Dr. Franz Seraph v. Gietl, Geheimer Rath, Leibarzt ꝛc.

Dr. Max Pettenkofer, ordentl. Universitäts-Professor ꝛc.

Dr. Franz Christoph v. Rothmund, ordentlicher Universitäts-Professor ꝛc. ꝛc.

Dr. Carl v. Graf, Medicinal-Rath. (K3. M3. B33. HL 3a. PKU3. SCW3.)

Dr. Dominicus Hofer, Professor an der K. Central-Thierarzney-Schule in München.

Dr. Heinr. Fischer, Hofrath und Privatdocent. (M3. HL3a. OL3. OF33. ScF2a.)

Medicinal-Comités.

A. An der K. Universität zu München für die Appellations-Gerichtsbezirke von Ober- und Niederbayern, dann Schwaben und Neuburg.

Vorstand.

Dr. Theodor Ludwig Wilhelm Bischoff, ordentlicher Professor.

Ordentliche Beisitzer.

Dr. Joseph Hofmann, ordentl. Professor und Bezirksgerichts-Arzt.

Dr. Franz Seraph Horner, Medizinalrath und Professor honor., Director des allgem. städtischen Krankenhauses. (M 3.)

Dr. Ernst Buchner, Hofstabshebarzt u. Professor honor.

Dr. Ludwig Buhl, ordentl. Professor.

Außerordentliche Beisitzer.

Dr. Ludwig Andreas Buchner, ordentlicher Professor.

Suppleanten.

Dr. Martell Frank, Privatdocent, Bezirks- und Polizeiarzt.

Dr. Joseph Lindwurm, ordentl. Professor.

Dr. Alfred Vogel, Privatdocent.

B. An der Königl. Universität zu Würzburg für die Appellationsgerichtsbezirke von Oberfranken, dann Unterfranken und Aschaffenburg.

Vorstand.

Der Decan der med. Facultät.

Ordentliche Beisitzer.

Dr. Friedrich Adolph Schmidt, ord. Professor.

Dr. Friedr. v. Scanzoni, Geh. Rath, ord. Professor, Vorstand der Kreis-Entbindungs-Anstalt und der Hebammenschule ꝛc. ꝛc.

Dr. Wenzel Linhard, ord. Professor.

Dr. Franz Rinecker, ordent. Professor der Arzneimittellehre und der Kinderkrankheiten, dann der Poliklinik.

Außerordentliche Beisitzer.

Dr. Joh. Joseph Scherer, ord. Professor.

Suppleanten.	Ordentliche Beisitzer.
Dr. Johann Narr, ordentlicher Professor.	Dr. Johann Michael Leupoldt, ord. Professor.
Dr. Alb. Kölliker, Hofrath, ord. Professor.	Dr. Eugen Roßhirt, ord. Professor.
Dr. Ferdinand Schubert, Privat-Docent.	Dr. Carl Thiersch, ordentl. Professor.
	Dr. Friedrich Will, ord. Professor.

C. An der Königl. Universität Erlangen für die Appellationsgerichtsbezirke von Mittelfranken, dann der Oberpfalz und von Regensburg.

Außerordentlicher Beisitzer.
Dr. Eugen Frhr. v. Gorup-Besanez, ord. Professor.

Vorstand.
Der Decan der med. Facultät.

Suppleant.
— — —

Redaction des Gesetz- und Regierungs-Blattes, dann des Hof- und Staatshandbuches.

Vorstand.	Redactionsgehilfe.
Friedrich Gottlieb Völkel, K. Hof-Oekonomie-Rath. (M3.)	Friedrich Wilhelm Müller, Controleur des K. Central-Schulbücher-Verlags.

Damenstift zu St. Anna in München.

Verwalter.	Controleur.
Carl Höst, geh. Secretär im K. Staatsministerium d. Innern.	Georg Mayr, quiesc. Landcommissär.

Allgemeines Reichsarchiv.

Vorstand.

Reichs-Archivs-Räthe.
Joseph Gutschneider. (M3.)
Johann Georg Brand.
Carl August Muffat, ordentl. Mitglied der K. B. Akad. der Wissenschaften.

Secretär.
Dr. Christian Häutle.
Dr. Ludwig Rockinger, Privat-Docent und außerord. Mitglied der K. B. Akademie der Wissenschaften.

Kanzlisten.
Ludwig Schandein.
Dr. Georg Rapp.

Archivconservatorien,
dem allgemeinen Reichsarchive untergeordnet.

Amberg.

Conservator.

Officiant.
Felix Nigg.

Bamberg.

Conservator.
Melchior Jennes.

Officianten.
Joh. Arnold, Caspar Schober.

Landshut.

Conservator.
Gustav Freiherr v. Cöster, Kämmerer.

Officiant.
Anton Kalcher.

München.

Conservator.
Franz Xaver Auracher.

Officianten.
Emil Roth.
Franz Paul Fernbacher.

Neuburg.

Conservator.
Franz Heilmair.

Officiant.
Joseph Edmund Jörg, Reichsarchivscanzlist. (PG3.)

Nürnberg.

Conservator.
Joseph Baader.

Officiant.
Christoph Pechstein.

Speyer.

Functionirender Vorstand.
Johann Georg Rau, Lyceal-Professor.

Officiant.
Peter Indest.

Würzburg.

Functionirender Vorstand.
Dr. Martin Theodor Contzen, Universitätsprofessor.

Actuar.
Alois Leopold Danner.

XV.
Staatsministerium des Innern für Kirchen= und Schulangelegenheiten.

Staatsminister.
Se. Excell. Theodor v. Zwehl, Staatsrath im ordentlichen Dienste. (K2b. M1.)

Ministerialräthe.
Gustav v. Bezold, General=Secretär. (K3. M3.)
Hugo Frhr. v. Herman, Kämmerer. (M3. ScJ3.)
Max Pracher. (M3.)
Wilhelm Völk. (M3.)
Christoph Pöllath. (M3.)

Regierungsrath.
Joseph Glehrl.

Geheime Secretäre.
Philipp Frhr. v. Rupprecht.
Dr. Georg Huller.
Nicomedes Süßmaier.

Geheime Registratoren.
Anton v. Vollmar.
Carl Paul Prieser.

Geheimer Rechnungscommissär u. Etats-Buchhalter.
Georg Michael Pfahler.

Georg Friedrich Renk, Regierungs= Finanzkammer=Rechnungs=Commissär, temp. verwendet.

Ministerialsecretär I. Classe.
Mit dem Range der Regierungs= Assessoren.
Ludwig Erhard.

Ministerialsecretär II. Classe.

Centralstellen des Staatsministeriums des Innern für Kirchen= und Schulangelegenheiten.

Abtheilung I. Kirche:
a) Erzbischöfliche und bischöfliche Ordinariate;
b) Protestantisches Oberconsistorium und Consistorien.
(Siehe Ziffer XX, pag. 404—409).

Abtheilung II. Wissenschaften, Künste und öffentlicher Unterricht.
(Siehe Ziffer XXI pag. 408—449.)
(„   „   XXII pag. 449—489.)

XVI.

Staatsministerium der Finanzen

Staatsminister.
Se. Excellenz Benno Heinrich v. Pfeufer, Staatsrath im ordentlichen Dienste. (K3. M2a. OFJ2. WK3.)

Ministerialräthe.
Joh. Bapt. v. Graf, Kronanwalt. (K3. M2b. B3L2b. RSt2.)
Franz Xav. v. Schönwerth. (K3. M3.)
Franz Frhr. v. Lobkowitz, Kämmerer. (K3. M3.)
Georg Haßler, Kronanwalt. (M3.)
Wilh. v. Engerer. (K3. M3.)
Adolph v. Pfretzschner. (K3. M3. RU3. SU3.)
Dr. Joseph Nicolaus v. Mantel. (K3. M3. RSt2. SEH2b)
Heinrich Andr. von Morgenroth. (K3. M3.)
August Roos. (M3.)

General-Secretär.
Ludwig Pummerer. (M3.)

Ober-Rechnungsrath.

Oberberg- und Salinenrath
Carl August Vertele. (M3.)

Regierungsräthe.
Dr. Carl Andreas Bischof. (M3.)
Friedrich v. Baldinger, Forstrath.
Dominicus Rau, Forstrath.
Ferd. Moser, Forstrath. (M3.)

Archivar.
Franz Graser.

Geheime Registratoren.
Max Bolgiano.
Ludwig Pichlmayer.

Registrator.
Ludwig Deybeck.

Geheime Secretäre.
Franz Xaver Oswald.
Wilhelm Dallinger.
Carl Stokar von Neuforn.
Joseph Höß.
Eduard Müller.

Oberaufschlagsinspectoren.
Franz Krafft, Regierungs-Rath.
Dr. Franz Fritz.

Rechnungscommissär.
Johann Michael Hirsch.

Revierförster.
Carl Kohler.

Kanzleisecretäre u. geh. Kanzlisten.
August Schubert.
Wolfgang Popp.
Max Bernhard.
Franz Finsterwalder.
Rupert Fraunhofer.

Central-Staatscasse.

Central-Staatscassier.
Carl Vocke. (M3.)

Controleur.
Joseph Merkl.

Zahlmeister.
Christoph Stubenrauch.

Buchhalter.
Barthol. Osterchrist, Joh. Nepomuk Niggl.

Officianten.
Wilhelm Eßlair, Peter Ziegler, August Thurn, Friedrich August Stuß, Mathäus Reinhardt.

Centralstellen und Behörden des Staatsministeriums der Finanzen.

Oberster Rechnungshof.

Präsident.
Dr. Johann Evang. v. Wanner, wirkl. Geh. Rath. (K2b. M2b. BZC3.)

Oberrechnungsräthe.
Georg Scheibenpflug. (M3.)
Joseph Hugo Berreiß.
Dr. Georg Danzer. (M3.)
Carl Vetterlein.

Wilh. Quante.
Herm. Grießhammer. (M3. RU3.)
Dr. Eduard Hassold. (M3.)
August Dorner. (M3. RSt2.)

Secretär und Registrator.
Dominic. Weber. (K☉.)

Rechnungscommissär.
Carl Friedrich Hintermayr.

Canzlist.
Wilh. Seiß.

Rechnungskammer.

Director.
Joseph Geiger. (M3.)

Rechnungsräthe.
Leopold v. Hüllesheim. (M3.)
Franz Gartner.

Secretär.
Franz Müller.

Canzlist.
Maximilian Schlotthauer.

Registrator.
Emanuel Häberl.

Registraturgehilfe.
Lorenz Sporrer.

Rechnungscommissäre.
Carl Pengler. (M4.)
Joseph Apell, Regierungsassessor.
Georg Kraft.
Johann Martin Zick.
Ludwig Bayer.
Carl v. Rogenhofer.
Franz Xaver Deybeck.

General-Bergwerks- und Salinen-Administration.

General-Administrator und Vorstand.

Ludwig Reinhard Freiherr von Raesfeldt, Minist.-Rath.(M3.)

Oberberg- und Salinenräthe.

Christoph Schmitz, Ober-Appell.-Gerichts-Rath in Bergwerkssachen. (M3.)

Georg Friedrich Wilhelm Reichenbach. (M3.)

Carl de Herigoyen, Oberberg- u. Salinen-Forstrath. (M3. GE5.)

Joseph Knorr, Oberappellations-Gerichts-Rath in Bergwerkssachen. (M3.)

Georg Lucas.

Dr. Maximilian Manuel.

Assessoren.

August v. Krempelhuber, Forstmeister.

Johann Michael Meier.

Robert Stoffel, Forstmeister.

Friedrich Schenk, Baubeamter.

Udalb. Bauer, Fiscaladjunkt.

Secretariat.

Max Stupp, Secretär.

Peter Königer, Canzlist.

Ludwig Stattner, Canzlist.

Registratur.

Heinrich Laubmann, Registrator.

Heinrich v. Harß, Registrator.

Simon Ströhl, Registratur-Officiant.

Salinen-Hauptbuchhaltung.

Buchhalter.

Ludwig Hailer, Ludwig Ullersperger.

Officiant.

Franz v. Paula Ott.

Bergwerks- u. Salinen-Rechnungs-Commissariat.

Rechnungscommissäre:

Jacob Petermann, Salzbeamter, Mart. Lutz, Paul Graf, Carl Stölzl, Max Rupprecht, Philipp Meyer, Gustav Schricker.

Bergwerks- und Salinen-Hauptcasse.

Hauptcassier.

Joseph Pauer.

Controleur.

Valentin Gießl.

Officiant.

Anton Raß.

Geognostische Untersuchung des Königreichs.

Bergmeister.

Dr. Wilh. Gümbel, außerordentl. Mitglied der K. Akad. d. Wiss.

A. Berg- und Hütten-Aemter.

Bergrevier Amberg.
Bergamt Amberg.
Bergmeister.
Joseph v. Schab.
functionirender Cassier.
Joseph Beilhack, Officiant.

Bergrevier Bergen.
Berg- u. Hüttenamt Bergen.
Bergmeister.
Joseph Englert.
Cassier.
Joseph Reiter.
Officiant.
Sebastian Göttler.

Hüttenverwaltung Eisenärzt.
Hüttenverwalter.

———

Bergrevier Bodenwöhr.
Berg- u. Hüttenamt Bodenwöhr.
Bergmeister.
Joh. Baptist Rast.
Cassier.
Franz Andr. Schmid.
Officiant.
Michael Witter.

Hüttenverwaltung Bodenmais.
Hüttenverwalter.
Carl Mayer.

Bergrevier Kahl.
Bergamt Orb.
Bergamtsverweser.
Joseph Lindtner, zugl. Salinen-Inspector.

Bergrevier St. Ingbert.
Bergamt St. Ingbert.
Die Beamten sind bei der Regierung der Pfalz vorgetragen.

Bergrevier Kissingen.
Bergamt Kissingen.
Bergamtsverweser.
Joh. Nepomuk Martin, zugleich Salinen-Inspector.

Hüttenamt Weierhammer.
Hüttenmeister.
Georg Mayer.

Bergrevier München.
Bergamt München.
Bergmeister.
Franz Sickenberger.

Hüttenamt Obereichstädt.
Vorstand.
Hans August Adolph Uttmann von Elterlein, (mit dem Titel und Rang eines k. Bergmeisters).
Cassier.
Joh. Nep. Mutschlechner.
Officianten.
Jos. Maurer.
Gg. Gerhager, in Hagenacker.

Grubenverwaltung Hohenpeissenberg.
Grubenverwalter.
Julius Höchstetter.

Bergrevier Sonthofen.
Berg- u. Hüttenamt Sonthofen.
Bergmeister.
Carl Berg.

Cassier.	**Bergrevier Wunsiedel.**
— — —	**Bergamt Wunsiedel in Brand-**
Officiant.	**holz.**
— — —	*Bergmeister.*
	Johann Carl Hahn.
Bergrevier Steben.	**Hüttenamt Fichtelberg.**
Bergamt Steben.	*Hüttenmeister.*
Bergmeister.	Georg Wehrmann.
Eduard Goßmann.	**Grubenverwaltung in Erben-**
Obereinfahrer und Markscheider.	**dorf.**
— — —	*Obereinfahrer.*
	Carl Ostler.

B. Glasmalerei-Anstalt in München.

Artistischer Vorstand.	Administrativer Vorstand.
— — —	Max Ainmüller, Ehrenmitglied d. Akademie der bildenden Künste. (M3. PP3. PRU3.)

C. Salinen, mit ihren Speditions- und Verkaufs-Aemtern.

1. Haupt-Salzämter.

Berchtesgaden.	**Materialverwalter und functioniren-**
Inspector.	**der Salzfertiger.**
Alfred v. Weishaupt, Oberberg- und Salinenrath. (K3. M3.)	Joseph Wagner.
Cassier.	**Ober-Einfahrer u. Markscheider.**
Eugen Stölzl.	Fr. Lindtner. (K⊙. L⊙).
Bergmeister.	*Einfahrer.*
Joseph Herb.	— — —
Cassacontroleur.	*Amtsschreiber.*
Joseph Weidmann.	Ludw. Brennemann.
Subfactor.	*Bergschreiber.*
Max Sponfeldner.	Wenzel Devigneux.
Baubeamter.	**Speditions- u. Materialverwaltungs-**
Fr. Xav. Haindl.	**Gehilfe.**
	Otto Krueger.

Dürkheim.
Inspector.
Philipp Rust.
Cassier und Materialverwalter.
Franz Xaver Lösch.
Controleur.
Georg Friedrich Stammberger.

Kissingen.
Inspector.
Joh. Nep. Martin, zugleich Bergamts-Verweser.
Cassier.
Max Helfreich.
Materialverwalter.
Gerhard Schramm. (L☉.)
Amtsschreiber.
Clemens Braun.

Orb.
Inspector.
Joseph Lindtner.
Cassier.
Joseph Silzer.
Materialverwalter.
Adolph Hendrich.
Materialverwaltungsgehilfe.
— — —
Officiant.
— — —

Reichenhall.
Inspector.
Albert Schenk, Salinenrath.
Cassier.
Johann Evangel. Donaubauer.
Salzfertiger.
— — —
Cassa-Controleur.
Adam Loher.
Subfactor.
Joseph Scheuerer.
Baubeamter.
Carl Bernatz.
Kunstmeister.
Carl Reichenbach.
Materialverwalter u. functionirender Kastenverwalter.
Ernst Prandl.
Amtsschreiber.
Wilhelm Paur, Gustav Bergmann.

Rosenheim.
Inspector.
Adolph Doblinger.
Cassier.
Vinzenz Guggenberger.
Salzfertiger.
Christoph Reichenbach. (GEh.)
Cassa-Controleur.
Ludwig Hollfelder.
Subfactor.
Joh. Evang. Mayer, Bergmeister.
Baubeamter.
Joseph Huber.
Materialverwalter.
Eduard Wagner.
Amtsschreiber.
— — —

Traunstein.
Inspector.
Max v. Hörmann.

Cassier.
Gustav Schädzler.
Materialverwalter.
Carl Hofmann.
Subfactor.
Anton Strauß.
Baubeamter.
Jos. Narziß Pfeiffer.
Salzfertiger.
Emanuel Ditt.
Cassa-Controleur.
Julius Leschner.
Amtsschreiber.
— — —

2. Speditions- und Verkaufs-Aemter.

Salzamt Amberg.
Salzbeamter.
Antonin Possert.
Amtsschreiber.
— — —

Oberfactorie Aschaffenburg.
Oberfactor.
Dr. Carl Schenkelberg.

Salzamt Bayreuth.
Salzbeamter.
Caspar Greisqu.
Controlirender Amtsschreiber.
Anton Maier.

Salzamt Bamberg.
Salzbeamter.
Michael Ziegler, kgl. Rath. (M3. L.)

Salzamt Frankenthal.
Salzbeamter.
Alexander Frhr. v. Feilitzsch.

Amtsschreiber.
— — —

Oberfactorie Füssen.
Oberfactor.
Wilhelm Schenkelberg.

Oberfactorie Kempten.
Oberfactor, sct.
Johann Baptist Hartmann, Salzamtsschreiber.

Salzfactorie Königshütte.
Factor.
Johann Joseph Fischer.

Salzfactorie Laufen.
Factor.
Erdmann Wieland.

Salzamt Lindau.
Salzbeamter.
Ulrich, Graf.
Amtsschreiber.
— — —

Salzamt Memmingen.
Salzbeamter.
Max Retter.

Salzamt München.
Salzbeamter.
Ludwig Tausch.
Materialverwaltungsgehilfe.
Wilhelm Seiff.

Salzamt Nürnberg.
Salzbeamter.
Georg Friedrich Reinsch.
Amtsschreiber.
— — —

Salzamt Passau.
Salzbeamter.
Maximilian Fuchs.
Controleur.
Ludwig Reichenbach.

Salzamt Regensburg.
Salzbeamter.
Johann Nep. Prandl.
Controleur.
Franz Ignaz Laumer.

Salzamt Rothenburg a. d. T.
Salzbeamter.
Robert Seiler.

Salzamt Würzburg.
Salzbeamter.
Max Thoma.
Controlirender Amtsschreiber.
Heinrich Köppel.

Salzamt Zweybrücken.
Salzbeamter.
Eduard Mühlbauer.

D. Forstämter im Salinen-Forstbezirke von Oberbayern.

Forstamt Berchtesgaden.
Forstmeister.
Peter Sutor. (M3.)
Revierförster
zu Bischofswies: Theobald Frhr. v. Malsen,
zu Königssee: Carl Rletzl,
zu Ramsau: Carl Rauchenberger,
zu Schellenberg: Constantin Meyer.

Forstamt Marquardstein.
Forstmeister.
Paul Pauli.
Revierförster
zu Bergen: Wolfgang Reindl,
zu Marquardstein: Rud. Heller,
zu Piesenhausen: Carl Lippl,
zu Raiten: Ferdinand v. Hoffnaaß,
zu Traunstein: Friedrich Kracher.

Forstamt Reichenhall.
Forstmeister.
Max Mayer.
Revierförster
zu Karlstein: Mathias Petz,
zu Suhr: Alois Streller, (M4.)
zu Staufeneck: Maximil. Stölzl,
zu Teisendorf: Wilh. Schenk,
in St. Zeno: Gustav Mayer.

Forstamt Rosenheim.
Forstmeister.
Max Pitzner.
Revierförster
zu Aibling: Franz Oberst,
zu Fischbachau: Philipp Blonner,
zu Niederaudorf: Gustav Robt,
zu Rosenheim: Jacob Mechel.

Forstamt Ruhpolding.
Forstmeister.
Johann Baptist Hornberger.
Revierförster
zu Inzell: Johann Ant. Kraft,
zu Reit im Winkel: Andreas Underl,
zu Ruhpolding: Mich. Reisberger,
zu Siegsdorf: August Huber,
zu Zell: Rudolph Hermann,

Forstamt für die Saalforste auf K. K. Oesterreich. Gebiete.
Forstmeister.
Joh. Ferchl.
Revierförster
des Leogangthales: Wolfg. Forster,
des Saalachthales I.: Ludwig Pramberger,
des Saalachthales II.: mit dem Wohnsitze zu Weißbach: Alfred Wittmann,
des Unkenthales: Adolph Nero.

Forstamt Tegernsee.
Forstmeister:
Joseph v. Baumgarten.
Revierförster
zu Kreuth: Anton Vollkomm,
zu Rottach: Eduard v. Krempelhuber,
in Schlichrsee: Valentin Grattenthaler,
zu Valepp: Johann Zehetmaier.

Central-Forst-Lehranstalt für das Königreich Bayern in Aschaffenburg.

Director.
Carl Stumpf, Dr. der Staatswirthschaft, zugl. erster Professor der Forstwissenschaft mit dem Range und Titel eines Regierungs- und Kreis-Forstrathes. (M3. SEH4.)

Professoren.
Dr. Carl Stumpf, erster Professor der Forstwissenschaft. (s. o.)
Dr. phil. Eduard Phil. Döbner f. Naturgeschichte.
Dr. phil. Georg Langmantel für Mathematik, Physik u. Meßübungen.
Carl Gayer, zweiter Professor für Forstwissenschaft.
Dr. Ernst Ebermayer, Professor für Chemie, Mineralogie u. Landwirthschaft.
Carl Scheppler, Revierförster (extr. statum), Docent der forstlichen Bau- und Vermessungskunde, zugleich Lehrer für Planzeichnen.

Hauptmünz- und Stempel-Amt.

Obermünzmeister.
Franz Xaver v. Hainbl. (K3. M3. HP3. OCK2. PKU4. SU3. SEH2b. WK3. WJ2b.)

Materialverwalter.
Ludwig Grundler.

Cassier.
Johann Heidemann.

Münzmeister.
Georg Millauer.

Controleur.
Leonh. Jos. Neumaier.

Medailleur.
Carl Friedrich Voigt. (M3. GE5. HP3. PO3.)

Graveur.
Johann Adam Ries.

Scheider.
Dr. Emil v. Schauß.

Actuar.
Heinrich Kreuzer.

Einlösungsamt Würzburg.
Einlösungsbeamter.
Max. Thoma, Salzbeamter.

Staatsschuldentilgungs-Commission.

Vorstand.

Johann Nepomuk v. Sutner, Ministerialrath. (K3. M2b. B3L2b.)

Räthe.

Heinrich Luz, Regierungs- und Fiscal-Rath. (M3. B3L3.)

Johann v. Gott Raul, Regierungsrath. (M3.)

Dr. Moriz Jungermann, Regierungsrath.

Assessor.

—

Secretäre.

Max Brennemann, k. Rath, Johann Michael Dlebel.

Rechnungscommissäre.

Max Fordermaier, Bernhard Schleder, Carl Peetz, Joseph v. Münster, Ambros Zeller, Carl Grünewald.

Registratoren.

Wilh. Schledermaier.
Venanz Fortner.

Kanzlist.

Joseph Remeter.

Untergeordnete Cassen.

Schuldentilgungs-Hauptcasse (München).

Hauptcassier.
Georg Wilhelm Mahr.

Controleur u. Oberbuchhalter.
Georg Andreas Utz.

Zahlmeister.
Wolfgang Tretter.

Officiant.
Michael Mahr.

Zahlamt der Pensions-Amortisations-Kasse (München.)

Zahlmeister.
Ferdinand Marschaleck.

Officiant.
Eduard Baumgartner.

Grundrenten-Ablösungscasse (München).

Cassier.
Philipp Spies.

Controleur.
Carl Ballenberger.

Hauptbuchhalter.
Johann Nep. Kleeberger.

Buchhalter.
Joh. Nepom. Leuthner, Alois Meindl, Joh. Bapt. Dietrich.

Officianten.
Gg. Waldmann, Silver Besner, Paul Leigh.

Specialcasse Augsburg.

Cassier.
Georg Engelbrecht.

Controleur.
Johann Löw.

Zahlmeister.
Max Pruckner.

Hauptbuchhalter.
Max von Melzl.

Buchhalter.
Alois Mittereder.

Officiant.
Ferdinand Fickler.

Specialcasse Bamberg.

Cassier.
Adolph von Bäumen.

Controleur.
Friedrich v. Welsch. (M3.)

Buchhalter.
Georg Münich, Otto Ritter v. Uppell, Adolph Mähler.

Officiant.
Ludwig Riesch.

Specialcasse München.

Cassier.
Max Buchner.

Controleur.
Joseph Schedl.

Zahlmeister.
Wolfgang Pramberger.

Hauptbuchhalter.
Camillo Widder.

Buchhalter.
Carl Schellkopf, Max Franz, Ludwig Hannes, Carl Maiberger.

Officiant.
Michael Pürzer.

Spezialcasse Nürnberg.

Cassier.
Johann Nepomuk Rauchenberger.

Controleur.
Johann Mayer.

Hauptbuchhalter.
————

Buchhalter.
Eduard Schönchen, Jos. Mayer, Gustav Sigritz.

Officiant.
Hermann Lizius.

Specialcasse Regensburg.

Cassier.
Joseph Frank.

Controleur.
Andreas Zuber.

Buchhalter.
Sebast. Anton Engelbrecht, Michael Loder.

Officianten.
Joseph Rigler, Johann Zagel.

Specialcasse Würzburg.

Cassier.
Philipp Kraus.

Controleur.
Ludwig Steger.

Buchhalter.
Theod. Fabrizius, Friedr. v. Vollmar.

Officianten.
Jos. Kolb, August Pappenberger.

Steuer-Kataster-Commission.

A. Personal für den innern Dienst.

Vorstand.

Gotthard v. Reber, Director. (K3. OEK3. SEH2b.)

Räthe.

Heinrich v. Posselt. (K3. M3. OFI3. SEH3.)
Johann Karl Auer. (M3. L.)
Carl Jopp. (M3.)
Friedrich Weckmann.

Assessor.

Jacob Rathmayer. (M4. OGVKm. K. SEH4.)

Secretär.

Johann Baptist Imhof.

Registrator.

Christian Rosenkranz.

Cassier.

August Hartmann.

Controlirender Officiant (zugleich Materialverwalter).

Max Hüther.

B. Technisches Personal für den innern u. äußern Dienst.

Dessinateur.

Friedrich v. Daumiller. (L⊙.)

Obergeometer.

Joseph Reber (L⊙), Friedr. Leybold, Silvan Wild (L⊙. OGVK.), Franz Hildenbrand. (L⊙.)

Königliche Bank zu Nürnberg.

Bankcommissär.

Franz Freihr. v. Lobkowitz, Kämmerer u. Ministerial-Rath in München. (K3. M3.)

Bankdirection Nürnberg.

Bankdirector.

Christian Pfeufer (M3.) mit dem Range eines k. Regierungs-Directors.)

Consulenten.

Johann Baptist Gillitzer, Regierungsrath, Carl Pracher, Regierungsrath.

Hauptbuchhalter.

Georg Christoph Drittler.

Secretär u. Registrator (extra statum).

Conrad Reichold.

Untergeordnete Aemter.

Hauptbank zu Nürnberg.

Banquier.

August Manz, Finanzrath. (M3.)

I. Cassier.

Georg Wilh. Christian Scholler.

II. Cassier.

Rudolph Vogtherr (mit dem Range eines Buchhalters.)

Buchhalter.

Theodor Pühn.
Joh. Andreas Müller.

Filialbank in Amberg.
Bankoberbeamter und Cassier.
Friedrich August Martin.
Buchhalter.
Joh. Heinr. Carl Jul. Feiler.

Filialbank in Ansbach.
Bankoberbeamter.
Conrad Gombart.
Cassier.
Carl Schmidt.
Buchhalter.
Heinrich Carl August Ferdinand Döhlemann.

Filialbank in Bamberg.
Bankoberbeamter.
Ludwig Gottfried Gabler.
Cassier.
Hermann Uebel.
Buchhalter.
Joh. Bapt. Neidert.

Filialbank in Bayreuth.
Bankoberbeamter.
Friedrich Kimmel.
Cassier.
Rudolph Bauer.
Buchhalter.
Carl Justus Herwig.

Filialbank in Hof.
Bankoberbeamter u. Cassier.
Johann Ernst Kleemann.
Buchhalter.
Carl Lucas.

Filialbank in Ludwigshafen.
Bankoberbeamter.
Johann Leonhard Seybold.

Cassier.
Carl Wilhelm Volz.
Buchhalter.
Adolph Bezold.

Filialbank in Passau.
Bankoberbeamter u. Cassier.
Friedrich Strobl.
Buchhalter.
Wilhelm Limmer.

Filialbank in Regensburg.
Bankoberbeamter.
Johann Jacob Bauer.
Cassier.
Jacob Ferdinand Hartwich.
Buchhalter.
Fr. Borgias Wunsch.

Filialbank in Schweinfurt.
Bankoberbeamter u. Cassier.
Georg Friedrich Weßel.
Buchhalter.
Georg Stöber.

Filialbank in Straubing.
Bankoberbeamter und Cassier.
Carl Kellermann.
Buchhalter.
Franz Dopfer.

Filialbank in Würzburg.
Bankoberbeamter.
Julius Lederer.
Cassier.
Georg Wilhelm Dörrer.
Buchhalter.
Wilhelm Wucherer.

Haupt=Stempel=Verwaltungs= und Verlags=Amt in München.

Oberbeamter.
Heinrich Miller.

Controleur u. Materialverwalter.
Jacob Wilhelm Herz.

Officiant.
Joseph Stumpf. (SeF3.)

XVII.
Staatsministerium des Handels und der öffentlichen Arbeiten.

Staatsminister.
Mit der einstweiligen Leitung der Geschäfte Allerhöchst beauftragt: Se. Excellenz Carl Frhr. von Schrenk, k. Kämmerer, Staatsrath im ordentlichen Dienste u. Staatsminister des K. Hauses und des Aeußern. (s. Staatsministerium d. Aeußern.)

Ministerialdirector.
Eduard v. Wolfanger. (K3. M3.)

Ministerialräthe.
Carl v. Meixner. (K3. M2b. BL4. B3L2b. OCK2. PRU2.)
Andreas Rüßler. (M3.)
Michael Suttner. (M3.)
Franz Xav. Richard Messerschmidt.

Ministerialassessoren.
Adolph v. Cetto.
Paul Braun.
Dr. Johann Michael Diepolder. (OCK3.)

Ministerialreferent.
Dr. Heinrich Alexander, Rector und Professor der polytechn. Schule in München. (M3. SA3.)

Geheimer Secretär.
Friedrich Arnold.

Geheime Registratoren.
Joseph Schaumberger.
Carl Schneider.

Ministerialsecretär I. Classe.
Adolph Nies.

Centralrechnungs-Commissär für die allgemeine Brandversicherungs-Anstalt.
Philipp Raab.

Etatsbuchhalter.
Obiger Friedrich Arnold.

Ministerialsecretäre II. Classe.
Dr. Georg Carl Seuffert.
Matthäus Joblbauer.

Kanzleisecretäre.
Georg Scheurlin.
Maximilian Gerstl.
Max von Krempelhuber.

Oberste Baubehörde.

Oberbaudirector.
Friedrich August Ritter v. Pauli, (K3. M2b. OER3. OL3. PRU3. SU2b. WK3.)

Oberbauräthe.
August v. Voit. (K3. M3. MaxO. PRU3.)
Carl Hummel. (M3.)
Matthäus Bernatz. (M3.)
Hermann Herrmann. (M3. SEH3.)

Bauräthe.
Gottfried Neureuther, zugl. Professor an der polytechn. Schule.

Dr. Max Bauernfeind, zugl. Professor an der polytechn. Schule.
Ferdinand Jobl, statt des ersten Baubeamten.

Baubeamter.
Georg Friedr. Seidel.

Secretär u. Buchhalter.
Aloys Bauer, geh. Secretär.

Registrator.
Friedrich Hohe.

Kanzlist.
— — —

Statistisches Bureau.

Vorstand.
Dr. Friedr. Benedict Wilh. v. Hermann, Staatsrath im ordentl. Dienste. (S. Staatsrath.)

Centralstellen des Staatsministeriums des Handels und der öffentlichen Arbeiten.

Generaldirection der K. Verkehrsanstalten.

Vorstand.
Ludwig Freiherr v. Brück, Kämmerer u. Generaldirector. (K3. M2b. BZL3. FEL4. GE3. HL2a. OJ31. OL3. PRU2. RU3. SU2a. SEH2a. WK3.)

Räthe.
Vincenz Waldmann. (M3. HL3a. OER3. PRU3.)

Friedrich Erdinger, Ober-Ingenieur. (M3.)
Adolph Nobiling. (M3. OER3. PRU3. SU3.)
Joseph Baumann. (M3. OER3. PRU4.)
Herrmann Fischer, Fiscal. (M3.)
Carl v. Dyck, (siehe Telegraphen-Amt).

Carl Expter, Obermaschinenmeister.
(M3. OER3. PRU3. SU3.)
Heinrich Babhauser. (M3. BL4.
HL3a. OFJ3.)
Friedr. Bürklein, Architekt. (M3.)
Joh. Wilhelm Deppert. (M3.)
Friedrich Max Engel.
Michael Hellmuth.
Eduard Rüber. (M3. SEH3.)
Johann Georg Beuschel. (M3.
OFJ3.)

Assessor.
Joseph Breidenbach.

Inspicirungs-Commissäre.
Friedrich Petri, Baurath (M3.
AWB3a. HP3. OFJ3. PRU4.
SU3. SEH3. SpJ3.)
Joseph Schlägel, Postmeister.

Bezirks-Ingenieur.
Erhard Hohenner.

Betriebs-Ingenieure.
Joseph Rist.
Alois Röckl.

Secretäre.
Wilhelm Götzl.
Emil Kollmann.
Ludwig Wimmer.
Mathias Seemüller.
Carl Oswald.

Maschinenmeister.
Carl Fuchs.

Registratoren.
Georg Adam Erhard.
Johann Georg Kraus.

Official.
Martin Ponater.

Kanzlisten.
Friedrich v. Schmabel.
Joseph Uebelacker.

Centralcasse der K. Verkehrs-Anstalten für den Betrieb.

Centralcassier.
Albert Roth. (M3.)

Centralcasse-Controleur.
Anton Maurer.

Officiant.
Ignaz Rosner.

Centralcassa der königl. Verkehrs-Anstalten für die Bauabtheilung.

Cassier.
Ludwig Haag. k. Rath. (M3.)

Controleur.
Clemens Adolph Lindner.

Officiant.
Walther Kleinschrod.

Regie- und Material-Verwalter.
Paul Schuster.

Rechnungs-Commissäre.
Wilhelm Hermann, Carl Friedr.
Auer, Ernst Sensburg, Franz
Mühlbauer, Caj. Grandauer,
Johann Müller, Carl Wilhelm
Strobel, Eduard Förg, Simon
Wiedaman, Joh. Lindemann,
Johann Weiß, Moritz Kießling,
Phil. Motz, Friedr. Mayer,
Clem. Leigh, Jos. Hafner.

Officialen.
Ernst v. Uechtritz, Georg Färber,
Jacob Zimmermann (Cours-Bureau), Jos. Meyerl, Adolph
Paukner.

Obergeometer.
Franz Hildenbrand, Obergeometer
bei der k. Steuerkataster-Commission.

Untergeordnete Aemter.

A.
Post- und Eisenbahn-Betriebsbehörden.

I. Ober-Post- und Bahnamt von Oberbayern.
(Sitz in München.)

Vorstand.
Maximilian Graf v. Reigersberg, Kämmerer u. Oberpostmeister. (M3. GC5. HL3a. OER2. PRU3.)

Bezirksinspector.
Adolph Schamberger. (HP3. OJ J3.)

Bezirksingenieur.
Johann Thenn, Baurath. (OL3. SU3.)

Betriebs-Ingenieure.
Carl Popp, Johann Georg Laubmann, Heinrich Pfalzer.

Abtheilungs-Ingenieure.
Heinrich Geißendörfer.
Georg Dollmann.
Carl Schnorr von Carolsfeld.

Bezirksmaschinenmeister.
Ignaz Fritz, (OGBRmK.)

Maschinenmeister.
Anton Hierneiß.

Abth.-Maschinenmeister.
Johann Nepomuk Roth.

Bezirkscassier.
Carl Aurbach.

Bezirkscasse-Controleur.
Michael Büttner.

Specialcassiere.
Franz Eschenlohr, Benedict Unger, Ludwig Weber, Franz Joseph Seidl.

Bahnhof-Verwalter.
—

Officialen.
Christoph Schönhammer (M4.), Christ. Amann, Ludwig Freih. v. Tautphöus, Ludwig Ehrensberger, Ludwig Ney, Franz Bruckmayer, Jacob Nickel, Ferdinand v. Fleckinger, Max Perzl, Joh. Nep. Zaspel, Ed. Lehmann, Georg Messerer, Joh. Obermayer, August Patronino, Jac. Stürmer, Peter Klein, Jos. Weinzierl, Jos. Banzer, Adam Sator, Wilhelm Weißhäupel, Joh. Friedr. Gareis, Bruno Wagner, Jos. Kern, Joseph Ott, Joh. Bapt. Eggenhofer, Joh. Bapt. Köhne, Franz Beck, Johann Evang. Pleninger, Martin Bauer, Joh. Schmidt, Carl Posselt, Carl Mitterer, Georg Voglbeer.

Poststallmeister.
Johann Georg Sedlmaier.

Post- und Bahnamt Rosenheim.

Vorstand.
Georg Hartnig, Inspector.

Bahnamtsverwalter.
Georg Götz.

Officialen.
Julius Escherich, Joseph Thurmbichler.

Bahnamt Kufstein.
Vorstand.
Anton Werr, Inspector, (Verweser.)

Bahnamtsverwalter.
Julius März.

Official.
Joseph Enzler.

Bahnamt Salzburg.
Vorstand.
Franz Diem, Inspector.

Bahnamtsverwalter.
Julius Bachmann.

Officialen.
Johann Bapt. Schroll, Carl Anton v. Haysdorff.

Post- und Bahnverwaltung Traunstein.
Post- und Bahnverwalter.
Maximilian Wolf.

Postverwaltung Ingolstadt.
Postverwalter.
Gustav von Kramer.

Post- und Bahnverwaltung Starnberg.
Post- und Bahnverwalter.
Ferdinand Levetzow. (OGVKmK.)

Expeditionen mit Post- und Eisenbahndienst.
Aibling, Althegnenberg, Bergen, Bernau, Brannenburg, Bruckmühle, Deisenhofen, Endorf, Freilassing, Großhesselohe, Haspelmoor, Heufeld, Holzkirchen, Kiefersfelden, Kolbermoor, Maisach, Mehring, Miesbach, Mittersendling, Nanhofen, Oberaudorf, Pasing, Planegg, Prien, Sauerlach, Stierhof, Teisendorf, Thalham, Uebersee, Westerham.

Postexpeditionen und Stationen.
Affing, Aichach, Altötting, Umpfing, Antdorf, Au bei München, Baierbrunn, Baierdiessen, Benedictbeuern, Berchtesgaden, Beuerberg, Burghausen, Dachau, Dietramszell, Dorfen, Ebenhausen, Ebersberg, Eitensheim, Erding, Erharding, Erling, Feldkirchen, Fischbach, Frabertsham, Freysing, Friedberg, Friedorfing, Fürstenfeldbruck, Garching, Geisenfeld, Gmund, Grafing, Graffau, Greifenberg, Haag, Haimhausen, Hohenkammer, Hohenlinden, Holzheim, Jetzendorf, Indersdorf, Inning, Inzell, Isen, Ismaning, Königsdorf, Kraiburg, Kreuth, Kühbach, Landsberg, Landsham, Langenbach, Laufen, Lechhausen, Lenggries, Lohhof, Marktl, Merching, Mittenwald, Mohrenweis, Moosburg, Mühldorf, Murnau, Neubeuern, Neumarkt a. d. R., Neuötting, Niederaschau, Nymphenburg, Oberammergau, Oberau, Oberzeitelbach, Odelzhausen, Ostermünchen, Parsdorf, Partenkirchen, Peiß, Peiting, Pfaffenhofen a. d. Ilm, Pfaffenhofen a. P., Pörnbach, Pöttmes, Rain, Reichenhall, Rott am Inn, Rott bei Landsberg, Rottenbuch, Schellenberg, Schleißheim, Schliersee, Schongau, Schrobenhausen, Schwaben, Schwabhausen, Schwabing, Seeon, Seeshaupt, Siegsdorf, Stein, Steingaden, Stein-

höring, Laufkirchen, Tegernsee, Tittmoning, Tölz, Trauchgau, Trostberg, Unterpeißenberg, Unterwessen, Unterwindach, Vohburg, Waging, Wallersee, Wasserburg, Weilheim, Weisham, Wiesmühl, Wolfratshausen, Wollnzach, Zorneding.

II. Oberpostamt von Niederbayern.
(Sitz in Landshut.)

Vorstand.
Rudolph Freih. v. Reibeld, Kämmerer, Oberpostmeister. (HP3.)

Bezirkscassier.
Carl Sellmayer. (K☉.)

Specialcassier.
Heinrich Bürgel.

Officialen.
Mich. Schwaiger, Franz Xaver Forstner, Paul Edelhart, Ludw. Beyer.

Poststallmeister.
Carl v. Cammerloher.

Postamt Passau.
Vorstand.
Alois Graf v. Benzel-Sternau, Kamerjunker, Postmeister.

Officialen.
Roman Raab, Ludwig Schmalhofer.

Postverwaltung Straubing.
Postverwalter.
Ferdinand Frhr. v. Lützelburg.

Postexpeditionen und Stationen.

Abbach, Abensberg, Aeuschertsfurth, Aidenbach, Altdorf, Uppersdorf, Arnbruck, Arnsdorf, Ascha, Au bei Landshut, Au bei Freising, Baumgarten, Birnbach, Bodenmais, Bogen, Breitenberg, Buchbach, Deggendorf, Dingolfing, Eggelham, Eggenfelden, Eggmühl, Eichendorf, Ergoldsbach, Ering, Eschelkam, Freyung, Frontenhausen, Gangkofen, Gaunacker, Geiselhöring, Geisenhausen, Grafenau, Griesbach, Haunersdorf, Hauzenberg, Hengersberg, Höhenstadt, Ilzstadt, Karpfheim, Kelheim, Kirchdorf, Kößlarn, Kötzting, Langenisarhofen, Landau a. d. J., Lamm, Langwaid, Mainburg, Malching, Mallersdorf, Mengkofen, Metten, Mirskofen, Mitterfels, Neufahrn, Neuhaus, Neukirchen b. hl. Blut, Neustadt a. d. Donau, Obernzell, Ober-Schneiding, Ortenburg, Osterhofen, Perlesreuth, Pfarrkirchen, Pfeffenhausen, Pilsting, Plattling, Pocking, Regen, Reisbach, Röhrenbach, Rottenburg an d. Laaber, Rotthalmünster, Ruhmannsfelden, Saal, Schierling, Schöllnach, Schönberg, Siegenburg, Simbach am Inn, Simbach bei Landau, Stallwang, Straßkirchen, Thann, Thyrnau, Tittling, Triftern, Tutting, Velden bei Vilsbiburg, Viechtach, Vilsbiburg, Vilshofen, Waldkirchen, Wegscheid, Welchenberg, Wörth a. d. Isar, Zandt, Zwiesel.

III. Oberpostamt der Pfalz.
(Sitz in Speyer.)

Vorstand.
Moriz v. Artheim, Oberpostmeister.

Bezirkscassier.
Bernhard Joachim.

Officialen.
Lorenz Megele, Friedr. Bischoff, Peter Wiegel.

Poststallmeister.
Franz Sick.

Postverwaltung Kaiserslautern.
Postverwalter.
Carl v. Pillement.

Postverwaltung Landau.
Postverwalter.
Sigmund v. Wecch.

Postverwaltung Ludwigshafen.
Postverwalter.
Otto Frhr. v. Stengel.

Postverwaltung Neustadt a. d. Hardt.
Postverwalter.
Carl Geiß.

Postverwaltung Zweibrücken.
Postverwalter.
August Ritter.

Postexpeditionen und Stationen.

Albersweiler, Alsenz, Annweiler, Bellheim, Bergzabern, Blieskastel, Böhl, Bruchmühlbach, Cusel, Dahn, Deidesheim, Dreisen, Dürkheim, Edenkoben, Ensheim, Frankenthal, Freinsheim, Germersheim, Göllheim, Grünstadt, Haßloch, Herxheim, Hochspeyer, Homburg, Hornbach, Ingenheim, Kaltenbach, Kirchheimbolanden, Lamprecht-Grevenhausen, Landstuhl, Langenkandel, Laumersheim, Lautereken, Lingenfeld, Mittelberxbach, Münchweiler am Glan, Mundenheim, Musbach, Mutterstadt, Obermoschel, Oggersheim, Olsbrücken, Otterberg, Pirmasens, Rheinheim, Rheinzabern, Rockenhausen, Rülzheim, St. Ingbert, Schifferstadt, Sembach, Waschenheim, Ulmet, Waldfischbach, Waldmohr, Wallhalben, Wattenheim, Weidenthal, Weingarten, Weißenburg a. L., Winden, Winnweiler, Wolfstein.

Bayer. Fahrpostexpedition.
Weißenburg a. Lauter.

IV. Oberpostamt der Oberpfalz und von Regensburg.
(Sitz in Regensburg.)

Vorstand.
Friedr. Hänlein, Oberpostmeister.
(M3. GE5. PRU4.)

Bezirkscassier.
Carl Pallier.

Specialcassier.
Friedrich Perr.

Officialen.
Friedrich Tünnermann, Raimund Popp, Georg Mielach, Joseph

Maier, Ernst Haindl, Philipp
Gerstl, Wilhelm Müller, Franz
Ritz, Georg Eberth, Anselm
Frhr. Lochner von Hüttenbach,
Kammerjunker, Carl Fellerer,
Ignaz Schäffer.

Poststallmeister.

Johann Götz.

Postverwaltung Amberg.

Postverwalter.

Bernhard Trapp.

Postverwaltung Sulzbach.

Postverwalter.

Rudolph Ritter v. Cammerloher.

Postexpeditionen und Stationen.

Allersberg, Altmannstein, Arn-
schwang, Auerbach, Bärnau,
Bodenwöhr, Brand, Bruck, Burglengenfeld, Cham, Daßwang,
Deining, Dietfurt, Donaustauf,
Ensdorf, Erbendorf, Eschenbach, Eslarn, Etterzhausen,
Etzenricht, Falkenberg, Falkenstein, Floß, Freihung, Frei-
stadt, Fuchsmühl, Furth i. W.,
Grafenkirchen, Grafenwöhr,
Grünwald, Hahnbach, Haids-
hof, Heideck, Hemau, Hil-
poltstein, Hirschau, Hohenburg,
Hohenfels, Illschwang, Kall-
münz, Kastl, Kemnath, Kö-
fering, Kohlberg, Kürn, Luhe,
Mähring, Mangolding, Mit-
terteich, Moosbach, Raabburg,
Neukirchen, Neukirchen-Balbini,
Neumarkt, Neunburg v. W., Neustadt a. d. Wldn., Neuwirthshaus, Nittenau, Oberwiech-
tach, Parsberg, Pfreimdt,
Pleistein, Plößberg, Pressath,
Regenstauf, Riedenburg, Rocks-
dorf, Roding, Rötz, Scham-
bach, Schamhaupten, Schindel-
lohe, Schmidtmühlen, Schnait-
tenbach, Schönsicht, Schönsee, Schwandorf, Schwarzen-
feld, Schwarzhofen, Stadtamhof, Sünching, Sulzbach, Tännesberg, Thumbach, Tiefenbach,
Tirschenreuth, Velburg, Vilseck, Vohenstrauß, Waidhaus,
Waldeck, Walderbach, Wal-
dershof, Waldmünchen, Waldsassen, Waldthurn, Weiden,
Wernberg, Wilting, Winklarn,
Wörth a. d. Donau.

V. Oberpost- und Bahnamt von Oberfranken.
(Sitz in Bamberg.)

Vorstand.

Wilhelm Seiler, Oberpostmeister. (M3.)

Bezirksinspector.

Ernst Baumann. (OFJ3.)

Bezirksingenieur.

Philipp Kühles. (OFJ3.)

Betriebs-Ingenieure.

Friedrich Förderreuther, Johann
Seeberger, Emil Stirner (OF
J3), Wilhelm Rose.

Abtheilungs-Ingenieure.

Johann Strobl.

Bezirksmaschinenmeister.

Ulrich Imhof.

15*

Maschinenmeister.
Ludwig Bockemüller. (O𝔊𝔙𝔎𝔐𝔎.)

Abth.-Maschinenmeister.
Christian Stark.

Bezirkscassier.
Christoph Limmer.

Bezirkscassa-Controleur.
Franz Xaver Klemm.

Specialcassiere.
Ignaz Spitz, Friedrich Böttinger.

Bahnhofverwalter.
Alexander Graf v. Brockdorff. Kämmerer. (𝔥𝔅☉.)

Officialen.
Franz Vittorelli, Fr. Peter Herzing, Joseph Schindler, Joseph Fuchs, Mich. Kramer, Feodor Herbst, Friedrich Wachter, Ludwig Brunner, Bernhard Wörner, Joseph Wanisch, Adalbert Grimm, Joh. Bapt. Crusilla, Franz Xaver Lacher, Adolph Herrgott.

Poststallmeister.
David Pickel.

Post- u. Bahnamt Bayreuth.
Vorstand.
Friedrich Ludwig Edler v. Braun, Postrath. (L.)

Bahnamtsverwalter.
Eduard Kiderlin. (G𝔈5.)

Officialen.
Max Waldherr, Joh. Caflisch.

Post- u. Bahnamt Hof.
Vorstand.
Franz Joseph Heunisch, Postrath. (M3. L. O𝔉I3. S𝔄3.)

Bahnamtsverwalter.
Christoph Bähr.

Officialen.
Jacob Jahreis, Anton Bayerköhler, Robert Boback, Georg Wenzing, Joh. Bapt. Bauer.

Post- u. Bahnamt Lichtenfels.
Vorstand.
Gustav v. Kohlhagen, Inspector. (H𝔓3. S𝔈𝔥4.)

Bahnamtsverwalter.
Philipp Frhr. von Seida.

Officialen.
Georg Neuhütl, Ludwig Simon.

Expeditionen mit Post- und Eisenbahndienst.
Breitengüßbach, Burgkundstadt, Cronach, Culmbach, Ebensfeld, Forchheim, Gundelsdorf, Hirschaid, Hochstadt, Küps, Mainleus, Marktschorgast, Münchberg, Neuenmarkt, Schwarzenbach a. S., Staffelstein, Stambach, Stockheim, Untersteinach, Zapfendorf.

Postexpeditionen und Stationen.
Berneck, Burgebrach, Burgwindheim, Creußen, Ebermannstadt, Ebrach (Kloster), Fichtelberg, Gefrees, Gleußen, Gößweinstein, Gräfenberg, Heiligenstadt, Helmbrechts, Herzogenaurach, Höchstadt an der Aisch, Hollfeld, Kaulsdorf, Kirchenlamitz, Lichtenberg, Ludwigsstadt, Markt-Leuthen, Mittwitz, Muggendorf, Naila, Neukirchen am Brand, Nordhalben, Oberns-

sees, Pegnitz, Plech, Pommersfelden, Pottenstein, Preßeck, Pretzfeld, Rattelsdorf, Redwitz, Rehau, Rothenkirchen, Schauenstein, Scheßlitz, Schirnding, Schnabelwaid, Schwarzenbach a. W., Selb, Selbitz, Seßlach, Seybottenreuth, Stadt- steinach, Steben, Steinwiesen, Streitberg, Theuschnitz, Thiersheim, Thurnau, Unterneuses, Unterrodach, Unterweslan, Waischenfeld, Weidenberg, Weismain, Weißendorf, Weißenstadt, Wunsiedel.

VI. Oberpost- und Bahnamt von Mittelfranken.
(Sitz in Nürnberg.)

Vorstand.
Carl Euler-Chelpin, Oberpostmeister. (M3. GE4. HL3a. RSt2.)

Bezirksinspector.
August Schäßler.

Bezirksingenieur.
Johann Reisinger.

Betriebs-Ingenieure.
Clement Feigele, Carl Röllg, Edmund Bürklein, Carl Leydel.

Abtheilungs-Ingenieur.
Carl Leybold.

Bezirksmaschinenmeister.
Lorenz Wucherer.

Bezirkscassier.
— —

Maschinenmeister.
Johann Brunner.

Abth.-Maschinenmeister.
Lorenz Hettig.

Bezirkscassa-Controleur.
Conrad Müller.

Specialcassiere.
Jacob Hanauer, Georg Friedrich Schorr, Max Haas, Ernst Wochinger.

Bahnhofverwalter.
Max v. Ammon.

Officialen.
Joh. Nepom. Goßinger, Adolph v. Mann, Carl Waltenberg, Max Toussaint, Friedr. Schneider, Johann Baptist Dennefeld, Albert Langenbrunner, Joseph v. Spitzel, Gg. Schoberer, Georg Klinger, Joseph Undry, August Schultheiß, Christoph Beckert, Ulrich Ulrich, Wilhelm Kammerer, Wilhelm Redlich, Ferdinand Schöller, Christoph Plattberg, Georg Kob, Ludwig Brugger, Elias Schaffner, Anton Treu, Oscar Graf v. Fugger-Blumenthal.

Poststallmeister.
Johann Leonh. Hanenberg.

Post- u. Bahnamt Ansbach.

Vorstand.
Ign. Vorhölzer, Inspector. (M3.)

Bahnamtsverwalter.
Johann Kögler.

Officialen.
Wilhelm Bruckmeyer, Albert Graf, Joseph Jung.

Post- und Bahnamt Fürth.

Vorstand.
Dr. Georg Löhner Postrath. (M.3.)

Bahnamtsverwalter.
Carl Stummvoll.

Officialen.
Carl Roth, Hermann Blaß, Georg Christoph Späth.

Post- und Bahnverwaltung Gunzenhausen.
Post- und Bahnverwalter.
Max v. Allweyer.

Postverwaltung Eichstädt.
Postverwalter.
Joseph Pfister.

Post- und Bahnverwaltung Erlangen.
Post- u. Bahnverwalter.
August Rath.

Expeditionen mit Post- und Eisenbahndienst.

Baiersdorf, Eltersdorf, Fürther Kreuzung, Georgensgmünd, Pleinfeld, Roth, Schwabach, Triesdorf, Wassertrüdingen.

Postexpeditionen und Stationen.

Abenberg, Altdorf, Aurach, Bechhofen, Beilngries, Berching, Berolzheim, Burgbernheim, Burghaslach, Colmberg, Dachsbach, Dinkelsbühl, Ellingen, Emskirchen, Eschenau, Farnbach, Feucht, Feuchtwangen, Flachslanden, Greding, Großweismannsdorf, Hartmannshof, Heidenheim, Heilsbronn (Kloster), Heroldsberg, Herrieden, Hersbruck, Ipsheim, Kadolzburg, Kinding, Kipfenberg, Langenfeld, Langenzenn, Lauf, Lehrberg, Leutershausen, Lichtenau, Marktbibart, Marktbürgel, Markt-Einersheim, Markterlbach, Mögeldorf, Neustadt an der Aisch, Oberferrieden, Obernzenn, Pappenheim, Possenheim, Rothenburg a. d. T., Rückersdorf, Rügland, Scheinfeld, Schillingsfürst, Schnaittach, Schopfloch, Schweinau, Simershofen, Solnhofen, Spalt, Thalmässing, Titting, Treuchtlingen, Triesdorf (Schloß), Uehlfeld, Uffenheim, Velden bei Hersbruck, Weißenburg, Wilhermsdorf, Windsbach, Windsheim, Wittelshofen.

VII. Oberpost- und Bahn-Amt von Unterfranken und Aschaffenburg.

(Sitz in Würzburg.)

Vorstand.
Oscar v. Schellerer, Kämmerer, Oberpostmeister. (M3. GE5. HP3. OER3. PRU4.)
Bezirksinspector.
Carl Mayer, (Verweser.)
Bezirksingenieur.
Franz Gyßling.
Betriebs-Ingenieure.
Georg Rauh, Hermann Pühn, Christoph Gahr, Marcus Rügemer.
Abtheilungs-Ingenieur.
Ambros Trient.
Bezirksmaschinenmeister.
Bernhard Zäch.
Abth.-Maschinenmeister.
Adolph Koch.
August Schulze.

Bezirkscassier.
Eduard Pohl.

Bezirkscassa-Controleur.
Conrad Mayer.

Specialcassiere.
Friedrich Dürig, Michael Luß, Theodor Marzell, Heinrich Bauer.

Bahnhofverwalter.
———

Officialen.
Theod. Lamey, Wilhelm Oerthel, Sebastian Schimmer, Christian Lapriß, Melchior Guth, Hermann Frhr. von Drechsel, Joach. Asmuth, Moritz Kalbskopf, Joh. Bapt. Plttrof, Gg. Raith, Franz Rambauer, Jos. Hölldobler, Ferd. Fränz, Carl Sondermann, Hermann Mayer, Theoder Täuber, Leonhard Geymann, Johann Baptist Maurmeier, Ernst Kühlwein, Wendelin Hoffmann, Franz X. König.

Poststallmeister.
Carl Horn.

Post- u. Bahnamt Aschaffenburg.

Vorstand.
August v. Axthelm, Inspector. (H P3.)

Bahnamtsverwalter.
Johann Bapt. Scheurer.

Officialen.
Heinrich Kirchner, Carl Gebhardt, Emil Brater.

Post- u. Bahnamt Schweinfurt.

Vorstand.
Friedrich Weber, Inspector. (M3.)

Bahnamtsverwalter.
Franz Dinnbier.

Official.
Oscar v. Dumas.

Postverwaltung Kissingen.

Vorstand.
Eduard Mogg, Postmeister. (G E5. ScF3.)

Expeditionen mit Post- und Eisenbahndienst.

Bergtheim, Ebelsbach, Gemünden, Haßfurt, Heigenbrücken, Karlstadt, Laufach, Lohr, Partenstein, Retzbach, Rottendorf, Schonungen, Seligenstadt, Veitshöchheim, Weigoldshausen, Zeil.

Postexpeditionen und Stationen.

Alzenau, Amorbach, Arnstein, Aschach, Aub, Baunach, Bischofsheim, Bonnland, Brückenau, Burgjoß, Burgsinn, Castell, Detelbach, Dettingen, Ebern, Eibelstadt, Eltmann, Ermershausen, Eßelbach, Euerdorf, Euerhausen, Fladungen, Gerolzhofen, Gersfeld, Giebelstadt, Hammelburg, Heidingsfeld, Heßenthal, Hilders, Hofheim, Kitzingen, Kleinheubach, Kleinlangheim, Klein-Ostheim, Klingenberg, Königshofen, Kreuzwerthelm, Mainbernheim, Mainstockheim, Marktbreit, Marktheidenfeld, Marktsteft, Maroldswelsach, Mellrichstadt, Miltenberg, Motten, Münnerstadt, Neues am Sand, Neustadt a. d. Saale, Obernburg, Ochsenfurt, Orb, Platz, Poppenhausen, Prichsenstadt, Randersacker, Reckendorf, Remlingen, Rimpar, Rineck, Röttingen, Roßbrunn, Rothenfels, Rüdenhausen, Saal, Schmalnau, Schöllkrippen, Sommerhausen, Stadtlauringen, Stadtprozelten, Stadt-Schwarzach, Straßbessenbach, Sulzdorf, Sulzheim, Tann, Unsleben, Untermerzbach, Untersteinbach, Volkach, Weihers, Werneck, Wiesentheld, Wörth am Main, Wüstensachsen, Zeillpheim, Zeitlofs.

VIII. Oberpost- und Bahnamt von Schwaben und Neuburg.

(Sitz in Augsburg.)

Vorstand.
Franz Lauböck, Oberpostmeister. (M3. GE5. HL3a. OE3. PR4.)

Bezirksinspector.
Ernst Rober. (HP3.)

Bezirksingenieur.
Heinrich Gulden.

Betriebs-Ingenieure.
Albert Böswillibald, Joh. Mohnié, Sigmund Engelhard, Christian Höchstetter, Joseph Schloßer, Wilh. Eichhorn.

Abtheilungs-Ingenieur.
Theodor Sticht.

Bezirksmaschinenmeister.
Joseph Kleinheinz. (OgVkrz mR.)

Maschinenmeister.
Rudolph Zorn, Moritz Stirner, Robert Stiller, Joh. Valentin Engelhardt.

Abth.-Maschinenmeister.
Jacob Dölzer.
Maximilian Schertel.

Bezirkscassier.
Conrad Vogel.

Bezirkscassa-Controleur.
Gustav Riemann.

Specialcassiere.
Ernst v. Scheidlin, Carl Heunisch, Wilhelm Scheller, Carl Sachs. (M4.)

Bahnhofverwalter.
Ernst Haugk.

Officialen.
Adolph Ritter von Neubronner, Aug. Marc, Carl Oberst, Gustav Heunisch, Gustav Schöninger, Friedrich Degen, Eugen Binder, Carl Frhr. v. Zandt, Kammerjunker, Joh. Jungkunz, Carl v. Wening-Ingenheim, Gustav Frhr. v. Reitzenstein, Mauritius Schipper, Joseph Thurmayer, Joseph Anselm, Johann Burger, Stephan Hofmann, Adolph Zahner, An. Gebhardt, Joh. Phil. Ebner, Friedr. Usselmann, Carl Berchem, Max Heindl, Ant. Eugen Jacob.

Poststallmeister.
Ignaz Knöpfle.

Post- und Bahnamt Lindau.
Vorstand.
Carl Theodor Siry, Inspector. (TCW3.)

Bahnamtsverwalter.
Carl Haaß.

Officialen.
Ferdinand Wilfert, Wilh. Benker, Oscar Kraile.

Post- und Bahnamt Kempten.
Vorstand.
Ferdinand Kriegelsteiner, Inspector.

Bahnamtsverwalter.
Anton Marberger.

Official.
Franz Paul Schuhwerk.

Post- u. Bahnamt Nördlingen.
Vorstand.
Max Hueber, Inspector.

Bahnamtsverwalter.
Kilian Kilian.

Official.
Aug. Fellermayer.

Bahnamt Ulm.
Vorstand.
August v. Mühlholz, Inspector.

Bahnamtsverwalter.
Ferd. Miltner.

Officialen.
Ludwig Lasalle, Heinrich Herrmann.

Post- und Bahnverwaltung Donauwörth.
Post- u. Bahnverwalter.
Friedrich Zenker.

Post- und Bahnverwaltung Kaufbeuern.
Post- und Bahnverwalter.
Heinrich Hauenstein.

Post- und Bahnverwaltung Memmingen.
Post- und Bahnverwalter.
Franz Xaver Lammerz.

Postverwaltung Neuburg a. d. D.
Postverwalter.
Max Freiherr von Grießenbeck.

Expeditionen mit Post- und Eisenbahndienst.
Aitrang, Altenstadt, Bießenhofen, Bobingen, Buchloe, Burgau, Dinkelscherben, Fellheim, Geßertshausen, Günzach, Günzburg, Harbatzhofen, Harburg, Hergatz, Jettingen, Illertissen, Immenstadt, Kellmünz, Leipheim, Meltingen, Nersingen, Neuulm, Oberstaufen, Oettingen, Offingen, Röthenbach, Schlachters, Schwabmünchen, Senden, Westheim, Wilpoldsried.

Postexpeditionen und Stationen.
Amerdingen, Altusried, Babenhausen, Biberbach, Biburg, Binswangen, Bissingen, Buchenberg, Burgheim, Denklingen, Dietmannsried, Dillingen, Erkheim, Fischach, Fischen, Fremdingen, Füßen, Göggingen, Grönenbach, Gundelfingen, Hindelang, Höchstädt a. d. D., Ichenhausen, Kaisheim, Kimraths-

hofen, Kirchheim, Krumbach, Lauingen, Lauterach, Lechfeld, Lindenberg, Mindelheim, Möttingen, Monheim, Nellenbruck, Nesselwang, Niederstaufen, Oberdorf, Obergünzburg, Oberstdorf, Osterberg, Ottobeuern, Pfaffenhausen, Pfronten, Pleß, Reichertshofen, Rennertshofen, Röthenbach (Dorf), Roßhaupten, Scheidegg, Sonthofen, Steinbach, Tapfheim, Thannhausen, Türkheim, Waal, Wallerstein, Weiler, Weißenhorn, Weitnau, Wembing, Wertach, Wertingen, Wolfertschwenden, Zeimethausen, Zusmarshausen.

B.

Telegraphen = Amt.
(Sitz in München.)

Vorstand.
Carl von Dyck, Generaldirectionsrath. (K3. M3. HP3. OFJ3. SEH3.)

Bezirksingenieur.
Heinrich Gumbart.

Telegraphen-Ingenieure.
Jacob Müller, Eduard Seyfert, Edmund v. Höslin.

Telegraphenamts-Mechaniker.
Julius Schneider.

Bezirkscassier.
Hieronymus Hagler.

Officialen.
Matthäus Emeran Benger, Friedrich Franz.

I. Vereinstelegraphen = Stationen.

1. Hauptstationen
a. mit Obertelegraphisten besetzt:

Centralstation München.
Anton März, Michael Heelein, Georg Beringer, Heinr. Mergner, Nicol. Rothammer, Joh. Beringer, Joh. Gerold.

Telegraphen = Station Augsburg.
Joseph Echinger. Gg. Feldmaier.

Telegr.=Station Bamberg.
Dr. Heinr. Küster, Ernst Rabefeld.

Telegr.=Stat. Frankfurt a. M.
Carl Normann, Bernhard Liebing, Anton Diener.

Telegr.=Station Hof.
Christian Häffner.

Telegr.=Station Landau.
Anton Dorner.

Telegr.=Station Lindau.
Ludwig Schüler.

Telegr.=Station Mainz.
Heinrich Bruhn.

Telegr.=Station Nürnberg.
Friedrich Herzing.

Telegr.=Station Passau.
Friedrich Zenker.

2. Selbständige Zwischenstationen
b. mit Obertelegraphisten besetzt:

Telegr.=Stat. Berchtesgaden.
———

Telegr.-Station Bingen.
Ludwig Zülow.

Telegr.-Station Coburg.
Georg Rumohr.

Telegr.-Station Darmstadt.
Otto Sommer.

Telegr.-Station Fürth.
Ludwig Burkhardt.

Telegr.-Stat. Germersheim.
— —

Telegr.-Station Gotha.
Adalbert Hirschfeld, Aug. Picker.

Tlgr.-Stat. Hohenschwangau.
— —

Telegr.-Station Kissingen.
— —

Telegr.-Station Landshut.
Georg Fordermayer.

Telegr.-Station Liebenstein.
— —

Telegr.-Stat. Ludwigshafen.
Franz Kleber.

Telegr.-Station Meiningen.
Carl Rumohr. (SEHED.)

Telegr.-Station Offenbach.
— —

Telegr.-Station Regensburg.
Nicolaus Hirzinger.

Telegr.-Station Reichenhall.
— —

Tlgr.-Stat. Reinhardsbrunn.
— —

Telegr.-Station Rosenheim.
— —

Telegr.-Station Speyer.
— —

Telegr.-Station Worms.
Adam Gampert.

Telegr.-Station Würzburg.
Michael Frisch.

3. Zwischenstationsorte mit Post- und Eisenbahndienst vereinigt.

Altötting, Amorbach, Ansbach, Aschaffenburg, Bayreuth, Burghausen, Donauwörth, Dürkheim, Edenkoben, Erlangen, Frankenthal, Freising, Gunzenhausen, Holzkirchen, Homburg, Ingolstadt, Kaiserslautern, Kaufbeuren, Kempten, Kitzingen, Marktbreit, Miltenberg, Mühldorf, Neuburg a. D., Neustadt a. H., Nördlingen, Schweinfurt, Simbach a. Inn, Straubing.

II. Eisenbahn-Betriebs-Telegraphen-Stationen.

Sämmtliche Stationen der Staatseisenbahnen.

C.
Betriebsamt der Bodensee-Dampfschifffahrt.
(Sitz in Lindau.)

Vorstand.
Franz Lauböck. (Siehe Oberpostamt Augsburg.)
Betriebsinspector.
Carl Sirp. (Siehe Post- und Bahnamt Lindau.)

Verwalter.
Adolph Möller.

D.

Canal-Amt.
(Sitz in Nürnberg.)

Vorstand.
Carl Euler-Chelpin. (s. Oberpost- und Bahnamt Nürnberg.)

Bezirksingenieur.
Ludwig Zenger.

Canalingenieure.
Alois v. Chlingensperg, Kammerjunker, Heinrich Vestner.

Cassier.

Cassecontroleur.
Johann Wilh. Strobel.

Eichmeister.
Joseph Arnold.

Einnehmereien.
Bamberg, Beilngries, Erlangen, Fürth, Kelheim, Neumarkt, Nürnberg.

General-Zoll-Administration.

Vorstand.
Gottlieb Michael v. Plank, Ministerial-Rath u. General-Zolladministrator. (K3. M2b.)

Oberzollräthe.
Jos. v. Döring. (K3. M3. L. PrK3.)
Christoph Horn. (M3.)
Ludw. Zwierlein. (M3. BL5. GE5.)
Georg Ludwig Carl Gerbig. (M3.)
Ludwig Doblinger.

Oberzollassessoren.
Adolph Wiedenmann.
Franz Berks.
Georg Berr.

Secretäre.
Christian v. Savoye. (OGVKmR.)
Joseph Bieringer.

Kanzlisten.
Friedrich Blassauer.
Christian von Reitz.
Joseph Baumgartner.

Registratoren.
Carl v. Orff. (M4.)
Ignaz Fellner.

Registraturgehilfe.
Maximilian Joseph Echerer.

Rechnungscommissäre.
Johann Georg Lämmlein, Joseph Müller, Wilh. Kreglinger, Heinrich Lederer, Dr. Cajetan Echerer, Ferdin. Schauer, Jos. Ott, Georg Jechtl, Johann Mich. Gumposch, Emil Stengel, Joseph Zieglwallner, Carl Arnold, Joseph Drexler, Max Jos. Eggensberger.

Inspections- und Administrationsbureau der Zollgrenz-Wache.

Grenzwachinspections-Commissär.
Ludwig Diehl. (M3.)

Inspector.
Hermann Schön.

Controleur.

Material-Verwaltung.

Materialverwalter.
Carl Estner.

Controleur.
Ernst Gaebelein.

Central-Zoll-Casse.
Centralzollcassier.
Joseph v. Prätorius. (M3. C. GE5.)

Controleur.
Joseph v. Schwaiger.

Officianten.
Max Joseph Wagenbauer, Eugen Ries.

Bevollmächtigte in anderen Zollvereins-Staaten.
Bei dem Centralbureau in Berlin:
Moritz Ritter v. Reichert, Oberzollrath. (M3. OER3.)
Bei der K. Preuß. Provincial-Steuer-Direction in Köln:
Georg Anton Widmann, Oberzollrath. (M3. LER3.)
Bei der K. Preuß. Provincial-Steuer-Direction in Königsberg:
Alexander Frhr. v. Reizenstein, Kämmerer u. Oberzollrath. (M3. C. PJ3. SF3.)

Vereinscontroleure in andern Zollvereins-Staaten.
Die Zollinspectoren:
Carl Eberhard in Stettin.
Dr. Jacob Miller in Stralsund.
Anton Rezer in Saarbrücken.
Otto Frhr. v. Aufseeß in Frankfurt a. M.
Wilhelm Keller Frhr. v. Schleitheim in Bremen.
Gustav Schübeck in Gransee.
Franz Emoan in Stallupönen.
Hugo Geiger in Tilsit.
Dr. Hermann Schaller in Breslau.

Zoll-Aufsichts- und Erhebungs-Behörden.
I. An der Grenze des Zollvereins.

Hauptzollamt Hof.
(Vide Aemter im Innern.)
Oberzollinspector.
Heinrich Vocke. (M3. OJ3.)
Obercontroleur
in Rehau: Joseph Ott.

Nebenzollamt I. Oberneuhaus, zu Neuhausen in Böhmen.
Zollverwalter.
Anton Herbert.
Zollamtscontroleur.
Michael Miller.

Hauptzollamt Walbsassen.
Oberzollinspector.
Friedrich Hänlein.

Hauptzollamtsverwalter.
Alois Meixner.
Hauptzollamtscontroleur.
Johann Georg Graßer.
Obercontroleure:
zu Schlottenhof: Johann Gruber,
zu Waldsassen: Johann Baptist Schmitt,
zu Plösberg: Mich. Weinhöppel.

Nebenzollamt I. zu Schirding.
Zollverwalter.
Ferdinand Sommer.
Zollamtscontroleur.
Michael Staudigl.

Nebenzollamt I. in Mähring.
Zollverwalter.
Lorenz Kronstaller.
Zollamtscontroleur.
Joseph Bauer.

Nebenzollamt I. in Bärnau.
Zollverwalter.
Carl v. Sonvicho.
Zollamtscontroleur.
——

Hauptzollamt Waldmünchen.
Oberzollinspector.
Anton Fuchs.
Hauptzollamtsverwalter.
Michael Wiedemann.
Hauptzollamtscontroleur.
Wolfgang Riepl.
Obercontroleure:
in Waldmünchen: Jacob Kuhn.
in Waldhaus: Carl Zerreis.
in Schönsee: Maximilian Scholl.

Nebenzollamt I. in Waidhaus.
Zollverwalter.
Carl Simon Mitterer.
Zollamtscontroleur.
Johann Baptist Redegelt.

Hauptzollamt Furth a. W.
Oberzollinspector.
Alois Ritter von Peter.
Hauptzollamtsverwalter.
Erhard Bauer.
Hauptzollamtscontroleur.
Ludwig Schmid.

Revisionsbeamter.
Johann Bieler.
Obercontroleure:
in Eschelkamm: Mathias Richter,
in Zwiesel: Georg Ziegelwallner,
zu Neukirchen: Andreas Dasinger.

Nebenzollamt I. in Zwiesel.
Zollverwalter.
Zacharias Singer.
Zollamtscontroleur.
Willibald Puchner.

Nebenzollamt I. zu Neumark in Böhmen.
Zollverwalter.
Max Welzl.
Zollamtscontroleur.
Ignaz Bauer.

Hauptzollamt Passau.
Oberzollinspector.
Franz Graf. (M3.)
Hauptzollamtsverwalter.
Urban Eckart.
Hauptzollamtscontroleur.
Ignaz Brehm.
Revisionsbeamte.
Leopold Paulus, Philipp v. Rauner, Michael Joseph Mehrl.

Zollexpositur am Bahnhofe.
Zollinspector.
Johann Schmidtkonz.
Revisionsbeamte.
Eduard Eheberg, Michael Thalhauser, Heinrich Nar.

Obercontroleure:
in Freyung: Alexander Hermann,
in Breitenberg: Christoph Hoh,
in Wegscheid: Lorenz Paul,
in Passau: Ernst Brunner,
in Schärding: Gregor Spöhrer.

Nebenzollamt I. in Kleinphilippsreuth zu Böhmisch-Land-Straßen.
Zollverwalter.
Heinrich Krick.
Zollamtscontroleur.
Joseph Leeb.

Nebenzollamt I. in Wegscheid.
Zollverwalter.
Joseph Ley.

Nebenzollamt I. in Oberzell.
Zollverwalter.
Alois Wittkug.

Nebenzollamt I. in Schärding a. Th.
Zollverwalter.
Heinrich Krämer.
Zollamtscontroleur.
Martin Hofmann.

Hauptzollamt Simbach.
Oberzollinspector.
Alois Rehm.
Hauptzollamtsverwalter.
Michael Reithner. (☉.)
Hauptzollamtscontroleur.
Joseph Wirth.
Revisionsbeamter.
Franz Xaver Koch.

Obercontroleure:
in Egglfing: Philipp Meixner,
in Simbach: Paul Höflich,
in Burghausen: Georg Scholl.

Nebenzollamt I. in Burghausen.
Zollverwalter.
Johann Evangel. Dubellier.
Zollamtscontroleur.
Carl Anton Wagner.

Hauptzollamt Freilassing.
Oberzollinspector.
Wolfgang Weigl.
Hauptzollamtsverwalter.
Andreas Mich. Buchbaur.
Hauptzollamtscontroleur.
Carl Peter Henkel.

Obercontroleure:
in Laufen: Benedict v. Gäßler,
in Oedhof: Friedrich Hummel,
in Reichenhall: Adolph v. Schirnding,
in Berchtesgaden: Joseph Höher.

Nebenzollamt I. in Laufen.
Zollverwalter.
Gregor Herrmann.
Zollamtscontroleur.
Anton Ilg.

Nebenzollamt I. in Schwarzbach zu Oesterreichisch Walserberg.
Zollverwalter.
Joseph Bacherl.

Zollamtscontroleur.
Peter Gündling.

Nebenzollamt I. in Schellenberg zu Oesterreichisch Hangenden Stein.
Zollverwalter.
Joseph Beck.

Nebenzollamt I. in Melleck.
Zollverwalter.
Georg Rops.
Zollamtscontroleur.
Joseph Späth.

Nebenzollamt I. am Bahnhofe in Salzburg.
Zollinspector.
Ludwig Hofreiter.
Zollverwalter.
Max Kaiser.
Zollamtscontroleur.
Ludwig Uecker.

Hauptzollamt Rosenheim.
Oberzollinspector.
Joseph Abel. (OFJ3.)
Hauptzollamtsverwalter.
Georg Lederer.
Hauptzollamtscontroleur.
Franz Frhr. v. Köppelle, Kammerjunker.
Revisionsbeamter.
Otto Besnard.
Obercontroleure:
in Neubeuern: Emil Fuchs,
in Marquartstein: Georg Schleßl,
in Oberaudorf: Max Kartmann,
in Tegernsee: Wilhelm Breul.

Nebenzollamt I. zu Rent im Winkel.
Zollverwalter.
Adolph Hofmann.

Nebenzollamt I. am Bahnhofe in Kufstein.
Zollverwalter.
Andreas Freilinger.
Zollamtscontroleur.
Johann Adolph Kunstmann.

Nebenzollamt I. in Kiefersfelden.
Zollverwalter.
Johann Christian Nurtsch.
Zollamtscontroleur.
Joh. Georg Schmidt. (K⊙.)

Hauptzollamt Mittenwald.
Oberzollinspector.
Friedrich Wilhelm Flessa.
Hauptzollamtsverwalter.
Paul Köhler.
Hauptzollamtscontroleur.
Joseph Paur.
Obercontroleute:
in Lenggries: Carl Frhr. v. Sazenhofen,
in Partenkirchen: Jos. Burger.

Nebenzollamt I. Griesen.
Zollverwalter.
Xaver Bernhart.
Zollamtscontroleur.
— — —

Hauptzollamt Pfronten.
Oberzollinspector.
Franz Kickinger. (M3.)
Hauptzollamtsverwalter.
Wolfgang Columba.
Hauptzollamtscontroleur.
Georg Klausewitz.
Obercontroleure:
in Füssen: Heinrich Freiherr von Dürsch.
in Pfronten: Max Graf v. Lösch,
in Sonthofen: Ludwig Göß.

Nebenzollamt I. in Füssen.
Zollverwalter.
Ferdinand Pauer.
Zollamtscontroleur.
Justus Huppmann.

Nebenzollamt I. in Hindelang.
Zollverwalter.
Max v. Schaden.
Zollamtscontroleur.
Franz Joseph Berg.

Nebenzollamt I. in Oberstorf.
Zollverwalter.
Johann Remmlein.
Zollamtscontroleur.
Caspar Geiger.

Hauptzollamt Lindau.
Oberzollinspector.
Joseph Dürr, zugleich Commissär der Dampfschifffahrts-Gesellschaft in Lindau und Hafen-Commissär. (M3. TB3.)
Hauptzollamtsverwalter.
Friedrich Lefeubure.

Hauptzollamtscontroleur.
Franz Xaver Zehbauer.
Revisionsbeamte.
Carl Zimmermann, Wilhelm Sondermann, Gustav Lossow, Ludwig Haushalter, Lothar Dauer.
Obercontroleure:
in Aeschach: Carl Eisenhofer,
in Lindau: Johann Anton Puß,
in Weiler: Wolfgang Huber.

Nebenzollamt I. in Oberstaufen.
Zollverwalter.
Carl Fink.
Zollamtscontroleur.
Johann Neidel.

Nebenzollamt I. in Niederstaufen.
Zollverwalter.
—
Zollamtscontroleur.
Peter Vorhauser.

Hauptzollamt Neuburg a. Rh.
Oberzollinspector.
Thomas Hohenberger.
Hauptzollamtsverwalter.
—
Hauptzollamtscontroleur.
Johann Georg Kohler.
Revisionsbeamter.
Gregor Weig.
Obercontroleure:
in Neulauterburg: Carl Niguet,
in Schwaigen: Friedrich Burkhardt,
in Rumbach: Friedr. Hering.

Nebenzollamt I. in Schwaigen.
Zollverwalter.
Johann Krebs.
Zollamtscontroleur.

— — —

Nebenzollamt I. in Neulauterburg.
Zollverwalter.
Johann Bapt. v. Stubenrauch.
Zollamtscontroleur.

— — —

Nebenzollamt I. in Schaibt.
Zollverwalter.
Joseph Bauriedl.
Zollamtscontroleur.
Heinrich Reich.

Hauptzollamt Zweibrücken.
(Vide Aemter im Innern.)
Oberzollinspector.
Georg Treiber.

Obercontroleure:
in Kröppen: Andr. Friedr. Weiß.
in Hornbach: Carl Hauptmann,
in Habkirchen: Joseph Philipp Avila.

Nebenzollamt I. in Habkirchen.
Zollverwalter.
Georg Kipp.

II. Aemter im Innern.

Hauptzollamt Hof.
Oberzollinspector.
(vide Aemter an der Gränze.)
Hauptzollamtsverwalter.
Carl Straub.
Hauptzollamtscontroleur.
Gustav Schreger.
Revisionsbeamter.
Mathias Waninger.

Zoll-Expedition auf dem Bahnhofe.
1. *Revisionsbeamter.*
Franz Joseph Sattler.
2. *Revisionsbeamter.*
Joseph Landsberger.

Hauptzollamt Bayreuth.
Oberzollinspector
(mit dem Amtssitze in Hof): Heinrich Vocke.
Hauptzollamtsverwalter.
Eugen Panzer.
Hauptzollamtscontroleur.
Franz Seraph Steiner.

Hauptzollamt Bamberg.
Oberzollinspector.
Hermann Jacob Weintz.
Hauptzollamts-Verwalter.
Christoph Justus Herwig, Oberbeamter. (L☉.)
Hauptzollamtscontroleur.
Adolph Zehrer.

Revisionsbeamte.
Justus Meyer, Bernhard Kaiser.

Hauptzollamt Nürnberg.
Oberzollinspector.
Johann Sternecker.
Hauptzollamtsverwalter.
Nicolaus Ludhardt.
Hauptzollamtscontroleur.
Anton Meßler.
Revisionsbeamte.
Ferdinand Rascher, Carl Spindlbauer, Adam Ehrat.

Zollexpedition auf dem Bahnhofe.
Revisionsbeamter.
Carl Friedrich Freund.

Nebenzollamt Erlangen.
Zollverwalter.
Theodor Böschinger.

Nebenzollamt Ansbach.
Zollverwalter.
Gebhard Sauter.

Hauptzollamt Fürth.
Oberzollinspector.
Obiger Johann Sternecker.
Hauptzollamtsverwalter.
Leonhard Hopfenmüller.
Hauptzollamtscontroleur.
Joseph Breitschaft.

Hauptzollamt Regensburg.
Oberzollinspector.
Georg Thelemann.
Hauptzollamtsverwalter.
Benno Patsch.

Hauptzollamtscontroleur.
Valentin Eberhardt.
Revisionsbeamte.
Anton Moritz v. Velasco, Christian Sartorius. Ludw. Stauffer.

Zollexpositur auf dem Bahnhofe.
Revisionsbeamter.
Adolph Ziebland.

Nebenzollamt Amberg.
Zollverwalter.
Anton Merkel.

Nebenzollamt Straubing.
Zollverwalter.
Johann Nepomuk Zwickh.

Hauptzollamt München.
Oberzollinspector.
Max Kaiser. (M3.)
Hauptzollamtsverwalter.
Ferdinand Kramer.
Hauptzollamtscontroleur.
Joseph Schmid.
Revisionsbeamte.
Joseph Niggl, Max Herzog, Carl Kämmerle.

Nebenzollamt Landshut.
Zollverwalter.
Adam Melzer.

Hauptzollamt Augsburg.
Oberzollinspector.
Christian Otto Heerwagen. (M3.)
Hauptzollamtsverwalter.
Carl Diehl.

16*

Hauptzollamtscontroleur.
Martin Müller.
Revisionsbeamte.
Christoph Ferd. Müller, Carl Theodor Duval.

Nebenzollamt Nördlingen.
Zollverwalter.
Julius Kleemann.

Hauptzollamt Donauwörth.
Oberzollinspector.
Obiger Christian Otto Heerwagen.
Hauptzollamtsverwalter.
Georg Joseph Hack. (K☉.)
Hauptzollamtscontroleur.
Ferdinand Carl Engelhard.

Hauptzollamt Kempten.
Oberzollinspector.
Joseph Mussinan.
Hauptzollamtsverwalter.
Wilhelm Heerwagen.
Hauptzollamtscontroleur.
Max Jörg.
Revisionsbeamter.
Franz Xaver Seel.

Nebenzollamt in Kaufbeuren.
Zollverwalter.
Joseph Freund. (L☉.)
Zollamtscontroleur.

Hauptzollamt Memmingen.
Oberzollinspector.
Obiger Joseph Mussinan.

Hauptzollamtsverwalter.
Michael Rebholz.
Hauptzollamtscontroleur.

Hauptzollamt Aschaffenburg.
Oberzollinspector.
Johann Georg Seiling. (M3.)
Hauptzollamtsverwalter.
Heinr. Weber, Oberbeamter. (L☉.)
Hauptzollamtscontroleur.
Joseph Widmann.
Revisionsbeamter.

Hauptzollamt Marktbreit.
Oberzollinspector.
Johann Nepomuk Refer.
Hauptzollamtsverwalter.
Max Ernst Bacher.
Hauptzollamtscontroleur.
Joseph Schuegraf.
Revisionsbeamter.
Gottfried Schmetzer.

Hauptzollamt Würzburg.
Oberzollinspector.
Georg Muschi.
Hauptzollamtsverwalter.
Paul Reisinger.
Hauptzollamtscontroleur.
Tobias Sauter.
Revisionsbeamte.
Johann Rösch (L☉), Gottfried Wagner.

Hauptzollamt Schweinfurt.
Oberzollinspector.
Carl Wolfanger. (M4.)
Hauptzollamtsverwalter.
Julius Hain.
Hauptzollamtscontroleur.
Carl Ripberger.
Revisionsbeamter.
Theodor Heinz.

Hauptzollamt Kitzingen.
Oberzollinspector.
(Obiger Johann Nepomuk Kefer.)
Hauptzollamtsverwalter.
Heinrich Achilles.
Hauptzollamtscontroleur.
Theodor Kleinhenz.
Revisionsbeamter.
— —

Hauptzollamt Ludwigshafen.
Oberzollinspector.
Ferdinand von Soyer.
Hauptzollamtsverwalter.
Bonifaz Brendel.
Hauptzollamtscontroleur.
Johann August Felix Kremer.
Revisionsbeamte.
Adam Roll (K☉.), Jacob Reich.

Nebenzollamt in Frankenthal.
Zollverwalter.
Johann Georg Mayer.

Hauptzollamt Speyer.
Oberzollinspector.
(Obiger Ferdinand von Soyer.)
Hauptzollamtsverwalter.
Franz Xaver Spöhrer.
Hauptzollamtscontroleur.
Carl Ludwig Bauer.

Nebenzollamt in Neustadt an der Hardt.
Zollverwalter.
Wilhelm Hofmann.

Hauptzollamt Neuburg a. Rh.
(Vide Aemter an der Gränze.)

Nebenzollamt in Landau.
Zollverwalter.
Max Joseph Guthy.

Hauptzollamt Zweibrücken.
Oberzollinspector.
(vide Aemter an der Gränze.)
Hauptzollamtsverwalter.
Wilhelm Strohmayer.
Hauptzollamtscontroleur.
Johann Nepomuk v. Moro.

Nebenzollamt in Kaiserslautern.
Zollverwalter.
Peter Schreiner.
Zollamtscontroleur.
— —

Central-Thierarznei-Schule.

Director.
Dr. Carl Fraas, ord. öffentlicher Universitäts-Professor. (M3.)

Professoren.
Dr. Dominicus Hofer, Beisitzer des Obermedicinal-Ausschusses u. Privatdocent an der k. Ludw.-Maxim.-Universität München.

Dr. August Postl, Mitglied des Kreismedizinal-Ausschusses von Oberbayern.

Georg Ramoser, praktischer Thierarzt.

Georg Nicklas, städt. Thierarzt.

Carl Hahn, prakt. Thierarzt.

Schmiedlehrer.
Conrad Schreiber, prakt. Thierarzt.

Rechnungsführer.
Balduin v. Eggelkraut.

Land- und Stamm-Gestüt.

Landgestüts-Verwaltung.

Vorstand.
Carl Frhr. v. Leoprechting, Oberst, (M3.)

Verwaltungsbeamter.
Jacob Kraus, Regimentsquartiermeister.

Verwaltungsgehilfe.
Georg Popp, Regiments-Actuar.

Dieser sind untergeordnet:

A. Das Landgestüt.

Bezirks-Gestüts-Inspectionen:

München.
Aufsichtsofficier.
Julius v. Regemann, Oberlieut.

Landshut.
Aufsichtsofficier.
Constantin Freiherr v. Podewils, Rittmeister.

Ansbach.
Aufsichtsofficier.
Otto Fuchs, Rittmeister.

Augsburg.
Aufsichtsofficier.
Moriz v. Hößlin, charakt. Major.

Diesen vier Inspectionen sind zugetheilt:
8 Unteroffiziere und 87 Gemeine der Cavalerie.

B. Das Stammgestüt in Schwaiganger.

Veterinär.
August Merz, Regiments-Veterinärarzt, mit der Beaufsichtigung und Leitung betraut.

Diesem sind zugetheilt:
2 Unteroffiziere der Cavalerie.
18 Pferde-Wärter.

Landwirthschaftliche Centralschule Weihenstephan.

Director.
Carl Gustav Wenz.

Professoren.
Dr. Martin Knoblach, für Chemie und Technologie.

Max Libl, für allgemeinen und speciellen Pflanzenbau.

Dr. Georg Mai, für Viehzucht und Veterinärkunde.

Adolph Döhlemann, für Geometrie, und landwirthschaftliche Baukunde.

Dr. Xaver Meister, für Physik und Klimatologie.

Ed. Bierbimpfel, k. Forstmeister. für Forstwirthschaft.

Stephan Schleissinger, kgl. Bez.-Ger.-Assessor für landwirthschaftliches Recht.

Andreas Schwaiger, Pfarrer in Vötting, für katholischen Religions-Unterricht.

Carl Kelber, Pfarrvicar in Freising, für protestantischen Religionsunterricht.

Lehrer.
Joseph Eßner, Obergärtner an der Obstbaumschule, Lehrer der praktischen Obstbaumzucht.

Rechnungsführer.
Wolfgang Zechel.

Repetitor und Assistent.
Vitus Uecker.

Assistent.
Eduard Hering.

XVIII.

Kriegs-Ministerium.

Staatsminister.

Se. Exz. Carl v. Liel, Staatsrath im ord. Dienste, Generalmajor. (K3. M3. B3C2a in St.u.EC. HP2a. LER2. PRU3. in Schw. RW4. WF2. WR3.)

Adjutanten.

Maximilian Frhr. v. Gumppenberg, Hauptmann im Generalquartiermeister-Stab.

Léon von der Mark, Oberlieutenant im 2. Infant.-Regim. Kronprinz.

Generalverwaltungs-Director.

Carl Ritter von Feinaigle, (K3. B3C3. HC3a. LER4. OER3. PRU4. SU3. WF3.)

Referenten.

Dr. Ludwig Feder, General-Stabs-Arzt. (M3. SU3. TJ3.)

Friedr. Frhr. v. Reichlin-Meldegg, Kämmerer, General-Auditor. (K3. M3.)

Joseph v. Lehmair, Oberst. (K3. M3. L. GC4. SM3. SpC3.)

Heinrich v. Buz, Oberst im Genie-Stab. (K3. M3.)

Maximilian Frhr. v. Ow, Oberst im Generalquartiermeisterstab. (G3. HP3.)

Ludwig v. Gropper, Oberkriegs-Commissär 1. Classe. (M3.)

Jos. v. Schmitt, Oberauditor. (K3. M3. HP3.)

Carl Fortenbach, Oberstlieutenant im 1. Artill.-Regiment Prinz Luitpold. (GC5.)

Sigmund Frhr. v. Prankh, Oberstlieutenant im Gen.-Quartiermeister-Stab. (M3. OER3. PRU4.)

Ignaz Dietl, Oberstlieutenant im Generalquartiermeister-Stab. (M3. GC5.)

Stanislaus Lov, Oberkriegscommissär 2. Classe. (GC5.)

Nepomuk Gräff, Ober-Veterinär-Arzt.

Friedrich Himmelstoß, Major im 5. Chevauleg.-Regiment vac. Leiningen.

Joseph Mailinger, Major im Generalquartiermeister-Stab. (OER3.)

Johann Backert, Kriegscommissär.

Den Ministerialreferenten beigegeben:

Friedrich Frhr. v. Treuberg, Hauptmann im 8. Infant.-Regiment vac. Seckendorff.

Andreas Friedlein, Hauptmann im Genie-Stab.

Theodor Fries, Hauptmann im 1. Artill.-Regiment Prinz Luitpold.

Dr. Xav. Leuk, Regiments-Arzt bei der Commandantschaft München.

Alois Schneider, Regmts.-Quartiermeister.

Generalsecretär.
Michael v. Gönner. (K3. M3. L. OFJ3.)

Oberregistrator und Archivar.

Geheime Secretäre.
Nepomuk Wimbäck.
Joachim Wirthmann. (HP3.)

Geheime Registratoren.
Franz Prand. (GE5.)
Friedrich Braun.

Ministerialsecretäre.
Joseph Gundermann.
Alois Möritz.
Joseph Kiefl.
Heinrich Glockner.
Friedrich Velden.
Wilhelm Hirsthus.
Andreas May.

Geheimer Registraturgehilfe.
Eugen Rächl.

Kanzleipersonal.
Johann Berger, Canzlei-Secretär.
Julius Majer,   „
Willbald Schuhmann, Reg.-Canzl.-Actuar.
Jacob Venzl, Reg.-Czl.-Actuar.
Michael Weckert,   „   „
Max Fernbach,   „   „
Eduard Röckl,   „   „
Otto Held,   „   „

Buchführung.
Franz Lehner, Regts-Quartierm.
Carl Huber, Unter-Quartiermeister.
Christoph Wunderlich, Regiments-Actuar.
Michael Schild, Regts-Actuar.

Generalität.

Feldmarschall.
Se. Königl. Hoheit Prinz Carl von Bayern, General-Inspector der Armée, Inhaber d. Inf. Reg. Nr. 3 und des Cuirassier-Regiments Nr. 1, dann Inhaber des K. K. Oesterreich. 3., Chef d. K. Preuß. 6. Husaren- und des Kaiserl. Russischen Infant.-Regim. Nr. 14. (H. G1. M33. K1. L. BT. BP1. GE1. HL1. HC1. NL1. OGW. OSt1. OMTh3. PSA. PRA1. RAnd. RAN. RWA. RG4. RU1. SRA. SC H1. SS. TJ1. JohGp.)

Generale.
Se. Exc. Theod. Fürst v. Thurn und Taxis, General d. Cavalerie, bei der General-Inspection der Armée eingetheilt, Inhaber des Chevaul.-Regts Nr. 2, Reichsrath. (H. G1. K1. M1. KHL. OSt1. OL1. PRA1. RAN. S F1.)

Se. Königl. Hoheit Herzog Maximilian in Bayern, General der Cavalerie, Inhab. des Chevauleg.-Regts Nro 3, Kreis-Command. der Landwehr von Oberbayern. (H. GE1. HL1. OGW. OSt1. PSA. Sc.Fd1.)

Se. Königl. Hoheit Prinz Luitpold v. Bayern, Feldzeugmeister, bei der General-Inspection der Armee eingetheilt, Inhaber des Artillerie-Regiments Nr. 1, dann Inhaber des K. K. Oesterreichischen 7. Feldartillerie-

Regiments. (H. GGpr. BI.
FGL1. GE1. HG. HL1. KHL. O
GW. OP1. OSt1. PGU. SE
H1. ScJb1. SpE1. TJ1.)

Se. Exc. Leonhard Frhr. v. Hohenhausen, char. General der Cavalerie, Sr. Majestät des Königs General-Adjutant, General-Capitän d. Leibg. d. Hartschiere, Inh. d. Infant.-Regts Nr. 7, Kämmerer. (K2b. M1. M*3. L. FGL5. GE1. HGu1. OL1. OER1. PRU1. RSt2.)

Generallieutenants.

Hugo v. Bosch, Präsident des General-Auditoriats. (K2b. M2a. L. WR2.)

Se. Exc. Anton von der Mark, Generalquartiermeister. (K2a. M1. L. OER1. PRU2mSt. RU2.)

Se. Exc. Heinrich Delpy v. La Roche, Sr. Maj. des Königs General-Adjutant, Kämmerer. (K2a. M1. L. FGL5. HGu2. HP1. KHW1. LER1. MEU1. OER1. OL1. OP1b. PRU1. RU1. RSt1. TJ2.)

Max. Graf v. Lerchenfeld, char., Premier-Lieutenant d. Leibgarde d. Hartschiere, Kämmerer. (K3. L. RSt2. Joh.3.)

Se. Exc. Jacob Ritter v. Hartmann, General-Commandant v. Würzburg. (K3. M2b. FGL2. GE5. HGu3. HP1. OL2. O ER2. PRU3. RW4. WR2.)

Se. Exc. Oscar Frhr. v. Zoller, Gen.-Commandant von Nürnberg, Kämmerer. (K3. GE3. PRU2. SEW2b.)

Se. Exc. Ludwig Frhr. von der Tann, Sr. Maj. des Königs General-Adjutant, Gen.-Commandant von München, Kämmerer. (MJ3. K2b. M2b. GE2. HGu4. HP2a. KHW2b. LE R1. LGMWM. MEU2. OE R1. PJ3. PRU2 m StuSchw. RSt1. SSch1. TkM2. W R3.)

Bernhard von Heß, char., Vice-Präsident des General-Auditoriates. (K3. M2b. GE2. KH W2a. PRU2. SEW2b. SER1.)

Wilhelm Ritter von Manz, char., Commandant der Haupt- und Residenzstadt München. (K2b. M2b. GE5. HP1. OL2. OE. R2.)

Se. Exc. Max v. Feder, General-Commandant von Augsburg. (K3. GE2. ScJ1.)

Generalmajore.

Baptist v. Koppelt, ad latus beim General-Commando Würzburg. (K3. L. HP2.)

Wolfgang v. Ott, ad latus beim General-Commando München. (K2b. M2b. L. PRU2.)

Carl Ritter v. Krazeisen, Commandant der 8. Infanterie-Brigade. (K3. M2b. L. GE5. PRU2.)

Friedrich v. Schnizlein, Gouverneur der Bundesfestung Landau. (K2b. M2b. L. BJL3. GE4. KHW2b.)

Alexander v. Hagens, Vorstand der Militär-Rechnungs-Kammer und der Militär-Fonds-Commission, Kämmerer. (K3. GE3. KHW2b. OER2. TJ2.)

Carl Freiherr v. Lindenfels, Commandant von Nürnberg, Kämmerer. (M3. L. PJ3. RU2.)

Wilhelm Carles, char., Commandant von Bayreuth. (M3. L. FEL5. KHW2b. OER2.)

Michael Ritter v. Schuh, Commandant des Cadeten-Corps, dann der Artillerie- und Genie-Schule. (K3. M3. BGK4. RSt 2. RW4. SSch3. WK2.)

Ludwig Graf v. Benzel-Sternau, Commandant d. 5. Infant.-Brigade, Kämmerer. (K3. M2b. L. FEL5. HP2b.)

Joseph Frhr. v. Asch, char., Secondelieutenant der Leibgarde der Hartschiere, Kämmerer. (M3. L. GE2.)

Benjamin v. Herman, Commandant der 6. Infant.-Brigade. (K3. L.)

Friedrich du Jarrys Freiherr v. La Roche, im Gen.-Quartiermeisterstabe, Hofmarschall Sr. Maj. d. Königs Ludwig, Kämmerer. (K3. M2b. GE2. HL2a. HP2a. MEK1. OL2. PG1. SEH2. SpJ1.)

Se. Exc. Carl v. Liel, Staatsrath im ordentl. Dienste, Kriegsminister. (K3. M3. B3L2amSt. u.EL. HP2a. LER2. PAU3m Schw. RW4. WR3. WF2.)

Carl Ritter v. Brobeßer, Brigad. der Artillerie. (K3. M3. L.)

Se. Königl. Hoheit Prinz Adalbert von Bayern, Inhaber des Cuirassier-Regiments Nr. 2. (H. GGpr. BI. B3L1. GE1. H L1. KHL. OP1a. OSt1. P SU. PRU1. SEH1. SpGW. SpK1. TkM1.)

Friedrich Graf v. Spretl, Commandant der 2. Cavalerie-Brigade. (K3. B3L2a. BGK3. HGu2.)

Georg Hertel, char., Commandant der Stadt Würzburg und der Veste Marienberg. (M3. L. PRU2.)

Carl Graf v. Butler-Clonebough, Gr. M. des Königs Hofmarschall u. Flügel-Adjutant, Kämmerer. (G3. K3. M2b. GE2. OL2. PRU3. ScG1. TJ2.)

Caspar v. Hagens, Commandant der 7. Infanterie-Brigade. (M3. HP2a. KHW3.)

Wilhelm Frhr. von Lindenfels, Commandant der 4. Cavalerie-Brigade. (M3. RU2.)

Eduard Frhr. v. Rotberg, Commandant der 1. Cavalerie-Brigade. (M3. L. KHW3.)

Joseph Hüz, Commandant der Stadt und Festung Germersheim. (M3. BK3. GE4. KH W3.)

Ignaz Frhr. v. Pfetten, char.,
Commandant der Stadt Re-
gensburg. (L.)

Franz Auer, char., Commandant
der Stadt Passau und der Veste
Oberhaus. (M3. GE4. ScF2.)

Nepomuk Ritter v. Eichenauer,
char., Vorstand der Armee-
Montur-Depot-Commission. (K
3. M3. L.)

Franz Limmer, Commandant der
3. Cavalerie-Brigade. (M3.
OL3.)

Ludwig Graf v. Rechberg u. Ro-
thenlöwen, char., Sr. Maj. des
Königs General-Adjutant, Käm-
merer. (K3. GE4. HL3. OL3.
OER3. PRU2. RU2mBr. Sc
F1.)

Theodor Frhr. v. Zeetze, Flügel-
Adjutant Sr. Maj. des Königs
Ludwig, Kämmerer. (K3. M3.
GE3. HL2b. HP2a. OER2.)

Baptist Klein, Commandant der
Stadt und Festung Ingolstadt.
(M3. L. HL3. HP2b.)

Baptist Stephan, Commandant
der 2. Infant.-Brigade. (M3.
GE5. HP2b. OL3. OER2. P
RU2. RU2. SU2.)

Nepomuk Neumayer, Vorstand
der Zeughaus-Haupt-Direction.
(M3. BL5. GE4.)

Wilhelm Merkel, Commandant
des Gendarmerie-Corps. (M3.
L. GE4. WF2b.)

Carl v. Spruner, Sr. Maj. des
Königs Flügel-Adjutant. (K3.
M3. BL5. GE3. HL3. OER2.
ScH4.)

Baptist Steinle, Commandant der
1. Infanterie-Brigade. (L. GE4.)

Anton Hanser, Commandant der
4. Infanterie-Brigade. (PRU2.)

Andreas Knott, Vorstand der Ad-
ministrations-Commission der
Militär Fohlenhöfe. (M3.)

Clemens Schedel, Commandant
der Bundesfestung Ulm. (M3.
GE4. KHW3. OER2.)

Nepomuk Fuchs, Commandant
der 3. Infanterie-Brigade. (M3.
GE5.)

Sr. Majestät des Königs General- u. Flügeladjutanten.

Generaladjutanten.

Se. Exc. Leonhard Frhr. v. Hohenhausen, char. General der Cavalerie u. General-Capitän der
Leibgarde der Hartschiere. (s.
Generalität.)

Se. Exc. Heinr. Delpy v. LaRoche,
Gen.-Lieut. (s. Generalität.)

Se. Exc. Ludwig Freiherr von
der Tann, General-Lieutenant
u. General-Commandant. (s.
Generalität.)

Ludwig Graf v. Rechberg und Rothenlöwen, char. Generalmajor.
(s. Generalität.)

Flügeladjutanten.

Carl Graf v. Butler-Clonebough, Generalmajor, Hofmarschall Sr. M. des Königs. (s. Generalität.)

Carl v. Spruner, Generalmajor. (s. Generalität.)

Carl Graf zu Pappenheim, Oberst. (K3. BL3. HV2b. LGR3. OER2. PJ3.)

Carl Frhr. v. Moy, Hauptmann, Kämmerer. (OL3. OER3.)

Sr. Maj. des Königs Ludwig Flügeladjutanten.

Theodor Frhr. von Zeetze, Generalmajor, Kämmerer. (s. Generalität.)

Franz v. Gmainer, Major, Kämmerer. (M3. GG4. HL3a. HV2b. PG3.)

Sr. Königl. Hoheit des Feldmarschalls, Prinzen Carl von Bayern, Adjutanten.

Emil Strunz, Oberstlieutenant im General-Quartiermeisterstab. (GG4. HL2b. OER3. RSt2.)

Alexander Freiherr v. Freyberg, Hauptmann im 1. Artill.-Reg. Prinz Luitpold. (OER3. PRA3. RU3. SA3.)

Generalinspection der Armee.

Generalinspector.

Se. Königl. Hoheit Prinz Carl von Bayern, Feldmarschall. (s. Generalität.)

Adjutanten.

Emil Strunz, Oberstlieutenant rc.

Alexander Freiherr v. Freyberg, Hauptmann rc.

Dem Generalinspector beigegeben:
Se. Exc. Theodor Fürst von Thurn und Taxis, General der Cavalerie. (s. Generalität.)

Adjutanten.

Ludwig Frhr. v. Würzburg, Rittmeister im 1. Cuir.-Regim. Prinz Carl.

— —

Se. Königl. Hoheit Prinz Luitpold von Bayern, Feldzeugmeister. (s. Generalität.)

Adjutanten.

Max Graf v. Verri della Bosla, Hauptmann im Inf.-Leib-Reg., Kammerjunker. (PR3. PRU3.)

Carl Frhr. v. Limböck, Oberlieut. im 1. Cuirassier-Regiment Prinz Carl. (HV3. PK4.)

Leibgarde der Hartschiere.

Generalcapitän.

Se. Exc. Leonhard Frhr. v. Hohenhausen, char. General der Cavalerie. (s. Generalität.)

Premierlieutenant.

Max Graf v. Lerchenfeld, char. Generallieut. (s. Generalität.)

Secondlieutenant.

Joseph Frhr. v. Asch, char. Generalmajor. (s. Generalität.)

Cornet.

Fabius Graf Ricciardelli, Oberst, Kämmerer. (M3. GE4. MEU 3. OL3.)

Exempten.

Theodor Graf v. La-Rosée, char. Oberst u. Kämmerer. (K3. H Ph2b. PRU3. SpJ2.)

Jos. Frhr. v. Großschedel, Oberstlieutenant und Kämmerer. (G. E5. TMW3.)

Adjutant.

Heinrich Neff, Rittmeister. (L. F EL5.)

Premier-Brigadiers u. Oberlieutenants.

Sigmund Schmalix, Wilh. Frhr. v. der Tann, Kammerjunker, Simon Münzing, (L. GE5.), Joseph v. Voit.

Sousbrigadiers u. Unterlieutenants.

Alois v. Hosemann, Joh. Pfeiffer, Paul Pfeiffer, Jacob Wagner.

Aerzte.

Dr. Gustav Kißing, Regiments-Arzt, und Dr. Joseph Rubenbauer, Bataillons-Arzt.

Quartiermeister.

Philipp Säuberlich, Regiments-Quartiermeister.

Auditor.

Hippolyt Harlander, Unterauditor.

1 Fourier, 1 Profos u. 100 Hartschiere mit Junkers Rang.

Generalquartiermeister-Stab der Armee.

Generalquartiermeister.

Se. Exc. Anton von der Mark, General-Lieutenant. (s. Generalität.)

Generalmajor.

Friedrich du Jarrys Freiherr v. La Roche. (s. Generalität.)

Oberst.

Maximilian Frhr. v. Ow, Referent im Kriegsministerium. (G3. HP3.)

Oberstlieutenants.

Moritz Gerstner.

Sigmund Freiherr v. Prankh, Referent im Kriegsministerium. (M3. OER3. PRU4.)

Ignaz Dietl, Referent im Kriegsministerium. (M3. GE5.)

Philipp Lessel, comm. bei der Militär-Commission der deutschen Bundesversammlung. (B3L3. mEL. HP3. LCR4.)

Emil Strunz, Adjutant Sr: K. H. des Feldmarschalls Prinzen Carl von Bayern. (GE4. HL2b. OE K3. RSt2.)

Majore.
Carl Schoch. (PRU3.)
Rudolph Frhr. von der Tann, Kämmerer. (BL4. FCL5. SpE2.)
Maximilian Graf v. Leublfing, Kämmerer. (PRU4. SpE2mSt.)
Friedrich Weiß. (M3.)
Joseph Maillinger, Referent im Kriegsministerium. (OEK3).
Hugo Diehl.

Hauptleute.
Otto Schmidt.
Carl Völk.
Maximilian v. Heckel.
Adolph v. Heinleth.
Eduard Weiß.
Maximilian Freiherr von Horn. (OEK3.)
Franz Frhr. Gemmingen v. Massenbach, Adjutant des General-Quartiermeisters.
Maximilian Frhr. v. Gumppenberg, Adjutant des Kriegsministers.
Johann Heilmann. (GE5. HP3. PRU4. SSch3.)
August v. Bäumen. (SpF3.)
Gustav Fleschuez.
Emil Wahl. (PRU4.)

Secretär.
Joseph Wild.

Topographisches Bureau des Generalquartiermeister-Stabes.

Director.
Hermann v. Schintling, Oberst.

1. Conservator.
Anton Stengel, char. Major.

2. Conservator.
Jacob Müller, Oberlieut.

(Außer den 24 von den Linien-Regimentern verwendeten Offizieren):
Max v. Orthlieb, char. Major.
Heinrich Frhr. v. Drechsel auf Deuffstetten, char. Major.
Friedrich Reulbach, char. Hauptmann.
Carl Orff, Hauptmann.
Carl Popp, Hauptmann.
1 Kupferstecher-Inspector.
1 Kupferstecher-Revisor.
11 Kupferstecher.
4 Kupferstecher-Eleven.
17 Unterofficiere der Armee.

Hauptconservatorium der Armee.

Conservator.
Heinrich Frhr. v. Drechsel auf Deuffstetten, char. Major.

Bibliothekar.
Friedrich Reulbach, char. Hauptmann.

Gehilfen.
Christian Schmitt, Oberlieutenant des 2. Infanterie-Regim. Kronprinz. (RSt3.)
Friedrich v. Wachter, Unterlieutenant des 12. Inf.-Regim. König Otto von Griechenland.

Gendarmerie-Corps-Commando.
(München.)

Unter diesem stehen die in den 8 Kreisen vertheilten 8 Gendarmerie-Compagnien und die Gendarmerie-Compagnie der Haupt- u. Residenzstadt.

Chef.
Wilhelm Merkel, Generalmajor. (s. Generalität.)

Stabsofficier.
— —

Adjutant.
Joseph Pfistetmeister, Hauptmann. (BSC3. BL5. HGu4. HP3. P R4. WF3.)

Kriegscommissär.
Burkhard Wirthmann. (L.)

Stabsauditor.
Joseph Würthmann.

Secretär.
Ludw. Kroneck, Divis.-Commando- Secretär.

Unterquartiermeister.
Leonhard Bühler.

Actuar.
Gustav Wurzer, Regim.-Canzl.- Actuar.

Gendarmerie-Compagnien.

Von Oberbayern.
(Sitz München.)
Commandant.
Jacob Reyser, Hauptmann.

Von Niederbayern.
(Sitz Landshut.)
Commandant.
Theodor Frhr. v. Fraps, Hauptmann, Kämmerer. (M3.)

Von der Pfalz.
(Sitz Speyer.)
Commandant.
Alois v. Spitzel, Hauptmann.

Von der Oberpfalz und von Regensburg.
(Sitz Regensburg.)
Commandant.
Hermann Freiherr v. Donnersperg, Hauptmann.

Von Oberfranken.
(Sitz Bayreuth.)
Commandant.
Max Bruckbräu, Hauptmann. (M3.)

Von Mittelfranken.
(Sitz Ansbach.)
Commandant.
Friedrich Bickel, Hauptmann.

Von Unterfranken u. Aschaffenburg.
(Sitz Würzburg.)
Commandant.
Joseph Freiherr von Waldenfels, Hauptmann.

Von Schwaben u. Neuburg. (Sitz Augsburg.)	Der Haupt- u. Residenzstadt München.
Commandant.	**Commandant.**
August Frhr. v. Welden, charact. Major. (M3.)	Franz Ehlinger, Hauptmann. (GE5.)

General-Commandos.

General-Commando München.

Unter diesem stehen:

Das Infanterie-Leib-Regiment, das 1. Infant.-Regim. König Ludwig, das 2. Infant.-Regim. Kronprinz, das 8. Infanterie-Regiment vac. Seckendorff, das 2. und 4. Jägerbataillon, das 1. Cuirassier-Regiment Prinz Carl und das 2. Cuirassier-Regiment Prinz Adalbert.

Die Commandantschaften München (diese nur in administrativer und rechtlicher Beziehung), Passau mit Oberhaus, die Commandantschaften Burghausen und Landshut, dann die Platzcommandos Freising und Reichenhall, welche von den Commandanten der dort befindlichen Heeres-Abtheilungen versehen werden.

Die 1. Genie-Direction (in Bezug auf das Militärbauwesen).
Die 1. Sanitäts-Compagnie.
Die Garnisons-Compagnie Nymphenburg.

(Siehe diese Abtheilungen und Commandantschaften.)

General-Commandant.	**Ad latus.**
Se. Exc. Ludwig Frhr. von der Tann, General-Lieut., (s. Generalität.)	Wolfgang v. Ott, Generalmajor, (s. Generalität.)
Adjutanten.	**Adjutant.**
Emanuel Kiliani, Rittmeister im 5. Chevaulegers-Regiment vac. Leiningen.	Gustav Waagen, Unterlieut. im Inf.-Leib-Reg.
	Brigadegenerale.
Florentin Kleinschrod, Oberlieut. im 1. Infanterie-Reg. König Ludwig.	Eduard Frhr. v. Rotberg, Generalmajor. (s. Generalität.)
	Adjutant. Bernhard Frhr. von Malsen, Oberlieutenant im 2. Chevaulegers-Reg. Taxis.

Baptist Stephan, Generalmajor, (s. Generalität.)
Adjutant. Carl Schenk, Oberlieutenant im 6. Jäger-Bat.
Baptist Steinle, Generalmajor, (s. Generalität.)
Adjutant. Emil Paull, Oberlieutenant im 12. Inf.-Reg. König Otto von Griechenland.

Generalstabsoffiziere.

Max Graf v. Leublfing, Major im General-Quartiermeister-Stab, Kämmerer. (PrU3. SpE2m.St.)
Otto Schmidt, Hauptmann im Generalquartiermeisterstab.

Geniedirector.

Heinrich Häring, Oberstlieut. im Genie-Stab. (M3.)

Stabsarzt.

Dr. Franz v. Sicherer. (M3. H P3. OF33.)

Kriegscommissär.

Philipp Beutner. (GE5.)

Stabsauditore.

Wilhelm Frönau; (funct.) Carl Höß, Regiments-Auditor.

Unterauditor.

Clemens Frhr. v. Lilgenau.

Secretäre.

Johann Lochmüller, Conrad Bub.

Canzlei-Secretär.

Gotthard Fink.

General-Commando Augsburg.

Unter diesem stehen:

Das 3. Infanterie-Regiment Prinz Carl, das 7. Infanterie-Regiment Hohenhausen, das 10. Infanterie-Regiment vac. Albert Pappenheim, das 12. Infanterie-Regiment König Otto von Griechenland, das 3. Jäger-Bataillon, das 3. Chevaulegers-Regiment Herzog Maximilian, und das 4. Chevaulegers-Regiment König.

Das bayerische Festungs-Commando in Ulm (nur in rechtlicher Beziehung), die Commandantschaften Augsburg, Ingolstadt (nur in rechtlicher Beziehung), und Lindau; dann die Commandantschaften Dillingen, Eichstädt und Kempten, welche von den Commandanten der dort befindlichen Heeresabtheilungen versehen werden.

Die 2. Genie-Direction (in Bezug auf das Militärbauwesen.)

(Siehe diese Abtheilungen und Commandantschaften.)

General-Commandant.

Se. Exc. Maximilian v. Feder, Gen.-Lieut., (s. Generalität.)

Adjutanten.

Carl Mayer, Hauptmann im 2. Infanterie-Reg. Kronprinz.

Johann Frhr. v. Hertling, Oberlieutenant im 2. Cuirassier-Regiment Prinz Adalbert.

Ad latus.

———

Adjutant.

Brigade-Generale.

Friedrich Graf v. Spreti, Gen.-Major. (s. Generalität.)
Adjutant. Friedr. Kiliani, Oberlieutenant im 4. Chevaurleg.-Regim. König (H**G**u4.)
Anton Hanser, Generalmajor, (s. Generalität.)
Adjutant. Joseph Michell, Oberlieutenant im 6. Inf.-Reg. König Wilhelm von Preußen. (P**R**U4.)
Nepomuk Fuchs, Generalmajor, (s. Generalität.)
Adjutant. Julius Graf v. Zech, Oberlieutenant im 11. Inf.-Regiment vac. Ysenburg.

Generalstabsofficiere.

Rudolph Frhr. von der Tann, Major im Generalquartiermeister-Stab, Kämmerer. (B L4. F**G**L5. SpC2.)

Carl Völk, Hauptmann im Generalquartiermeister-Stab.

Geniedirector.

Johann Jlling, Major im Gen.-Stab. (M3.)

Stabsarzt.

Dr. Matthäus Hauer. (O**GV**R mKr.)

Kriegscommissär.

Friedrich Recknagel.

Stabsauditore.

Carl Holzinger (HP3.); funct. Joseph Hölzl, Regim.-Auditor.

Unterauditor.

Robert Clauß.

Secretär.

Alois Fleischmann.

Actuare.

Anton Klostermaier, Reg.-Cgl.-Actuar; Leonhard Spambalg, Reg.-Actuar.

General-Commando Nürnberg.

Unter diesem stehen:

Das 6. Infanterie-Regiment König Wilhelm von Preußen, das 11. Infanterie-Regiment vac. Ysenburg, das 14. Infanterie-Regiment Zandt, das 15. Infanterie-Regiment König Johann von Sachsen, das 1. und 5. Jäger-Bataillon, das 1. Chevaulegers-Regiment Kaiser Alexander von Rußland, und das 2. Chevaulegers-Regiment Taxis.

Die Commandantschaften Nürnberg, Regensburg, Wülzburg, (letztere nur in rechtlicher Beziehung); dann die Commandantschaften Amberg, Ansbach, Forchheim, Neuburg a. d. D., und Straubing, ferner die Platzcommandos Neustadt a. d. U., und Sulzbach, welche von den Commandanten der dort befindlichen Heeresabtheilungen versehen werden.

Die 3. Genie-Direction (in Bezug auf das Militärbauwesen).
Die 3. Sanitäts-Compagnie.

(Siehe obige Abtheilungen u. Commandantschaften.)

General-Commandant.
Se. Exc. Oscar Frhr. v. Zoller, Generallieut. (s. Generalität.)

Adjutanten.
Carl v. Vallade, Hauptmann im 9. Infanterie-Regiment Wrede. (KHW3.)
Eduard Schlagintweit, Oberlieut. im 6. Chevaulegers-Regiment vac. Herzog von Leuchtenberg. (SpF3.)

Ad latus.

Adjutant.

Brigade-Generale.
Ludwig Graf v. Benzel-Sternau, Generalmajor. (s. Generalität).
Adjutant. Franz Popp, Oberlieutenant im 11. Inf.-Reg. vac. Ysenburg.
Benjamin v. Herman, Generalmajor. (s. Generalität.)
Adjutant. Emil von Schelhorn, Oberlieut. im 9. Inf.-Reg. Wrede.
Franz Limmer, Generalmajor, (s. Generalität.)

Adjutant. Wilhelm von Pet, Unterlieutenant im 2. Chevaulegers-Regiment Taxis.

Generalstabsofficiere.
Carl Schoch, Major im Generalquartiermeister-Stab. (PrA3.)
August v. Bäumen, Hauptmann im General-Quartiermeister-Stab. (SpF3.)

Geniedirector.

Ober-Stabsarzt 2. Classe.
Dr. Friedrich Sommer. (M3. KHW3. OF33.)

Kriegscommissär.
Ignaz Pilati. (L.)

Stabsauditore.
Anton Dümler (OF33.); funct.
Carl Greb, Regim.-Auditor.

Unterauditor.

Secretäre.
Joseph Neubauer, Heinrich Seefried.

Canzlei-Secretär.
Joseph Stark.

Actuar.
Johann Horn, Regim.-Actuar.

General-Commando Würzburg.

Unter diesem stehen:

Das 4. Infanterie-Regiment vac. Gumppenberg, das 5. Infanterie-Regiment Großherzog von Hessen, das 9. Infanterie-Regiment Wrede, das 13. Infanterie-Regiment Kaiser Franz Joseph von Oesterreich, das 6. Jäger-Bataillon, das 5. Chevaulegers-Regiment vac. Leiningen, und das 6. Chevaulegers-Regiment vac. Herzog von Leuchtenberg.

Die Commandantschaften Germersheim, Rosenberg, Würzburg (bezüglich der Veste Marienberg mit dem Mainviertel), dann das Festungs-Gouvernement Landau (nur in rechtlicher Beziehung); ferner die Commandantschaften Aschaffenburg, Bamberg, Bayreuth, Speyer und Würzburg, dann die Platzcommandos Ludwigshafen und Neumarkt; endlich die Commandantschaft Zweybrücken, welche von dem Commandanten der dort befindlichen Heeresabtheilungen versehen wird.

Die 4. Genie-Direction (in Bezug auf das Militärbauwesen).

Die 2. Sanitäts-Compagnie.

Die Garnisons-Compagnie Königshofen.

(Siehe obige Abtheilungen und Commandantschaften).

General-Commandant.
Se. Excell. Jacob Ritter v. Hartmann, General-Lieut. (s. Generalität.)

Adjutanten.
Carl Damboer, Oberlieutenant im 3. Infanterie-Regiment Prinz Carl.

Maximilian Frhr. v. Sazenhofen, Oberlieutenant im 3. Chevaulegers-Regiment Herzog Maximilian.

Ad latus.
Baptist von Roppelt, Generalmajor. (s. Generalität).

Adjutant.
Hermann Nürnberger, Unterlieutenant im 4. Inf.-Regim. vac. Guimppenberg.

Brigade-Generale.
Carl Ritter von Krazeisen, General-Major. (s. Generalität.)

Adjutant. Leop. Frhr. v. Stengel, Unterlieut. im 2. Inf.-Reg. Kronprinz.

Wilhelm Freiherr v. Lindenfels, Generalmajor. (s. Generalität.)

Adjutant. Heinrich von Nagel, Oberlieutenant im 5. Chevaulegers-Regim. vac. Leiningen.

Caspar v. Hagens, Generalmajor, (s. Generalität.)

Adjutant. Moritz Orff, Oberlieutenant im 3. Inf.-Reg. Prinz Carl. (PRU4.)

Generalstabsofficiere.
Moritz Gerstner, Oberstlieutenant im General-Quartiermeister-Stab.

Emil Wahl, Hauptmann im General-Quartiermeisterstab. (PRU4.)

Geniedirector.
Wilhelm Schrodt, Major im Genie-Stab.

Stabsarzt.
Dr. Joseph Mahlmeister. (M3.)

Kriegscommissär.
Jacob Gölz.

Stabsauditore.
Albert Martin; (funct.) Ludwig Lesch, Regim.-Auditor.

Unterauditor.
Andreas Volkert.

Secretär.
Martin Hiller.

Canzlei-Secretär.
Gottlieb Richmer.

Actuar.
Anton Pfeiffer, Reg.-Actuar.

Artillerie-Corps-Commando.
(München.)

Unter diesem stehen:

Die Artillerie-Berathungs-Commission, das 1. Artillerie-Regiment Prinz Luitpold, das 2. Artillerie-Regiment vac. Lüder mit je einer Fuhrwesens-Escadron, das 3. reitende Artillerie-Regiment Königin und das 4. Artillerie-Regiment, die Zeughaus-Hauptdirection mit den untergeordneten technischen Anstalten, Zeughäusern und der Ouvriers-Compagnie, dann die Gewehrfabrik-Direction.

Corpscommandant.
———

Adjutanten (funct.)
Otto Frhr. v. Truchseß-Wetzhausen, Hauptmann bei der Artill.-Berath.-Commission.
Eugen Malaisé, Oberlieutenant im 3. Artill.-Reg. Königin.

Brigadier.
Carl Ritter v. Brodeßer, Generalmajor. (s. Generalität.)

Adjutant.
Ferdinand v. Grundherr, Ober-Lieut. im 1. Artill.-Reg. Prinz Luitpold.

Stabsarzt.
———

Oberkriegscommissär 2. Classe.
Friedrich Schultheiß. (M3. L. OJ 33.)

Stabsauditor.
Theodor Mühlbaur.

Unterauditor.
Ludwig Glück.

Secretär.
Caspar Schuster.

Canzleisecretär.
Friedrich Fridrich.

Actuare.
Georg Popp, Reg.-Czl.-Actuar, Joseph Pfoser, Reg.-Actuar.

Genie-Corps-Commando.

In München.

Unter diesem stehen:

Der Genie-Stab, nämlich die Genie-Berathungs-Commission, die fünf Genie-Directionen mit den vier Local-Genie-Directionen, in Bezug auf das Militärbauwesen jedoch die Genie-Direction der Bundesfestung Landau nicht, und die übrigen Genie- und die Local-Genie-Directionen nur mittelbar durch die General-Commandos, beziehungsweise das bayerische Festungs-Commando in Ulm, und die Stadt- und Festungs-Commandantschaften Germersheim, Ingolstadt und Würzburg; ferner das Genie-Regiment.

Commandant.

Adjutanten funct.
Eduard Windisch, Hauptmann im Genie-Regimente.
Ferdinand Gaab, Oberlieut. im Genie-Stab.

Regimentsquartiermeister.

Secretär.
Wilhelm Müller.

Actuar.

Commandantschaften.

Stadt-Commandantschaft Aschaffenburg.
Commandant.
Johann Keller, Oberst. (GE5. H L3. SEW3.)

Stadt-Commandantschaft Augsburg.
Commandant.

Platzstabsofficier.
Carl Kaiser, char. Oberstlieut.

Stadt-Commandantschaft Bamberg.
Commandant.

Stadt-Commandantschaft Bayreuth.
Commandant.
Wilhelm Caries, char. Generalmajor. (s. Generalität.)

Stadt- und Festungs-Commandantschaft Germersheim.
Commandant.
Joseph Hütz, General-Major. (s. Generalität.)

Platzstabsofficiere.
Max v. Brückner, Major.
Casimir Frhr. v. Gravenreuth, Major, Kämmerer.

Artilleriedirector.
Franz Rosenstengel, Oberstlieutenant im 1. Artillerie-Regiment Prinz Luitpold.

Geniedirector.
Joseph Clessin, Oberstlieutenant im Genie-Stab.

Stadt- und Festungs-Commandantschaft Ingolstadt.

Commandant.
Baptist Klein, Generalmajor, (s. Generalität.)

Platzstabsofficiere.
Carl Lindhamer, Major.
Nepomuk Frhr. v. Pfetten, Major.

Artilleriedirector.
— —

Geniedirector.
Jos. Schmauß, Oberst im Genie-Stab. (M3.)

Gouvernement der Bundesfestung Landau.

Gouverneur.
Friedrich v. Schnizlein, Generalmajor. (s. Generalität.)

Commandant.
Max Aldoßer, Oberstlieutenant. (M3. BrL3.)

Platzstabsofficiere.
Friedrich Ritter v. Zentner, Major, Kämmerer. (GE4. HL3. ScF3a.)
Carl v. Gähler, Major.

Artilleriedirector.
Max Graf v. Tattenbach, Major im 2. Artill.-Reg. vac. Zuber. (M3. WF3.)

Geniedirector.
Martin Mager, Oberst im Genie-Stab. (M3.)

Stadt-Commandantschaft Lindau.

Commandant.
Joseph Burgartz, Oberstlieutenant. (L. KHW3.)

Platz-Commando Ludwigshafen.

Commandant.
Cäsar Saint-Julien, Major.

Commandantschaft der Haupt- u. Residenzstadt München.

Commandant.
Wilhelm Ritter von Manz, char. Generallieut., (s. Generalität.)

Vorstand der Localverpflegs-Commission.
Maximilian Stöber, Major.

Platzstabsofficiere.
Carl Frhr. v. Reichlin-Meldegg, Oberst. (M3.)
Wilhelm Bechtold, Major.

Stadt-Commandantschaft Nürnberg.

Commandant.
Carl Frhr. v. Lindenfels, Generalmajor (s. Generalität.)

Platzstabsofficier.
Carl Gemming, char. Oberstlieut. (M3. AUB3. HGu3.)

Commandantschaft der Stadt Passau und der Veste Oberhaus.

Commandant.
Franz Auer, char. Generalmajor. (s. Generalität.)

Platzstabsofficier.

Stadt-Commandantschaft Regensburg.
Commandant.
Ignaz Frhr. v. Pfetten, char. Generalmajor. (s. Generalität.)

Commandantschaft der Veste Rosenberg.
Commandant.
Otto v. Beust, Oberst.

Stadt-Commandantschaft Speyer.
Commandant.
Philipp Busch, Oberstlieutenant.

Festungs-Commando in Ulm.
Commandant.
Clemens Schedel, Generalmajor, (s. Generalität.)
Platzstabsofficier.
Sigmund Frhr. v. Geuder, genannt Rabensteiner, Major. (HP3.)

Commandantschaft der Veste Würzburg.
Commandant.
Carl Kriebel, Oberst. (M3.)

Commandantschaft der Stadt Würzburg und der Veste Marienberg.
Commandant.
Georg Hertel, char. General-Major. (s. Generalität.)
Vorstand der Localverpflegs-Commission.
funct. Wilhelm Weber, p. Major.
Platzstabsofficiere.
Conrad Rittmann, Oberstlieutenant.
Alois v. Stockhammern, Oberstlieutenant.
Geniedirector.
Ludwig Lößl, Major im Genie-Stab.

Infanterie.

Infanterie-Leibregiment.
(Garnison München.)
Oberst-Commandant.
Carl Graf v. Spreti.
Oberstlieutenant.
Wilhelm v. Schleich, Kämmerer.
Majore.
Achilles Schiber.
Friedrich Frhr. von der Tann. (PRA4.)
Ludwig Schertel.

1.
Infanterie-Regiment König Ludwig.
(Garnison München.)
Oberstinhaber.
Se. Maj. der König Ludwig.
Oberst-Commandant.
Wilhelm Walther.
Oberstlieutenant.
Clemens Pesenecker.

Majore.

Franz Symon von Carneville.
Ludwig Graf v. Ysenburg-Philippseich.

2.
Infanterie-Regiment Kronprinz.
(Garnison München.)

Oberstinhaber.
Se. Königl. Hoheit der Kronprinz Ludwig.

Oberst-Commandant.
Eduard Lutz.

Oberstlieutenant.
Carl Dietl.

Majore.
Franz v. Jackenhofen. (WK3.)
August Leythäuser.
Philipp Graf von Ysenburg-Philippseich.

3.
Infanterie-Regiment Prinz Carl.
(Garnison Augsburg.)

Oberstinhaber.
Se. Königl. Hoheit Prinz Carl von Bayern. (f. Generalität.)

Oberst-Commandant.
Joseph Mändl. (M3. GK4.)

Oberstlieutenant.
Ludwig Graf v. Froberg-Montjoye.

Majore.
Carl v. Brückner.
Otto Ritter v. Schmädel.
Edmund Höfler.

4.
Infanterie-Regiment vac. Gumppenberg.
(Garnison Aschaffenburg.)

Oberstinhaber.

Oberst-Commandant.
Baptist Veith. (HP3.)

Oberstlieutenant.
Christian Ritter von Mann.

Majore.
Heinrich Ritter v. Thiereck. (M3.)
Georg Bösmiller.
Julius Bayl.

5.
Infanterie-Regiment Großherzog von Hessen.
(Garnison Bamberg.)

Oberstinhaber.
Se. Königl. Hoheit Großherzog von Hessen.

Oberst-Commandant.
Franz Bijot. (KHW3. HL2b.)

Oberstlieutenant.
Caspar Elblein. (HL3a.)

Majore.
Albert Roth. (HL3.)
Joseph Schwalb. (HL3a. HP3.)
Eduard Högele. (HL3a.)

6.
Infanterie-Regiment König Wilhelm von Preußen.
(Garnison Amberg.)

Oberstinhaber.
Se. Maj. König Wilhelm von Preußen.

Oberst-Commandant.
Gustav Ritter v. Welsch.

Oberstlieutenant.
———

Majore.
Theodor Ritter. (PRU3.)
Wilhelm Hölz.
Michael Schuch. (KHW3.)

7.
Infanterie-Regiment Hohenhausen.
(Garnison Ingolstadt.)

Oberstinhaber.
Se. Exc. der char. General der Cavalerie Leonhard Frhr. v. Hohenhausen, (s. Generalität).

Oberst-Commandant.
Franz Faust. (GE5.)

Oberstlieutenant.
Leopold Hößlinger.

Majore.
Ludwig Leichtenstern.
Conrad v. Berg genannt Schrimpf. (PG3.)

8.
Infanterie-Regiment vac. Seckendorff.
(Garnison Passau.)

Oberstinhaber.
———

Oberst-Commandant.
Max Frhr. v. Seckendorff, Kammerjunker. (OL3.)

Oberstlieutenant.
Clemens Graf v. Joner-Tettenweiß, Kämmerer. (G3. M3. KHW3. OER3.)

Majore.
Theodor Eichheim.
Ludwig Harrach.
Philipp Nürmberger.

9.
Infanterie-Regiment Wrede.
(Garnison Würzburg.)

Oberst-Commandant.
———

Oberstlieutenant.
Jacob Rottmann. (HL3a.)

Majore.
Ludwig Fink.
Georg Pflaum.

10.
Infanterie-Regiment vacant Albert Pappenheim.
(Garnison Ingolstadt.)

Oberstinhaber.
———

Oberst-Commandant.
Carl Freiherr v. Mantey-Dittmer. (HL3a. HP3.)

Oberstlieutenant.
Max Osterhuber.

Majore.
Emil Frhr. v. Andrian-Werburg, Kammerjunker.
Gustav Mühlbaur.

11.

Infanterie-Regiment vacant Ysenburg.

(Garnison Regensburg.)

Oberstinhaber.

— — —

Oberst-Commandant.
Joseph v. Ribaupierre.

Oberstlieutenant.
Eduard Freiherr v. Reichlin-Meldegg.

Majore.
Carl Graf v. Stralenheim-Wasabourg.
Albert Seekirchner. (KHW3.)
Wilhelm Streiter.

12.

Infanterie-Regiment König Otto von Griechenland.

(Garnison Neuulm.)

Oberstinhaber.
Se. Maj. der König Otto von Griechenland.

Oberst-Commandant.
Joseph Hebberling.

Oberstlieutenant.
Alphons Haller.

Majore.
Felix Hößlinger.
Wilhelm Kohlermann.

13.

Infanterie-Regiment Kaiser Franz Joseph von Oesterreich.

(Garnison Bayreuth.)

Oberstinhaber.
Se. Maj. Franz Joseph I., Kaiser von Oesterreich.

Oberst-Commandant.
Gustav Cella. (M3, OER2.)

Oberstlieutenant.
Philipp Straub.

Majore.
Börries v. Wißell.
August Graf v. Hundt.

14.

Infanterie-Regiment Zandt.

(Garnison Nürnberg.)

Oberstinhaber.
Se. Exc. der p. char. General der Cavalerie Maximilian Frhr. v. Zandt.

Oberst-Commandant.
Ignaz Schumacher. (HL3a. HP3.)

Oberstlieutenant.
Martin Brößler.

Majore.
Friedrich v. Schönfeld.
August Heyl.
Anton Ritter v. Tauffenbach.

15.
Infanterie-Regiment König Johann von Sachsen.
(Garnison Neuburg.)

Oberstinhaber.
Se. Majestät König Johann von Sachsen.

Oberst-Commandant.
Wilhelm Schweizer. (GC4.)

Oberstlieutenant.
Carl Ritter v. Schmädel.

Majore.
Christoph Frhr. v. Leoprechting. (M3. RU3.)

Jäger.

1tes Jägerbataillon.
(Garnison Forchheim.)
Commandant.
Hugo v. Göriz, Major.

2tes Jägerbataillon.
(Garnison Burghausen.)
Commandant.
Carl v. Orff, Major. (OCR3.)

3tes Jägerbataillon.
(Garnison Eichstädt.)
Commandant.
Adalbert Höggenstaller, Major.

4tes Jägerbataillon.
(Garnison München.)
Commandant.
Max Frhr. v. Berchem, Major, Kämmerer.

5tes Jägerbataillon.
(Garnison Straubing.)
Commandant.
Heinrich Deßloch, Major. (GC5.)

6tes Jägerbataillon.
(Garnison Zweybrücken.)
Commandant.
Hippolyt v. Klenze, Oberstlieutenant, Kämmerer. (OCR3.)

Cavalerie.

1.
Cuirassier-Regiment Prinz Carl.
(Garnison München.)

Oberstinhaber.
Se. Königl. Hoheit Prinz Carl von Bayern. (s. Generalität.)

Oberst-Commandant.
Ernst v. Schubart.

Oberstlieutenant.
Wilhelm Frhr. v. Mulzer, Kämmerer.

Majore.
Ludwig Frhr. v. Crailsheim.
Ludwig Frhr v. Gumppenberg. (BZC3. GC5. OCR3.)

2.
Cuirassier-Regiment Prinz Adalbert.

(Garnison Landshut.)

Oberst-Inhaber.

Se. Königl. Hoheit Prinz Adalbert von Bayern. (s. Generalität.)

Oberst-Commandant.

Gustav Freiherr von Rummel, Kämmerer.

Oberst.

Carl Frhr. v. Leoprechting, Vorstand der Landgestüts-Verwaltung. (M3.)

Oberstlieutenant.

Heinrich Frhr. v. Podewils.

Majore.

Friedrich Horadam.
Herrmann Knott.

1.
Chevaul.-Regiment Kaiser Alexander von Rußland.

(Garnison Nürnberg.)

Oberst-Inhaber.

S. Maj. Alexander II., Kaiser von Rußland.

Oberst-Commandant.

Georg Freiherr v. Lamotte, Kammerjunker. (HP3. KHW3. OL3. PRU3.)

Oberstlieutenant.

Philipp Frhr. v. Diez.

Majore.

Brunno v. Weßenig.
August Frhr. v. Leonrod, Kämmerer. (M3. HL3a. OER3. PRU3. RW4.)

2.
Chevaul.-Regiment Taxis.

(Garnison Ansbach.)

Oberst-Inhaber.

Se. Exc. der General d. Cavalerie Theodor Fürst v. Thurn und Taxis. (s. Generalität.)

Oberst-Commandant.

Max Frhr. v. Nesselrode-Hugenpoet, Kammerjunker. (M3.)

Oberstlieutenant.

Carl Frhr. v. Pechmann.

Majore.

Carl Frhr. v. Leonrod, Kämmerer.
Julius v. Grimmel.

3.
Chevaul.-Regiment Herzog Maximilian.

(Garnison Dillingen.)

Oberst-Inhaber.

Se. Königl. Hoheit Herzog Maximilian in Bayern. (s. Generalität.)

Oberst-Commandant.

Ludwig Ritter v. Jenisch. (M3.)

Oberstlieutenant.

Georg Korb.

Majore.
Friedrich Frhr. v. Falkenhausen.
— — —

4.
Chevaul.-Regiment König.
(Garnison Augsburg.)

Oberst-Inhaber.
Se. Maj. der König.

Oberst-Commandant.
Se. K. H. Herzog Ludwig in Bayern. (H. HL1. OGV. O St1. SRR. ScFd.)

Oberstlieutenant.
— — —

Majore.
Moritz v. Hößlin, char., verwendet beim Landgestüt.
Carl v. Weinrich.
Moritz Graf v. Ysenburg-Philippseich.

5.
Chevaul.-Regiment vac. Leiningen.
(Garnison Bayreuth.)

Oberst-Inhaber.
— — —

Oberst-Commandant.
Camill Frhr. v. Egloffstein. (B3L3. OY4. RSt2. SEH3.)

Oberstlieutenant.
Eduard Frhr. v. Brück.

Majore.
Alexander Seufferheld.
Friedrich Himmelstoß, Referent im Kriegsministerium.
Johann Feichtmayr.

6.
Chevaul.-Regiment vac. Herzog v. Leuchtenberg.
(Garnison Bamberg.)

Oberst-Inhaber.
— — —

Oberst-Commandant.
Baptist v. Tausch. (HY2b.)

Oberstlieutenant.
Anton v. Mayer. (PRU4. SEH3.)

Majore.
Ludwig Graf v. Tattenbach.
Ludwig Hertlein.

Artillerie.
Artillerie-Berathungs-Commission.
(München.)

Vorstand.
Der jeweilige Generalmajor und Brigadier der Artillerie.

Mitglieder.
Ferdinand Ritter von Malaisé, Oberst. (K3. TJ3.)
Johann von Pillement, Major. (M3.)
Carl Frhr. von Neubeck, Hauptmann.

Ludwig Frhr. Löffelholz v. Colberg, Hauptmann.
Otto Frhr. v. Truchseß-Wetzhausen, Hauptmann, funct. Adjutant beim Artill.-Corps-Commando.

Anton Orff, Hauptmann, Begleiter JJ. KK. HH. des Kronprinzen Ludwig u. Prinzen Otto von Bayern.
Albrecht Streiter, Hauptmann.

1.
Artillerie-Regiment Prinz Luitpold.
(Garnison München.)

Oberst-Inhaber.
Se. Königl. Hoheit Prinz Luitpold von Bayern. (s. Generalität.)

Oberst-Commandant.
Wilhelm Frhr. v. Brück, Kämmerer. (M3. KHW3. OER3.)

Oberstlieutenants.
Carl Fortenbach, Referent im Kriegsministerium. (GE5.)
Franz Rosenstengel, Artillerie-Director in Germersheim.
Nepomuk Hiemer.

Majore.
Ludwig Vogl.
Gust. Frhr. v. Lamezan.
Korbinian Halber.
Edmund Frhr. v. Speidl, Hofmarschall und Adjutant Sr. K. Hoh. des Prinzen Luitpold von Bayern, Kämmerer. (GE4. HP2b. OER3. PR2. PRU3. TJ3. TMW2.)
Carl Frhr. v. Horn. (HP3. OP3.)

2.
Artillerie-Regiment vacant Lüder.
(Garnison Würzburg.)

Oberst-Inhaber.

Oberst-Commandant.
Maximilian v. Steinsdorf. (GE3. TkM4.)

Oberst.
Ludwig von Heusler, Adj. Sr. K. H. des Herzogs Maximilian in Bayern, Kammerjunker. (OL3. OER2. ScF1.)

Oberstlieutenant.
Anton Schmid. (L.)

Majore.
Max Graf v. Tattenbach, Artillerie-Director in Landau. (M3. WF3.)
Heinrich Bronzetti.
August Frhr. v. Feilitzsch. (PJ4.)
Wolfgang Steinbauer.

3.
Reitendes Artillerie-Regiment Königin.
(Garnison München.)

Oberst-Inhaber.
Ihre Majestät die Königin.

Oberst-Commandant.
Friedrich Graf v. Bothmer, Kämmerer. (M3. GE4. OL3. PRU3.)

Oberstlieutenant.
Maximilian Graf v. Bothmer.

Majore.

Heinrich Lutz. (KHW3.)
Hugo Frhr. v. d. Tann, Kämmerer. (MGU3.)

4.
Artillerie-Regiment.
(Garnison Augsburg.)
Oberst-Commandant.
Maximilian Herbegen. (M3.)

Oberstlieutenant.
— — —

Majore.
Eugen Ritter v. Mangstl.
Fedor Schulze.
Nepomuk Frhr. v. Müller. (M3.)

Zeughaus-Hauptdirection
mit den untergeordneten Zweigen.

Direction.
Vorstand.
Rep. Neumayer, Generalmajor. (s. Generalität.)

Mitglieder.
Alois Fahninger, Oberstlieut.
Carl v. Reck, Oberstlieut.
Jos. Schmölzl, Oberstlieut. (M3. BL5. BR3. GE5. HP3. WK3.)
Friedrich Häring, Regiments-Quartiermeister.

Laboratorium.
Oberfeuerwerksmeister.
Sigmund v. Grundherr, char. Major. (BR4.)

Pulvermühlen.
Aufsichts-Officier.
Carl v. Gönner, Oberlieutenant.

Salpeter-Raffinerie.
Aufsichts-Officier.
Martin Dürr, Oberlieutenant.

Gieß- und Bohrhaus.
Vorstand.
Eugen Sprengler, Hauptmann. (HP3.)

Ouvriers-Compagnie.
(Garnison München.)
Commandant.
Michael Reinwald, Hauptmann.

Zeughaus-Verwaltungen.
Augsburg.
Oberzeugwart.
Franz Daffner, Hauptmann.

Germersheim.
Oberzeugwart.
Otto Hausmann, Hauptmann.

Ingolstadt.
Oberzeugwart.
Gustav Mussinan, Hauptmann.

Landau.
Oberzeugwart.
Oscar Rebenbacher, Hauptmann.

München.
Oberzeugwart.
Friedrich Windisch, Hauptmann.

Nürnberg.
Zeugwart.
Xaver Haid, charact. Unterlieutenant.

Passau (Oberhaus).
Zeugwart.
Georg Rupp, char. Unterlieut. (L.)

Rosenberg.
Zeugwart.
Joh. Schmidt, char. Unterlieut.

Würzburg.
Zeugwart.
Gottlieb Peters, char. Unterlieut.

Würzburg (Marienberg).
Oberzeugwart.
Anton Mehler, Hauptmann.

Gewehrfabrik-Direction in Amberg.
Director.
Philipp Freiherr v. Podewils, Oberst. (M3. HP2b. NW2b. m. Schw. PK3. PRW3.)
Inspector.
Friedrich Ritter v. Mann, Major.

Genie-Corps.

Genie-Stab.

Genie-Berathungscommission (München).
Vorstand:
Wilhelm Seydel, Oberst. (M3. L. B3L3.)
Mitglieder.
Gabriel Frhr. v. Stengel, Major.
Conrad Weiß, Hauptmann.
Gustav Faber, Hauptmann.

1. Genie-Direction (München).
Heinr. v. Buz, Oberst, Referent im Kriegsministerium. (K3. M3.)
Director.
Heinrich Häring, Oberstlieut. (M3.)

2. Genie-Direction (Augsburg).
Director.
Johann Illing, Major. (M3.)

3. Genie-Direction (Nürnberg).
Director.
Ferdinand v. Leutner zu Wildenburg, Major. (WF3.)

4. Genie-Direction (Würzburg).
Director.
Wilhelm Schrodt, Major.

Genie-Direction der Bundesfestung Landau.
Director.
Martin Mager, Oberst. (M3.)

Local-Genie-Direction Germersheim.
Director.
Joseph Clessin, Oberstlieut.

Local-Genie-Direction Ingolstadt.	**Genie-Regiment.**
Director.	(Garnison Ingolstadt).
Jos. Schmauß, Oberst. (M3.)	**Oberst-Commandant.**
Local-Genie-Direction Marienberg.	Friedrich Buz. (M3.)
Director.	**Oberstlieutenants.**
Ludwig Lößl, Major.	Matthäus Schmauß.
Local-Genie-Direction in Neuulm.	Benedict Herter. (M3. GE4.)
Director.	**Majore.**
—	Philipp Schumacher. (M3.)
	Maximilian Limbach.

Sanitäts-Compagnien.

1. Sanitäts-Compagnie.	*Hauptmann.*
(Garnison München.)	Rudolph Frhr. v. Gumppenberg.
Hauptmann.	**3. Sanitäts-Compagnie.**
Paul Friedel.	(Garnison Nürnberg.)
2. Sanitäts-Compagnie.	*Hauptmann.*
(Garnison Würzburg.)	Friedrich Pfeufer.

Garnisons-Compagnien.

Nymphenburg.	**Königshofen.**
Commandant.	*Commandant.*
Ferd. Graf v. Spreti, char. Major.	Caspar Michaeli, char. Major. (L.)

Invaliden und Veteranen.

Commandantschaft des Invalidenhauses zu Fürstenfeld.	**Commandantschaft der Veteranenanstalt zu Donauwörth.**
Commandant.	*Commandant.*
Gottfried Goes, char. Oberst. (L.)	Xaver von Prebl, char. Oberst. (M3. L. GE5. HL3.)

Militär-Bildungs-Anstalten.

Artillerie- und Genie-Schule.
(In München.)

Commandant.
Michael Ritter v. Schuh, Generalmajor. (f. Generalität.)

Dienst- und Studien-Inspector.
Heinrich Fogt, Major. (M3.)

Cadeten-Corps.
(In München.)

Commandant.
Michael Ritter v. Schuh, Generalmajor (f. Generalität).

Dienst- und Studien-Inspector.
Heinrich Fogt, Major. (M3.)

Kriegs-Schule.
(In München.)

Commandant.
Maximilian Hebberling, Major.

Operations-Cours für Militär-Aerzte.
(In München.)

Vorstand.
Baptist Stephan, Generalmajor (f. Generalität.)

Dem Vorstande beigegeben.
Dr. Franz v. Sicherer, Stabsarzt vom General-Commando München. (M3. HV3. OJJ3.)

General-Auditoriat.

Präsident.
Hugo v. Bosch, Gen.Lieut. (f. Generalität).

Vicepräsident.
Bernhard v. Heß, char. Generallieutenant. (f. Generalität.)

Ober-Auditore.
Carl Gehm. (M3.)

Heinrich Wolf. (M3.)
Carl Ritter v. Vincenti.
Kilian Wagenhäuser.
Carl Ritter v. Menz.
Leonhard Bürger.
Friedrich Gerstner.
Maximilian v. Schmid.

Präsidial-Secretär.
Ludwig Bolgiano, Reg.-Auditor.

Secretäre.
Leopold Gutmayr, Regim.-Auditor.
Lorenz Stülbinger.

Kanzlei-Secretäre.
Erhard Breitenbach.
Georg Schäffer, funct. Registrator.
August Lindner.

Militär-Rechnungskammer.

Vorstand.
Alexander v. Hagens, General-Major. (s. Generalität.)

Director.
Hermann Keller, Oberkriegscommissär. 1. Classe. (M3.)

Oberkriegs-Commissär 2. Classe.
Ferdinand Lingg.

Revisoren.
Jacob Nobel, Kriegscommissär.
Peter Bauer, Kriegscommissär.
Andreas Versl, Reg.-Quartierm.
Christian Altschuh, „
Samuel Seiler, „
Friedrich Meier, „
Anton Lechner, „
Michael Grafenberger, „
Ludwig Trentini, „
Joseph Rast, „
Ferdinand Beckh, „
Conrad Müller, „
Friedrich Münch, „

Johann Utz, Reg.-Quartierm.
Wilhelm Aschauer, „
Franz Fambach, „
Moriz Werthmüller, „
Anton Strehl, Bat.-Quartierm.
Jacob Müller, „

Revisoren in Medicinalsachen.
August Alping, u. Ludwig Promberger, Unter-Apotheker.

Rechnungs-Registrator.
Sebast. Bernhard.

Secretär.
Friedrich Beck.

Unterquartiermeister.
Ludwig Peter, Gustav Gerhäuser, Christian Bauer, und Hermann Lufft.

Der Militär-Rechnungskammer beigegeben:
Julius Riem, Hauptmann im Genie-Stab.
Nepomuk Eger, Oberlieut. im Genie-Stab.

Militär-Fonds-Commiſſion.

Vorſtand.
Alexander v. Hagens, Generalmajor (ſ. Generalität).

Mitglieder.
Zwei der älteſten Oberſten der
Garniſon.
Carl Orff, Oberkriegs-Commiſſär
1. Claſſe. (M3.)
Alois Eberl, Ober-Auditor, Mili-
tär-Fiscal. (M3.)

Fiscalats-Adjunct.
Hugo Stöber, Bataillons-Auditor.

Caſſier.
Matth. Striźl, Reg.-Quartierm.

Controleur.
Friedrich Wüſtendörfer, Regim.-
Quartiermeiſtr.

Quartiermeiſter.
Wilhelm Feiler, Reg.-Quartier-
meiſter.

Secretäre.
Heinrich Töpfer, Miniſterialſecre-
tär, Paul Schäffer, u. Alois
Königer.

Canzleiſecretär.
Ferdinand Frhr. v. Lerchenfeld-
Aham.

Haupt-Kriegs-Kaſſe,
zugleich proviſoriſches Taxamt.

Haupt-Kriegscaſſier.
Anton Blaunberger, Oberkriegs-
Commiſſär 1. Claſſe. (M3.)

Haupt-Kriegscaſſe-Controleur.
Wolfgang Krauß, Oberkriegs-Commiſſär 2. Claſſe.

Buchhalter.
Johann Schübel, Kriegs-Commiſſär.

Penſions-Zahlmeiſter.
Joſeph Prößl, Regim.-Quartier-
meiſter.

Quartiermeiſter.
Auguſt Mahler, Unter-Quartier-
meiſter.

Actuar.
Jacob Nißelbeck, Regim.-Actuar.

Armee-Montur-Depot.
(In München.)

Vorſtand.
Nepomuk Ritter v. Eichenauer,
char. Generalmajor. (ſiehe Generalität.)

Mitglieder.
Franz Limbach, p. char. Major. (L.)

Verwalter.
Peter Röder, Kriegs-Commiſſär.
(OFZ3.)

Controleur.
Eduard Karl, Regiments-Quartiermeister.

Quartiermeister.
Rudolph Zech, Unterquartiermeist.

Actuar.
Paul Kienlein, Regiments-Actuar.

Haupt-Montur- und Rüstungs-Depot.
(In Nürnberg.)

Vorstand.
Maximilian v. Caspers, Oberstlieutenant.

Mitglieder.
Maximilian v. Wendt, Major.
Ludwig Helbling, Hauptmann.
Friedrich Frhr. v. Reitzenstein, Hauptmann, Kämmerer.

Verwalter.
Peter Interwies, Regim.-Quartiermeister.

Quartiermeister.
Alois Müller und Carl Hahnemann, Unterquartiermeister.

Actuar.
Peter Windfelder, Regiments-Actuar.

Administrations-Commission der Militär-Fohlenhöfe.

Vorstand.
Andreas Knott, Generalmajor, (s. Generalität).

Administrations-Commissär.
Andreas Beer, Oberkriegs-Commissär 2. Classe.

Quartiermeister.
Jacob Kraus, Regiments-Quartiermeister, verwendet beim Landgestüte, u. Martin Grünbaum, Unterquartiermeister.

Kanzlei-Secretär.
Mathias Huber.

Actuar.
Georg Popp, Regiments-Actuar, verwendet beim Landgestüt.

Militär-Fohlenhofs-Bezirke.
Achselschwang.
Verwalter.
Georg Rist.

Steingaden.
Verwalter.
Carl Klostermayer.

Benediktbeuern.
Verwalter.
Friedrich Merkl.

Fürstenfeld.
Verwalter.
Jacob Renz.

Landwehr des Königreichs.

I. Oberbayern.

Kreis-Commando.

Kreis-Commandant.

Se. Königl. Hoheit Herzog Maximilian in Bayern, General der Cavalerie. (s. Generalität.)

Adjutant.

Friedrich Schwenkart, p. Hauptmann.

Kreis-Inspectoren.

Carl Graf v. Vieregg auf Tutzing ꝛc., Kämmerer, Oberst à la suite, Generalmajor der Landwehr. (G2. M2b. Joh3.)

Carl August Theodor Freiherr v. Fraunhofen auf Alt- und Neu-Fraunhofen, Kämmerer, lebensl. Reichsrath und Generalmajor der Landwehr. (G2. K3. M3.)

Eduard Stöber, p. char. Oberst und Landwehr-Oberst.

Districts-Inspectoren.

1) Walter Freiherr v. Grainger, Kämmerer, Oberst à la suite, Oberst und Commandant der Landwehr des Landgerichts-Bezirks Erding. (K3. M3. H p2b. MCU3. OL3. OCK2.)

2) Joseph Freiherr v. Pfetten auf Ober- und Niederarnbach, Kämmerer, Landwehr-Oberst u. Commandant des Landwehr-Bataillons Schrobenhausen. (M. 3.)

3) Carl Theodor Graf v. Geldern zu Zangberg, Kämmerer, Landwehr-Oberstl.

4) Friedrich Laar, Landwehr-Oberstlieutetnant.

5) Max Freiherr v. Vequel-Westernach auf Hohenkammer, Kämmerer, Malteser-Ord. Ritter, Landw.-Oberstlieutenant. (M3. Joh3.)

6) Carl v. Nagel, Landwehr-Oberstlieutenant. (M3.)

II. Niederbayern.

Kreis-Commando.

Kreis-Commandant.

Robert Freiherr v. Grainger auf Jlkofen, Kämmerer, Major à la suite, Landwehr-Generalmajor. (K3. M3.)

Kreis-Commando-Adjutant.

Carl Schmid, Landwehrhauptmann, funct.

Kreis-Inspectoren.

Erasmus Graf von Deroy, erblicher Reichsrath, Hauptmann à la suite, Landwehroberst.

Districts-Inspectoren.

1) Georg Eglauer, Landw.-Oberstlieutenant.

2) Carl v. Paur, Landwehr-Oberstlieut. u. Command. des Landw.-Bataill. Kötting. (M3.)

3) Peter Carl Freiherr v. Aretin auf Haidenburg, lebensl. Reichs-

rath, Kämmerer, Landwehr=
Oberstlieutenant.
4) Rudolph v. Heffels, Unterlieut.
à la suite, Landwehr=Oberstlieut.
5) — — —

6) Otto Graf v. Deym in Arns=
storf, Kämmerer, Major à la s.,
Landwehr=Oberstlieutenant.
7) Eduard Zottmann, Commandant
des Landwehr=Bataillons Lan=
dau, Landwehr=Oberstlieut.

III. Oberpfalz und Regensburg.

Kreis=Commando.
Kreis=Commandant.
August Graf v. Drechsel auf
Deuffstetten und Karlstein, Käm=
merer, General=Major der Land=
wehr. (K3. M3. Joh3. PRu2.)

Adjutant.
— — —

Kreis-Inspectoren.
1) Carl Reisner Freiherr v. Lichten=
stern, Kammerjunker, k. Rath u.
Landrichter zu Neustadt an der
Wald=Naab, Landwehr=Oberst.
(K3. M3. L.)
2) Xaver Freiherr von Schacky,

Oberlieut. à la suite, Land=
wehr=Oberst.

Districts - Inspectoren.
1) Joachim v. Ruef, Landwehr=
Oberstl.
2) Jos. Schlör, Landwehr=Oberst=
Lieutenant. (M3.)
3) Der obige 1. Kreis-Inspector
und Landwehr=Oberst Carl Frei=
herr von Lichtenstern.
4) Franz Ritter v. Lenk zu Char=
lottenthal, Landwehr = Oberst=
lieutenant.
5) Friedrich Frhr. v. Reißenstein zu
Hößing, Landwehr=Oberstlieut.
(M3.)

IV. Oberfranken.

Kreis=Commando.
Kreis=Commandant.
Se. Erlaucht Franz Graf v. Or=
tenburg = Tambach, erblicher
Reichsrath und Oberst à la
suite, Generalmajor der Land=
wehr. (PJ3. SE51.)

Adjutant.
— — —

Kreis - Inspector.
Hermann Graf v. Hirschberg, Käm=
merer, Hauptmann à la s.,
Landwehr=Oberst. (M3.)

Districts - Inspectoren.
1) Friedrich Ritter von Welsch,
Oberst und Commandant des
Landwehr = Regim. Bamberg.
(M3.)

2) Hermann v. Regemann in Bayreuth, Hauptmann à la suite und Landwehr-Oberstlieutenant.

3) Maximilian Joseph Schöller, Rentbeamter und Landwehr-Oberstlieutenant.

4) Marcus Schmidt zu Hof, Landw.-Oberstlieutenant.

5) Hermann Freiherr v. Guttenberg zu Weißendorf, Kämmerer, Landw.-Oberstlieut. (G3.)

6) — — —

7) — — —

V. Mittelfranken.

Kreis-Commando.

Kreis-Commandant.

Gustav Friedrich v. Sundahl, General-Major der Landwehr. (K3. M2b. L. B3L3. GE2. OER3. PrA3.)

Kreis-Commando-Adjutant.

— —

Kreis-Inspectoren.

1) Friedrich Graf v. Pückler-Limpurg zu Burgfarnbach, Erlaucht, Oberst der Landwehr. (M3. HGu2. Joh3. Inhaber der Württemberg'schen Kriegsdenkmünze.)

2) Heinrich v. Claus, p. char. Oberst und Landwehr-Oberst. (K3.)

3) Franz Franz, Landwehroberst. (M3.)

Districts-Inspectoren.

1) Eduard Böhner, Landwehr-Oberstlieut.

2) Friedrich Scholler, Landwehr-Oberstlieutenant.

3) Eduard Grabl, Landwehroberstlieutenant.

4) Franz Xaver Polland, Landwehr-Oberstlieutenant.

5) Julius v. Cloßmann, Landw.-Oberstlieutenant.

VI. Unterfranken und Aschaffenburg.

Kreis-Commando.

Kreis-Commandant.

Christoph v. Klinger, General-Major der Landwehr. (K3. M3.)

Adjutanten.

Adam Thaler, Landw.-Hauptmann.

Kreis-Inspector.

Carl Heffner, Landw.-Oberst.

Bezirks-Inspectoren.

1) — — —

2) Philipp Michal, Landwehr-Oberstlieutenant. (M3.)

3) — — —

4) — — —

5) Carl Christin, Landwehroberstlieutenant.

6) Franz Frhr. v. Ziegler, Landw.=
   Oberstlieutenant.
7) Georg Freiherr v. Ditfurt,
   Kämmerer, Oberstlieutenant der
   Landwehr. (M3.)
8) Max. Frhr. v. Truchseß, Landw.=
   Oberstlieutenant.

VII. Schwaben und Neuburg.

Kreis=Commando.

Kreis-Commandant.

— — —

Adjutant.
Carl Knöll, Landw.=Hauptmann.

Kreis-Inspectoren.
1) Ernst v. Stetten, Kammer=
   junker, Landwehr=Oberst zu
   Augsburg. (M3.)
2) Joseph Freiherr v. Freyberg=
   Eisenberg, Major à la S., Oberst
   d. Landwehr. (M3.)

Districts-Inspectoren.
1) Carl Obermeyer in Augsburg,
   Landwehr=Oberst.
2) Georg Lampart in Augsburg,
   Landwehr=Oberstlieutenant.

3) Emil Schäfer zu Kaufbeuern
   Landwehr=Oberstlieutenant.
4) Johann Al. Mark. v. Ruösch zu
   Oettingen, Landw.=Oberstlieu=
   tenant. (M3.)
5) Carl August v. Brentano in
   Augsburg, Oberstlieutenant der
   Landwehr.
6) Carl Freiherr v. Reichlin=Meld=
   egg in Fellheim, Landwehr=
   Oberstlieutenant.
7) Theodor Keppel in Kempten,
   Landwehr=Oberstlieut. (M3.)
8) Joseph Hyrenbach in Lindau,
   Landwehr=Oberstlieut. (M3.)
10) J. J. Ritter von Jenisch,
    Landwehr=Oberstlieutenant:

XIX.
Kreisstellen und deren Unter-Behörden.

I. Oberbayern.

Kreis-Stellen.
Regierung.
(Sitz: München.)

Präsident.
Philipp Frhr. v. Zu-Rhein, Kämmerer. (K3. M2b. OJ2. SCH3.)

A. Kammer des Innern.
Directoren.
Alois v. Hermann. (K3. M3.)
Wilh. Ritter v. Kobell. (K3. M3.)

Räthe.
Wilhelm v. Branca. (M3.)
Ferdinand Graf v. Rambaldi. (M3.)
Johann Heinrich Kaisenberg.
Hermann Fischer.
Carl Ruland, Kreisbaurath. (M3. SCH4. WJ3.)
Carl Ritter v. Mangstl. (M3.)
Martin Werle.
Dr. Carl Wibmer, Kreis-Medicinal-Rath. (M3. GE4.)
Carl Eggert, k. geistl. Rath, Kreisschulreferent. (M3.)
Peter Fleischmann.

Assessoren.
Franz Graf v. Tattenbach.
Ernst Westheimer.
Dr. Max Wolfring, Medicinal-Assessor.

Registratoren.
Jac. Bleyer, Joh. Bapt. Iberer.

Rechnungscommissäre.
Joh. Bapt. Schäffler, Michael Braun, Rudolph Illing, Friedrich Fleischmann.

Rechnungscommissär für die Brandversicherungs-Anstalt.

Kreisscholarchat.
Dr. Franz Xaver Reithmayer, ord. Prof. der Theologie an d. Ludwigs-Maximilians-Univ. München. (M3. ScJ3.)
Dr. Max v. Stablbaur, ordentl. Prof. d. Theol. an gen. Universität, geistlicher Rath ꝛc. (K3. M3.)
Dr. Johann Mathias Meyer, Decan u. Pfarrer, (PRU3.)
Dr. Georg Beilhack, Rector und Professor. (M3.)

Ersatzmänner.
Friedrich Koch, Beneficiat, geistl. Rath, Prof. am Cadetencorps, Schulinspector. (M3.)

Franz Xaver Kisinger, Professor am k. Cadetenkorps.

Kreis-Medicinalausschuß.
Vorstand.
Dr. Carl Wibmer, Kreis-Medizinalrath. (M3. GE4.)

Mitglieder.
Dr. Franz Seraph Horner, Medicinalrath u. Director des allgem. Krankenhauses. (M3.)
Dr. Mathias Darenberger, prakt. Arzt.
Dr. Cajetan Kaiser, Professor an der polytechn. Schule. (M3.)
Dr. Ludwig Koch, Hofmedicus. (M3.)
Dr. Ernst Buchner, Hof-Stabs-Arzt und Prof. hon.
Dr. August Postl, Repetitor an d. Central-Thierarzneischule.
Dr. Oscar Mahir, prakt. Arzt und Privatdocent.

Kreis-Baubehörde.
Kreisbaurath.
Carl Ruland. (M3. SE4. WF3.)

Kreisbaubeamte.
Für das Ingenieur-Fach:
Carl Kärner. (M3.)

Für das Landbau-Fach:
Carl Klumpp.
Carl Reuter.
Carl Leimbach.

B. Kammer der Finanzen.
Director.
Mathias v. Lifer. (K3. M2b.)

Räthe.
Albert Schulze, Kreisforstrath. (M3.)

Dr. Wilhelm von Schelhaß, Fiscalrath.
Johann Baptist Jobl.
Franz v. Aichberger.
Joseph Yblagger.
Dr. Eduard Fentsch.

Assessoren.
Friedrich Weber, Forstmeister.
Franz Xaver Waldmann, Forstmeister.
Ludwig Friederich.
Ludwig May, Fiscalabjunct.
Franz Anton Wiesend.

Registratoren.
Heinrich Mader, Martin Schelbenberger.

Rechnungscommissäre.
Philipp August Quante, Hermann Rath, Andreas Sturm, Johann Georg Vanino, Friedr. von Ruf, Wilhelm Frhr. von Barth, Anton Spangler, Jos. Deyrer.

Obergeometer.
Georg Erhard.

Secretariat beider Kammern.
Secretäre.
Friedrich Dubois, k. Rath.
Franz Xaver Gerlinger.
Joseph Metzler.
Eduard Brügel.
Max Joseph Zwickh.

Kanzlisten.
Ludw. Vitzthum, Joseph Lederer, Julius Muxel.

Kreiscasse.
Kreiscassier.
Joseph Dreher.

Controleur.
Michael Mayrhofer.

Zahlmeister.
Max Baumüller.

Officianten.
Georg Gerersdorfer, Baptist Wilhelm Loß.

Appellations-Gericht.
(Zu München.)

Präsident.
Ludwig v. Neumayr. (K3. M3. RSt2.)

Directoren.
Stanislaus von Schmelcher. (K3. M3.)
Dr. Philipp Briel. (M3.)

Räthe.
Joseph Zeckl.
Adam Dobmayr. (M3.)
Theodor Graf v. Holnstein, Kämmerer.
Fidel v. Krafft.
Joseph Brand.
Maximilian Stich.
Joseph Andreas Gleitsmann.
Carl Geyr.
Moritz Koch.
Friedrich Arnold.
Max Frhr. v. Branca, Kammerjunker.
Dr. Joseph v. Langlois.
Wilhelm Fruhmann.

Assessoren.
Dr. Heinrich Ludwig Ordolff.
Joseph Nest.
Hieronymus Schwertfelner.
Julius Kopp.

Wilhelm Herold.
Heinrich Otto Gustav Dürrschmidt.

Staatsanwälte.
Oberstaatsanwalt: Franz Joseph v. Schab. (M3.)
II. Staatsanwalt Alois Mähler mit dem Range eines Appellationsgerichts-Rathes.
III. Staatsanwalt Otto v. Reichert.

Secretäre.
August Bronold, Franz Jacob Göß, Georg Helmes, Heinrich Meier, Ignaz Mayer, Carl Greif, August v. Wachter.

Kanzlisten (extra statum.)
Carl Kammerecker, Carl Trabler.

Kreisbehörden.
Bezirksgericht Aichach.

Director.
Anton Franz Ebenhöch.

Räthe.
Anton Pachmayr.
Carl Schenk.
Franz Xaver Birner.
Theodor Fischer.

Assessoren.
Georg Seiferling.
Joseph Wiedemann.
Philipp v. Schmitt.

Staatsanwälte.
I. Philipp Ulfeld.
II. Oskar Schöninger.

Secretäre.
Hugo Harlander, Carl Paulus, Michael Ecker.

Schreiber (extra statum).
Anton Gillizer.

Bezirksgericht Freysing.

Director.
August Nero.

Räthe.
Carl August Lehner.
Carl Freundorffer.
Stephan Schleisinger.
Theodor Ruppenthal.

Assessoren.
Johann Paul Sperger.
Franz Sailer.
Friedrich v. Schultes.

Staatsanwalt.
Joseph Müller.

Secretäre.
Carl Panzer, Joseph Schechner, Max Panzer.

Bezirksgericht München l. d. Isar.

Director.
Carl Aug. Decrignis.

Räthe.
Alois Gschwendner.
Dr. Andreas May.
Franz Alexander v. Heinleth.
Otto Frhr. v. Hermann.
Wilhelm Bauer.
Dr. Philipp Held.
Franz Cucumus.
Clemens Frhr. v. Karg-Bebenburg, Kämmerer.
Hermann Rattinger.
Eduard Lunglmayer.
August Elsenhart.
Friedrich Seitz.

Assessoren.
Hermann Kiliani.
Dr. Hermann Maier.
Dr. Friedr. Söltl.
Michael Wucherer.

Staatsanwälte.
I. Carl Frhr. v. Gumppenberg, Kämmerer.
II. Carl Herz.

Secretäre.
Joh. Christoph Brenkmann, Wilhelm Hörmann, Alois Sengel, Anton Schropp, Gustav Müller, Leonhard Krieger, Joseph Mehltretter, Eugen Jouvin.

Registratoren (extra statum.)
Johann Michael Birzer, Johann Friedr. Schmid.

Schreiber (extra statum).
Franz Boos, Joseph Hofineder.

Handelsgericht München l. d. Isar.

Vorstand.
Carl August Decrignis, Bezirksgerichtsdirector.

Räthe.
Hermann Rattinger,
Eduard Lunglmayer,
Bezirksgerichtsräthe.

Handelsgerichtsassessoren.
Philipp Diß, Kaufmann. (M4.)
Leo Hänle, Fabrikbesitzer.

Ergänzungsrichter.
Carl Rospal, Kaufmann.
Carl Bromberger, Kaufmann.
Joseph von Heckel, Fabrikant. (PP3. ScF3b.)
Robert von Fröhlich, Banquier. (PP3.)

Bezirksgericht München r. d. Isar.

Director.
Carl v. Täuffenbach, Kämmerer.

Räthe.
Ludwig v. Fuchs.
Dr. Johann Adam Gemeinhardt.
Martin Böhm.
Michael Mesmeringer.
Conrad v. Heiligenstein.
Anton Schirsner.
Adam v. Doß.
Nicolaus Hellmuth.

Assessoren.
Friedrich Glück.
Otto Harlander.
Dr. Alois Hierl.
Hermann Arnold.

Staatsanwälte.
I. Wilhelm Franz Frhr. v. Bibra.
II. Carl Wülfert.

Secretäre.
Johann Nicolaus Trost, Carl Bärenfänger, Max Zürn, Jacob Schlosser.

Schreiber (extra statum).
Adolph Frhr. von Poißl.

Handelsgericht München r. d. Isar.

Vorstand.
Carl von Täuffenbach, Bezirksgerichts-Director.

Räthe.
Michael Mesmeringer,
Conrad v. Heiligenstein,
Bezirksgerichtsräthe.

Handelsgerichtsassessoren.
Franz Kester, Fabrikdirector.
Gustav Medicus, Fabrikbesitzer.

Ergänzungsrichter.
August Würzburger, Kaufmann.
Alois Deiglmaier, Fabrikbesitzer.

Bezirksgericht Traunstein.

Director.
August Hauck.

Räthe.
Sigmund Marx.
Simon Dallmayr.
Joseph Pappenberger.
Carl Joseph Senestrey.
Clement Mayr.

Assessoren.
Vincenz Nepom. Gresbeck.
Johann Franz Schatz.
Carl Barth.

Staatsanwälte.
I. Joseph Künell.
II. Leopold Freiherr von Leonrod, Kammerjunker.

Secretäre.
Ernst Horner, Carl Reiner, Heinrich Stabler.

Schreiber (extra statum).
Johann Nepomuk Haunreiter.

Bezirksgericht Wasserburg.

Director.
Johann Baptist Kienast.

Räthe.
Otto v. Schluttig.
Georg Wilh. Paur.
Michael Sleß.

Carl Oberhofer.
Eugen Haindl.

Assessoren.
Eugen v. Büller.
Johann Moritz.
Dr. Julius Oertl.

Staatsanwälte.
I. Adolph Xaver Oberst.
II. Ludwig von Stubenrauch.

Secretäre.
Benedict Erhard, Adolph Zetl, August Schrott.

Schreiber (extra statum).
Thomas Waichner, Joh. Bapt. Flober.

Bezirksgericht Weilheim.

Director.
Johann Jacob Schießl.

Räthe.
Joseph Silbermann.
Georg Fischer.
Julius Schwaiger.
Franz Streicher.

Assessoren.
Theodor van Mecheln.
Max Riedl.
Friedrich Heigl.

Staatsanwalt.
Richard von Lößl.

Secretäre.
Joseph Dalbon, Max Ebenhöch, Lorenz Felbinger.

Stadtgerichte, Stadt- und Landgerichte u. Landgerichte.

Im Bezirke Aichach.

Stadt- und Landgericht Ingolstadt.

Stadt- und Landrichter:
Anton Banzer.

Assessoren:
Julius Ravizza.
Carl Reverdys.

Gerichtschreiber:
Christian Theod. König.

Landgerichte.

Aichach.
Landrichter: Alexander Plöberl.
Assessor: Gottfried Krumbach.
Gerichtschreiber: Anton Kleinhanns.

Friedberg.
Landrichter: Eduard Müller.
Assessor: Franz Sedlmayer.
Gerichtschreiber: Vitus Bergmüller.

Rain.
Landrichter: Georg Hauner.
Assessor: Georg Kretz.
Gerichtschreiber: Michael Holzschuher.

Schrobenhausen.
Landrichter: Peter Eichbichler.
Assessor: Jacob Kastner.
Gerichtschreiber: Jacob Fürst.

Im Bezirke Freising.
Stadt- und Landgericht Freysing.
Stadt- u. Landrichter:
Gustav Carl Moser.
Assessoren:
Johann Bapt. Groß-hauser, Andreas Miller.
Gerichtschreiber:
Clem. Knogler.

Landgerichte.
Dorfen.
Landrichter: Carl Joseph Mayer.
Assessor: Joh. Bapt. Lammerer.
Gerichtschreiber: Jos. Altinger.

Erding.
Landrichter: Friedr. Jac. Stabler.
Assessor: Xaver Weiß.
Gerichtschreiber: Franz Xaver Eisenbarth.

Geisenfeld.
Landrichter: Friedrich Desch.
Assessor: Joseph Zehlin.
Gerichtschreiber: Jos. Obermaier.

Moosburg.
Landrichter: Anton Gerbel.
Assessor: Andreas Bernreiter.
Gerichtschreiber: Johann Baptist Soyter.

Pfaffenhofen.
Landrichter: Andreas Hoiß.
Assessor: Julius Mitterhuber.
Gerichtschreiber: Stephan Reischl.

Im Bezirke München l. d. J.
Stadtgericht München l. d. J.
Stadtrichter:
Friedrich Weichselbaumer.

Franz Tretter.
Dr. Joh. Nep. Fäustle, Vorstand der Abtheilung für Civilsachen.
Ludwig Scharver.
Carl Graf von Taufkirchen, Vorstand der Abtheilung für Strafsachen.

Assessoren.
Dr. Albrecht Hermann.
Jacob Ziegler.
Otto Moralt.
Lorenz Hauser.
Carl Friedrich Irnlscher.
Daniel Uhl.
Oscar Mayerhofer.
Caspar Kirschner.
Johann Nep. Brunnhuber.
Rupert Geigel.
Franz v. Kohlhagen.
Dr. Wilhelm Mayr.

Gerichtschreiber.
Christoph Scherer, Gg. Daschner, Carl Reber, Ferd. Joachim Ramlo, Gg. Spitzeder, Joseph Gambera, Heinrich Müller, Carl August Heinrich Appel, Anton Schöller.

Im Bezirke München r. d. J.
Stadtgericht München r. d. J.
Stadtrichter.
Joseph Praxmarer.

Assessoren.
Carl Rösen.
Dr. Johann Arnulph Vogel von Vogelstein.

Gerichtschreiber.
Ludwig Röckel, Adam Verstl.

Landgerichte.
Bruck.
Landrichter: Joh. Bapt. Höß.
Assessor: Conrad Koller.
Gerichtsschreiber: Franz Seraph Hartmann.

Dachau.
Landrichter: Eugen v. Hellersberg.
Assessor: Max Grünberger.
Gerichtsschreiber: Joseph Hensler.

Miesbach.
Landrichter: Max Joseph Pfeffel.
Assessor: Alexander Brockard.
Gerichtsschreiber: Joseph Westermayer.

München l. d. J.
Landrichter: Bernhard v. Gäßler.
Assessor: Robert v. Peter.
Gerichtsschreiber: Christian Maggauer.

München r. d. J.
Landrichter: Dr. August van Mecheln. (M3. SCH4.)
Assessor: Anton Engelhard.
Gerichtsschreiber: Joseph Mailer.

Tegernsee.
Landrichter: Heinrich Wagner.
Gerichtsschreiber: Johann Baptist Wurm.

Wolfrathshausen.
Landrichter: Georg Hoppe.
Assessor: Augustin Seibert.
Gerichtsschreiber: Carl Oettl.

Im Bezirke Traunstein.
Landgerichte.
Aibling.
Landrichter: Carl Frhr. v. Poißl, Kammerjunker.
Assessor: Jos. Carl Eugen Lehmaier.
Gerichtsschreiber: Heinr. Kastner.

Berchtesgaden.
Landrichter: Ignaz Freiherr von Barth, Kammerjunker.
Gerichtsschreiber: Carl Brunner.

Laufen.
Landrichter: Ant. Winter. (OFJ3.)
Assessor: Otto Jlg.
Gerichtsschreiber: Alois Hagenauer.

Prien.
Landrichter: Carl Sieger.
Gerichtsschreiber: Georg Birkenbach.

Reichenhall.
Landrichter: Max Bayerhammer.
Gerichtsschreiber: Ferd. Hogger.

Rosenheim.
Landrichter: Norbert Conrad Ebenhöch.
Assessor: Heinrich von Sichlern.
Gerichtsschreiber: Georg Lehner.

Tittmoning.
Landrichter: Anton Balth. Lang.
Gerichtsschreiber: Johann Evang. Plöderl.

Traunstein.
Landrichter: Carl Gietl.
Assessor: Friedrich Graf v. Zech.
Gerichtsschreiber: Mich. Freundl.

Trostberg.
Landrichter: Frz. Xav. Hausinger.
Assessor: Simon Eggerdinger.
Gerichtsschreiber: Franz Xaver Entmooser.

Im Bezirke Wasserburg.
Landgerichte.
Altötting.
Landrichter: Joseph Ritter von Koch-Sternfeld, Kammerjunker.
Assessor: Philipp Jacob Frey.
Gerichtschreiber: Gregor Anton Obermaier.

Burghausen.
Landrichter: Engelbert Schleder.
Gerichtschreiber: Franz Xaver Welz.

Ebersberg.
Landrichter: Joseph Strizl.
Assessor: Joseph Göttner.
Gerichtschreiber: Ludwig Anton von Velasco.

Haag.
Landrichter: Felix Pfaffenzeller.
Assessor: Joseph Spatny.
Gerichtschreiber: Joh. Micheler.

Mühldorf.
Landrichter: Jos. Alois Schmid.
Assessor: Anton Zeis.
Gerichtschreiber: Joseph Oelsenberger.

Neumarkt.
Landrichter: Gg. Eduard Rübel.
Assessor: Max Hausmann.
Gerichtschreiber: Jacob Strauß.

Wasserburg.
Landrichter: Honorat Strobl.
Assessor: Johann Schwarz.
Gerichtschreiber: Adolph Bach.

Im Bezirke Weilheim.
Landgerichte.
Dießen.
Landrichter: Friedrich Boyler.
Gerichtschreiber: Ludwig Lindermayer.

Landsberg.
Landrichter: Ludwig Bauer.
Assessor: Jos. Benedict Wolfart.
Gerichtschreiber: Carl Bernhart.

Schongau.
Landrichter: Ludwig Kreutzer.
Assessor: Hermann Meßmer.
Gerichtschreiber: Joseph Pauly.

Starnberg.
Landrichter: Sigmund v. Schab, Hofjunker.
Assessor: Otto Wilhelm.
Gerichtschreiber: Alois Profinger.

Tölz.
Landrichter: Emanuel Ueberreiter.
Assessor: Jacob Pfitzer.
Gerichtschreiber: Ignaz Reuder.

Weilheim.
Landrichter: Dr. August Leopold von Rüdt.
Assessor: Georg Wack.
Gerichtschreiber: Joh. Edelhart.

Werdenfels.
Landrichter: Georg Braam.
Gerichtschreiber: Gustav Schledermayr.

Polizeidirection München.

Director.
Sigmund Heinrich Pfeufer, Regierungsrath.

Polizei-Ober-Commissär.
Felix Friedrich Lipowsky.

Polizei-Commissäre.
Barthol. Burgmaier, Carl Albert Regnet (SeJ3), Carl Schönchen, Gottfried Peckert, Wilh. Frhr. v. Steinling.

Actuare.
Ed. Schuster.
Ludwig v. Hilger.

Cardbeamter.
Jacob Rupp.

Registrator.
Jacob Wohnlich.

Polizei-Officianten.
Anton Lechinger, mit dem Range eines Polizei-Actuars, Ad. Lacense, Aug. Fuchs, Joseph Seybold, Frz. Ser. Kornprobst, Ferd. Brizzi, Hannibal Lehner, Ludwig Stadler.

Officianten (funct.)
Michael Sensburg, Frz. Schnitzlein, Franz Lehner.

Bezirks-Commissäre.
Gustav v. Reinhardstöttner, Joh. Hofmann, Simon Götzinger, Zacharias Posset, Carl Wilh. Niederreiter, Joseph Kerscher, Andreas Mayr, Melch. Huber, Joseph Lehner, Max Joseph Ditt, Franz Sales Ries, Johann Hüther.

Bezirksgerichts- und Polizei-Arzt.
Dr. Martell Frank, Privatdocent.

Central-Impfarzt.
Dr. Michael Reiter.

Bezirksämter.

Aichach.
Bezirksamtmann: Carl Wimmer.
Bezirksamts-Assessoren: Joseph Reiter, Carl Lorber.

Altötting.
Bezirksamtsmann: Joh. Heyder.
Bezirksamts-Assessor: Julius Frhr. v. Freyberg.

Berchtesgaden.
Bezirksamtmann: Felix Frhr. von Ow, Kämmerer.
Bezirksamts-Assessor: Aug. Rubhart.
Exponirter Bezirksamts-Assessor in Reichenhall: Franz Frhr. v. Tautphöus.

Bruck.
Bezirksamtmann: Franz Seraph Paur. (M3.)
Bezirksamts-Assessor: Peter Max Steinbauer.

Dachau.
Bezirksamtmann: Carl Plzner. (OFJ3.)
Bezirksamts-Assessor: Joh. Evang. Reiser.

Ebersberg.
Bezirksamtmann: Carl Bölch. (M3).
Bezirksamts-Assessor: Joseph Schweykart.

Erding.
Bezirksamtmann: Andreas Ruchti.
Bezirksamts-Assessor: Moriz Harlander.

Freysing.
Bezirksamtmann: Carl Breidenbach. (M3.)
Bezirksamts-Assessoren: Franz Michael Rubhart, Conrad Seel.

Friedberg.
Bezirksamtmann: Cäsar Widder. (M3.)
Bezirksamts-Assessor: Eduard Gresbeck.

Ingolstadt.
Bezirksamtmann: Carl Bosshart.
Bezirksamts-Assessor: Friedrich Rittmayer.

Landsberg.
Bezirksamtmann: Carl v. Nagel. (M3.)
Bezirksamts-Assessor: Gg. Duster.

Laufen.
Bezirksamtmann: Carl Desch.
Bezirksamts-Assessor: Frz. Xav. Maier.

Miesbach.
Bezirksamtmann: Carl Bollweg.
Bezirksamts-Assessor: Joh. Bapt. Schrettinger.
Exponirter Bezirksamts-Assessor: in Tegernsee: Raimund Frhr. v. Lurz.

Mühldorf.
Bezirksamtmann: Alois Freiherr v. Audrizky.
Bezirksamts-Assessor: Leonhard Kalb.

München l. d. J.
Bezirksamtmann: Ludwig Frhr. v. Freyberg, Kämmerer. (M3.)
Bezirksamts-Assessor: Rudolph Giehrl.

München r. d. J.
Bezirksamtmann: Georg Ritter v. Grundner. (M3.)
Bezirksamts-Assessor: Dr. Richard Mais.

Pfaffenhofen.
Bezirksamtmann: Ludwig Mayr.
Bezirksamts-Assessor: Alexander Hellmuth.

Rosenheim.
Bezirksamtmann: Matth. Moser.
Bezirksamts-Assessoren: Andreas Weckerle, Anton Rabel.

Schongau.
Bezirksamtmann: Carl Frhr. v. Ow, Kämmerer.
Bezirksamts-Assessor: Joseph Scheckenhofer.

Schrobenhausen.
Bezirksamtmann: Alois Allioli.
Bezirksamts-Assessor: Frz. Xaver Edlhard.

Tölz.
Bezirksamtmann: Clement Graf zu Pappenheim. (OER3. P RU3.)
Bezirksamts-Assessor: Albert Frhr. v. Harold, Kammerjunker.

Traunstein.
Bezirksamtmann: Georg Wiesend. (M3.)
Bezirksamts-Assessoren: Michael Reiß, Franz Bauer.

Wasserburg.

Bezirksamtmann: Franz Ant. Laar.
Bezirksamts-Assessor: Joh. Bapt. Neuhauser.

Weilheim.

Bezirksamtmann: Max Spitzer.
Bezirksamts-Assessor: Albrecht Frhr. v. Tautphöus.

Werdenfels.

Bezirksamtmann: Adolph v. Peter.
Bezirksamts-Assessor: Jos. Plendl.

Bezirksgerichts- u. Bezirks-Aerzte.

I. Bezirksgerichts-Aerzte.

Aichach: Dr. Johann Miller, zugleich Bezirksarzt I. Classe für das Bezirksamt (Landgericht) Aichach.

Freysing: Dr. Aurel Huß, zugleich Bezirksarzt I. Classe für das Bezirksamt und den Stadt-, verwaltungsbezirk (Stadt- u. Landgericht) Freising.

München l. d. J.: Dr. Joseph Hofmann, zugleich für das Stadtgericht München l. d. J.

München r. d. J.: Dr. Alois Martin, zugl. für das Stadtgericht München r. d. J.

Traunstein: Dr. Jos. Hell, zugleich Bezirksarzt I. Classe für das Bezirksamt (Landg.) Traunstein. (M3.)

Wasserburg: Dr. Ludwig Martin, zugleich Bezirksarzt I. Classe für das Bezirksamt (Landg.) Wasserburg.

Weilheim: Dr. August v. Dall'Armi, zugleich Bezirksarzt I. Classe für das Bezirksamt (Landgericht) Weilheim.

II. Bezirks-Aerzte.

A. Erster Classe.

München: Dr. Martell Frank für den Verwaltungsbezirk der Stadt; zugl. für das Stadtgericht München l. d. J. Abtheilung für Strafsachen.

Altötting: Dr. Simon Adolph Klein.

Berchtesgaden: Dr. Jos. Friedrich v. Spitzl.

Brück: Dr. August Berger. (OJ33.)

Dachau: Dr. Hermann Fischer.

Ebersberg: Dr. Ludw. Schwaiger.

Erding: Dr. Nikolaus Henkel.

Friedberg: Dr. Johann Georg Schäßler.

Ingolstadt: Dr. Frz. Xav. Pündter, k. Rath, (M3. L.) für den Stadt- u. Landgerichtsbezirk.

Landsberg: Dr. Benedict Sensburg

Laufen: Dr. Julius Neubegger.

Miesbach: Dr. Ludwig Krembs, (M3.)

Mühldorf: Dr. Max Ludwig Medicus.

München l. d. J.: Dr. Anton Kranz, Prof. hon.

München r. d. J.: Dr. Karl Kaltdorf. (M3.)

Pfaffenhofen: Dr. Joh. Bapt. Häuslmayr.

Rosenheim: Dr. Joseph Zetl.

Schongau: Dr. Florian Elsenreich.

Schrobenhausen: Dr. Eduard Widnmann.

Tölz: Dr. Gustav Höfler, fürstl. Schwarzb.-Sondershausensch. Hofrath. (M3. PG3. SER3.)

Werdenfels: Dr. Franz Simon Schwarzmaier.

B. Zweiter Classe.

Aibling: Dr. Desiderius Beck.

Burghausen: Dr. Franz Xaver Kellner.

Dießen: Dr. Mathias Kaufmann.

Dorfen: Dr. Carl Urban.

Geißenfeld: Dr. Franz Heßler, Mitglied d. K. Akadem. d. W.

Haag: Dr. Leopold Lang.

Moosburg: Dr. Joseph Spieß.

Neumarkt: Dr. Joseph Lang.

Prien: Dr. Carl Ramis.

Rain: Dr. Johann Wolff.

Reichenhall: Dr. Georg Freiherr v. Liebig.

Starnberg: Dr. Jos. Carl Linprun, k. Rath. (M3.)

Tegernsee: Dr. Alois Rosner.

Tittmoning: Dr. Eduard Schönleutner.

Trostberg: Dr. Joh. Gg. Auer.

Wolfratshausen: Dr. Mathias Heilmaier.

Strafanstalten.

Zuchthaus München.

Inspector: Dr. Eduard Meß. (M3.)

Rechnungsführer: Michael Käß.

Arzt: Dr. Max Wolfring, Medicinalassessor.

Gefangenanstalt Laufen.

Inspector: Georg Schicker.

Rechnungsführer: Otto Braun.

Arzt: Dr. Julius Neubegger, k. Bezirks-Arzt in Laufen.

Gefangenanstalt Wasserburg.

Rechnungsführer und functionirender Inspector: August v. Ziegelauer.

Arzt: Dr. Ludwig Kosak.

Erziehungs-Anstalt für verwahrloste jugendliche Personen in Niederschönenfeld.

Verwalter: Priester Martin Eder.

Kreis-Irrenanstalt München.

Oberarzt.

Dr. August Solbrig. (M3.)

Verwalter.

Thomas Schuegraf.

Stadtcommissariate u. der k. Kreisregierung unmittelbar untergeordnete Magistrate.

Haupt- u. Residenzstadt München.

Erster rechtskundiger Bürgermeister.
Caspar v. Steinsdorf. (K2b. M2b. GE4. OER3.)

Zweiter rechtskundiger Bürgermeister.
Anton v. Widder. (K3. M3.)

Rechtskundige Magistratsräthe.
Franz Seraph Maurer. (M3.)
Ignaz Klaußner. (M3.)
Franz Xaver Babhauser. (OFJ3. PG3.)
Georg Knollmüller.
Martin Zöllner.
Max Weber.
Caspar Ruppert.
Dr. Franz Regis Sachsenhauser.

Städtischer Baurath.
Carl Muffat. (M3. L☉.)

Bürgerliche Magistratsräthe.
Dr. Franz Xaver König, Friedr. Sauer (K☉.), Joseph Teichlein (M4.), Carl Riederer (M3. OFJ3. PG3. ScF3), Carl Schreyer (M4. K☉), Franz Paul Lechner, Alois Deiglmaier, Anton Riemerschmidt, Ignaz Chorherr (K☉.), Georg Faulstich, Anton Edel, Joseph Simmeth (K☉), Carl Bromberger (K☉.), Leonhard Pauli (K☉.), August Würzburger, Carl Weishaupt, Friedr. Wiedemann, Carl Radspieler, Anton Seidl.

Ingolstadt.

Stadt-Commissär.
Carl Boshart, Bezirks-Amtmann.

Rechtskundiger Bürgermeister.
Mathias Doll.

Rechtskundige Magistratsräthe.
Joseph Hütter.
Carl Wolf.

Bürgerliche Magistratsräthe.
Xaver Heidinger, Joseph Steinle, Jos. Hanslmaier, Jos. Schmid, Alois Oberbauer, Raphael Pascolini, Ludwig Steinhauser, Johann Baptist Mederer.

Freising.

Stadtcommissär.
Carl Breidenbach, Bezirksamtmann. (M3.)

Rechtskundiger Bürgermeister.
Franz Krumbach.

Bürgerl. Magistratsräthe.
Johann Nep. Peslmüller (K☉), Norbert Mader, Leonhard Steinecker, Ludw. Ostermaier, Georg Guttner, Joh. Nep. Landgrebe, Gg. Mittermayer, Franz Schader.

K. Stiftungs-Administration für Erziehung und Unterricht in München.

Administrator: Joseph Benns.
Controleur: Conrad Böhm.

Kapellstiftungs-Administration Altötting.

Kapellstiftungs-Administrator: Anton Pöllath.

Amtsschreiber: Georg Bergmaier.

Oberaufschlagamt München.

Ober-Aufschlagsbeamter: Silvan Michael Weeber.

Controleur: Michael Sedelmayer.

Kreis-Stempel-Verwaltungs- und Verlags-Amt.

Oberbeamter: Silvan Michael Weeber.

Controleur: Mich. Sedelmayer.

Rentämter.

Aibling.
Rentbeamter: Benno Steyrer. (M.)

Aichach.
Rentbeamter: Ludwig Christian Strelin.

Berchtesgaden.
Rentbeamter: Jos. Urban Dietz.

Bruck.
Rentbeamter: Michael v. Gäßler.

Burghausen.
Rentbeamter: August v. Rogister.

Dachau.
Rentbeamter: Max Graf v. Hundt.

Ebersberg.
Rentbeamter: Jacob Birzer.

Erding.
Rentbeamter: Franz Xav. Schmid.

Freysing.
Rentbeamter: Heinrich Uppel.

Friedberg.
Rentbeamter: Conrad Schmidt.

Ingolstadt.
Rentbeamter: Friedr. Eggerth.

Landsberg.
Rentbeamter: Albrecht Kühlemann. (M. L.)

Laufen.
Rentbeamter: Anton Koller.

Miesbach.
Rentbeamter: Max Wittenbauer.

Moosburg.
Rentbeamter: Johann Nepomuk Pachmayr.

Mühldorf.
Rentbeamter: Joh. Bapt. Sieber.

München (Stadtbezirk).
Rentbeamter: Ed. Kimmerle.

München (Landbezirk).
Rentbeamter: Jos. Alois Pracher. (M.)

Pfaffenhofen.
Rentbeamter: Joh. Bapt. Schnitzelbaumer.

Rain.
Rentbeamter: Anton Wagner.

Schongau.
Rentbeamter: Joh. Evang. Fehr.

Schrobenhausen.
Rentbeamter: Anton Rietzl.

Starnberg.
Rentbeamter: Constantin v. Bar.

Tölz.
Rentbeamter: Franz Paul Schelber.

Traunstein.
Rentbeamter: Hartwig Freimund Peetz.

Trostberg.
Rentbeamter: Friedrich v. Reichert.

Wasserburg.
Rentbeamter: Friedrich Wieland. (M3.)

Weilheim.
Rentbeamter: Anton Dütsch.

Werdenfels (in Garmisch).
Rentbeamter: Anton Hasenberger.

Wolfrathshausen.
Rentbeamter: Ernst v. Peter.

Besondere Rentämter.

Hofbräuamt München.
Beamter: Friedrich Pöller.
Controlirender Officiant: L. Aschenbrier.

Fischmeisteramt Chiemsee.
Wird durch das K. Rentamt Trostberg versehen.

Staatsguts-Verwaltung Schleißheim.
Staatsgutsverwalter.
Aug. Frhr. v. Dürsch, mit dem Range eines Rentbeamten. (M3.)

Veterinärarzt.

Controlirender Rechnungsführer.
Sigmund Döderlein.

Förster.
Franz Rauchenberger, Revierförster (LO.) (dem Forstamte Freysing unterstellt).

Forstämter.

Altötting.
Forstmeister.
Franz Fürholzer.

Revierförster.
Zu Altötting: Max Herzinger,
zu Burghausen: Max Ney,
zu Kling: Friedrich Reiner,
zu Marktl: Joseph Weber,
zu Mühldorferhart: Otto von Gimmi,
zu Neuötting: Friedrich Visino.

Ebersberg.
Forstmeister.
Max Heinrichmaier.

Revierförster.
Zu Anzing: August Landgraf,
zu Eglharting: Max Dietrich,
zu Hohenkirchen: Ant. Ign. Schricker,
zu Hofolding: Wilhelm Schumacher,
zu Hohenlinden: Carl Weiß,
zu Isen: Andreas Lampel,
zu Rott: Rudolf Schreyer,
zu Straßmaier: Ant. Banze.

Friedberg.
Forstmeister.
Franz Ritter v. Täuffenbach.

Revierförster.
Zu Eurasburg: Carl Valent. Maier,

zu Haunstetten: Joh. Nep. Frhr.
v. Rupprecht,
zu Lichtenberg: Mart. Müller,
zu Schöngeising: Frz. Schreyer,
zu Thierhaupten: Joseph Eisel,
zu Wildenroth: Clemens Mayr.

Freysing.
Forstmeister.
Eduard Bierdimpfel.
Revierförster.
Zu Freysing: Gustav v. Neger,
zu Kranzberg: — — —
zu Moosburg: Max Einsele.

Ingolstadt.
Forstmeister.
Franz Martin.
Revierförster.
Zu Bettbrunn: Ludwig Speicher,
zu Denkendorf: Clemens Escherich,
zu Geisenfeld: Jos. Ehrenthaler,
zu Schrobenhausen: Ludw. Einsele,
zu Stamham: Franz Paul Helbling.

München.
Forstmeister.
Max Schenk, Forstrath. (M3. L. K☉.)
Revierförster.
Zu Deisenhofen: Hermann Rosmann,
zu Forstenried: Carl Heller,
zu Grünwald: Julius Bombard,
zu Ismaning: Joh. Nep. Klämpfl,
zu Perlach: Joseph Schilcher.

Provisorische Forsteien.
Forsteisförster.
Zu Hirschau: Christian Näßl.

Partenkirchen.
Forstmeister.
Peter Burgmaier.
Revierförster.
Zu Garmisch: Joh. Bapt. Sartori,
zu Krün: Anton Klein,
zu Mittenwald: Carl Mathieu,
zu Partenkirchen: Max Thoma.

Schongau.
Forstmeister.
Max Hönig. (M3.)
Revierförster.
Zu Ettal: Johann Bapt. Federl,
zu Hohenschwangau: Alfred Thoma,
zu Peißenberg in Peiting: Carl v. Fackenhofen,
zu Peiting in Schongau: Franz Paul Heiß,
zu Wies: Franz Thoma.

Tölz.
Forstmeister.
Anton Reisenegger. (M3. OGVK mK.)
Revierförster.
Zu Benedictbeuern: Franz Xaver Wiedemann,
zu Jachenau: Joseph Fischer,
zu Kleinweil: Seraph. Kirchmaier,
zu Riß: Theod. Rabus,
zu Walchensee: Eduard Schenk,
zu Wolfrathshausen: Ludwig Eichheim. (M4.)

Weilheim.
Forstmeister.
Eduard v. Lips.
Revierförster.
Zu Andechs: Georg Auracher,
zu Dießen: Rudolph v. Coulon,
zu St. Heinrich in Seeshaupt: Theodor Ebermayer,
zu Schwifting: Ferdinand Dittborn,
zu Unterbrunn in Kreuzing: Eduard Henselt,
zu Utting: Albrecht Frhr. v. Lobkowitz,
zu Vilgertshofen: Gustav Winklmayr.

Trift-Amt und Holzgarten-Inspection München.
Vorstand: Max Schenk, Forstrath. (M3. L. K☉.)
Material-Controleur: Ant. Sturm.

Baubehörden.
Aichach.
Baubeamter: Georg Nadler.
Bruck.
Baubeamter: Friedr. Jos. Albert.
Freising.
Baubeamter: Adam Krepl.
Ingolstadt.
Baubeamter: Joh. Bapt. Reichling.
Landsberg.
Baubeamter: Friedr. Wilh. Horn.
Laufen.
Baubeamter: Christoph Ruff.
München I.
Baubeamter: Franz Xaver Beyschlag, für das Landbaufach.
München II.
Baubeamter: Otto v. Langenmantel, für das Landbaufach.
München III.
Baubeamter: Ludwig Dümler, für das Ingenieurbaufach.
München VI.
Baubeamter: Jos. v. Riedl, für das Ingenieurfach.
Neuötting.
Baubeamter: Joh. Philipp Burg.
Pfaffenhofen.
Baubeamter: Julius Ellersdorfer.
Rosenheim.
Baubeamter: Adam Rabinger.
Tegernsee.
Baubeamter: Otto Frhr. v. Pechmann.
Traunstein.
Baubeamter: Franz Xav. Miller.
Wasserburg.
Baubeamter: Johann Niggl.
Weilheim.
Baubeamter: Julius v. Schmädel.

Brandversicherungs-Inspectoren.

München I.
Joseph Mayer-Schauensee.

München II.
Carl Rieblin.

Weilheim.
Joseph Gräff.

Rosenheim.
Joh. Georg Firnkaes.

Reichenhall.
(Amtssitz in Laufen.)
Paul Rochu.

Ingolstadt.
Joseph Peter.

Kreishilfscasse.

Rendant: Rudolph Illing.

II. Niederbayern.

Kreis-Stellen.

Regierung.
(Sitz Landshut.)

Präsident.
Alois August v. Schilcher. (K3. M2b.)

A. Kammer des Innern.

Director.
Friedrich Frhr. v. Du Prel, Kämmerer. (K3. M2b.)

Räthe.
Dr. Carl Hoffmann, Kreis-Medicinalrath. (M3.)
Philipp Frhr. v. Tänzl-Trazberg, Kämmerer.
Johann Georg Hecht. (M3.)
Johann Baptist Dillis.
Beatus May v. Ehlingensberg, Kreisbaurath. (M3.)
Ludwig Carl August v. Khreninger.
Anton Kalchgruber. (M3.)
Christian Martin.

Assessoren.
Joseph Knitl.
Oscar Frhr. v. Ruffin, Kammerjunker.

Registratoren.
Joseph Gast, Joh. Paul Knauer.

Rechnungscommissäre.
Anton Banska, Georg Christoph Weißbeck, Franz Darberger, Otto Engelbrecht.

Rechnungscommissär für die Brandversicherungs-Anstalt.
Joseph Raizer.

Kreis-Scholarchat.
Joseph Werner, geistl. Rath und Stadtpfarrer zu St. Martin in Landshut.

Max Harhammer, rechtsk. Bürgermeister in Landshut.
Johann Baptist Weber, rechtsk. Magistr.-Rath zu Landshut. (M3.)
Franz Sales Seelos, Stadtpfarrer zu St. Jodok in Landshut. (M3.)

Ersatzmann.
Dr. Mich. Fertig, Studienrector.

Kreis-Medicinalausschuß.
Vorstand.
Dr. Carl Hoffmann, Kreis-Medicinalrath.

Mitglieder.
Dr. Joseph Syller, Bezirksgerichtsarzt.
Dr. Dominicus Ruhwandl, Landgerichtsarzt.
Anton Wimmer, Lehrer der Chemie an der Landwirthschafts- und Gewerbsschule.
Dr. August Finsterlin, prakt. Arzt.
Dr. Franz Xav. Wein, prakt. Arzt.
Ambros Mangold, Thierarzt.

Kreis-Baubehörde.
Kreisbaurath.
Beatus Max v. Ehlingensberg. (M3.)

Kreisbaubeamte.
Für das Ingenieur-Fach.
Wilhelm Frhr. v. Pelkhoven, Kammerjunker.

Für das Landbau-Fach.
Leonhard Schmidtner. (M3.)
Carl Hertter.

B. Kammer der Finanzen.
Director.
Joseph v. Leopolder. (K3. M3.)

Räthe.
Carl Georg Lippmann.
Joseph Frhr. v. Hertling, Kämmerer u. Kreisforstrath. (M3.)
Theodor Graf v. Hundt, Kämmerer.
Georg Heindl, Fiscalrath.
Carl Gebhard.
Max Höß.

Assessoren.
Joseph Kellermann, Fiscalrath.
Max Stifter, Forstmeister.
Theodor Geiger.

Registratoren.
Franz Xav. Pfeffer, Johann Bapt. v. Rauffer.

Rechnungscommissäre.
Thomas Proscheck, Johann Nep. Schmidtkonz, Max. Paur, Stephan Reschreiter, Jacob Gramberger, Alois Lusteck, Ludwig Frhr. v. Lobkowitz.

Obergeometer.
Max Gerstl.

Secretariat beider Kammern.
Secretäre.
Nepomuk Creßierer.
Emeran Auer.
Georg Zunner.
Franz Xaver Raitmair.
Philipp Fruth.

Kanzlisten.
Ernest Waldeck, Michael Gruber, Andreas Decker.

Kreiscasse.
Kreiscassier.
Georg Stengel.
Controleur.
Wilhelm Gebhard.
Zahlmeister.
Theodor Seidl.
Officianten.
Carl Joseph Schmid, Friedrich Roth.

Appellations-Gericht.
(Zu Passau.)
Präsident.
Carl Christoph Frhr. v. Waldenfels, Kämmerer. (K3. M2b.)
Directoren.
Anton Joseph Maria Frhr. v. Pfetten, Kämmerer. (M3.)
Dr. Friedrich Steppes.
Räthe.
Emeran Persch. (M3.)
Ignaz Gietl.
Carl Frz. Ferd. Seb. v. Krafft.
Johann Baptist Schmidt.
Jacob Halenke.
Alois Gmeiner.
Ludwig Halm.
Friedrich Wilhelm Köppel.
Joseph Friedr. Pfeufer.
Wilhelm Barth.

Assessoren.
Ludwig v. Voithenberg.
Georg Obermüller.
Albert Kühbacher.
Staatsanwälte.
Oberstaatsanwalt: Johann Nep. Leeb. (M3.)
II. Staatsanwalt: Melch. Stenglein.
Secretäre.
Carl Reitmayer, Heinrich von Kirchbauer, Joseph Raimer. Johann Friedrich Wanderer.
Canzlisten (extra statum.)
Johann Nep. Paur, Mathias Baumgärtner.

Kreisbehörden.
Bezirksgericht Deggendorf.
Director.
Benno Fleißner.
Räthe.
Gustav Schmid.
Eduard v. Widmann.
Anton Schuller.
Ludwig Schweiger.
Assessoren.
Johann Nep. Habersbrunner.
Michael Seeholzer.
Johann Schwemmer.
Staatsanwalt.
Carl Meyer.
Secretäre.
Joseph Bernklau, Eugen Laucher, Carl Zimmermann.

Bezirksgericht Landshut.
Director.
Franz Alexander Lippmann.
Räthe.
Carl Christoph Fleissa.
Anton Hugo Jäger.
August Mayer.
Alexander Prugger.
Joseph Wutz.
Carl Jungermann.
Thomas Mayer.
Assessoren.
Michael Roth.
Friedrich Hutter.
Agathon Frhr. v. Lupin.
Staatsanwälte.
I. Dr. Adolph Krätzer mit dem Range eines Appellations-Ger.-Rathes.
II. Joseph Schmuderer.
Secretäre.
Georg Wallner, Franz Xaver v. Gäßler, Jos. Ant. Simon.
Schreiber (extra statum.)
Georg Forster.

Handelsgericht Landshut.
Vorstand.
Franz Alexander Lippmann, zugl. Bezirksgerichts-Director.
Räthe.
August Mayer.
Carl Jungermann, zugleich Bezirksgerichts-Räthe.

Handelsgerichts-Assessoren.
Johann Nep. Deutter, Kaufmann.
Georg Farmbacher, Fabrikant.
Ergänzungsrichter.
Oscar Dalmer, Kaufmann,
Johann Kast, Kaufmann.

Bezirksgericht Passau.
Director.
Richard Schuster. (M3.)
Räthe.
Joseph Kellner.
Franz Xaver Ebenhofer.
Georg Gleitsmann.
Julius Frhr. v. Lupin.
Karl von Hueb, Hofjunker.
Assessoren.
Ludwig Klenhöfer.
Franz Xaver Hainbl.
Franz Riedl.
Staatsanwälte.
I. Joseph Rohrmüller.
II. Johann Georg Widnmann.
Secretäre.
Carl Saile, Joseph Günther, Franz Joseph von Haasy.

Handelsgericht Passau.
Vorstand.
Richard Schuster, Bezirksgerichts-Director.
Räthe.
Joseph Kellner,

Franz Xaver Edenhofer zugleich Bezirksgerichts-Räthe.

Handelsgerichts-Assessoren.
Ant. Pummerer, Kaufmann.(PS3.)
Anton Bachmeyer, Kaufmann.

Ergänzungsrichter.
Georg Obermayer, Kaufmann,
Georg Eglauer, Kaufmann.

Bezirksgericht Pfarrkirchen.
Director.
Friedrich Schlag.

Räthe.
Martin Hebendanz.
August Schuster.
Otto Welsch.
Carl Mayr.

Assessoren.
Carl Hofmann.
Georg Herrmann.
Christian Bandel.

Staatsanwalt.
Friedrich Petz.

Secretäre.
Max Lang, Franz Hauser, Gg. Joseph Christian Burger.

Bezirksgericht Straubing.
Director.
Ludwig Paur.

Räthe.
Georg Heribert Stautner.
Jacob Gleitsmann.

Friedrich Sigmund Freiherr v. Tröltsch.
Dionys Pichlmayr.
Johann Rabe.
Hermann Hiebl.

Assessoren.
Johann Anton Kobler.
Wolfgang Bacher.
Carl Mayr.

Staatsanwälte.
I. Johann Georg Mayer, mit dem Range eines Appellations-Gerichtsrathes.
II. Otto Rothenfelder.

Secretäre.
Sebastian Mennacher, Michael Flurl, Michael Schmitt.

Schreiber (extra statum.)
Theodor Kopp.

Stadtgerichte, Stadt- u. Landgerichte und Landgerichte.

Im Bezirke Deggendorf.
Landgerichte.
Deggendorf.
Landrichter: Jacob Höflinger.
Assessor: Max Hämerl.
Gerichtsschreiber: Johann Martin Lippenberger.

Grafenau.
Landrichter: Joseph Wolf.
Assessor: Joh. Georg Schreyer.
Gerichtsschreiber: Modest. Welher.

Hengersberg.
Landrichter: Ignaz Auer.
Assessor: Franz Xaver Weßelack.
Gerichtschreiber: Max Ludwig Henneberger.

Osterhofen.
Landrichter: Joseph Raßberger.
Assessor: Eduard Sterzl.
Gerichtschreiber: Max Anton Doppelhammer.

Regen.
Landrichter: Kilian Yberle.
Assessor: Ludwig August Kastner.
Gerichtschreiber: Johann Hertle.

Viechtach.
Landrichter: Friedrich Adelmannseder.
Assessor: Franz Xaver Kornmüller.
Gerichtschreiber: Max Schmid.

Im Bezirke Landshut.
Stadtgericht Landshut.
Stadtrichter: Christian Schönger.
Assessor: Joseph Knözinger.
Gerichtschreiber: Max Allio.

Landgerichte.
Abensberg.
Landrichter: Christian Lechner.
Assessor: Dominikus Inngruber.
Gerichtschreiber: Felix Brunner.

Dingolfing.
Landrichter: Georg Bösl.
Assessor: Andreas Hofer.
Gerichtschreiber: Anton Rothfischer.

Kelheim.
Landrichter: Franz Xaver Costa.
Assessor: Franz Schroder.
Gerichtschreiber: Marquard Kugler.

Landshut.
Landrichter: Martin Müller.
Assessoren: Emanuel v. Kern. Albert Kummer.
Gerichtschreiber: Anton Dölzl.

Mainburg.
Landrichter: Ludwig Klüg.
Assessor: Dionys Schmid.
Gerichtschreiber: Joseph Ferstl.

Rottenburg.
Landrichter: Anton Carl Körber.
Assessor: Heinrich Manstorfer.
Gerichtschreiber: Wilhelm Götz.

Vilsbiburg.
Landrichter: Michael Zinnagel.
Assessoren: Joseph Jungbauer, Max Hopfner.
Gerichtschreiber: Michael Gleifenstein.

Im Bezirke Passau.
Stadtgericht Passau.
Stadtrichter: Joseph Schröder.

Assessor:
Andreas Baumann.
Gerichtschreiber:
Joseph Sternbauer.

Landgerichte.
Freyung.
Landrichter: Ludwig Asmus.
Assessor: Michael Westermayer.
Gerichtschreiber: Anton Pongraz.

Passau I.
Landrichter: Hermann Hiebl.
Assessor: Georg Wagner,
Gerichtschreiber: Albert Phillpp Schöller.

Passau II.
Landrichter: Joseph Süß.
Assessor: Michael Schwarz.
Gerichtschreiber: Georg Mauser.

Wilshofen.
Landrichter: Johann Gengler.
Assessoren: Ludwig Mayer, Jakob Bauer.
Gerichtschreiber: Max Joseph Stangl.

Waldkirchen.
Landrichter: Michael Friebl.
Assessoren: Friedrich Hurt, Wilhelm Scheibenbogen.
Gerichtschreiber: Anton Megele.

Wegscheid.
Landrichter: Bernhard Rubenbauer.
Assessor: Georg Körbling.
Gerichtschreiber: Franz Seraph Weininger.

Im Bezirke Pfarrkirchen.
Landgerichte.
Arnsdorf.
Landrichter: Joseph Zimmermann.
Assessor: Anton Heid.
Gerichtschreiber: Alois Heß.

Eggenfelden.
Landrichter: Georg Ley.
Assessor: Wilhelm Jungermann.
Gerichtschreiber: Alois Herold.

Griesbach.
Landrichter: Pius Imm.
Assessor: Anton Graf.
Gerichtschreiber: Ludwig Schels.

Landau.
Landrichter: Adolph Oppert.
Assessor: Franz Seraph Schmid.
Gerichtschreiber: Joseph Hartmann.

Pfarrkirchen.
Landrichter: Friedrich Ludwig Strehler.
Assessor: Anton Schmid.
Gerichtschreiber: Andreas Mayer.

Rotthalmünster.
Landrichter: Alois Häckl.
Assessor: Jacob Bramante.
Gerichtschreiber: Ludw. Leibinger.

Simbach.
Landrichter: Max v. Voithenberg. (OFJR.)
Assessor: Carl Röhrle.
Gerichtschreiber: Joseph Neff.

Im Bezirke Straubing.

Stadtgericht Straubing.
Stadtrichter:
Anton Parst.
Assessor:
Johann Georg Maußner.
Gerichtschreiber:
Ferd. Sporer.

Landgerichte.
Bogen.
Landrichter: Joseph Seelus.
Assessor: Michael Reser.
Gerichtschreiber: Jos. Gallauer.

Kötzting.
Landrichter: Michael Fischhold.
Assessor: Franz Paul Kölbl.
Gerichtschreiber: Franz Xaver Schub.

Mallersdorf.
Landrichter: Maximilian Schütz.
Assessor: Michael Sartor.
Gerichtschreiber: Ludwig Petzl.

Mitterfels.
Landrichter: Georg Brenner.
Assessor: Joseph Schönbeck.
Gerichtschreiber: Franz Xaver Spitzelberger.

Neukirchen.
Landrichter: Carl Christian Wilhelm Dorner.
Gerichtschreiber: Johann Retzl.

Straubing.
Landrichter: Paul Rieber.
Assessoren: Anton Morett, Anton Weßinger.
Gerichtschreiber: Johann Stabelmann.

Bezirksämter.
Bogen.
Bez.-Amtmann: Joseph Mayer.
Bez.-A.-Assessor: Martin Ansgerer.

Deggendorf.
Bez.-Amtmann: Eduard Ulthammer.
Bez.-A.-Assessoren: Heinrich Reindl, Carl Heckenstaller.

Dingolfing.
Bez.-Amtmann: Gg. Schuderer.
Bez.-A.-Assessor: Mich. Fischer.

Eggenfelden.
Bez.-Amtmann: Joseph Ehrlich.
Bez.-A.-Assessor: Jos. Wimmer.

Grafenau.
Bez.-Amtmann: Heinr. Schnitzler.
Bez.-A.-Assessor: Peter Lehner.

Griesbach.
Bez.-Amtmann: Adolph Wolfg. Fink. (M3.)
Bez.-A.-Assessor: Peter Syller.

Kelheim.
Bez.-Amtmann: Max Jos. Schmid.
Bez.-A.-Assessor: Gotthard Wimmer.

Kötzting.
Bez.-Amtmann: Carl v. Paur. (M3.)
Bez.-A.-Assessor: Mathias Pösl.

Landau.
Bez.-Amtmann: Johann Paul Krieger.
Bez.-A.-Assessor: Michael Bachmaier.

Landshut.
Bez.-Amtmann: Lorenz Huber. (MJ.)
Bez.-A.-Assessor: Franz Paul Weber.

Mallersdorf.
Bez.-Amtmann: Martin Zierer.
Bez.-A.-Assessor: Mich. Hiltner.

Passau.
Bez.-Amtmann: Simon Taucher. (MJ.)
Bez.-A.-Assessoren: Frz. Gossinger, Paul Stockbauer.

Pfarrkirchen.
Bez.-Amtmann: Franz Seraph Christoph. (MJ.)
Bez.-A.-Assessor: Otto Schels.

Regen.
Bez.-Amtmann: Mathias Stangl.
Bez.-A.-Assessor: Ludw. Schrott.

Rottenburg.
Bez.-Amtmann: Franz Wagner.
Bez.-A.-Assessor: Hermann Einsele.

Straubing.
Bez.-Amtmann: Wilhelm Frhr. v. Pechmann, Kammerjunker. (MJ.)
Bez.-A.-Assessor: Carl Schreiner.

Viechtach.
Bez.-Amtmann: Johann Sartori.
Bez.-A.-Assessor: Georg Scheibenpflug.

Vilsbiburg.
Bez.-Amtmann: Max Jos. Bauer. (MJ.)
Bez.-A.-Assessor: Carl Albert v. Reichert.

Vilshofen.
Bez.-Amtmann: Gottlieb Fruth. (MJ.)
Bez.-A.-Assessoren: Max Escherich, Andreas Schmidbauer.

Wegscheid.
Bez.-Amtmann: Johann Nep. Mösmang.
Bez.-A.-Assessor: Leopold Zahler.

Wolfstein.
Bez.-Amtmann: Wilh. Durocher.
Bez.-A.-Assessor: Johann Bapt. Schilling.

Bezirksgerichts- u. Bezirks-Aerzte:

I. Bezirksgerichts-Aerzte.

Deggendorf: Dr. Wolfg. Uppel, zugleich Bezirksarzt I. Classe für das Bezirksamt (Landg.) Deggendorf.

Landshut: Dr. Joseph Syller, zugleich für das Stadtgericht Landshut. (MJ.)

Passau: Dr. Alexander Erhard, zugleich für das Stadtgericht Passau.

Pfarrkirchen: Dr. Joseph Hillmayer zugleich Bezirksarzt I. Classe für das Bezirksamt (Landgericht) Pfarrkirchen.

Straubing: Dr. Georg Groß, zugleich für das Stadtgericht Straubing.

II. Bezirks-Aerzte.

A. Erster Classe.

Bogen: Dr. Joseph Burger.
Dingolfing: Dr. Joh. Adam Ott.
Eggenfelden: Dr. Michael Wulzinger.
Grafenau: Dr. Joseph Tischler.
Griesbach: Dr. Johann Baptist Crussilla.
Kelheim: Dr. Jos. Oberndorfer. (M3.)
Kötting: Dr. Joh. Bapt. Weber.
Landau: Dr. Friedrich Stadelmayer.
Landshut: — — —
Mallersdorf: Dr. Andreas Heiß.
Passau: Dr. Jos. Julius Schmidtmüller, für das Bezirksamt und das Landgericht Passau I, zugleich für den Verwaltungs-Bezirk der Stadt Passau.
Regen: Dr. Max Schreiner. (M3.)
Rottenburg: Dr. Franz Xaver Müller.
Straubing: Dr. Carl Jos. Kolb, zugleich für den Verwaltungs-Bezirk der Stadt Straubing.
Viechtach: Dr. Joh. Georg Regler.
Vilsbiburg: Dr. Johann Evang. Albrecht.
Vilshofen: Dr. Eduard Michael Schlagintweit.
Wegscheid: Dr. Emanuel Luz.
Wolfstein: Dr. Joseph Jacob Seiberth, für das Bezirksamt Wolfstein und das Landgericht Freyung. (M3.)

B. Zweiter Classe.

Abensberg: Dr. Joseph Stanglmayr.
Arnstorf: Dr. Benedict Hauber.
Hengersberg: Dr. Anton Lindemann.
Mainburg: Dr. Carl Lautenbacher.
Mitterfels: Dr. Ludw. Krieger.
Neukirchen: Dr. Carl Seydel.
Osterhofen: Dr. Joseph Kufner.
Passau II.: Dr. Joseph Eugen Bottler.
Rothalmünster: Dr. Carl Mayr.
Simbach: Dr. Andreas Hofer.
Waldkirchen: Dr. Gg. Huber.

Stadt-Commissariate und der k. Kreisregierung unmittelbar untergeord. Magistrate.

Landshut.

Stadt-Commissär.
Anton Kalchgruber, Regierungs-Rath. (M3.)

Officiant.
Martin Arnold.

Rechtskundiger Bürgermeister.
Maximilian Harhammer.

Rechtskundige Magistratsräthe.
Johann Bapt. Weber. (M3.)
Joachim Peckert.

Bürgerliche Magistratsräthe.
Johann Nep. Deutter, Joh. Bapt. von Zabuesnig, Georg Hof-

pauer, Xav. Kaufmann, Anton Hilz, Carl Heller, Max Pulle, Alois Mayr.

Passau.
Stadt-Commissär.
Simon Taucher, Bez.-Amtmann. (M3.)

Officiant.
Johann Baptist Lanzl.

Rechtskundiger Bürgermeister.
Dominicus Prasselsberger.

Rechtskundige Magistratsräthe.
Franz Xaver Trost.
Anton Herrlein.

Bürgerliche Magistratsräthe.
Joseph Marbacher, Johann Nep. Maus, Sigmund Wiesbauer, Andreas Schwarzenberger, Christoph Pöppl, Gg. Gscheider, Ignaz Pärtl, Joseph Heindl, Eduard Pleitner, Gg. Obermaier, Andreas Heyeck.

Straubing.
Stadtcommissär.
Wilhelm Frhr. von Pechmann, Bezirksamtmann. (M3.)

Rechtskundiger Bürgermeister.
Joseph Ludwig Leeb. (M4.)

Rechtskundige Magistratsräthe.
Georg Dandl.
Ferdinand Graf.

Bürgerliche Magistratsräthe.
Sebast. Mayer sen., Jos. Kraus, Georg Niedermaier, Joseph Brücklmayer, Joseph Knoll, Joh. Bapt. Windorfer, Anton Retzer, Johann Hilz.

Oberaufschlagamt.
Ober-Aufschlagsbeamter: Alois Schmalzl.

Controleur: Georg Wallani.

Rentämter.
Deggendorf.
Rentbeamter: Hermann Parst.

Dingolfing.
Rentbeamter: Lorenz Gistl.

Eggenfelden.
Rentbeamter: Anton Hellmuth.

Griesbach.
Rentbeamter: Remigius Götz.

Kelheim.
Rentbeamter: Georg Oberneder.

Kötzting.
Rentbeamter: Joseph Linsmayer.

Landau.
Rentbeamter: Ed. Zottmann.

Landshut.
Rentbeamter: Johann Götz.

Mallersdorf.
Rentbeamter: Joh. David Lindner.

Mitterfels.
Rentbeamter: Ignaz Strobl.

Neustadt.
Rentbeamter: Johann Roth.
Obernzell.
Rentbeamter: Richard Heß.
Passau.
Rentbeamter: Friedrich Daffner.
Pfarrkirchen.
Rentbeamter: Joseph Schlund.
Schönberg.
Rentbeamter: Andreas Wolf.
Simbach.
Rentbeamter: Wilhelm Friederich.
Straubing.
Rentbeamter: Carl v. Stubenrauch.
Viechtach.
Rentbeamter: Franz Schmitt.
Wilsbiburg.
Rentbeamter: Ludwig Härtl.
Wilshofen.
Rentbeamter: Anton Lori. (M3.)
Wolfstein.
Rentbeamter: Julius Watzl.
Zwiesel.
Rentbeamter: Martin Köglmaier.

Forstämter.
Kelheim.
Forstmeister.
Arnold Martin.
Revierförster.
Zu Appersdorf: Max Zottmann,
zu Goldberg: Jacob Schuhmann, (L⊙.)
zu Hienheim: Joh. Schauberger,
zu Münchsmünster: Franz Fraunholz,
zu Neuessing: Franz Schmid,
zu Wipfelsfurt: Gg. Rosenberger.

Landshut.
Forstmeister.
Ferdinand Klein. (M3.)
Revierförster.
Zu Ergoldsbach: Joseph Meisinger,
zu Landshut: Wilhelm Pösl,
zu Mainburg: August Richstein.
Communal-Revierförster.
Zu Landau: Franz Fischold,
zu Vilsbiburg: Joseph Wenzel.

Passau.
Forstmeister.
Norbert Hilber.
Revierförster.
Zu Inkam: Franz X. Schuhmann,
zu Köstlarn: Simon Griebl,
zu Neuburg: Franz Xaver Senninger,
zu Rehschaln: Max v. Hellersberg,
zu Seestetten: Friedrich Keller,
zu Thyrnau: Friedrich Lenz.
Communal-Revierförster.
Zu Julbach: Paul Plaß.

Schönberg.
Forstmeister.
Max Mannhart.

Revierförster.

Zu Klingenbrunn: Max Röhrer,
zu Rusel: Joh. Nepomuk Ostermayer,
zu St. Oswald: Jos. Held,
zu Schönau: Heinrich Grashey,
zu Schönberg: Franz Franzis.

Wolfstein.
Forstmeister.
Christoph Spachtholz.

Revierförster.
Zu Bischofsreut: Heinrich Riedl,
zu Duschlberg: Frz. Wessenscheid,
zu Finsterau: Georg Jungermann,
zu Kirchl in Kreuzberg: August v. Brandt,
zu Maut: Franz Schuster,
zu Schlichtenberg: Alois Kirmayer.

Zwiesel.
Forstmeister.
Philipp Goldmayer.

Revierförster.
Zu Bodenmais: Carl Frhr. v. Asch,
zu Drayelsried: Georg Herrmann,
zu Kötzting: Julius Mantel,
zu Rabenstein: — — —
zu Schwarzach: Max Bauer,
zu Zwiesel: Wilhelm Glöckle,
zu Zwiesler-Waldhaus, nördlich: Carl Kreuzbauer.
zu Zwiesler-Waldhaus, südlich: Anton Hartmann.

Communal-Revierförster.
Zu Regen: Eduard de Bruyn.

Triftamt Passau.
Trift-Inspector: Franz von Stützer (mit dem Range eines Forstmeisters).

Baubehörden.
Deggendorf.
Baubeamter: Joseph Dominikus Schmidt.

Eggenfelden.
Baubeamter: Heinrich Lebender.

Kelheim.
Baubeamter: Carl Ernst Vogel.

Landau.
Baubeamter: Friedrich Christl.

Landshut.
Baubeamter: Georg Adam Geiger.

Passau I.
Baubeamter: Albert Lucas, für das Landbau-Fach.

Passau II.
Baubeamter: Franz Xaver Neumüller, für das Ingenieur-Fach.

Regen.
Baubeamter: Robert Waginger.

Simbach.
Baubeamter: Joseph Bachauer.

Straubing.
Baubeamter: Michael Nägele.

Brandversicherungs-Inspectoren.

Passau.
Anton Rochu.

Landshut.
Joseph v. Mendel.

Straubing.
Joseph Bachel.

Deggendorf.
Georg Habler.

Kreishilfscasse.
Rendant.
Joh. Nep. Deutter.

III. Pfalz.

Kreis-Stellen.

Regierung.

(Sitz: Speyer.)

Präsident.
Gustav v. Hohe. (K2b. M2b. FGL2. HP2a. PRU2.)

A. Kammer des Innern.

Director.
Friedrich Wilhelm v. Bettinger. (K3. M2b. B3L3.)

Räthe.
Heinrich Wand. (M3.)
Max Delamotte. (M3.)
Max Freiherr v. Maillot de la Treille, Kämmerer. (M3.)
Georg Lavale, Kreisbaurath. (M3. HP3. PR3.)
Dr. Joseph Heine, Kreis-Medicinalrath. (M3.)
Jacob August Kurz. (M3.)

Assessoren.
Dr. Ludw. Jordan.
Friedrich Scharnberger.

Registratoren.
Valent. Schneider, Heinrich Friedrich Sieber.

Rechnungscommissäre.
David Schild, Wilhelm Münch, Victor Schuchardt.

Rechnungscommissär der Immobiliar-Brandversicherungs-Anstalt.
Franz Grandpair.

Kreis-Scholarchat.
Dr. Georg v. Jäger, Hofrath u. qu. Lyceal-Director zu Speyer. (K3. M3. L.)
Dr. Carl Christian Schuelein, q. Consistorialrath zu Speyer.
Georg Ludwig Ney, protestant. Probecan u. Pfarrer zu Mutterstadt.

Ersatzmann:

Peter Köstler, Domcapitular, bischöfl. geistl. Rath und Stadtpfarrer zu Speyer. (M3.)

Kreis-Medicinalausschuß.
Vorstand.

Dr. Joseph Heine, Kreis-Medicinalrath. (M3.)

Mitglieder.

Dr. Michael Nocker, Bezirks-Arzt I. Classe.

Dr. Julius Bettinger, Bezirks-Arzt I. Classe in Frankenthal. (M3.)

Dr. Joseph Reisch, Bezirksarzt I. Classe in Neustadt.

Dr. Georg Friedrich Schulz, Bezirksarzt I. Classe in Germersheim.

Dr. Bohlig, Apotheker in Mutterstadt.

Ign. Störk, Bezirks-Thierarzt.

Kreis-Baubehörde.
Kreisbaurath.

Georg Lavale. (M3. HP3. PK3.)

Kreisbaubeamte.

Für das Ingenieur-Fach:

Ferdinand Eugen Benedict v. Günther.

Für das Landbau-Fach:

Joseph Tanera.

B. Kammer der Finanzen.
Director.

Franz Meyer. (M3. PKA3.)

Räthe.

Friedrich Mattern, Kreis-Fiscalrath.

Melchior Grohe, Kreisforstrath. (M3.)

Carl Weigel.

August Schwarz.

Ludwig von Ammon.

Bergrath.

Friedr. Wilh. Günther, Oberbergrath. (M3.)

Regierungs-Assessoren.

Franz Martin Becker, Forstmeister.

Ernst Martin, „ „

Carl Ludwig Fries, „ „

Valentin Brach, Fiscal-Adjunct.

Registratoren.

Jos. Botta u. Joh. Adam Uhrig.

Rechnungs-Commissäre.

Carl Ziebland, Conrad Freyhöfer, Friedrich Kleinkopf, Carl Neuer, Ludwig von Traitteur, Erhard Stabler, Albert Schwarzenberger, Carl Bouba.

Obergeometer.

Franz Koplitz.

Secretariat beider Kammern.
Secretäre.

Joseph Schmidt (GE5.), Joseph Metschnabel, Wilh. Schwenk, Max Frhr. v. Pelkhoven, Kammerjunker, Gg. Friedrich Stempel.

Kanzlisten.

Christ. Heinr. Gilardone, Frz. Jos. Boveri, Heinrich Holz.

Kreiscasse.
Cassir.
Johann Peter Dümmler.
Controleur.
Michael Dahl.
Zahlmeister.
Jacob Bauer.
Officianten.
Georg Friedrich Emonts, Paul Reinert.

Appellationsgericht.
(Zu Zweibrücken.)
Präsident.
Pet. Eberh. v. Korbach. (K2b. M2b.)
Director.
Carl Conrad Wilhelm von Kärner. (K3. M3.)
Räthe.
Johann Bapt. Keller. (M3.)
Hermann Fitting. (M3.)
Friedrich Conrad Hißfeld.
Emil Cotta.
Johann Gottfried Dingler.
Philipp Jacob Serini. (M3.)
Georg Gugel. (M3.)
Carl Hofmann.
Friedrich Kieffer.
Carl Alexander Hecht.
General-Staats-Procurator.
Ludw. v. Schmitt. (K3. M3.)
Staats-Procuratoren.
I. Carl Heinrich Schmidt.
II. Max Loe.

Obergerichtsschreiber.
August Petri.
Untergerichtsschreiber.
Heinrich von Besnard, Carl Ludwig Seel.

Kreis-Behörden.
Bezirksgericht Frankenthal.
Präsident.
Dr. Arnold Möhl. (M3.)
Richter.
Carl Ludwig Hosemann.
Julius Ferdinand Müller.
Cajetan Kast.
Friedrich Croissant.
Assessor.

Staats-Procurator.
Georg Dupré.
Substitut.

Gerichtsschreiber.
Christian Carl Wolf.
Untergerichtsschreiber.
Peter Joseph Ruppertshoven.

Bezirksgericht Kaiserslautern.
Präsident.
Ludwig Molique.
Richter.
Adam Hofinger.
Joseph Herfeld.
Georg Friedrich Christian Uebel.
Richard Popp.

Assessor.
Hans Sauter.

Staats-Procurator.
Jacob Löw.

Substitut.
Ludwig Zöller.

Gerichtschreiber.
Friedrich Roßée.

Untergerichtschreiber.
Georg Eduard Müller.

Bezirksgericht Landau.

Präsident.
Johann Wernz.

Richter.
Friedrich August Lorenz.
Philipp Wilhelm Föll.
Eduard Hánauer.
Joseph Wolff.

Assessor.
Adam Disqué.

Staats-Procurator.
Friedrich Philipp Ludwig Munzinger.

Substitut.
Jacob Fitting.

Gerichtschreiber.
August Thoma.

Untergerichtschreiber.
Georg Jacob Wöscher.

Bezirksgericht Zweibrücken.

Präsident.
Carl Theodor Böcking.

Richter.
Ludwig Alois Molitor.

Friedrich Theodor Joell.
Johann Nicolaus Duy.
Hermann Dereum.

Assessor.
Georg Reiffel.

Staats-Procurator.
Franz August Werner.

Substitut.
Carl Theodor Zinkgraf.

Gerichtschreiber.
Carl Wilh. Schmidt. (M4.)

Untergerichtschreiber.
August Mittermayer.

Landgerichte.

Im Bezirke Frankenthal.

Dürkheim.
Landrichter: Heinrich Freyseng.
Gerichtschreiber: Cäsar August Braun.

Frankenthal.
Landrichter: Christian Ludw. Wilhelm Ernst Dietsch.
Gerichtschreiber: Carl Ludw. Klee.

Grünstadt.
Landrichter: Carl Moriz Ruppenthal.
Assessor: Karl Nößel.
Gerichtschreiber: Phil. Hypp. Denig.

Ludwigshafen.
Landrichter: Carl Falciola.
Gerichtschreiber: Jacob Gassenberger.

Neustadt.
Landrichter: Wilh. Vogt.
Assessor: Jacob Kullmer.
Gerichtschreiber: Christian Weyrich.

Speyer.
Landrichter: Ant. Nickel.
Assessor: — — —
Gerichtschreiber: Peter Serr.

Im Bezirke Kaiserslautern.

Göllheim.
Landrichter: Robert Schaaf.
Gerichtschreiber: Carl Rudolph Sturm.

Kaiserslautern.
Landrichter: Jacob Koch.
Assessor: Gustav Hartmann.
Gerichtschreiber: Wilh. Labrosse.

Kirchheimbolanden.
Landrichter: Ernst Haas.
Gerichtschreiber: Carl Joseph Geenen.

Kusel.
Landrichter: Friedrich Serini.
Gerichtschreiber: Carl Umbschelden.

Lauterecken.
Landrichter: Carl Ziegelwalner.
Gerichtschreiber: Martin Reissinger.

Obermoschel.
Landrichter: Ludwig Reinhard Vaillant.
Gerichtschreiber: Georg Weicht.

Otterberg.
Landrichter: Carl Joseph Schuler.

Gerichtschreiber: Ludwig Christian Wilhelm Rapp.

Rockenhausen.
Landrichter: Franz Bauer.
Gerichtschreiber: Friedrich Joseph Butenschön.

Winnweiler.
Landrichter: Otto Heintz.
Gerichtschreiber: Friedrich Ernst Ludwig Groß.

Wolfstein.
Landrichter: Hermann Fries.
Gerichtschreiber: Philipp Hammersdorf.

Im Bezirke Landau.

Anweiler.
Landrichter: August Schmahl.
Gerichtschreiber: Joseph Kreichgauer.

Bergzabern.
Landrichter: Carl Ulwens.
Assessor: Friedrich Eppelsheim.
Gerichtschreiber: Heinr. Pfeiffer.

Edenkoben.
Landrichter: Otto Siry.
Gerichtschreiber: Carl Wenz.

Germersheim.
Landrichter: Carl Koch.
Gerichtschreiber: Gustav Wilh. Merkel.

Kandel.
Landrichter: Friedrich Wilhelm Müller.
Assessor: Johann Eberhardt.
Gerichtschreiber: Adolph Schmidtborn.

Landau.
Landrichter: Jos. Anton Schmidt.
Assessor: Ernst Gergens.
Gerichtschreiber: Wilhelm Mahla.

Im Bezirke Zweibrücken.
Blieskastel.
Landrichter: Friedrich Gugel.
Gerichtschreiber: Theodor Umbscheiden.

Dahn.
Landrichter: Moriz Bolza.
Gerichtschreiber: Franz Joseph Reber.

Homburg.
Landrichter: Carl Horn.
Gerichtschreiber: Joseph Pfirrmann.

Hornbach.
Landrichter: Joh. Philipp Lorch. (M3.)
Gerichtschreiber: Johann Ritter.

Landstuhl.
Landrichter: Wilh. August Braun.
Gerichtschreiber: Nicolaus Grau.

Pirmasens.
Landrichter: Eduard Culmann.
Gerichtschreiber: Eduard Sartorius.

Waldfischbach.
Landrichter: Valentin Köhl.
Gerichtschreiber: Friedrich Aulenbach.

Waldmohr.
Landrichter: Carl Kempf.
Gerichtschreiber: Johann Mayer.

Zweibrücken.
Landrichter: Heinrich Franz Jacob.
Assessor: — — —
Gerichtschreiber: Christ. Webel.

Bezirksämter.
Bergzabern.
Bez.-Amtmann: Dr. Carl Ludw. Ferdinand Medicus (M3.)
Bez.-A.-Assessor: Heinrich Wallbillich.

Frankenthal.
Bez.-Amtmann: Ludw. Römmich. (M3.)
Bez.-A.-Assessor: Joseph Benedict Treu.

Germersheim.
Bez.-Amtmann: Joseph Megele.
Bez.-A.-Assessor: Ludwig Pierre.

Homburg.
Bez.-Amtmann: Christ. Chelius, Rath. (M3.)
Bez.-A.-Assessor: Theodor Späth.

Kaiserslautern.
Bez.-Amtmann: Ludwig Ottmann.
Bez.-A.-Assessor: Aegid Deuerling.

Kirchheimbolanden.
Bez.-Amtmann: Ludw. Kollmann.
Bez.-A.-Assessor: Hermann Ludwig Wand.

Kusel.

Bez.-Amtmann: Heinrich Clostermayer.
Bez.-A.-Assessor: Friedr. Joseph Siebert.

Landau.

Bez.-Amtmann: Friedr. Gummi.
Bez.-A.-Assessor: Friedrich Hohe.

Neustadt.

Bez.-Amtmann: Julius Benetti.
Bez.-A.-Assessor: Valentin Chormann.

Pirmasenz.

Bez.-Amtmann: Ludwig Beer.
Bez.-A.-Assessor: Emmerich Jos. v. Mörs.

Speyer.

Bez.-Amtmann: Wilhelm Frhr. v. Holzschuher. (M3.)
Bez.-A.-Assessor: Herman Beisler.

Zweybrücken.

Bez.-Amtmann: Augustin Damm. (M3.)
Bez.-A.-Assessor: Friedr. Schäfer.

Bezirksärzte.

A. Erster Classe.

Bergzabern: Dr. Joseph May Rieffer.
Frankenthal: Dr. Jul. Bettinger. (M3.)
Germersheim: Dr. Georg Schultz.
Homburg: Dr. Ludwig Caval.
Kaiserslautern: Dr. Friedr. Braun.
Kirchheimbol.: Dr. Friedrich Leopold von Liebersfron.
Kusel: Dr. Carl Fr. Anton Hase.
Landau: Dr. Ludwig Bopp.
Neustadt: Dr. Franz Joseph Reisch.
Pirmasenz: Dr. Carl Didier.
Speyer: Dr. Michael Nockher.
Zweibrücken: Dr. Melch. Stemmler. (M3.)

B. Zweiter Classe.

Anweiler: Dr. Franz Gergens. (PRU4.)
Bliescastel: Dr. Peter Link.
Candel: Dr. Philipp Baumann.
Dahn: Dr. Carl Knapps.
Dürkheim: Dr. Joseph Wilhelm Herberger.
Edenkoben: Dr. Carl Heinrich Kalbfus.
Göllheim: Dr. Friedr. Schmauß.
Grünstadt: Dr. Ernst Friedrich Carl Schunk.
Landstuhl: Dr. Franz Jos. Heusler.
Lauterecken: Dr. Georg Stephan.
Mutterstadt: Dr. Julius Werner.
Neuhornbach: Dr. Jos. Lommel.
Obermoschel: Dr. Franz Georg Frank.
Otterberg: Dr. Wilhelm Franz.
Rockenhausen: Dr. Julius Fleischmann.
Waldfischbach: Dr. Mathias Hundt.
Waldmohr: — — —
Winnweiler: Dr. Georg Röhrig.
Wolfstein: Dr. Carl Martin.

Straf- und Polizeianstalten.

Zuchthaus Kaiserslautern.
Inspector: Franz Flamin Meuth. (M3. OP3.)
Rechnungsführer: Hermann Moschel.
Arzt: Dr. Friedrich Braun, Bezirksarzt.

Gefangenanstalt Frankenthal.
Inspector: Carl Raab.
Arzt: Dr. Julius Bettinger, Bezirksarzt.

Gefangenanstalt Zweibrücken.
Rechnungsführer und funktionirender Inspector: Oscar Wirth.
Arzt: Dr. Friedrich Herold.

Polizeianstalt Kaiserslautern.
Personal wie beim Zuchthause Kaiserslautern.

Erziehungs-Anstalten für verwahrloste jugendliche Personen.

Erziehungs-Anstalt Kaiserslautern.
Verwalter: Johann Bergenau.

Erziehungs-Anstalt Speyer.
Verwalter: Joseph Buß.

Kreis-Armen- und Kranken-Anstalt zu Frankenthal.
Verwalter.
Wilhelm Byhiner-Friedrich.

Oekonom.
Andreas Stöhr.
Secretär.
Joseph Landgraf.

Kreis-Irrenanstalt zu Klingenmünster.
Oberarzt.
Dr. Hermann Dick.
Verwalter.
Franz Seltzer.

Stempel-Verwaltung.
Stempel-Magazins-Verwalter.
Ludwig Hiltebrandt.
Stempler.
Heinrich Gagel.

Rentämter, zugleich Steuercontrolämter.

Annweiler.
Rentbeamter: Hermann Schmidborn.

Bergzabern.
Rentbeamter: Peter Wertensohn.

Blieskastel.
Rentbeamter: Franz Rulandt.

Dahn.
Rentbeamter: Lorenz Schauberg.

Dürkheim.
Rentbeamter: Joseph Schandein.

Edenkoben.
Rentbeamter: Anton Etienne.
Frankenthal.
Rentbeamter: Anton von Ehlingensperg.
Germersheim.
Rentbeamter: Friedrich Marnet.
Grünstadt.
Rentbeamter: Philipp Syffert.
Homburg.
Rentbeamter: Carl Freiburger. (M3.)
Kaiserslautern.
Rentbeamter: Carl Aug. Frick.
Kandel.
Rentbeamter: Ludwig Hilger. (M3.)
Kirchheimbolanden.
Rentbeamter: Emil Wolff.
Kusel.
Rentbeamter: Johann Rhein.
Landau.
Rentbeamter: Jacob Mohr.
Landstuhl.
Rentbeamter: Theodor Nössel.
Lauterecken.
Rentbeamter: Phil. Wolff.
Ludwigshafen.
Rentbeamter: Theodor Walther.
Neustadt.
Rentbeamter: Johann Nössel.

Obermoschel.
Rentbeamter: Carl Seel.
Pirmasenz.
Rentbeamter: Georg Mich. Bregeard. (M3.)
Speyer.
Rentbeamter: Franz Falciola.
Winnweiler.
Rentbeamter: Wilhelm Gugel.
Zweybrücken.
Rentbeamter: Joseph Kurzendorfer.

Hypotheken-Beamte.
Hypothekenbewahrer des Bezirks:
Frankenthal: Carl Lehmann, k. Rath. (L.)
Kaiserslautern: Georg Nicolaus Matthy.
Landau: Ludw. Rischmann.
Zweybrücken: Chaumont Syffert.

Bergämter.
Bergamt zu St. Ingbert.
Bergmeister: Friedr. Sievert.
Bergamts-Kassier: Gg. Schuster.
Markscheider: Anton Bockhardt.
Actuar: Emil Gustav Neuwirth.

Steinkohlengruben zu St. Ingbert.
Obereinfahrer: J. G. Kammann.

Steinkohlengruben zu Mittelbexbach.
Obereinfahrer: Eugen Müller.

Forstämter.

Annweiler.
Forstmeister.
Carl Christian Rebmann.

Revierförster.
Zu Bindersbach: Joseph Friedrich,
zu Euserthal I.: Friedrich Martius,
zu Hauenstein in Wilgartswiesen: Ludwig Hermann Kröber,
zu Horbacherhof: Friedrich Graf.

Communal-Revierförster.
Zu Annweiler: Casp. Mackert,
zu Burrweiler: Jacob Mantel,
zu Edenkoben: Carl August Leich,
zu Euserthal II.: Franz Anton Stuirbrink,
zu St. Martin in Edenkoben, Franz Joseph Becker,
zu Weiher: Joh. Mich. Weidsmann.

Dahn.
Forstmeister.
Carl Renner.

Revierförster.
Zu Birkenhördt: Wilh. Purpus, wohnhaft in Bergzabern,
zu Bobenthal: Lud. Klensch,
zu Dahn: Carl Philipp Massenez,
zu Erfweiler in Dahn: Franz Gambichler,
zu Fischbach: Friedrich Christ. Guimbel,
zu Rechtenbach: Georg Christ. Carl Pausch,
zu Reislerhof: August Karl,
zu Schönau: Alex. Kreuter.

Communal-Revierförster.
Zu Ruinbach: Ludwig Jacobi.

Dürkheim.
Forstmeister.
Georg Rauschinger. (⚭⊙).

Revierförster.
Zu Altglashütte: Ludw. Weiß,
zu Hardenburg: Jacob Christian Heinz,
zu Jägerthal: Christian Dörr,
zu Ramsen: Friedrich Carl Hofmann.

Communal-Revierförster.
Zu Gimmeldingen in Deidesheim: Ludwig Friedrich Wolf,
zu Hertlingshausen: Carl Gießen,
zu Wachenheim: Eduard Banzer,
zu Weißenheim am Berg: Carl Friedrich Lindemann.

Elmstein.
Forstmeister.
Mich. Becker.

Revierförster.
Zu Elmstein: Andreas Hirschmann,
zu Hofstetten: Melchior Aull,
zu Iggelbach: Franz Gaul,
zu St. Johanneskreuz: Franz Weisenauer,
zu Neudenfels: Ludwig Heiß,
zu Waldleiningen: Daniel Jäckel.

Communal-Revierförster.
Zu Hambach in Neustadt: Christoph Feller.

Kaiserslautern.
Forstmeister.
Carl Dreßler.

Revierförster.
Zu Aschbach: Friedr. Jos. Bindewald in Kaiserslautern,
zu Fischbach: Carl Nieß,
zu Frankenstein: Friedrich Mantel,
zu Hagelgrund: Val. Hofherr in Kaiserslautern,
zu Hoheneken: Jos. Braun,
zu Jagdhaus: Friedr. Itten,
zu Kaiserslautern I.: Carl Kummerer,
zu Otterberg: Joseph Zahn,
zu Ramstein: Ludw. Grimmeisen,
zu Stiftswald: Florus Vogel.

Communal-Revierförster.
Zu Kaiserslautern II.: Carl Gaulp,
zu Reischbach: Heinrich Schneider,
zu Enkenbach: Jacob Fournier.

Langenberg.
Forstmeister.
Gustav Fötsch.

Revierförster.
Zu Bienwaldsmühl: Otto Gyßling,
zu Hagenbach: Ludw. Niederreuther,
zu Langenberg (östl.): Valentin Böhe,
zu Langenberg (westl.): Michael Deppisch,
zu Schaidt: Georg August Weinkauff,
zu Scheibenhardt: Ludwig Niederreuther,

Communal-Revierförster.
Zu Kandel: Phil. Habermann,
zu Rülzheim: Jacob Kauppert.

Lauterecken.
Forstmeister.
August Godron.

Revierförster.
Zu Hochstetten: in Altenbaumburg: Phil. Völker,
zu Lauterecken: Franz Nicol. Held,
zu Stahlberg: Wilh. Weber.

Communal-Revierförster.
Zu Bösenbach: Joh. Friedr. Stein,
zu Kusel: Georg Augsberger,
zu Mehlbach: Friedrich Stadtmüller,
zu Obermoschel: Leopold Frhr. v. Stengel,
zu Petersheim: Carl v. Traitteur,
zu Wolfstein: Ferd. Sieß.

Pirmasens.
Forstmeister.
Rudolph Geib.

Revierförster.
Zu Eppenbrunn: Anton Held,
zu Herschberg: Carl Mantel in Thalischweiler,
zu Leimen: Adam Geiger,
zu Lembergerglashütte: Rudolph Compter,
zu Merzalben: Michael Männer,
zu Pirmasens: A. E. Weinkauf,
zu Rupertsweiler: Wilh. Müller,
zu Salzwoog: Valentin Grief in Lemberg,
zu Waldfischbach: Joh. Philipp Krauß,

Communal-Revierförster.
Zu Heltersberg: Friedr. Pfersdorf,
Zu Winzeln: Joh. Frdr. Hooß.

Speyer.
Forstmeister.
Georg Benno Martin.

Revierförster.
Zu Hördt: Carl Friedr. Schröder,
zu Neuhofen: Wilhelm Hanus,
zu Rorheim: Simon Schmittschneider, (GES.)
zu Schifferstadt: Georg Niederreuther.

Communal-Revierförster.
Zu Bellheim: Friedrich Carl Kees,
zu Hasloch: Franz Anton Remlein,
zu Speyer: Pet. Nik. Kapsing,
zu Westheim in Weingarten: Franz Rueff.

Winnweiler.
Forstmeister.
Friedrich Erb.

Revierförster.
Zu Dannenfels: Ernst Engeren,
zu Imsbach: Mathias Bischoff,
zu Kirchheim: Robert Wanzel,
zu Kriegsfeld: Carl Seel,
zu Neuhemsbach: Eduard Mantel,
zu Rosenthal: Wilh. Schintler,
zu Winnweiler: Moritz Kolb.

Zweybrücken.
Forstmeister.
Ludwig Glas.

Revierförster.
Zu Karlsberg: Ludw. Lindemann,
zu Höchen: Jacob Mühlfeld,
zu Jägersburg: Ferdinand Meß,
zu Neuhäusel: Carl Tochtermann,
zu Sengscheid: Carl. J. Lindemann,
zu Zweybrücken: Carl Ludwig v. Besnard.

Communal-Revierförster.
Zu Bebelsheim: Casp. Mack in Wittersheim,
zu Blieskastel: Carl Jacobi,
zu Hornbach: Steph. Hornung,
zu Schöneberg: Carl König,
zu Wintersbach: Carl Ernst Gümbel.

Flößerei-Anstalt und Verwaltung der Holzhöfe.

Triftamt Neustadt.
Triftbeamter: Joh. Späth. (M3.)
Triftmeister zu Annweiler: Wilh. Georg Christian Faust.
Triftmeister zu Elmstein: Franz Ludwig Hauber.

Holzhof zu Frankenthal.
Verwalter: Carl Helmstätter.

Holzhof zu Landau.
Verwalter: Leonh. Bayernheimer.

Holzhof zu Neustadt.
Verwalter: Franz Allian Baader, Revierförster.

Holzhof zu Speyer.
Verwalter: Philipp Auffschneider.

Baubehörden.

Frankenthal.
Baubeamter: Oscar Walther.

Germersheim.
Baubeamter: Heinrich Grebenau.

Kaiserslautern.
Baubeamter: Friedr. Haas.

Kirchheim.
Baubeamter: Carl Bleßmann.

Neustadt.
Baubeamter: Franz Trau.

Pirmasens.
Baubeamter: Franz Herfeldt.

Speyer.
Baubeamter: Ferdin. Ziegenhain.

Zweibrücken.
Baubeamter: Jos. Wolf. (M3.)

Kreis-Landgestüts-Verwaltung in Zweibrücken.

Director.
Carl v. Rad.

Commissions-Mitglieder.
Augustin Daimm, Landcommissär. (M3.)
Ludwig Kröber, Forstmeister.(M3.)
Hermann Fitting, Appellationsgerichts-Rath. (M3.)
Heinrich Thomann, Rechner.

Kreishilfscasse.
Rendant: Franz Grandpair, Rechnungscommissär.

IV. Oberpfalz und Regensburg.

Kreis-Stellen.

Regierung.
(Sitz Regensburg.)

Präsident.
Maximilian v. Gutschneider. (K2b. M2b. OL3.)

A. Kammer des Innern.

Director.
Carl von Lindner. (K3. M2b.)

Räthe.
August Fischer.
Carl Brenner. (M3.)

Dr. Jacob Joseph Haselwander, Kreis-Medicinalrath.
Reinhard Frhr. v. Freyberg, Kämmerer.
Eduard Schwarz. (M3.)
Ehrgott Albert Frommel, Kreisbaurath. (M3.)
Friedrich Graf v. Luxburg, Kämmerer. (GE3. RU2. WZ2b.)

Assessoren.
Lorenz Loritz.
Wilhelm Scherer.
Michael Wiedenhofer.

Registratoren.

Friedrich Breuning, Andr. Jos. Zeitler.

Rechnungscommissäre.

Johann Tramer, Johann Georg Schwaiger, August Häring, Georg Fr. A. J. Heydmann.

Rechnungscommissär für die Brandversicherungs-Anstalt.

Friedrich Höbl.

Kreis-Scholarchat.

Friedr. Hermann, prot. Decan und Stadtpfarrer zu Regensburg. (M3.)
Anton Hinterhuber, Gymnasial-Rector und Professor daselbst. (M3.)
Hermann Wein, Domcapitular. (M3.)
Dr. Thom. Wieser, Dechant des Collegiatstifts zur alten Capelle in Regensburg.

Ersatzmänner.

Johann Nep. Grammer, Pfarrer im Katharinen-Spitale zu Regensburg.
Georg Ernst Engerer, protest. Stadtpfarrer daselbst.

Kreis-Medicinalausschuß.

Vorstand.

Dr. Jacob Joseph Hasselwander, Kreis-Medicinalrath.

Mitglieder.

Dr. Franz Joseph Schuh, pract. Arzt. (M4, GE5.)
Dr. Johann Wilhelm Schmelcher, Bezirksgerichts-Arzt.
Dr. Carl Scheffsoß, Bez.-Arzt I. Cl.
Franz Wilh. Schmid, Apotheker.
Mathias Wilm, Bez.-Thierarzt.

Kreis-Baubehörde.

Kreisbaurath.

Ehrgott Albert Frommel. (M3.)

Kreisbaubeamte.

Für das Ingenieur-Fach:

Max Frhr. v. Prielmayer, Kammerjunker.

Für das Landbau-Fach:

Anton Mühe.
Ludwig Capeller.

B. Kammer der Finanzen.

Director.

Ludwig Ritter v. Burbaum. (K3. M3.)

Räthe.

Carl Pausch, Fiscalrath. (M3.)
Friedrich Erhard. (M3.)
Rainer Lamberger.
Wilhelm v. Melzl, Kreis-Forstrath. (M3.)
Joseph Reichl.
Friedrich Gottlieb Bertram.
Otto Rees.

Assessoren.

Friedr. Pausch, Forstmeister. (M3.)
Johann Nepom. Sollfrank, Forstmeister.
Friedrich Fleischmann,

Registratoren.
Xaver Moser, Adolph Wagner.

Rechnungscommissäre.
Carl Culmann, Ludwig Hermann, Joseph Huber, Martin Stubenrauch, Max Götz, Franz Anton Bayerlein, Carl Rösch.

Obergeometer.
August v. Fabris.

Secretariat beider Kammern.
Secretäre.
Joh. Peter Herrmann, wirkl. Rath (M3. L.), Ludwig Bösner, Jonas Pfriem, Heinr. Schmid, Eduard Heffels.

Kanzlisten.
Georg Gold, Wolfg. Felbinger, Franz X. Beck.

Kreis-Casse.
Kreiscassier.
Carl Spörl.

Controleur.
Carl Welchselberger.

Zahlmeister.
Johann Beyerlein.

Officianten.
Adam Lindner, Caspar Max v. Bruckmayr.

Appellationsgericht.
(Zu Amberg.)
Präsident.
Ernst v. Will. (K3. M3.)

Directoren.
Dr. Ferd. Theod. v. Hopf. (K3. M3.)
Wilhelm Gareis.

Räthe.
Nicolaus Lindner. (M3.)
Adam Schuch.
Heinrich Schuhmann.
Friedrich Wilh. Oerthel.
Friedrich Ludwig Esenbeck.
Friedrich Anton v. Flembach.
Carl Bacher.
Carl Hettich.
Carl Joseph Anton Schreck.
Balthasar Hiltner,
Otto Fertsch.

Assessoren.
Quirin Schieder.
Bernhard Rüffner.

Staatsanwälte.
Ober-Staatsanwalt: Eduard Bomhard. (M3.)
II. Staatsanwalt: Joseph Greiml.

Secretäre.
Friedrich Delin, Michael Haagn, Carl Jägerhuber, Joseph Lauerer, Joh. Bapt. Franz.

Registrator. (extra statum.)
Joseph Merz.

Canzlist. (extra statum).
Adam Friedrich Kropf.

Kreisbehörden.
Bezirksgericht Amberg.
Director.
Johann Baptist Schieder,

Räthe.
Dr. Joseph Lang.
Julius Grosch.
Heinrich Welß.
August v. Gäßler.
Heinrich Frhr. v. Künsberg.
Eduard Tretter.
Anton Ochsenmaier.
Joh. Bapt. Loibl.

Assessoren.
Carl Biehler.
Mathias Lehner.
Andreas Haber.

Staatsanwalt.
I. Georg Günther.
II. Joseph Sensburg.

Secretäre.
Erhard v. Schmauß, Carl Eberl, Joseph Wilhelm.

Schreiber. (extra statum.)
Joseph Landshuter, Franz Xaver Sorg, Hieronymus Rösler.

Handelsgericht Amberg.

Vorstand.
Joh. Baptist Schieder, Bezirksgerichts-Director.

Räthe.
Julius Grosch,
August v. Gäßler, Bezirksgerichtsräthe.

Handelsgerichts-Assessoren.
Franz Kallmünzer, Kaufmann.
Carl Gruber, Kaufm.

Ergänzungsrichter.
Fedor Pohl, Buchhändler,
Alois Ziegler, Kaufmann.

Bezirksgericht Neunburg vor'm Wald.

Director.
Georg Rußwurm.

Räthe.
Johann Niedermayr.
Carl Donop.
Johann Baptist Eigner.
Joseph Rieder.
Joseph Heigl.

Assessoren.
Georg Knierlberger.
Friedrich Wilhelm Holle.
Heinrich Filberich.

Staatsanwalt.
Joseph v. Savoye.

Secretäre.
Joseph Gemeinwieser, Joh. Carl Friedrich Hornung, Anton Dachauer.

Schreiber. (extra statum.)
Hermann Berg.

Bezirksgericht Regensburg.

Director.
Joh. Simon Aug Ebnet. (M3.)

Räthe.
Wilh. Aug. Friedr. v. Ammon.
Carl Friedrich Goes.
Wilh. Frhr. v. Schleich.

Georg Koller.
Joseph Zölch.
Dr. Carl v. Lindheimer.
Johann Hundertpfund.
Max Baumgarten.

Assessoren.

Wilhelm Kastner.
Joseph Langenmantel.
August Schels.

Staatsanwälte.

I. Dr. Max Theodor Mayer mit dem Range eines Appell.-Gerichts-Rathes.
II. Philipp Mayer.

Secretäre.

Carl Schlag, Max Mähler, August Toussaint, Albin Schieder, Joseph Meindl.

Schreiber. (extra statum.)

Anton Gmeinwieser, Joseph Greßer.

Handelsgericht Regensburg.

Vorstand.

Johann Simon August Ebnet, zugl. Bezirksgerichts-Director.

Räthe:

Georg Koller,
Joseph Zölch, zugleich Bezirksgerichts Räthe.

Handelsgerichts-Assessoren.

Georg Neuffer, Großhändler.
Georg Heinrich Brauser, Großhändler.

Ergänzungsrichter.

Herrmann Gottlieb Roscher, Großhändler.
Theodor Rümmelein, Großhändl.

Bezirksgericht Weiden.

Director.

Heinrich Michel.

Räthe.

Ernst Lang.
Alois Frank.
Andreas Huber.
Thomas Wittmann.
Sigmund Jung.

Assessoren.

Eugen Luckinger.
Christoph Strössenreuther.
Caspar Ferdinand Brunner.

Staatsanwalt.

Carl Friedrich Christian Meinel.

Secretäre.

Ludwig Zölch, Johann Bauer.
Johann Adam Meyer.

Stadtgerichte, Stadt- und Landgerichte und Landgerichte.

Im Bezirke Amberg.

Stadt- und Landgericht Amberg.

Stadt- und Landrichter:
Franz Micheler.
Georg Dollacker.

Assessor:
Franz August Unterstein.
Gerichtschreiber:
Joseph Paul Schels.

Landgerichte.
Auerbach.
Landrichter: Franz Wirth.
Gerichtschreiber: Carl Krauseneck.
Hilpoltstein.
Landrichter: Friedrich Mittermaier.
Assessor: Friedrich Moser.
Gerichtschreiber: Wilhelm Hauk.
Kastl.
Landrichter: Wolfgang Bamann.
Assessor: Joh. Bapt. Schmucker.
Gerichtschreiber: Andreas Zwick.
Neumarkt.
Landrichter: Heinrich Mayer.
Assessor: Max Günther.
Gerichtschreiber: Jacob Kastner.
Parsberg.
Landrichter: Carl Stabler.
Assessor: Joseph Schub.
Gerichtschreiber: Benedict Wolff.
Sulzbach.
Landrichter: Leonhard Platzer.
Assessor: Carl Köberlin.
Gerichtschreiber: Christian Jacob Rüger.
Wilseck.
Landrichter: Joseph Mayer.
Gerichtschreiber: Michael Gigglberger.

Im Bezirke Neunburg v. W.
Landgerichte.
Cham.
Landrichter: Sebastian Graf.

Assessor: Anton Salzberger.
Gerichtschreiber: Johann Loch.
Falkenstein.
Landrichter: Ludw. Heinr. Schröbel.
Gerichtschreiber: Wolfg. Lindner.
Furth.
Landrichter: Max Joseph Lederer.
Gerichtschreiber: Joseph Probst.
Raabburg.
Landrichter: Felix v. Egger.
Assessor: August v. Schmädel.
Gerichtschreiber: Leopold Weiß.
Neunburg vor'm Wald.
Landrichter: Leonhard Hastl.
Assessor: Christoph v. Schmöger, Hofjunker,
Gerichtschreiber: Jacob Seebauer.
Mittenau.
Landrichter: Joseph Sämmer.
Gerichtschreiber: Friedrich Rechenmacher.
Oberviechtach.
Landrichter: Christian Gottfried Müller.
Assessor: Franz Riesch.
Gerichtschreiber: Otto Tramner.
Roding.
Landrichter: Rudolph Dost.
Gerichtschreiber: Carl Hermann Maurer.
Waldmünchen.
Landrichter: Max Anton Dümmler.
Assessor: Ferdinand Winkler.
Gerichtschreiber: Johann Lorenz Lehner.

Im Bezirke Regensburg.

Stadtgericht Regensburg.

Stadtrichter.
Joseph Gürster.
Gustav Fink.

Assessoren:
Carl Maurer,
Johann Eichinger,
Hermann Stöger.

Gerichtschreiber:
Mathias Recheis,
Ludwig Mayer,
Georg Henky.

Landgerichte.

Burglengenfeld.
Landrichter: Joh. Bapt. Mayer.
Assessor: Franz Enders.
Gerichtschreiber: Michael Gmeiner.

Hemau.
Landrichter: Ignaz Seipel.
Assessor: Joseph Schneider.
Gerichtschreiber: Bernh. Queltsch.

Regensburg.
Landrichter: Karl Napoleon Kaiser.
Assessor: Jacob Hann.
Gerichtschreiber: Anton Prinner.

Regenstauf.
Landrichter: Joseph Schießl.
Assessor: Lorenz Rauch.
Gerichtschreiber: Bernhard Gilles.

Riedenburg.
Landrichter: Carl Matthias Schläfer.
Assessor: Carl Theodor Frhr. v. Lilgenau, Kämmerer.
Gerichtschreiber: Gottlieb Friedrich.

Schwandorf.
Landrichter: Joseph Schmidtler.
Gerichtschreiber: Georg Wohnlich.

Stadtamhof.
Landrichter: Jacob Eisenhofer.
Assessor: Max Schels.
Gerichtschreiber: Joh. Christoph Franz Thoma.

Wörth.
Landrichter: Joseph Binder.
Gerichtschreiber: Peter Franz Weiß.

Im Bezirke Weiden.

Landgerichte.

Erbendorf.
Landrichter: Joh. Bapt. Lautenschlager.
Gerichtschreiber: Joseph Ochsenmaier.

Eschenbach.
Landrichter: Anton Eder.
Assessor: Christian Plaß.
Gerichtschreiber: Michael Petz.

Kemnath.
Landrichter: Michael Nischler.
Assessor: Anton von Heldmann.
Gerichtschreiber: Joseph Weber.

Neustadt a. d. Waldnaab.
Landrichter: Georg Ott.
Assessor: Benedict Stenger.
Gerichtschreiber: Joseph Wiedenhofer.

Tirschenreuth.
Landrichter: Jos. Friedr. Hauser.
Assessor: Lorenz Georg Thalhauser.
Gerichtsschreiber: Carl Schreyer.

Wohenstrauß.
Landrichter: Friedrich Baader.
Assessoren: Joh. Georg Mehrmann, Joh. Christian Merkl.
Gerichtsschreiber: Max Braunschweiger.

Waldsassen.
Landrichter: Michael Mayer.
Assessor: Willibald Steeger.
Gerichtsschreiber: Michael Schiml.

Weiden.
Landrichter: Maximilian Hofmann.
Assessor: Andreas Schreyer.
Gerichtsschreiber: Georg Stöhr.

Bezirksämter.

Amberg.
Bez.-Amtmann: Hieron. Ehrensberger.
Bez.-A.-Assessor: Wilh. Fischer.

Burglengenfeld.
Bez.-Amtmann: Ed. Forster.
Bez.-A.-Assessor: Phil. Schmidt.

Cham.
Bez.-Amtmann: Carl v. Pigenot. (M3.)
Bez.-A.-Assessor: Rob. Schmid.

Eschenbach.
Bez.-Amtmann: Mich. Schmidt.
Bez.-A.-Assessor: Adam Hauptmann.

Hemau.
Bez.-Amtmann: Jos. Muggenthaler. (M3.)
Bez.-A.-Assessor: Ign. Bauer.

Kemnath.
Bez.-Amtmann: Heinrich Schuhgraf.
Bez.-A.-Assessor: Eberh. Schuster.

Naabburg.
Bez.-Amtmann: Ludw. v. Klöckl. (M3.)
Bez.-A.-Assessor: Carl Zeller.

Neumarkt.
Bez.-Amtmann: Carl Reisner Frhr. v. Lichtenstern, Kammerjunker. (M3.)
Bez.-A.-Assessoren: Emil Pündter, Johann Salb.

Neunburg v. W.
Bez.-Amtmann: Georg Angerer. (M3.)
Bez.-A.-Assessoren: Dr. Gustav Gehring, Carl Zeitlmann.

Neustadt a. W. N.
Bez.-Amtmann: Philipp Haag.
Bez.-A.-Assessor: Jos. Hartmann.

Regensburg.
Bez.-Amtmann: Friedr. Martin.
Bez.-A.-Assessor: Ludw. v. Stefenelli, Jos. Stumpf (ext. st.)

Roding.
Bez.-Amtmann: Aug. Stöcklein.
Bez.-A.-Assessor: Jos. Kandler.

Stadtamhof.
Bez.-Amtmann: Clem. Sperl.
Bez.-A.-Assessor: Carl Heyes.

Sulzbach.
Bez.-Amtmann: Anton Wimmer. (M3.)
Bez.-A.-Assessor: Max Gräßmann.

Tirschenreuth.
Bez.-Amtmann: Joseph Schreyer.
Bez.-A.-Assessoren: Max Joseph Rosner, Joh. Bapt. Fauner, (extra stat.).

Velburg.
Bez.-Amtmann: Carl Illing.
Bez.-A.-Assessor: Heinr. Schmidt.

Vohenstrauß.
Bez.-Amtmann: Max Ludwig Hausladen.
Bez.-A.-Assessor: Michael Weigert.

Waldmünchen.
Bez.-Amtmann: Joh. Carl Friedr. Wilhelm Zahn.
Bez.-A.-Assessor: Franz Müller.

Bezirksgerichts- u. Bezirks-Aerzte.

I. Bezirksgerichts-Aerzte.
Amberg: Dr. Joseph Luckinger.
Neunburg v. W.: Dr. Jos. Mayr, zugleich Bezirksarzt I. Cl. für das Bezirksamt (Landgericht) Neunburg v. W.
Regensburg: Dr. Joh. Wilhelm Schmelcher, zugleich für das Stadtgericht Regensburg.
Weiden: Dr. Michael Iblacker, zugleich Bezirksarzt II. Classe für das Landgericht Weiden.

II. Bezirks-Aerzte.
A. Erster Classe.
Amberg: Dr. Joseph Kolb, für den Stadt- und Landgerichtsbezirk.
Burglengenfeld: Dr. Felix Vara.
Cham: Dr. Claudius Röhrer.
Eschenbach: Dr. Rudolph Müller.
Hemau: Dr. Georg Gruber.
Kemnath: Dr. Ignaz Brennhofer.
Nabburg: Dr. Georg Maler.
Neumarkt: Dr. Franz Schweninger.
Neustadt a. Wldn.: Dr. Wilhelm Brenner-Schäffer.
Regensburg: Dr. Carl Scheßloß, zugleich für den Verwaltungsbezirk der Stadt Regensburg.
Roding: Dr. Mathias Besold.
Stadtamhof: Dr. Joh. Baptist Zeitler.
Sulzbach: Dr. Franz Jos. Bauer.
Tirschenreuth: Dr. Heinrich Frhr. v. Pechmann.
Velburg: Dr. Jacob Lindner, für das Bezirksamt Velburg und das Landgericht Parsberg.
Vohenstrauß: Dr. Carl Müller.
Waldmünchen: Dr. Alois Pöppl.

B. Zweiter Classe.
Auerbach: Dr. Johann Baptist Riegel.
Erbendorf: Dr. Joh. Jos. Kreitmann.
Falkenstein: Dr. Joseph Max Mayer.
Furth: Dr. Tobias Edm. Mayer.
Hilpoltstein: Dr. Michael Lutz.

Kastl: Dr. Patricius Ast.
Mittenau: Dr. Adolph Schramm.
Oberviechtach: Dr. Joseph Dietl.
Regenstauf: Dr. Johann Küffer.
Riedenburg: Dr. Carl Georg Bredauer.
Schwandorf: Dr. Joseph M. v. Baumann.
Vilseck: Dr. Ernst Seidenbusch.
Waldsassen: Dr. Michael Braun.
Wörth: Dr. Joh. Baptist Mayer.

Strafanstalten.

Gefangenanstalt Amberg.

Inspector: Joh. Nep. Spranger.
Rechnungsführer: Gustav Hagen.
Arzt: Dr. Carl Schleiß von Löwenfeld, mit dem Titel und Range eines Gerichtsarztes.

Gefangenanstalt Sulzbach.

Rechnungsführer und funct. Inspector: Julius Ganzmann.
Arzt: Dr. Arbeiter.

Kreis-Irrenanstalt Karthaus-Prüll.

Oberarzt.
Dr. Friedrich Carl Stahl. (RSt3.)

Verwalter.
Franz Xav. Mitterhuber.

Stadtcommissariate und der K. Kreisregierung unmittelbar untergeordnete Magistrate.

Regensburg.

Stadt-Commissär.
Reinhard Frhr. v. Freyberg, Kämmerer u. Regierungsrath.

Officiant:
Willibald Lofeyer.

Rechtskundiger Bürgermeister.
Friedrich Schubarth.

Rechtskundige Magistratsräthe.
Franz Xav. Mayr.
Joachim Jur.
Max Beck.
Joseph Berg.

Technischer Baurath.
Eduard Pahl.

Bürgerliche Magistratsräthe.
Ant. Romanino, Georg Neuffer, Joh. Nic. Müller-Kränner, Friedr. Maurer, Joh. Adam Dunzinger, Alois Wagner, Friedrich Niedermayer, Franz Xaver Strasser, Christoph Rehbach (M3.), Joseph Gruber, Dr. Frz. Xav. Zirngibl, Peter Hartwein.

Amberg.

Stadt-Commissär.
Hieronymus Ehrensberger, Bez.-Amtmann.

Rechtskundiger Bürgermeister.
Clement Greil.

Rechtskundige Magistratsräthe.
Joseph Ruf.

Bürgerliche Magistratsräthe.
Carl Schloderer, Joseph Liersch, Adam Seifert (K☉.), Andr. Ziegler, Gallus Trümmer, Joseph Winkler, Joseph Mühldorfer, Adam Frank.

Ober-Aufschlagamt.
(Zugleich Kreis-Stempel-Verlags-Amt.)
Ober-Aufschlagsbeamter: Alois Joh. Nep. Poll.
Controleur: Andreas Seebauer.

Rentämter.

Amberg.
Rentbeamter: Johann Bapt. v. Walter.

Auerbach.
Rentbeamter: Gottlieb Bauer.

Burglengenfeld.
Rentbeamter: Ludwig Grabner.

Cham.
Rentbeamter: Thaddäus Dilger.

Hemau.
Rentbeamter: Max Duval de Navarre.

Hilpoltstein.
Rentbeamter: Carl Theodor Eckart.

Kastl.
Rentbeamter: Alois Huber.

Kemnath.
Rentbeamter: Georg Trautner.

Naabburg.
Rentbeamter: Andreas Bibel.

Neumarkt.
Rentbeamter: Friedrich Kühlmann.

Neunburg vor'm Wald.
Rentbeamter: Franz Xaver Wernhammer.

Regensburg (Stadt-Rentamt.)
Rentbeamter: Anton Reisenegger.

Regensburg (Land-Rentamt.)
Rentbeamter: J. Schwendter.

Riedenburg.
Rentbeamter: Georg Friedrich Höchl.

Speinshart.
Rentbeamter: Carl Anton Hagen.

Sulzbach.
Rentbeamter: Egid Schweiger.

Tirschenreuth.
Rentbeamter: Carl Neumaier.

Velburg.
Rentbeamter: Joseph Bauer.

Vohenstrauß.
Rentbeamter: Eduard Dietl.

Walderbach.
Rentbeamter: Carl Melzer.

Waldmünchen.
Rentbeamter: Joseph Scheubeck.

Waldsassen.
Rentbeamter: Georg Henninger.

Weiden.
Rentbeamter: Anton Bauer.

Forstämter.
Amberg.
Forstmeister.
Carl Ludwig Pflaum.
Revierförster.
Zu Freudenberg: Max Thoma,
zu Freihöls: Jos. Gigglberger,
zu Hirschwald: Frdr. Eberlein,
zu Kastl: Theodor Auer,
zu Sulzbach: Ludwig Ungerer,
zu Taubenbach: Ludwig Schenk.

Bruck.
Forstmeister.
Carl Albert von Heyder.
Revierförster.
Zu Bodenwöhr I.: Jos. Falkner v. Sonnenburg,
zu Bodenwöhr II.: Franz Xaver v. Paur,
zu Neubäu: Franz Eder,
zu Rittenau: Ldw. Taucher,
zu Roding: Peter Enderlein,
zu Unterzell: Christian Rößler.

Kemnath.
Forstmeister.
Friedrich Reindl.
Revierförster.
Zu Ahornberg: Jos. Pramberger,
zu Erbendorf I.: Ferdinand Fink,
zu Erbendorf II.: Carl Wacker,
zu Frankenreuth: Primian Chaselon,
zu Kirchen-Thumbach: Carl von Ammon,
zu Pressath: Andreas Friedrich,
zu Pullenreuth: Ulrich Schultes,
zu Speinshart: Simon Gigglberger.

Neumarkt.
Forstmeister.
Alois Regnier.
Revierförster.
Zu Allersberg: Max Königer,
zu Berg: Wilhelm Bößner,
zu Brunau: Ed. Schwindl,
zu Hilpoltstein: Georg Müller,
zu Neumarkt: Stephan Frhr. v. Stengel,
zu Parsberg: Johann Silberhorn,
zu Pyrbaum: Aug. Bomhardt,
zu Röttenbach: Balth. Brenner.

Regensburg.
Forstmeister.
Ludwig Reindl.
Revierförster.
Zu Breitenbrunn: Max Fahrer,
zu Burglengenfeld: Anton Saerve,
zu Loisnitz: Joseph Felser,
zu Pielenhofen: Jos. Carl Rothamer,
zu Pointen: Adolph Först,
zu Pottenstein: Joh. Pröls,
zu Prunn: Heinrich Sand,
zu Schwaighausen: Jos. Taucher,
zu Ziegetsdorf: Eugen Pfannenstiel.

Tirschenreuth.
Forstmeister.
Carl Pramberger. (M3.)
Revierförster.
Zu Büchelberg: Franz Spörlein,

zu Dreyhöf: Franz Pröls.
zu Falkenberg: Franz Wagner,
zu Mähring: Carl Eder,
zu Münchsgrün: Jos. Herrmann,
zu Waldsassen I.: Joseph Angerer,
„   „   II.: Theodor Petzold,
zu Wiesau: Mich. Sibenlist,
zu Wondreb: Anton Zölch.

Vilseck.
Forstmeister.
Friedrich v. Kraft-Festenberg.

Revierförster.
Zu Altneuhaus: Carl Schneider,
zu Grafenwöhr I.: Franz Xaver Schuster,
zu Grafenwöhr II.: Jos. Hayder,
zu Hannesreuth: Emil Senft,
zu Krottensee: Max Jägerhuber,
zu Langenbruck: Paulus Detzl,
zu Michelfeld: Peter Seidenschwarz,
zu Vilseck: Carl Jägerhuber.

Wohenstrauß.
Forstmeister.
Carl Christian Kabner.

Revierförster.
Zu Eslarn: Joseph Hörmann,
zu Flossenbürg: Ambr. Langheinrich,
zu Neuenhammer: Fried. Thoma,
zu Pleistein: Ludwig Reinhold,
zu Pullenried: Gottlieb Häffner,
zu Tännesberg: Georg Meiler,
zu Waldhaus: Gg. Lautenschlager.

Waldmünchen.
Forstmeister.
Wilhelm Reber.

Revierförster.
Zu Herzogau: Mathias Felser,
zu Röß: Ludwig Link,
zu Schönthal: Unt. Remond,
zu Waldmünchen: Ludwig Heußler,
zu Ziffling in Cham: Albrecht Frhr. v. Reitzenstein.

Weiden.
Forstmeister.
Heinrich Christoph Pausch.

Revierförster.
Zu Altenstadt: Max v. Baur-Breitenfeld,
zu Etzenricht: Ludwig Conrad,
zu Holzhammer: Albert Angerer,
zu Kaltenbrunn: Georg Bayerl,
zu Mantel: German Scherer,
zu Parkstein: Gg. Anton Kramer,
zu Pfreimd: Joseph Anton Kopp.
(L☉.)

Baubehörden.
Amberg.
Baubeamter: Ludwig Hepp.
Cham.
Baubeamter: Hermann v. Dietz.
Hemau.
Baubeamter: Franz Müller, sen.
Kemnath.
Baubeamter: Rudolph Stirner.

Neumarkt.
Baubeamter: Lorenz Bachmann.

Neunburg v. W.
Baubeamter: Cajetan Pacher.

Regensburg I.
Für das Landbau-Fach.
Baubeamter: Curt von Stockar.

Regensburg II.
Für das Ingenieur-Fach.
Baubeamter: Justus Popp.

Tirschenreuth.
Baubeamter: Frz. Xav. Mössmer.

Weiden.
Baubeamter: Friedrich Carl Flessa.

Brandversicherungs-Inspectoren.

Amberg.
Georg Ziebland.

Kemnath.
Johann Mühlmayer.

Neunburg v. W.
Wilhelm Rübel.

Regensburg.
Carl Droßbach.

Kreishilfscasse.
Rendant: Edmund v. Pusch.

V. Oberfranken.

Kreis-Stellen.
Regierung.
(Sitz Bayreuth.)

Präsident.
Friedrich Freiherr v. Podewils, Kämmerer. (K3. M2b.)

A. Kammer des Innern.
Director.
Carl Nar. (M3.)

Räthe.
Carl Freiherr v. Dobeneck, Kämmerer und Consistorialdirector. (K3. M3. PJ3. SEH3.)
Dr. Eduard Friedrich Fleischer. (M3.)

Peter Gries, Kreisbaurath. (M3.)
Dr. Friedrich Dotzauer, Kreismedicinalrath. (M3. GE4. SEH3.)
Joseph Zimmerer. (M3.)
Dr. Wilhelm Bucher. (M3. OE K3.)
Hermann Faber.
Carl Hermann Müller.

Assessor.
Max. Franz Blumröder.

Registratoren.
Andreas Sigmund Raab, Moritz Mayer.

Rechnungscommissäre.

Michael Bieger, Carl Eugen Werner, Mathias Tramer, Johann Christian Kleemann.

Rechnungscommissär für die Brandversicherungs-Anstalt.

Friedrich Christian Ludwig Stillkrauth.

Kreis-Scholarchat.

Dr. Joh. Christ. Held, Schulrath u. Studienrector zu Bayreuth. (M3.)

Georg Engert, Domcapitular u. Dompfarrer in Bamberg.

Gabriel Drausnik, geistl. Rath u. kath. Pfarrer in Bayreuth.

Johann Andreas Friedrich Bracker, Consistorialrath.

Dr. Christ. Wilhelm Dittmar, protest. Pfarrer in Bayreuth.

Jacob Franz Lang, protest. Pfarrer in Hof, Decan und Districts-Schul-Inspector. (M3.)

Ersatzmänner.

Heinlein, katholischer Pfarrer in Weismain.

Kreis-Medicinalausschuß.

Vorstand.

Dr. Friedrich Dotzauer, Regierungs- u. Kreismedicinal-Rath. (M3. GE4. SEH3.)

Mitglieder.

Dr. Georg Fischer, Bezirksger.-Arzt.

Dr. Friedrich Christ. Carl Jahn, pract. Arzt.

Dr. Eduard Kölle, k. württemb. Hofrath, Bez.-Arzt I. Classe.

Dr. Friedrich Christoph Buchner, pract. und Krankenhausarzt.

Johann Engel, Veterinär.

J. C. Meyer, Apotheker.

Kreis-Baubehörde.

Kreisbaurath.

Peter Gries. (M3.)

Kreisbaubeamte.

Für das Landbau-Fach:

Adolph Zeitler.

Wilhelm Frank.

B. Kammer der Finanzen.

Director.

Maximilian Frey. (M3. GE4.)

Räthe.

Wilhelm Ulmer. (M3.)

Nicolaus Frhr. v. Stengel, Kreis-Forstrath. (M3. L.)

Ludwig Graf. (BL5. GE4. PX A4. SJ2.)

Franz Xaver Körbler.

Carl Merk.

Hermann Wunderer, Fiscalrath.

Assessoren.

Friedrich Heldrich, Forstmeister. (M3.)

Carl Heerwagen, Forstmeister.

Ernst Luber, Fiscaladjunct.

Registratoren.

Gottfr. Höhl, Moritz Drexel.

Rechnungscommissäre.

Rudolph Zink, Carl v. Syberg,

Johann Michael Herrmann, Johann Bapt. Nießler, Wilhelm Heß, Christian Philipp Heß, Aug. Brunner, Marcus Ferd. Ritter.

Obergeometer.
Philipp Cullmann.

Secretariat beider Kammern.
Secretäre.
Johann Rosenbusch, Adam Karmann, Johann Bartholomäus Graf, Joseph Dobmayr, Ernst Schmid.

Kanzlisten.
Sophian Christian Fortling, Heinrich Friedrich Christian Juitt, Christian Adam Schärtel.

Kreiscasse.
Kreiscassier.
Georg Ludw. Laaba.

Controleur.
Nicolaus Schmitt.

Zahlmeister.
Friedrich Ritter.

Officianten.
Johann Döring, Joseph Gotthard.

Appellationsgericht.
(Zu Bamberg.)
Präsident.
Se. Exc. Dr. Carl August Joseph Frhr. v. Kleinschrod, Staatsrath im außerordentl. Dienste. (K2b. M1.)

Directoren.
Wilhelm Carl Ludwig v. Greiner. (K3. M3. L.)
Johann Albert Julius Friedrich Popp.

Räthe.
Ludwig Hütter.
Johann Lamprecht.
Martin Lüst.
Friedrich Heyde.
Max v. Enhuber, Kammerjunker.
Georg Gerstner.
Jacob Schaller.
Joh. Friedr. Carl Morgenroth.
Ottmar Pöschl.

Assessoren.
Wilhelm v. Heyder.
Franz Victor Böhe.
Dr. Friedrich Wilhelm Rößling.

Staatsanwälte.
Oberstaatsanwalt: Max Isidor v. Dall' Armi. (K3. M3.)
II. Staatsanwalt: Stephan Frhr. v. Stengel.

Secretäre.
Franz Then, Xaver Beß, Christoph Wilhelm Heckenberger, Franz Klostermayer, Heinrich Schott, Anton Primbs, Jos. Marc.

Kanzlisten (extra statum.)
Carl Ehrensberger, Carl Friedr. Bauon.

Kreisbehörden.

Bezirksgericht Bamberg.

Director.
Paul Rummel. (M3.)

Räthe.
Franz Xaver Martin.
Friedrich Pflug.
Ludwig v. d. Pfordten.
Georg Carl Theodor Schubert.
Carl Wäger.
Hermann Schöner.
Joseph Adrian Seifert.

Assessoren.
Franz Alois Hiller.
Ludwig Winkler von Mohrenfels.

Staatsanwälte.
I. Carl v. Wallmenich.
II. Joseph Christoph Stabelmann.

Secretäre.
Johann Bapt. Lindner, Julius Schreiner, Wolfgang Winterstein, Carl Julius Weber.

Schreiber (extra statum.)
Franz Drißl, Caspar Schrenker.

Handelsgericht Bamberg.

Vorstand.
Paul Rummel, Bezirksgerichts-Director.

Räthe.
Ludwig von der Pfordten, Bezirksgerichtsrath.
Ludwig Winkler von Mohrenfels, Bezirksgerichtsassessor.

Handelsgerichtsassessoren.
Paul Joseph Schruck, Kaufmann.
Friedrich Krackhardt, Kaufmann. (M4.)

Ergänzungsrichter.
Theodor Groß, Fabrikant.
Oscar Epselein, Kaufmann.

Bezirksgericht Bayreuth.

Director.
Ernst Frhr. v. Waldenfels. (M3.)

Räthe.
Edmund Hofmann.
Franz Kopp.
Friedrich Wilhelm Schmidt.
Julius Immanuel Hartmann.
August Haunold.
Carl Ferdinand Lösch.

Assessoren.
Franz Joseph Reiß.
Eduard Bayerlein.
Gustav Kober.

Staatsanwälte.
I. Wilhelm Johann Nepomuk Landgraf.
II. Gustav Adolph Reithmayr.

Secretäre.
Nicolaus Kolb, Jacob Solleder, Georg Telcher, Max v. Regemann.

Schreiber (extra statum.)
Johann Friedrich Singer, Johann Voigt, Carl Gögelein.

Handelsgericht Bayreuth.

Vorstand.
Ernst Frhr. von Waldenfels, Bezirksgerichtsdirector.

Räthe.
Edmund Hofmann,
Franz Kopp,
    zugleich Bezirksgerichtsräthe.

Handelsgerichtsassessoren.
August Münch, Großhändler.
Anton Friedrich Keim, Kaufmann.

Ergänzungsrichter.
Carl Kolb, Fabrikdirector.
Hans Ries, Kaufmann.

Bezirksgericht Hof.
Director.
Carl Friedrich Zäuner. (M3.)

Räthe.
Joseph Maria Hellmann.
Carl Christian Jahreis.
Johann Lunz.
Christian Gottlieb Hörmann.
Wilh. Heinr. Reitzmann.

Assessoren.
Anton Kauer.
Otto Conrad Wolf.
Franz Xav. Wilhelm Gleitsmann.

Staatsanwälte.
I. Johann Rudolph Wolfram.
II. Constantin Frhr. v. Dobeneck.

Secretäre.
Rudolph Carner, Gustav Sonntag, Johann Georg Künneth.

Schreiber (extra statum.)
Franz Anton Benz.

Handelsgericht Hof.
Vorstand.
Carl Friedrich Zäuner, Bezirksgerichtsdirector.

Räthe.
Joseph Maria Hellmann,
Wilhelm Heinrich Reitzmann,
    zugleich Bezirksgerichtsräthe.

Handelsgerichtsassessoren.
Moritz Steinhäuser, Fabrikant.
Friedrich Jansen, Fabrikant.

Ergänzungsrichter.
Heinrich Hager, Kaufmann.
Wolgang Carl Frank, Kaufmann.

Bezirksgericht Kronach.
Director.
Friedrich Striegel.

Räthe.
Maximilian Edel.
Anton Krapp.
Erdmann Jacob Wolff.
Joh. Nepom. Frhr. v. Schönhueb.

Assessoren.
Andreas von Haupt.
Wilhelm v. Grebmer.
Albert Edelmann.

Staatsanwälte.
I. Carl Mattenheimer.
II. German von der Pfordten.

Secretäre.
Peter Schraut, Johann Ott, Peter Marth.

Schreiber (extra statum.)
Franz Joseph Heuthaler.

Stadtgerichte, Stadt- u. Landgerichte und Landgerichte.

Im Bezirke Bamberg.

Stadtgericht Bamberg.

Stadtrichter:
Georg Wimmer.

Assessoren:
Carl Joseph Friedr. Leist.
Benedict Ellner.
Carl Fischer.

Gerichtsschreiber:
Martin Ellner, Carl Wimmer.

Landgerichte.

Bamberg I.
Landrichter: Joseph Dennefeld.
Assessor: Joseph Banzer.
Gerichtsschreiber: Johann Bapt. Seuffert.

Bamberg II.
Landrichter: Franz Conr. Joseph Schneider.
Assessor: Dr. Joseph Seitz.
Gerichtsschreiber: Kaspar Valentin Haas.

Burgebrach.
Landrichter: Carl Löwel. (M3.)
Assessor: Franz Schülein.
Gerichtsschreiber: Friedrich Prabarutti.

Ebermannstadt.
Landrichter: Thomas Dennerlein.
Assessor: Heinrich Trebes.
Gerichtsschreiber: Franz Joseph Dandler.

Forchheim.
Landrichter: Franz Veit.
Assessor: Andreas Püls.
Gerichtsschreiber: Ludwig Götz.

Gräfenberg.
Landrichter: Christian Müller.
Assessor: Conrad Matthias Eberhard.
Gerichtsschreiber: Georg Leonhard Lichtscheidel.

Herzogenaurach.
Landrichter: Franz Nicolaus Schreiner.
Assessor: Eduard Eyberger.
Gerichtsschreiber: Philipp Gottfried Bergmann.

Höchstadt a. d. Aisch.
Landrichter: Joseph Endres.
Assessor: Christoph Bernh. Dorsch.
Gerichtsschreiber: Johann Jacob Keßler.

Scheßlitz.
Landrichter: Julius Rebhon.
Assessor: Michael Huber.
Gerichtsschreiber: Carl Robert Schneider.

Im Bezirke Bayreuth.

Stadtgericht Bayreuth.

Stadtrichter:
Georg Wilhelm Neubig.

Assessor:
Friedrich Fritz.

Gerichtsschreiber:
Franz Xaver Hiermer.

Landgerichte.
Bayreuth.
Landrichter: Augustin Hofmann.
Assessor: Carl Sigmund Friedr. Strehl.
Gerichtsschreiber: Thomas Vogel.

Berneck.
Landrichter: Ludwig Wilhelm Ferdinand Schubert.
Assessor: Carl Lenz.
Gerichtsschreiber: Johann Ernst Hellerich.

Hollfeld.
Landrichter: Friedrich Theodor Schmidt.
Assessor: Georg Friedrich Nürnberger.
Gerichtsschreiber: Ernst Adolph Költsch.

Kulmbach.
Landrichter: Friedr. Kirschner.
Assessor: Leopold Landgraf.
Gerichtsschreiber: Johann Caspar Urzberger.

Pegnitz.
Landrichter: Friedrich Carl August Ebenauer.
Assessor: Johann Heinrich Salomon Hühne.
Gerichtsschreiber: Christian Schöner.

Pottenstein.
Landrichter: Philipp Küffner.
Assessor: Nicolaus Julius Hoffmeister.
Gerichtsschreiber: Christian Franz Gg. Kern.

Thurnau.
Landrichter: Julius Braun.
Gerichtsschreiber: Carl Zehnter.

Weidenberg.
Landrichter: Wilhelm Faber.
Gerichtsschreiber: Johann Adam Moritz.

Im Bezirke Hof.
Stadtgericht Hof.
Stadtrichter: Hermann Bäumer.
Assessor: Carl Andreas Lampel.
Gerichtsschreiber: Christian Adolph Redlich.

Landgerichte.
Hof.
Landrichter: Christian Friedrich Döberlein.
Assessor: Samuel Friedrich Hamann.
Gerichtsschreiber: Johann Georg Philipp Dorschky.

Kirchenlamitz.
Landrichter: Tobias Tils.
Assessor: Wilhelm Karges.
Gerichtsschreiber: August Dahinten.

Münchberg.
Landrichter: Carl Friedrich Preis,
Assessoren: Hermann Sondermann, Nicolaus Joh. Röhrig.
Gerichtsschreiber: Joh. Barnickel.

Kaila.

Landrichter: Joh. Friedrich Umthor.
Assessor: Carl Heinrich Gottfried Bergmann.
Gerichtsschreiber: Johann Evang. Daxenberger.

Rehau.

Landrichter: Friedrich Christian Wilhelm Heinrich Heyde.
Assessor: Hugo Heil.
Gerichtsschreiber: Alois Franz.

Selb.

Landrichter: Friedrich Wilhelm Weber.
Assessor: Theodor Gerhard Barth.
Gerichtsschreiber: Heinrich Christoph Streit.

Thiersheim.

Landrichter: Ernst Friedrich Lazi.
Gerichtsschreiber: Michael Hirth.

Wunsiedel.

Landrichter: Julius Hopf.
Assessor: Ulrich Strößner.
Gerichtsschreiber: Lorenz Fischer.

Im Bezirke Kronach.
Landgerichte.
Kronach.

Landrichter: Peter Carl Küffner.
Assessoren: Wilhelm Friedrich Zacharias Weißmann, Friedrich Carl Ludwig.
Gerichtsschreiber: Johann Käshofer.

Lichtenfels.

Landrichter: Philipp Vornberger.
Assessor: Joh. Andreas Gerber.
Gerichtsschreiber: Pangraz Fuß.

Ludwigsstadt.

Landrichter: Gg. Andreas Reiter.
Assessor: Georg Löhr.
Gerichtsschreiber: Johann Michael Reiner.

Nordhalben.

Landrichter: August Balth. Bachmeyer.
Gerichtsschreiber: Joh. Wachter.

Seßlach.

Landrichter: Heinrich Göhring.
Gerichtsschreiber: Johann Engelhardt.

Stadtsteinach.

Landrichter: Alois Meier.
Assessor: Ferdinand Müller.
Gerichtsschreiber: Johann Joseph Kühlwein.

Staffelstein.

Landrichter: Eduard Diez.
Assessor: Andreas Dornhöfer.
Gerichtsschreiber: Carl Bauer.

Weißmain.

Landrichter: Joseph Max Wagner.
Assessor: Stephan Ludwig Lauer.
Gerichtsschreiber: Johann Andreas Fischer.

Bezirksämter.
Bamberg I.

Bez.-Amtmann: Christian Wilh. Heydenreich.
Bez.-A.-Assessor: Bernhard Sonntag.

Bamberg II.
Bez.-Amtmann: Johann Bapt. Schmittbüttner. (M3. OFJ3.)
Bez.-A.-Assessor: Carl Ordnung, Hermann Osann, (extr. st.)

Bayreuth.
Bez.-Amtmann: Conrad Barlet. (M3.)
Bez.-A.-Assessor: Heinr. Malz.

Berneck.
Bez.-Amtmann: Friedr. Ludwig Wilh. v. Ammon. (M3.)
Bez.-A.-Assessor: Ernst Schrön.

Ebermannstadt.
Bez.-Amtmann: Gg. Ludwig v. Gutner.
Bez.-A.-Assessor: Carl Rost.

Forchheim.
Bez.-Amtmann: Friedr. Geiger.
Bez.-A.-Assessor: Philipp Eschenbach.

Höchstadt a. d. A.
Bez.-Amtmann: Franz Paul Tettenhammer.
Bez.-A.-Assessor: Georg Alois Friedrich Hauer.

Hof.
Bez.-Amtmann: Carl Weidemann. (OFJ3.)
Bez.-A.-Assessor: Gust. Wilh. Frhr. v. Künsberg.

Kronach.
Bez.-Amtmann: Carl Gg. Faber.
Bez.-A.-Assessor: Albert Boveri.

Kulmbach.
Bez.-Amtmann: Joh. Christian Theod. Landgraf.
Bez.-A.-Assessor: Friedr. Böhm.

Lichtenfels.
Bez.-Amtmann: Christ. Heinrich Eschenbach. (M3.)
Bez.-A.-Assessor: Friedrich Alb. Spieß.

Münchberg.
Bez.-Amtmann: Christoph Theod. Schrön. (M3.)
Bez.-A.-Assessor: Joh. Götz.

Naila.
Bez.-Amtmann: Gustav Lintl.
Bez.-A.-Assessor: Carl Keyßler.

Pegnitz.
Bez.-Amtmann: Felix Schamberger.
Bez.-A.-Assessor: Adolph Jungkunz.

Rehau.
Bez.-Amtmann: Narziß v. Rauner.
Bez.-A.-Assessor: Carl Friedr. Ordnung.

Stadtsteinach.
Bez.-Amtmann: Carl Stang.
Bez.-A.-Assessor: Andr. Zametzer.

Staffelstein.
Bez.-Amtmann: Carl Julius Falco.
Bez.-A.-Assessor: Mich. Reuder.

Teuschnitz.
Bez.-Amtmann: Johann Martin.
Bez.-A.-Assessor: Johann Bapt. Rainer.

Wunsiedel.
Bez.-Amtmann: Andreas Carl Kellein.
Bez.-A.-Assessoren: Gottfried v. Baumer, Wilh. Spengler.

Bezirksgerichts- u. Bezirks-Aerzte.

I. Bezirksgerichts-Aerzte.

Bamberg: Dr. Joseph Anton Rapp, zugleich für das Stadtgericht Bamberg.

Bayreuth: Dr. Georg Fischer, zugleich für das Stadtgericht Bayreuth.

Hof: Dr. Friedrich Christen, zugleich für das Stadtgericht Hof.

Kronach: Dr. Joh. Carl Sigm. Höflich, zugleich Bezirksarzt I. Cl. für das Bezirks-Amt (Landgericht) Kronach.

II. Bezirks-Aerzte.

A. Erster Classe.

Bamberg I.: Dr. Theodor Morgenroth, zugleich für den Verwaltungsbezirk der Stadt Bamberg.

Bamberg II.: Dr. Mich. Schwappach.

Bayreuth: Dr. Eduard Kölle, k. württembergischer Hofrath, zugleich für den Verwaltungsbezirks der Stadt Bayreuth.

Berneck: Dr. Carl v. Paschwitz.

Ebermannstadt: Dr. Ernst Friedlein.

Forchheim: Dr. Rudolph Wilhelm Seggel.

Höchstadt a. A.: Dr. Sebastian Behr.

Hof: Dr. Heinr. Wilh. Walber, zugleich für den Verwaltungs-Bezirk der Stadt Hof.

Kulmbach: Dr. Carl Chr. Abel.

Lichtenfels: Dr. Joh. Wolfgang Schmidt.

Münchberg: Dr. Friedr. Eduard Kästner.

Naila: Dr. Wilh. Reichel, Medizinalrath.

Pegnitz: Dr. Friedr. Hopf.

Rehau: Dr. Friedr. Ch. Munzert.

Stadtsteinach: Dr. Wilh. Büchner.

Staffelstein: Dr. Mathias Winzheimer.

Teuschnitz: Dr. Joh. Bapt. Pachmayr, für das Bezirksamt Teuschnitz, und das Landgericht Ludwigsstadt.

Wunsiedel: Dr. August Fikentscher.

B. Zweiter Classe.

Burgebrach: Dr. Andreas Staub.

Gräfenberg: Dr. Mathias Jaub.

Herzogenaurach: Dr. Eduard Badum.

Hollfeld: Dr. Joseph Wilhelm Keim.

Kirchenlamitz: Dr. Joseph Georg Flügel.

Norbhalben: Dr. Franz Dietz.

Pottenstein: Dr. Georg Jacob Stöhr.

Scheßlitz: Dr. Wilh. Schuhmann.

Selb: Dr. Johann Dürr.

Seßlach: Dr. Carl Ferdinand Hepp.

Thiersheim: Dr. Friedrich Anton Schuster.

Thurnau: Dr. Christian August Königshofer.

Weidenberg: Dr. Georg Badum.

Weißmain: Dr. Michael Zöllner.

Straf- u. Polizeianstalten.

Zuchthaus Plassenburg.

Inspector: Joh. Christ. Bracker.
Rechnungsführer: Anton Höllldorfer.
Arzt: Dr. Carl Chr. Abel, Bezirksarzt in Kulmbach.

Gefangen-Anstalt Ebrach.

Inspector: Eduard Dresch.
Rechnungsführer: Albert Ranft.
Arzt: Dr. Carl Eberhard.

Gefangen-Anstalt St. Georgen.

Inspector: Ignaz Herzinger. (M3.)
Rechnungsführer: Carl Leffler.
Arzt: Dr. Georg Fischer, Bezirksgerichts-Arzt in Bayreuth.

Polizei-Anstalt St. Georgen.

Personal wie bei der Gefangen-Anstalt St. Georgen.

Irrenanstalt zu Bayreuth.

Vorstand: Dr. Joseph Engelmann.

Stadt-Commissariate u. der k. Kreisregierung unmittelbar untergeordnete Magistrate.

Bayreuth.

Stadt-Commissär.
Hermann Faber, Reggs.-Rath.

Officiant.
Johann Nicolaus Treuner.

Rechtskund. Bürgermeister.
Theodor Munker.

Rechtskund. Magistratsrath.
Emil Mengert.

Städtischer Baurath.
Daniel Friedrich Schmidt.

Bürgerliche Magistratsräthe.
Georg Krauß, Theodor Wagner, Adam Schmidt, Aug. Wolfg. Burger (M4.), Andreas Grießhammer, Hans Rieß, Burkhard Kretschmann, Conrad Martin, Christian Schmidt, Adam Wirth.

Bamberg.

Stadt-Commissär.
Joh. Bapt. Schmittbüttner, Bezirks-Amtmann. (M3. OJJ3.)

Erster rechtskundiger Bürgermeister.
Ferdinand Glaser.

Zweiter rechtskundiger Bürgermeister.
Adam Lurz.

Rechtskundige Magistratsräthe.
Friedrich Schneider.
Dr. jur. Eugen Schneider.
Mathäus Rückel.

Technische Bauräthe.
Georg Lang.

Bürgerliche Magistratsräthe.
Christian Cavalo, Friedr. Dinkler, Adam Schäfer, Joh. Baptist Scherer, Fr. Elchfelder, Dr.

Georg Panzer, Andreas Rubhart, Adam Burger, Adam Rauschinger, Georg Werner Reichardt, Johann Baptist Ramis, Gustav Goes.

Hof.
Stadt-Commissär.
Carl Weidemann, Bez.-Amtmann. (OFJ3.)

Officiant.
Carl Friedrich Kloß.

Rechtskundiger Bürgermeister.
Carl Hermann Münch. (M3.)

Rechtskundige Magistratsräthe.
Oscar Lossow.
Carl Mann.

Bürgerliche Magistratsräthe.
Christoph Poland, Georg Langheinrich, Nicolaus Gottfried Schwab, Salom. Wolff, Carl Weiß, Georg Prinzing, Friedrich Stöckl, Friedrich Herold, Albrecht Heinrich, Carl Dorsch.

Administration der unmittelbaren Stiftungen in Bamberg.
Administrator: Leonh. Hoffmann.

Administration der unmittelbaren Stiftungen in Bayreuth.
Administrator: Heinr. Masel.

Oberaufschlagamt.
Ober-Aufschlagsbeamter: Albert Stenglein, k. Rath. (L.)
Controleur: Joh. Christ. Brunner.

Rentämter.
Bamberg (Landrentamt.)
Rentbeamter: Friedr. Sal. Feller. (M3.)

Bamberg (Stadtrentamt.)
Rentbeamter: Carl v. Bomhard.

Bayreuth.
Rentbeamter: Joh. Mart. Speckner.

Burgwindheim.
Rentbeamter: Joh. Georg Schmidt.

Ebermannstadt.
Rentbeamter: Carl Schlicht.

Forchheim.
Rentbeamter: Friedr. E. Ammon.

Gößweinstein.
Rentbeamter: Nicolaus Schwab.

Herzogenaurach.
Rentbeamter: Norb. Bierdimpfel.

Höchstädt.
Rentbeamter: Jacob Brünnl.

Hof.
Rentbeamter: Eduard Obenberger.

Kronach.
Rentbeamter: Maximilian Joseph Schöller. (M3.)

Kulmbach.
Rentbeamter: Wilhelm Keyl.

Lichtenberg.
Rentbeamter: Hermann Vetter.

Lichtenfels.
Rentbeamter: Johann Baptist Wehrl.

Münchberg.
Rentbeamter: Julius Friedr. Linde.

Neunkirchen.
Rentbeamter: Friedr. Weiſer.

Pegnitz.
Rentbeamter: Anton Baumeiſter.

Rattelsdorf.
Rentbeamter: Otto Gründler.

Rothenkirchen.
Rentbeamter: Gottfried Kießhaber.

Scheßlitz.
Rentbeamter: Carl Friedr. Wöſch.

Markt Schorgaſt.
Rentbeamter: Chriſtian Gottfried Eichel.

Selb.
Rentbeamter: Carl Chriſtoph Stirner.

Stadtſteinach.
Rentbeamter: Gg. Adam Fries.

Thurnau.
Rentbeamter: Wolfg. Mennel.

Waiſchenfeld.
Rentbeamter: Wilhelm Grafenfenberger.

Weismain.
Rentbeamter: Guſtav Chriſten.

Wunſiedel.
Rentbeamter: Peter Schauber.

Forſtämter.
Bamberg.
Forſtmeiſter.
Eugen Duetſch. (M3.)

Revierförſter.
Zu Breitengüßbach: Johann Georg Ernſt,
zu Bug: Johann Moritzbeck (L☉.),
zu Geisfeld: Thomas Schauer,
zu Peulendorf: Franz Martin,
zu Schlüßelau: Ulrich v. Heyder,
zu Seehof: Max Wilhelm Ulrich,
zu Strullendorf: Baptiſt Geiger,
zu Weipelsdorf: Friedrich Vergho.

Bayreuth.
Forſtmeiſter.
———

Revierförſter.
Zu Entmannsberg: Carl Möller,
zu Glashütten: Heinrich Auguſt Gränzer,
zu Heinersreuth: Carl Buchner,
zu Langeweil: Wilhelm Schauer,
zu Limmersdorf: Rudolph Reuter,
zu Lindenhardt: Joh. Bapt. Höpfl,
zu Neuſtädtlein: Friedr. Böhner,
zu Seybothenreuth: Friedrich Leonhard Schüller.

Ebrach.
Forſtmeiſter.
Ignaz Schuſter.

Revierförſter.
Zu Burgebrach: Franz Kilp,
zu Ebrach: Joh. Adam Philipp,
zu Herrnsdorf in Burgwindheim: Andreas Endres,

zu Roppenwind: Franz Reuber,
zu Schlüsselfeld: Wilhelm Daumenlang.
zu Winkelhof: Thomas Uebel.

Forchheim.
Forstmeister.
Anton Horadam.

Revierförster.
Zu Burk: Carl Häfner,
zu Rosbach: Friedr. Sturz,
zu Oesdorf: Phil. Duetsch,
zu Reuth: Wilh. Hoppe,
zu Röttenbach: Wolfg. Hartner,
zu Zentbechhofen: Anton Hayder.

Kronach.
Forstmeister.
Carl Joseph Hoffmann.

Revierförster.
Zu Effelter: Friedrich Riebel,
zu Gerlas: Wilh. Klinger,
zu Geroldsgrün I.: Heinrich Reuß,
zu Geroldsgrün II.: Eduard Clericus,
zu Langenbach: Ulrich Krobl,
zu Lauenhain: Ferdinand Beck,
zu Lauenstein: Nep. v. Schelling,
zu Lichtenberg: Georg Leppold,
zu Nordhalben: Ignaz Petzold,
zu Nurn: Andreas Kestel,
zu Rieblich: Carl Zuber,
zu Rothenkirchen: Christian Bartholomä,
zu Schwarzenbach: Heinr. Aug. Scharff,
zu Steinberg: Frz. Carl Lang,
zu Tettau: Heinrich Dietrich,

zu Tschirn: Heinr. Kabner,
zu Wallenfels: August Baier,
zu Zeyern: Georg Lurz.

Kulmbach.
Forstmeister.
Joseph Duetsch.

Revierförster.
Zu Buch am Forst: Aug. Menzing,
zu Himmelkron: Hermann Köppel,
zu Kulmbach: Joh. Wilh. Hauck,
zu Langheim: Joseph Hesse,
zu Maineck: Christian Zehelein,
zu Neuensorg: Wilhelm Bausback,
zu Stadtsteinach: Mich. Schmidt,
zu Ziegelhütten: Friedrich Math. Aug. Wolf.

Marktleuthen.
Forstmeister.
Franz Bernhard Geiger.

Revierförster:
Zu Arzberg: Hermann Tritschler,
zu Hallerstein: Heinrich Grimm,
zu Hohenberg: Friedr. Walther,
zu Martinlamitz: Wilh. Schunk,
zu Rehau: Friedrich Schrön,
zu Selb: Friedrich Gränzer,
zu Sparneck: Peter Leipold,
zu Thierstein: Rudolph Reich.

Pegnitz.
Forstmeister.
Johann Ernst Kolb.

Revierförster.
Zu Bärnheck: Georg Künzel,
zu Gößweinstein: Friedr. Duetsch,
zu Gräfenberg: Friedr. Weiß,

zu Horlach: Franz Hoberlein,
zu Oberlenkenreuth: Ldw. Schwabe,
zu Waidach: Franz Anton Fibell,
zu Weidensees: Gg. Schauer.

Wunsiedel.
Forstmeister.
Ludwig Kabner.

Revierförster.
Zu Bischofsgrün: Friedr. Dechant,
zu Goldkronach: Christ. Döring,
zu Neubau: Heinrich Glock,
zu Sophienthal: Friedr. Herzer,
zu Fichtelberg: Friedrich Zeyß,
zu Tröstau: Christian Häfner,
zu Vordorf: Wilhelm Krobel,
zu Warmensteinach: Gg. Elling,
zu Weissenstadt: Friedrich Häffner.

Baubehörden.
Bamberg I.
Für das Ingenieur-Fach.
Baubeamter: Maximilian Carl Frhr. v. Waldenfels, Kammerjunker.

Bamberg II.
Für das Landbau-Fach.
Baubeamter: Eduard Hatzel.

Bayreuth.
Baubeamter: Gustav Menzel.

Forchheim.
Baubeamter: Franz Gareis.

Hof.
Baubeamter: Clemens v. Sicherer. (GEb.)

Kronach.
Baubeamter: Friedrich Hoffmann.

Kulmbach.
Baubeamter: Alexander Kraft.

Lichtenfels.
Baubeamter: Ludwig Brendel.

Wunsiedel.
Baubeamter: Philipp Streiter.

Brandversicherungs-Inspectoren.
Bayreuth.
Christoph Bähr.

Bamberg.
Franz Friedr. Schupp.

Hof.
Carl Philipp Cäsar Lombardino.

Kreishilfscasse.
Rendant: Heinrich Masel, Stiftungs-Administrator.

VI. Mittelfranken.

Kreisstellen.
Regierung.
(Sitz Ansbach.)

Präsident.
Wilhelm Joh. Nep. Frhr. v. Pechmann, Kämmerer. (K3. M3.)

A. Kammer des Innern.

Director.
Julius Frhr. v. Lindenfels, Kämmerer. (M3.)

Räthe.
Xaver Mark. (M3.)
Franz Forthuber, Kreisbaurath. (M3.)
Matthäus Schratz. (M3.)
Alois Maria Wigard. (M3.)
Joh. Georg Carl Vogel, zugleich Consistorialdirector. (M3.)
Dr. Ferdinand Escherich, Kreis-Medicinalrath.
Carl Dubois.
Lorenz Friedrich Wilhelm Eyselein.

Assessoren.
Wilh. August Bezold.
Carl Friedrich Eugen Meinel.
Dr. Joh. Bapt. Höfele.

Registratoren.
Johann Friedrich Philipp Wilcke.
Richard Auffhammer.

Rechnungscommissäre.
Wilhelm Abel, Jacob Miedl, Ludwig Roth, Andreas Bogendörfer.

Rechnungscommissär für die Brandversicherungs-Anstalt.
Erhard Mutzenhardt.

Kreis-Scholarchat.
J. Friedr. Schnitzlein, I. Pfarrer. (M3.)
Jacob Friedrich Maurer, Professor des Gymnasiums zu Ansbach.
Caspar Endres, kathol. Stadtpfarrer u. Domcapitular in Eichstädt.
Joh. Bapt. Stockinger, Domcapitular und Stadtpfarrer zu Eichstädt.
Johannes Zorn, Stadtpfarrer in Ansbach.

Ersatzmänner.
Dr. Christ. Elsperger, Gymnasial-Rector und Professor. (M3.)

Kreis-Medicinalausschuß.

Vorstand.
Dr. Ferdinand Escherich, Kreis-Medicinalrath.

Mitglieder.
Dr. Friedrich Eduard Ant. Kayser, prakt. Arzt.
Dr. Gust. Schäfer, Bezirks-Arzt.
Dr. Heinrich Schmauß, Bezirks-Gerichtsarzt.
Dr. Friedr. Sedelmaier, prkt. Arzt.
Bernhard Koppen, Apotheker.
Paul Ott, Thierarzt.

Kreis-Baubehörde.

Kreisbaurath.
Franz Forthuber. (M3.)

Kreisbaubeamte.
Für das Landbau-Fach.
Gabriel Folz.
Philipp Friedrich Jacobi.
Ludwig Reizamer. (RSt3.)

B. Kammer der Finanzen.
Director.
Johann Martin Wendel. (M3.)
Räthe.
Franz Winkler, Kreisforstrath. (M3.)
Julius Sar.
Wilhelm Vocke.
Hermann Christoph Jacob Jordan, Fiscalrath.
Jacob Braunsberger.
Assessoren.
Georg Heldrich, Forstmeister.
Georg Leiendecker.
Johann Heinrich Christlieb Wirth, Fiscaladjunct.
Wilhelm Schmidt, Fiscaladjunct.
Heinrich Kindshuber, Forstmeister.
Julius Burkhardt.
Registratoren.
Heinrich Hellberg, Sebast. Feßmann.
Rechnungscommissäre.
Lorenz Dürr, Georg Carl Seiz, Gustav Eberhard von Königsthal, Otto v. Gimmi, Georg v. Heeg, Johann Georg Friedrich Ganßer, Friedrich Böhm, Julius Friedrich Häckel. —
Obergeometer.
Joseph Stark.

Secretariat beider Kammern.
Secretäre.
Abraham Gerhardt, Franz Spengler, Friedr. Carl Spies (M4.), Alois Sertorius, Max Wallmüller.
Kanzlisten.
Joseph Müller, Johann Baptist Brüderlein, Friedrich Wiellenbacher.

Kreiscasse.
Kreiscassier.
Ignaz Götzl.
Controleur.
Joseph Rögel.
Zahlmeister.
Joseph Bauer.
Officianten.
Pius Trautner, Martin Schwab.

Appellationsgericht.
(Zu Eichstädt.)
Präsident.
Dr. Joseph v. Barth. (K3. M3.)
Directoren.
Rudolph von Metz. (K3. M3.)
Michael Prunner. (M3.)
Räthe.
Carl Laumer.
Carl Sensburg.
Franz Frhr. v. Aretin, Kämmerer.
Johann Ferdinand Carl v. Grundherr.
Ludwig v. Hagens, Kämmerer.

Heinrich Rumpler.
Dr. Joseph Anton Gosner.
Friedrich Anton Ludwig Heim.
August v. Schallern.
Carl Glaser.

Assessoren.

Friedrich Ludwig Seiffert.
Alexander Frhr. v. Harsdorf.
Carl Heinrich Friedrich Lammers.

Staatsanwälte.

Oberstaatsanwalt: Franz Anton Nusser. (M3.)
II. Staatsanwalt: Ernst Jergius. mit dem Range eines Appellationsgerichtsrathes.

Secretäre.

Anton Pfisterer, Anton Maler, August Friedrich Hunger, Carl Burkhardt, Xaver Holz, Michael Dolch.

Registrator (extra statum.)

Ferdinand Krebs. (L☉.)

Kanzlist (extra statum.)

Joseph Aßn.

Kreisbehörden.

Bezirksgericht Ansbach.
Director.
Georg Ant. Valent. Kraußold. (M3.)
Räthe.
Thomas Güßregen.
Friedrich Hommel.

Jacob v. Bauer-Breitenfeld.
Friedrich Greiner.
Victor Michael Lukas.
Ernst Christian Hauck.
Ernst Wilhelm Frhr. Ebner v. Eschenbach.
Georg Friedr. Carl Oskar Raab.

Assessoren.

Hermann Frhr. v. Truchseß.
Bernhard Gutschneider.
Christian Zernott.

Staatsanwälte.

I. Otto Kleiner.
II. Franz Bonn.

Secretäre.

Heinr. Freiherr v. Wöldendorff, Johann Georg Beßelmaier, Johann Gottfried Tannenberg, Joseph Stumm.

Schreiber (extra statum).

Carl Wallfried Völkel, Grg. Bourdon, Leonhard Carl Johann Lehner.

Handelsgericht Ansbach.
Vorstand.
Gg. Ant. Val. Kraußold, Bezirksgerichts-Director.
Räthe.
Friedrich Greiner,
Ernst Wilhelm Frhr. Ebner von Eschenbach.
zugleich Bezirksgerichtsräthe.
Handelsgerichtsassessoren.
Carl Behringer, Fabrikant.
Ernst Bub, Kaufmann.

Ergänzungsrichter.
Georg Hauber, Kaufmann.
Julius Heßel, Kaufmann.

Bezirksgericht Eichstädt.
Director.
Candidus Geiger.
Räthe.
Johann Baptist Maier.
Caspar Schwab.
Maximilian Flamige.
Max v. Stubenrauch.
Assessoren.
Ferdinand Arnold.
Joseph Jung.
Theodor von Sicherer.
Staatsanwälte.
I. Carl Eduard Schmauß.
II. Wilhelm Elsperger.
Secretäre.
Carl Deperl, Max Gardill, Ludwig Frühwein.

Bezirksgericht Fürth.
Director.
Wilhelm Hammer.
Räthe.
Dr. Joseph Sigmund Castulus Mayer.
Johann Heinrich Epselein.
Edmund Beckh.
Carl Anton Danzer.
Johann Christian Peter Sommer.
Dr. Friedrich Wiebeking.

Assessoren.
Johann Martin Kieskalt.
Andreas Wütscher.
Franz Snelder.
Staatsanwälte.
I. August Neuper.
II. Friedr. Carl Joseph Dammer.
Secretäre.
Carl Wollner, Christian Heinrich Müller, Carl Frhr. v. Bibra.
Schreiber (extra statum.)
Heinrich Jung.

Handelsgericht Fürth.
Vorstand.
Wilhelm Hammer, Bezirksgerichts-Director.
Räthe.
Dr. Joseph Sigmund Castulus Mayer,
Edmund Beckh, zugleich Bezirksgerichtsräthe.
Handelsgerichts-Assessoren.
Herrmann Joseph Lorenz Knapp, Kaufmann.
Leonhard Münch, Kaufmann.
Ergänzungsrichter.
Johann Bernhard Braun, Kaufmann.
S. E. Berolzheimer, Kaufmann.

Bezirksgericht Nürnberg.
Director.
Joh. Michael Frhr. v. Welser, Kämmerer, (M3.)

Räthe.

Carl Gottlieb Friedrich Frhr. v. Kreß, Kämmerer.
Matthäus Christoph Otto.
JohannConrad Killinger.
Eduard v. Hörmann.
Johann Heinrich Stramer.
Ludwig Julius Loßbeck.
Eduard Friedrich Conrad Donle.
Dr. Gottfried Schmidt.
Oscar von Ammon.

Assessoren.

Carl Frhr. v. Ebner.
Carl Volk.

Staatsanwälte.

I. Fedor Luß, mit dem Range eines Appellat.-Ger.-Rathes.
II. Theodor v. Braun.

Secretäre.

Franz Joseph Eyberger, Johann Georg Mathias Carl Leuchs, Georg Joseph Löhr, Georg Wilh. Friß, Friedrich Kleemann, Thomas Stümmer, Bernhard Frhr. v. Hirschberg.

Registrator (extra statum.)

Johann Jacob Maria Pedrazzi.

Schreiber (extra statum.)

Christian August Müller.

Handelsgericht Nürnberg.

Vorstand.

Joh. Mich. Freiherr v. Welser, Bezirksgerichtsdirector.

Räthe.

Johann Heinrich Stramer.
Dr. Gottfried Schmidt, zugleich Bezirksgerichtsräthe.

Handelsgerichts-Assessoren.

Heinrich Zahn, Großhändler.
Carl Lorsch, Kaufmann und Tabakfabrikant.

Ergänzungsrichter.

Ludwig Merkel, Großhändler,
Wilhelm Georg, Großhändler,
Gustav Friedrich Waydelin, Großhändler,
Oscar Wiß, Großhändler.

Mercantil-, Friedens- und Schiedsgericht in Nürnberg.

Assessoren mit dem Titel von Handels-Appellationsgerichts-Assessoren:

Johann Christian Merk. (M3.)
Conrad Cnopf.
Johann Benedict Zahn.
Herrmann Müller.

Secretär.

Dr. Friedr. Aug. Mehmel.

Bezirksgericht Windsheim.

Director.

Willbald Frhr. v. Bibra.

Räthe.

Anton Ludwig Christian Beck.
Heinrich Christian Carl Hegel.
Joh. August Franz.
Ludwig Herrmann.
Carl Johann Böttiger.

Assessoren.

Norbert Schlener.
Victor Geret.
Carl Toussaint.

Staatsanwalt.
Rudolph Köhler.

Secretäre.
Wilhelm Ziel, Georg Winkler, Caspar Ludwig Simon.

Schreiber (extra statum.)
Johann Peter Hautsch.

Stadtgerichte, Stadt- und Landgerichte u. Landgerichte.

Im Bezirke Ansbach.
Stadtgericht Ansbach.
Stadtrichter: Ernst Werner.
Assessor: Friedrich Küster.
Gerichtschreiber: Simon Pfister.

Stadt- und Landgericht Dinkelsbühl.
Stadt- und Landrichter: Carl Aug. Christian Schwingenstein.
Assessor: Hermann Buff.
Gerichtschreiber: Andreas Bohmann.

Landgerichte.
Ansbach.
Landrichter: Carl Eugen Mayer.
Assessor: Carl Käppel.
Gerichtschreiber: Friedr. Wilh. Adam.

Feuchtwangen.
Landrichter: Wilhelm Richter.
Assessor: Gg. Nicolaus Schörner.
Gerichtschreiber: August Johann Wilhelm Hessel.

Gunzenhausen.
Landrichter: Wilhelm v. Hößlin.
Assessor: Dr. Franz Theod. Kilp.
Gerichtschreiber: Joh. Nicolaus Habermann.

Heilsbronn.
Landrichter: Valentin Lang.
Assessor: Heinr. Aug. Paul Höfling.
Gerichtschreiber: Gg. Christoph Appoldt.

Herrieden.
Landrichter: Joseph Brandstetter.
Assessor: Emil Fick.
Gerichtschreiber: Joseph Wilhelm Rupprecht.

Leutershausen.
Landrichter: Heinr. Ludw. Christian Carl Wilhelm Stirl.
Gerichtschreiber: Herm. Hacker.

Wassertrüdingen.
Landrichter: Adolph Friedrich Bannig.
Assessor: Eduard Gack.
Gerichtschreiber: Johann Steingruber.

Im Bezirke Eichstädt.
Stadt- und Landgericht Eichstädt.
Stadt- und Landrichter: Dr. Ludw. Schmid.
Assessor: Anton Bauer.

Gerichtschreiber:
Jos. Zimmerer.

Landgerichte.
Beilngries.
Landrichter: Jos. Stablbaur.
Assessor: Franz Xaver Schmidt.
Gerichtschreiber: Johann Bapt. Weinmayr.

Ellingen.
Landrichter: Edmund Grabl.
Gerichtschreiber: Mich. Praun.

Greding.
Landrichter: Christian Grau.
Assessor: Joh. Bapt. Rumpf.
Gerichtschreiber: Franz v. Paula Heldmann.

Heidenheim.
Landrichter: Wilhelm Greiner.
Assessor: Georg Kretzer.
Gerichtschreiber: Edmund Pattberg.

Kipfenberg.
Landrichter: Jos. Fischer.
Gerichtschreiber: Bruno Mendel.

Pappenheim.
Landrichter: Carl Rehm.
Gerichtschreiber: Wilh. Straßner.

Weißenburg.
Landrichter: Johann Christ. von Stettner-Grabenhofen.
Gerichtschreiber: Achatius Friedr. Lutz.

Im Bezirke Fürth.
Stadtgericht Fürth.
Stadtrichter:
Jos. Maria Jäger.

Assessoren:
Sixtus Berthold,
Heinrich Vocke.
Gerichtschreiber:
Carl Heinr. Christian Bayerlein,
Johann Wilhelm Grill.

Stadt- und Landgerichte.
Erlangen.
Stadt- und Landrichter:
Heinrich Wetzel.
Albert Lebender.
Assessor:
Carl Georg Christian Constantin Esper.
Gerichtschreiber:
Johann Paul Krebser.

Schwabach.
Stadt- und Landrichter:
Joh. Michael Roidl.
Assessor:
Emil Selling.
Gerichtschreiber:
Jos. Anton Friedl.

Landgerichte.
Cadolzburg.
Landrichter: Gotthold Emanuel Friedrich Wilh. Frhr. v. Löffelholz.
Assessor: Adalbert Memminger.
Gerichtschreiber: Joh. Friedrich Ulsenheimer.

Fürth.
Landrichter: Friedrich Wilhelm Fischer.
Assessor: Ludwig Kreitner.
Gerichtschreiber: Johann Georg Anton Fickel.

Roth.

Landrichter: Johann Georg Ferd. Stauffer.
Assessor: Gottfried Wilh. Christoph Heinrich Seiler.
Gerichtschreiber: Johann Peter Wolfram.

Im Bezirke Nürnberg.

Stadtgericht Nürnberg.

Stadtrichter:
Christian Friedrich Wilhelm Cramer, Carl v. Furtenbach.
Georg Theodor Bestelmeyer.

Assessoren:
Johann Herrbach.
Johann Baptist Cantler.
Ludwig Wilhelm Friedrich Kästner.
Carl Friedrich Schnitzlein.
Ludwig Adalbert von Hornthal.
Friedrich Rößling.
Otto Frhr. v. Stromer.

Gerichtschreiber:
Joh. Mich. Hacker, Johann Peter Sigm. Kraus, Jul. Johann Friedrich Carl Scheidemandel, Conrad Christoph Bauer.

Landgerichte.
Altdorf.

Landrichter: Carl Heinrich Gustav Johann Löw.
Assessor: Bartholomäus Eckl.
Gerichtschreiber: August Besendorfer.

Hersbruck.

Landrichter: Joh. Christian Kellein.
Assessor: Friedr. Carl Benker.
Gerichtschreiber: Johann Georg Martin Arold.

Lauf.

Landrichter: Antonin Kroyer.
Assessor: Joh. Adam Kraus.
Gerichtschreiber: Ludwig Erhard Ernst Künsberg.

Nürnberg.

Landrichter: Friedrich Christian Frhr. v. Harsdorf, Kammerjunker.
Assessor: Max Friedr. Wilhelm Pürkhauer.
Gerichtschreiber: Gottfried Heinr. Otto Brechenmacher.

Im Bezirke Windsheim.

Stadt- u. Landgericht Rothenburg a. d. T.

Stadt- und Landrichter:
Cornelius Meyer.

Assessor:
Heinrich Dittmar.

Gerichtschreiber:
Friedrich Johann Kümpfler.

Landgerichte.
Markt Bibart.

Landrichter: Ferdinand Joseph Platzer.
Gerichtschreiber: Friedr. Gesell.

Markt Erlbach.

Landrichter: Ludwig Recknagel.
Assessor: Friedrich Model.
Gerichtschreiber: Johann Mich. Zellhöfer.

Neustadt a. d. A.
Landrichter: Joh. Heinr. Schramm.
Assessor: Christian Friedr. Höchstetter.
Gerichtschreiber: Gregor Renner.

Scheinfeld.
Landrichter: Peter Patin.
Gerichtschreiber: Lorenz Winterstein.

Schillingsfürst.
Landrichter: Gg. Jacob Nagel.
Gerichtschreiber: Johann Veit Schleder.

Uffenheim.
Landrichter: Otto Zöller.
Assessor: Christian Theod. Krieg.
Gerichtschreiber: Carl Tröbert.

Windsheim.
Landrichter: Heinr. Friedr. Sigm. Killinger.
Assessor: Carl Fassold.
Gerichtschreiber: Joh. Valentin Lauer.

Bezirksämter.

Ansbach.
Bez.-Amtmann: Feodor Freiherr v. Crailsheim, Kämmerer. (PJ.)
Bez.-A.-Assessor: August von Ausin.

Beilngries.
Bez.-Amtmann: Georg Stahl.
Bez.-A.-Assessor: Jos. Schwertschlag.

Dinkelsbühl.
Bez.-Amtmann: David Georg Carl v. Merz.
Bez.-A.-Assessor: Conrad Thaler.

Eichstädt.
Bez.-Amtmann: Alois Gerhager.
Bez.-A.-Assessor: Theodor Mittermayer.

Erlangen.
Bez.-Amtmann: Dr. Gottlieb Meinel, Regierungsrath. (M3.)
Bez.-A.-Assessor: Friedr. Pfeiffer.

Feuchtwangen.
Bez.-Amtmann: Jul. Friedrich Wilhelm Scheidemandel.
Bez.-A.-Assessor: Wilhelm von Röder.

Fürth.
Bez.-Amtmann: Carl v. Rücker, Kammerjunker.
Bez.-A.-Assessor: Carl Zethner.

Gunzenhausen.
Bez.-Amtmann: Ludw. Hermann Richter.
Bez.-A.-Assessor: Christian Hellberg.

Heilsbronn.
Bez.-Amtmann: Christoph Zach. Carl Forster. (M3.)
Bez.-A.-Assessor: Ferd. Thurn.

Hersbruck.
Bez.-Amtmann: Georg Eduard Julius Steurer.
Bez.-A.-Assessor: Otto Freiherr von der Heydte.

Neustadt a. d. A.
Bez.-Amtmann: Carl Gustav Billmann.
Bez.-A.-Assessoren: Gottl. Brand, Maximilian Frhr. v. Fellitzsch,

Nürnberg.
Bez.-Amtmann: Friedrich Carl August Esper.
Bez.-A.-Assessor: Friedr. Weiß.

Rothenburg a. d. T.
Bez.-Amtmann: Sigm. August von Praun.
Bez.-A.-Assessor: Wilh. Stadelmann.

Scheinfeld.
Bez.-Amtmann: Mathias Friedr. Alex. Schütz.
Bez.-A.-Assessor: Johann Bapt. Würz.

Schwabach.
Bez.-Amtmann: Carl Eduard v. Hartlieb, Kammerjunker. (M3.)
Bez.-A.-Assessor: Ludwig v. Ruf.

Uffenheim.
Bez.-Amtmann: Peter Zink. (M3.)
Bez.-A.-Assessor: Joh. Mathias Beyer.

Weißenburg.
Bez.-Amtmann: Jos. v. Morett.
Bez.-A.-Assessor: Albrecht Richstein.

Bezirksgerichts- u. Bezirks-Aerzte.

I. Bezirksgerichts-Aerzte.

Ansbach: Dr. Heinrich Schmauß, zugleich für das Landgericht Ansbach.

Eichstädt: Dr. Carl Barth, (M3.) zugl. Bezirksarzt I. Cl. für das Bezirksamt und den Stadt-Verwaltungsbezirk (Stadt- u. Landgericht Eichstädt.)

Fürth: Dr. Adolph Maier, zugleich für das Stadtgericht Fürth.

Nürnberg: Dr. Jakob Hermann Reuter, zugleich für das Stadtgericht Nürnberg.

Windsheim: Dr. Friedrich August Hagen, zugleich Bezirksarzt II. Classe für das Landgericht Windsheim.

II. Bezirks-Aerzte.

A. Erster Classe.

Ansbach: Dr. Gustav Schäfer, zugleich für den Verwaltungs-Bezirk der Stadt Ansbach.

Beilngries: Dr. Franz Kreitner.

Dinkelsbühl: Dr. Carl August Leo Bergmann, für den Stadt- und Landgerichtsbezirk.

Erlangen: Dr. Georg Wollner, für den Stadt- und Landgerichtsbezirk.

Feuchtwangen: Dr. Carl Handschuh.

Fürth: Dr. Heinrich v. Fabrice, zugleich für den Verwaltungs-Bezirk der Stadt Fürth.

Gunzenhausen: Dr. Ed. Klingsohr.

Heilsbronn: Dr. Georg Heinrich Adolph Preu.

Hersbruck: Dr. Georg Ritzenthaler.

Neustadt a. d. A.: Dr. Erhard Schmauß.

Nürnberg: Dr. Joh. Joach. Ludw. Winkler.

Rothenburg a. d. T.: Dr. Hermann Robert Beichhold, für den Stadt- u. Landgerichtsbezirk.

Scheinfeld: Dr. Rudolph von Siebold.

Schwabach: Dr. Joh. Valentin Küster, für den Stadt- und Landgerichtsbezirk.
Uffenheim: Dr. Philipp Werr.
Weißenburg: Dr. Georg Carl Fr. Alex. Schneider.

B. Zweiter Classe.

Altdorf: Dr. Wilhelm v. Fabrice.
Markt Bibart: Dr. Julius Wittmann.
Cadolzburg: Dr. Ludw. Rieger.
Ellingen: Dr. Franz Mich. Mayer.
Markt Erlbach: Dr. Carl Gottfr. Joh. Bapt. Scharold.
Greding: Dr. Friedr. Hoffmann.
Heidenheim: Dr. Theodor Steigerwald.
Herrieden: Dr. Max Mühlbauer.
Kipfenberg: Dr. Lorenz Beer.
Lauf: Dr. Joseph Obereder.
Leutershausen: Dr. Heinr. Müller.
Nürnberg: Dr. Albert Küttlinger, Bezirksarzt II. Classe für den Verwaltungsbezirk der Stadt.
Pappenheim: Dr. Friedrich Bresisius.
Roth: Dr. Friedr. Carl Schrader.
Schillingsfürst: Dr. Friedr. Casp. Gummi.
Wassertrüdingen: Dr. Georg Ernst Kirchner.

Stadt-Commissariate u. der k. Kreisregierung unmittelbar untergeordnete Magistrate.

Ansbach.
Stadt-Commissär.
Xav. Mark, Regierungsrath. (M3.)

Rechtskundiger Bürgermeister.
Friedrich Wilhelm Mandel.

Rechtskundige Magistratsräthe.
Maximilan Bezzel.
August Westermann.

Bürgerliche Magistratsräthe.
Ernst Bub, Georg Merk, Carl Brügel, Albrecht Schröppel, Albrecht Schnürlein, Rudolph Weiß, Carl Behringer, Georg Lindau, Carl Lippacher, Achatius Belzner.

Erlangen.
Stadt-Commissär.
Dr. Gottlieb Meinel, Bezirksamtmann, Regierungs-Rath. (M3.)

Officiant.

Erster rechtsk. Bürgermeister.
Carl Knoch.

Zweiter rechtsk. Bürgermeister.
Johann Carl Kelber.

Rechtskundiger Magistratsrath.
Dr. August Papellier.

Bürgerliche Magistratsräthe.
Johann Jourdan, Friedrich Christoph Erhard Steinbach, Christian Friedrich Türk, Johann Caspar Weiß, Christian Conrad Rogler, Caspar Ganßer, Wilhelm Schwarz, David Hörmann, Conrad Segitz, Carl Löffler.

Fürth.

Stadt-Commissär.
Franz Franß, mit dem Rang eines Regierungsrathes. (M3.)

Officiant.
Christian Gromeder.

Erster Bürgermeister.
Adolph John.

Zweiter Bürgermeister.
Martin Meyer.

Rechtskundige Magistratsräthe.
Sigmund v. Haller.
Julius Albinger.

Technischer Baurath.
Philipp Otto.

Bürgerliche Magistratsräthe.
Jacob Fleischauer, Erhard Segiß, Peter Voit, Leonh. Kieskalt, Leonhard Tauber, Pet. Junker, August Landmann, Phil. Farrenbacher, Georg Michael Fürtsch, Michael Fuchs.

Nürnberg.

Stadt-Commissär.
Franz Joseph Gottlieb Leopold Schrodt, Regierungsrath. (M3.)

Actuar.
Carl Friedrich Hausmann.

Erster Bürgermeister.
Maximilian von Wächter. (K3. M3. SEH3. WK3.)

Zweiter Bürgermeister.
Christoph Wilhelm Heinr. Alph. Seiler.

Rechtskundige Magistratsräthe.
Gottfried Haubenstricker.

Joh. Sigm. Carl Frhr. Haller von Hallerstein. (M3.)
Christian Friedr. Rud. Schwemmer.
Johann Marx.

Königl. Bezirks-Arzt.
Dr. Adalbert Küttlinger.

Technischer Baurath.
Bernh. Solger. (M3.)

Bürgerliche Magistratsräthe.
Johann Christoph Jahn, Ernst Schmidmer, Abbias Orth, Christian Harrer, Johann Jacob Link, Kraft Ernst Nusselt, Johann Georg Kugler (◯), Johann Georg Puscher, Ed. Bock, Heinr. Häberlein, Ernst Schäzler, Friedrich Schupf.

Dinkelsbühl.

Stadt-Commissär.
Georg Carl David von Merz, Bez.-Amtmann.

Bürgermeister.
Michael Schoberth.

Rechtskundiger Magistratsrath.

Bürgerliche Magistratsräthe.
Wilhelm Krafft, Aug. Kern, Carl Walther, Carl Seidelmann, Christian Metzger, Joseph Braun, Samson Henschel, Michael Gänßler.

Eichstädt.

Stadt-Commissär.
Alois Gerhager, Bezirksamtmann.

Bürgermeister.
Georg Fehlner.

Rechtskundiger Magistratsrath.
Carl Schneider.

Bürgerliche Magistratsräthe.
Anton Lanz, Ludwig Laurer, Michael Isermann, Ignaz Adam, Carl Biechele, Joseph Geiger, Jos. Wuhrer, Anton Einberger, Anton Lehner, Joseph Steger.

Rothenburg.
Stadt-Commissär.
Christoph Sigmund von Praun, Bez.-Amtmann.

Bürgermeister.
Georg Gottfried Scharff.

Rechtskundiger Magistratsrath.
Adolph Mayer.

Bürgerliche Magistratsräthe.
Conrad Reitel, Sebastian Leybold, Heinrich Lindner, Gottlieb Schmidt, Georg Mich. Günzler, Leonhard Wolff, Friedrich Münch, Albrecht Linder.

Schwabach.
Stadt-Commissär.
Carl Eduard v. Hartlieb, Bezirksamtmann, Kammerjunker. (M3.)

Bürgermeister.
Johann Friedrich Strobel.

Bürgerliche Magistratsräthe.
Jacob Wohlwend, Simon Stäbler, Georg Stadelmann, Hieron. Schmauser, Christian Berger, Andreas Schulze, Wolfgang Schleich, Ulrich Krauß.

Straf- u. Polizeianstalten.

Gefangenanstalt Lichtenau.
Rechnungsführer u. funktionirender Inspector: Friedrich Ludwig.
Rechnungsführer: Johann Michael Völkel.
Arzt: Dr. Denkler.

Polizeianstalt Rebdorf.
Inspector: Clemens Ehrensberger.
Rechnungsführer: Friedr. Schwender.
Arzt: Dr. Eduard Döberlein.

Erziehungsanstalt für verwahrloste jugendliche Personen zu Bruckberg.
Inspector: Joh. Daniel Klemm.

Kreis-Irrenanstalt Erlangen.
Oberarzt.
Dr. Friedrich Wilhelm Hagen.
Verwalter.
Johann Martin Gerber.

Administrationen der allgem. u. unmittelbaren Stiftungen.

In Ansbach.
Administrator: Heinrich Mayer.

In Eichstädt.
Administrator: Franz Xaver Obel.

Oberaufschlagamt.

Oberaufschlagsbeamter: Jos. Dietrich, k. Rath. (L.)
Controleur: Joseph Ludw. Haugk.

Filial-Zahl- und Stempelamt in Nürnberg.

Vorstand: Joh. Nep. Moser, mit dem Range eines k. Kreiscassa-Zahlmeisters.
Controlirender Officiant: Carl Oberhäuser.

Rentämter.

Altdorf.
Rentbeamter: Albert Forster.

Ansbach.
Rentbeamter: Leonhard Roth.

Beilngries.
Rentbeamter: Joh. Paul Zeischner.

Cadolzburg.
Rentbeamter: Peter Baumeister.

Colmberg.
Rentbeamter: Johann Christian Braun.

Dinkelsbühl.
Rentbeamter: Julius Brater.

Eichstädt.
Rentbeamter: Ludwig Schrauth. (M3.)

Erlangen.
Rentbeamter: Andreas Wilhelm Maurer.

Feuchtwangen.
Rentbeamter: Eduard Böhner.

Fürth.
Rentbeamter: Joh. Adam Götz.

Greding.
Rentbeamter: Sigmund Adolph von Unold.

Gunzenhausen.
Rentbeamter: Johann August Besold. (M3.)

Heidenheim.
Rentbeamter: Dr. Friedmann Rüttlinger.

Herrieden.
Rentbeamter: Adam Albrecht.

Hersbruck.
Rentbeamter: Emil Hilpert.

Iphofen.
Rentbeamter: Anton Conrad.

Kipfenberg.
Rentbeamter: Heinrich Buchner.

Markt Erlbach.
Rentbeamter: Georg Albert Kleemann.

Neustadt a. d. A.
Rentbeamter: Christoph Zöpfel.

Nürnberg.
Rentbeamter: Johann Frhr. v. Holzschuher-Harrlach, Kämmerer.

Rothenburg.
Rentbeamter: Max Meßmer.

Schwabach.
Rentbeamter: Joh. Bernh. Markert.

Spalt.
Rentbeamter: Leonh. Wegert.

Uffenheim.
Rentbeamter: Ferdin. Wucherer.

Wassertrüdingen.
Rentbeamter: Conrad Schneider.

Weißenburg.
Rentbeamter: J. Leonhard Ludw. Dengler.

Windsbach.
Rentbeamter: Joh. Bapt. Kulßl.

Windsheim.
Rentbeamter: Christoph C. Reichel.

Forstämter.

Ansbach.
Forstmeister.
Carl Frhr. v. Pechmann, Kammerjunker.

Revierförster.
Zu Ansbach: Benedict Frhr. v. Freyberg, Kämmerer,
zu Colmberg: Alois Winkelbauer,
zu Flachslanden: Theodor Uebeleisen,
zu Heilsbronn: Wilh. Heim,
zu Lichtenau: Georg Wolfgang Flechsel,
zu Schalkhausen: Gust. Eduard Meißner,
zu Triesdorf: Ant. Landmann,
zu Weißenzell: Georg Reuschel.

Eichstädt.
Forstmeister.
Christ. Düll, (Titl. Forstinspector).

Revierförster.
Zu Breitenfurth: Adolph Scheidemantel,
zu Eichstädt: Jul. v. Cloßmann,
zu Hofstetten: Friedrich Kelber,
zu Schernfeld: Friedrich Späth,
zu Solnhofen: Friedrich Eckert.

Feuchtwangen.
Forstmeister.
Sigmund v. Praun.

Revierförster.
Zu Aurach: Ernst Wich,
zu Burk: Otto Lösch,
zu Dürrwangen: Friedr. Prager, (K⊙.)
zu Grimmschwinden: Carl Käuffer,
zu Sulz: Carl Wieland,
zu Weiltingen: Christ. Kroher,
zu Windelsbach: Friedrich Pausch.

Greding (zu Eichstädt.)
Forstmeister.
Ludwig Jakobi.

Revierförster.
Zu Altdorf: Xaver Beck,
zu Beilngries: Gottlieb Freiherr v. Ebner,
zu Burggriesbach: Daniel Leykam,
zu Engering: Alois Schlecht,
zu Kipfenberg: Moritz Hammerschmidt,
zu Raitenbuch: Max Ditt,
zu Rapperzell: Joseph Kramer,
zu Stauf: Franz Alois Heym.

Gunzenhausen.
Forstmeister.
Rudolph Frhr. v. Berchem.

Revierförster.
Zu Absberg: Wilh. Griesmayer,
zu Auernheim: Gustav Meyer,

zu Gunzenhausen: Georg Rabus,
zu Heidenheim: Aug. Zöller,
zu Lellenfeld: Jos. Offinger,
zu Lindenbühl: Alexander Rein,
zu Petersgmünd: Carl Frhr. v. Tröltsch,
zu Treuchtlingen: Carl Brandt,
zu Weingarten: Wilh. Habermaier.

Ipsheim.
Forstmeister.
Wilhelm Frhr. v. Fellitzsch.
Revierförster.
Zu Hoheneck: Adolph Brügel,
zu Münchsteinach: Friedrich Uhl,
zu Neuhof: Gustav Schaller,
zu Uffenheim: Heinr. Bürger.
Communal-Revierförster.
Zu Hornber: Friedrich Plochmann,
zu Iphofen: Leonhard Körber,
zu Markt Bergel: Friedr. Model,
zu Markt Bibart: Gustav Rhau,
zu Neustadt a. d. A.: Adolph Strebel.

Laurenzi.
Forstmeister.
Eduard Frhr. v. Crailsheim. (M3.)
Revierförster.
Zu Altenfurth: Bernh. Häckel,
zu Eibach: Max v. Schedel (M4.),
zu Engelthal: Herrmann Seiz,
zu Feucht: August Wilh. Zahn,
zu Fischbach: Andreas Singer,
zu Forsthof: Aug. v. Spruner,
zu Kammerstein: Friedrich Meyer,
zu Laufamholz: Christian Wanderer,
zu Lichtenhof: Friedrich Frhr. v. Löffelholz-Colberg,
zu Prunn: Gustav Roth,
zu Röthenbach: Franz Weiglein,
zu Schwand: Friedr. Engelhardt,
zu Ungelstetten: Georg Aufhammer,
zu Unterferrieden: Ernst Schlupper,
zu Wendelstein: Carl Fleischer. (K⊙.)

Sebaldi.
Forstmeister.
Carl Wilh. Griesmayer. (M3.)
Revierförster.
Zu Behringersdorf: Carl Strauß,
zu Cadolzburg: Friedr. Wilhelm Bösbier,
zu Dormitz: — —
zu Herrnhütten: Ferd. v. Oelhafen,
zu Kleingscheid: Christian Popp,
zu Kraftshof: Friedr. Frhr. Haller v. Hallerstein,
zu Neuhof: Friedrich Freiherr v. Schirnding,
zu Puckenhof: Georg Killinger,
zu Schnaittach: Herm. Kühlwein,
zu Tennenlohe: August Fuchs.

Baubehörden.
Ansbach.
Baubeamter: Adam Becker.
Dinkelsbühl.
Baubeamter: Joseph Wöhrle.
Eichstädt.
Baubeamter: Anton Schreyer.

Erlangen.
Baubeamter: Ludwig Fries.
Gunzenhausen.
Baubeamter: Gustav Renner.
Neustadt a. A.
Baubeamter: Ludwig Alphons Kohler.
Nürnberg.
Baubeamter: Johann Haußer.
Rothenburg.
Baubeamter: Philipp Washeim.
Schwabach.
Baubeamter: August Rothgangel.
Weißenburg.
Baubeamter: Wilhelm Langenfaß.

Brandversicherungs-Inspectoren.
Ansbach.
Albr. Ritter Merz von Quirnheim.
Eichstädt.
Edmund Benschlag.
Nürnberg.
Christoph Ellersdorfer.
Windsheim.
Carl Esper.

Kreishilfscasse.
Rendant.
Joseph Brendel. (K⊙.)

VII. Unterfranken und Aschaffenburg.

Kreis-Stellen.
Regierung.
(Sitz: Würzburg.)

Präsident:
Se. Excellenz Friedrich Freiherr v. Zu Rhein, Kämmerer, Staatsrath im außerordentl. Dienste, Reichsrath. (K2a. M2a. OL 2. RU1.)

A. Kammer des Innern.

Director.
Franz v. Greßer. (K3. M3.)

Räthe.
Dr. Carl Schmidt, Kreis-Medicinal-Rath. (M3. RSt2.)
Friedrich Haider, Kreisbaurath. (M3. L.)
Stephan Frhr. v. Leonrod, Kämmerer. (M3.)
Georg Wilhelm Kahr. (M3.)
Winfried Hörmann v. Hörbach.
Ludw. Albert Frhr. v. Gumppenberg, Kämmerer. (M3.)
Georg Henner. (M3.)
Anton Messerer.

Assessoren.
Philipp Heckenlauer.
Christian Knorr.
Heinrich Frhr. v. Stengel.
Lorenz Braunwart.

Registratoren.
Franz Burger, Ignaz Lembach.

Rechnungscommissäre.
Joseph Ingenbrand, Joh. Georg Hemmerich, Wilhelm Kühnreich, Franz Jos. Weinkammer.

Rechnungscommissär für die Brandversicherungs-Anstalt.
Wilhelm Heymüller.

Kreis-Scholarchat.
Dr. C. Friedrich Wilhelm Fabri, Kirchenrath, Decan und Stadtpfarrer in Würzburg. (M3.)
Dr. Georg Joseph Götz, Domdechant. (M3.)
Dr. Johann Georg Weidmann, Hofrath, Professor und Rector an der Studienanstalt zu Würzburg. (M3.)
Dr. Gottlieb Flatz, Domcapitular. (M3.)

Ersatzmann.
Dr. Franz Xaver Himmelstein, Domcapitular und Dompfarrer.

Kreis-Medicinalausschuß.
Vorstand.
Dr. Carl Schmidt, Kreismedicinalrath. (M3. RSt2.)

Mitglieder.
Dr. Friedrich Adolph Schmidt, ordentl. Universitäts-Professor.
Dr. Carl Textor, außerordentlicher Universitäts-Professor.
Dr. August Vogt, Bezirksgerichtsarzt.

Dr. Johann Baptist Schmidt, Repetitor der Hebammenschule, k. Professor.
Dr. Ferdinand Schubert, Privatdozent.

— — —

Kreis-Baubehörde.
Kreisbaurath.
Friedrich Haider (M3. L.)

Kreisbaubeamte.
Für das Ingenieur-Fach:
Franz Thelemann.

Für das Landbau-Fach:
Bernhard Joseph Hermann Mack.
Friedrich Reuß.

B. Kammer der Finanzen.
Director.
Dr. Max Jos. Gerstner. (M3.)

Räthe.
Joseph Mördes, Kreisforstrath. (M3.)
Gustav Bever. (M3.)
Carl Forster.
Carl Engerer, Fiscalrath.
Dr. Ehrenfried Pfeiffer.
Dionys Reßler.
Hugo Vetter.

Assessoren.
Georg Schmitt, Forstmeister.
Joseph Bär, Forstmeister.
Ferdinand Landgraf.
Ferdinand Frhr. von Raesfeldt, Fiscaladjunct.
Carl Welle.

Registratoren.
Adam Adelmann, Alois Zipprich.

Rechnungscommissäre.
Friedrich Wilhelm Moritz Krieg, Georg Aquilin Schmitt, Martin Röder, Bernhard Keller, Ferdinand Hedenus, Jacob Kiefer, Jul. Harlander, Jos. Ummler.

Obergeometer.
Johann Lorenz Gareis.

Secretariat beider Kammern.
Secretäre.
Casimir König, Carl Knaub, Carl Schmitt, August Zauner, Simon Mees.

Kanzlisten.
Joh. Heinr. Dauch, Philipp Jos. Sauer, Erhard Feghelm.

Kreiscasse.
Cassier.
Joseph Hipp.

Controleur.
Joseph v. Leistner.

Zahlmeister.
Theodor Hauser.

Officianten.
Christoph Bürger.
Johann Apetz.

Appellations-Gericht.
(Zu Aschaffenburg.)
Präsident.
Ferdinand v. Papius. (K2b. M2b.)

Directoren.
August von Petersen. (K3. M3.)
Joh. Bapt. Meißner. (M3.)

Räthe.
Jacob Hoch.
Wilhelm Gottlob Laubmann.
Anton Köhler.
Adam Epplen.
Joseph Schipp.
Carl Frhr. v. Cunibert, Kämmerer.
Joseph Schmitt.
Dr. Philipp Höfling.
Friedrich Thelemann.
Heinrich Joseph Wagner.
Wilhelm Wolf.
Carl Hofmann.

Assessoren.
Friedrich Hofmann.
Dr. Carl Wagner.
Wilhelm Braun.
Carl Hocheber.

Staatsanwälte.
Oberstaatsanwalt: Friedrich Helfreich.
II. Staatsanwalt: Otto Seel, mit dem Range eines Appellations-Gerichtsrathes.

Secretäre.
Carl Michael Meißner, Michael Steinacher, Georg Philipp Pollich, Friedrich Heydrich.

Expeditor (extra statum.)
Johann Mießling.

Registratoren (extra statum.)
Christoph Märkel, Valent. Kauffmann.

Kanzlisten (extra statum.)
Clem. Mähler, Anselm Maier.

Kreisbehörden.
Bezirksgericht Aschaffenburg.
Director.
Joseph Weber.

Räthe.
Maximilian Napoleon Eckl.
Carl Kurz.
Franz Englert.
Anton Gerlach.
Joseph Rüdiger.
Franz Heßler.

Assessoren.
Friedrich Reuter.
Gustav Prechtlein.

Staatsanwälte.
I. Joseph Mehling.
II. Friedrich Petersen.

Secretäre.
Leo Greb, Franz Steigerwald, Georg Leonhard Schäfer.

Schreiber (extra statum.)
Joh. Ant. Haus, Anton Elsäßer, Carl Elbert.

Handelsgericht Aschaffenburg.
Vorstand.
Joseph Weber, zugleich Bezirksgerichts-Director.

Räthe:
Carl Kurz,

zugleich Bezirksgerichts-Räthe.

Handelsgerichts-Assessoren.
Moriz Anton Vetter, Fabrikant.
Alois Carl Dessauer, Fabrikant.

Ergänzungsrichter.
Carl Krebs, Buchhändler.
J. F. Trockenbrodt, Kaufmann.

Bezirksgericht Lohr.
Director.
Ignaz Reichert. (M3.)

Räthe.
Franz Joseph Reuschel.
Jos. Anton Rinecker.
Ferdinand August Kaspar Wöhrniß.
Wilhelm Gottfried.
Johann Baptist Vollert.

Assessoren.
Otto Behr.
Theodor Burckhardt.
Carl Oegg.

Staatsanwalt.
Stephan Rübel.

Secretäre.
Johann Michael Krieger, Otto Rein, Nicolaus Fischer.

Bezirksgericht Neustadt a. d. S.
Director.
Conrad Hofmann.

Räthe.
Theodor Vollmuth.
Johann Baptist Fasching.
Johann Theodor Miltner.
Andreas Endres.
Friedrich Kiliani.

Assessoren.
Nicolaus Röder.
Alois Krieger.
Adolph Merkel.

Staatsanwalt.
Johann Wilhelm Oppelt.

Secretäre.
Conrad Schum, August Kirchgessner, Jos. Paur.

Schreiber (extra statum.)
Friedr. Carl Rapp, Mathias Friedl.

Bezirksgericht Schweinfurt.

Director.
Friedrich Adolph Kahl. (M3.)

Räthe.
Georg Friedrich Güth.
Dr. Lorenz Gottschalk.
Philipp Ernst Schneider.
Joh. Conrad Lorenz Gechter.
Wilhelm Carl Schattenmann.
Carl Ludwig Fischer.
Georg Pfeufer.
Ludwig August Bibel.

Assessoren.
Michael Hammelbacher.
Angelus Röder.
Rudolph Braungart.

Staatsanwälte.
I. Friedrich Geißmann mit dem Range eines Appell.-Gerichts-Rathes.
II. Burkard Collasowitz.

Secretäre.
Ferdinand Götzelmann, Joh. Michael Eisenhut, Heinrich Möller, Franz Juy, Friedr. Scherer.

Schreiber (extra statum.)
Carl Christoph Degner.

Handelsgericht Schweinfurt.

Vorstand.
Friedrich Kahl, Bezirksgerichts-Director.

Räthe.
Johann Conrad L. Gechter,
Ludwig August Bibel.
zugleich Bezirksgerichts-Räthe.

Handelsgerichts-Assessoren.
Max Ebenauer, Spinnereibesitzer. (M4.)
Friedrich Müller, Großhändler.

Ergänzungsrichter.
Gustav Graf, Fabrikant,
Friedrich Walther, Kaufmann,

Bezirksgericht Würzburg.

Director.
Johann Baptist Büttner.

Räthe.
August Fritscher.
Bernhard Horn.

Dr. Heinrich Carl Kurz.
Conrad Ruppert.
Gottlieb Herold.
Ludwig Haus.
Carl August Wilhelm Bruder.
Friedrich Schwab.
Philipp Häcker.
Friedrich v. Segnitz.

Assessoren.
Adolph Dotterweich.
Constantin Sibin.
Wilhelm Weigel.

Staatsanwälte.
I. Friedrich Zinn.
II. Philipp Otto Endres.

Secretäre.
Michael Reisert, Conrad Rumpsler, Georg Michael Lehl, Joseph Heßler, Carl Theodor Kliem, Edmund Scherer.

Registrator (extra statum).
Johann Wolfgang Eber.

Handelsgericht Würzburg.
Vorstand.
Johann Bapt. Büttner, Bezirksgerichts-Director.

Räthe.
Gottlieb Herold.
Ludwig Haus.
zugleich Bezirksgerichts-Räthe.

Assessoren aus dem Handelsstande.
Gregor Oehninger, Banquier. (PGZ).
Joseph Bolongaro-Crevenna, Fabrikant. (M3.)

Ergänzungsrichter.
Carl Möller, Großhändler.
Franz Broill, Kaufmann.
Carl Anton Rinzinger, Kaufmann.
Albin Herold, Kaufmann.

Stadtgerichte, Stadt- und Landgerichte u. Landgerichte.

Im Bezirke Aschaffenburg.

Stadtgericht Aschaffenburg.
Stadtrichter:
Georg Johann Weber.

Assessor:
Heinrich Weippert.

Gerichtschreiber:
Tobias Fröhlich.

Landgerichte.
Alzenau.
Landrichter: Anton Kopp.
Gerichtschreiber: Georg Kaufmann.

Amorbach.
Landrichter: Joseph Hartig.
Gerichtschreiber: Eduard Ammon.

Aschaffenburg.
Landrichter: Franz Schmitt.
Assessor: Carl Maier.
Gerichtschreiber: Johann Diegel.

Klingenberg.
Landrichter: Georg Molitor.
Assessor: Joseph Mangold.
Gerichtschreiber: Max Joseph Willacker.

Miltenberg.
Landrichter: Theodor Bauer.

Assessor: Sebastian Mark.
Gerichtschreiber: Franz Xaver Dürwanger.

Obernburg.
Landrichter: Joh. Nepom. Stoß.
Assessor: Leonh. Frhr. v. Stein.
Gerichtschreiber: Eberhard Holl.

Rothenbuch.
Landrichter: Ignaz Franz Mack.
Assessor: Christian Müller.
Gerichtschreiber: Joh. Nep. Hofstetter.

Schöllkrippen.
Landrichter: Georg Anton Grimm.
Assessor: Edu. Friedr. Rottmann.
Gerichtschreiber: Carl Ruppert.

Stadtprozelten.
Landrichter: Carl Kees.
Assessor: Monz Joseph.
Gerichtschreiber: Franz Xaver Buck.

Im Bezirke Lohr.
Landgerichte.
Brückenau.
Landrichter: Carl Röhrig.
Assessor: Friedrich Bohlig.
Gerichtschreiber: Joh. Mauritius Nies.

Euerdorf.
Landrichter: Paul Eberhard Lautenbacher.
Gerichtschreiber: Philibert Tholmann.

Gemünden.
Landrichter: Adam August Rathgeber.
Assessor: Franz Straub.
Gerichtschreiber: Joseph Wißel.

Hammelburg.
Landrichter: Georg Edel.
Assessor: Wilh. Leopold Plessinger.
Gerichtschreiber: Philipp Jacob Frisch.

Karlstadt.
Landrichter: Friedrich Matthäus Mann.
Assessor: Conrad Kauper
Gerichtschreiber: Carl Obenhuber.

Lohr.
Landrichter: Franz Wiesner.
Assessor: Franz Scheder.
Gerichtschreiber: Johann Georg Knab.

Marktheidenfeld.
Landrichter: Dominicus Becker.
Assessor: Philipp Mollitor.
Gerichtschreiber: Michael Mantel.

Orb.
Landrichter: Maximilian Bauer.
Assessor: Leonhard Lauma.
Gerichtschreiber: Adolph Schneeweiß.

Rothenfels.
Landrichter: Nicolaus Geiger.
Assessor: Melchior Franz.
Gerichtschreiber: Joh. Wolfgang Rieß.

Im Bezirke Neustadt a. d. S.
Landgerichte.
Bischofsheim.
Landrichter: Joh. Bapt. Kiesper.
Gerichtschreiber: Anton Seller.

Hilders.
Landrichter: Kilian Küttenbaum.

Assessor: Michael Schmitt.
Gerichtsschreiber: Heinrich Stahl.

Kissingen.
Landrichter: Andreas Debon.
Assessor: Carl Friedr. Waldemar v. Baumer.
Gerichtsschreiber: Conrad Bauer.

Königshofen.
Landrichter: Gustav v. Herrlein.
Assessor: Anton Volkard.
Gerichtsschreiber: Joseph Meisner.

Mellrichstadt.
Landrichter: Daniel Trabert.
Assessor: Carl Zoll.
Gerichtsschreiber: Ernst Preu.

Münnerstadt.
Landrichter: Philipp Koch.
Assessor: Dr. Heinrich Michael Och.
Gerichtschreiber: Johann Geis.

Neustadt a. d. S.
Landrichter: Richard Breyer.
Assessor: Michael Bayer.
Gerichtsschreiber: Johann Georg Ehrlinger.

Weihers.
Landrichter: Joseph Blum.
Assessor: Georg Carl Stöckel.
Gerichtsschreiber: Alois Bauer.

Im Bezirke Schweinfurt.
Stadtgericht Schweinfurt.
Stadtrichter.
Martin Schmitt.

Assessor: Leopold Eck.
Gerichtsschreiber: Martin Herzog.

Landgerichte.
Arnstein.
Landrichter: Franz Xaver Mayer.
Assessor: Franz Valentin Plettner.
Gerichtsschreiber: Joseph Stoll.

Baunach.
Landrichter: Wilhelm Schubert.
Gerichtschreiber: Christian Hackel.

Ebern.
Landrichter: Franz Carl Mann.
Assessor Joseph Krämer.
Gerichtsschreiber: Peter Rebhan.

Eltmann.
Landrichter: Alois Richard Böhm.
Assessor: Ludwig Müller.
Gerichtsschreiber: Franz Schafsteck.

Gerolzhofen.
Landrichter: Adam Vogel.
Assessor: Franz Kappler.
Gerichtsschreiber: Georg Johann Heusinger.

Haßfurt.
Landrichter: Stephan Gerber.
Assessor: Joseph Ziegler.
Gerichtsschreiber: Franz Herbert.

Hofheim.
Landrichter: Anton Schultheis.
Assessor: Georg Reißert.
Gerichtsschreiber: Ernst Christian Franz Unger.

Schweinfurt.
Landrichter: Ludwig Franz.
Assessor: Heinrich Adolph Bucher.
Gerichtsschreiber: Carl Christian Linpert.

Volkach.
Landrichter: Heinrich Royackers.
Assessor: Michael Wüst.
Gerichtsschreiber: Joh. Sauter.

Werneck.
Landrichter: Jacob Huler.
Assessor: Alexander Reinhardt.
Gerichtsschreiber: Michael Freund.

Wiesentheid.
Landrichter: Christian Reuß.
Gerichtsschreiber: Christ. Friedrich Erb.

Im Bezirke Würzburg.

Stadtgericht Würzburg.
Stadtrichter:
Ignaz Ungemach,
Franz Barthelme,
Carl Rein.

Assessoren:
Peter Eduard Demper,
Martin Kitzing,
Joseph Müller.

Gerichtsschreiber:
Martin Goll, Leonhard Schmerl, Friedrich Wilh. Reichenbecher, Joh. Georg Baumüller.

Landgerichte:

Aub.
Landrichter: Franz Stöckel.
Assessor: Franz Carl Jäger.
Gerichtsschreiber: Anton Steigerwald.

Dettelbach.
Landrichter: Joh. Georg Steinbach.
Assessor: Philipp Roßbach.
Gerichtsschreiber: Friedrich Wilhelm Kellermann.

Kitzingen.
Landrichter: Adam Hahn.
Assessor: Wilhelm Carben.
Gerichtsschreiber: Johann Paul Küffner.

Marktbreit.
Landrichter: Philipp Friedrich Wilhelm Eisenbeiß.
Gerichtsschreiber: Leonhard Herrmann.

Ochsenfurt.
Landrichter: Philipp Gerlach.
Assessor: Christian Münch.
Gerichtsschreiber: Johann Mathias Brechtelsbauer.

Würzburg l. d. M.
Landrichter: Peter Joseph Weigand.
Assessor: Heinrich Streit.
Gerichtsschreiber: Joh. Michael Dörsler.

Würzburg r. d. M.
Landrichter: Nicolaus Schmidt.
Assessor: Leopold Scherer.
Gerichtsschreiber: Carl Andreä.

Bezirksämter.

Alzenau.
Bez.-Amtmann: Marcus Vervier.
Bez.-A.-Assessor: Jos. Derleth.

Aschaffenburg.
Bez.-Amtmann: Carl Aug. Wilh. Fikenscher.
Bez.-A.-Assessoren: Joseph Kopp, Carl Wagner.

Brückenau.
Bez.-Amtmann: Carl v. Burchtorff. (RSt3.)
Bez.-A.-Assessor: Frdr. Haider.

Ebern.
Bez.-Amtmann: Wilh. Heinrich Körbitz.
Bez.-A.-Assessor: Gregor Mayer.

Gemünden.
Bez.-Amtmann: Herm. Treppner.
Bez.-A.-Assessor: Joseph Krämer.
Exponirter Bez.-A.-Assessor in Orb: Thomas Hauck.

Gerolzhofen.
Bez.-Amtmann: Franz Joseph Böckler.
Bez.-A.-Assessor: Joh. Barthol. Gleubler.

Gersfeld.
Bez.-Amtmann: Matthäus Gerl.
Bez.-A.-Assessor: Alex. Lampert.

Hammelburg.
Bez.-Amtmann: Franz v. Paula Moser.
Bez.-A.-Assessor: Conrad Müller.

Haßfurt.
Bez.-Amtmann: Kilian Hauck. (M3.)
Bez.-A.-Assessor: Euchar Albrecht Schalk.

Karlstadt.
Bez.-Amtmann: Aug. Widenmann.

Bez.-A.-Assessor: Franz Weingärtner.

Kissingen.
Bez.-Amtmann: — — —
Bez.-A.-Assessor: Joseph Pfaff.

Kitzingen.
Bez.-Amtmann: Friedrich Aug. Ploner. (M3.)
Bez.-A.-Assessor: Georg Ullrich.

Königshofen.
Bez.-Amtmann: Carl Brennfleck.
Bez.-A.-Assessor: Gustav Asmuth.

Lohr.
Bez.-Amtmann: Ferdin. Otto Nickels.
Bez.-A.-Assessor: Aug. Anselm.

Marktheidenfeld.
Bez.-Amtmann: Matthäus Täubler.
Bez.-A.-Assessor: Dr. Leonhard Vogler.

Mellrichstadt.
Bez.-Amtmann: Adam Streitl.
Bez.-A.-Assessor: Georg Fleischmann.

Miltenberg.
Bez.-Amtmann: Johann Franz Weidner. (M3.)
Bez.-A.-Assessor: Jos. Mehltretter.

Neustadt a. d. S.
Bez.-Amtmann: Leonh. Geigel.
Bez.-A.-Assessor: Carl Aug. Volkheimer.

Obernburg.
Bez.-Amtmann: Carl Göbel.
Bez.-A.-Assessor: Jos. Kittel.

Ochsenfurt.
Bez.-Amtmann: Philipp Heldrich. (M3.)
Bez.-A.-Assessor: Peter Stenger.

Schweinfurt.
Bez.-Amtmann: Peter Meyer.
Bez.-A.-Assessor: Caspar Schneider.

Volkach.
Bez.-Amtmann: Carl Caspar Ammersbacher.
Bez.-A.-Assessor: Gregor Vogel.

Würzburg.
Bez.-Amtmann: Anton Weigand.
Bez.-A.-Assessoren: Max v. Weinbach, Kämmerjunker, Carl Hauck.

Bezirksgerichts- u. Bezirks-Aerzte.

I. Bezirksgerichts-Aerzte.

Aschaffenburg: Dr. Joseph Oegg, zugleich für das Stadtgericht Aschaffenburg.

Lohr: Dr. Johann Joseph Goy, zugleich Bezirksarzt I. Classe für das Bezirksamt (Landgericht) Lohr.

Neustadt a. S.: Dr. Mich. Alois Mayer, zugleich Bezirksarzt I. Cl. f. d. Bez.-Amt (Landgericht) Neustadt a. S.

Schweinfurt: Dr. Carl Merk, zugleich für das Stadtgericht Schweinfurt.

Würzburg: Dr. Friedrich August Vogt, zugl. für d. Stadtgericht Würzburg.

II. Bezirks-Aerzte.

A. Erster Classe.

Alzenau: Dr. Hermann Metz.

Aschaffenburg: Dr. Jos. Michael Fuchs, zugl. für b. Verwaltungsbezirk der Stadt Aschaffenburg.

Ebern: Dr. Joh. Adam Seuffert. (GE5.)

Brückenau: Dr. Johann Michael Riegel. (RSt3.)

Gemünden: Dr. Otto Schröder.

Gerolzhofen: Dr. Viktor Unbr. Keller.

Gersfeld: Dr. Martin Jos. Mörschell, zugl. f. d. Bezirksamt Gersfeld u. das Landgericht Weyhers.

Hammelburg: Dr. Johann Adam Kamm.

Haßfurt: Dr. Franz Bauer.

Karlstadt: Dr. Jacob Schech.

Kissingen: Dr. Dan. Friedr. Erhard, Hofrath (M3.)

Kitzingen: Dr. Michael Henke.

Königshofen: Dr. Carl Medicus.

Marktheidenfeld: Dr. Paul Herzog.

Mellrichstadt: Dr. Leonh. Zahner.

Miltenberg: Dr. Joseph Zöllner.

Obernburg: Dr. Johann Fuchs.

Ochsenfurt: Dr. Gustav Mayer.

Schweinfurt: Dr. Friedr. Christ. Graf, zugl. für den Verwaltungsbezirk d. Stadt Schweinfurt.

Volkach: Dr. Joh. Ferd. Rheinisch.

Würzburg: Dr. Hermann Sinner, zugl. für das Bezirksamt und b. Landger. Würzburg a. r. M.

B. Zweiter Classe:

Amorbach: Dr. Joh. Ferd. Flessa.
Arnstein: Dr. Gallus Nickels.
Aub: —
Bannach: Dr. Joseph Faulhaber.
Bischofsheim: Dr. Wilh. Weidenbusch.
Dettelbach: Dr. Carl Ludw. Zinn.
Eltmann: Dr. Carl Christian Fischer.
Euerdorf: Dr. Nicolaus Albert.
Hilders: Dr. Franz Christ. Schmidt.
Hofheim: Dr. Michael Eugen Goy.
Klingenberg: Dr. Ludwig Heffner.
Marktbreit: Dr. Franz Ant. Weber.
Münnerstadt: Dr. Franz Michael Riegel.
Orb: Dr. Joseph Huth.
Rothenbuch: Dr. Franz Ludwig Oefelein.
Rothenfels: Dr. Franz Spegg.
Schöllkrippen: Dr. Andreas Weisensee.
Stadtprozelten: Dr. Ludwig Döring.
Werneck: Dr. Mich. Adam Katzenberger.
Wiesentheid: Dr. Eugen Stumpf.
Würzburg: Dr. Christoph Klinger für den Verwaltungsbezirk der Stadt Würzburg.
Würzburg: Dr. Philipp Hindernacht für das Landgericht Würzburg l. M.

Zuchthaus Würzburg.

Inspector: Friedr. Carl Rupprecht.
Arzt: Dr. Christoph Klinger, Bezirksarzt.

Oberpflegamt des Juliushospitals zu Würzburg.

Oberpfleger.
Dr. Johann Baptist Seuffert.

Erster Pfleger und Pfarrer.
Johann Michael Beringer.

Hauptcassier, zugleich zweiter Pfleger.
Anton Bohr.

Registrator.
Ernst Huband.

Actuar.
Friedrich Eder.

Rechtsconsulent.
———

Oberärzte.
Dr. Heinrich Bamberger, Universitätsprofessor. (M3. HL3a.)
Dr. Wenzel Linhart, Universitätsprofessor. (M3.)

K. Hofspitalstiftung zu Würzburg.

Verwalter.
Georg Fey.

Waisenhausstiftung in Würzburg.

Verwalter.
Georg Fey.

Damenstift zu St. Anna in Würzburg.

Rentbeamter.
Anton Klett.

Kreis-Irrenanstalt zu Werneck.
Oberarzt.
Dr. Bernhard Gudden.
Verwalter.
Ferdinand August Gößell.

Kreis-Entbindungsanstalt zu Würzburg.
Vorstand.
Dr. Friedr. Wilh. v. Scanzoni, Geheimer Rath und Universitätsprofessor. (K3. M3. HP2b. RU2. SM3.)
Assistent.
Dr. Joh. Bapt. Schmidt, Repetitor der Hebammenschule und k. Professor.
Verwalter.
Carl Dorner.

Badcommissariate.
Kissingen.
Commissär.
Friedrich Graf v. Luxburg, Kämmerer, Bez.-Amtmann. (GE3. RU2. WF2b.)
Brunnenarzt.
Dr. Daniel Friedr. Erhard, Bez.-Arzt I. Cl. Hofrath. (M3.)
Inspector.
Dr. Carl Joseph Pfriem.

Brückenau.
Commissär.
Carl v. Burchtorff, Bez.-Amtmann. (RSt3.)

Brunnenarzt.
Dr. Michael Riegel, Bez.-Arzt I. Cl. (RSt3.)
Inspector.
Johann Baptist Gilgen, (funct.).

Stadtcommissariate u. der k. Kreisregierung unmittelbar untergeordnete Magistrate.
Würzburg.
Stadt-Commissär.
Stephan Frhr. v. Leonrod, Kämmerer, Reg.-Rath. (M3.)
Officiant.
Andreas Vießmann.
Erster rechtskundiger Bürgermeister.
Jacob Hopfenstätter.
Zweiter rechtskundiger Bürgermeister.
Carl Fey.
Technischer Baurath.
Joseph Scherpf. (M4.)
Rechtskundige Magistratsräthe.
Dr. Joseph Roßbach.
Caspar Luß.
Georg Schackert.
Bürgerliche Magistratsräthe.
Ferdinand Göbel, Valentin Wickenmaper, Franz Broili, Dr. Leofried Adelmann (M3.), Heinrich Schlerlinger, Alexander Sippel, Heinrich Schürer, Jacob Metzger, Joseph Wachter, Philipp Seuffert.

Aschaffenburg.
Stadt-Commissär.
Carl Aug. Wilh. Fikenscher, Bez.-Amtmann.
Officiant.
Carl Schäffer.

Bürgermeister.
Adalbert v. Herrlein.
Rechtskundiger Magistratsrath.
Friedrich Müller.
Bürgerliche Magistratsräthe.
Franz Kittel, Friedrich Ernst, Moriz Vetter, Georg Proß, Michael Joachimi, Franz Martin Weber, Melchior Kaufmann, Joh. Mart. Steigerwald.

Schweinfurt.
Stadtcommissär.
Peter Meyer, Bez.-Amtmann.
Bürgermeister.
Friedr. Schultes. (M3.)
Rechtskundiger Magistratsrath.

———

Bürgerliche Magistratsräthe.
Adam Umbach, Carl Friedrich Düsenberg (K⊙.), Paul Ad. Rosa (K⊙.), Heinrich Seelig, Moritz Fürst, Leonhard Degner, Ad. Pollich, Georg Scipio.

Wächterswinkler Pfarrei- und Schulstiftung.
Verwalter: Georg Fey.

Stiftsrentamt Aschaffenburg.
Stifts-Rentbeamter: Caspar Michael Martin. (M4.)

Oberaufschlagamt, zugleich Kreis-Stempel-Verlags-Amt.
Oberaufschlags-Beamter: Johann Christoph Carl Gebhard.
Controleur: Sebastian Carl Betzwieser.

Rentämter.
Amorbach.
Rentbeamter: Georg Albrecht Kühlmann.

Arnstein.
Rentbeamter: Carl Wilhelm Windisch.

Aschach.
Rentbeamter: Georg Engelhard.

Aschaffenburg. (Stadtrentamt).
Rentbeamter: Ignaz Lizius.

Aschaffenburg. (Landrentamt).
Rentbeamter: Heinr. Pöhlmann.

Bischofsheim.
Rentbeamter: Fr. Jac. Düring.

Brückenau.
Rentbeamter: Fr. X. Huber.

Dettelbach.
Rentbeamter: Mich. Jos. Schäffer.

Ebern.
Rentbeamter: Georg Mathias Eisenmann.

Euerdorf.
Rentbeamter: — —

Gemünden.
Rentbeamter: Georg Heinrich Wilhelm Voigt.

Gerolzhofen.
Rentbeamter: Jacob Krenig.

Hammelburg.
Rentbeamter: Daniel Feldhäuser.

Hilders.
Rentbeamter: Joseph Hellberg.

Hofheim.
Rentbeamter: Jos. Weidenbusch.

Karlstadt.
Rentbeamter: Herm. Binder.

Kitzingen.
Rentbeamter: Ludwig Eckert.

Klingenberg.
Rentbeamter: Heinr. Ludwig Fr. Nagler.

Königshofen.
Rentbeamter: Georg Ludw. Keyl.

Lengfurt.
Rentbeamter: Georg Scheubeck.

Lohr.
Rentbeamter: Peter Glonner.

Mellrichstadt.
Rentbeamter: Sigm. Purrucker.

Münnerstadt.
Rentbeamter: Joh. Adam Geyß.

Neustadt a. d. S.
Rentbeamter: Georg Hellberg.

Ochsenfurt.
Rentbeamter: Hermann Hoffmann.

Orb.
Rentbeamter: Carl Wackenreuder.

Röttingen.
Rentbeamter: Georg Anton Gutberlet.

Schweinfurt.
Rentbeamter: Friedr. Carl Kalbskopf.

Volkach.
Rentbeamter: Peter Sauer.

Werneck.
Rentbeamter: Christoph Hechtel.

Würzburg r. d. M.
Rentbeamter: Michael Joseph Derleth.

Würzburg l. d. M.
Rentbeamter: Ludwig Sartorius.

Würzburg (Stadt).
Rentbeamter: Heinrich Brenner.

Zeil.
Rentbeamter: Johann Adam Diß.

Besondere Rentämter.

Bräuhaus-Administration zu Würzburg.
Bräuhaus-Administrator: Georg Hofmann.

Forstämter.

Aschaffenburg.
Forstmeister.
Max Röttger. (M3.)

Revierförster.
Zu Hain: Joseph Mundorff,
zu Heinrichsthal: Alois Göhler,
zu Rothenbuch: Alexander Bang,
zu Sailauf: Johann Albert,
zu Schöllkrippen: Wilhelm Lucas,
zu Waldaschaff: Carl Grebert.

Communal-Revierförster.
Zu Aschaffenburg: Franz Schmitt,
zu Erlenbach: Friedrich Deßloch,
zu Großostheim: Friedrich Schüllermann.

zu Kleinostheim: Franz Busch,
zu Kleinwallstadt: Aug. Hofmann,
zu Oberbessenbach: Heinrich von Nagel,
zu Obernburg: Ludwig Friedrich,
zu Wasserlos: Albert Mantel.

Eichelsdorf.
Forstmeister.
Simon Beer.

Revierförster.
Zu Bramberg: Eduard Edel,
zu Bundorf: Johann Mantel,
zu Goßmannsdorf: Joh. Schlereth,
zu Maroldweisach: Eduard Hirsch,
zu Rottenstein: Wilhelm Elsner,
zu Vorbach: Ludwig Rascher.

Communal-Revierförster.
Zu Königshofen: Theodor Ley.

Eltmann.
Forstmeister.
Carl v. Herzog.

Revierförster.
Zu Baunach: Joh. Dolles,
zu Eltmann: Joseph Ditthorn,
zu Fabrik-Schleichach: Friedr. Götz,
zu Hundelshausen: Ferdinand Drescher,
zu Markertsgrün: Joseph Bergmann,
zu Neuhaus: Wendel. Hauerwaas,
zu Wustviel: Wilhelm Henke,
zu Zeil: Heinrich Bretthauer.

Hammelburg.
Forstmeister.
Peter Geiße. (M3. L.)

Revierförster.
Zu Büchold: Carl Reuß,
zu Euerdorf: Wilh. Mosthaff,
zu Geiersnest: Friedrich Düll,
zu Hassenbach: Adam Dotter,
zu Klaushof: Andreas Gambichler,
zu Neuwirthshaus: Friedrich Limpert,
zu Schönau: Sebastian Hofmann.

Communal-Revierförster.
Zu Hammelburg: Franz Molter.

Rothen.
Forstmeister.
Conrad Schnell.

Revierförster.
Zu Batten: Joseph Gaul,
zu Motten: Carl Englert,
zu Oberbach: Joh. Alois Lutz,
zu Römershag: Franz Roy,
zu Schmalnau: Wilh. Grob.

Lohr.
Forstmeister.
Sebastian Carben.

Revierförster.
Zu Frammersbach: Franz Rothenbücher, (K. L.)
zu Langenprozelten: Fr. Wilhelm Kempf,
zu Lohrerstraß: Fried. Carl Renner,
zu Partenstein: Joseph Endres,
zu Ruppertshütten: Friedrich Jacobi,
zu Wiesen: Val. Schmitt.

Communal-Revierförster.
Zu Anspach: Franz Kleespies,
zu Lohr: Carl Niedermayer,
zu Michelrieth: Franz Jos. Post.

Mainberg.
Forstmeister.
Carl Hofmann. (L.)
Revierförster.
Zu Hoppachshof: Ludw. Schurg,
zu Mainsondheim: Georg Dürig,
zu Oberschwarzach: Caspar Bausewein,
zu Reichmannshausen: Hubert Fürther, (L⊙.)
zu Reupelsdorf: Anton Müller,
zu Werneck: Joh. Schlott (K⊙).
Communal-Revierförster.
Zu Grettstadt: Wolfgang Utzuber.

Neustadt a. d. Saale.
Forstmeister.
August Wilhelm Ludwig Schmidt.
Revierförster.
Zu Bildhausen: Philipp Herzing,
zu Burgwallbach: Jac. Holzborn,
zu Fladungen: Joachim Molter,
zu Gefäll: Franz Kaiser,
zu Poppenlauer: Nicol. Vogt,
zu Schmalwasser: Philipp Fleckenstein,
zu Steinach: Franz Streit,
zu Wächterswinkel: Heinr. Ball.
Communal-Revierförster.
Zu Bischofsheim: Ludw. Sebald,
zu Mellrichstadt: Joseph Baumann.

Orb.
Forstmeister.
Friedrich Christian Schmidt.
Revierförster.
Zu Alsberg: Friedrich Kümmel,
zu Aura: Conrad Hauerwaas,
zu Burgjoß: Gottfr. Münich,
zu Kassel: Joh. Bapt. Keller.
Communal-Revierförster.
Zu Burgsinn: Herm. Schmitt,
zu Orb: Carl Vill,
zu Rieneck: Ludwig Kempf.

Stadtprozelten.
Forstmeister.
Gottfried Schäfer. (M3. L.)
Revierförster.
Zu Altenbuch: Wilh. Lamprecht,
zu Bischbrunn: Joseph Paulfranz, (K⊙.),
zu Krausenbach: Carl Koch,
zu Rohrbrunn: Franz Lotz.
Communal-Revierförster.
Zu Amorbach: Friedrich Müller,
zu Eichenbühl: Joh. Bapt. Wastl,
zu Kirchzell: Johann Geiße,
zu Kollenberg: Carl Bausewein,
zu Miltenberg: Carl Fuchs,
zu Röllbach: Jos. Ant. Rupp.

Würzburg.
Forstmeister.
Christoph Dittmann. (L.)
Revierförster.
Zu Binsfeld: Aug. Völker,
zu Grainschatz: Gottfried Winkler,
zu Höchberg: Heinrich Stahel,
zu Irtenberg: Carl Kauffmann,
zu Rimpar: Joh. Bapt. Weber,
zu Stalldorf: Franz Keller,
zu Waldbrunn: Christian Hofmann,
zu Zellingen: Sigmund Knoch.

Communal-Revierförster.

Zu Marktsteft: Val. Hauerwaas,
zu Neubrunn: Georg Dietz.

Baubehörden.
Aschaffenburg.
Baubeamter: Herm. Sodi. (M3).
Gemünden.
Baubeamter: Ferdinand Fleischmann.
Haßfurt.
Baubeamter: Georg Knochel.
Kissingen.
Baubeamter: Constantin Röser. (GE5.)
Königshofen.
Baubeamter: Cäsar Lang.
Lohr.
Baubeamter: Conrad Götz.
Miltenberg.
Baubeamter: Jacob Hartmann.
Neustadt a. S.
Baubeamter: Ludwig Raimer.
Ochsenfurt.
Baubeamter: Franz Wittmann.
Schweinfurt.
Baubeamter: Franz Müller jun.
Würzburg I.
Für das Ingenieur-Fach.
Baubeamter: Ludwig Spatz.
Würzburg II.
Für das Landbau-Fach.
Baubeamter: Michael Anton Hoch. (GE5.)

Brandversicherungs-Inspectoren.
Aschaffenburg.
Gabriel Hospes.
Kissingen.
Joseph Martin.
Schweinfurt.
Joseph Grundler.
Würzburg.
Carl Zelger.

Kreishilfscasse.
Rendant.
Ignaz Schirmer.

VIII. Schwaben und Neuburg.

Kreis-Stellen.
Regierung.
(Sitz Augsburg.)
Regierungs-Präsident.
Ernst Frhr. v. Lerchenfeld, Kämmerer. (K3. M2b. RSt2. SpF2a.)

A. Kammer des Innern.
Director.
Franz Joseph v. Brand. (K3. M2b.)
Räthe.
Dr. Conrad v. Haus, Kreis-Medizinalrath. (K3. M3.)

Dr. Jos. v. Ahorner. (K3. M3.)
Joseph v. Kolb. (M3.)
Julius Frhr. v. Seckendorff, Kämmerer. (M3.)
Wilhelm Heinrich Christian von Buchner. (M3. OL3.)
Johann Friedr. Wilh. Schegn.
Joseph Leinfelder. (M3.)
Jos. Maria Freiherr v. Gumppenberg-Pöttmes, Kämmerer u. Kreisbaurath. (M3. PRU4. WK3.)
Friedrich August Saile. (M3.)
Friedrich Ott.

Assessoren.
Friedr. Carl Ed. Maison.
Joseph Ferdinand v. Parseval, Kammerjunker.
Dr. Friedr. Christoph Schmid, k. Gerichtsarzt.

Registratoren.
Georg Simon Ehlich, Ludwig von Reisch.

Rechnungscommissäre.
Carl Ott, Joh. Leonhard Reck, Joseph Georg Strasser, Michael Führer.

Rechnungscommissär für die Brand-Versicherungs-Anstalt.
Johann Puz.

Kreis-Scholarchat.
Dr. Georg Caspar Mezger, Rector der protest. Studienanstalt zu St. Anna in Augsburg. (M.3.)
August Krauß, Senior und I. protestantischer Pfarrer zu St. Anna daselbst.
P. Mathäus Rauch, Rector der kathol. Studienanstalt zu St. Stephan in Augsburg.
Franz Xav. Bronnenmayer, Domcapitular.

Ersatzmänner.
Dr. Lorenz Graz, Domcapitular und Generalvicar. (M3.)
Andreas Büschl, k. Rath, Bezirks-Schulinspect. u. kathol. Stadtpfarrer bei St. Maximilian in Augsburg.

Kreis-Medicinalausschuß.
Vorstand.
Dr. Conrad v. Haus, Kreismedizinalrath. (K3. M3.)

Mitglieder.
Dr. Heinrich Max Brunner, Bezirksgerichtsarzt.
Dr. Max Carron du Val, praktisch. Arzt. (M4.)
Dr. Joh. Georg Hertel, praktischer Arzt.
Dr. Jos. Sprengler, prakt. Arzt.
Friedrich Wolfrum, Apotheker.
Theodor Adam, Veterinärarzt.

Kreis-Baubehörde.
Kreisbaurath.
Joseph Maria Frhr. v. Gumppenberg-Pöttmes, Kämmerer. (M3. PRU4. WK3.)

Kreisbaubeamte.
Für das Ingenieur-Fach:
Gustav Maier.

Für das Landbau-Fach:
Georg Frhr. v. Stengel.
Julius Moriz Degmaier.
Lorenz Hoffmann.

B. Kammer der Finanzen.
Director.
Ludwig Stetter, (M3.)

Räthe.

Johann Michael Lottner.
Carl Gerhäuser. (M3. L£3.)
August Frhr. v. Holzschuher.
Eduard Schamberg.
Joseph Paur, Kreisforstrath.
Ludwig v. Melzl, Fiscalrath.
Alois Gietl.

Assessoren.

Friedrich Wanderer, Forstmeister.
Edmund Wirschinger.

Registratoren.

Ludw. Cunradi, Michael Elgoni.

Rechnungscommissäre.

Friedr. Wilhelm Gärth, Joseph Heydolph, Ludwig Böhalmb, Johann Jenette, Franz Sartorius, Leonhard Mayer, Joseph Renner, Anton Hintermayer, Michael Hörger.

Obergeometer.

Julius Stabelmayer.

Secretariat beider Kammern.

Secretäre.

Georg Schauberger, Dionys Straßer, Carl Anton Faber, Max Stubenböck, Alexius Lipp.

Kanzlisten.

Johann Nep. Jacob (K☉), Joh. Chr. G. Höppel, Joh. Nep. Jungermayer.

Kreiscasse.

Kreis-Kassier.

Friedr. Kester.

Controleur.

Max Sonnenburg.

Zahlmeister.

Friedrich Alt.

Officianten.

Adolph Wisnet, Friedrich Bayer.

Appellationsgericht.

(Zu Neuburg).

Präsident.

Dr. Franz Anton v. Heigl. (K3. M2b.)

Directoren.

Carl Schrauth. (M3.)
Dr. Julius Knappe.

Räthe.

Sigm. v. Renner, Kämmerer.
Joseph Urban.
Ernst Sartorius.
Franz Carl Berchem.
Anton Frankl.
Carl Gutschneider.
Ernst Kleinschrod. (M3.)
Richard Westermayer.
Carl v. Clarmann.
Maximilian Grabner.
Joseph Rud. Stoiber.

Assessoren.

Alois Frhr. v. Haffenbrädl.
Joseph Ketterl.
Carl Friedrich Hertel.

Staatsanwälte.

Oberstaatsanwalt: Dr. Heinrich v. Wirschinger. (K3. M3.)
II. Staatsanwalt: Carl Steinle.

Secretäre.
Carl v. Kleßing, Eduard Kistenfeger, Georg Hahn, Max v. Valta, Joh. Gg. Berthold, Joh. Albrecht Backof.

Registrator (extra statum).
Joseph Leusner.

Kanzlist (extra statum.)
Franz Xaver Wiedemann.

Kreisbehörden.

Bezirksgericht Augsburg.

Director.
Gustav Hohenadel.

Räthe.
Heinrich Gareis.
Bernhard Hohenleitner.
Marcus Frhr. v. Schnurbein.
Theodor v. Huber-Liebenau.
Dr. Ernst Justus Bezold.
Dr. Eugen Schneider.
Johann Schwingsack.
Johann Baptist Köstler.
Gustav v. Bezold.
Ernst Flessa.

Assessoren.
August Wehner.
Jos. Theodor Carl Frhr. v. Castell.
Dr. Georg Zürn.

Staatsanwälte.
I. Johann Röckelein.
II. Franz Frhr. v. Stauffenberg.

Secretäre.
Friedrich v. Hartlieb, Heinrich Uhlmann, Franz Xaver Wieser, Nicolaus Schedel, Carl Grün, Carl Schönfelsel, Gustav Müller.

Registrator (extra statum).
Franz Dotzer.

Schreiber (extra statum).
Jacob Reisländer.

Handelsgericht Augsburg.

Vorstand.
Gustav Hohenadel,, Bezirksgerichts-Director.

Räthe.
Bernhard Hohenleitner,
Marcus Freiherr von Schnurbein, zugleich Bezirksgerichts-Räthe.

Handelsgerichtsassessoren.
Carl Theodor Sander, Fabrikant.
Johann Baptist Vigl, Fabrikant.

Ergänzungsrichter.
Carl Bauer, Banquier.
Moritz Forster, Fabrikant.
Albert Erzberger, Banquier.
Eduard Scheler, Großhändler.

Bezirksgericht Donauwörth.

Director.
Johann Georg Roth.

Räthe.
Melchior Scharf.
Joseph Alois Seitz.
Franz Xaver v. Wening.
Joseph Roldl.
Gustav Leimbach.
Michael Müller,
Adam Kolb.

Assessoren.
Nicolaus Frhr. v. Stengel.
Friedrich v. Böckh.
Sigmund Joseph Alexander von Killinger.

Staatsanwälte.
I. Max Freiherr von Eberz.
II. Anton Oberniedermayer.

Secretäre.
Johann Burkard Weber, Carl Koch, Carl Böck.

Bezirksgericht Kempten.

Director.
Johann Baptist Dirrigl.

Räthe.
Franz v. Clarmann.
Friedrich Hacker.
Hugo Sigmund.
Lorenz Ruffner.
Dr. Joseph Hugo Hurth.
Ludwig Gleichauf.

Assessoren.
Philipp von Ammon.
Carl Michahelles.
Dr. Anton Reber.

Staatsanwälte.
I. Friedrich August Abt, mit dem Range eines Appellationsgerichtsrathes.
II. Hermann Hacker.

Secretäre.
Anton Biersack, Nicolaus Kistler, Cosmas Reiner.

Handelsgericht Kempten.

Vorstand.
Johann Baptist Dirrigl, zugleich Bezirksgerichts-Director.

Räthe.
Hugo Sigmund,
Dr. J. Hugo Hurth,
zugleich Bezirksgerichts-Räthe.

Handelsgerichtsassessoren.
August Leipert, Kaufmann,
Otto Rist, Kaufmann,

Ergänzungsrichter.
Simon Kremser, Großhändler,
Stephan Ude, Großhändler.

Bezirksgericht Memmingen.

Director.
Wilhelm v. Langen.

Räthe.
Rudolph Lämminger.
Alois Wiedemann.
Wilhelm Behringer.
Andreas Riedl.
Franz Anton Wiesend.

Assessoren.
Friedrich Caspar Burger.
Clement Schieder.
Friedrich v. Hungerkhausen.

Staatsanwalt.
Adalbert Frhr. v. Pechmann.

Secretäre.
Raimund Hochenegger, Wilhelm Kalb, Carl Wolfring.

Schreiber (extra statum.)
Christian Friedrich August Fikenscher, Wolfgang Weiß.

Handelsgericht Memmingen.

Vorstand.
Wilhelm v. Langen, Bezirksgerichts-Director.

Räthe.
Rudolph Lämminger,
Wilhelm Behringer.
zugleich Bezirksgerichtsräthe.

Handelsgerichtsassessoren.
Friedrich Clauß, Kaufmann,
Friedrich Ehrhart, Kaufmann.

Ergänzungsrichter.
Adolph Keim, Großhändler,
Friedrich Arnold, Kaufmann.

Stadtgerichte, Stadt- u. Landgerichte und Landgerichte.

Im Bezirke Augsburg.

Stadtgericht Augsburg.

Stadtrichter:
Maximilian Krieger.
Ferdinand Schmid.
Carl Wilhelm Volkamer.

Assessoren.
Anton Friedrich.
August Ferd. Christian Rohmer.
Carl Kunstmann.
Jacob Reisenegger.

Gerichtsschreiber.
Peter Paulus, Joh. Conrad Munkert, Joseph Burger, Joseph Müller.

Landgerichte.

Augsburg.
Landrichter: Eduard Erlbeck.
Assessor: Joseph Kugler.
Gerichtsschreiber: Johann Bapt. Beßler.

Buchloe.
Landrichter: Carl Friedrich Teichlein.
Gerichtsschreiber: Franz Sales Volkart.

Burgau.
Landrichter: Arnold Freiherr v. Brück.
Assessor: Joh. Bapt. Schön.
Gerichtsschreiber: Friedr. Lengger.

Günzburg.
Landrichter: Johann Bapt. Dölzl.
Assessor: Carl Joseph Reischle.
Gerichtsschreiber: Ludw. Stettner.

Neu-Ulm.
Landrichter: Fr. Xav. Graf.
Assessor: Maximilian Beck.
Gerichtsschreiber: Georg Fink.

Schwabmünchen.
Landrichter: Anton Carl Martin.
Assessor: Gustav Adolph Christian Lettenmayer.
Gerichtsschreiber: Max Joseph Brunner.

Türkheim.
Landrichter: Friedrich Bernhuber.
Assessor: Ignaz Bäuerle.
Gerichtschreiber: Franz Xaver Wagenheimer.

Wertingen.
Landrichter: Joseph Gerstmayr.
Assessor: Rudolph Heinrich.
Gerichtschreiber: Alois Bäuerlein.

Zusmarshausen.
Landrichter: Wilhelm Enzensberger.
Assessor: Joseph Pickl.
Gerichtschreiber: Joseph Süß.

Im Bezirke Donauwörth.
Stadt- und Landgerichte.
Donauwörth.
Stadt- und Landrichter.
Franz Xaver Kurz.
Assessor.
Caspar Jung.
Gerichtschreiber.
Mathias Weißler.

Neuburg a. D.
Stadt- und Landrichter.
Maximilian Heiß. (M3.)
Assessoren.
Friedrich Bauer.
Franz Jos. Caspar Mayrrock.
Gerichtschreiber.
Franz Xaver Pröbst.

Nördlingen.
Stadt- und Landrichter.
Carl von Sichlern.

Assessoren.
Otto Heuber.
Ludwig Kreß.
Gerichtschreiber.
Johann Pfeiffer.

Landgerichte.
Dillingen.
Landrichter: Jos. Theobald Fürst.
Assessor: August Fritsch.
Gerichtschreiber: Joseph Anton Barth.

Höchstädt.
Landrichter: Theodor Buhmann.
Assessor: Franz Seraph Stocker.
Gerichtschreiber: Nic. Kuchler.

Lauingen.
Landrichter: Joh. Georg Kiechle.
Assessor: Joseph Schneider.
Gerichtschreiber: Georg Pfister.

Monheim.
Landrichter: Gust. Adolph Wasser.
Assessor: Georg Franz Geiger.
Gerichtschreiber: Johann Georg Stumpf.

Oettingen.
Landrichter: Johann von Gott Premauer.
Assessor: Joseph Märkel.
Gerichtschreiber: Wolfgang Vogsgenauer.

Im Bezirke Kempten.
Stadtgericht Kempten.
Stadtrichter.
Ferdinand Rist.

Assessor.
Carl August Henggi.

Gerichtschreiber.
Max Rösel.

Stadt- und Landgerichte.

Kaufbeuern.
Stadt- und Landrichter.
Johann Hoffmeister.

Assessor.
Wilhelm Stritzl.

Gerichtschreiber.
Franz Anton Schatz.

Lindau.
Stadt- und Landrichter.
Joseph Wurzer.

Assessor.
Friedr. Christian Ernst Häffner.

Gerichtschreiber.
Wilhelm Herbst.

Landgerichte.

Füßen.
Landrichter: Max Eduard Bach.
Assessor: Valentin Baber.
Gerichtschreiber: Johann Baptist Leidl.

Immenstadt.
Landrichter: Christian Stablbauer.
Assessor: Alois Stegmüller.
Gerichtschreiber: Georg Maier.

Kempten.
Landrichter: Max Bedall,

Assessoren: Franz Johann Evang. Behringer, Paul Jaub.
Gerichtschreiber: Simon Helde.

Oberdorf.
Landrichter: Ludw. Wilh. Fischer.
Gerichtschreiber: Johann Bapt. Kloz.

Obergünzburg.
Landrichter: Johann Reth.
Gerichtschreiber: Franz Xaver Metschnabel.

Sonthofen.
Landrichter: Ferdinand Kuttler.
Assessor: Friedr. Leonhard Röber.
Gerichtschreiber: Phillpp Hofacker.

Weiler.
Landrichter: Carl August Höfl. (M3.)
Assessor: Alois Pettendorfer.
Gerichtschreiber: Joseph Anton Gretler.

Im Bezirke Memmingen.

Stadt- und Landgericht
Memmingen.
Stadt- und Landrichter.
Georg von Unold.

Assessor.
Franz Xaver Eberle.

Gerichtschreiber.
Christoph Höbl.

Landgerichte.

Babenhausen.
Landrichter: Gustav Müller.

Gerichtschreiber: Joseph Maria Raes.

Grönenbach.
Landrichter: Carl Seidel.
Assessor: Friedrich Carl Weiß.
Gerichtschreiber: Georg Fent.

Illertissen.
Landrichter: Ludw. Lautenschlager.
Gerichtschreiber: Friedr. Ringler.

Krumbach.
Landrichter: Franz Rauh.
Assessor: Adolph Steinle.
Gerichtschreiber: Friedrich Pischinger.

Mindelheim.
Landrichter: Eduard Widerer.
Assessor: Georg August Grieser.
Gerichtschreiber: Joseph Böck.

Ottobeuern.
Landrichter: Friedr. Wilh. Gruner.
Assessor: Max Joseph Pichlmayr.
Gerichtschreiber: Adalbert von Rebay.

Weissenhorn.
Landrichter: Johann Michael Pybringer.
Assessor: Johann Carl Fasching.
Gerichtschreiber: Joseph Schütz.

Bezirksämter.

Augsburg.
Bez.-Amtmann: Joh. Carl Frhr. von Leoprechting, Kämmerer. (M3.)
Bez.-A.-Assessoren: August Emil Luthardt, Gustav Zenger.

Dillingen.
Bez.-Amtmann: Georg Glerisch. (M3.)
Bez.-A.-Assessoren: Joh. Bapt. Loritz, Rudolph Ritter von Schneeweiß.

Donauwörth.
Bez.-Amtmann: Carl Aug. Finweg. (M3.)
Bez.-A.-Assessor: Rudolph Wolfgang Paul Späth.

Füssen.
Bez.-Amtmann: Ferdinand Berchtold.
Bez.-A.-Assessor: Max v. Predl.

Günzburg.
Bez.-Amtmann: Franz Carl Wilhelm Anton Braun. (M3.)
Bez.-A.-Assessor: Joh. Distler.

Illertissen.
Bez.-Amtmann: Johann Bapt. Rupprecht.
Bez.-A.-Assessoren: Adolph Geist, Franz Xaver Ulrich.

Kaufbeuern.
Bez.-Amtmann: Franz Seraph Wolf.
Bez.-A.-Assessor: Friedr. Joseph Köfferle.

Kempten.
Bez.-Amtmann: Adolph Henne.
Bez.-A.-Assessor: Franz Joseph Traut.

Krumbach.
Bez.-Amtmann: Max Frhr. von Castell.
Bez.-A.-Assessor: Franz Lorenz Sabalitschka.

Lindau.
Bez.-Amtmann: Gg. Eckart (M3. OEK3. ScF3. TJ3.)
Bez.-A.-Assessor: Johann Baptist Kneußl.

Memmingen.
Bez.-Amtmann: Eugen Rösch.
Bez.-A.-Assessor: Anton Waldhaas.

Mindelheim.
Bez.-Amtmann: Dr. Adolph Joh. Hugo Döderlein.
Bez.-A.-Assessor: Christian Deyerl.

Neuburg.
Bez.-Amtmann: Hartmann Graf Fugger-Kirchberg-Weißenhorn.
Bez.-A.-Assessor: Dr. Joh. Aug. Groß.

Neuulm.
Bez.-Amtmann: Franz Müller.
Bez.-A.-Assessor: Edmund Fischer.

Nördlingen.
Bez.-Amtmann: Phil. Heinrich Schulz. (M3.)
Bez.-A.-Assessoren: Heinr. Auer, Adolph Wasser.

Oberdorf.
Bez.-Amtmann: Ferdinand Koneberg. (M3.)
Bez.-A.-Assessor: Ant. Schlederer.

Sonthofen.
Bez.-Amtmann: Max Haitinger. (WF3.)
Bez.-A.-Assessor: Hermann Bechter.

Wertingen.
Bez.-Amtmann: Conrad Vandeorome.
Bez.-A.-Assessor: Wilh. Müller.

Zusmarshausen.
Bez.-Amtmann: Georg Friedrich Rothenhöfer.
Bez.-A.-Assessor: Carl Gebhardt.

Bezirksgerichts- u. Bezirks-Aerzte.

I. Bezirksgerichtsärzte.

Augsburg: Dr. Max Heinrich Brunner, zugleich f. d. Stadtgericht Augsburg.

Donauwörth: Dr. Thomas Lauber, zugleich Bezirksarzt I. Classe, für das Bezirksamt und den Verwaltungsbezirk (Stadt- u. Landgericht) Donauwörth.

Kempten: Dr. Carl Hartmann, zugleich für das Stadtgericht Kempten.

Memmingen: Dr. Marquard v. Hößle, zugleich Bezirksarzt I. Classe für das Bezirksamt und den Stadtverwaltungs-Bezirk (Stadt- und Landgericht) Memmingen.

II. Bezirksärzte.

A. Erster Classe.

Dillingen: Dr. Friedr. Ludwig Fleischmann.
Füssen: Dr. Friedr. Caspar Köpf. (GE5.)
Göggingen: Dr. Carl August Friedrich Immel.
Günzburg: Dr. Paul Speth. (M3.)
Illertissen: Dr. Jacob Ferdinand Baumgärtner.
Kaufbeuern: Dr. Simon Hildebrand für den Stadt- und Landgerichtsbezirk.
Kempten: Dr. Georg Carl Karrer, zugleich für den Verwaltungsbezirk der Stadt Kempten.

Krumbach: Dr. Clemens Zink.
Lindau: Dr. Carl Aug. Geist, f. d. Stadt- und Landgerichtsbezirk.
Mindelheim: Dr. Fidel Sauter.
Neuburg: Dr. August Höger, für den Stadt- u. Landgerichtsbezirk.
Neuulm. Dr. Julius Schmitt.
Nördlingen: Dr. Martin Böhm für den Stadt- und Landgerichtsbezirk.
Oberdorf: Dr. Theodor Niederreither.
Sonthofen: Dr. Rudolph Chevery.
Wertingen: Dr. Thomas Götz.
Zusmarshausen: Dr. Ludw. Lauk.

B. Zweiter Classe.

Augsburg: Dr. Johann Kerschensteiner für den Verwaltungsbezirk der Stadt.
Babenhausen: Dr. Carl Daniel Friedrich Loßbeck.
Buchloe: Dr. Marquard Wintrich.
Burgau: Dr. Andreas Jlg.
Grönnenbach: Dr. Johann Nep. Martin.
Höchstädt: Dr. Carl Demleuthner.
Immenstadt: Dr. August Heindl.
Lauingen: Dr. Alois Ott.
Monheim: Dr. Friedrich Kummer.
Obergünzburg: Dr. Martin Frei.
Oettingen: Dr. Friedr. August Ludwig Horlacher, fürstl. Oettingen-Spielberg'scher Rath.
Ottobeuern: Dr. Johann Nep. Forster. (M3.)
Schwabmünchen: Dr. Jacob Lotter.
Türkheim: Dr. Jos. Schmid.
Weiler: Dr. Julius Burkhard.
Weissenhorn: Dr. Valent. Mahler.

Gefangenanstalt Kaisheim.

Inspector: Joseph Schineis.
Rechnungsführer: Sebast. Weebe.
Arzt: Dr. Ludwig Bauer, Gerichtsarzt.

Erziehungs-Anstalt für verwahrloste jugendliche Personen zu Roggenburg.

Verwalter: Leopold Straßer.

Kreis-Irrenanstalt Irsee.

Oberarzt.
Dr. Johann Michael Kiderle.

Verwalter.
Rudolph Gröschel.

Stadtcommissariate u. der K. Kreisregierung unmittelbar untergeordnete Magistrate.

Augsburg.

Stadt-Commissär.
Friedrich Saile, Regierungsrath. (M3.)

Officiant.
Johann Georg Eckhofer.

Erster rechtskundiger Bürgermeister.
Johann Georg v. Fornbran. (K3. M3. ScF2b.)

Zweiter rechtskundiger Bürgermeister.
Ludwig Fischer.

Rechtskundige Magistratsräthe.
Carl Alois v. Rehlingen.
Joseph Benz.
Nicodemus Frisch.
Carl Pürkhauer.

Baurath.
Jacob Graff.

Bürgerliche Magistratsräthe.
Ferdinand Jaus, Benno Stabler, Ignaz Leu, Hermann Erzberger, Eduard Eschenbach, Robert Bonnet, Carl Buz (M4.), Friedrich Wolfrum, Aquilin Vogel, Georg Lampart, Albert Hertel (M4.), Theodor Aurnhammer.

Donauwörth.
Stadtcommissär.
Carl August Zinweg, Bezirks-Amtmann. (M3.)

Rechtskundiger Bürgermeister.
Franz Förg. (M3.)

Bürgerliche Magistratsräthe.
Xaver Lettenbauer, Crisp. Jacob Bumm, Johann Nepomuk Kremer, Jos. Baner, Franz Baudrexel, Anton Wölfle, Carl Feichtinger, Michael Ignaz Thoma.

Kaufbeuern.
Stadtcommissär.
Franz Seraph Wolf, Bez.-Amtmann.

Bürgermeister.
Theodor Walch.

Rechtskund. Magistratsrath.
Adalbert Pletzer.

Bürgerliche Magistratsräthe.
Joseph Merkle, Georg Nehle, Joh. Schwarz, Carl Haffner, Joseph Hörburger, Martin Schmid, Joseph Gerhauser, Johann Graser.

Kempten.
Stadtcommissär.
Adolph Henne, Bez.-Amtmann.

Rechtskund. Bürgermeister.
Sebastian Arnold.

Bürgerliche Magistratsräthe.
Johann Huber (K⊙.), Ulrich Walch, Johann Leichtle, Jacob Kleinknecht, Andr. Daumüller, Mathias Unsöld, Stephan Abe, Joseph Renn, Heinrich Pfeiffer, Johann Weible.

Lindau.
Stadtcommissär.
Georg Eckart, Bez.-Amtmann. (M3. OEK3. ScZ3. TZ3.)

Rechtskundiger Bürgermeister.
Oscar Stobäus. (TCW.)

Rechtskund. Magistratsrath.

Bürgerliche Magistratsräthe.
Johann Georg Martmann, Eduard v. Pfister (M3.), August von Kuepprecht, Ferdinand Rasco, Ludwig Ulmer, Raimund Rinkelin, Friedrich Rinkelin, Hermann Scutter.

Memmingen.
Stadt-Commissär.
Eugen Rösch, Bez.-Amtmann.

Rechtskund. Bürgermeister.
Ulrich v. Zoller. (M3.)

Rechtskundiger Magistratsrath.

Bürgerliche Magistratsräthe.

Albert Göhring, Benedict Häberle, Johann Hail, Carl Wilhelm Derpsch, Friedr. v. Heuß auf Trunkelsberg, Elias Zorn, Friedrich Ehrhardt, Adolph Sturm, David Ammann, Heinrich Flach.

Neuburg.
Stadt-Commissär.
Hartmann Graf Fugger-Kirchberg-Weissenhorn, Bez.-Umtmann.

Rechtskund. Bürgermeister.
Carl Sing.

Rechtskundiger Magistratsrath.
Franz Ziegler.

Bürgerliche Magistratsräthe.
Johann Prechter, Heinrich Dirle, Martin Glaß, Joseph Krieger, Joseph Färber, Jos. Ammler, Martin Haas, Johann Baptist Grießmayer.

Nördlingen.
Stadt-Commissär.
Heinrich Philipp Schulz, Bezirks-Umtmann. (M3.)

Rechtskundiger Bürgermeister.
Christoph Bauer.

Bürgerliche Magistratsräthe.
Gottlob Beischlag, Aug. Wörlen, Albert Frickinger, Friedrich Schramm, Alexander Müller, Johann Friedrich Rehlen, Carl Pullich, Georg Senning.

Oberaufschlagamt.
Oberaufschlagsbeamter: Joh. Thomas Striebinger.
Controleur: Anton v. Schab.

Rentämter.

Augsburg (Stadtrentamt.)
Rentbeamter: Dr. Friedr. Seiffert.

Augsburg (Landrentamt.)
Rentbeamter: Maximilian Ott. (M3.)

Buchloe.
Rentbeamter: Moriz Holzmann.

Dillingen.
Rentbeamter: Joh. Bapt. Schuster.

Donauwörth.
Rentbeamter: Carl Späth.

Füßen.
Rentbeamter: Carl Hiemer.

Günzburg.
Rentbeamter: Heinrich Sommer.

Höchstädt.
Rentbeamter: Frz. Xav. Schreiner.

Illertissen.
Rentbeamter: Michael Eber.

Immenstadt.
Rentbeamter: Joh. Andreas Zitzmann.

Kaufbeuren.
Rentbeamter: Hyaz. Schwaiger.

Kempten.
Rentbeamter: Pet. Grimm. (M3.)

Lauingen.
Rentbeamter: Max Diem.

Lindau.
Rentbeamter: Heinrich Wilhelm Stöhr.

Memmingen.
Rentbeamter: Ludwig Scharff.

Mindelheim.
Rentbeamter: J. B. Deisinger.

Monheim.
Rentbeamter: Dionys Ludwig Buchner.

Neuburg.
Rentbeamter: Jos. Leitmayr.

Nördlingen.
Rentbeamter: Friedrich Vogl.

Oberdorf.
Rentbeamter: Andr. Behringer.

Oettingen.
Rentbeamter: Georg Geisler.

Ottobeuren.
Rentbeamter: Emil Stetter.

Schwabmünchen.
Rentbeamter: Robert Dichtl.

Türkheim.
Rentbeamter: — — —

Ursberg.
Rentbeamter: Franz Xaver Graf.

Weißenhorn.
Rentbeamter: Alex. Pornschaft.

Wertingen.
Rentbeamter: Joseph Daig.

Wettenhausen.
Rentbeamter: — — —

Zusmarshausen.
Rentbeamter: Frdr. Cröniger.

Forstämter.

Augsburg.
Forstmeister.
Jacob Reverdys. (M3.)

Revierförster.
Zu Bergheim: Franz v. Prebl,
zu Biburg: Philipp Grimm,
zu Edenbergen: Carl Wolfgang v. Geiger,
zu Schönefeld: Michael Kraus,
zu Welden: August Ganghofer,
zu Zusmarshausen: Nep. Ritter v. Stubenrauch.

Dillingen.
Forstmeister.
Johann Nep. Frhr. v. Krauß.

Revierförster.
Zu Echenbrunn: Mich. Holderied,
zu Glöttweng: Heinrich Gietl,
zu Holzheim: Joh. Nep. Daffner,
zu Unterliezheim: Joseph Gayer,
zu Wolpertstetten: Georg Steger,
zu Zöschingen: Michael Pfeilschifter.

Donauwörth.
Forstmeister.
Maximilian Remond.

Revierförster.
Zu Ammerfeld: August Bolz,
zu Bittenbrunn: Friedr. Ullrich,
zu Grünau: Wilh. Stapf,
zu Hafenreuth: Rud. Banchero,

zu Kaisheim: Joseph Beck,
zu Monheim: Maximilian Steger,
zu Unterhausen: Clemens Scheer,
zu Wemding: Alois Bußmann.

Communal-Revierförster.
zu Eberheim: Blasius Rehm.

Günzburg.
Forstmeister.
Franz Schultze.

Revierförster.
Zu Biberachzell: Carl Frhr. v. Geuder,
zu Breitenthal: Carl Freiherr v. Kreß,
zu Bühl: Carl Walter,
zu Elchingen: Albert Theodor v. Baldinger,
zu Illertissen: Mart. Schäffner,
zu Stoffenried: Wilh. Wenz,
zu Wettenhausen: Frz. Xav. Demharter.

Kaufbeuern.
Forstmeister.
Clemens Heindl.

Revierförster.
Zu Bayersried: Michael v. Ditterich,
zu Frankenhofen: Gg. Frdr. Hofmann,
zu Irsee: Friedr. Frhr. v. Stengel,
zu Sachsenried: Conr. Heindl,
zu Sulzschneid: Maxim. Walchner.

Kempten.
Forstmeister.
Joseph Reuther.

Revierförster.
Zu Bobelsberg in Betzigau: Georg Strammer,
zu Börwang: Max Werner,
zu Buchenberg: Gustav Frhr. v. Seida,
zu Burgberg: Franz v. Braunmühl,
zu Fischen: Xaver Schemminger,
zu Immenstadt: Carl Schießl,
zu Kimratshofen: Franz Faßold,
zu Kirnach: Carl Mayr,
zu Weißensberg in Aeschach: Max Lachertinger.

Mindelheim.
Forstmeister.
Carl Sorg.

Revierförster.
Zu Attenhausen: Ad. Wiesner,
zu Erkhausen: Theodor Schenk,
zu Oberkammlach: Leonh. Fischer,
zu Kirchdorf: Jos. Lottner, (K⊙. L⊙.)
zu Münsterhausen: Anton Müller,
zu Wald: Carl Kolb.

Ottobeuren.
Forstmeister.
Anton Ganghofer.

Revierförster.
Zu Grönenbach: Heinrich Bolz,
zu Hopferbach in Obergünzburg: Joh. Baptist Mascher,

zu Illereichen: Xav. Walchner,
zu Ottobeuern: Maximil. Baur.
zu Schönegg: Joh. Bapt. Behringer.

Baubehörden.
Augsburg I.
Für das Landbau-Fach.
Baubeamter: Eduard Redenbacher.

Augsburg II.
Für das Ingenieur-Fach.
Baubeamter: Emil Carl Kröber.

Dillingen.
Baubeamter: Robert v. Kern-Kernried, Kammerjunker.

Donauwörth.
Baubeamter: Johann Leythäuser.

Günzburg.
Baubeamter: Georg Kraft.

Illertissen.
Baubeamter: Emil v. Horstig d'Aubigny.

Kaufbeuren.
Baubeamter: Ferdinand Spandau.

Kempten.
Für das Landbau-Fach:
Baubeamter: Michael Zellner.
Für das Ingenieur-Fach:
Baubeamter: Ferd. Beyschlag.

Lindau.
Baubeamter: Anton Härrer.

Memmingen.
Baubeamter: Hugo v. Kern-Kernried.

Mindelheim.
Baubeamter: Joh. Evang. Bürgel.

Neuburg a. D.
Baubeamter: Paul Degmaier.

Nördlingen.
Baubeamter: Heinrich Helmstetter.

Donaumoos-Inspection
Neuburg.
Inspector: Gustav Widemann.

Brandversicherungs-Inspectoren.
Augsburg.
Georg Schmidt.

Mindelheim.
Peter Klein.

Kempten.
Joseph v. Ponzelln.

Günzburg.
Florent. Wüstner.

Donauwörth.
Gg. Simon Haas.

Kreishilfscasse.
Rendant: Georg Hautsch.

XX.
Kirche.

Höhere Geistlichkeit.

I. Römisch-Katholische Kirche.

Erzbisthum München-Freising.

Erzbischof.

Se. Excell. Gregor von Scherr, Reichsrath. (K2b. M2b. ScF1.)

Dom-Kapitel.

Dignitarien.

Propst: Joseph Alois v. Prand, Dr. der Theologie, Generalvicar, geistl. Rath, Oberkirchen- und Schulrath. (K3. M3.)

Dechant: Dr. Georg v. Reindl, geistlicher Rath, Director des allg. geistlichen Rathes und des Metropoliticums. (K2b. M2b. GE4.)

Dom-Kapitularen.

Maximilian Puzzer.

Alois Schmid, Dompfarrer (M3.)

Georg Friedrich Wiedemann, Dr. der Theologie, geistlicher Rath. (M3.)

Jos. Wurm. (M3. L.)

Jos. Riedl.

Dr. Johann Baptist Herb, Ober-Kirchenrath.

Peter Paul Grabler. (L.)

Anton Lichtenauer, geistlicher Rath. (M3.)

Carl von Prentner.

Nicolaus Weber, k. geistl. Rath.

Dom-Vicare.

Max Balthasar Sellmayr, erzbischöfl. geistl. Rath.

Georg Steinkirchner.

Joseph Glink, erzbischöfl. geistl. Rath.

Michael Bonn.

August Groß.

Dr. Max Kaiser.

Bisthum Augsburg.

Bischof.

Pancraz v. Dinkel, Reichsrath. (K3. ScF2a.)

Dom-Kapitel.

Dignitarien.

Propst: Joseph v. Allioli, Dr. der Theol., geistlicher Rath, Mitgl. d. K. Akad. d. Wissensch. und Vorstand des bischöfl. Ordinariates. (K3. M2b. GE4. OF32.)

Dechant: Johann Evang. Stadler, Dr. der Theologie. (M3.)

Dom-Capitularen.

Joseph Papr.

Anton Steichele.

Lorenz Clemens Graß, Dr. der Theologie, Generalvicar und Kreis-Scholarch. (M3.)

Franz Xaver Bronnenmayr, Kreis-Scholarch.

Joseph Georg Dreer, Dompfarrer. (M3.)

Andreas Schuster.

Joseph Anton Geyr.

Joseph Wankmiller.

Dom - Vicare.

Max Griot.

Joseph Weckert.

Alexander Soratroy.

Alois Graß.

Theodor Kriener.

Ignaz Ruißl.

Bisthum Passau.
Bischof.

Heinrich v. Hofstätter, Dr. der beiden Rechte (K3. M2b.)

Dom-Kapitel.
Dignitarien.

Propst: Martin Heufelder. (M3. L.)

Dechant: Johann Evang. Kainzelsberger, Dr. der Theologie und Generalvicar.

Dom - Capitularen.

Alois Buchner, Dr. d. Theologie. (M3. L.)

Carl Schröbl, Dr. der Theol.

Andreas Sulzberger.

Georg Freund.

Franz Seraph Petz.

Joseph Siegler.

Innocenz Michael Miller.

Nicolaus Moser.

Dom - Vicare.

Die Domvicar-Stellen werden zur Zeit provisorisch versehen.

Bisthum Regensburg.
Bischof.

Ignaz v. Senestrey, Dr. der Theologie und Philosophie. (K3.)

Dom-Kapitel.
Dignitarien.

Propst: Michael Reger, Generalvicar.

Dechant: Anton Mengein, Oberkirchen- u. Schulrath. (M3.)

Dom - Capitularen.

Heinrich Bauernfeind.

Jacob Ehgartner. (M3.)

Jos. Umberger, Dr. d. Theologie.

Herm. Wein, Dom-Stadtpfarrer, Kreis-Scholarch. (M3.)

Joseph Lipf. (PRU4.)

Fridolin Schöttl, Dr. der Theologie.

Willibald Apollinar Maier, Dr. der Theologie.

Ludwig Mittl, Dr. der Theologie.

Dom - Vicare.

Joseph Stettner.

Mathias Wieser.

Joseph Greil.

Johann Baptist Grillenberger.

Johann Baptist Müller.
Georg Jacob.

Lorenz von Fischer.
Georg Dalg.
Johann Hofmann.

Erzbisthum Bamberg.
Erzbischof.
Michael v. Deinlein, Reichsrath. (K3. M3.)

Dom-Kapitel.
Dignitarien.
Propst: Peter Eck. (M3.)
Dechant: Adam v. Gengler, Dr. der Theologie, Vorstand des Metropolitikums und der päpstlich delegirten III. Instanz in Ehescheidungssachen der Kirchenprovinz München-Freising. (K3. M3.)

Dom-Capitularen.
Friedrich Carl Schmitt. (L.)
Joh. Rothlauf.
Johann Bapt. Pflaum.
Friedrich Leppert.
Dr. Leonh. Schmitt, Generalvicar und Professor der Theologie am k. Lyceum.
Dr. Friedrich Herb, geistl. Rath und Kreisscholarch.
Johann Baptist Lautenbacher.
Georg Engert, Dompfarrer und Kreisscholarch.
Dr. Gg. Carl Mayer.

Dom-Vicare.
Adam Ender.
Thomas Kotschenreuther.
Bernhard Ott.

Bisthum Würzburg.
Bischof.
Georg Anton v. Stahl, Dr. d. Philosophie u. Theologie, (K3. M2b.)

Dom-Kapitel.
Dignitarien.
Propst: Johann Valentin Reißmann, Dr. der Theologie und Philos.
Dechant: Georg Joseph Götz, Dr. der Theologie. (M3.)

Dom-Capitularen.
Andreas Müller, Dr. der Philosophie.
Gottlieb Flaß, Dr. der Theologie. Kreis-Scholarch. (M3.)
Johann Martin Dür, Dr. der Philosophie und Theologie.
Franz Xaver Himmelstein, Dr. der Theologie, Dompfarrer.
Peter Schech.
Ignaz Joseph Ruland.
Ludwig Wickenmayer, kgl. geistl. Rath. (M3.)
Georg Michael Kraus, k. geistl. Rath.

Dom-Vicare.
Adam Diez, bischöfl. geistl. Rath.
Nicolaus Reininger.
Melchior Hohn.

Jacob Kühles.
Michael Beckert.
Joseph Andreas Klüspies.

Bisthum Eichstädt.
Bischof.
Georg v. Oettl, (K3. M2b. G
E1. ScG2. Joh.3.)

Dom-Kapitel.
Dignitarien.
Propst: Joseph Ernst, Dr. der Philosophie u. Theologie, dann Regens des bischöfl. Seminars.
Dechant: Franz Dirnberger, Dr. der Theologie, geistlicher Rath. (M3.)

Dom-Capitularen.
Johann Mich. Frieß, General-Vicar.
Georg Grämel, Director des Ordinariates.
Andreas Kellner, Dr. der Philosophie und Theologie.
Johann Baptist Stocklinger, Dom-Pfarrer u. Kreisscholarch.
Johann Baptist Wolfsteiner.
Joseph Baader, geistl. Rath. (M3.)
Johann Caspar Endres.
Mathias Weinzierl. (GE5.)

Dom-Vicare.
Johann Martin Wirth.
Ludwig Reichenecker.

Pancraz Rampis.
Max Joseph Beitelrock.
Michael Lefflad.
Joseph Weißenhofer.

Bisthum Speyer.
Bischof.
Nicolaus v. Weis, Dr. der Theologie. (K2b. M2b. PRU2.)

Dom-Kapitel.
Dignitarien.
Propst: Peter Busch.
Dechant: — — —

Dom-Capitularen.
Friedrich Geißler.
Franz Joseph Weiß.
Johann Cronauer.
Anton Spießler.
Franz Xaver Remling, Dr. der Philosophie.
Peter Köstler, Dompfarrer und Kreisscholarch. (M3.)
Wilhelm Molitor.
Andreas Ludwig Laforet.

Dom-Vicare.
Franz Hällmeyer.
Johannes Dietrich.
Friedrich Riedinger.
Leonhard Kuhn.

II. Protestantische Kirche.

Protestantisches Ober-Consistorium zu München.

Präsident.
Dr. Adolph v. Harleß, Reichsrath. (K3. M2b. SCW3.)

Oberconsistorialräthe.
Christian Friedrich v. Böckh, Dr. d. Theol. u. Philosophie. (K3. M3. HL3a.)
Dr. Heinrich Carl August von Burger. (K3. M3. HGu3.)
Adolph v. Liebeskron, weltl. Ober-Consistorial-Rath. (M3.)
Dr. Johann Christoph Edelmann, (M3.)

Secretär, Expeditor und Rechnungsverständiger.
Ferdinand Wagner.

Registrator.
Christian Röder.

Kanzlisten.
Ludwig Weilamann, Gottfried Stephan Christoph.

Protestantisches Consistorium zu Ansbach.

Director.
Joh. Gg. Carl Vogel, Regierungsdirector. (M3.)

Consistorialräthe.
Friedrich Heinr. Ranke, Dr. der Theologie, erster Hauptprediger an beiden Pfarrkirchen zu Ansbach. (M3.)
Friedr. Ludwig Meyer, weltl. Consistorialrath.
Sigm. Christian Wilh. Bäumler, zweiter Hauptprediger an diesen Pfarrkirchen.

Secretär und Registrator.
Johann Georg Schmidt.

Rechnungscommissär.
Georg Barth.

Kanzlisten.
Johann Georg Mayer, Joh. Simon Scherer.

Protestantisches Consistorium zu Bayreuth.

Director.
Carl Frhr. v. Dobeneck, Kämmerer und Regierungsrath. (K3. M3. PJ3. SCH3.)

Consistorialräthe.
Dr. Lorenz Kraußold, erster Hauptprediger an der protestantischen Stadt-Pfarrkirche zu Bayreuth.
Julius Schumann, weltlicher Consistorialrath.
Friedrich Bracker, zweiter Hauptprediger an der protestantischen Stadtpfarrkirche zu Bayreuth.

Secretär und Registrator.
Johann Christ. Biedermann.

Rechnungscommissär.
Emil Cammerer.

Kanzlisten.
Conrad Peeß, Martin Kästner.

Protestantisches Consistorium zu Speyer.

Director.
Joh. Ludwig Glaser.

Consistorialräthe.
Friedrich Börsch, erster Hauptprediger an der protestantischen Stadt-Pfarrkirche in Speyer. (M3. PRU3.)

Friedrich Philipp Heinrich Moschel, zweiter Hauptprediger an d. prot. Stadtpfarrkirche in Speyer.

Ludw. Munzinger, weltlicher Consistorialrath.

Secretär und Registrator.
Ernst Ludwig Dimroth.

Kanzlist.
Friedrich Schwartz.

Administration der prot. Pfarr-Unterstützungs- und Pfarr-Wittwen-Casse zu Nürnberg.

Administrator.
Christoph Friedrich Scheu.

Secretär.
Johann Martin Castor.

XXI.
Centralstellen für Wissenschaft, Kunst und Unterricht.

Akademie der Wissenschaften.

Protector:
Se. Majestät der König.

Administration.

Vorstand:
Dr. Justus Frhr. v. Liebig, General-Conservator der wissenschaftlichen Sammlungen des Staates, Conservator des chemischen Laboratoriums des Staates, ordentl. öffentl. Professor d. Chemie an d. K. Ludw.-Max.-Universität, Geh. Rath.

(K3. M2b. Max.-O. B3L2b. FCL4. GC4. HGu2, HL3a. HP2b. OJ32. PCW. RU3. RW4. SML3. SN2. SpC2b. WF2b. Besitzer der Copley-Medaille ꝛc. ꝛc.)

d. 3. Classen-Secretäre:

Philosophisch-philologische Classe.
Dr. Marcus Jos. Müller, ord. öff. Professor d. nicht biblischen

oriental. Sprachen u. Literatur an der K. Ludw. = Maxim.= Universität.

Mathematisch-physikalische Classe.

Dr. Carl Friedr. Phil. v. Martius, qu. ordentl. öffentlicher Professor der Botanik an der K. Ludwigs=Maxim.=Universität und Conservator des botanischen Gartens, Geheim. Rath. (K3. Max=O. B3L2b. BR3. BGR4. DD3. PgULF. RSt2. SCW3. SM2.)

Historische Classe.

Dr. Ignaz v. Döllinger, Propst des Stifts zu St. Cajetan, ord. öff. Professor der Kirchen=Geschichte an der K. Ludw.= Maxim.=Universität. (K3. M3. Max.=O. ScF2.)

Secretär.

Friedrich August Neumeyer.

Cassa- und Rechnungsführer.

Simon Joseph Jandebeur.

Ordentliche Mitglieder.

Philosophisch-philologische Classe.

Dr. Leo v. Klenze, Kämmerer, wirkl. Geh. Rath und Hofbauintendant (siehe K. Hofbau=Intendanz).

Dr. Franz Streber, Conservator des K. Münzkabinets, und ordentlicher öffentlicher Professor der Archäologie und Numismatik an der K. Ludwigs= Max.=Universität. (M3. PO3.)

Dr. Leonhard Spengel, ordentl. öffentl. Professor der Philologie und erster Vorstand des philologisch. Seminariums an

der K. Ludw.=Maximilians= Universität. (M3.)

Dr. Marc. Joseph Müller, (siehe Classen=Secretär).

Dr. Daniel Bonifaz Haneberg, Abt von St. Bonifaz u. orb. öffentl. Professor der bibl. orient. Sprachen u. der heil. Schrift des alten Testaments an der K. Ludw.=Max.=Univ. (M3.)

Dr. Carl Halm, Director der K. Hof= und Staatsbibliothek u. ordentlicher öffentl. Professor der Philologie, III. Vorstand des philologischen Seminars an der K. Ludwigs=Maximilians=Universität. (M3.)

Dr. Hubert Beckers, ord. öffentl. Professor der Philosophie an der K. Ludwigs=Maxim.=Universität. (M3.)

Dr. Georg Martin Thomas, Bibliothekar an der K. Hof= u. Staatsbibliothek.

Dr. Carl Prantl, ord. öffentl. Professor u. II. Vorstand des philologischen Seminars an der K. Ludw.=Maxim.=Universität.

Dr. Conrad Hofmann, ordentl. öff. Professor der altdeutschen Sprache u. Literatur an der K. Ludw.=Max.=Universität.

Mathematisch-physikalische Classe.

Dr. Heinrich August v. Vogel, Hofrath. (K3.)

Dr. Carl Friedrich Philipp v. Martius, (siehe Classen=Secretäre.)

Dr. Carl August Steinheil, Ministerialrath und technischer Beirath im Staatsministerium des Handels und der öffentlichen Arbeiten, Conservator der mathem.-physikal. Sammlung des Staates. (M3. Max-O. DD3.) Besitzer der goldenen Medaille für vaterländische Industrie pro 1834.

Dr. Johann Lamont, ordentlicher öffentl. Prof. der Astronomie an d. K. Ludw.-Max.-Universität und Conservator der K. Sternwarte zu Bogenhausen. (M3. Max.-O. OER3. PG3. SM3.)

Dr. Joh. Nepom. v. Ringseis, wirklicher Geh. Rath, Obermedicinalrath u. Vorstand des Obermedicinal-Ausschusses im K. Staats-Ministerium d. J., ord. öffentl. Prof. der allgem. Pathologie und Therapie an der K. Ludwigs-Max.-Universität. (K2b. M2b. GE4. PG3.)

Dr. Franz Ritter v. Kobell, Conservator der mineralogischen Sammlung des Staates und ordentl. öffentl. Professor der Mineralogie an d. K. Ludw.-Maxim.-Universität. (M3. Max.-O. BL5. HL3a. RSt2.)

Dr. Friedr. Benedict Wilhelm v. Hermann, Staatsrath im ord. Dienste, ordentl. öffentl. Prof. der Staatswirthschaft, Handelswissenschaft, Technologie u. polit. Rechenkunst an der K. Ludw.-Maxim.-Universität, Vorstand des statist. Bureau. (S. Staatsrath.)

Dr. Carl Emil Schafhäutl Conservator d. geognost. Sammlung des Staats, ord. öffentl. Professor d. Geognosie, Bergbau-u. Hüttenkunde und Oberbibliothekar an der K. Ludw.-Maxim.-Universität. (M3. F EL5. PRU4.)

Dr. Justus Freiherr v. Liebig, (s. Vorstand.)

Dr. Carl Theod. Ernst v. Siebold, ordentl. öffent. Professor der Zoologie und vergleichenden Anatomie an der K. Ludw.-Max.-Universität, Conservator des physiologischen Instituts u. der zoologisch-zootomischen Sammlung des Staates. (M 3. Max.-O. SM. u. L3.)

Dr. Max Pettenkofer, ordentl. öffentl. Prof. der medicin. Chemie u. Conservator d. Laboratoriums für physiologische Chemie an der K. Ludw.-Max.-Universität, Leib- u. Hof-Apotheker u. Mitglied d. Obermedicinal-Ausschusses im k. Staatsministerium des Innern. (M3. Max.O. WF3.)

Dr. Philipp Jolly, ordentl. öffentl. Professor der Experimental-Physik, Conservator d. physikalischen Instituts u. I. Vorstand des mathem. physikal. Seminars an d. K. Ludwigs-Maxim.-Universität. (M3. B 3L3.)

Dr. Theodor Ludw. Wilh. Bischoff, ord. öffentl. Prof. der menschl. Anatomie u. Physiologie an der K. Ludwigs-Max.-Univers., Conservator d. anat. Anstalt des Staates. (M3. Max.-O. HP3.)

Dr. Phil. Ludw. Seibel, ordentl. öffentl. Professor der Mathematik, und II. Vorstand des mathemat. physikal. Seminars an der K. Ludwigs-Maxim.-Universität.

Dr. Carl Wilh. Nägeli, ordentl. öffentl. Professor der Botanik an der K. Ludwigs-Maxim.-Universität, Conservator des k. botanischen Gartens u. des k. Herbariums.

Historische Classe.

Georg Ludwig v. Maurer, Staats- und Reichsrath. (K1. M2b. FCL2. GC1. Sp31. TkM1.)

Dr. Ignaz v. Döllinger. (s. Classensecretäre.

Dr. Hieronymus v. Bayer, Reichsrath, Geheim. Rath und ord. öffentl. Professor des gemeinen und bayer. Civilprocesses an der K. Ludw.-Maxim.-Univ. (K3. M2b. May.-O. PG2.)

Carl Maria Freiherr v. Aretin, Kämmerer, Reichsrath, Geh. Rath u. Vorstand des K. geh. Haus- u. Staats-Archivs u. des bayer. National-Museums. (K2b. M2b. BZL2b. OC3. PRA2.)

Dr. Johann Nepom. Buchinger, K. Hofrath, qu. Reichs-Archivsrath und Prof. honor. an d. K. Ludw.-Max.-Universität. (M3.)

Dr. Friedrich Kunstmann, ordentl. öffentl. Professor des Kirchenrechtes an d. K. Ludwigs-Max.-Universität. (M3. PgUL3. SpA3.)

Dr. Heinrich Conrad Föringer, Bibliothekar der K. Hof- u. Staatsbiblioth. (M3.)

Dr. Carl v. Spruner, General-Major u. Flügeladjutant Sr. Maj. des Königs. (K3. M3. BL5. GC3. HL3a. OC2. SCH5.)

Dr. Franz Löher, ord. öffentl. Professor der allgemeinen Länder- u. Völkerkunde u. d. allg. Literärgeschichte an d. K. Ludw. Max.-Universit. (M3. LJK4.)

Dr. Carl Adolph Cornelius, ord. öffentl. Professor d. Geschichte an der K. Ludw.-Max.-Universität.

Carl August Muffat, Rath am k. allgem. Reichsarchive.

Dr. Wilh. Heinrich Riehl, ord. öffentl. Professor der Cultur-Geschichte und Statistik an der K. Ludw.-Maxim.-Univ. (M3.)

Dr. Friedrich Wilhelm Benjamin Giesebrecht, o. ö. Professor der Geschichte und Director des histor. Seminars an der K. Ludw.-Maxim.-Universität. (PRA4.)

Außerordentliche Mitglieder.

Philosophisch-philologische Classe.

Dr. Wilhelm Christ, ord. Professor der klassischen Philologie an der K. Ludw.-Maximilians-Universität, Conservator des K. Antiquariums und IV. Vorstand d. philolog. Seminars.

Dr. Johann Heinrich Plath.

Mathematisch-physikalische Classe.

Dr. August Vogel, außerordentl. Professor der Chemie an der K. Ludw.-Max.-Universität.

Dr. Ludwig Andr. Buchner, ord. öffentl. Professor d. Pharmacie und außerord. Beisitzer d. K. Medicinal-Comités an der K. Ludw.-Maxim.-Universität.

Carl Kuhn, Lyceal-Professor u. Professor der Mathematik u. Physik am K. Cadeten-Corps, sowie an der K. Artillerie- und Genie-Schule.

Dr. Carl Albert Oppel, ordentl. öffentl. Professor der Paläontologie an der K. Ludwigs-Maximilians-Universität und Conservator der paläontologischen Sammlung d. Staates.

Dr. Wilh. Gümbel, kgl. Bergmeister.

Dr. Ludwig Buhl, ord. öffentl. Professor der pathol. Anatomie und allgem. Pathologie an der K. Ludwigs-Maxim.-Universität und Beisitzer am k. Medicinal-Comité daselbst.

Dr. Moritz Wagner, prof. hon. an der K. Ludwigs-Maxim.-Universität und Conservator der ethnographischen Sammlung des Staates.

Historische Classe.

Friedrich Wilhelm Walther, Oberst des K. 1. Infanterie-Regim. König Ludwig.

Dr. Jacob Heinrich von Hefner-Alteneck, Professor der Zeichnungskunde und Conservator des k. Kupferstich- u. Handzeichnungs-Cabinetes. (M3. HP3. PKU4. SU3.)

Pleickard Stumpf, K. Regierungsrath und Landtags-Archivar. (M3.)

Dr. Ludwig Rockinger, Privatdocent an der K. Ludwigs-Maxim.-Universität u. Reichsarchivs-Secretär.

Friedrich Hector Graf v. Hundt, Kämmerer und Ministerialrath im K. Staatsministerium des Innern. (K3. M3.)

Johann Heilmann, Hauptmann im k. General-Quartiermeisterstab. (GE4. HP3. PKU4. SSch3.)

Ehrenmitglieder.
(Nach der Zeit der Aufnahme.)

Heinrich Graf v. Reigersberg, Reichsrath u. Staats-Minister a. D.

Se. Königl.-Hoheit Prinz Carl von Bayern.

Se. Durchlaucht Prinz Maximilian von Wied.

Anton Conde de Villaflor, Herzog von Terceira, k. span. Kriegsminister.

Se. Durchlaucht Ludwig Fürst v. Oettingen-Wallerstein, Staatsrath im a. D.

Dr. John Bowring, Mitglied des Unterhauses im k. großbrit. Parlament.

Se. Königl. Hoheit Herzog Maximilian in Bayern.

Franz Olivier Graf v. Jenison-Walworth in Florenz.

Se. Königl. Hoheit Prinz Luitpold von Bayern.

John Marquis de Resende, Oberst-hofmeister Ihrer Maj. der Herzogin von Braganza, in Lissabon.

Duca Lovigo bi Serra be Falca in Palermo.

Philipp Alexander Lebrun de Charmettes in Paris.

Se. Erlaucht Graf Wilhelm von Württemberg in Ulm.

Alexander v. Dusch, Großherz. Badischer qu. Staats-Minister in Heidelberg.

Se. Majestät König Johann von Sachsen.

Friedr. Alfred Frhr. v. Lotzbeck auf Weihern.

Adolph Friedrich von Schack, Legationsrath in München.

Ignaz v. Olfers, Generaldirector der k. Museen in Berlin.

Sir William Jackson Hooker, Superintendent der k. Gärten in Kew.

Dr. Jul. v. Niethammer, Reichsrath.

Auswärtige Mitglieder und Correspondenten.

(In alphabetischer Ordnung.)

Philosophisch-philologische Classe.

Mitglieder.

Joseph v. Allioli in Augsburg.
Immanuel Bekker in Berlin.
Theodor Benfey in Göttingen.
Theodor Bergk in Halle.
Hermann Bonitz in Wien.
Franz Bopp in Berlin.
Christ. Aug. Brandis in Bonn.
Hermann Brockhaus in Leipzig.
Heinrich Brunn in Rom.
Victor Cousin in Paris.
Franz Delitzsch in Erlangen.
Friedrich Diez in Bonn.
Gottfried Bernhardy in Halle.
August Böckh in Berlin.
Ludwig v. Döderlein in Erlangen.
Joh. Albrecht Dorn in St. Petersburg.
Emanuel Fichte in Tübingen.
Heinrich Leberecht Fleischer in Leipzig.
Garcin de Tassy in Paris.
Don Pascual de Gayangos in Madrid.
Jacob Geel in Leyden.
Eduard Gerhard in Berlin.
Carl Wilh. Göttling in Jena.
Jacob Grimm in Berlin.
Franz Guizot in Paris.
Carl Benedict Hase in Paris.
Moriz Haupt in Berlin.
Franz Hoffmann in Würzburg.
Dr. Albert Jahn in Bern.
Otto Jahn in Bonn.
Ludwig v. Jan in Erlangen.
Theodor Georg v. Karajan in Wien.
Carl Ludwig Kayser in Heidelberg.
Adolb. von Keller in Tübingen.
Christian Lassen in Bonn.
Emil Littré in Paris.

Hans Ferdinand Maßmann in Berlin.
August Meineke in Berlin.
Franz Miklosich in Wien.
Julius Mohl in Paris.
Theod. Mommsen in Berlin.
Max Müller in Oxford.
Franz Pfeiffer in Wien.
Alexand. Rangabé in Athen.
H. C. Rawlison in London.
Jos. T. Reinaud in Paris.
Ernst Renan in Paris.
Friedr. Ritschl in Bonn.
Rudolph Roth in Tübingen.
Emanuel Roulez in Gent.
Friedrich Rückert in Neusses bei Coburg.
Hermann Sauppe in Göttingen.
August Schleicher in Jena.
Georg Friedrich Schömann in Greifswalde.
Mac Guckin de Slane in Algier.
Friedrich Spiegel in Erlangen.
Benjamin Thorpe in London.
Friedrich Adolph Trendelenburg in Berlin.
Albrecht Weber in Berlin.
Friedrich Gottl. Welcker in Bonn.

Correspondenten.

Christian Cron in Augsburg.
Carl Daremberg in Paris.
Carl Frhr. v. Estorff in Hannover.
Johann Chr. Held in Bayreuth.
Amédée Peyron in Turin.
Charles Texier in Paris.
Joseph Valentinelli in Venedig.
Gustav F. Waagen in Berlin.

Mathematisch-physikalische Classe.

Allgemeine Naturgeschichte.

Mitglieder.

Carl Daubeny in Oxford.
Christian Gottfr. Ehrenberg in Berlin.
Franz Heßler in Wembding.
Georg Friedrich v. Jäger in Stuttgart.
Carl v. Scherzer in Wien.
Philipp Fr. v. Siebold in Japan.
Anton Spring in Lüttich.

Correspondenten.

Christoph Gottlieb v. Barth in Calw.
Sebastian Fischer z. Z. in München.
J. L. G. Guyon in Algier.
Martin Bald. Kittel in Aschaffenburg.
van Overmeer Fischer in Java.
Franz Seraph Pruner-Bey z. Z. in Paris.
C. J. Renard in Moskau.

Astronomie.

Mitglieder.

Georg Bidell Airy in Greenwich.
Johann Franz Encke in Berlin.
Peter Andr. Hansen in Gotha.
Sir John F. W. Herschel in London.
Urban Johann Joseph Leverrier in Paris.

C. A. F. Peters in Altona.
Lambert A. J. Quetelet in Brüssel.
Friedr. M. Schwerd in Speyer.
Friedrich Gg. Wilhelm v. Struve in Pulkowa.

Correspondenten.

A. Bravais in Versailles.
H. D'Arrest in Kopenhagen.
August Johann Grunert in Greifswalde.
Carl Kreil in Wien.
Joh. Heinrich Mädler in Dorpat.
Carl Rümker in Hamburg.
Carl Piazzi Smyth in Edinburgh.
Elias Wartmann in Genf.

Mathematik und Mechanik.
Mitglieder.

Carl Babbage in London.
Christoph Hansteen in Christiania.
Ernst Eduard Kummer in Berlin.
August Ferd. Möbius in Leipzig.
Friedr. Julius Richelot in Königsberg.

Correspondenten.

Andreas v. Ettingshausen in Wien.
Leopold Kronecker in Berlin.
Mathew Fontaine Maury in Washington.
Martin Ohm in Berlin.
Bernhard Riemann in Göttingen.
M. A. Stern in Göttingen.
Carl Weierstraß in Berlin.

Physik.
Mitglieder.

Andreas Ritter v. Baumgartner in Wien.
Sir David Brewster in St. Andrew.
H. Buff in Gießen.
Cäsar Mansuet Despretz in Paris.
Heinrich Wilhelm Dove in Berlin.
Wilhelm Eisenlohr in Carlsruhe.
Michael Faraday in London.
Jacob David Forbes in Edinburgh.
Gustav Magnus in Berlin.
Julius Plücker in Bonn.
Heinrich Victor Regnault in Paris.
August de la Rive in Genf.
Wilhelm Eduard Weber in Göttingen.
Carl Wheatstone in London.

Correspondenten.

Rudolph Clausius in Zürich.
Johann Georg Cogswell in New-York.
Wilhelm Gottlieb Hankel in Leipzig.
Joseph Henry in Washington.
Gustav Robert Kirchhoff in Heidelberg.
Jul. Robert Meyer in Heilbronn.
Hermann v. Schlagintweit, auf Schloß Jägersburg bei Forchheim.
Ferdin. v. Schmöger in Regensburg.
Wilhelm Thomson in Glasgow.
Franz Zantedeschi in Padua.

Chemie.

Mitglieder.

Gustav Bischof in Bonn.
Robert Wilhelm Bunsen in Heidelberg.
Michael Eugen Chevreul in Paris.
Johann Baptist Dumas in Paris.
Otto Erdmann Linné in Leipzig.
Thom. Graham in London.
A. W. Hofmann in London.
Hermann Kolbe in Marburg.
L. G. de Koninck in Lüttich.
Hermann Fr. M. Kopp in Gießen.
Eilert Mitscherlich in Berlin.
Theophil Julius Pelouze in Paris.
Heinrich Rose in Berlin.
K. J. A. Theod. Scheerer zu Freiberg.
Christian Friedrich Schönbein in Basel.
J. S. Stas in Brüssel.
Friedrich Wöhler in Göttingen.

Correspondenten.

Ernst Frhr. v. Bibra in Nürnberg.
Jos. Ldw. Casa Seca in Havanna.
Hermann v. Fehling in Stuttgart.
Georg Harley in London.
Gottfried Wilhelm Osann in Würzburg.
Joseph Redtenbacher in Wien.
Joseph Scherer in Würzburg.
Anton Schrötter in Wien.
A. Strecker in Tübingen.
Friedrich Walchner in Carlsruhe.
Adolph Würtz in Paris.

Zoologie, Anatomie und Physiologie.

Mitglieder.

Ludwig Agassiz in Boston.
Carl Ernst v. Bär in St. Petersburg.
Claude Bernard in Paris.
Johann Friedr. Brandt in St. Petersburg.
Carl Gustav Carus in Dresden.
Henri Milne Edwards in Paris.
Daniel Friedrich Eschricht in Kopenhagen.
P. Flourens in Paris.
Jacob Henle in Göttingen.
J. van der Hoven in Leyden.
Joseph Hyrtl in Wien.
Albert Kölliker in Würzburg.
Carl Ludwig in Wien.
A. Th. v. Middendorf in St. Petersburg.
Richard Owen in London.
Maximilian Perty in Bern.
Wilhelm Sharpey in London.
Japetus Johann Steenstrupp in Kopenhagen.
Friedrich Stein in Prag.
Alfred Wilhelm Volkmann in Halle.
Rudolph Wagner in Göttingen.
Max Joseph Weber in Bonn.

Correspondenten.

B. J. van Beneden in Löwen.
Bouros in Griechenland.
Carl Gegenbauer in Jena.

Heinrich Helmholz in Heidelberg.
August Herrich-Schäffer in Regensburg.
John le Conte in Philadelphia.
Joseph Leidy in Philadelphia.
Leroy d' Etiolles in Paris.
Hermann v. Meyer in Frankfurt.
Franz Ludwig Pictet in Genf.
J. J. v. Tschudi z. Z. in Amerika.

Botanik.
Mitglieder.

Asa Gray in Cambridge bei Boston.
Alex. Braun in Berlin.
Adolph Theodor Brongniart in Paris.
Alphons de Condolle in Genf.
Elias Fries in Upsala.
Heinrich Robert Göppert in Breslau.
August Heinrich Rudolph Grisebach in Göttingen.
Carl Friedrich Meisner in Basel.
Hugo v. Mohl in Tübingen.
Math. Jacob Schleiden in Jena.
Christoph Ludwig Treviranus in Bonn.

Correspondenten.

Georg Bentham in London.
Joseph de Caisne in Paris.
Wilhelm Hofmeister in Leipzig.
Jos. Dalton Hooker in London.
Joh. Lindley in London.

Ludwig René Tulasne in Paris.
Franz Unger in Wien.

Mineralogie und Geognosie.
Mitglieder.

Johann Baptist Armand Ludwig Elie de Beaumont in Paris.
Heirich Ernst Beyrich in Berlin.
Gabriel Aug. Daubrée in Paris.
Thomas Davidson in London.
Wilhelm Carl Haidinger in Wien.
Sir Robert Kane in Dublin.
Carl Lyell in Wien.
Roderik Impey Murchison in London.
Carl Friedrich Naumann in Leipzig.

Correspondenten.

Luc. Alaman in Mexiko.
Friedrich Alberti in Wilhelmshall (in Württemberg).
August Breithaupt in Freiberg (Sachsen).
J. Gg. Brush in Newhaven in in Connecticut.
Jacob D. Dana in Newhawen, Connecticut.
Alfred Ludw. Prosper Desclozie in Paris.
Arnold Escher v. d. Linth in Zürich.
Ferd. v. Hochstetter in Wien.
Gust. Adolph Kenngott in Zürich.
Nicolaus v. Kokscharow in St. Petersburg.
William Hallows Miller in Cambridge.
C. F. Rammelsberg in Berlin.

Carl v. Raumer in Erlangen.
Gustav Rose in Berlin.
Bernhard Studer in Bern.
Franz Xaver M. Zippe in Wien.
Christian Andreas Zipser in Neusohl.

Historische Classe.
Mitglieder.

Hans Frhr. von und zu Aufseß in Nürnberg.
Joseph v. Bergmann in Wien.
Carl Purton Cooper in London.
Joh. Gustav Droysen in Berlin.
Julius Ficker in Innsbruck.
Louis Prosper de Gachard in Brüssel.
Johannes v. Geissel in Cöln.
Georg Groote in London.
Ludwig Häusser in Heidelberg.
Carl Hegel in Erlangen.
Constant. Höfler in Prag.
Friedr. Hurter in Wien.
Jos. Ernst Ritter v. Koch-Sternfeld in Tittmoning.
Jos. Eutych. Kopp in Luzern.
Carl Lanz in Stuttgart.
Johann Martin Lappenberg in Hamburg.
Joachim Jos. de Macedo da Costa in Lissabon.
G. Michelsen in Nürnberg.
Johann Möller in Löwen.

Giovanni Orti di Manara in Verona.
Franz Palacky in Prag.
Reinhold Pauli in Tübingen.
Georg Heinr. Pertz in Berlin.
Georg Philipps in Wien.
Peter Fr. Xav. de Ram in Löwen.
Leopold v. Ranke in Berlin.
Alfred v. Reumont in Rom.
Paul Roth in München.
Heinrich Schäfer in Gießen.
Julius Frhr. v. St. Genois in Gent.
Christoph Friedrich von Stälin in Stuttgart.
Heinrich Carl Ludolf von Sybel in Bonn.
Adolph v. Varnhagen in Buenos-Ayres.
Johannes Voigt in Königsberg.
Georg Waitz in Göttingen.
Leopold August Warnkönig in Stuttgart.
Philipp Wattenbach in Heidelberg.
Franz Xaver Wegele in Würzburg.
Paul Wiegand in Wetzlar.

Correspondenten.

Ludwig Bianchini in Palermo.
E. Birk in Wien.
Gino Marchese Capponi in Florenz.
M. Th. Contzen in Würzburg.
Michael Fertig in Landshut.
Thomas Gar in Trient.

Theodor Herberger in Augsburg.
Albert Jäger in Wien.
J. Lacomblet in Düsseldorf.
Johann Georg Lehmann in Nußdorf bei Landau in der Pfalz.
Baron Kervyn de Lettenhove in Brüssel.
Franz Joseph Mone in Karlsruhe.
M. A. Moreau de Jonnes in Paris.
Sebastian Mutzl in Eichstädt.
Anton Namur in Luxemburg.
Oscar Peschel in Augsburg.

Georg Rau in Speyer.
Fr. Xaver Remling in Speyer.
Johann Suibert Seibertz in Arensberg in Westphalen.
J. W. Ch. Steiner in Seligenstadt.
Jodok Stülz in St. Florian.
W. B. Wenk in Leipzig.

Akademisches Bibliothekariat.
Bibliothekar.
Carl Wiedmann, Bibliothekar d. k. Hof- u. Staatsbibliothek. (M. 3.)

General-Conservatorium der wissenschaftlichen Sammlungen des Staates.

Administration.
General-Conservator.
Dr. Justus Frhr. v. Liebig. (S. Vorstand der Akad. der Wissenschaften.)

Secretär.
August Friedrich Neumeyer.

Casse- und Rechnungsführer.
Simon Joseph Jandebeur.

Wissenschaftliche Sammlungen und Anstalten.

Münzcabinet.
Conservator.
Dr. Franz Streber. (s. Akademie d. W.)

Assistent.
Dr. Heinrich Hayd, Priester.

Antiquarium.
Conservator.
Dr. Wilhelm Christ. (s. Akad. d. W.)

Sternwarte.
Conservator.
Dr. Johann Lamont. (s. Akadem. d. Wiss.)

Erster Gehilfe.
Johann Christ. Feldkirchner.

Meteorologische Anstalten.

Auf dem Hohenpeißenberge.

Observator.
Georg Mayr, Pfarrer.

Zu Augsburg.

Observator.
— — —

Zu Regensburg.

Observator.
Dr. Ferdinand von Schmöger, Professor.

Mathematisch-physikalische Sammlung.

Conservator.
Dr. Carl August Steinheil. (s. Akad. d. W.)

Mineralogische Sammlung.

I. Conservator.
Dr. Franz Ritter v. Kobell. (s. Akad. d. W.)

II. Conservator.
Ludwig Frischmann.

Geognostische Sammlung.

Conservator.
Dr. Carl Emil Schafhäutl. (s. Ak. d. W.)

Assistent.
Dr. Georg Winkler, Privatdocent.

Chemisches Laboratorium.

Conservator.
Dr. Justus Frhr. v. Liebig. (s. Vorstand d. Akademie d. W.)

Botanischer Garten.

Conservator.
Dr. Carl Wilhelm Nägeli. (s. Akad. d. Wiss.)

Custos.
Dr. med. Ferdinand Kummer.

Adjuncten.
Dr. Ludwig Radlkofer, außerordentl. Professor an der Ludw.-Maximilians-Universität.
Dr. Rudolph Philipp Zöller.

Gärtner.
Maximilian Kolb.

Herbarium.

Conservator.
Dr. Carl Wilhelm Nägeli. (s. Akad. d. Wiss.)

Custos.
Dr. Ferdinand Kummer.

Adjunct.
Dr. Ludwig Radlkofer. (s. oben.)

Zoologisch-zootomische Sammlung.

Conservator.
Dr. Carl Theodor v. Siebold. (s. Akad. d. W.)

Adjunct.
Dr. Joseph Kriechbaumer.

Assistent.
Dr. Max Gemminger.

Präparatoren.
Dr. Johann Adam Kuhn.
Conrad Will.

Paläontologische Sammlung.

Conservator.
Dr. Carl Albert Oppel. (S. Ak. der Wissenschaften.)

Präparator.
Carl Heitgen.

Anatomische Anstalt.
Conservator.
Dr. Theodor Ludw. Wilh. Bischoff. (s. Akad. d. W.)
Adjunct.
Dr. Nicolaus Rüdinger.

Physiologisches Institut und vergleichende Anatomie.
Conservatoren.
Dr. Carl Th. v. Siebold. (s. U. d. W.)

Dr. Carl Voit, ordentl. Professor an der K. Ludw.=Max.=Universität.
Präparator.
Conrad Will.

Ethnographische Sammlung.
Conservator.
Dr. Moritz Wagner. (S. Akad. der Wissenschaften.
Adjunct.
Dr. Joh. Adam Kuhn.

Hof- und Staatsbibliothek.

Director.
Dr. Carl Halm, ordentl. öffentl. Professor der classischen Philologie, III. Vorstand des philogischen Seminars, Mitglied der K. Akad. d. Wissenschaften. (M3.)

Bibliothekare.
Heinrich Föringer, Mitglied der K. Akad. der Wissenschaften. (M3.), Carl Wiedmann.(M3.), Dr. Georg Martin Thomas, Mitglied der K. Akad. b. Wiss.

Custoden.
Ferdinand Heldobler, Jos. Clausner.

Secretäre.
Anton Gutenäcker, Paul Lammerer, Wilhelm Glück, Joseph Aumer.

Conservator der musikalischen Abtheilung.
Joseph Julius Mayer. (mit dem Range eines Bibliothek=Secretärs.)

Akademie der bildenden Künste.

Protector.
Seine Majestät der König.

Director.
Wilh. v. Kaulbach. (K3. M2b. MaxO. BL3. FCL5. PCW.)

Ordentliche Mitglieder.
Joseph Schlotthauer, quiesc. Prof. b. Historienmalerei. (M. 3.)

Moritz Ritter v. Schwind, Professor b. Historienmalerei, Mitglied der K. Akad. in Dresden und Antwerpen. (M3. MaxO. GC5. SCH3. SJ3.)

Ludw. Lange, Prof. d. Architekt., K.
griech. Baurath. (M3. GE5.)

Max Widnmann, Professor der
Bildhauerkunst. (M3.)

Johann v. Schraudolph, Prof.
der Historienmalerei. (K3. M3.
MaxO.)

Julius Thäter, Professor der
Kupferstecherkunst, Mitgl. d. K.
Akad. d. Künste zu Dresden.
(M3.)

Hermann Anschütz, Professor der
Maltechnik.

Philipp Folz, Professor der Historienmalerei. (M3.)

Friedrich Ziebland, Professor der
Architektur, Oberbaurath, or-
dentliches Mitglied des kgl.
Baukunst-Ausschusses, Ehren-
und correspondirendes Mitglied
des k. Instituts der brittischen
Architekten, dann Mitglied d.
Akademie d. Künste in Berlin.
(M3. MaxO. PKU3.)

Dr. Moriz Carriere, Professor
der Kunstgeschichte, Ehrenprofessor an der K. Universität
München. (M3.)

Carl Piloty, Professor der Maltechnik und Historienmalerei.
(M3.)

Georg Hiltensberger, Prof. und
Corrector im Antiken-Saale.

Joseph Knabl, Professor der reli-
giösen Sculptur.

Secretär.
Prof. Dr. Moriz Carriere. (M3.)

Cassier.
Otto Weber.

Docenten.
Dr. Julius Kollmann für Anatomie.

Gustav Seeberger für die Perspective, descript. Geometrie
u. Schattenconstruction.

Alex. Strähuber, Hilfslehrer im
Antikensaal, für anatomisches
Zeichnen.

Lehrer der akademischen Vorschule.
Hermann Dyck, Architektur- und
Genremaler.

Ehren-Mitglieder.

Peter v. Heß, Hofmaler in München. (K3. M3. BL4. GE4.
RU2. RSt2.)

Leo v. Klenze, Geh. Rath, Hofbau-Intendant in München.
(Siehe K. Hofbau-Intendanz.)

August Graf v. Seinsheim, Kämmerer, Reichsrath. (LGE3.)

Robert Cockerell, Architekt in
London.

Friedrich Overbeck, Historienmaler
in Rom. (M3. MaxO.)

Phil. Veit, Director, Historienmaler in Frankfurt a. M. (M4.)

Fürst Ludwig Carl Kraft v. Oettingen-Wallerstein, Staatsrath im a. D.

Hittorff, Regierungs- u. Stadt-
Architekt in Paris. (M2b.)

Johann Ingres, ehem. Director
der franz. Akademie in Rom,
Historienmaler in Paris.

Peter Tenerani, Bildhauer in
Rom. (M3.)

Schnetz, Historienmaler und Director d. franz. Akad. d. Künste
in Paris.

August Riebel, Historienmaler, in Rom. (M3.)

Chr. Morgenstern, Landschaftsmaler in München. (M4.)

Max Eman. Ainmüller, Inspect. der K. Glasmalerei-Anstalt in München. (M3. PP3. PRU3.)

Niels Simmonsen, Seebildmaler in Kopenhagen.

Gustav Hetsch, Architekt und Prof. in Copenhagen.

Louis Gallait, Historienmaler in Brüssel. (M3.)

E. de Biefve, Historienmaler in Brüssel. (M3.)

Gibson, Bildhauer in Rom.

Jos. Führich, Historienmaler u. Prof. der Akademie der Künste in Wien. (M4.)

Heinrich Heinlein, Landschaftsmaler in München. (M3.)

Frhr. Gustav v. Wappers, Director d. Malerakademie in Antwerpen.

Dr. Peter v. Cornelius, Director, Historienmaler in Berlin. (K3. Max O. PCV.)

Dr. Julius Schnorr v. Carolsfeld, K. Sächs. Gallerie-Director zu Dresden. (K3. M3. Max O. GE4. PCV.)

Aug. v. Voit, Oberbaurath im K. Staatsministerium des Handels und der öffentl. Arbeiten. (S. K. Oberste Baubehörde.)

Eugen Neureuther, Maler und ehemal. Inspector d. K. Porzellan-Manufactur in München.

Bonaventura Genelli, Historienmaler in Weimar.

Friedrich Brugger, Bildhauer in München. (M4.)

Ludwig Schaller, Bildhauer in München. (SF3.)

Carl Hermann, Historienmaler in Berlin.

Eduard Steinle, Maler in Frankfurt a/M.

Ernst Deger, Maler in Düsseldorf. (Max-O.)

August Stüler, K. Preuß. Geh. Ober-Hofbaurath in Berlin. (M2b. MaxO.)

von Olfers, K. Preuß. Geh. Rath und General-Director der K. Muséen in Berlin. (M2b.)

Eugen Eduard Schäffer, Professor u. Kupferstecher in München.

Ludwig Richter, Professor an der K. Akademie der Künste in Dresden. (M4.)

Alexander Strähuber, Historienmaler in München.

Bendemann, Director der Kunstakademie in Düsseldorf.

Ernst Hähnel, Professor an der Akademie der Künste in Dresden. (M4. Max-O.)

van der Nül, Architektur-Professor in Wien. (M3.)

Jean Hippol. Flandrin, Historien‑
maler in Paris.

Feodor Dietz, Historienmaler in
Karlsruh, badischer Hofmaler.
(M3.)

Eduard Meyerheim, Genremaler
in Berlin. (M4.)

Gustav Richter, Professor, Genre‑
und Portraitmaler in Berlin.
(M4.)

Johann Kirner, Genremaler in
München.

Eduard Schleich, Landschaftsmaler
in München.

Dr. Ernst Förster, Kunsthistoriker
in München. (PRU4. SCH3.
SF3.)

Franz Graf von Thun-Hohenheim,
K. K. Ministerialrath in Wien.

Dr. Franz Eggers, Kunsthistoriker
in Berlin.

Albert Zimmermann, Landschafts‑
maler, Professor in Wien.(M4.)

Bernhard Neher, Historienmaler,
Professor in Stuttgart.

Andreas Müller, Professor und
Historienmaler in München.

Erich Correns, Portraitmaler in
München.

Carl von Enhuber, Genremaler
in München.

Frhr. Arthur v. Ramberg, Profes‑
sor u. Genremaler in Weimar.

Heinrich Bürkel, Genremaler in
München.

August Kreling, Historienmaler u.
Director der Kunstgewerbs‑
schule in Nürnberg. (M3.)

G. Guffens, Historienmaler in Ant‑
werpen.

J. Swerts, Historienmaler in Ant‑
werpen.

Alex. v. Kotzebue, Professor und
Historienmaler in München,
k. russ. Hofmaler.

Active Künstler.

Peter v. Heß, Hofmaler in Mün‑
chen. (siehe oben).

Gottfr. Semper, Prof. d. Archit.
am Polytechnikum in Zürich.

Carl Rahl, Histor.-Maler u. Pro‑
fessor in Wien.

Ludw. Knaus, Prof. u. Historien‑
Maler in Berlin.

Ferdinand Pauwels, Histor.-Maler
in Antwerpen.

H. Leys, Histor.-Maler in Ant‑
werpen.

Michael Echter, Histor.-Maler in
München.

Pensionirte Künstler.

Maler: Ernst Kaiser.
       Gottfried Herm. Sag‑
       stätter.
       Lorenzo Quaglio.
       Carl Restallino.
       Ludwig Wendling.
       Johann Adam Klein.
       (SCHW.)
       Alexander Strähuber.

Porzellanmaler: Max Auer.
       Charles le Feubure.
       Otto Wustlich.

Historienmaler: Mich. Wittmer
in Rom.

Architekturmaler: Wilh. Gail.
       Mich. Neher.

Kupferstecher: Peter Lutz.
       Adrian Schleich.

Bildhauer: Peter Schöpf in Rom.

Portraitmaler: Professor Joseph
Bernhardt. (M4. PRU4.)

Central-Gemälde-Gallerie-Direction.

Director.
Clemens v. Zimmermann. (K3. M3. OJ33. WR3.) Zugleich mit der Aufsicht d. zum Privat-Eigenthum Sr. Maj. d. Königs Ludwig gehörigen Glyptothek, der neuen Pinakothek u. Vasensammlung betraut.

Central-Gemälde-Gallerie zu München.
Conservatoren.
Jos. Günbter. (M3.) Ignaz Frey.

Kupferstich-Cabinet und Sammlung der Handzeichnungen.
Conservator.
Dr. Jac. Heinr. v. Hefner-Alteneck, Prof. u. Mitglied der K. Akademie der Wissenschaften. (M3. HP3. PRU4. SU3.)

Gemälde-Gallerie in dem K. Schlosse zu Schleißheim und Lustheim.
Conservator.
Anton Zwengauer.

Gemälde-Gallerie zu Augsburg.
Conservator.
Andreas Eigner.

Gemälde-Gallerie und Gemälde-Sammlung in der Moritz-Kapelle zu Nürnberg.
Conservator.
August Kreling. (M3.)

Direction der vereinigten Sammlungen im ehemaligen Galleriegebäude am Hofgarten.

Director.
—

Conservator.
Georg Bumüller.

K. Erzgießerei zu München.
Inspector.
Ferdinand von Miller. (K3. M3. B3L3. OJ33. SGH4. SJ3. SM3. SW. WR3.)

Bayerisches National-Museum.
Director.
Carl Maria Freiherr v. Aretin, Geheimer- u. Reichs-Rath. (Siehe Geheimes Hausarchiv.)

Universitäten.

K. Ludwig-Maximilians-Universität zu München.

Rector magnificus.
(Zugl. Prokanzler der Universität.)
Dr. Max v. Stadlbaur. (s. theol. Facultät.)

Akademischer Senat.
Rector: Dr. Max v. Stadlbaur. (s. theol. Facultät.)
Prorector: Dr. Hubert Beckers. (. philos. Facultät.)

Senatoren.
Dr. Bonifaz Haneberg. (s. theol. Facultät.)
„ Joseph Pözl. (s. jurist. Facultät.)
„ Bernhard Joseph Winscheid. (s. jurist. Facultät.)
„ Wilh. Heinr. Riehl. (siehe staatswirthsch. Facultät.)
„ Max Pettenkofer. (siehe medicin. Facultät.)
„ Carl v. Pfeufer. (siehe medic. Facultät.
„ Johann Phil. Gust. Jolly. (siehe phil. Facultät.)
„ Leonh. Spengel (siehe philos. Facultät.)

Universitätssecretär.
Dr. Ernst Julius Richter.

Universitätsactuar u. Registrator.
Johann Val. Thedy.

Verwaltungs-Ausschuß der Universität und des herzoglich georgianischen Priesterhauses.

Vorstand.
Dr. Max v. Stadlbaur, Rector.

Mitglieder.
Dr. Carl Friedr. v. Dollmann.
„ Joseph Pözl.
„ Carl Friedr. Roth.
„ Franz Xaver Zenger.
„ Carl Thumann, Director des Georg. Clerical-Seminars.

Fiscal und Syndicus.
Dr. Simon Spengel.

Secretär.
Joh. Val. Thedy, funct.

Universitäts- u. Priesterhaus-Fonds-Administration.

Agentie München, zugl. Hauptcasse.
Leonh. Ant. Vollmann, Hauptcassier und Agent.

Administration Landshut.
Michael Deuringer, Administrator.

Administration Ingolstadt.
Andreas Hauser, Administrator.

Administration Aichach.
Michael Bösmiller, Administrator.

Institute der Universität.
Bibliothek-Commission.
Vorstand.
Dr. Carl Emil Schafhäutl.

Mitglieder.
Dr. Fr. Xav. Reithmayr.
„ Friedrich Kunstmann.
„ Wilh. Heinr. Riehl.
„ Joh. Nepom. v. Ringseis.

Universitäts-Stipendien-Verwaltung.

Stipendien-Ephor.
Dr. Franz Xav. Zenger.

Cassier.
Leonhard Anton Vollmann.

Georgian. Clerical-Seminar.

Regens.
Dr. Carl Thumann, Director, (s. theol. Facultät).

Subregens.
Anton Scheibl.

Spruch-Collegium.

Ordinarius.
Dr. Hieronymus v. Bayer, (siehe jurist. Facultät.)

Beisitzer.
Sämmtliche ordentliche Profess. der jurist. Facultät.

Secretär.
Dr. Ernst Julius Richter.

Philologisches Seminar.

I. *Vorstand.*
Dr. Leonhard Spengel,

II. *Vorstand.*
Dr. Carl Prantl.

III. *Vorstand.*
Dr. Carl Halm.

IV. *Vorstand.*
Dr. Wilhelm Christ.

Mathematisch-physikalisches Seminar.

I. *Vorstand.*
Dr. Joh. Ph. Gust. Jolly.

II. *Vorstand.*
Dr. Ludwig Phil. Seidel.

Historisches Seminar.

Vorstand.
Dr. Friedr. Wilh. Benjam. Giesebrecht.

Facultäten.
Theologische Facultät.

Ordentliche öffentliche Professoren.

Dr. Ign. v. Döllinger, für Kirchengeschichte; Hofcapell-Director, Stiftspropst u. Mitglied der K. Akademie der Wissenschaften. (siehe Akad. d. Wiss.)

„ Max v. Stadlbaur, für Dogmatik; K. Geistl. Rath. (K3. M3.)

„ Fr. Xav. Reithmayr, für neutestamentliche Exegese u. biblische Hermeneutik, Geheim-Kämmerer Sr. päpstl. Heiligkeit und bischöflich geistlicher Rath, Ehrenmitglied der theol. Facultät der k. k. Universität zu Prag. (M3. S.FJ.)

Dr. Bonifaz Haneberg, für biblisch-orientalische Sprachen und alttestamentliche Exegese; Abt des Benedictiner-Stifts St. Bonifacius, Mitglied der k. Akademie der Wissenschaften. (s. Akad. d. Wiss.)

„ Anton Rietter, für Moraltheologie. (M3.)

„ Carl Thumann, für Pastoraltheologie, Liturgik, Homiletik u. Katechetik, Director d. Georgianischen Collegiums.

Privatdocenten.

Dr. Isidor Silbernagel.

„ Johann Friedrich.

„ Alois Pichler.

Juristische Facultät.

Ordentliche öffentliche Professoren.

Dr. Hieronymus v. Bayer, für gem. und bayr. Civil-Prozeß, lebenslänglicher Reichsrath; Geh. Rath, Mitgl. der k. Akademie der Wissensch. (s. Akad. d. Wiss.)

„ Fr. Xav. Zenger, für röm. Recht. (M3.)

„ Carl Friedrich v. Dollmann, für Criminalrecht u. Criminalproceß, bayr. Landrecht u. franz. Civilrecht, k. Hofrath. (K3. M3. S.EH3.)

„ Joseph Pözl, für bayerisches Staatsrecht. (M3.)

„ Bernh. Jos. Windscheid für röm. Civilrecht.

Dr. Friedrich Kunstmann, für Kirchenrecht, Mitgl. d. K. Akad. d. Wissensch. u. portugiesischer Akademiker. (siehe Akad. d. Wissensch.)

„ Conrad Maurer, für deutsches Privatrecht, deutsche Reichs- u. Rechts-Geschichte, dann für Staatsrecht. (M3).

„ Carl Theodor Bolgiano, für bayer. Civilproceß u. franz. Civilrecht u. Proceß.

„ Friedrich Walther, für Criminalrecht und Criminalproceß.

„ Paul Roth, für deutsches Privatrecht, deutsche Reichs- u. Rechtsgesch., dann Staatsrecht.

Außerordentlicher Professor.

Dr. Ernst Aug. Seuffert.

Ehren-Professoren.

Dr. Johann Nepomuk Buchinger, Hofrath, q. Archivsrath und Mitgl. der K. Akad. der Wissenschaften. (s. Akad. d. Wiss.)

Privatdocenten.

Dr. Ludw. Rockinger, Reichsarchivs-Secretär, Außerordent. Mitgl. d. Akad. d. Wissensch.

„ Felix Dahn.

„ Dr. Franz Samhaber.

„ Herm. Seuffert.

Staatswirthschaftliche Facultät.

Ordentliche öffentliche Professoren.

Dr. Friedr. Bened. Wilh. v. Hermann, für Staatswirthschaft, Handelswissenschaft, Technologie u. polit. Rechenkunst,

k. Staatsrath, ordentliches Mitglied der K. Akadem. d. Wissenschaft. (s. Staatsrath.)

Dr. Carl Emil Schafhäutl für Geognosie, Bergbaukunst und Hüttenkunde, Oberbibliothekar, Conservator der geognost. Samml. des Staats, ord. Mitglied der K. Akademie d. Wissensch. sowie mehrerer anderer gelehrten Gesellschaften. (s. Akademie d. Wissenschaften.)

„ Caj. Georg Kaiser, für Technologie, Conservator des technologischen Cabinets der Universität und Prof. der allgemeinen Chemie an der K. polytechn. Schule, Mitglied des Kreis-Medic. Ausschusses für O.-Bayern, der kais. Leopoldinisch-Carolinischen Akademie in Breslau und mehrerer gelehrten Gesellschaften. (M3.)

„ Carl Fraas, für Landwirthschaft; Director der K. Central-Veterinärschule. (M3.)

„ Friedrich Knapp.

„ Wilh. Heinr. Riehl, für Culturgeschichte u. Statistik, ord. Mitglied d. K. Akad. d. Wiss. (s. Akad. d. Wissensch.)

„ Friedrich Carl Roth, für Encyklopädie d. Forstwissenschaften, Forstrecht u. Forstpolizei. (M3.)

„ Casp. Eilles, Lycealprofessor. (M3.)

Medicinische Facultät.

Ordentliche öffentliche Professoren.

Dr. Joh. Nep. v. Ringseis, für allgemeine Pathol. u. Therapie, Geh. Rath, Vorstand d. Obermedicinal-Ausschusses, Mitglied d. K. Akad. d. Wissenschaften; (s. Akad. d. Wiss.)

„ Franz Ser. v. Gietl, für Arzneiwissenschaft und medicinische Klinik, Geh. Rath, Leibarzt Sr. Maj. des Königs und Oberarzt der I. medic. Abtheil. am städt. allgemein. Krankenhause zu München. (s. Hofstaat Sr. Maj. des Königs.)

„ Fr. Christoph v. Rothmund, für Chirurgie und chirurgische Klinik; Mitglied des Obermedic. Ausschusses; Conservator des chirurgischen Cabinets u. Primärarzt der I. chirurgischen Abtheilung an dem städtischen allgemeinen Krankenhause zu München. (K3. M3.)

„ Carl v. Pfeufer, für spec. Therapie und Klinik; Obermedicinalrath, II. Vorstand des Obermedic.-Ausschusses u. Oberarzt der II. medicin. Abtheil. am städt. allgem. Krankenhause zu München. (K3. M3. WK3.)

„ Carl Theodor v. Siebold, für vergleichende Anatomie und Zoologie; Conserv. d. physiolog. Institutes, der vergleichend anatom. u. der zoolog. zootom. Sammlung des Staats und der Universität,

Mitglied der K. Akad. der Wissensch. (s. Akad. d. Wiss.)
- **Dr.** Theodor Ludwig Wilhelm Bischoff, für menschl. Anatomie und Physiologie; Conservator der anatom. Anstalt, Vorstand des Medicinal-Comité, Mitglied d. K. Akad. der Wissensch. zu München, Wien, Berlin u. St. Petersburg. (s. Akad. d. Wissensch.)
- " Franz Seitz, für Arzneimittellehre und Poliklinik. (M3.)
- " Ludwig Andreas Buchner, für Pharmacie, Conservator des pharmaceutischen Institutes u. außerord. Mitgl. d. K. Akademie d. Wissenschaften, außerord. Beisitzer d. Med.-Comité.
- " Max Pettenkofer, Conservator des Laboratoriums für physiologische Chemie, Mitglied d. K. Akad. d. Wiss., k. Leibapotheker, Beisitzer des Obermedicinal-Ausschusses. (s. Akad. d. Wissensch.)
- " Jos. Hofmann, für Staatsarzneikunde, Bezirksgerichtsarzt, ord. Beisitzer d. Med.-Comité, a. o. Mitglied der Gesellschaft für Geburtskunde in Berlin u. des Vereins für Förderung der Staatsarzneikunde im Großherzogthume Baden.
- " Wilh. Friedrich Carl Hecker, für Geburtshilfe, Vorstand der Hebammenschule, der Gebäranstalt und der geburtshilflichen Poliklinik. (M3.)
- " Ludwig Buhl, für allgem. Pathologie u. pathologische Anatomie, funct. Prosector, ord. Beisitzer d. Med.-Comité, außerordentl. Mitglied d. K. Akademie d. Wissensch.
- **Dr.** Johann Nepomuk Nußbaum für Chirurgie und chirurgische Klinik, Oberarzt der II. chirurg. Abtheil. des städt. allgem. Krankenhauses zu München. (PG3. ScF3.)
- " Joseph Lindwurm, für Dermatologie u. Syphilitologie, Oberarzt der syphilit. Klinik am städt. allgem. Krankenhause zu München, Suppleant d. Medic.-Com.
- " August Rothmund, für Augenheilkunde.
- " Carl Voit, für Physiologie, Conservator des physiolog. Institutes.

Außerordentliche Professoren.
- **Dr.** Ludwig Ditterich. (GC5.)
- " Theodor v. Heßling.

Ehren-Professoren.
- **Dr.** Jacob Braun, Spitalarzt. (M3.)
- " Franz Seraph Horner, Medicinalrath, Director d. allgemeinen städt. Krankenhauses zu München, ordentl. Beisitzer des Medic.-Comité u. Mitglied d. Kreis-Medicinal-Ausschusses. (M3.)
- " Anton Kranz, Gerichtsarzt.
- " Ernst Buchner, Hofstabs-Hebarzt, ord. Beisitzer des Med.-Com., Mitglied des Kreis-Medicinal-Ausschusses.
- " Eduard Schnizlein.
- " Joseph Buchner.
- " Guido Koch, Hofzahnarzt. (PA3.)
- " August Hauner. (M3.)

Dr. Aug. Solbrig, Vorstand der
Kreis-Irrenanstalt. (M3.)
" Alois Martin, Bez.-Gerichts-
Arzt.
" Heinrich Ranke.

Privatdocenten.

Dr. Heinrich Fischer, Hofrath u.
Mitglied b. Obermedic.-Aus-
schusses. (M3. HC3a. OF3.
OL3.)
" Oscar Mahir.
" Dominicus Hofer, Prof. an b.
Central-Veterinärschule.
" Martell Frank, Bezirksge-
richts- u. Polizeiarzt, Suppl.
des Med.-Comité.
" Alfred Vogel, Suppleant des
Medicinal-Comité u. Mitgl.
der sociétés des sciences
med. et nat. zu Brüssel.
" Joseph Wolffsteiner.
" Wilhelm Brattler.
" Arnold v. Franque.
" Joseph Amann.
" Julius Kollmann.
" Johannes Ranke.

Philosophische Facultät.

Ordentliche öffentliche Professoren.

Dr. Justus Frhr. v. Liebig, für
Chemie, Conserv. des chem.
Laboratoriums, Vorstand b.
Akad. b. Wissensch. (s. Akad.
b. Wissensch.)
" Franz Ritter v. Kobell, für Mi-
neralogie, erster Conservator
der mineralogischen Samml.
des Staats und Conservator
des mineral. Cabinets der
Universität, Mitglied b. K.
Akad. b. Wiss. u. b. kaiserl.
Leopoldinisch-Carolinischen
Akademie in Breslau.

Dr. Franz Streber, für Archäo-
logie u. Numismatik, Mit-
glied b. K. Akademie d. Wiss.
u. Conserv. b. Münzsamm-
lung. (s. Akad. b. Wiss.)
" Johann Eduard Hierl, für
Mathematik, prakt. Geometrie
u. Situationszeichnung. (L.)
" Leonhard Spengel, für Phi-
lologie, I. Vorst. des philol.
Seminars u. Mitglied b. K.
Akad. b. Wiss. (s. Akad. der
Wiss.)
" Johann Philipp Gust. Jolly,
für Exper.-Physik, Conserv.
für diese, I. Vorstand des
mathematisch-physikalischen
Seminars und Mitglied der
K. Akad. der Wissensch. (s.
Akad. b. Wiss.)
" Emil Schafhäutl. (s. staatsw.
Facultät.)
" Hubert Beckers, für Philoso-
phie, Mitglied b. K. Akad.
der Wissensch. (s. Akademie
b. Wissensch.)
" Marc. Jos. Müller, für die
nichtbiblischen orientalischen
Sprachen u. Litteratur, Mit-
glied b. K. Akad. b. Wiss.
" Johann Söltl, für Geschichte,
k. Geh. Hausarchivar. (M3.)
" Joh. Lamont, für Astronomie,
Conservator der Sternwarte
u. Mitglied b. K. Akad. b.
Wissensch. (s. Akad. b. Wiss.)
" Carl Theodor v. Siebold.
(s. medic. Facultät.)
" Carl Adolph Cornelius, für
Geschichte, Mitglied b. K.
Akad. b. Wissensch. (s. Akad.
b. Wiss.)

Dr. Ludw. Philipp Seidel, für Mathematik, II. Vorstand des mathematisch-physikalischen Seminars u. Mitglied d. K. Akad. d. Wissenschaften, Correspondent der k. Societät der Wissensch. zu Göttingen.
„ Carl Wilh. Nägeli, für Botanik u. Conserv. des botan. Gartens u. d. k. Herbariums, dann ordentliches Mitglied der K. Akademie der Wissenschaften.
„ Jacob Frohschammer, für Philosophie.
„ Conrad Hofmann, für altdeutsche Sprache und Literatur, Mitglied der K. Akad. d. Wissensch.
„ Carl Halm, für classische Philologie, III. Vorstand des philolog. Seminars, Mitglied d. K. Akad. d. Wiss. und Director der K. Hof- und Staats-Bibliothek. (s. Akad. d. Wissensch.)
„ Friedr. Wilh. Benjam. Giesebrecht, für Geschichte, und Director des histor. Seminars, Mitgl. d. Akadem. d. Wissenschaften, dann corresp. Mitgl. d. Akad. d. Wissensch. in Berlin. (s. Akad. d. Wiss.)
„ Joseph Beraz, für allgemeine Naturgeschichte.
„ Carl Prantl, für classische Philologie, II. Vorstand des philolog. Seminars, Mitgl. d. K. Akad. d. Wissenschaften.
„ Franz Löher, für allgemeine Literaturgeschichte, dann der Länder- und Völkerkunde; Mitglied d. K. Akad. d. Wissenschaften. (s. K. Akadem. d. Wissensch.)

Dr. Albert Oppel, für Paläontologie, Conservator der paläontologischen Sammlung des Staats, außerord. Mitgl. d. K. Akadem. d. Wissensch.
„ Wilhelm Christ, für classische Philologie, Conservator des Antiquariums, außerordentl. Mitgl. d. k. Akad. d. W., IV. Vorstand d. philol. Seminars.

Außerordentliche Professoren.

Dr. August Vogel, Conservator des Laboratoriums für Agriculturchemie, außerord. Mitglied d. K. Akad. d. Wiss.
„ Georg Recht.
„ Joh. Nep. Sepp.
„ Joh. Nep. Huber.
„ Ludw. Rablkofer.

Ehren-Professoren.

Dr. Franz Emanuel August v. Geibel. (K3. MaxO.)
„ Moriz Carriere, Professor d. Kunstgeschichte und Secretär der Akademie der bildenden Künste. (M3.)
„ Friedrich Bodenstedt. (M3. SEH3.)
„ Moriz Wagner, Conservator der ethnograph. Sammlung des Staates.

Privatdocenten.

Dr. Jos. Ant. Meßmer.
„ Gustav Bauer.
„ Carl v. Lützow.
„ Franz Xaver Reber.
„ Gustav Georg Winkler.
„ Julius Weizsäcker.
„ August Kluckhohn.
„ Simon Schwendener.
„ Philipp Carl.

28

Dr. Wilhelm v. Bezold.
„ Wilhelm v. Hertz.
„ Jacob Vollhard.

Lectoren.

Eduard Minet, für franz. Sprache und Literatur.
M. Wertheim, für engl. Sprache.

Universitätskirche.
(St. Ludwigs=Kirche.)
Dr. — — — —, Officiator u. Beneficiat.
Dr. Martin Deutinger, Universitätsprediger.

Institute, Sammlungen u. s. w. der Universität.

Archiv.
Dr. Hieron. v. Bayer, Vorstand. (s. jurid. Facultät.)

Bibliothek.
Oberbibliothekar.
Dr. C. E. Schafhäutl. (s. staatsw. Facultät.)

Unterbibliothekar.
Dr. Nepomuk Ströhl, Canonicus bei St. Cajetan. (M3.)

Scriptoren.
Dr. Ludwig Kohler.
Mathias Burkart.
Friedrich Leuchs, funct. Scriptor.
Andreas Lauth, Officiant.

Physikalisches und mathematisches Cabinet.
Vorstand.
Dr. Johann Phil. Gustav Jolly. (s. philos. Fac.)

Asistent.
Dr. v. Bezold.

Pharmaceutisches Institut.
Vorstand.
Dr. Ludwig Andreas Buchner. (s. med. Facultät.)

Asistent.
Ferdinand Rhien.

Laboratorium für physiologische Chemie.
Vorstand.
Dr. Max Pettenkofer. (s. med. Fac.)

Asistent.
Ludwig Büller.

Laboratorium für physiologische Physik.
Vorstand.
— — — (s. medic. Fac.)

Laboratorium für Agricultur-Chemie.
Vorstand.
Dr. Carl August Vogel, (s. philos. Fac.)

Mineralogisches Cabinet.
Vorstand.
Dr. Franz v. Kobell. (s. phil. Fac.)

Chirurgisches Cabinet.
Vorstand.
Dr. Franz Christ. v. Rothmund, I. Vorstand. (s. medic. Fac.)
„ Johann Nep. Nußbaum, II. Vorstand. (s. medic. Fac.)

Technologisches Cabinet.
Vorstand.
Dr. Cajetan Kaiser. (s. staatswirthschaftl. Fac.)

Kupferstich- und Gemäldesammlung.
Vorstand.
Dr. Franz Streber. (s. philos. Fac.)

Münzen- und Medaillensammlung.

Anatomische Sammlung.
(Siehe General-Conservatorium der wissensch. Sammlung des Staates).

Zoologische Sammlung.
Vorstand.
Dr. Carl Theodor v. Siebold, Conservator. (siehe medicin. Facultät).

Assistent.
Dr. Max Gemminger.

Botanische Sammlung.
Conservator des Herbariums.
Dr. Carl Wilhelm Nägeli.

Adjunct.
Dr. Ludwig Radlkofer.

Custos.
Dr. Ferdinand Kummer.

Medicinische Poliklinik.
Vorstand.
Dr. Fr. Seitz. (s. medic. Fac.)

Assistent.
Dr. Arn. v. Franque.

Geburtshilfliche Poliklinik.
Vorstand.
Dr. Wilhelm Friedr. Carl Hecker. (s. medic. Fac.)

Assistent.
Dr. Max Braun, prakt. Arzt.

K. Julius-Maximilians-Universität zu Würzburg.

Rector magnificus.
Dr. Franz X. Wegele. (s. philos. Facultät.)

Akademischer Senat.
Dr. Johann Narr. (siehe medic. Facult.)
„ Joseph Ambros Michael Albrecht. (s. juristische Fac.)
„ Gg. Ludwig. (s. philos. Fac.)
„ Carl Edel. (s. jurist. Fac.)
„ Joh. Jos. Scherer. (s. medicin. Fac.)
„ Aug. Schenk. (s. philos. Fac.)
„ Jos. Hergenröther. (s. theol. Fac.)
„ Franz Hettinger. (s. theolog. Facultät.)
„ Johann Rudolph Wagner. (s. cameral. Fac.

Universitätssecretär und Quästor.
Georg Seufferth.

Universitätsactuar.
Carl Pfeiffer.

Facultäten.

Theologische Facultät.

Ordentliche öffentliche Professoren.

Decan: Dr. Jos. Andreas Hähnlein, für Moral- u. Pastoraltheologie.

Dr. Sebast. Reißmann, für Exegese u. oriental. Sprachen. (M3.)

„ Heinrich Joseph Dominicus Denzinger, für Dogmatik.

„ Joseph Hergenröther, für Kirchenrecht und Kirchengeschichte.

„ Franz Hettinger, für theol. Einleitungswissenschaften und Patrologie.

Juristische Facultät.

Ordentliche öffentliche Professoren.

Dr. Carl Edel, für Criminalrecht und Criminalprozeß. (M3.)

„ Jos. Ambros Mich. Albrecht, für gem. deutschen u. bayerischen Civilproceß, Civil- und Criminalpracticum u. Kirchenrecht, Hofrath. (M3.)

„ Joseph Held, für deutsches Privat- u. Lehenrecht, dann deutsche Reichs- und Rechtsgeschichte, sowie für gemeines deutsches u. bayersch. Staatsrecht. (M3.)

„ Carl Hildenbrand, für Encyklopädie und Methodologie d. Rechtswissenschaft, Rechtsphilosophie, bayr. Landrecht und Völkerrecht.

Dr. Georg Adam Wirsing, für bayer. Landrecht, dann Encyclopädie und Methodologie der Rechtswissenschaften.

„ Carl Risch, für französisches Recht.

Staatswirthschaftliche Facultät.

Ordentliche öffentliche Professoren.

Dr. Carl Edel, für Polizeirecht und Polizeiwissenschaft.

„ Johannes Rudolph Wagner, für Technologie und Agricultur-Chemie, Conservator des technolog. Kabinets.

Außerordentlicher Professor.

Dr. Ludwig Joseph Gerstner.

Privatdocent.

Dr. Joseph Albert, Revierförster, der Universität adjungirt mit der Verpflichtung, Lehrvorträge über Forst- und Landwirthschaft abzuhalten.

Medicinische Facultät.

Ordentliche öffentliche Professoren.

Dr. Johann Joseph Scherer, für Chemie, correspondirendes Mitglied der K. Akademie der Wissensch. (s. Akadem. d. Wissensch.)

„ Johann Narr, für allgem. Pathologie, Therapie und Semiotik.

„ Franz Rinecker, für Arzneimittellehre und die Kinderkrankheiten, dann für Polyklinik. (M3.)

Dr. Friedr. Adolph Schmidt, für Staatsarzneikunde u. Veterinärmedicin.
" Albert Kölliker, für Anatomie, so wie für Experimental-Physiologie, Vorstand der anthropotomischen, und physiolog. Anstalten, Hofrath u. Mitglied der k. b. Akademie der Wissenschaften. (s. Akad. d. Wiss.)
" Friedr. Wilh. v. Scanzoni, für Geburtshilfe, Geh. Rath, Director der Entbindungsanstalt und der Hebammenschule. (K3. M3. HP2b. RA2. SN3.)
" Heinrich Bamberger, für specielle Pathologie u. Therapie, Vorstand der medicinischen Klinik u. Oberarzt im Juliushospitale. (M3. HL3a.)
" Wenzel Linhart, für gesammte Chirurgie u. chirurgische Klinik, Oberwundarzt im Julius-Hospitale. (M3.)
" Heinrich Müller, für vergl. u. topograph. Anatomie, Vorstand d. zootomischen Anstalt.
" Joh. Theod. August Förster, für pathologische Anatomie, und Geschichte der Medicin, Conserv. der pathol. anatom. Anstalt.

Außerordentliche Professoren.

Dr. Heinrich Adelmann.
" Carl Textor.
" Robert Ritter v. Welz.

Privatdocenten.

Dr. Ferdinand Schubert.
" Alois Geigel.

Dr. Adalbert Oehler.
" Johann Bapt. Schmidt.
" Otto v. Franque.
" Anton Freiherr v. Tröltsch. (NEV3. SA3.)

Prosectoren.

Dr. Gottfried v. Siebold, Prosector an der anthropotom. Anstalt.
" Joseph Eberth, Prosector an der zootomischen Anstalt.

Philosophische Facultät.

Ordentliche öffentliche Professoren.

Dr. Alois Mayr, für Mathematik und Astronomie.
" Gottfr. Wilhelm Osann, für Physik u. allg. Chemie, Hofrath u. correspond. Mitglied d. k. b. Akad. d. Wiss.
" Valentin Leiblein, für Zoologie und Botanik. (M3.)
" Franz Hoffmann, für theoret. u. prakt. Philosophie, ord. Mitglied d. k. b. Akademie der Wissenschaften. (s. Akad. der Wissensch.)
" Georg Ludwig, für Geschichte und Statistik.
" Martin Theod. Contzen, für bayerische und Literär-Geschichte, Vorstand d. k. Archiv-Conservatoriums in Würzburg, corresp. Mitglied b. k. b. Akad. der Wissenschaften.
" Franz Joseph Reuter, für classische Philologie und Alterthumskunde. (M3.)
" Hermann Müller, für deutsche Philologie.

Dr. Carl Ludwig Urlichs, für classische Philologie und Aesthetik, K. Hofrath. (PRA4.)

" August Schenk, für Botanik, Director d. botan. Gartens.

" Franz Xav. Wegele, für Geschichte, ord. Mitglied der k. b. Akad. der Wissensch. (s. Akad. d. Wiss.) (M3.)

" Fridolin Sandberger, für die gesammte Mineralogie, Conservator der mineralogischen Abtheilung.

Außerordentlicher Professor.

Dr. Eduard Selling.

Privatdocent.

Dr. Lorenz Grasberger.

Sprachlehrer.

Georg Eggensberger, Lector der engl. Sprache u. Literatur.

Chorallehrer.

Melchior Hohn, Domvicar.

Exercitienmeister.

Johann Freiherr von und zu der Tann, Universitäts-Bereiter, Lehrer der Reitkunst.

Gustav Agatha, Lehrer d. Fecht- und Turnkunst.

Collegien.

Spruchcollegium an der Juristen-Facultät.

Director (Ordinarius).

Dr. Albrecht, Hofrath.

Mitglieder.

Professor Edel.
" Held.
" Hildenbrand.
" Wirsing.
" Risch.

} s. Jur.-Fac.

Actuar.

Georg Seufferth, Secretär.

Sammlungen und sonstige Institute.

Anstalten der Universität:

Universitäts-Bibliothek.

Oberbibliothekar.

Dr. Anton Ruland.

Bibliothekar.

Carl Muus.

Functionär.

Eggensberger, Lector.

I. Scriptor.

Dr. med. Joseph Ruland.

II. Scriptor.

Joseph Trunk.

Naturhistorisches Cabinet.

Zoologische Abtheilung.

Conservator.

Professor Leiblein. (s. phil. Fac.)

Mineralogische Abtheilung.

Conservator.

Dr. Fridolin Sandberger, (siehe philos. Fac.)

Botanischer Garten, nebst hiezu gehörigem Herbarium.

Conservator.

Professor Schenk. (s. phil. Fac.)

Botanischer Gärtner.

Friedrich Rauch.

Physikalisches Cabinet.

Conservator.

Hofrath Osann. (s. phil. Fac.)

Kabinet für allgemeine Chemie.
Conservator.
Hofrath Osann. (s. phil. Fac.)

Astronomische Anstalt.
Conservator.
Professor Mayr. (s. phil. Fac.)

Aesthetisch-archäologisches und Münz-Cabinet.
Conservator.
Hofrath Dr. Urlichs. (s. phil. Fac.)
Custos.
Joseph Roth.

Philologisches Seminar.
I. *Vorstand.*
Professor Dr. Reuter. (s. phil. Fac.)
II. *Vorstand.*
Hofrath Dr. Urlichs. (s. phil. Fac.)
Assistent.
Dr. Lorenz Grasberger.

Historisches Seminarium.
Vorstand.
Dr. Wegele. (s. phil. Fac.)

Homiletisches Seminarium.
Vorstand.
Dr. Hettinger.

Technologisches Cabinet nebst forstlichen und mathematischen Sammlungen.
Conservator.
Professor Wagner. (s. staatswirthschaftl. Fac.)
Assistent.
Friedr. Rumpf.

Chemisch-pharmaceutisches Laboratorium mit der pharmakognostischen Sammlung.
Conservator.
— — —
Assistent.
— — —

Ambulante Klinik.
Vorstand.
Professor Rincker. (s. medic. Fac.)
Assistent.
Georg Massa.

Physicalisch-chem. Laboratorium zum Gebrauche der medicinischen Klinik.
Vorstand.
Professor Dr. Bamberger.

Pathologisch-anatomisches Institut.
Conservator.
Professor Förster. (s. med. Fac.)
Assistent.
Wilhelm Basler.

Laboratorium für organische Chemie.
Conservator.
Professor Scherer. (s. medic. Fac.)
Assistenten.
I. Dr. Bernhard Medicus.
II. Dr. Albert Hilger.

Sammlung chirurgischer Instrumente und Bandagen.
Conservator.
Professor Dr. Linhart. (s. medic. Facultät.)

Physiologisches Cabinet.
Conservator.
Hofrath Dr. Kölliker. (f. medic. Fac.)
Assistent.
Friedrich Burkhardt.

Zootomische Anstalt.
Conservator.
Professor Dr. Müller. (f. medic. Fac.)
Prosector.
Joseph Eberth.

Anatomische Anstalt.
Conservator.
Hofrath Dr. Kölliker. (f. medic. Fac.)
Prosector.
Dr. Gottfried v. Siebold. (f. medic. Fac.)

Anstalt der Universität in fremder Mitbenützung.

Musikalisches Institut.
Vorstand.
Johann Georg Bratsch.

Anstalten d. Julius-Hospitals in Mitbenützung d. Universität.

Medicinische Klinik.
Vorstand.
Professor Dr. Bamberger. (f. med. Fac.)
Erster Assistent.
Stephan Stang.
Zweiter Assistent.
Adam Braunwart.

Chirurgische Klinik.
Vorstand.
Dr. Linhart, Professor. (f. medic. Fac.)
Erster Assistent.
Dr. Joseph Mais.
Zweiter Assistent.
Dr. August Jäger.

Psychiatrische Klinik.
Vorstand.
— — —
Assistent.
Peter Gros.

Pädiatrische Klinik.
Vorstand.
Prof. Dr. Rinecker. (f. med. Fac.)
Assistent.
Dr. Adam Braunwart.

Gynäkologische Klinik.
Vorstand.
Geh. Rath Dr. v. Scanzoni. (f. medic. Fac.)
Assistent.
Dr. Adam Braunwart.

Sonstige öffentliche Anstalten in Mitbenützung der Universität.

Geburtshülfliches Institut.
Vorstand.
Geh. Rath v. Scanzoni. (f. med. Fac.)

Erster Assistent, zugl. Repetitor an der Hebammenschule.
Dr. Joh. Bapt. Schmidt, Prof.

Zweiter Assistent.
Otto v. Franque, Privatdocent.

Verwalter.
Carl Dorner.

Verwaltungs-Ausschuß.
Director.
Der jeweilige Rector.

Mitglieder.
Professor Narr. (s. medic. Fac.)
Hofrath Albrecht. (s. jur. Fac.)
Professor Erl. (s. staatsw. Fac.)

Berathendes Mitglied und Hauptcassier.
Georg Eduard Uhl.

Secretär.
Joh. Bapt. Hofmann.

Kanzlist.
Dessen Stelle wird zur Zeit durch den Diurnisten Nicolaus Huth versehen.

Dem Verwaltungsausschusse untergeordnete Aemter.

Rentamt Würzburg.
Rentamtmann.
Gg. Eduard Uß.

Rentam Haßfurt.
Rentamtmann.
Joh. Bapt. Zinnermann.

Revierförster
zu Sailershautn: Heinrich Wolf.

Forstwart
zu Wagenhausen: Jos. Hoffmann.

Forstwart
zu Marienburghausen: Anton Wiesner.

Revierförster
zu Kreuzthal: Franz Joseph Weiß.

Rentamt Sodenberg.
Administrator.
Ferdinand Karl.

Forstwart.
Ignaz Benkert.

K. Friedrich-Alexanders-Universität Erlangen.

Prorector.
Dr. Carl Heyder. (s. phil. Fac.)

Prokanzler.
„ Eduard Jos. v. Schmidtlein, (siehe jurist. Fac.)

Akademischer Senat.
Dr. Carl Heyder, z. Z. Prorector. (s. philos. Fac.)
„ Eduard Jos. v. Schmidtlein. (s. jurist. Fac.)
„ Gottfried Thomasius. (siehe theol. Fac.)
„ Joh. Christian Conr. v. Hofmann. (s. theol. Fac.)
„ Franz Delitzsch. (s. theol. Fac.)
„ Theodosius Harnack. (s. theol. Facultät.)
„ Heinrich Ferd. Fr. Schmid. (s. theol. Fac.)

Dr. Johann Jacob Herzog. (s. theol. Fac.)
" Franz Hermann Reinhold Frank. (s. theol. Fac.)
" Paul Heinr. Jos. Schelling. (s. jurist. Fac.)
" Christoph Gottlieb Adolph v. Scheurl. (s. jurist. Fac.)
" Gottfried Heinrich Gengler. (s. jurist. Facultät.)
" Joh. Aug. Roderich Stintzing (s. jurist. Fac.)
" Heinrich Marquardsen. (s. jurist. Fac.)
" Joh. Michael Leupoldt. (s. medicin. Fac.)
" Eugen Roßhirt. (s. medicin. Facultät.)
" Joh. Georg Friedrich Will. (s. med. Fac.)
" Joseph Gerlach. (s. medicin. Facultät).
" Carl Thiersch. (s. medicin. Facultät).
" Johann Ludwig Christoph Wilh. v. Döderlein. (s. phil. Facultät.)
" Carl v. Raumer. (s. phil. Facultät).
" Carl Philipp Fischer. (s. phil. Facultät.)
" Carl Georg Christian v. Staudt. (s. phil. Fac.)
" Rudolph v. Raumer. (s. phil. Facultät.
" Eug. Frhr. v. Gotup-Besantz. (s. phil. Fac.)

Dr. Carl Hegel. (s. philosoph. Facultät).
" Friedrich Wilhelm Hubert Beeß. (s. phil. Fac.)
" Heinrich Keil. (s. phil. Facultät.)

Secretär.
Dr. Friedr. Eulenstein auch Syndicus.

Verwaltungs-Ausschuß.

Vorstand.
Carl Heyder, d. 3. Prorector.

Verwaltungsräthe.
Dr. Eduard Jos. v. Schmidtlein
" Eugen Roßhirt.
" Carl Hegel.
" Johann Michael Leupoldt.

Syndicus.
Dr. Friedrich Eulenstein.

Honorarien-Commission.

Vorstand.
Dr. Carl Heyder, z. 3. Prorector.

Mitglieder.
Dr. Heinrich Ferdinand Friedrich Schmid.
" Paul Heinrh Jos. Schelling.
" Friedrich Will.
" Rudolph v. Raumer.

Anwalt.
Friedrich Handschuh.

Facultäten.

Theologische Facultät.

Ordentliche öffentliche Professoren.

Dr. Franz Delitzsch, für alttestamentliche Exegese. (M3.)
„ Gottfr. Thomasius, für Dogmatik, Universitätsprediger, (M3.)
„ Johann Christian Conrad v. Hofmann, für theologische Encyklopädie u. sonstige einleitende Wissenschaften, für christl. Sittenlehre u. für neutestamentliche Exegese. (K3. M3.)
„ Theodos. Harnack, für praktische Theologie.
„ Heinrich Ferdinand Friedrich Schmid, für sämmtliche Theile der histor. Theologie.
„ Franz Hermann Reinhold Frank, für Kirchengeschichte und systematische Theologie.
„ Johann Jacob Herzog, für reform. Theologie mit Rücksicht auf die evang. unirte Kirche der Pfalz angestellt.

Außerordentlicher Professor.

Dr. August Köhler.

Privatdocenten.

Theodor Schott, Lic. theol.
Gustav Leopold Plitt, Lic. theol.

Juristische Facultät.

Ordentliche öffentliche Professoren.

Dr. Christoph Gottlieb Adolph v. Scheurl, für römisches Recht u. Kirchenrecht. (M3.)
„ Eduard Joseph v. Schmidtlein, für Criminalrecht und Criminalprozeß, dann Encyklopädie und Methodologie der Rechtswissenschaft. (K3. M3.)
„ Paul Heinr. Jos. Schelling, für Civilprozeß, Philosophie des Rechts, für Staats-, Völker- u. deutsch. Bundesrecht.
„ Gottfr. Heinr. Gengler, für deutsches Recht.
„ Johann Aug. Roderich Stintzing, für röm. Civilrecht. (M3.)
„ Heinrich Marquardsen, für deutsches Staatsrecht.

Medicinische Facultät.

Ordentliche öffentliche Professoren.

Dr. Carl Thiersch, für Chirurgie u. Augenheilkunde. (M3.)
„ Johann Michael Leupoldt, für Pathologie, allgem. Therapie, für Psychiatrie u. Geschichte der Heilkunde. (M3.)

Dr. Eugen Roßhirt, für Entbindungskunde. (M3.)
" Johann Gg. Friedrich Will, für Zoologie, vergleichende Anatomie und Veterinärmedicin.
" Joseph Gerlach, für Anatomie und Physiologie. (M3.)
" Friedr. Albert Zenker für Staatsarzneikunde u. pathol. Anatomie.

Außerordentliche Professoren.
Dr. Friedr. Wilh. Heinrich Trott.
" Anton Wintrich.
" Friedrich Wilh. Hagen, Vorstand u. Oberarzt der Kreis-Irrenanstalt.
" Jacob Herz.

Philosophische Facultät.
Ordentliche öffentliche Professoren.
Dr. Heinrich Keil, für classische Philologie.
" Joh. Ludw. Christoph Wilh. v. Döderlein, für Philologie und Beredsamkeit, Hofrath (K3. M3. May-O.)
" Carl v. Raumer, für Naturgeschichte und Mineralogie, K. Hofrath. (M3. PRU3. PGK3.)
" Carl Georg Christ. v. Staudt, für Mathematik. (M3.)
" Carl Philipp Fischer, für Philosophie.
" Frz. Makowiczka, für Staatswirthschaft, dann für Polizei- und Finanz-Wissenschaft.

Dr. Rudolph v. Raumer, für deutsche Sprache und Literatur.
" Carl Heyder, für Philosophie.
" Friedrich Spiegel, für orientalische Sprachen.
" Eugen Frhr. v. Gorup-Besanez, für Chemie.
" Carl Hegel, für Geschichte.
" Friedrich Wilhelm Hubert Beeß, für Physik.

Außerordentliche Professoren.
Dr. Ernst Fabri, für Cameralwissenschaft.
" Christian Martin Winterling.
" Theod. Wilh. Christian Martius, für Pharmacie u. Pharmakognosie. (PRU4.)
" Adalb. Schnitzlein, für Botanik.
" Friedr. Pfaff.
" Wilhelm Gottlob Rosenhauer.
" Xav. Schmid.

Privatdocenten.
" Hans Pfaff.
" Eugen Petersen.

Spruchcollegium an der Juristen-Facultät.
Dr. Ed. Jos. v. Schmidtlein, Ordinarius.
" Paul Heinr. Jos. Schelling, ord. Beisitzer.
" Ch. G. A. v. Scheurl, ord. Beisitzer.

Dr. G. H. Gengler, ordentl. Bei-
sitzer.
„ J. A. R. Stintzing, ordentl.
Beisitzer.
„ Heinrich Marquardsen, ord.
Beisitzer.
Actuar.
Friedrich Handschuch.

Attribute der Universität.

1. **Allgemeine
Bibliothek.**
Bibliotheks-Commission.
Dr. F. Will, Vorstand.
„ F. Delitzsch.
„ Ed. G. A. v. Scheurl.
„ R. v. Raumer.
„ W. Beetz.
Bibliothekare.
I. Joh. Georg Friedrich Müller.
II. — — —

Mit der Bibliothek verbunden:
a) Kupferstich-Sammlung.
Director.
Dr. Carl Heyder.
Conservator.
— — —

b) Münz-Sammlung.
Director.
Dr. Carl Heyder.
Conservator.
— — —

2. **Der theolog. Facultät**
a) Wissenschaftlich-theologisches
Seminar.
Directoren.
Dr. Heinrich J. F. Schmid, für
die kirchengeschichtl. Section.

Dr. Franz Delitzsch, für die exeg.
Section.

b) Homiletisches Seminar.
Director.
Dr. Th. Harnack.

c) Katechetisches Seminar.
Director.
Dr. Th. Harnack.

d) Institut für Kirchenmusik, ins-
besondere Kirchengesang.
Director.
Prof. Joh. Georg Herzog.

3. **Der medicin. Facultät.**
a) Universitäts-Krankenhaus.
Director.
Dr. C. Thiersch.
Oekonom und Hausmeister,
Leonhard Meerwitz.

b) Medicinisches Klinikum und
Poliklinikum.
Director.

Assistent des Poliklinikums.
Dr. Christian Bäumler.
Assistent des Klinikums.
Dr. August Maurer.

c) Chirurgisches Klinikum.
Director.
Dr. C. Thiersch.
Assistent.
Dr. Otto Rübel.

d) Geburtshülfliche Anstalt.
Director.
Dr. C. Roßhirt.

c) Anatomisches Theater und Cabinet.
Director.
Dr. Jos. Gerlach.
Prosector.
Dr. Jacob Herz.

f) Zootomische Sammlung.
Director.
Dr. Joh. Gg. F. Will.

g) Chirurgische Instrumenten- und Bandagen-Sammlung.
Director.
Dr. C. Thiersch.

h) Psychiatrische Klinik.
Director.
Dr. F. W. Hagen.

i) Pathologisch-anatomisches Museum.
Director.

4. Der philos. Facultät.
a) Philologisches Seminar.
Directoren.
Dr. J. L. C. W. v. Döderlein.
Dr. H. Kell.

b) Mineralogisches Cabinet.
Director.
Dr. C. v. Raumer.
Conservator.
Dr. Wilh. Gottl. Rosenhauer.

c) Zoologische Sammlung.
Director.
Dr. F. Will.
Conservator.
Dr. Wilh. G. Rosenhauer.

d) Botanischer Garten und botanisches Museum.
Director.
Dr. A. Schnitzlein.
Gärtner.
Franz Joachim Christian Francke.

e) Schloßgarten u. ökonomischer Garten.
Director.
Dr. C. F. v. Schmidtlein.

f) Physikalisches Cabinet.
Director.
Dr. F. W. H. Beetz.

g) Chemisches Laboratorium.
Director.
Dr. C. Frhr. v. Gorup-Besanez.
Assistent.
Theodor Klinksieck.

h) Pharmaceutisch-pharmacognostisches Institut.
Director.
Dr. Th. W. Ch. Martius.

i) Mathematisches u. technologisches Cabinet.
Director.
Dr. C. G. Ch. v. Staudt.

k) **Kunstsammlung.**
Director.
Dr. Carl Heyder.

Universitäts-Syndicat.
Syndicus.
Dr. Friedr. Eulenstein.

Universitäts-Quästorat als Verwaltungsbehörde für die Universitäts-Hauptcasse, so wie für sämmtliche Nebencassen.
Quästor.
August Papellier.

Universitäts-Secretariat.
Secretär.
Dr. Friedr. Eulenstein.
Canzlist.
Johann Adam Bolleath.

Honorarien-Rendantur.
Rendant.
Friedr. Handschuch.

Lehrer für neuere Sprachen, schöne und bildende Künste.
Dr. Christ. Mart. Winterling, Lector der franz. und englischen Sprache.
Professor Johann Georg Herzog, Gesang- und Musiklehrer.
Plus Gareis, Maler und Lehrer der Zeichnenkunst.

Exercitienmeister.
Friedr. Wilhelm Quehl, Lehrer der Fecht- und Schwimmkunst.
Julius Hübsch, Lehrer der Tanzkunst.
Hermann Funk, Universitäts-Stallmeister, Lehrer der Reitkunst.

Administration des Central-Schulbücher-Verlags.

Administrator.
Friedrich Gottlieb Völkel, K. Hof-Oekonomie-Rath. (M3.)
Controleur.
Friedrich Wilhelm Müller.

Factor.
August Gilg. (funct.)
Maschinenmeister.
Carl Weber. (funct.)

Conservatorium für Musik in München.

Director: Franz Hauser. (M3.)

Maximilianeum in München.

Director: Anton Hanecker, k. geistl. Rath.

Max-Joseph-Stift in München.

Vorsteherin.
Bertha Freyin v. Lerchenfeld.

Classen-Damen.
Virginie Rudolphi.
Louise Louis, (funct.)
Sophie Lamboley, (funct.)

Aufsichts-Damen.
Wilhelmine Schmaus.
Emma v. Gönner.
Rosalie De Ahna.
Anna Gräfin von Zech.
Emma Büller, (funct.)

Lehrerinen.
Maria Seuffert für Geschichte u. Erdbeschreibung, zugleich als Classen-Dame funct.
W. Schmaus, Emma v. Gönner, A. Gräfin v. Zech für Geschichte und deutsche Sprache.
Ester-Raby für englische Sprache.
Francisca Zeitler für Rechnungskunde.
Josephine Wolfanger, Maria Moralt und Emma Rösch für Klavier.

Crescenz Meyer, für Gesang.
Johanna Fränkl für Kalligraphie.

Lehrer.
Dr. Franz Xaver Lierheimer für kathol. Religion.
Stadtpfarrer Feeß für protestant. Religion.
Ludwig Billet für franz. Sprache.
Conservator Ludwig Frischmann für Naturgeschichte und Naturlehre.
Julius Zimmermann für Zeichnungskunst.
Franz Xav. Nadler für Tanzkunst.

Hausarzt.
Dr. Balduin Zink, Hofrath und Leibarzt Sr. K. H. des Prinzen Luitpold. (M3. GE5 SU3. T33.)

Hauszahnarzt.
Damian Straub.

Fonds-Administration.
Administrator.
Gg. Friedr. Renk, Regierungs-Finanz-Kammer-Rechnungs-Commissär.

XXII.
Anstalten für öffentlichen Unterricht und Erziehung in den Regierungsbezirken.

I. Oberbayern.

Studien-Anstalten.

In Freysing.
Lyceum.
Rector.
Priester Paul Klostermaier, erzbischöfl. geistl. Rath. (M3.)

Professoren.
Theologische Section:

Priester Dr. Magnus Jocham für Moraltheologie.

Priester Benedict Weinhart für Dogmatik.

Priester Peter Schegg für Exegese.

Priester Dr. Ernest Furtner für Kirchenrecht und Kirchengeschichte.

Philosophische Section:

Priester Paul Klostermaier, geistl. Rath, für Philologie und Geschichte. (M3.)

Dr. Johann Baptist Niederer für Naturgeschichte und Chemie. (M3. GE5.)

Dr. Xaver Meister für Physik u. Mathematik.

Priester Dr. Joachim Sieghart für Logik u. Metaphysik.

Priester Dr. Mich. Ferd. Rampf, für Pädagogik.

Gymnasium.
Rector.
Priester Paul Klostermaier. (M3.)

Professoren.
Priester Jos. Ferchl für die IV. Cl.

Priester Sebastian Zehetmayr für die III. Cl.

Priester Franz Hirner für die II. Cl.

Priester Joseph Rupp für die I. Cl.

Priester Dr. Balthasar Daller für kathol. Religionslehre.

Alois Ziegler für Mathematik u. Physik.

Lehrer der französischen Sprache: Sebastian Michel.

Lateinische Schule.
Studienlehrer.
Priester Corbinian Wandinger für die IV. Cl.

Max Miller für die III. Cl.

Andreas Söldner für die II. Cl.

Theodor Nißl für die I. Cl.

In München.

Wilhelms-Gymnasium.

Rector.
Johann Baptist Hutter. (M3.)

Conrector.
Joseph Stanko.

Professoren.
Johann Baptist Hutter für die IV. Cl. (M3.)
Jos. Stanko für die III. Cl.
Franz von Paula Eisenmann für die II. Cl.
Franz Joseph Lauth für die I. Cl.
Wolfgang Bauer, zur Assistenzleistung in der Oberclasse.
Priester Albert Schedler für die kathol. Religionslehre u. Geschichte.
Joh. Wilh. Preger für protest. Religionslehre und Geschichte für die Schüler protest. Confession.
Dr. Georg Mayer für Mathematik u. Physik.
Lehrer der französischen Sprache: Joseph Häring.

Lateinische Schule.

Studienlehrer.
Johann Evangel. Fesenmaier für die IV. Cl.
Priester Johann Baptist Heiß für die III. Cl.
Franz Xaver Straub für die II. Cl.
Heinrich Strobl für die I. Cl.
Priester Philipp Offenbach für kathol. Religion u. Geschichte.
Joh. Wilh. Preger für protest. Religion u. Geschichte.

Ludwigs-Gymnasium.

Rector.
P. Gregor Höfer. (M3.)

Conrector.
Caspar Eilles, Lyceal-Professor. (M3.)

Professoren.
P. Gregor Höfer für die IV. Cl.
Lorenz Engelmann für die III. Cl.
Emil Kurz für die II. Cl.
P. Bruno Husel für die I. Cl.
Priester Maximilian Sattler für kathol. Religion u. Geschichte für die kathol. Schüler der III. Cl.
Joh. Wilh. Preger, Lehrer der Religion u. Geschichte für die protest. Schüler.
Caspar Eilles, Lyceal-Professor, für Mathematik u. Physik.
Lehrer der französischen Sprache: Jacob Roucche.

Lateinische Schule.

Studienlehrer.
Paul La Roche für die IV. Cl.
Dr. Ludwig Lang für die III. Cl.
Georg Späth für die II. Cl.
Xaver Eisele für die I. Cl.
Priester Maximilian Sattler für kathol. Religion u. Geschichte.
Joh. Wilhelm Preger, Lehrer der Religion und Geschichte für die protest. Schüler.

Kgl. Erziehungs-Institut und latein. Instituts-Schule.

Director.
P. Gregor Höfer. (M3.)

Studienlehrer.

P. Bernh. Königsberger, Präfect, für die IV. Cl.
P. Mechior Eberle, Präfect, für die III. Cl.
P. Gallus Hoch für die II. Cl.
P. Paulus Huber für die I. Cl.

Maximilians-Gymnasium.

Rector.

Dr. Joh. Georg Beilhack. (M3.)

Professoren.

Dr. Johann Georg Beilhack für die IV. Cl.
Franz Steininger, beurlaubt.
Mich. Heumann für die III. Cl.
Anton Linsinaier für die II. Cl.
Joh. Schöberl für die I. Cl.
Priester Dr. Anton Fischer für kathol. Religion u. Geschichte für die Schüler kathol. Confes.
Wilhelm Preger, Stadtvicar, für protest. Religion u. Geschichte für die Schüler protest. Confes.
Hermann Müller für Mathematik u. Physik.
Lehrer der französischen Sprache: Ferdinand Moriz Trautmann.

Lateinische Schule.

Studienlehrer.

Jos. Britzelmaier für die IV. Cl.
Heinrich Gebhard für die III. Cl.
Georg Schuh für die II. Cl.
Lorenz Kastner für die I. Cl.

Priester Sebastian Mall für kathol. Religion u. Geschichte für kathol. Schüler.
Wilhelm Preger, für protest. Religion und Geschichte für die protest. Schüler.

Isolirte lateinische Schulen.

In Burghausen.

Subrector.

Anton Schredinger, Subrectoratsverweser.

Studienlehrer.

Ant. Schredinger für die IV. Cl.
Priester Anton Bullinger für die III. Cl.
Dr. Valentin Ulrich für die II. Cl.
Casp. Brunnhuber für die I. Cl.

In Ingolstadt.

Studienlehrer.

Priester Joseph Oechslein, Schulbeneficiat.
Priester Gregor Wiethaler.

Schullehrer-Seminar.

In Freysing.

Inspector.

Priester Carl Schmid. (M3.)

Seminar-Lehrer.

I. Priester Joh. Baptist Wagner, Präfect.
II. Georg Blumberger.

Technische Unterrichts-Anstalten.

In München.

Polytechnische Schule.

Rector.
Dr. Heinrich Alexander, Ministerial-Referent, zugl. Professor der Analysis 1. Abtheil. u. Physik. (M3. SA3.)

Regie- und Casse-Verwalter.
Fr. B. Osterchrist, Centr.-Staatscasse-Buchhalter.

Rectoratsactuar.
Carl Appel.

Professoren.
Priester Dr. Denzinger für den kath. Religionsunterricht.

Dr. Hamberger für den protest. Religionsunterricht. (M3.)

Dr. Cajetan Georg Kaiser, Universitäts-Professor, für Chemie, allgemeine und analytische. (M3.)

Dr. Joseph Bauer, zugl. Rector der Kreis-Landw.- und Gewerbsschule, für analytische u. angewandte Mechanik. (M3.)

Adam Kleinfeller für Differential- und Integral-Rechnung, dann descriptive Geometrie.

Rudolf Gottgetreu für Civilbaukunde, Baumaterialienlehre, dann Architekturzeichnung.

Joh. Ed. Hierl, Universitäts-Professor, für Situationszeichnung. (L.)

Gottfried Neureuther, Baurath, für Civilbaukunde im Ingenieur-Curs.

Sebast. Haindl für Maschinenkunde und Maschinenzeichnen. (SA3. WF3.)

Dr. C. Max Bauernfeind, Baurath, Conservator der Modellsammlung, für die Ingenieur-Wissenschaften und Geodäsie, dann den Unterricht im Steinschnitte.

Ludwig Foltz für Ornamentenzeichnung. (M4.)

Johann Halbig für Bossiren und Modelliren. (M3. OFJ3.)

M. G. Everill, Lector d. englischen Sprache.

Nicol. Bischoff, Assistent und Repetitor der Mathematik.

Dr. G. Feichtinger, Assistent des chem. Laboratoriums.

Kreis-Landwirthschafts- und Gewerbsschule.

Rector.
Dr. Jos. Bauer, zugl. Professor an der polytechn. Schule. (M3.)

Lehrer.
Dr. theol. Anton Fischer, Prof., für katholische Religionslehre im III. Kurs.

Priester Jos. Weiß für kathol. Religionslehre im I. u. II. Kurs.

J. Ströbel, Stadtvicar, für prot. Religionslehre.

Georg Mauritii für Mineralogie, Chemie u. Landwirthschaft.

Carl Träger für deutsche Sprache u. Buchhaltung.

Franz Harter für Algebra, Geometrie, Trigonometrie, Stereometrie und Physik.

Dr. med. Friedrich Held für Naturgeschichte u. Gewerbslehre.
Carl Hartmann für Arithmetik u. Geographie.
Matthäus Dietrich, für Mathematik, Mechanik und Technologie.
Johann Weizer für Bossiren.
Johann Bapt. Sieber für den Zeichnungsunterricht.
Joseph Moßet für Zeichnungsunterricht.
Dr. Jos. Maistre für französische Sprache.

Rectorats-Actuar.
Carl Appel.

Baugewerksschule.
Funct. Vorstand.
Carl Reuter, Kreisbaubeamter.

Lehrer.
Franz Beyschlag, k. Baubeamter, für die Anschläge und den Entwurf der Gebäude, dann für die Elemente der Perspective u. Architektur-Baukunde I. Cl.
Otto von Langenmantel, k. Baubeamter für Architektur, Säulenordnungen und Zeichnen. II. Cl.
Ludwig Degen, städt. Ingenieur für Stein'schnittzeichnen. III Cl.
Carl Mühlthaler, Conducteur bei der Königl. Hofbau-Intendanz, für Mathematik, Chemie und Physik, dann Baumaterialien-Lehre.
Sebastian Hainbl, Professor für darstellende Geometrie u. Maschinenkunde.

Georg Pründl für Construction und Modelliren in Holz, für Mühl- u. Zimmerwerke, dann Baumaschinen.
Anton Ganser, Bildhauer, für den Bossirunterricht u. Modelliren in Gyps.
Jos. Sedlmair für freie Handzeichnung, dann für Linear- und Bauzeichnung, sowie für Kalligraphie.

In Freysing.

Landwirthschafts- und Gewerbsschule.

Rector.
Dr. Joh. Bapt. Riederer, Lyceal-Prof. (M3. GE5.)

Lehrer.
Dr. Johann Baptist Riederer für Chemie, Landwirthschaft und Encyklopädie der Gewerbe.
Dr. X. Meister, Lyceal-Professor, für Physik und Mechanik.
Anton Baumgartner, Priester, für kath. Religion, Realien und Buchhaltung.
Joseph Hofmann für Zoologie, Botanik, Mineralogie u. Technologie.
Heinrich Schmidt für Arithmetik, Algebra, Geometrie u. descriptive Geometrie.
Michael Bausewein für Handelswissenschaft.
Max Schneider für den Zeichnungsunterricht.
Max Einsele, Bildhauer, für Bossiren.

Sebastian Michel für französische Sprache.
Julius Carl Kelber für protest. Religions Unterricht.

In Ingolstadt.
Gewerbsschule.
Rector.
Dr. Johann Winkelmann.

Lehrer.
Priester Willibald Zottmann für kathol. Relig.-Unterricht und französiche Sprache.
Vicar Th. Bischoff für protest. Relig.-Unterricht.
Carl Degruber für deutsche Sprache, Geographie, Geschichte und Arithmetik.
Thomas Gschwendtner für Zeichnen, Modelliren und Bossiren.
Johann Schmitt für Mathematik.

In Schleißheim.
Kreis-Ackerbauschule.
Vorstand.
Freiherr August v. Dürsch, Lehrer des Oekonomiebetriebs. (M3.)

Lehrer.
Joseph Anselm für Ackerbau.
Hofcurat Max Hollitschka für Religion.
Franz Rauchenberger für Forstwirthschaft. (L☉.)
Max Ellen für Gartenbau.
Wilhelm Bernaß für Wiesenbau.
— — —, für Viehzucht und Thierheilkunde.

Joh. Bapt. Schmitter für Elementar-Gegenstände.
J. C. Schluifelder für Landwirthschaft.
J. Kuttendreier für Torfstich.
F. Roggenmoser für Melkerei.

Rechnungsführer.
— — —

Sonstige Anstalten für Unterricht und Bildung.

In Nymphenburg.
Weibliches Erziehungs-Institut.
Vorsteherin.
Elise di Graccho, zugl. General-Oberin sämmtlicher Institute der engl. Fräulein in Bayern.

Inspector.
Dr. Benedict Prand, geistl. Rath. (M3.)

In München.
Taubstummen-Institut.
Vorstand.
Priester Joseph Gunkel, zugleich Religionslehrer für die kath. Zöglinge.

Lehrer.
I. Alois Gentner.
II. Wilh. Kammerer.
III. Jacob Fischer.
J. Georg Ströbel, Stadtvikar, Religionslehrer für die prot. Zöglinge.

Blinden-Institut.

Vorstand.

Priester Dr. Joseph Denzinger, zugl. Religionslehrer für die katholischen Zöglinge.

Lehrer.

I. Michael Maukner.
II. Johann Bapt. Ebner.

Eugen Heumann, Stadtvicar, Religionslehrer für die protest. Zöglinge.

Institut für krüppelhafte Kinder.

Inspector.

Präses und Priester Jacob Frömer, geistl. Rath.

Vorstand.

Joseph Ostermaier.

Lehrer.

Priester Georg Danzer, Caplan, Religionslehrer für die katholischen Zöglinge.

Julius Kelber, Pfarramtscandidat, Religionslehrer für die protestant. Zöglinge.

C. Göbel, Elementarlehrer und Aufseher.

Leopold Bübel Arbeitslehrer.

Hebammenschule.

Director.

Dr. Wilh. Friedrich August Hecker, Universitäts-Professor.

Repetitor und Assistent.

Dr. Ignaz Schmitt, Professor.

II. Niederbayern.

Studien-Anstalten.

In Landshut.

Gymnasium.

Rector.

Dr. Michael Fertig.

Professoren.

Dr. Michael Fertig für die IV. Cl.
Joh. Evang. W. Schuster für die III. Cl.
Dr. Maximilian Fuchs für die II. Cl.
Joh. Bapt. Jungkunz für die I. Cl.

Priester Joseph Hellmaier für kathol. Religion.

Friedrich Schuh für Mathematik u. Physik.

Schuster für französische Sprache.

Lateinische Schule.

Studienlehrer.

Priester Franz Xav. Kohl für die IV. Cl.
Georg Zeiß für die III. Cl.
Franz Christian Höger für die II. Cl.
Andreas Spengel für die I. Cl.

Priester Jos. Hellmaier für kath. Religion.
Pfarrer Stanislaus Kimmel für protest. Religion.

In Passau.
Lyceum.
Rector.
Dr. Carl Hoffmann.
Professoren.
Theologische Section:
Priester Dr. Joseph Nirschl für Kirchenrecht, Kirchengeschichte und Patrologie.
Priester Dr. Jos. Unzenberger für Exegese, biblisch-orientalische Sprache, Einleitung des alten u. neuen Testamentes, biblische Archäologie u. Hermeneutik.
Priester Dr. Michael Bauer für Moraltheologie u. Dogmatik.

Philosophische Section:
Dr. Carl Hoffmann für Philosophie.
Frz. Ammon für Physik u. Chemie.
Priester Mart. Hollweck für Mathematik.
Priester Franz Xaver Greil für Philologie u. Geschichte.
Dr. Joseph Waltl, Lehrer der Naturgeschichte.

Gymnasium.
Rector.
Dr. Carl Hoffmann.
Professoren.
Jos. Rott für die IV. Cl.
Priester Michael Widmann für die III. Cl.
Joseph Liepert für die II. Cl.
Ignaz Schrepfer für die I. Cl.
Priester Joseph Schmid, für kath. Religion.
Franz Bauer, Pfarrer, für protest. Religion.
Priester Martin Hollweck für Mathematik.
Lehrer der französischen Sprache: Franz Ludwig Vorhölzer.

Lateinische Schule.
Studienlehrer.
Priester Jacob Leitl für die IV. Cl.
Priester Joseph Fisch für die III. Cl.
Peter Wild für die II. Cl.
Joh. Nep. Wältl für die I. Cl.
Priester Joseph Schmid, für kath. Religion.
Franz Bauer, Pfarrer, für protestant. Religion.

In Straubing.
Gymnasium.
Rector.
Wolfgang Tauscheck.
Professoren.
Georg Erk für die IV. Cl.
Wolfgang Tauscheck für die III. Cl.
Franz Xaver Enzensberger für die II. Cl.
Priester Carl Arnold für die I. Cl.
Priester Wolfgang Pielmair für kathol. Religion.
J. G. Stark für protest. Religion.
Joseph Schmid für Mathematik u. Physik.
Lehrer der französischen Sprache: Matthäus Port.

Lateinische Schule.
Studienlehrer.

Eduard Krieger für die IV. Cl.
Priester Andreas Schedlbauer für die III. Cl.
Joseph Spanfehlner für die II. Cl.
Eduard Mutzl für die I. Cl.
Priester Wolfgang Pielmaier für kathol. Religion.
J. G. Stark für prot. Religion.

In Metten.
Gymnasium.
Rector.

Dr. theol. P. Willbald Freymüller.

Professoren.

P. Freymüller für die IV. Cl.
P. Augustin Höfer für die III. Cl.
P. Fortunat Braun für die II. Cl.
P. Bernhard Högel für die I. Cl.
P. Barthol. Gerz für Mathematik u. Physik.
P. Rupert Mittermiller für Geschichte.
Lehrer der französischen Sprache: Maurus Deybeck.

Lateinische Schule.
Studienlehrer.

P. Paul Berthold für die IV. Cl.
P. Roman Sachs für die III. Cl.
P. Ludwig Engelhart für die II. Cl.
P. Maurus Deybeck für die I. Cl. A.
P. Max Lickleder für die I. Cl. B.

Isolirte lateinische Schulen.
In Abensberg.
Studienlehrer.

Priester Joseph Jechtl.

In Kelheim.
Studienlehrer.

Priester Andreas Brunet.

Schullehrer-Seminar.
In Straubing.
Inspector.

Priester Vitus Graf, geistl. Rath. (M3.)

Seminar-Lehrer.

I. Priester Joseph Maßl.
II. Alois Bergmann. (KO.)

Technische Unterrichts-Anstalten.
In Passau.
Kreis-Landwirthschafts- und Gewerbsschule.
Rector.

Dr. Heinrich Hemensperger.

Professoren und Lehrer.

Priester Joseph Schmid für katholische Religionslehre.
Franz Bauer, Pfarrer, für protestant. Religionslehre.
Carl Math. Hornstein, Prof., für Landwirthschaft.
Dr. Joseph Waltl für Naturgeschichte, Chemie u. Technologie.
Ferdinand Wagner für den Zeichnungs-Unterricht u. Bossiren.
Heinrich Hemensperger für Arithmetik u. die Realien.

Franz Ludw. Vorhölzer für französische Sprache und für Handelswissenschaften.
Michael Sattelberger für Mathematik u. Physik.

In Landshut.

Landwirthschafts- und Gewerbsschule dann Kreis-Ackerbauschule.

Rector.
Carl Schlotthauer.

Lehrer.
Bartholomäus Schmuckermaier, für Mathematik, Physik, Mechanik und Buchhaltung.
Carl Schlotthauer für den Zeichnungsunterricht, descript. Geometrie u. Bossiren.
Anton Wimmer für Chemie, Naturgeschichte und Encyklopädie d. Landwirthschaft u. Gewerbe.
Priester Franz Mühlberger für franz. Sprache u. Religionslehre.
Stanislaus Kimmel, Pfarrer, für protestant. Religionslehre.
Christian Zobel, Aushilfslehrer, für Zeichnungs-Unterricht.
Joh. Schinner für Ackerbaulehre.

In Straubing.

Landwirthschafts- und Gewerbs-Schule.

Rector.
Joseph Lämmermayer.

Lehrer.
Jos. Lämmermayer für elementare und descriptive Geometrie, Projectionslehre, Zeichnen, Modelliren und Bossiren.
Ludwig Strehler für Chemie, Naturgeschichte, Gewerbelehre u. Landwirthschaft.
Joseph Milbauer für Arithmetik, Algebra und ebene Trigonometrie, Physik u. Mechanik.
Friedr. Dobler, Beneficiat, für kath. Religion, Geographie, deutsche Sprache u. Buchhaltung.
J. G. Stark, Pfarrvicar, für protestant. Religionslehre.
Matthäus Port, Lehrer am Gymnasium, für franz. Sprache.

Sonstige Anstalten für Unterricht und Bildung.

In Landshut.

Seminar für Studierende.

Vorstand.
Dr. M. Fertig, Studiendirector.

Präfect.
Max Joseph Schauberger.

III. Pfalz.

Studien-Anstalten.

In Speyer.

Lyceum.

Rector.

Joseph Fischer.

Professoren.

Joseph Fischer der Geschichte für Katholiken, der Philologie u. Archäologie.

Johann Georg Rau für Philosophie und Geschichte für Protestanten, correspond. Mitglied der K. Akademie der Wissenschaften.

Dr. Friedrich M. Schwerd, correspond. Mitglied d. A. d. W., für Mathematik und Physik. (M3. BZL3.)

Dr. Franz Keller für allg. Naturgeschichte.

Friedrich Bürsch, Consistorialrath, für Religionslehre und das bibl. Sprachstudium für Protestanten. (M3. PRL3.)

Dietrich Becker, Priester, für Religions-Philosophie u. das biblische Sprachstudium für Katholiken.

Gymnasium.

Rector.

Joseph Fischer.

Professoren.

Ferdinand Osthelder für die IV. Cl.

Joseph Langer für die III. Cl.

Joseph Borsch für die II. Cl.

Dr. Alois Fischer für die I. Cl.

Priester Carl Hutmacher, für kathol. Religion u. Geschichte.

Jacob Bickerich, Pfarrer, für protestant. Religions- und Geschichtslehre.

Dr. Friedr. M. Schwerd für Mathematik u. Physik. (M3. BZL3.)

Erwin Schaller für französische Sprache.

Lateinische Schule.

Studienlehrer.

Friedrich Fahr für die IV. Cl.

Jos. Krieger für die III. Cl.

Adam Lehmann für die II. Cl.

Alexander Emmert für die I. Cl.

Priester Leonhard Kuhn für kathol. Religion u. Geschichte.

Jacob Bickerich, Pfarrer, für protestantische Religionslehre.

In Zweibrücken.

Gymnasium.

Rector.

Dr. Heinrich Dittmar. (M 3.)

Professoren.

Dr. Heinrich Dittmar für die IV. Cl.

Michael Fischer für die III. Cl.

Friedr. Butters für die II. Cl.
Otto Sand für die I. Cl.
Dr. Johann Ochs für Religionslehre und Geschichte für Katholiken.
Joh. Stichter für protestantische Religionslehre.
Andreas Dursy für Mathematik.
Lehrer der französischen Sprache: Michael Koch.

Lateinische Schule.
Studienlehrer.

Dr. Wilh. Döderlein für die IV. Cl.
Ludwig Philipp Krafft für die III. Cl.
August Oeffner für die II. Cl.
Johannes Dreykorn für die I. Cl.
Die Religionslehrer am Gymnasium ertheilen den Religionsunterricht auch an der lateinischen Schule.

Isolirte lateinische Schulen.
In Frankenthal.
Subrector.

Christian Brünings.

Studienlehrer.

Christian Brünings für die IV. Cl.
Thomas Neumayer für die III. u. II. Cl.
Valentin Völker für die I. Cl.
Alois Weißenburger, Stadtpfarrer, für kathol. Religion.

Leonhard Canzler, Stadtpfarrer, für protest. Religion.

In Kaiserslautern.
Subrector.

Richard Haas, Gymnasial-Professor.

Studienlehrer.

Richard Haas für die IV. C.
Friedr. Böhmer für die III. Cl.
Stephan Geeck für die II. Cl.
Gustav Krafft für die I. Cl.
Adolph Petersen, Seminar-Inspector, für die protest. Religion.
Carl Holderied, Pfarrer, für die kath. Religion.

In Landau.
Subrector.

Adolph Gentsch.

Studienlehrer.

Adolph Gentsch für die IV. Cl.
Erhard Bär für die III. Cl.
Nicolaus Weiß für die II. Cl.
Andreas Bally für die I. Cl.
C. M. Colin für die französische Sprache.
Die katholische und protestantische Geistlichkeit unterrichtet die Schüler ihrer Confession in der Religonslehre.

In Grünstadt.
Subrector.

Heinrich Märker.

Studienlehrer.

Heinrich Märker für die IV. Cl.

Joh. Spieß für die III. Cl.
Friedrich Beker für die II. Cl.
Heinrich Schmaußer für die I. Cl.
Christian Dielmann, Real-Lehrer.
Den Schülern katholischer und protestantischer Confession wird der Religionsunterricht von der betreffenden Pfarrgeistlichkeit, den israelitischen Schülern von dem israelitischen Elementarlehrer ertheilt.

In Neustadt.
Subrector.
Wilhelm Ruby.
Studienlehrer.
Wilhelm Ruby für die IV. Cl. und protest. Religion.
Ernst d'Alleur für die III. Cl.
Jakob Streuber für die II. Cl.
Ludwig Krafft für die I. Cl.
Bonifaz Maier für die französ. u. engl. Sprache.
Die kath. Schüler werden von dem kath. Stadtpfarrer in der Religionslehre unterrichtet.

In Germersheim.
Subrector.
August Reiser.
Studienlehrer.
August Reiser für die IV. Cl.
Georg Hahn für die III. und II. Cl.
Johann Schiefer für die I. Cl.
Die kathol. u. protest. Geistlichkeit unterrichtet die Schüler ihrer Confession in der Religionslehre.

In Dürkheim.
Subrector.
Wilhelm Spannagel.
Studienlehrer.
Wilh. Spannagel für die IV. Cl.
Theodor Keppel für die III. und II. Cl.
August Rusch für die I. Cl.
Den Religionsunterricht ertheilt die betreffende Pfarrgeistlichkeit.

In Kusel.
Subrector.
Peter Bogen.
Studienlehrer.
Peter Bogen für die IV. Cl.
Carl Weiß für die III. u. II. Cl.
Friedrich Beck für die I. Cl.
Der Religionsunterricht wird von der betreffenden Pfarrgeistlichkeit ertheilt.

In Kirchheimbolanden.
Subrector.
August Reinhard.
Studienlehrer.
August Reinhard für die IV. Cl.
Franz Böhm für die III. und II. Cl.
Gottlob Dittmar für die I. Cl.
Den katholischen Religionsunterricht ertheilt die katholische und den protestantischen die protestantische Pfarrgeistlichkeit.

In Pirmasens.

Subrector.
Dr. Georg Peter Stolz.

Studienlehrer.
Dr. Georg Pet. Stolz für die IV. Cl.
Georg Unkauf für die III. und II. Cl.
— — — für die I. Classe.
Der Religionsunterricht für die katholischen Schüler wird von dem kathol. Pfarrer, der protestantische von dem protest. Pfarrer u. der israelitische von dem Bezirksrabbiner ertheilt.

In Bergzabern.

Subrector.
Theodor Weber.

Studienlehrer.
Theodor Weber für die IV. und III. Cl.
— — für die II. u. I. Cl.
Der katholische Religionsunterricht wird von der kathol. und der protest. von der protest. Pfarrgeistlichkeit ertheilt.

In Annweiler.

Subrector.
Jacob Franck.

Studienlehrer.
Jacob Franck für die IV. und III. Cl.
Caspar Jahn für die II. und I. Cl.

Der Religionsunterricht wird von der betreffenden Pfarrgeistlichkeit ertheilt.

In Edenkoben.

Subrector.
Nicolaus Bob.

Lehrer.
Nicolaus Bob für die IV. Cl.
Joh. Bapt. Fribis für die III. und II. Cl.
Friedrich Tauber für die I. Cl.
Der Religionsunterricht wird den protestantischen und kathol. Schülern von der betreffenden Pfarrgeistlichkeit ertheilt.

Schullehrer-Seminarien.

In Speyer.

Katholisches Schullehrer-Seminar.

Inspector.
Priester Conrad Reither.

Seminar-Lehrer.
I. Priester Nicolaus Zeller, Präfect.
II. Franz Zöller.

In Kaiserslautern.

Protestant. Schullehrer-Seminar.

Inspector.
Adolph Petersen, prot. Geistlicher.

Seminar-Lehrer.
I. Friedr. Trutzer, Präfect.
II. Carl Louis.

Technische Unterrichts-Anstalten.

In Kaiserslautern.
Kreis-Landwirthschafts- und Gewerbsschule.

Rector.
Christian Wilhelm Heinrich Faber. (M3.)

Lehrer.
Chr. Wilhelm Heinrich Faber für Mathematik und Physik, Buchhaltung und angewandte Landwirthschaft.
Dr. Friedrich Ahwens f. Chemie u. theoretsche Landwirthschaft.
Gg. Gribius für deutsche Sprache, Geschichte u. Arithmethik.
Dr. Medicus für Naturgeschichte, Technologie u. Geographie.
Ludwig König für französ. u. engl. Sprache.
Luitpold Baumblatt für Handlungs-Wissenschaften.
Otto Beylich für theoret. und prakt. Mechanik und Maschinenzeichen.
Carl Wolf für Ornamenten- und Linearzeichnen und für Modelliren.
Dr. Gustav Dachauer, Assistent, für Chemie.
Georg Kunz, Assistent f. Physik.
Peter Schmitt für die Vorschule.
Philipp Röhm für Gesang.
Den protest. Religionsunterricht ertheilt der Seminarinspector Johannes Born; den kath. Religionsunterricht der jeweilige kath. Stadtpfarrer; den israelitischen Religionsunterricht der jeweilige Bezirks-Rabbiner.

In Speyer.
Landwirthschafts- und Gewerbs-Schule.

Rectoratsverweser.
Johann Bayer.

Lehrer.
Dr. Franz Keller für Chemie, Naturgeschichte, Technologie und Landwirthschaft.
Johann Bayer für Mathematik und Physik.
August Daumüller für deutsche u. französische Sprache, dann Geographie u. Geschichte für die protestantischen Schüler.
Eduard Strauß, Verweser für theoretische und practische Mechanik.
Carl Koch für Ornamenten- und Linearzeichnen, dann für das Modelliren.
Maximilian Kahn für englische Sprache.
Franz Ludwig Günther für Kalligraphie.
Die Pfarrgeistlichkeit ertheilt den Schülern der Anstalt in den verordnungsmäßig dafür bestimmten Stunden den Religionsunterricht.

In Landau.
Landwirthschafts- und Gewerbs-Schule.

Rector.
Max Zängerle.

Lehrer.
Johann Marzall für Naturgeschichte, Technologie, Chemie und Landwirthschaft.

David Schmitt, Lehrer für Mathematik u. Physik.

Gottlieb v. Göhl für prakt. Mechanik und das Maschinenzeichnen.

C. M. Colin für französische u. englische Sprache.

Heinrich Bally, Verweser d. Zeichnungslehrerstelle.

Daniel Seither für Schönschreibunterricht.

Der Religionsunterricht wird den christlichen Schülern von der Pfarrgeistlichkeit ihrer Confession, den israelitischen Schülern von dem jeweiligen Bezirksrabiner ertheilt.

In Zweibrücken.
Landwirthschafts- und Gewerbs-Schule.
Rector.
August Rohé, Verweser.
Lehrer.
— — — für Mathematik u. Physik.

Ludwig Sutter für Chemie, Naturgeschichte, und Technologie.

M. Koch für französische Sprache.

Aug. Rohé für deutsche Sprache, Geographie u. Kalligraphie.

Max Sedlmaier für Modelliren, dann Linear- und Ornamentenzeichnen.

Den Religionsunterricht ertheilen die Mitglieder der protest. u. kathol. Pfarrgeistlichkeit.

IV. Oberpfalz und Regensburg.

Studien-Anstalten.
In Regensburg.
Lyceum.
Rector.
Priester Dr. Joh. Bapt. Kraus.
Professoren.
Theologische Section:

Priester Dr. Joh. Bapt. Kraus für Dogmatik.

Priester Dr. Wilh. Reischl für Kirchengeschichte und Kirchenrecht.

Priester Dr. Anton Seitz für Moraltheologie.

Priester Dr. Jos. Grimm für Exegese, bibl. Hermeneutik, Einleit. in das alte und neue Testament, u. oriental. Sprachen.

Philosophische Section:

Dr. Ferdinand v. Schmöger für Physik und Chemie.

Dr. Johann Baptist Wandner für Mathematik. (M3.)

Dr. Wilh. Constantin Wittwer für Naturgeschichte.

Dr. Peter Joseph Andr. Schmitz für Philologie u. Geschichte, dann für Encyklopädie und Methodologie.

Priester Dr. Georg Hanauer für Philosophie.

Gymnasium.

Rector.

Priester Anton Hinterhuber. (M3.)

Professoren.

Christian Kleinstäuber für die IV. Cl.

Priester Anton Hinterhuber für die III. Cl.

Christian Seitz für die II. Cl.

Michael Beutlhauser für die I. Cl. A.

Johann Adam Langoth für die I. Cl. B.

Priester Joseph Meilinger für katholische Religion.

Christian Kleinstäuber u. Johann Adam Langoth für protestant. Religion u. Geschichte für die protestant. Schüler.

Johann Paul Huther für Mathematik u. Physik.

Lehrer der französischen Sprache: Carl Albrecht.

Lateinische Schule.

Studienlehrer.

Priester Joh. Bapt. Oberndorfer für die IV. Cl. A.

Anton Miller für die IV. Cl. B.

Priester Johann Baptist Tafratshofer für die III. Cl. A.

Eugen Weißgärber für die III Cl. B.

Martin Pechl für die II. Cl.

Christian Adam für die I. Cl.

Für katholische und protestantische Religionslehre dieselben Lehrer wie am Gymnasium.

Collegiatstift zur alten Kapelle (Aula Scholastica).

Lehrer.

Priester Johann Baptist Sperr für die II. Cl.

Priester Dr. Johann Simon Schinhammer für die I. Cl.

In Amberg.

Lyceum.

Rector.

Priester Dr. Johann Baptist Anton Englmann.

Professoren.

Theologische Section:

Priester Dr. Joh. Bapt. Ant. Englmann für Kirchengeschichte und Kirchenrecht.

Priester Dr. Valent. Loch, für die Exegese des alten u. neuen Testaments.

Priester Dr. theol. Michael Islinger für Dogmatik.

Priester Dr. Simon Carl Schlegl für Moraltheologie und Naturgeschichte.

Philosophische Section:

Dr. Johann Georg Hubmann für Geschichte u. Philologie.

Dr. Anton Bischof für Physik und Mathematik.

Dr. Joh. Nep. Uschold für Philosophie.

Dr. Ernst Pflaum für Naturgeschichte, Docent.

Gymnasium.

Rector.

Priester Dr. Johann Anton Englmann.

Professoren.

Andreas Carl Merk für die IV. Cl.

Mathias Trieb für die III. Cl. (M3.)

Anton Wißling für die II. Cl.

Joseph Seitz für die I. Cl.

Priester Dr. Bernhard Schels für kath. Religion.

Christian Lotzbeck für protest. Religion.

Heinrich v. Petzl für Mathematik u. Physik.

Lehrer der französischen, italienischen und englischen Sprache: Joseph Mehrwald.

Lateinische Schule.

Studienlehrer.

Wolfgang Groß für die IV. Classe.

Priester Sebastian Schrembs für die III. Cl.

Joseph Kutzer für die II. Cl.

Johann Müller für die I. Cl.

Priester Dr. Bernhard Schels für katholische Religionslehre.

Christian Lotzbeck für protestant. Religion.

Isolirte lateinische Schule.

In Weiden.

Subrector.

Gottlieb H. M. Menzel für die beiden oberen Curse.

Studienlehrer.

Priester Franz Xaver Steinhauser für die beiden unteren Curse.

Technische Unterrichts-Anstalten.

In Regensburg.

Kreis-Landwirthschafts- und Gewerbsschule.

Rector.

Dr. Johann Baptist Wembner, Lyceal-Professor und Lehrer der Algebra, der darstellenden Geometrie und Mechanik. (M3.)

Lehrer.

Dr. Ferdinand v. Schmöger, Professor und Conversator am K. Lyceum, für Physik.

Joh. Bapt. Scherm für deutsche Sprache, Buchhaltung und Kalligraphie.

Joh. Nep. Braunschweiger für Naturgeschichte, Chemie und Technologie.

Franz Egen für Landwirthschaft.

Carl Friedr. Zübt für Arithmetik.

Hermann Keim u. Leop. Völlinger für Zeichnungsunterricht.

Carl Mohr für Handelswissenschaften, französ. und engl. Sprache.

Anton Horchler für Bossiren und Modelliren.

Carl Albrecht für französische Sprache.

Philipp Jenzl, Stiftsvicar, für katholische Religion.

Wilhelm Lang, Stadtvicar, für protestant. Religion.

Aaron Frankenburger, für hebräischen Religionsunterricht.

In Amberg.
Landwirthschafts- und Gewerbs-Schule.

Rector.

Math. Trieb, k. Gymn.-Professor. (M3.)

Lehrer.

Ernst Pflaum für Landwirthschafts- u. Gewerbs-Encyklopädie, Naturgesch. u. Chemie.

Lorenz Gögelein, für Mathematik.

Dr. Anton Bischof, Lyceal-Professor, für Physik.

Joseph Mehrwald für französische Sprache.

Joseph Zitelsperger für deutsche Sprache, Geschichte, Geographie und Kalligraphie.

Heinrich Schönwerth für Zeichnungsunterricht.

Leonh. Zeckl, Beneficiat, für katholische Religion.

Christian Loßbeck, Pfarrvicar, für protestant. Religion.

Steigerschule.

Vorstand und Lehrer.

Carl Ostler, Obereinfahrer.

In Pfrentsch.
Kreis-Wiesen- und Ackerbauschule.

Vorstand.

Joh. Gresser, Wiesenbaumeister.

Sonstige Anstalten für Unterricht und Bildung.
In Amberg.
Seminar für Studierende.

Vorstand.

Priester Dr. Bernhard Schels.

V. Oberfranken.

Studien-Anstalten.
In Bayreuth.
Gymnasium.

Rector.

Dr. Johann Christian Held, Schulrath. (M3.)

Professoren.

Dr. Johann Christian Held, Schulrath, für die IV. Cl.

Friedrich Wilhelm Sartorius für die III. Cl.

Johann Georg Großmann für die II. Cl.

Christian Lienhardt für die I. Cl.

Carl Nägelsbach für protest. Religion.

Priester Georg Schäfer, Caplan, für katholische Religionslehre.

Friedr. Hofmann für Mathematik u. Physik.

Lehrer der französischen Sprache: Alexander Puschkin.

Lateinische Schule.
Studienlehrer.

Heinrich Eduard Albr. Raab für die IV. Cl.

Carl Conrad Matthäus Fries für die III. Cl.

Georg Hoffmann für die II. Cl.

Andreas Schalkhäuser für die I: Cl. B.

Dr. Carl Spanbau für die I. Cl. A.

Für kathol. und protest. Religion dieselben Lehrer wie am Gymnasium.

In Bamberg.
Lyceum.
Rector.

Priester Dr. Adam Martinet, Verweser.

Professoren.

Theologische Section:

Priester Dr. Ad. Martinet für biblische Exegese u. für orientalische Sprachen.

Priester Dr. Leonhard Clemens Schmitt, Domcapitular, für Moral- und Pastoral-Theologie.

Priester Dr. Georg Mayer Domcapitular, für Dogmatik, Patristik, theolog. Encyclopädie, und Methodologie.

Priester Johann Spörlein für Kirchengeschichte und Kirchenrecht.

Philosophische Section:

Priester Dr. Johann Martin Katzenberger für Philosophie.

Priester Dr. Joh. Anton Schöpf für Geschichte.

Priester Philipp Hofmann für Chemie und Naturgeschichte.

Carl Güßregen für Mathematik u. Physik.

Dr. Andreas Haupt, Inspector des Naturalien-Cabinets, für Landwirthschaft.

Gymnasium.
Rector.

Franz Kemmer.

Professoren.

Franz Kemmer, für die IV. Cl.

Priester Franz Mohr für d. III. Cl.

Joh. Gottfr. Günder für d. II. Cl.

Anton Leickert für die I. Cl.

Priester Matthäus Kirchner für kathol. Religionslehre.

Heinrich Jul. Friedr. Hopfer, Decan, für protestant. Religionslehre

Dr. Georg Hoh für Mathematik u. Physik.

August Moldenhaver für französ. Sprache.

Lateinische Schule.
Studienlehrer.

Stephan Wehner für die IV. Cl.

Priester Hermann Loß für die III. Cl.

Wilhelm Pröbst für die II. Cl.

Christian Heidegger für d. I. Cl.

Priester Georg Haas für kath. Religionslehre.

Heinr. Kübel für protest. Religionslehre.

In Hof.

Gymnasium.

Rector.

Dr. Heinrich Christian Friedrich Gebhardt. (M3.)

Professoren.

Dr. Heinrich Christian Friedrich Gebhardt für die IV. Cl.

Gustav Gebhardt für die III. Cl.

Carl Leonhard Macht für d. II. Cl.

Dr. Siegfried Pfaff für die I. Cl.

Wilh. Johann Adam Großmann, Stadtpfarrer, für protest. Religionslehre.

Priester Nicolaus Eichhorn, Pfarrcuratus, für kathol. Religionslehre.

Eugen Leonhard für Mathematik und Physik.

Leo Wetzel, Lehrer der französischen Sprache.

Lateinische Schule.

Studienlehrer.

Friedr. Jos. Alex. Riedel für die IV. Cl.

Gg. Friedr. Unger für die III. Cl.

Dr. Joh. Georg Samuel Richter für die II. Cl.

Friedrich Metzger für die I. Cl. Religionslehrer wie am Gymnasium.

Isolirte lateinische Schulen.

In Kulmbach.

Subrector und Studienlehrer.

Phil. Heinrich Moßner.

In Wunsiedel.

Subrector und I. Studienlehrer.

Carl Küffner.

II. Studienlehrer.

Ferdin. Schöntag.

Schullehrer-Seminar.

In Bamberg.

Inspector.

Ign. Heunisch, geistl. Rath. (M3.)

Seminarlehrer.

I. Priester Leonhard Endres.

II. Wilhelm Siebenlist.

III. Christoph Carl Fuchs, Musiklehrer.

Technische Unterrichts-Anstalten.

In Bayreuth.

Kreis-Landwirthschafts- und Gewerbschule.

Rector.

Dr. Johann Chr. Held, Schulrath, Kreis-Scholarch und Studien-Rector. (M3.)

Lehrer.

— — — — für deutsche Sprache, Geschichte und Geographie.

Friedrich Braun, Dr. philos., für Gewerbs-Encyklopädie, Naturgeschichte, und Chemie. (GES.)

Ferdinand Herzog für Landwirthschaft und Arithmetik.

Dr. August Blehringer für die Mathematik und Physik.

J. L. Schamel für Modelliren.

Priester Georg Schäfer, Stadtcaplan, für katholische Religionslehre.

Dr. Nägelsbach, Pfarrer, für protestantische Religionslehre.

Christoph Ott für Zeichnen und Bossiren.

Heinrich Scharnberger für französische und englische Sprache.

In Bamberg.

Landwirthschafts- und Gewerbs-Schule.

Rector.

Dr. jur. Eugen Schneider, rechtskundiger Magistratsrath.

Lehrer.

Dr. Franz Keller, Stadtcaplan für den katholischen Religions-Unterricht.

Heinrich Jul. Friedr. Hopfen, Decan, für die protestantische Religionslehre.

Hermann Vallez für Algebra, Geometrie, descriptive Geometrie u. Mechanik.

Carl v. Herrnböck für Gewerbslehre, Naturgeschichte und Chemie.

Dr. Georg Schriefer für Landwirthschaft, deutsche Sprache, Geographie u. Geschichte.

Adam Schäfer für Bossiren und Modelliren.

Joseph Krug für den gesammten Zeichnungsunterricht.

August Moldenhaver für französische Sprache.

Georg Friedrich Heinisch für Handelswissenschaften u. Kalligraphie.

J. Hunsicker für die englische Sprache.

Heinrich Dümlein, Lehrer des Vorcursus.

Friedrich Herzogenrath für Physik und Chemie.

Joseph Stenger für Stenographie.

In Hof.

Landwirthschafts- und Gewerbs-Schule.

Vorstand.

Carl Hermann Münch, rechtskund. Bürgermeister. (M3.)

Lehrer.

Carl Moroff für Arithmetik, Algebra, Geometrie u. Mechanik.

Friedrich Schmidt für Linear- und Freihandzeichnen, dann für Bossiren und Modelliren.

Christ. Wirth für Naturgeschichte, Encyklopädie der Landwirthschaft und Gewerbe.

Johann Christoph Herzog, für deutsche Sprache, Geschichte,

Geographie und für den gesammten Realienunterricht.

Bernhard Jegel für Physik und Chemie.

Nicol. Eichhorn, Pfarrcuratus, für kath. Religionslehre.

Gottfried Macher, Pfarrer, für protest. Religionslehre.

Leo Wetzel, für französischen Unterricht.

Friedrich Hundt für engl. Sprache.

In Wunsiedel.

Landwirthschafts- und Gewerbs-Schule.

Vorstand.

Christ. Friedr. Landgraf, rechtskund. Bürgermeister. (K☉.)

Lehrer.

Eduard Zahn, Realienlehrer.

Max Föderreuther für Naturgeschichte, Physik, Chemie und Technologie.

Lorenz End für Mathematik und franz. Sprache.

— — — für prot. Religion.

Xaver Winter für Zeichnen, Bossiren und Modelliren.

Christian Zahn für Kalligraphie.

— — — — Subrect., für deutsche Sprache u. Geschichte.

Sonstige Anstalten für Unterricht und Bildung.

In Bayreuth.

Kreis-Naturalien-Kabinet.

Inspector.

Dr. Friedrich Braun, Lehrer der Naturgeschichte, Chemie und Technologie an der Kreis-Landwirthschafts- u. Gewerbsschule zu Bayreuth. (GE5.)

Kanzlei-Bibliothek.

Johann Georg Großmann, StudienRector und Kreisscholarch (s. vorher).

In Bamberg.

Naturalien-Kabinet.

Inspector.

Dr. Andr. Haupt, k. Lycealprofessor.

Bibliothek.

Dr. Michael Stenglein.

Hebammenschule.

Vorstand.

Dr. Franz Geiger, Professor.

Repetitor.

Dr. Thomas Burger.

VI. Mittelfranken.

Studien-Anstalten.

In Ansbach.

Gymnasium.

Rector.

Dr. Christoph Elsperger. (M. 3.)

Professoren.

Dr. Christoph Elsperger für die IV. Cl.

Dr. Ludwig Schüller, für die III. Cl.

Dr. Rudolph Friedr. Schreiber, für die II. Cl.

Dr. Carl Ludwig Hofmann, für die I. Cl.

Dr. Christoph Elsperger für die protest. Religion.

Priester Franz Henning, Stadtpfarrer für kathol. Religion.

Dr. Gottfried Frieblein für Mathematik.

Lehrer der französischen Sprache: Ferdinand Mösch.

Lateinische Schule.

Studienlehrer.

Dr. Carl Ulmer, für die IV. Cl.

Franz Ferdinand Seitz für die III. Cl.

Wilhelm Philipp Peter Doignon für die II. Cl.

Johann Jacob Bauer für die I. Cl.

Dr. L. A. Th. Friedrich Rabus, Stadtpfarrer, für prot. Relig.

Priester Michael Pfister für kath. Religion.

In Eichstädt.

Gymnasium.

Rector.

Joh. Bapt. Reger.

Professoren.

Joh. Bapt. Reger für die IV. Cl.

Carl Kugler für die III. Cl.

Georg Fischer für die II. Cl.

Dr. Simon Zauner für die I. Cl.

Priester Michael Boll u. Johann Bapt. Denk für kathol. Religion.

Priester Franz Xaver Richter für Mathematik.

Lehrer der französischen Sprache: Georg Fischer.

Lateinische Schule.

Studienlehrer.

Priester Michael Boll für die IV. Cl.

Johann Baptist Spann für die III. Cl.

Priester Johann Bapt. Denk für die II. Cl.

Carl Zettel für die I. Cl.

In Erlangen.

Gymnasium.

Rector.

Dr. Ludwig von Jan.

Professoren.

Dr. Ludwig von Jan für die IV. Cl.

Iwan Müller für die III. Cl.
Dan. Zimmermann für die II. Cl.
Dr. Wilh. v. Rücker für die I. Cl.
Gustav Max Lechner zur Assistenzleistung in der Oberclasse.
Dr. Wilh. v. Rücker für protest. Religion.
Priester Franz X. Schmitt, Stadtpfarrer, für kath. Religion.
Dr. Friedrich Roth für Mathematik u. Physik.

Lateinische Schule.
Studienlehrer.

Dr. Heinrich Schmidt für die IV. Cl.
Max Gust. Albert Bissinger für die III. Cl.
Johann Sörgel für die II. Cl.
Georg Autenrieth für die I. Cl.
Für kathol. und protest. Religion dieselben Lehrer wie am Gymnasium.

In Nürnberg.
Gymnasium.
Rector.
Dr. Heinrich Heerwagen.

Professoren.
Dr. Heinrich Heerwagen für die IV. Cl.
Dr. Adalbert Recknagel für die III. Cl.
Gottfried Herold für die II. Cl.
Dr. Johann Paul Endler für die I. Cl.
Dr. Johann Heinrich Wölffel und Dr. Johann Paul Endler für protest. Religion.

Anton Held Priester und Stadtcaplan für kathol. Religion.
Dr. Friedrich Herold für Mathematik und Physik.
Gottfried Herold für französische Sprache.

Lateinische Schule.
Studienlehrer.

Dr. Johann Heinr. Wölffel für die IV. Cl.
Johann Leonhard Hoffmann für die III. Cl.
Georg Heinr. Wild für die II. Cl.
Albrecht Hartmann Hartwig für die I. Cl. A.
Theodor Krafft für die I. Cl. B.
Bernhard Dombart für die I. Cl. C.
Dr. Johann Paul Endler, Dr. Johann Heinrich Wölffel und Stadtpfarrer August Lösch für protest. Religion.
Anton Held, Stadtcaplan für katholische Religion.

Isolirte Lateinische Schulen.
Dinkelsbühl.
Subrector.
Theod. Christoph Fritz.
Studienlehrer.
Theodor Christoph Fritz.
Johann Christoph Schmitt.

Feuchtwangen.
Subrector und Studienlehrer.
Friedr. Richenbächer.

Gunzenhausen.
Subrector und Studienlehrer.
Johann Christian Hensolt, zugleich Pfarrer.

Hersbruck.
Subrector und Studienlehrer.
August Sucro.

Neustadt a. d. A.
Subrector.
Johann Gg. Christoph Wilhelm Döhlemann.
Studienlehrer.
Elias Trillhaas.
Jacob Biel.

Pappenheim.
Subrector und Studienlehrer.
Georg Carl Mezger.

Roth.
Subrector und Studienlehrer.
Johann Schornbaum, Verweser.

Rothenburg.
Subrector.
Christian Friedr. August März.
Studienlehrer.
Christian Friedrich August März.
Georg Carl Fick.
Heinrich Schöntag.

Schwabach.
Subrector.
Joh. Christoph Laurer.
Studienlehrer.
Joh. Adam Hauser.

Uffenheim.
Subrector.
Albert Bischoff.
Studienlehrer.
Johann Conrad Probst.

Weissenburg.
Subrector.
Gustav Adel, Verweser.
Studienlehrer.
Gustav Adel, Verweser.
Carl Hofmann.

Windsbach.
Subrector und Studienlehrer.
Joh. Adam Lohmann.

Windsheim.
Subrector.
Heinrich Carl Großmann.
Studienlehrer.
Franz Joseph Schmidt.

Schullehrer-Seminarien.
In Altdorf.
I. Protest. Schullehrer-Seminar.
Inspector.
Christ. Andr. Zahn.
Seminar-Lehrer.
I. Friedr. Carl Speckner, Präf.
II. Christian Friedr. Hübscher.
III. Georg Adam Haag.

In Schwabach.
II. Protest. Schullehrer-Seminar.
Inspector.
Hermann Harles.
Seminar-Lehrer.
I. J. Andr. Schmidel, Präfect.
II. Johann Adam Kleist.
III. Heinrich Lang.

In Eichstädt.
Kathol. Schullehrer-Seminar.
Inspector.
Raimund Schlecht, geistl. Rath.

Seminar-Lehrer.
I. Priester Franz Xav. Steger, Präfect.
II. Andreas Schmid.
III. Joseph Winkler.

Technische Unterrichts-Anstalten.
In Nürnberg.
K. Kunst-Gewerbschule.
Director.
August Kreling. (M3.) und gold. Medaille für Kunst u. Wissenschaft von Hannover.

Professor.
J. C. Mayer für Ornamentik. (SEH3.)

Lehrer.
Georg Eberlein für Architektur.
Joh. Gg. Wolff für Perspektive.
Dr. med. Göschel für Anatomie.

Assistenten.
Tobias Weiß für ornamentale Bildhauerei.
August Düll für figürliche Bildhauerei.

K. Kreis-Landwirthschafts- und Gewerbsschule.
Rector.
Professor Dr. Heinr. Rose. (M3.)

Lehrerpersonale.
a) Landwirthschaftliche Abtheilung.
Dr. J. C. Kellermann Inspector.
C. Engel, Oekonomieverwalter für praktische Landwirthschaft.
Feldkirchner, Pfarrer, für protest. Religionslehre.
Schmidt, Stadtcaplan, für kath. Religionslehre.
Dr. Heinrich Weger für Naturgeschichte, Physik, Chemie u. Technologie.
A. Firsching, Lehramtsverweser für theoretische Landwirthschaft und Botanik.
Dr. J. C. Kellermann für Arithmetik, deutsche Sprache und Geographie.
C. Fick, Verweser der Ackerbau-Lehrstelle, für prakt. u. populäre theoretische Landwirthschaft, gemeinnützige Kenntniß und Schreiben.

Assistenten.
Gottlieb Huber, für Arithmetik, deutsche Sprache und Geographie.
Georg Kroner für Zeichnen.

b) Gewerbliche Abtheilung.
Kreis-Gewerbsschule.
Leonhard Dengler, Lehramtsverweser für deutsche Sprache.
Dr. A. Flegler, Professor, für Geographie, Geschichte und deutsche Sprache.
Carl Heller, für Gewerbsplastik.
Fr. Aug. Klingenfeld, Professor für darstellende Geometrie u. Mechanik.
Leonhard Marx für Arithmetik, Geometrie und Geographie.
J. C. Mayer, Prof. für Ornamentenzeichnen. (SEH3.)

Dr. Heinrich Rose, Professor, Rector, f. Mathematik. (M3.)
Johann. Math. Rosenschon für Zeichnen und franz. Sprache.
Conrad Rübel, Pfarrer, für protestantische Religionslehre.
— — — — für katholische Religionslehre.
Dr. Carl Stölzel für Chemie, Physik, Mineralogie und Gewerbskunde.
Dr. Heinrich Weger, für Zoologie und Botanik.
Joh. Gg. Wolff, für Ornamenten und Linearzeichnen.
Chr. Alb. Lenz, Erzgießer für Formen und Gießen.

Assistenten.

Georg Dötsch, Lehramts-Candidat für Mathematik.
Hagen, Lehramtscandidat für Chemie.

Polytechnische Schule.
Rector.
Michael Romig. (M3.)

Lehrerpersonale.

Christian Bößrer, Professor, für Baukunde u. architektonisches Zeichnen.
Keller, Caplaneiverweser für kath. Religionslehre.
K. Rübel, Pfarrer, für protest. Religionslehre.
G. Zemisch, Professor, für pract. Mechanik u. Maschinenkunde.
J. A. Klingenfeld, Professor, für darstellende Geometrie und Maschinenzeichnen.
J. M. Romig, Professor, Rector, für analytische Geometrie u. Mechanik.

Dr. H. Rose, Professor, Rector, für reine Mathematik und Vermessungskunde.
Dr. A. Weiß, Prof., für Physik und höhere Mathematik.
Th. Lenkauf, Professor, für theoretische u. analytische Chemie.
Chr. Alb. Lenz, Erzgießer für Formen und Gießen.

Assistenten.

G. Kittel, für Chemie.
H. Köpping, für Physik.

In Erlangen.
Landwirthschafts- und Gewerbs-Schule.
Rector.
Dr. H. Reinsch, zugleich Lehrer für Physik, Chemie, Naturgeschichte u. Technologie.

Lehrer.

Pius Gareis für Zeichnen.
Jonas Streicher für Religionslehre und Realien.
Dr. Johann Pfaff für Arithmetik, Algebra, Geometrie, Trigonometrie, descriptive Geometrie und Mechanik.

In Ansbach.
Landwirthschafts- und Gewerbs-Schule.
Vorstand.
L. F. Strebel, Lehrer der Geschichte, Arithmetik und Geometrie.

Lehrer.

Carl Friedrich Scheibner für deutsche Sprache u. Geographie.
Johannes Hiß, Zeichnungslehrer.

J. G. Munker für Algebra, Physik u. Mechanik.

C. Reichelt für Chemie, Naturgeschichte u. Technologie.

Pfarrer Hornung für den protest. Religionsunterricht.

Kaplan Pfister für den kathol. Religionsunterricht.

G. Kitzinger für franz. Sprache und Buchhaltung.

F. Mösch für engl. Sprache.

In Fürth.
Gewerbs- und Handelsschule.
Rector.
Dr. Caspar Beeg. (M3. FCl5.)
Lehrer.
Dr. Caspar Beeg für deutsche u. englische Sprache, Geographie u. Buchhaltung.

Dr. Bernheim für Naturgeschichte, Chemie und Technologie, dann Waarenkunde.

Dr. Brentano für Handels-Wissenschaft, deutsche Sprache und Literatur an der Handelsabtheilung und für französische Sprache an der Gewerbsabth.

J. Hauck, für Arithmetik und Geometrie.

Pfarrer Lehmus für protestant. Religionslehre und deutsche Sprache in der Gewerbsabtheilung.

Stadtpfarrer Zahnleiter für kathol. Religionslehre.

Johann Bauschinger für Mathematik und Physik.

Johann Andreas Gierer für Freihand- u. Linearzeichnen.

Johann Georg Höfer für Bossiren.

Anton Paul Engelhardt für französ. und ital. Sprache.

Wagenführ für Kalligraphie.

Landwirthschaftliche Erziehungs-Anstalt Lichtenhof.
Vorstand.
Andreas Fitsing, Lehrer der Landwirthschaft u. Thierheilkunde.
Lehrer.
Priester Johann Dorn, Stadtkaplan, für katholische Religion.

Pfarrer Feldkirchner, Katechet, für protestantische Religion.

Dr. Heinrich Weger für Naturgeschichte, Physik, Chemie und Gewerbekunde.

Johann Christoph Kellermann für Arithmetik, Geometrie u. Geographie.

Joh. Georg Gottlieb Kellermann jun., für deutsche Sprache.

In Triesdorf.
Ackerbauschule.
Vorstand.
Jul. Campel, Inspector.
Lehrer.
Carl Wagner.

VII. Unterfranken und Aschaffenburg.

Studien-Anstalten.

In Würzburg.

Gymnasium.

Studienrector.

Dr. Joh. Georg Weidmann, Hofrath. (M3.)

Professoren.

Dr. Johann Georg Weidmann, Hofrath, für die IV. Cl.

Adam Joseph Weigand, für die III. Cl.

Joseph Schmitt, für die II. Cl.

Georg Hannwacker für die I. Cl.

Michael Viertheilig für Mathematik und Physik.

Priester Franz Paul Steigerwald, für Religion u. Geschichte für die kathol. Schüler.

Friedrich Baum, Vicar, für Religion und Geschichte für protest. Schüler.

Lehrer der französischen Sprache: Dr. L. Hostombe.

Lateinische Schule.

Studienlehrer.

Edmund Behringer für die IV. Cl.

Dr. Lorenz Grasberger für die III. Cl.

Dr. Lorenz Gerhard, k. Gymnasial-Professor für die II. Cl.

Joseph Knierer für die I. Cl. A.

Bernhard Arnold für die I. Cl. B.

Priester Dr. Franz Jos. Stein für Religion und Geschichte für die katholischen Schüler.

Friedrich Baum, Vicar, für Religion u. Geschichte für die protestantischen Schüler.

In Aschaffenburg.

Lyceum.

Rector.

Priester Dr. Joseph Holzner.

Professoren.

Priester Dr. Joseph Holzner, für theoret. u. prakt. Philosophie.

Dr. Joseph Merkel, Hofbibliothekar, für Philologie, allgem. Encyclopädie, Pädagogik und Kunstgeschichte. (M3. L.)

Dr. Joh. Michael Beitelrock für geschichtliche Wissenschaften.

Dr. Martin Balduin Kittel, Mitglied d. Akad. d. Wissenschaften, für Physik, Chemie und Naturgeschichte. (M3.)

Dr. Peter Reuter, für reine und angewandte Mathematik.

Louis Jessel, Lehrer der französischen Sprache.

Gymnasium.

Rector.

Priester Dr. Jos. Holzner.

Professoren.

Wolfgang Jos. Hocheder für die IV. Cl. (M3.)
Joseph Wolf für die III. Cl.
August Abel für die II. Cl.
Georg Maria Englert für die I. Cl.
Priester Seraphin Reuther, Lehrer der kathol. Religion.
Carl Stobäus, Stadtpfarrer für protest. Religion u. Geschichte.
Dr. Peter Reuter für Mathematik und Physik.
Lehrer der französischen Sprache Friedr. Math. Keim.

Lateinische Schule.

Studienlehrer.

Franz Ludwig Seiß für die IV. Cl.
Ludwig Harrer für die III. Cl.
Adam Bergmann für die II. Cl.
Rudolph Klüber für die I. Cl.
Priester Carl Luß für kathol. Religion.
Carl Stobäus, Stadtpfarrer für Geschichte und prot. Religion.

In Münnerstadt.

Gymnasium.

Rector.

Johann Alois Beltschuh.

Professoren.

Johann Alois Leitschuh für die IV. Cl.
P. Alois Braun für die III. Cl.
P. Pius Keller für die II. Cl.
P. Prosper Merkle für die I. Cl.
P. Friedr. Wester für kathol. Religion in der II., III. u. IV. Cl.
Andreas Seeber für Mathematik u. Physik.
Lehrer der französischen Sprache P. Pius Keller.

Lateinische Schule.

Studienlehrer.

P. Friedr. Wester für die IV. Cl.
Joh. Bapt. Preu für die III. Cl.
P. Hieronymus Schneeberger für die II. Cl.
P. Stanislaus Ulrich für die I. Cl.
P. Franz Böhm, Religionslehrer.

In Schweinfurt.

Gymnasium.

Rector.

Dr. Franz Oehlschläger.

Professoren.

Dr. Franz Oehlschläger für die IV. Cl.
Dr. Carl Bayer für die III. Cl.
Dr. Conrad Wittmann für die II. Cl.
Dr. Friedrich Leonh. Enderlein für die I. Cl. und für protest. Religion an der ganzen Studienanstalt.
Priester Heinrich Weber für kathol. Religion.
Priester Michael Büttner, Stadtpfarrer, für Geschichte für die kathol. Schüler.
Friedrich Hartmann für Mathematik und Physik.
Lehrer der französ. Sprache Ludwig Winkler.

Lateinische Schule.
Studienlehrer.
Wilhelm Philipp Pfirsch für die IV. Cl.
Caspar Zink, Gymn. Professor für die III. Cl.
Franz Carl Schmidt für die II. Cl.
Dr. Jacob Simon für die I. Cl.
Für kathol. und protest. Religion dieselben Lehrer wie am Gymnasium.

Isolirte lateinische Schulen.
In Hammelburg.
Subrector.
Priester Heinrich Kihn.
Studienlehrer.
Priester Heinrich Kihn.
Priester Heinrich Faber.

In Haßfurt.
Subrector.
Priester Philipp Eduard Lillbopp, bischöfl. geistl. Rath u. Stadtpfarrer.
Studienlehrer.
Priester Benedict Killan.
Priester Martin Büchs, Verweser.

In Kitzingen.
Kathol. lateinische Schule.
Subrector.
Priester Alois Bieringer.
Studienlehrer.
Andreas Plank.

Protestant. lateinische Schule.
Subrector und Studienlehrer.
Dr. Christian Conrad Schad.

In Lohr.
Subrector und Oberlehrer.
Priester Joseph Baader.
Studienlehrer.
Priester Joseph Ulrich.

In Miltenberg.
Subrector.
Priester Ph. J. Lehmann.
Studienlehrer.
Ludwig Bauer.

In Neustadt a. d S.
Subrector.
Priester Alois Weigand, Stadtpfarrer.
Studienlehrer.
Stadtcaplan Friedrich Frank, Verweser.

Schullehrer-Seminar.
In Würzburg.
Inspector.
Priester Dr. Georg Joseph Saffenreuter.
Seminar-Lehrer.
I. Priester Andr. Blank, Präfect.
II. Johann Joseph Schmitt.

Technische Unterrichts-Anstalten.
In Würzburg.
Kreis-Landwirthschafts- und Gewerbsschule.
Rector.
Priester Ignaz Lampert.

Lehrer.

Ignaz Lampert f. deutsche Sprache, Geschichte u. Geographie.

Dr. Sigmund Bauer, Professor, für Naturgeschichte u. Landwirthschaft.

Dr. Christian August Wolfram für Geometrie u. Physik.

Dr. Ferdinand Schubert, Privatdocent, für Chemie, Technologie und Mineralogie.

Wilh. Heß für practische Mechanik und Maschinenzeichnen.

Joseph Seubert für Handelswissenschaften.

Joseph Haas für Linearzeichnen.

Carl Kaulbach f. Freihandzeichnen.

Heinrich Schwager für Arithmetik und Algebra.

Carl Krapf, Caplan, für katholische Religion.

Wilhelm Mack, Vicar, für protestant. Religion.

Hermann Erkelenz für französische Sprache.

Georg Eggensberger für englische Sprache.

In Aschaffenburg.

Landwirthschafts- und Gewerbs-Schule.

Rector.

Dr. Martin Balduin Kittel, Lyceal-Professor, Mitglied der K. Akademie der Wissenschaften. (M3.)

Lehrer.

Dr. Kittel für Physik u. Chemie. (s. o.)

Valentin Hofmann für Bossiren und Modelliren, u. Werkführer der mechanischen Werkstätte.

Joseph Samhaber für Freihandzeichnen.

Christian Stobäus, Pfarrer, für protestant. Religionslehre.

Priester August Kreß, für katholische Religionslehre.

Caspar Kittel für Landwirthschaft und Technologie.

Ludwig Wörner für Algebra, theoret. u. pract. Geometrie, Trigonometrie u Mechanik.

Caspar Roth, Priester, für die Realien.

Adam Müller für Handelskunde und Buchhaltung.

Joseph Hospes für Linear-, Situations- u. Maschinenzeichnen, dann für descript. Geometrie.

Fr. Mathias Keim für französische Sprache.

In Schweinfurt.

Landwirthschafts- und Gewerbs-Schule.

Rector.

Carl Köberlin.

Lehrer.

Carl Köberlin für die naturwissenschaftlichen Fächer.

F. W. Stepf, Mittagsprediger, für prot. Religionslehre und die Realien.

Conrad Heldner für Mathematik und Physik.
Adam Hofmann für Zeichnen.
Heinrich Weber, Kaplan, für kathol. Religionslehre.
G. Mündler für Handelskunde u. neuere Sprachen.

Sonstige Anstalten für Unterricht und Bildung.

In Aschaffenburg.

Königliches Knaben-Seminar.
Regens.
Priester Dr. Holzner, Lyceal- und Studienrector.
Subregens.
Priester Seraphin Reuther.

I. Präfect.
Priester Carl Lutz.
II. Präfect.
Priester August Kreß.

Hofbibliothek.
Bibliothekar.
Dr. Jos. Merkel, Lycealprofessor. (M3. L.)

In Würzburg.
Hebammen-Schule.
Vorstand.
Dr. F. W. v. Scanzoni, Geheimer Rath u. Professor. (K3. M3. HP2b. RU2.)
Repetitor.
Dr. Joh. Bapt. Schmidt, k. Professor.

VIII. Schwaben und Neuburg.

Studien-Anstalten.

In Dillingen.

Lyceum.
Rector.
Dr. Franz Xaver Pollack.
Professoren.
Theologische Section:
Joh. Evang. Wagner, bischöfl. geistl. Rath, für Dogmatik.
Mathias Merkle für Moral und Pädagogik.
Dr. Adam Joseph Uhrig für das Kirchenrecht und die Kirchengeschichte.

Dr. Valentin Thalhofer für Exegese und hebräische Sprache.
Philosophische Section:
Dr. Franz Xaver Pollack für Physik und Chemie.
Valentin Seibel für Geschichte u. Philologie.
Dr. Alois Schmid für Philosophie.
Dr. Andreas May für Mathematik und Naturgeschichte.

Gymnasium.
Rector.
Carl Pleitner.
Professoren.
Carl Pleitner für die IV. Cl.

Priester Ludwig Göbl für die III.
Cl.
Alois Ebenböck für die II. Cl.
Lorenz Körner für die I. Cl.
Priester Heinrich Wildegger für
  Religion.
Martin Piller für Mathematik u.
  Physik.
Lehrer der französischen Sprache:
  V. Seibel, Lyceal-Prof.

Lateinische Schule.
Studienlehrer.

Dr. Johann Baptist Gerlinger
  für die IV. Cl.
Joseph Bayer für die III. Cl.
Simon Huber für die II. Cl.
Anton Jäcklein für die I. Cl.

In Augsburg.

Kathol. Studien-Anstalt bei St. Stephan.

Lyceum.
Rector.
P. Matthäus Rauch.

Professoren.
P. Matthäus Rauch für Anthropologie, Pädagogik u. Botanik.
P. Theodor Gangauf, frei resign. Stiftsabt, für Philosophie und Religions-Wissenschaft.
P. Ludw. Preyßinger für Physik, Chemie, Mathematik und allgemeine Naturgeschichte.
P. Bartholomäus Zenetti, Stiftsprior, für Geschichte, Philologie und Aesthetik.

Gymnasium.
Rector.
P. Matthäus Rauch. (s. o.)

Professoren.
P. Mathias Zillober für die IV. Cl.
P. Raphael Mertl, Stiftsabt, für die III. Cl.
P. Thomas Kramer für die II. Cl.
P. Pius Reinlein für die I. Cl.
P. Luitpold Brunner für Religion.
P. Ludwig Preißinger für Mathematik u. Physik in den beiden oberen Classen.
P. Clemens Rosa, für Mathematik in den beiden unteren Classen.
P. Benedict Permanne, Lehrer der französischen Sprache.

Lateinische Schule.
Studienlehrer.
P. Otto Ziereis für die IV. Cl. A.
P. Joseph Nagler für die IV. Cl. B.
P. Jacob Seidenbusch für die III. Cl. A.
P. Carl Berchtold für die III. Cl. B.
P. Caspar Kuhn für die II. Cl. A.
P. Anselm Bunk für die II. Cl. B.
P. Ildephons Lindmeier, für die I. Cl. A.
P. Stephan Stengel für die I. Cl. B.
P. Clemens Rosa für Arithmetik in der III. u. IV. Cl.

Protestant. Studien-Anstalt bei St. Anna.

Gymnasium.
Rector.
Dr. Georg Casp. Mezger. (M3.)

Professoren.

Dr. Georg Caspar Mezger für die IV. Cl.
Carl Dorfmüller für die III. Cl.
Carl Ed. Oppenrieder für die II. Cl.
Dr. Christian Wilhelm Joseph Cron für die I. Cl.
Rector Dr. Mezger u. Prof. Dorfmüller für Religion.
Carl Friedrich Ludwig Otto Wucherer für Mathematik.
Jos. Etienne Roussel, Lehrer der franz. Sprache.

Lateinische Schule.

Studienlehrer.

August Bauer für die IV. Cl.
Benedict Greif für die III. Cl.
Heinrich Gürsching für die II. Cl.
Dr. Moritz Mezger für die I. Cl.
Für Religion die einschlägigen Classlehrer.

In Kempten.

Gymnasium.

Rector.

Philipp Hannwacker.

Professoren.

Philipp Hannwacker für die IV. Cl.
Dr. Matthäus Weishaupt für die III. Cl.
Ludwig Gerhäuser für die II. Cl.
Priester Barthol. Beck für die I. Cl.
Priester Johann Hiltensberger für katholische Religion.
Gustav Emil Holzhauser, Pfarrer, für protestant. Religion.
Augustin Stegmann, für Mathematik u. Physik.

Lehrer der französischen Sprache:
Dr. Matthäus Weishaupt.

Lateinische Schule.

Studienlehrer.

Priester Conrad Geist für die IV. Cl.
Priester Franz Seraph Scharrer für die III. Cl.
Luitpold von Teng für die II. Cl.
Dr. Wolfg. Markhauser für die I. Cl.
Für Religion dieselben Lehrer wie am Gymnasium.

In Neuburg.

Gymnasium.

Rector.

Priester Joseph Wilhelm Thum, zugleich Seminar-Director. (M3.)

Professoren.

Priester Franz Seraph Romeis für die IV. Cl.
Priester Wilhelm Possidius Nickl für die III. Cl.
Valentin Mayring für die II. Cl.
Ignaz Ratzinger für die I. Cl.
Priester Johann Adam Waldvogel, Seminarpräfect, für Religion.
August Ducrue für Mathematik u. Physik.

Lehrer der französischen Sprache: Max Eichheim.

Lateinische Schule.

Studienlehrer.

Priester Michael Daisenberger für die IV. Cl.
Ludw. Mehltretter für die III. Cl.

Joh. Bapt. Pusl für die II. Cl.
Marcus Loher für die I. Cl.
Priester Vincenz Raußler, Seminarpräfect, für Religion.

Isolirte lateinische Schulen.

In Günzburg.

Subrector.
Priester Johann Boll.

Studienlehrer.
Priester Carl Thomas Kraus.

In Kaufbeuern.

Subrector.
Cosmas Damian Dopfer, Stadtpfarrer.

Studienlehrer.
Priester Thaddäus Mahler, Verweser der III. und IV. Cl.
Michael Eisele, für die II. Cl. Verweser.
Priester Ignaz Spring Verweser, für die I. Cl.

In Lindau.

Studienlehrer.
Cassian Kellner, protestant. Pfarradjunct und Verweser der I. Lehrstelle.

In Memmingen.

Subrector.
Friedrich Carl Weber.

Studienlehrer.
Friedrich Carl Weber für Reallen und Mathematik.
Eugen Rehm für die IV. und III. Cl.

Heinrich Stadelmann für die II. Cl.
Adam Kohl für die I. Cl.

In Nördlingen.

Subrector.
Alexander Stählin.

Studienlehrer.
Alexander Stählin für die IV. Cl.
Johann Gottlieb Laible für die III. Cl.
Johann Michael Heß für die II. Cl.
Ludwig Müller für die I. Cl.

In Oberdorf.

Priester Simon Baumann, Verweser.

In Oettingen.

Subrector.
Philipp August Friedrich Buhler.

Studienlehrer.
Emil Bacher, Studienlehrer.

In Wallerstein.

Priester Joseph Ziegler, Subrectorats-Verweser.

In Weißenhorn.

Priester Joseph Jäckle.

Schullehrer-Seminar.

In Lauingen.

Inspector.
Priester Dr. Mauritius Moritz.

Seminar-Lehrer.
I. Priester Melchior Perchtold, Präfect.
II. Gregor Buchner.
III. Friedrich Kempter.

Technische Unterrichts-Anstalten.

In Augsburg.

Polytechnische Schule.

Rector.
Dr. Franz Leo. (M3.)

Professoren und Lehrer.

Dr. Franz Leo für theoretische u. prakt. Chemie. (s. o.)
— — — für kath. Religionslehre.
Johann Friedrich Scheuermann, zweiter prot. Pfarrer bei St. Anna, für prot. Religionsl.
Joh. Geyer für Figurenzeichnen.
Jos. von Kramer für Baukunde, Architektur- und Manufacturzeichnen.
Georg Decher für rationelle und angewandte Mechanik u. prakt. Geometrie.
Carl Walther für Maschinenzeichnen, Maschinenkunde u. praktische Mechanik, Dirigent der mechan. Werkstätte.
Johann Conrad Ullherr für Trigonometrie und analytische Geometrie, Analysis, Differential- u. Integral-Rechnung.
Georg Füchtbauer für Physik, descriptive Geometrie, elementare Mechanik.

Kreis-Landwirthschafts- und Gewerbsschule.

Rector.
Dr. Franz Leo. (s. o.)

Lehrer.
Joseph Bräuhäuser für Arithmetik, Algebra und Trigonometrie.
Friedrich Simon für Chemie, Physik u. Mineralogie.
Priester Johannes Schrott für katholische Religionslehre.
Johann Friedrich Scheuermann, zweiter Pfarrer bei St. Anna, für protestantische Religionslehre.
Moritz Schäßler für Realien.
Carl Wolfrum für kaufmänn. Lehrfächer.
Jacob Pfeiffer für die elementare u. darstellende Geometrie und für die Arithmetik.
Franz Seraph Fröhlich für Bössiren.
Felix Bourier für den Unterricht in der franz. u. italienischen Sprache.
— — —, für französische und englische Sprache.
Johann Albrecht Petry für Botanik, Zoologie, Gewerbs-Encyklopädie u. deutsche Sprache.
Adolph Pola für Linear- u. Freihandzeichnen.
Julius Knoll, II. Lehrer für den Zeichn.-Unterricht.
Wilhelm Handschuch für Arithmetik und Realien.
Jacob Holzinger für Kalligraphie.

In Kempten.

Landwirthschafts- und Gewerbsschule I. Classe.

Rector.
August Helmsauer.

Lehrer.
August Helmsauer für Naturgeschichte und Landwirthschafts-Encyklopädie.

Wilhelm Matthäus Elias Köllner für kaufmännische Wissenschaften, französische u. englische Sprache.

Christoph Barnikel für Mathematik.

Otto Franz Joseph Reindel für Physik, Chemie, Mineralogie u. Gewerbskunde.

Ludwig Edelmann für Zeichnen u. Bossiren.

Richard Jacobi für Realien.

Bartholomäus Ponholzer, Stadtcaplan, für kathol. Religionsl.

A. Ruß, dritter protestant. Pfarrer, für den Religionsunterricht für die protest. Schüler.

In Nördlingen.

Landwirthschafts- und Gewerbsschule I. Classe.

Rector.
Johann Paul Haid.

Lehrer.
Johann Paul Haid für Arithmetik, Geometrie, Stereometrie, Buchhaltung u. f. deutsche Sprache.

Heinrich Daur für Linear- u. Ornamentenzeichen, Bossiren u. Modelliren.

Erhard Walder für Physik, Mechanik, Algebra, descriptive Geometrie, Trigonometrie.

Georg A. Hauser für Zoologie, Botanik, Geographie, Geschichte, deutsche Sprache und Buchhaltung, dann für protestant. Religionslehre.

Carl Röthe für Chemie, Technologie, Mineralogie u. Landwirthschaft.

Fink, Pfarrer, für kath. Religonslehre und Geschichte.

Mich. Heß, Studien-Lehrer, für franz. Sprache.

Leitner, Schullehrer, für Kalligraphie.

In Kaufbeuern.

Landwirthschafts- und Gewerbsschule.

Rector.
Adam Buchner. (M4.)

Lehrer.
Adam Buchner für Mathematik und Geschichte.

Dr. Christoph Hammon für Naturgeschichte, Chemie, Physik u. Technologie.

A. Nägerl für deutsche u. französ. Sprache, Buchhaltung, Geographie u. Geschichte.

Jacob Köchel für den Zeichnungsunterricht, für Modelliren und Bossiren.

J. Christa, II. Pfarrer, für protest. Religionslehre.
G. Weinhart, Studienlehrer, für kathol. Religionslehre.
J. Heckel, Elementarlehrer, für Kalligraphie.

In Neuburg.

Landwirthschafts- und Gewerbs-Schule.

Rector.

Carl Reithner.

Lehrer.

Dr. Leonhard Jörg für katholische Religion und die gesammte Mathematik.

Carl Reithner für Naturgeschichte, Physik und Chemie.

Friedrich Brühl für den Gesammtunterricht im Zeichnen.

— — — — —

F. Studienlehrer, für deutsche Sprache.

L. Mehltreter, k. Studienlehrer, für französische Sprache.

Hyacinth Ubele, Elementarlehrer für Kalligraphie.

In Lindau.

Gewerbs- und Handelsschule.

Rector.

Dr. Carl Lintner.

Lehrer.

Dr. Carl Lintner für Naturgeschichte und Chemie.

Emanuel Schobloch für Realunterricht mit Kalligraphie, dann für Buchhaltung und Handelskunde.

Leonhard König für Mathematik und Physik.

Joseph Dostler für Zeichnungsunterricht und Bossiren.

Louis Bondon für französischen Sprachunterricht.

Sonstige Anstalten für Unterricht und Bildung.

In Augsburg.

Katholisches Studien-Seminar zu St. Joseph.

Director.

P. Matthäus Rauch, Studienrector.

Präfecten.

P. Carl Berchtold.
P. Gregor Rummel.
P. Joh. Bapt. Koch.

Katholisches Knaben-Erziehungs-Institut für höhere Bildung.

Director.

P. Hieronymus Graßmüller.

Präfect.

Jacob Wagner, zugleich Lehrer der französischen Sprache.

Protestantisches Collegium zu St. Anna.

Vorstände.

Dr. G. Caspar Mezger.

Dr. August Bomhard, Kirchenrath, Decan und geistlicher Mitvorstand. (M. 3.)

Kreis-Erziehungs-Anstalt für taubstumme Knaben.

Specialinspector und Verwalter.
Alois Max Scheuermayer, Curatbeneficiat.

Lehrer.
Sebastian Koch, Verweser.

In Neuburg.

Seminar für Studierende.

Director.
Priester Joseph Wilhelm Thum, Studienrector.

Präfecte.
Priester Ludwig Kerler.
Pr. Joh. Adam Waldvogel.
Pr. Vincenz Kaußler.
Pr. Carl Cramer.

Namen-Register.

A.

Abbt, Anna 176
Abee, Conrad 70
Abegg, Dr. Julius Friedrich Heinrich 81
Abel, August 399
— Dr. Carl 349. 350
— Joseph 122. 239
— Max 108
— Wilhelm 355
Abele, Hyazinth 488
Abelein, Theodor 47
Abt, Friedr. August 392
Achenbach, Andreas 88
Achilles, Heinrich 245
Achner, Vincenz v. 24. 44. 94. 102. 102. 103. 126. 141
Adae, Carl Friedrich 82. 198
Adam, Albrecht 167
— Christian 465
— Franz Xaver 54
— Ignaz 367
— Max 118
— Theodor 389
— Wilh. Friedrich 360
Adamo, Max 199
Ade, Stephan 392. 399
Adel, Gustav 474
Adelmann, Adam 373
Adelmann, Dr. Georg 79
— Dr. Heinrich 437
— Dr. Leofried 52. 383. 435
Adelmanseder, Friedrich 307
Adelsheim; Phil. Frhr. v. 162
Adler, Joh. Baptist 173
— Wilhelm 165
Adlerberg I., Wladimir Graf v. 11. 29
— II., Alexander Graf v. 69
Aecker, Ludwig 240
— Veit 247
Agassiz, Dr. L. 417
Agatha, Gustav 438
Ageron, Augusta 168
Aham auf Neuhaus, Franz Xav. Graf v. 13. 149
Ahorner, Dr. Joseph v. 27. 48. 389
Aiblinger, Joh. Caspar 47. 109. 123. 168
Aichberger, Franz v. 185
Aign, Wilhelm 47
Ainmüller, Max 49. 123. 126. 211. 424
Alaman, Lucas 418
Albedinsky, Peter v. 74
Albert, Friedrich Joseph 301
— Johann 385
— Joseph 67
— Dr. Joseph 436
— Dr. Nicol. 382

Alberti di Poja, Adolph Graf v.	38
— Friedrich	418
Albinus, Carl	86
Albrecht, Adam	368
— Adolph	81
— Carl	467. 465
— Dr. Joh. Evangelist	311
— Dr. Jos. Ambros Mich.	46. 435. 436. 438. 441
Aldinger, Julius	366
Albößer, Max	64. 104. 264
Alexander Dr. Heinr.	49. 134. 220. 452
Allerz, Dr. Christian	35. 77
Allfeld, Philipp	286
Alibert, J. P.	89
Allo, Max	307
Allioli, Alois	294
— Dr. Jos. v.	24. 42. 107. 121. 404. 414
Allweyer, Joseph v.	21. 42
— Ludwig Bernhard v.	162
— Max v.	230
Aloisi, Cajetan	196
Alt, Friedrich	390
Altamira, Graf v.	30
Althainer, Eduard	309
Altherr, Dominicus	177
Altinger, Joseph	290
Altmann, Johann	108
Altschuh, Christian	177
Alvensleben, v.	74
Alwens, Carl	319
— Franz	44
— Friedrich	463
Amann, Christoph	223
— Dr. Joseph	432
Ambach, Adam	384
Amberger, Dr. Joseph	405
Améria, Vicomte de	37
Amerling, Friedrich	88
Amerongen, Carl Taets Frhr. v.	80
Amman, David	400
Ammersbacher, Carl Caspar	383
Ammler, Joseph	400
— Joseph, Rechnungs-Commissär	373
Ammon, Andreas	168
— Carl	168
— Carl v.	338
— Eduard	376
— Franz	456
— Friedrich,	167
— Friedrich Carl	351
— Friedr. Wilh. Ludw. v.	59. 348
— Ludwig v.	316
— Max v.	229
— Oscar v.	259
— Philipp J. W. v.	392
— Wilhelm August Friedr. v.	330
Amorim, Manoel João de	194
Amsberg v.	89
Amthor, Joh. Friedr.	347
Anderl, Andreas	214
— Ludwig	177
Andersen, J. Ch.	92
Andlaw-Birseck, Franz Frhr. v.	32
André, Cäsar Ernst	83
Andrea, Carl	379
Andrian-Werburg, Carl Max	
— Anton Frhr. v.	161
— Emil Frhr. v.	160. 267
Andriewsky	18
Andry, Joseph	229
Angelroth, Ernst Carl	85. 194
Angerer, Albert	339
— Georg	59. 334
— Joseph, Revierförster	339
— Ludwig	338
— Martin	309
Anguissola, Hamilcar v.	83
Anschütz, Herm.	423
Anselm, August	380
— Joseph	232
— Peter	454

Anticl-Mattei, Matth. Marchese 73
Anton, Carl   178
Antonelli, Jacob   29
Anzenberger, Dr. Joseph   456
Apell, Joseph   208
Apetz, Johann   373
Aponyi, Rudolph Graf v.   30
Appel, August   165
— Carl   452. 453
— Carl August   290
— Heinrich   298
— Dr. Wolfgang   310
Appell, Otto Ritter v.   217
Appolt, Georg Christian   360
Arbeiter, Dr.   363
Arco-Stepperg, Alois Nicolaus
  Graf v.   13. 64. 118. 151
Arco auf Valey, Carl Graf v.,
  Reichsrath   159
— — Carl Graf v.   15
— — Ferdinand Graf v.   15
— — Maximilian Graf v.
        12. 23. 119. 123. 130.
                            151. 184
— — Anna Gräfin v.   175
Arco-Zinneberg, Carl Graf v.   15
— — Ludwig Graf v.   15
— — Max Joseph Bern-
  hard Graf v.   13. 118. 152
Arenberg, Engelbert Herzog v.   10
Arendt, Dr. Nic.   35
Aretin, Anton Frhr. v.   166
— Carl Maria Freiherr v.
        21. 42. 102. 120. 125. 134.
        154. 187 190. 412. 426.
— Franz Frhr. v.   155. 356
— Philipp Frhr. v.   50. 155
Aretin auf Haidenburg, Carl
  Frhr. v.   153. 187. 280
Arndts, Dr. Ludwig   50
Arneth, Andreas   46
Arnim, Friedrich v.   156
Arnold, Bernhard   478
— Carl   236
— Carl, Priester   456

Arnold, Friedrich   393
— Ferdinand   358
— Friedr., Etats-Buchhalt.   220
— Friedrich Andreas   286
— Fr. Christian v.   23. 185
— Hermann   288
— Johann   205
— Joseph   173
— Joseph Uichmeister   236
— Martin   311
— Sebastian   399
Arold, Joh. Georg   362
Arschott-Schoonhoven, Wilh.
  Ernst Graf v.   99
Arzberger, Johann Caspar   346
Asa, Gray   423
Asch, Carl Frhr. v.   319
— Joseph Frhr. v.   44. 96. 106.
                         150. 251. 254
Aschauer, Wilhelm   277
Aschenbrier, L.   296
Asmus, Ludwig   308
— Joachim   231
Ast, Dr. Patrizius   336
Asten, Moriz Ritter v.   84
Aßn, Joseph   357
Aubry, Louis Valery   181
Audrizky, Alois Frhr. v.   294
Auer, Alois Ritter v. Welsbach   36
— Carl Friedrich   222
— Emeran   303
— Franz   59. 107. 138. 252. 264
Auer, Heinrich   397
— Ignaz   307
— Johann Carl   60. 96. 218
— Dr. Johann Georg   296
— Max   425
— Theodor   338
Auersperg, Ant. Alexand. Graf v.   91
Auerweck, Ludwig   109
Auffhammer, Georg   370
— Richard   335

Aufschneider, Philipp	326	Bacher, Maximilian Ernst	244
Aufseß, Hans Frhr. v.	128. 153. 419	— Wolfgang	306
		Bacherl, Joseph	239
— Otto Frhr. v.	237	Bachmaier, Anton	306
Augsberger, Georg	325	— Michael	310
Aulenbach, Friedrich	320	Bachmann, Julius	224
Aulitschek, Joh. Nep.	48. 105	— Lorenz	340
Aull, Melchior	324	Bachmeyer, August Balthas.	347
Aumer Joseph	422	— Emanuel	65
Auracher, Franz Xav.	205	Bacinetti, Ludwig Graf	139
— Georg	301	Baciochi, Graf	70
Aurbach, Carl, Cassier	223	Backert, Johann	248
Aurnhammer, Theodor	399	Backof, Johann Albrecht	391
Aurweck, Jacob Ritter v.	22. 44	Baden, Friedrich, Großherzog von	8
Ausin, Alexander Jac. Friedr.	60	Bader Valentin	395
— August v.	363	Badhauser, Franz Xaver	122. 123. 297
Austin, Horatio Thomas v.	35		
Autenrieth, Georg	473	— Heinrich	58. 113. 122. 222
Avellar, de	195	Badin, Leon	85
Avigdor	87	Badum, Dr. Eduard	349
Avila, Joseph Philipp	242	— Dr. Georg	349
Axelos, Constantin	84	Bähr, Christoph	228
Axthelm, August v.	115. 231	— Christoph, Ingenieur	348
— Moriz v.	226	Bär, Erhard	460
		— Ernst Carl v.	417
B.		— Friedrich	127
Baader, Andreas	172	Bärenfänger, Carl	288
— Franz	326	— Friedr.	177
— Friedrich	334	Bärmann, Carl	169
— Joseph	205	Bärwindt, Dr. Johann	87
— Joseph, Domcapitular	61. 407	Bäuerle, Ignaz	394
		Bäuerlein, Alois	394
— Joseph, Subrector	480	Bäumen, Adolph v.	217
Babbage, Carl	416	— August	139. 255. 260
Babel, Jacob	145	Bäumer, Hermann	346
Bach, Adolph	292	Bäumler, Dr. Christian	445
— Eduard Frhr. v.	73	— Sigm. Christian Wilh.	408
— Max Eduard	395	Bagration, Joh. Fürst	73
Bachauer, Joseph	314	Baguer, Don Silverio	197
Bachel, Joseph	315	Baier, August	353
Bacher, Carl	329	Balan	33
— Emil	485	Balde	37

Baldinger, Alb. Th. v. 402
— Friedrich v. 207
Ball, Heinrich 387
— Joseph 127
Ballenberger, Carl 216
Ballesteros, Don Giovani Ruiz de 33
Balling, Dr. Franz Anton 137. 142
Ballreich, Dr. Daniel Friedrich 321
Bally, Andreas 460
— Heinrich 464
Balussi, Ramiero 84
Bamann, Wolfgang 332
Bamberg, Joseph Frhr. v. 69
Bamberger, Dr. Heinr. 64. 113. 382. 437. 439. 440
Bancherd, Rudolph 401
Bandel, Christian 306
Banneville, Marquis v. 70
Bannig, Adolph 360
Banska, Anton 302
Banze, Anton 299
Banzer, Anton 289
— Eduard 324
— Joseph, Official 223
— Joseph, Assessor 345
Bar, Constantin v. 298
— Ludwig v. 172
Barière, F. 87
Barklay de Tolly, Ernst Michael 33
Barlet, Conrad 63. 448
Barner, v. 86
Barnickel, Johann 346
Barnikel, Christoph 487
Barones, Thomas Iglesias J. 30
Barozzi, Joseph von 84
Bartels, J. Christian v. 23. 45. 102
Barth, Anton Frhr. v. 157
— Carl 288

Barth, Dr. Carl 63. 364
— Christoph Gottlieb v. 415
— Georg 408
— Ignaz Frhr. v. 161. 291
— Johann Anton 394
— Dr. Joseph v. 25. 44. 356
— Robert 194
— Theodor Gerh. 347
— Wilhelm 304
— Wilhelm Frhr. v. 285
Barthelme, Franz 379
Barthold, Carl 193
Bartholomä, Christian 353
Bartoli, C. 84
Bartsch, Johann Georg 440
Bary, Gustav Heinrich v. 159
Basilion, Epaminondas 84
Basler, Wilhelm 439
Bassenheim-Waldbott Graf v. (S. Waldbott-Bassenheim.)
Bassermann, Friedr. Ludwig 89
Bassewitz, Heinr. Graf v. 31
Baudouin, J. M. 87
Baudrexel, Franz 399
Bauer, Adalbert 209
— Alois 221
— Alois, Schreiber 378
— Anton 360
— Anton, Rentbeamter 337
— August 484
— Carl 391
— Carl, Schreiber 347
— Carl Ludwig 245
— Christian 277
— Christoph 400
— Conrad 378
— Conrad Christoph 362
— Erhard 238
— Franz 294
— Franz, Landrichter 319
— Franz, Lehrer 456. 457
— Franz, char. Major 108
— Dr. Franz 381
— Dr. Franz Joseph 335
— Friedrich 394

Bauer, Friedrich	461
— Gottlieb,	337
— Dr. Gustav	433
— Heinrich	231
— Jacob	317
— Jacob, Assessor	308
— Ignaz	334
— Ignaz, Zollamtscontroleur	238
— Johann	331
— Johann Baptist	228
— Joh. Jacob	219
— Johann Jacob, Studienlehrer	472
— Joseph	238
— Dr. Joseph	64. 452
— Dr. Jos., Oberappellationsger.-Rath	200
— Joseph, Jagd- und Dielwart	172
— Joseph, Rentbeamter	337
— Joseph, Zahlmeister	356
— Ludwig	480
— Dr. Ludwig	398
— Ludwig,	292
— Martin	223
— Max	377
— Max, Rev.-Först.	314
— Max Joseph,	62. 310
— Dr. Michael	456
— Michael	167
— Peter	277
— Rudolph	219
— Dr. Sigmund	481
— Theodor	376
— Wilhelm	287
— Wolfgang	449
Bauernfeind, Heinrich	405
— Max	221. 452
Baum, Friedrich	478
Baumann, Andreas	108
— Andreas, Assessor	208
— Ernst	122. 227
— Joseph	57. 120. 121. 127
Baumann, Jos., Revierförster	387
— Dr. Joseph M. v.	336
— Dr. Philipp	321
— Simon	485
— Dr., Gutsbesitzer	66
Baumbach, Alexander v.	71
— Theodor v.	71
— Ludwig Frhr. v.	194
Baumblatt, Luitpold	463
Baumeister, Anton	352
— Peter	368
Baumer, Carl Friedrich Waldemar	378
— Joh. Gottfried v.	348
Baumgärtner, Dr. Jacob Ferdinand	397
— Mathias	304
Baumgarten, Joseph v.	215
— Max	331
Baumgartner, Andr. Frhr. v.	68. 90. 410
— Anton	453
— Eduard	216
— Joseph	236
Baumüller, Johann Georg	379
— Joseph	177
— Max	286
Baur, Dr. Ludwig	84
— Maximilian	403
Baur-Breitenfeld, Fidel v.	65
— Jacob v.	161. 357
— Max v.	339
Bauriedl, Joseph	242
— Dr. Leopold	60
Bausback, Wilhelm	353
Bauschinger, Johann	477
Bausewein, Carl	387
— Caspar	387
— Mathias	171
— Michael	453
Bayer, August v.	88
— Dr. Carl	479
— Friedrich	164
— Friedrich, Officiant	390

Bayer, Dr. Hieron. v. 22. 43. 90.
91. 123. 187. 412. 428. 429.
434
— Johann, Lehrer 463
— Johann, Priester 480
— Joseph, St.-Lehrer 483
— Joseph, Mag.-Rath 399
— Leopold 87
— Ludwig 208
— Michael 378
— P. Pius 451
Bayer-Ehrenberg, Friedrich v. 75
—. — Wilhelm v. 84
Bayerhammer, Max 291
Bayerköhler, Anton 228
Bayerl, Georg 339
Bayerlein, Carl Heinrich Christian 361
— Eduard 343
— Franz Anton 329
Bayern, Ludwig, König von 1.
16. 265
— Ludwig, Kronprinz v. 1. 7.
106. 271
— Otto, K. Prinz v. 1
— Luitpold, K. Prinz v. 2. 7.
12. 101. 104. 106. 110. 111.
112. 117. 117. 122. 124.
135. 137. 139. 140. 184.
186. 249. 253. 272. 414
— Ludwig Leopold, K. Prinz
v. 2. 7. 106. 140. 186
— Leopold Maximilian, K.
Prinz v. 2
— Franz Joseph Arnulph
K. Prinz v. 2
— Adalbert, K. Prinz v. 3. 8.
12. 101. 101. 106. 111. 112.
117. 122. 124. 124. 135.
139. 139. 140. 184.
186. 251. 270
— Ludwig Ferdinand, K.
Prinz v. 3. 139

Bayern, Alphons Maria Franz
v. Assissi Clem. Max Emanuel, K. Prinz v. 3. 139
— Carl Theodor, K. Prinz v. 3.
8. 12. 16. 19. 97. 101. 103.
106. 112. 115. 117. 117. 117.
117. 124. 124. 129. 129. 129.
130. 130. 132. 135. 137. 140.
184. 186. 249. 253. 266.
269. 413.
— Max., Herzog in. 4. 8. 106.
112. 117. 117. 124. 137.
186. 249. 270. 285. 413.
— Ludwig, Herzog in. 4. 8.
112. 117. 117. 132. 137.
186. 271
— Carl Theodor, Herzog in. 5.
8. 112. 117. 186
— Maximilian Emanuel,
Herzog in 5
Bayernheimer, Leonhard 326
Bahl, Julius 266
Bahlen, Herzog v. 30
Beauchesne, A. Vicomte de 84
Beaulier, A. Frhr. v. 195
Beauffort-Spontin, Alfred Herzog v. 11
Beaulieu-Marconay, A. v. 76
Bechter, Hermann 402
Bechtold, von 76
— Carl Philipp Frhr. v. 72
— Wilhelm 264
Bechtolsheim, Hermann Frhr.
v. 163
Beck, Anton Ludw. Christian 359
— Bartholomä 484
— Dr. Desiderius 296
— Ernst 105
— Franz 223
— Franz Xaver 329
— Ferdinand 353
— Friedrich 277
— Friedrich, Lehrer 461
— Joseph, Rev.-Först. 402
— Joseph, Zollverwalter 240

Beck, Max	336	Beisler, Hermann	321
— Maximilian, Assessor	393	Beissel v. Gymnich, Hugo	
— Xaver	369	Edmund Graf von	14
Becke, Heinr. Arn. Frhr. v. d.	21.	Beitelrock, Dr. Joh. Michael	
	42. 118		478
Becker, Adam	370	— Max Joseph	407
— Dietrich	459	Beker, Friedrich	461
— Dominicus	377	Bekker, Immanuel	91. 414
— Franz Joseph	324	Belgien, Leopold, König der	
— Franz Martin	316	Belgier	8. 17. 28
— Michael	324	Bellegarde, August Graf v.	29
— Paul	94	Bellio, Demeter Frhr. v.	86
Beckers, Dr. Hubert	55. 410. 427.	Bellisen, Graf v.	31
	432	Belloti, Joseph Emanuel	38. 81.
Beckert, Christoph	229		193
— Michael	407	Belmonte-Pignatelli, Anton	
Becky, Edmund	358	Fürst	9
— Ferdinand	277	Belzner, Achatius	365
Beckmann, Johann Nep.	164	Benda, v.	125
Bedall, Max	395	Bendel, Rosina	180
Beeg, Dr. Caspar	55. 105. 477	Bendemann, Maler	424
Beer, Andreas	279	Beneden, P. J. van	417
— Dr. Lorenz	365	Bensey, Dr. Theodor	414
— Ludwig	321	Benincasa, Graf	80
— Simon	386	Benker, Friedr. Carl	362
Bees, Dr. Friedrich Wilhelm		— Wilhelm	128
Hubert	444. 445. 446	Benkert, Ignaz	441
Behr, Otto	374	Benning, Wilhelm v.	23. 45
— Dr. Sebastian	349	Bentham, Dr. Georg	418
Behringer, Andreas	401	Bentheim-Tecklenburg, Moriz	
— Carl	357. 365	Graf v.	24. 51
— Edmund	478	Bentheim-Tecklenburg-Rheda,	
— Franz Joh. Evang.	395	Richard Graf v.	101. 163
— Johann Baptist	403	Bentivoglio, Claudius Graf v.	72
— Wilhelm	392. 393	Benzel-Sternau, Al. Grafv. 161.	
Beichhold, Dr. Hermann Ro-			225
bert	364	— Ludwig Graf v. 25. 43. 95.	
Beilhack, Dr. Joh. Georg	46. 284.	105. 113. 151. 251. 260	
	451	Benz, Franz Anton	344
— Joseph	210	Benzino, Joseph	67
Beischlag, Gottlob	400	Berauville, p. Oberst	17
		Beraz, Dr. Joseph	433

Berchem, Cajetan Graf v.
  97. 129. 149
— Carl 232
— Carl Frhr. v., 48. 102. 108.
  130. 132
— Caspar Graf v. 130. 137.
  152
— Cunigunde Freiin v. . 179
— Franz Carl 390
— Max Frhr. v. 111
— Max Frhr. v., Major 159.
  269
· Rudolph Frhr. v. 369
— Sigmund Graf v. 149
— Wilhelm Clemens Anton
  Frhr. v. 99. 149
— -Königsfeld, Eduard Frhr. v.
  154
Berchtold, P. Carl 483. 488
— Ferdinand 396
— Peter 145
Berg, Carl 210
— Conrad 123
— Franz Joseph 241
— Hermann 330
— Joseph 336
— Conrad v., genannt Schrimpf
  272
— Friedrich v., genannt
  Schrimpf 115. 162
Bergenau, Johann 322
Berger, Dr. August 122. 300
— Christian 367
— Johann Nepomuk 249
— Johann Paul 164
— Mathias 67
Bergk, Theodor 414
Bergmaier, Georg 298
Bergmann, Adam 479
— Alois 457
— Dr. Carl August Leo 364
— Carl Heinrich Gottfried 347
— Franz 164
— Gustav 212

Bergmann, Johann Conrad 367
— Joseph 386
— Joseph v. 419
— Philipp Gottfried 345
Bergmayer, Balthasar 202
Bergmüller, Vitus 289
Beringer, Georg 234
— Johann 234
— Johann Michael 382
Berkheim, Christian Frhr. v. 195
Berks, Dr. Franz v. 23
— Franz 236
Berlichingen, Friedrich Frhr. v.
  78
Bernard, Claude 417
Bernatz, Carl 212
— Mathias 49. 221
— Wilhelm 454
Bernau, Hermann 60. 140. 198
Bernhard, Carl 292
— Sebastian 277
— Max 207
Bernhardt, Joseph 66. 127. 425
Bernhardy, Gottfried 414
Bernhart, Xaver 240
Bernheim, Dr. 477
Bernhuber, Friedrich 394
Bernklau, Joseph 304
Bernreiter, Andreas 290
Bernstorff, Albrecht Graf v. 29
Beroldingen, Joseph Graf v. 11
— Paul Cäsar Graf v. 15
Berolzheimer, S. E. 358
Berr, Georg 236
Bertele, Carl 56. 201. 207
Berthold, Georg 391
— P. Paul 457
— Sixtus 361
Bertora, Antoine 88
Beselmüller, Lorenz 199
Besendorfer, August 362
Besenval, Martin Jos. Frhr. v. 149

Besnard, Carl v., Revlerf.	326
— Heinrich v.	317
— Otto	240
Besner, Silver	216
Besold, Johann August	55. 368
— Dr. Mathias	345
Besserer, Caroline Freyfrau v.	174
— Max Frhr. v.	159
Beßler, Johann	393
Bestelmeyer, Georg Theodor	357
— Friedrich	357
Bethmann, Carl Cäsar Frhr v.	64. 154
Bethune, Graf v.	34
Bettendorff, Ludwig Frhr. v.	163
Bettinger, Friedrich Wilhelm v.	23. 43. 102. 315
— Dr. Julius	56. 316. 321. 322
Beß, Xaver	342
Beßwieser, Sebastian Carl	384
Beulwitz, Camillo v.	162
Beurmann, v. Hauptmann	80
Beuschel, Johann Georg	64. 122. 222
Beust, Friedrich Ferdinand Frhr. v.	29
— Otto v.	265
Beutelhauser, Michael	465
Beutelrock, Johanna	183
Beutler, Johann Baptist	169
Beutner, Philipp	109. 258
Bever, Gustav	65. 372
Beville, Baron v.,	70
Beyer, Johann Mathias	364
— Ludwig	225
Beyerlein, Johann	329
Beylich, Otto	450
Beyrich, Heinrich Ernst	413
Beyschlag, Edmund	371
— Ferdinand	403
— Franz	301. 453
Bezold, Adolph	219
— Daniel Gustav v.	22. 41. 97. 101. 118. 124. 125. 133. 134. 135
Bezold, Dr. Ernst	391
— Gustav v.	391
— Gustav v., Minist.-Rath	26. 52. 206
— Dr. Wilhelm v.	434
— Wilhelm August	355
Bezzel, Maximilian	365
Bianchini, Dominik	85
— Ludwig	71. 419
Bibel, Andreas	337
— Ludwig August	375
Bibra, Alfred Frhr. v.	128. 139. 140. 162. 191
— Carl Frhr. v.	358
— Ernst Frhr. v.	53. 127. 417
— Heinrich Carl Frhr. v.	154
— Wilh. Franz Frhr. v.	288
— Willibald Frhr. v.	359
Bickel, Friedrich	256
Bickerich, Jacob	459
Bidell Airy, Georg	420
Bieber, Sigmund v.	93. 105. 131
Biechele, Carl	367
Biedenfeld, Hermann Heinrich Friedr. Ludw. v.	79
Biedermann, Johann	408
Biedma, y Fonseca Diego de	70
Biefve, de	79. 424
Biegeleben, Max Ludwig v.	73
Bieger, Michael	341
Biehler, Carl	330
Biehringer, Dr. August	470
Biel, Jacob	474
Bieler, Johann	238
Bier, Rudolph	196
Bierdimpfel, Norbert	351
— Eduard	247. 300
Bietinger, Alois	480
— Joseph	236
— Wilhelm	48. 96
Biersack, Anton	392
Bijot, Franz	111. 112. 226
Bilfinger, Georg Bernhard v.	36

Billet, Ludwig	448
Billmann, Carl Gustav	363
Binder, Eugen	232
— Hermann	385
— Joseph	333
— Thaddä Ritter v.	51
Bindewald, Franz Joseph	325
Binner, Franz	109
Birk, Dr. E.	419
Birkenbach, Georg	291
Birkner, Gustav	201
Birner, Franz Xaver	196
Birzer, Jacob	298
— Johann Michael	287
Bischof, Dr. Anton	465. 477
— Dr. Carl Andreas	61. 207
— Gustav	417
Bischoff, Albert	474
— Friedrich	226
— Mathias	226
— Nicolaus	452
— Th.	454
— Dr. Theodor Ludwig Wilhelm 58. 91. 114. 203. 411. 422.	431
Bisignano, Peter Fürst v.	30
Bismark-Bohlen, Graf v.	37
Bissinger, Max Gustav Albert	473
Bittheuser, Matthäus	35
Bittl, Peter	143
Blaimberger, Anton	62. 278
Blanco, Ritter, Marquis v. Giovanni	81
Blank, Andreas	480
Blaß, Hermann	229
Blaßauer, Friedrich	236
Blaumüller, Ferdinand	171
Blenker, Dr. P. van	87
Bleßmann, Carl	327
Bleyer, Jacob	284
Block, M.	87
Blonner, Philipp	214
Blum, Joseph	378
Blumberger, Georg	451
Blumenfeld, Franz Seraphin Edler v.	75
Blumenstock, Carl	178
Blumröder, Max Franz	340
Bluntschli, Dr. Joh. Kaspar	84. 90
Bob, Nicolaus	462
Bock, Eduard	366
Bockemüller, Ludwig	228
Bockhardt, Anton	323
Bodack, Robert	228
Bodeck, Carl Joseph Frhr. v.	152
Bodemer, Dr. Christian Heinr.	82
Bodenstedt, Dr. Friedrich	65. 136. 433
Böck, Carl	392
— Joseph	396
Böckh, Dr. August	73. 90. 414
— Dr. Chr. Fr. v.	27. 49. 113. 408
— Friedrich v.	392
Böcking, Carl Friedrich	45
— Carl Theodor	318
Böckler, Joseph Franz	380
Böhalmb, Ludwig	390
Böhe, Carl	50. 111
— Valentin	325
— Franz Victor	342
Böheim, Joseph Georg v.	38
Böhm, Alois Richard	378
— Carl	181
— Conrad	297
— P. Franz	479
— Franz	461
— Franz Xaver	190
— Friedrich	356
— Friedrich, Assessor	348
— Joseph	84
— Dr. Martin	54. 398
— Martin	288
— Theobald	44

Böhmer, Christian 476
— Friedrich 460
Böhner, Eduard 282. 368
— Friedrich 352
Bönell, Heinrich 164
Börsch, Friedrich 62. 126. 409. 459
Bösbier, Friedrich Wilhelm 370
Bösl, Georg 307
Bösmiller, Georg 266
— Michael 427
Bösner, Ludwig 329
— Wilhelm 338
Böswillibald, Albert 232
Böttiger, Johann Carl 359
Böttinger, Friedrich 228
— Wenzeslaus 49. 97
Bogaers, A. 87
Bogen, Peter 461
Bogendörfer, Andreas 355
Bohlig, Dr. 316
— Ferdinand 171
— Friedrich 377
Bohmann, Andreas 360
Bohr, Anton 382
Boineburg-Lengsfeld, Sigmund Frhr. v. 157
Bolgiano, Carl Aug. Hillary 11. 164
— Dr. Carl Theodor 329
— Ludwig 277
— Max, 207
Bolkard, Anton 378
Bolkart, Franz Sales 393
Boll, Johann 485
— Johann Michael 472
Bollweg, Carl Ludwig 294
Bolongaro-Crevenna, Joseph 49. 376
Bolz, August 401
— Heinrich 402
Bolza, Moritz 320

Bombard, Dr. August 53. 489
— Carl v. 351
— Eduard 329
— Julius 172. 300
— Moritz 115
Bombardt, August 338
Bonar, Alfred Guthrie 195
Bondon, Louis 488
Bonelli, Franz 73
Bongart, Ludwig Frhr. v. 15
Bonitz, Hermann 414
Bonn, Franz 357
— Michael 404
Bonnet, Robert 399
Bontems-Lefort, August v. 17
Boos, Franz 287
— Waldeck, Clemens Graf v. 70
Bopp, Franz 414
— Dr. Ludwig 321
Borch, Friedr. Wilh. Frhr. v. d. 148
Bormann, C. G. 81
Borscht, Joseph 459
Bosch, Hugo v., 21. 41. 94. 141 250. 276
Bose, Carl Gustav Adolph v. 197
Boshart, Carl 294. 297
Bothmer, Friedrich Graf v., 64. 107. 118. 126. 156. 272
— Maximilian Graf v. 272
Botta, Joseph 316
Bottler, Dr. Joseph Eugen 311
Botzaris, Demetrius 37
Bouché, Ernst 165
Bouda, Carl 316
Bougerel, v. 88
Boubler, Carl 135
Boullenois, Fried. Ritter de 80
Bouquet, Eugen de 38
Bourbon, Georg 357
Bourgoing, P. C. Amable Bar. de 68

Bourier, Felix	486	Brauchitsch, v.		73
Bouros, Dr. Johann	38.80.417	Brauchle, Elisa		170
Boveri, Albert	348	Braun, v.		32
— Fr. Joseph	316	— Alexander		418
Bowring, Dr. John	413	— P. Alois		479
Boxberg, Carl Frhr. v.	36	— Cäsar August		318
Boxler, Friedrich	292	— Franz Carl Wilh. Anton	56.	
Boy, v.	75			396
Braam, Georg	292	— Clemens		212
Brabant, Leopold, Herzog v.	10	— P. Fortunat		457
Bracale, Johann Ritter	83	— Franziska		146
Brach, Valentin	316	— Friedrich		37
Bracker, Joh. Andr. Friedr.	341. 408	— Friedr., Geh. Registrator	249	
— Johann Christian	350	— Dr. Friedrich	321. 322	
Bräuhäuser, Joseph	477	— Dr. Friedr., Lehrer	109.170.	
Braida, Moriz Graf v.	35			471
Bram, Anton, Landrichter	44	— Friedrich Ludw. Edler v.	98	
— Carl	177			228
Bramante, Jacob	308	— Dr. Jacob	63. 431	
Branca, Max Frhr. v.,	161. 286	— Johann Bernhard		358
— Paul v.	166	— Johann Christian		368
— Wilhelm v.	56. 284	— Joseph		325
Brand, Franz Joseph v.	24. 43.	— Joseph, Mag.-Rath		366
	388	— Julius v.		346
— Gottlieb	363	— Ludwig		200
— Johann Georg	205	— Dr. Max		435
— Joseph	286	— Michael		284
Brandenstein, Frhr. v.	33	— Dr. Michael		336
— Friedrich Frhr. v.	96. 152	— Otto		296
Brandis, Christ. Aug.	90. 414	— Paul		215
Brandstetter, Joseph	360	— Theodor v.		359
Brandt, Adolph	194	— Wilhelm		45
— August v.	314	— Wilhelm, Assessor		373
— Carl	370	— Wilhelm August		320
— Johann Friedrich	417	— Wolfgang		59
— Ludwig	169	— Dr. Xaver		94
— Philipp Frhr. v.	25. 44. 96. 107	Braungart, Rudolph		375
Branczka, Clara	171	Braunmühl, Franz v.		402
Branoner, Anton	164	Braunsberger, Jacob		356
Brater, Emil	231	Braunschweig, Carl Herzog v.	9	
— Julius	368	Braunschweiger, Joh. Nep.	466	
Brattler, Dr. Wilhelm	432			

Braunschweiger, Max 334
Braunwart, Lorenz 371
Brauser, Georg Heinrich 331
Bravais, A. 416
Bray=Steinburg, Hippolyte Gräfin v. 175
— — Otto Graf v. 20. 40. 104. 106. 122. 124. 129. 130. 135. 136. 137. 151. 185. 187. 191
Brebisius, Dr. Friedrich 365
Brechenmacher, Gottfried Heinrich Otto 362
Brechtelsbauer, Joh. Math. 379
Bredauer, Dr. Carl Daniel 336
Bregeard, Georg Michael 56. 323
Brehm, Ignaz 243
Breidbach=Bürresheim, Phil. Anton Frhr. v. 13
Breidenbach, Carl 57. 294. 297
— Joseph 222
Breitenbach, Carl Friedrich 46
— Erhard 277
Breithaupt, Dr. August 418
Breitschaft, Joseph 243
Brendel, Bonifaz 245
— Joseph 371
— Ludwig 354
Brendergast, Dionysios 83
Brenkmann, Johann Christ. 287
Brennemann, Ludwig 211
— Max 216
Brenner, Balthasar 338
— Carl 60. 327
— Georg 309
— Heinrich 385
— =Felsach, Adolph Frhr. v. 72
— =Schäffer, Dr. Wilhelm 335
Brennfleck, Carl 380

Brennhofer, Dr. Ignaz 335
Brentano, Carl August v. 283
— Dr., Lehrer 477
— Johann Anton Frhr. v. 74
Bresselau v. Bressendorf, Arthur 123
Brethauer, Heinrich 386
Breul, Wilhelm 240
Breuning, Friedrich 328
Brewster, Andreas, Acad. 416
Breyer, Richard 378
Briel, Dr. Philipp 61. 286
Briey, Camilla, Graf v. 29. 67
Brillandi, Donatus 72
Britzelmaier, Joseph 451
Brizzi, Ferdinand 293
Broc de la Tuvelière, Aimé Marie François de 154
Brochier, Eugen 189
Brockard, Alexander 291
Brockdorf, Alexander Graf v. 159. 228
— Friedrich August Graf v. 148
Brockhaus, Hermann 414
Brodeßer, Carl Ritter v. 25. 50. 94. 251. 262
Brodrück, Carl 86
Brößler, Martin 268
Broili, Franz 376. 383
Bromberger, Carl 287. 297
— Wilhelm 61
Brongniart, Adolph Theodor 418
Bronnenmayer, Franz Xaver 389. 405
Bronold, August 286
Bronzetti, Heinrich 272
Brossin, Gen.=Major 18
Bruckbräu, Max 63. 256
Bruckmayer, Caspar Max v. 329
Bruckmayer, Franz 223
— Wilhelm 229
Bruder, Carl August 376

Brück, Arnold Frhr. v.	393	Brunnhuber, Johann Nep.	290
— Carl Frhr. v.	163	— Caspar	451
— Eduard Frhr. v.	271	Brunnow, Baron v.	31
— Johanna	179	Brusch, J. Georg	418
— Ludwig Frhr. v. 24. 43. 102. 104. 107. 112. 118. 121. 125. 131. 133. 135. 142. 154. 221		Bruyn, Eduard de	314
		Bub, Conrad	258
		— Ernst	357. 365
— Wilhelm Frhr. v. 65. 112. 120. 154.	272	Buchbauer, Andr. Michael	239
		Bucher, Heinrich Adolph	379
Brücklmayer, Joseph	312	— Dr. Wilhelm 54. 120.	340
Brückner, Carl v.	263	Buchinger, Dr. Johann Nep. 51. 412.	429
— Maximilian v.	262		
Brüderlein, Johann Bapt.	356	Buchner, Adam 66.	487
Brügel, Adolph	370	— Dr. Alois 48. 95.	405
— Carl	365	— Dr. August	44
— Eduard	285	— Carl	352
Brüggemann	82	— Dyon. Ludwig	401
Brühl, Friedrich	488	— Dr. Ernest 146. 203. 285.	431
Bründl, Jacob	351	— Dr. Friedrich Christoph	341
Brünings, Christ.	460	— Gregor	486
Brüssele, Felix Frhr. v.	36	— Heinrich	368
Brugger, Friedrich 67.	424	— Dr. Joseph	431
— Ludwig	229	— Dr. Ludwig Andreas 203. 413. 431.	434
Bruhn, Heinrich	234	— Max	217
Brunet, Andreas	457	— Wilhelm Heinrich Christ. v. 59. 118.	389
Brunn, Heinrich	406		
Brunnenmayr, August v.	92	Buck, Franz Xaver	377
Brunner, August	342	Buckingham, Wilhelm	52
— Carl,	291	Büchner, Dr. Wilhelm	349
— Caspar Ferd.	331	Büchs, Martin	480
— Ernst	239	Büchl, Franz	74
— Felix	307	Büdel, Leopold	455
— Dr. Heinrich Max 389.	397	Bühler, Leonhard	256
— Johann	229	— Emma	448
— Johann Christian	351	Büller, Eugen v.	289
— Ludwig	228	— Ludwig	434
— P. Luitpold	483	Bülow, v.	70
— Max Joseph	393	Bürgel, Heinrich	225
— Michael	174	— Johann Evang.	403

Bürger, Heinrich	370
— Leonhard	276
— Christoph	373
Bürkel, Heinrich	425
Bürklein, Edmund	229
— Friedrich	57. 222
Büschl, Andreas	389
Büttgen, Heinrich	170
— Johanna	170
Büttner, Joh. Baptist	375. 376
— Michael	223
— Michael, Lehrer	479
Bür, Joseph	372
Buff, Dr. H.	416
— Hermann	360
Buffalini, Dr. Moritz	77
Buhl, Dr. Ludwig	203. 413. 431
Buhler, Phil. August Friedr.	485
Buhmann, Alois	402
— Theodor	394
Bulrette v. Oehlefeld, Friedrich Carl Alexander Frhr. v.	155
Bukeisen, Friedrich	77
Bullemer, Joh. Simon Carl	95
Bullinger, Anton	451
Bumm, Chrisp. Jacob	399
Bumüller, Caroline	176
— Georg	426
Bunk, P. Anselm	483
Bunsen, Robert Wilhelm	417
Buol-Schauenstein, Carl Ferdinand Graf v.	11
Burchtorff, Carl v.	132. 380. 383
Burestam, Carl v.	197
Burg, Adam Ritter v.	37
— Philipp	301
Burgartz, Joseph	97. 112. 264
Burger, Adam	351
— August Wolfgang	67. 350
— Christoph	65
— Franz	372
— Friedrich Caspar	392

Burger, Georg Jos. Christian	306
— Dr. Heinrich Carl August v.	27. 49. 110. 408
— Johann	232
— Joseph	393
— Joseph, Controleur	240
— Dr. Joseph	311
— Dr. Thomas	471
Burgmaier, Bartholomäus	293
— Peter	300
Burkhard, Dr. Julius	398
Burkhardt, Carl	357
— Friedrich	241
— Friedrich, Assistent	440
— Julius	356
— Ludwig	235
— Theodor	374
Burkhart, Mathias	434
Busch, Franz	386
— Peter	407
— Philipp	265
Buseck, Friedrich Carl Frhr. v.	13
Butenschön, Friedrich Jos.	324
Butler-Clonebough, genannt Hainhausen, Theob. Graf v.	151. 188
— — Carl Graf v.	13. 26. 44. 107. 118. 126. 138. 140. 153. 164. 251. 253
— — Moritz Graf v.	14. 60
Butters, Friedrich	460
Buß, Joseph	222
Buxbaum, Ludwig Ritter v.	25. 44. 328
Buz, Friedrich	59. 280
— Heinrich v., Oberst	28. 57. 248. 274
— Carl	66. 399
Bylandt, Max Jos. Graf v.	13

C.

Caballero, Don Antonio	69
Caboulp, Effendi	75

Castisch, Johann	228
Callimaki, Fürst	30
Cammerloher, Carl v.	225
— Rudolph v.	227
Campanna, Johann Peter	77
Cantler, Johann Baptist	362
Cantono di Ceva, Marquis Johann	75
Canzler, Leonhard	460
Capaccio, Doria Graf v.	76
Capeller, Ludwig	328
Capponi, Gino, Marchese	419
Cappy, Heinrich Graf v.	78
Carabja, Fürst Constantin	31
Carafa di Traëtto, Ludwig Ritter	30. 69
Carben, Sebastian	386
— Wilhelm	379
Cardenas, Graf	77
Cardozo, Antonio Fereira	194
— de Salles, Jozé Luiz	194
Carles, Otto	145
— Wilhelm	55. 95. 105. 111. 119. 251. 263
Carl, Philipp	433
Carner, Rudolph	344
Carneville, Franz Symon v.	266
Carnot, Johann	287
Carolath-Beuten, Heinrich Fürst zu, Reichsgraf zu Schöneich	28
Carriere, Dr. Moritz 65. 433.	423
Carron du Val, Dr. Max 66.	389
Carus, Carl Gustav	417
Casanova, Antonio	74
Casa Seca, Joseph Ludwig	417
Caspers, Maximilian v.	279
— Wilhelm	103
Castelalfer, Graf v.	28
Castell, Adolph, Graf v.	128
— Carl Graf v.	135
Castell, Cuno Graf v.	159
— Friedrich Ludwig Grafv., erblicher Reichsrath	9. 110. 135. 186
— Gustav Graf v.	121. 136
— Carl Joseph Theodor Frhr. v.	391
— Maximilian Frhr. v.	396
— Wolfgang Graf v.	129
Castor, Johann Martin	409
Castro, José J. Comes, de	29
Catacazi, Gabriel	31
Catoir, Jean Hector	76
Caumont, Vicomte de	80
Cavalo, Christian	350
Cella, Gustav	61. 119. 268
Cetto, Adolph v.	220
— Anton Frhr. v.	131. 163
— August Frhr. v.	20. 40. 106. 152. 191
— Max Frhr. v.	156
— Wilhelm Frhr. v.	166
Chalaupka, Adolph	38
Chapelié, J. J. C.	73
Chaselon, Primian	338
Chatelain, de	83
Chauveau, Charles de	88
Chelius, Dr. Maximilian	77
— Christian	49. 320
Chenu, Oberchirurg und Professor	80
Chevalier, Michel	75
Chevern, Dr. Rudolph	398
Chevigné, de, Unterpräfect	80
Chevigny, Jean Marie Ferguet de	104
Chevreul, Dr. Michael Eugen	417
Chigi, Flavio Fürst	31
Chlman, Joseph Carl Anton Fürst	99
Chirard, Georg	143
Chlingensperg, Alois v.	160. 236

Eßlingensperg, Anton v.	323	Collalowitz, Burkart	375
— Beatus May v.	59. 302.	Collet-Meygret, Henri	371
	303	Colocotronius, Gemäos	69
Chorherr, Ignaz	297	Columba, Wolfgang	241
Chormann, Valentin	321	Compter, Rudolph	325
Christ, Joseph	171	Conches, F. Feuillet de	72
— Dr. Wilhelm	412. 420. 428.	Coneménos, Georg	84
	433	Condolle, Alphonse de	418
Christa, F.	488	Conrad, Anton	468
Christen, Adolph	170	— Gregor	46
— Dr. Friedrich	349. 372	— Ludwig	339
— Gustav	352	Conscience Heinrich	77
Christin, Carl	282	Conte. John le	418
Christl, Friedrich	314	Contzen, Martin Heinrich	
Christoph, Franz Seraph	63.	Theodor	205. 419. 437
	310	Coomans, Clemens	80. 193
— Gottfried Stephan	408	Cooper, Carl Purton	419
Cigoni, Michael	390	Cornelius, Carl Adolph	412. 432
Clair, Honoré	88	— Pet. v.	22. 91. 129. 424
Clarmann, Carl v.	390	Cornet, de Ways-Ruart, Felix	
— Franz v.	392	Graf v.	155
Claus, Heinrich v.	23. 282	Correard	33
Clausius, Dr. R.	416	Correns, Erich	425
Clausner, Joseph	421	Cosiron, Johann Ritter v.	80
Clauß, Friedrich	393	Costa, Franz Xaver	307
— Gustav	194	— Joseph	166
— Robert	259	Cotta Emil	317
Clericus, Carl W. Chr.	51	Coulon, Rudolph v.	301
— Eduard	353	Coundouriotis, Andreas	70
Clessin, Joseph	264. 274	Cousin, Victor	413
Clifford, H.	70	Couzzourelis, Constantin	85
Clod, Bey	78	Craft, Conrad von	121
Closner, Adolph	169	Crailsheim, Desiderius Frhr.	
Cloßmann, Julius v.	282. 369	v.	162
Clostermeyer, Heinrich	321	— Eduard Frhr. v.	61. 370
Cnopf, Carl Conrad	359	— Ernst Friedrich Frhr. v.	161
Cocapani, Marchese	80	— Ernst Frhr. v.	113
Cockerell, Robert	423	— Feodor Frhr. v.	129. 157.
Cöster, Gustav Frhr. v.	151. 205		363
Cogswell, Johann Georg	416	— Friedrich Christian Ernst	
Colin, C. M.	460. 464	Frhr. v., auf Fröhstock- heim	143

Crailsheim = Fröhstockheim,	
Ludwig, Frhr. v.	155
— Ludwig Frhr. v.	269
—= Rügland, Craft Max	
Frhr. v.	129. 158
Cramer, Carl, Lehrer	489
— Christian Friedr. Wilh.	362
—=Klett, Theodor v.	24. 113.
	121. 127. 134
Crebert, Alexander	140. 180
Crenneville, Franz Graf Fallot	
de	30
Cressac, v.	17
Creßierer, Nepomuk	303
Criscuolo, Salvatore	85
Croniger, Friedrich	401
Croissant, Friedrich	317
Cron, Dr. Christian	415. 474
Cronauer, Johann	407
Cronnenbold, Johann	95
Crusilla, Johann Baptist	228
— Dr. Johann Baptist	311
Csorich von Monte=Creto, Anton	
Frhr. v.	68
Cucumus, Franz	287
Culmann, Carl	329
— Eduard	320
Cullmann, Philipp	342
Cunibert, Carl Frhr. v.	156. 373
Cunradi, Ludwig	390

D.

Dachauer, Anton	330
— Dr. Gustav	462
Daffner, Franz	273
— Friedrich	303
— Johann Nepomuk	401
Dafinger, Andreas	238
D'Agostino, Franz	75
Dahinten, August	346
Dahl, Michael	317
Dahlström, v.	86
Dahmen, C. E.	78. 193
Dahn, Constance	170
— Felix	429
— Friedrich	170
Dahn=Hausmann, Marie	170
Daig, Georg	406
— Joseph	401
Daisenberger, Michael	484
D'Albergo, Marchese	78
Dalbon, Joseph	289
Dall'Armi, Dr. August v.	295
— Max Isidor v.	27. 50. 342
Daller, Dr. Balthasar	449
D'Alleux, Ernst	461
Dallinger, Wilhelm	207
Dallmayer, Simon	288
Dalmer, Oscar	305
Dalwigk, Frhr. v.	69
Damboer, Carl	261
— Johann	41. 90. 105. 111.
	119. 130
— Wilhelm	120
Damm, Augustin	62. 321. 327
— Carl	200
Dammer, Friedrich Carl Joseph	358
Dana, Jacob D.	412
Dandl, Georg	318
Dandler, Franz Joseph	345
Danner, Alois Leopold	205
Dannhauser, Max Jos.	50
Danzer, Anton	358
— Dr. Georg	51. 208
— Georg	455
D'Arcourt	29
Daremberg, Carl	415
D'Arest, H.	416
D'Arnao	72
Darney, Baron	34
Daschner, Georg	290
Daubeny, Carl	415

Dauboée, Gabriel Aug.	418
Dauch, Joseph Heinrich	373
Dauer, Lothar	241
Daumenlang, Wilhelm	353
Daumiller, Friedrich v.	218
Daumüller, Andreas	399
— August	463
Daur, Heinrich	487
Davideit, Heinrich	170
Davidson, Thomas Esquir	418
Davoud-Oghlou, Garabed Aretin	38
Darberger, Franz	302
Daxenberger, Joh. Evang.	347
— Dr. Matth.	168. 285
— Dr. Sebast. v.	23. 43. 90. 91. 107. 119. 121. 127. 130. 141. 142. 189
D'Ayllon, Lopez de la Torre	30. 197
De Ahna, Rosalia	448
Debes, Dr. Ans.	435. 436. 441
Debon, Andreas	378
De Caisne, Joseph	418
Dechamps, A.	67
Dechant, Friedrich	354
Decher, Georg	486
Decker, Andreas	304
— Rudolph Ludwig	82
Decrignis, Carl August	287
Degele, Xaver	167
Degen, Friedrich	232
— Ludwig	453
Degenfeld-Schomberg, Ferd. Christoph Graf v.	68. 197
Deger, Ernst	92. 424
Degmaier, Johann Paul	403
— Julius	389
Degner, Christoph	375
— Leonhard	384
Degruber, Carl	454
Dehler, Dr. Adalbert	437
Deigl, Carl	167
Deiglmaier, Alois	288. 298
Deinlein, Michael v.	25. 52. 186. 406
Deisenberger, Joseph	292
Deisinger, Johann Baptist	401
Deitmeyer, Jacob	199
De la Grange	17
De la Hauffe, Johann Fr.	109
Delamotte, Max	45. 315
De la Pointe, Baron	17
De la Rive, August	416
De Larminat	87
De la Roche-Pouchin, Ferdinand Achill Graf	99
Dellbrück, Martin Friedr. Rud.	73
Delitzsch, Dr. Franz	62. 414. 441. 443. 445.
Del Re, Leopold	30
Delyannis, Johann	75
Demharter, Franz Xaver	401
Demidow, Anatol. v.	67. 405
Demleuthner, Dr. Carl	398
Demper, Peter Eduard	379
Dengler, J. Leonh. Ludwig	369
Denig, Phil. Hipolyt	318
— Leonhard	480
Denis, Paul v.	24. 43. 105. 114. 126
Denk, Johann Baptist	472
Denker, Marie	170
Dennefeld, Johann Baptist	229
— Joseph	345
Dennerlein, Thomas	345
Dennstedt, Hermann	88
Denzinger, Dr.	452
— Dr. Heinrich Joseph Dominicus	436
— Dr. Joseph	455
Deppert, Johann Wilhelm	61. 222
Deppisch, Michael	325

Dereum, Hermann		318	Dibell, Carl	144
Derleth, Joseph		379	Dichtl, Robert	401
— Michael Joseph		385	Dick, Dr. Hermann	322
Deroy, Erasmus Graf v.		187. 280	Didier, Dr. Carl	321
— Ludwig v.	93.	157	Diebl, Johann Michael	216
— Maximilian v.		161	Dießinger, Franziska	171
Derpsch, Carl Wilhelm		400	— Sebastian	171
Derschau, Gen.=Major		18	Diegel, Johann	376
Descloize, Alfred Ludwig Prosper		418	Diehl, Carl	243
			— Hugo	255
Des Champs		33	— Ludwig	62. 236
Deshortier, Adolph		195	Dielmann, Christian	461
Despreß, Cäsar Mansuet		416	Diem, Franz	224
Desch, Carl		294	— Max	400
— Friedrich		289	Diener, August	235
Dessauer, Alois Carl		374	Diepolder, Dr. Joh. Mch.	120. 220
— Alois Joseph		198		
— Franz		198	Diergardt, Friedrich Frhr. v.	82
— Philipp		198	Dietl, Carl	266
Dessenant		34	— Eduard	337
Deßloch, Friedrich		385	— Ignaz	47. 108. 248. 244
— Heinrich	110.	269		
Detzel, Paul		339	— Johann Friedrich	57
Deuerling, Aegid		320	— Dr. Joseph	335
Deuringer, Michael		427	Dietrich, Heinrich	353
Deutinger, Dr. Martin		434	— Johannes	407
Deutter, Joh. Nep., Cassier		315	— Johann Baptist	216
— Johann Nep.	305.	311	— Joseph	96. 368
Devigneux, Wenzel		211	— Matthäus	453
Deybeck, Franz Xaver		208	— Max	299
— Ludwig		206	— Maximilian	202
— P. Maurus		447	— Wilhelm	52
Deyerl, Carl		358	Dietsch, Christ. Ludwig Wilhelm Ernst	318
— Christian		397		
Deym, Arnulf Graf v.		120	Diez, Adam	406
— Otto Graf v.	159. 187.	281	— Eduard	347
Deyrer, Joseph		285	— Franz	124. 181
D'Harcourt		29	— Friedrich	168
D'Hailly, Cäsar August Baron v.		79	— Friedrich, Akad.	414
			— Dr. Friedrich	91

Dies, Philipp Frhr. v.	270
— Sophie	168. 171
Dieß, Andreas	121
— Feodor	84. 425
— Dr. Franz	349
— Georg	388
— Hermann v.	339
— Dr. Johann Friedrich Simon Jeremias	55
— Joseph Urban	298
— Dr. Rudolph	37
Dilchert, Carl	53
Dilg, Adalbert	51
Dilger, Thaddäus	337
Dill, Johann Adam	385
Dillenius, Friedrich	86
Dillis, Franz v.	24. 43. 202
— Georg	173
— Georg, Revierj.	172
— Johann Baptist	302
Dillmann, Gustav	109
Dimroth, Ernst Ludwig	409
Dingelstedt, Dr. Franz	37. 91
Dingler, Dr. Emil	55
— Joh. Gottfried	317
Dinkel, Pancraz v.	27. 138. 187. 404
Dinkler, Friedrich	350
Dinnbier, Franz	231
Dirle, Heinrich	400
Dirnberger, Dr. Franz	65. 407
Dirrigl, Joh. Bapt.	392
Disque, Adam	318
Diß, Philipp	07. 287
Distler, Johann	396
Ditfurth, Georg Frhr. v.	55. 151. 283
Ditt, Anna	179
— Elise	179
— Emanuel	213
— Max	369
— Max Joseph,	293
Ditterich, Dr. Ludwig	109. 431
— Michael v.	402
Ditthorn, Ferdinand	301
— Joseph	386
Dittmann, Christoph	96. 387
Dittmar, Dr. Christ. Wilh.	341
— Gottlieb	461
— Dr. Heinrich	59. 459
— Heinrich	367
Dobeneck, Carl Frhr. v.	26. 48. 128. 135. 153. 340. 408
— Constantin Frhr. v.	344
Dobler, Friedrich	458
Doblinger, Adolph	213
— Ludwig	236
Dobmayer, Heinrich	111
Dobmayr, Adam	63. 286
— Joseph	342
Döbner, Dr. Ed. Philipp	215
Döderlein, Dr. Johann Adolph Hugo	397
— Christian Friedrich	346
— Dr. Eduard	367
— Dr. Joh. Ludwig Christ. Wilh. v.	28. 46. 91. 414. 442. 444. 446
— Sigmund	299
— Wilhelm	460
Döhlemann, Adolph	247
— Heinr. Carl August Ferd.	219
— Joh. Gg. Christ. Wilh.	474
Döll, Heinrich	171
Döllinger, Johann Joseph Ignaz v., Dr. Theol.	11. 26. 45. 90. 138. 143. 144. 410. 412. 428
Dölzer, Jacob	232

Dölzl, Anton 307
— Johann Baptist 393
Dönhoff, August Graf v. 32. 69
Dönniges, Dr. Wilhelm Ritter v.
   25. 49. 90. 107. 125. 192
Dörfler, Johann Michael 379
Döring, Christian 354
— Johann 342
— Joseph v. 26. 45. 98. 126.
   236
— Dr. Ludwig 382
Dörnberg zu Herzberg, Ernst
   Frhr. v. 20. 133
—, Julius, Frhr. v. 128
Dörr, Christian 324
Dörrer, Georg Wilhelm 219
Doignon, Wilhelm 472
Dokos, Stammatis 84
Dolch, Michael 357
Dolgorouchy, Nicolaus Fürst 10.
   28
— Fürst Dimitry 37
— Fürst Wladimir 35
Doll, Mathias 297
Dollacker, Georg 331
Dolles, Johann 386
Dollmann, Dr. Carl Frhr. v. 26.
   47. 136. 427. 428. 429
— Georg 223
Dombart, Bernhard 478
Domeyer, Georg Frhr. 66. 201
Donaubauer, Johann Ev. 212
Donle, Eduard Friedr. Conrad 359
— Johann Baptist 54. 360
Donnersperg, Hermann Frhr.
   v. 256
— Max Frhr. v. 166
Donop, Carl 330
Dopfer, Cosm. Damian 485
— Franz 219
Doppelhammer, Max Anton 307
Dorfmüller, Carl 484

Dorn, Johann 477
— Joh. Albrecht 414
Dorner, Anton 234
— Carl 383. 441
— Carl Christian Wilhelm 309
— Friedrich 62. 132. 208
— Heinrich 47. 109
Dornhöfer, Andreas 347
Dorsch, Carl 351
— Christoph Bernhard 345
— Max 164
Dorschky, Philipp 346
Dorth, Carl Frhr. v. 85
Doser, Conrad 167
Doß, Adam v. 288
Dost, Rudolph 332
Dostler, Joseph 488
Dotsch, Georg 476
Dotter, Adam 386
Dotterweich, Adolph 376
D'Ottojano-Mediei, Joseph Fürst
   v. 69
Dotzauer, Dr. Friedr. 65. 108.
   135. 340. 341
Dotzer, Franz 391
Dove, H. W. 416
Dräxler von Carie, Philipp
   Ritter v. 36
Drakos, Johann 38. 76
Drausnick, Gabriel 346
Drechsel, August Carl Graf v. 25.
   54. 125. 153. 281
— Heinrich Frhr. v. 255
— Herm. Frhr. v. 231
Dreer, Joseph Georg 64. 405
Dreher, Joseph 285
Dresch, Eduard 350
Drescher, Ferdinand 386
Dresel, W. 193
Dresky, v. 86

Dreßler, Carl	325
Drexel, Moritz	341
Drexler, Joseph	236
Dreyer, Peter	194
Dreykorn, Johannes	461
Drißl, Franz	343
Drittler, Georg Christ.	218
Droßbach, Carl	340
Droysen, Johann Gustav	419
Dubellier, Joh. Evang.	239
Dubois, Carl	355
— Friedrich	285
Du Cassa, Baron	38
Ducrue, August	484
Due, Friedrich	197
Duetsch, Eugen	56. 352
— Friedrich	353
— Joseph	353
— Philipp	353
Düfflipp, Lorenz	174
Düll, August	475
— Christian	369
— Friedrich	386
Dümlein, Heinrich	470
Dümler, Anton	121. 260
— Joseph Ludwig	301
Dümmler, Joh. Pet.	317
— Max Anton	332
Dürckheim-Montmartin, Carl Graf v.	159
— — Eleonore Sophie Gräfin v.	175
— — Frdr. Wilh. Alfr. Graf v.	41. 119. 128. 134. 153
— — Therese, Gräfin v.	179
Dürig, Friedrich	231
— Georg	387
Düring, Jacob	384
Dürk, Friedrich	66
Dürr, Dr. Johann	349
— Joseph	52. 141. 241
— Lorenz	856
— Martin	273
Dürsch, August Frhr. v.	64. 299. 454
— Heinrich Frhr. v.	241
Dürschmidt, Heinrich Otto Gustav	286
Dürwanger, Franz Xaver	377
Düsenberg, Carl Friedrich	384
Dütsch, Anton	299
Düy, Dr. Joh. Martin	406
Dufour, Arles	37
Dufter, Georg	294
Dufwa, Rudolph	75
Du-Jardin, Aldephonse Frhr. v.	70
Dumas, Dr. Johann Bapt.	417
— — Oscar v.	231
Dumreicher	76
Duncan, B. O.	198
Dunker, Alexander	79
Dunzinger, Joh. Ad.	336
Du Plessis-Bock, Fr. Em.	148
— -Gouret, Rud. Heinr.	148
— -Gouret, Sal. Eman.	148
Du Ponteil, Alex. Graf v. Guiot	112. 119
— Carl Graf von Guiot	144
Du Prat, Marquis	83
Dupré, Georg	322
Du Prel, Friedr. Frhr. von	24. 43. 145. 302
Dupuy, Franz	75
Durocher, Wilh.	310
Dursy, Andr.	460
Dury, Conrad	164
Dusch, Alex. v.	32. 67. 414
Duval, Carl Theodor	244
— de Navarre, Max	337

Duy, Joh. Nicol. 318
Dyk, Carl v. 27. 53. 114. 121.
    136. 221. 234
— Hermann 428

E.

Ebeling, Ludwig 178
Ebenauer, Friedr. Carl August 346
— Max 66. 375
Ebenböck, Alois 483
Ebenhöch, Anton Franz 286
— Max 289
— Norbert Conrad 291
Eberhard, Carl 237
— Dr. Carl 350
— Conrad Math. 345
— Ludwig 120
Eberhardt, Johann 319
— Valentin 243
Eberl, Alois 59. 278
— Carl 333
Eberle, Franz Xaver 395
— P. Melcher 451
— Theodor, Frhr. 133
Eberlein, Friedrich 338
— Georg 475
Ebermaier, Joh. Gg. Mart. 201
Ebermayer, Dr., Ernst 215
— Theodor 301
Eberth Georg 227
— Joh. Baptist 49
— Dr. Joseph 437. 440
Eberz, Max Frhr. v. 392
Ebner, Carl Frhr. v. 359
— Gottlieb Frhr. v. 369
— Johann Baptist 455
— Johann Philipp 222
— von Eschenbach, Carl
    Frhr. v. 163
— — — Ernst Wilhelm
    Frhr. v. 357
— — — Moritz Frhr. v. 37
— — — Paul Frhr. v. 122

Ebnet, Simon 50. 330. 332
Echerer, Dr. Cajetan 236
— Maximilian Joseph 236
Echinger, Joseph 234
Echter, Michael 425
Eck, Leopold 383
— Peter 60. 406
Eckardt, Carl Theodor 337
— Heinrich 169
Eckart, Dr. August 114
— Georg 54. 120. 137. 340.
    397. 399
— Urban 238
Ecker, Michael 286
Eckert, Alexander 171
— Friedrich 369
— Ludwig 395
— Ludwig, Officiant 164
Eckhardt 35
Eckhofer, Joh. Georg 398
Eckl, Bartholomäus 362
— Max 374
Edel, Anton 298
— Dr. Carl 42. 435. 436. 438
— Eduard 386
— Georg 377
— Maximilian 349. 344
Edelhard, Paul 61. 199
Edelhart, Johann 292
— Paul 225
Edelmann, Albert 344
— Joh. Christ. 51. 408
— Ludwig 487
Edelsberg, Philippine v. 171
Edelsheim, Leopold Frhr. v. 33
Edenhofer, Franz Xav. 305. 306
Eder, Anton 333
— Carl Frhr v. 38
— Carl, 339
— Franz, 338

Eber, Friedrich	382
— Johann Wolfgang	376
— Martin	296
— Michael	400
Eblhard, Franz Xaver	294
Ebling, Cajet. Alb. Graf v.	99
Edwards, Henri Milne	417
Effner, Carl	127. 165
— Cael, Hofgärtner	165
Egen, Franz	471
Egenhofer, Johann Bapt.	223
Eger, Joseph	181
— Nepomuck	277
Eggelkraut, Balduin v.	246
Eggensberger, Georg	438. 471
— Max Joseph	236
Egger, Felix v.	332
Eggerdinger, Simon	291
Eggers, Dr. Franz	425
Eggert, Carl	56. 294
Eggerth, Carl	298
Eglauer, Georg	280. 307
Egloffstein, Camill Frhr. v.	102. 122. 132. 135. 271.
Egressy, Ludwig v.	77
Eheberg, Eduard	238
— Franz Roman	181
Ehgartner, Jacob	51. 406
Ehlich, Georg Simon	389
Ehlinger, Franz	109. 257
Ehrat, Adam	243
Ehrenberg, Christian Gottfried	90. 415
Ehrensberger, Carl	342
—, Clemens	367
— Hieronymus	336. 334
— Ludwig	223
Ehrenthaler, Joseph	300
Ehrhardt, Friedrich	393. 400
Ehrl, Ludwig	139
Ehrlich, Jos.	309
Ehrlinger, Joh. Georg	378
Ehrne v. Melchthal, Anton	161
Ehrne-Melchthal, Jacob v.	128
Eichbichler, Peter	289
Eichel, Joh. Christ. Gottfr.	352
Eichenauer, Nepom. v.	25. 46. 96. 252. 278
Eichfelder, Franz	350
Eichheim, Fr. Xav.	47. 166
— Ludwig	67. 300
— Max	484
— Theodor	272
— Walburga	171
Eichhorn Nicolaus	469. 471
— Philipp	104
— Wilhelm	232
Eichinger, Johann	333
Eichmann, Franz August	32
Eichthal, Bernhard Frhr. v.	162
— Carl Frhr. v.	27. 59. 120. 123. 156
Eigner, Andreas	426
— Joh. Bapt.	330
Eilles, Caspar	64. 430. 450
Eimer, Jacob Heinrich	194
Einberger, Anton	367
Einsele, Hermann	310
— Ludwig	300
— Max	453
— Max, Revierf.	300
Eisel, Joseph	300
Eisele, Peter Michael	485
— Xaver, Lehrer	450
Eisenbarth, Franz Xaver	445
Eisenbeiß, Phil. Friedr. Wilhelm	379
Eiseneck, Georg	170

Eisenhart, August	287	End, Lorenz	471
— Ignaz	47	Ende, Joh. Carl Casimir v.	36
Eisenhofer, Carl	241	Ender, Adam	406
— Jacob	333	Enderlein, Dr. Friedr. Leonh.	479
Eisenhut, Joh. Mich.	375	— Peter	338
Eisenlohr, Dr. Wilhelm	416	Enders, Franz	333
Eisenmann, Erasmus	143	Endler, Dr. Joh. Paul	473
— Franz von Paula	450	Endres, Andreas	375
— Mathias	384	— Andreas, Revierf.	352
Eisenreich, Dr. Flor.	296	— Caspar 355.	407
Ekl, Andreas	50. 93	— Joseph	345
Elbert, Carl	374	— Joseph, Revierförster	386
Elblein, Caspar	113. 266	— Leonhard	469
Elle de Beaumont, Joh. Bapt.		— Nicolaus v. 26. 47.	199
Armand Ludw.	418	— Philipp Otto	376
Ellen, Max	454	Engel, C.	475
Ellenrieder, Maximilian Jos.		— Friedr. Max	222
Ritter v.	163	— Johann	341
Ellersdorfer, Christoph	371	— Carl August Max v.	69
— Julius	301	Engelbrecht, Georg	216
Elling, Georg	354	— Otto	302
Ellner, Benedict	345	— Sebast. Ant.	217
— Martin	345	Engelbreit, Carl	166
Elsässer, Anton	374	Engelhard, Anton	291
Elsner, Wilhelm	386	— Ferdinand Carl	237
Elsperger, Dr. Christ. Gottl.	51.	— Georg	384
	355. 472	— Sigmund	232
— Wilhelm	358	Engelhardt, Anton Paul	477
Elston, Felix Graf	83	— Friedrich	370
Elterlein, Hans Aug. Adolph		— Johann	347
Uttmann	210	— Johann Philipp	67
Eltz, Franz Graf zu	31	— Johann Valentin	232
— Carl Graf und Herr zu,		Engelhart, P. Ludwig	457
gen. Faust v. Stromberg	14	Engelmann, Dr. Joseph	350
Emir-Bey, Mahomed	75	— Lorenz	450
Emmert, Alexander	459	Engerer, Carl	372
Emminger, Franz	88	— Ernst	326
Emoan, Franz	237	— Georg Ernst	328
Emonts, Georg Friedr.	317	— Wilhelm v. 26. 55.	207
— Johann W.	62	Engert, Georg 341.	406
		Engerth, Wilhelm v.	81
		Englert, Carl	386

Englert, Franz	374
— Georg Joseph	479
—. Joseph	210
— Leonhard	139
Englhard, Christoph	94. 108
— Joh. Bapt.	95
Englmann, Dr. Johann Bapt. Anton	465
Enhuber, Carl v.	425
— May. Ritter v.	161. 342
Enke, Johann Franz	90. 415
Entmooser, Franz Xaver	291
Enzensberger, Franz Xaver	456
— Wilhelm	394
Enzler, Joseph	224
— Leonhard	144
Eppelsheim, Friedrich	319
Epplen, Adam	373
— Carl v.	26. 52. 202
Erb, Christian Friedrich	379
— Friedrich	326
Erbach-Erbach und von Wartenberg-Roth, Graf zu	187
Erbinger, Friedr.	50. 221
Erdödy, Graf v.	33
Erhard, Dr. Alexander	310
— Benedict	389
— Dr. Dan. Friedr.	56. 381. 383
— Friedr. Carl	58. 328
— Georg	285
— Georg Adam	222
— Ludwig	206
Erhardt, v.	87
Erk, Georg	456
Erkelenz, Hermann	481
Erlbeck, Max	393
Ermarth, Jac. v.	25. 93
Ernesti, Carl	169
Ernst, Friedrich	384
— Joh. Georg	352
— Dr. Joseph	407
Erzberger, Albert	391
— Hermann	399
Esakoff, Gen.-Lieut.	18
Eschenbach, Christ. Heinr.	50. 348
— Eduard	399
— Philipp	348
Eschenloher, Franz	223
Escher v. der Linth, Arnold	408
Escherich, Clemens	300
— Dr. Ferdinand	355
— Friedrich	200
— Julius	223
— Max	310
Eschricht, Daniel Frich	409
Eschwege, Hermann Ludwig Carl Julius Hans v.	79
Esebeck, Georg Frhr. v.	161
Esenbeck, Friedr. Ludw.	329
Esper, Carl	371
— Carl Christ. G. Fr.	361
— Friedr. Carl August	364
— Georg Christoph Sigm.	98
Espinchal, Heinr. Graf	17
Eßl, Wilhelm	177
Eßlair, Wilhelm	208
Ester-Raby	448
Estner, Carl	236
Estorff, Carl Frhr. v.	415
Etienne, Anton	323
Etlinger, Josaphat	78. 193
Ettingshausen, Andreas v.	416
— Dr. Constantin v.	86
Eulenburg, Dr.	88
Eulenstein, Dr. Friedr.	442. 447
Euler-Chelpin, Carl	59. 108. 113. 132. 229. 236
Evans, Dr.	81
Everill, Georg	452
Exter, Carl	58. 120. 126. 134. 222

Eyb=Eierlohe=Bestenberg, Daniel Frhr. v.	158	Fahrbeck, Georg v.		16
		Fahrer, Dr. Johann Nep.		146
Eybel, Adolph	85	— Max		338
Eyberger, Eduard	345	Fahrmbacher, Heinrich	45.	123
— Franz Joseph	359	Falciola, Carl		318
Eyselein, Lorenz Friedrich Wilh.	355	— Franz		323
		Falkenhausen, Friedrich Frhr. v.		271
— Joh. Heinr.	358	Falkenhayn, Franz Graf v.		81
— Oscar	343	Falkenstein, Dr. Johann v.		72
Ezdorf, Jos. Wilh. Graf v.	157	Falkner, Eduard		85
		Falkner v. Sonnenburg, Jos.		338
F.		Falko, C. J. Chr. Dietrich		348
Faber, Carl Anton	390	Fambach, Franz		277
— Carl Georg	348	Faraday, Michael		416
— Christian	120	Farmbacher, Georg		305
— Christ. Wilh. Heinrich	64. 463	Farrenbacher, Philipp		366
— Friedr.,	111. 134	Fasching, Joh. Bapt.		375
— Dr. Friedr. v.,	24. 45	— Johann Carl		396
— Georg Frbr. Carl Ludw.	46. 107. 142	Fassieur		87
— Gustav	274	Faßold, Carl		363
— Heinrich	480	— Franz		402
— Hermann	340. 350	Fastlinger, Johann		169
— Lothar	55	Faubel, Joseph		169
— Philipp v.	78	Faulhaber, Dr. Joseph		382
— Wilhelm	346	Faulstich, Georg		297
Fabisch, Joseph	75	Fauner, Joh. Bapt.		335
Fabri, Dr. Ernst	449	Faust, Franz	109.	267
— Dr. E. Friedr. Wilh.	58. 372	— Wilh. Georg Christian		326
Fabrice, Dr. Heinrich v.	364	Fausti, Ludovico		80
— Dr. Wilhelm v.	365	Fechenbach, Carl Frhr. v.		159
Fabris, August v.	329	Feder, Dr. Gottfr. v.	26. 57. 107.	202
Fabrizius, Theodor	217	— Dr. Ludwig	50. 134. 140.	248
Fackenhofen, Carl v.	300			
— Franz v.	142. 266	— Max v.	26. 106. 138. 250.	258
Färber, Georg	222			
— Joseph	400	— Mathilde		179
Fäustle, Dr. Joh. Nepomuk	290	Federl, Joh. Baptist		300
Fagnani, Graf v.	33	— Joseph		172
Fahninger, Alois	273	Feeß, Pfarrer		448
Fahr, Friedr.	459	Feghelm, Eduard		373

Fehling, Hermann v.	417
Fehlner, Georg	366
Fehr, Joh. Evang.	298
Feichtinger, Carl	399
— Dr. Georg	452
Feichtmayer, Johann	271
Feigele, Clemens	229
Feiler, Friedr. Sal. 58.	351
— Johann Heinrich Carl Julius	219
— Wilhelm	278
Feilitzsch, Alex. Frhr. v.	213
— Alex. Christian Frhr. v.	155
— August, Frhr. v. 129.	272
— Heinrich Frhr. v.	47
— Heinrich Carl August Frhr. v.	157
— Maximilian Frhr. v.	363
— Wilh. Frhr. v.	372
Feinaigle, Carl Ritter v. 26 102, 113. 116. 121. 128. 134. 143.	248
Felbinger, Lorenz	289
— Wolfgang	329
Feldhäuser, Daniel	384
Feldhaus, Carl	169
Feldigl, Melchior	170
Feldkirchner, Joh. Christoph	420
— Pfarrer 475.	477
Feldmaier, Georg	229
Feldmann, Dr. Sigmund	140
Feller, Christoph	324
Fellerer, Carl	225
Fellermayer, August	233
Fellner, Ignaz	236
Felser, Joseph	338
— Mathias	339
Fenschave, Gen.=Lieut.	18
Fent, Georg	396
Fentsch, Dr. Eduard	285
Fenzl, Franz	171
— Philipp	467

Ferandy, Dominik Honore Hippolyt de	87
Ferber, Rudolph	82
Ferchl, Franz Ant.	52
— Johann	215
— Joseph	449
Fernbach, Max	219
Fernbacher, Franz Paul	205
Fernkorn, Anton Ritter v.	86
Ferraz, Don Rafael	37
Fersen, Graf	71
Ferstl, Joseph	307
Fertig, Dr. Michael 303. 419. 455.	458
Fertsch, Otto	329
Fesenmair, Joh. Evang.	450
Feßmann, Sebastian	356
Feuerstein, Joseph	79
Feury, Franz Xaver Frhr. v.	148
— Joseph Frhr. v. 154.	200
Fey, Carl	383
— Georg 382.	384
Feyertag, Friedrich	169
Fichte, Dr. Emanuel Hermann	414
Fick, Anton	169
— C.	475
— Emil	360
— Georg Carl	474
— Johann	178
Fickel, Joh. Georg Anton	361
Ficker, Julius	419
Fickler, Ferdinand	217
Fideli, Franz	354
Fikenscher, Carl August Wilhelm 380.	383
— Christian Friedrich	393
Fikentscher, Fabrikant	45
— Dr. August	349
— Friedr.	51
Filberich, Heinrich	330
Filchner, Ludwig	123

Filosophoff, v. 29
Fink, Adolph Wolfgang 47. 309
— Carl 241
— Dionys 97
— Ferdinand 338
— Georg 393
— Gottfried 258
— Gustav 333
— Ludwig 267
— Pfarrer 487
Finster, Wilhelm v. 167
Finsterlin, Dr. August 303
Finsterwalder, Franz 207
Finweg, Carl Aug. 62. 496. 499
Firmenich=Richartz, Dr. 87
Firmian, Jos. Graf v. 149
Firnkaes, Johann Georg 302
Firschling, A. 475
Firsing, Andreas 477
Fisch, Joseph 456
Fischer, Dr. Alois 459
— Dr. Carl Christian 382
— Johann Andreas 347
— Dr. Ant., Relig.=Lehrer 451. 452
— Dr. Anton v. 21. 41. 101. 104. 118. 125. 133. 141. 185
— August 327
— August, Professor 88
— Carl 346
— Carl, Stabsbuchhalter 143
— Carl Ludwig 368
— Dr. Carl Philipp 442. 444
— Edmund 297
— Franz Xav. 293
— Friedr. Alex. 60. 97
— Friedr. Wilh. 361
— Georg 289
— Georg, Prof. 472
— Dr. Georg 341. 349. 350
— Gustav 86
— Dr. Heinrich 58. 113. 118. 121. 138. 203. 432
— Heinrich 49

Fischer, Dr. Hermann 295
— Hermann, Reg.=Rath 284
— Hermann, Fiscal 57. 221
— Joh. Joseph 213
— Joseph 454
— Jos., Landrichter 361
— Jos., Prof. 459
— Joseph, Revierf. 300
— Leonhard 402
— Lorenz v. 406
— Lorenz 347
— Ludwig 398
— Ludwig Wilhelm 395
— Michael, Assessor 309
— Michael, Pfarrer 59
— Michael, Prof. 459
— Nicolaus 374
— Otto 167
— Dr. Sebast. 124. 137. 415
— Theodor 286
— Wilhelm 334
Fischern, v. 34
Fischhold, Michael 309
Fischler=Treuberg, Ernst Graf v. 103
Fischold, Franz 313
Fitting, Herm. 63. 317. 327
— Jacob 318
Flach, Heinrich 400
Flad, Alois 164
— Anton 147
— Philipp v. 11. 20. 102. 104. 106. 130. 130. 141. 152
Flamige, Maximilian 358
Flamini, Franz 83. 198
Flandrin, Jean Hip. 425
Flatz, Dr. Gottl. 61. 372. 406
Flechsel, Gg. Wolfg. 369
Fleckenstein, Philipp 387
Fleckinger, Ferdinand v. 223
Flegler, Dr. August 475
Fleischauer, Jacob 366

Fleischer, Carl 370
— Dr. Eduard 62. 340
— Heinrich Lebrecht 414
Fleischmann, Alois 259
— Christ. Wilhelm 53
— Ferdinand 388
— Friedrich 328
— Dr. Friedr. Ludw. 397
— Friedrich 284
— Georg 380
— Dr. Julius 321
— Peter 284
— Dr. Wilhelm 83
Fleischner, Heinrich Leberecht 414
Fleißner, Benno 304
— Franz Paul 199
Flembach, Friedr. v. 329
— Jos. Ritter v., auf Altendorf 45
Fleschuez, Gustav 255
— Dr. Thomas 93. 108
Flessa, Carl Christoph 305
— Ernst 391
— Friedr. Carl 340
— Friedrich Wilh. 240
— Dr. Joh. Ferd. 382
Fleury 31
Flober, Johann 289
Florenzi, Ludwig, Marchese 157
Florimo, Franz 88
Flotow, Friedr. v. 22. 41. 94. 105. 124. 129. 132. 149
— Gustav v. 127
— Maximilian v. 159
Flourens, P., Akademiker 417
Flügel, Dr. Gustav 85
— Dr. Joseph Georg 349
Flurl, Michael 306
Foell, Philipp Wilh. 318
— Friedrich Theodor 318
Förch, Anton 97

Förderreuther, Friedr. 227
— Max 471
Förg, Eduard 222
— Franz 58. 399
Föringer, Dr. Heinr. 57. 412. 422
Först, Adolph 338
— Dr. Ernst 127, 134. 136. 425
— Georg Christoph 48
— Dr. Johann Th. Aug. 437. 439
Fötsch, Gustav 325
Fogt, Heinrich 60. 276
Folz, Gabriel 356
— Ludwig, Professor 66. 452
— Philipp 56. 423
Fontaine, Maury Mathew 416
Forbes, Jacob David 416
Forcella, C. E. Marchese 67
Fordermaier, Max 216
Fordermayer, Georg 235
Fornbran, Joh. Georg v. 26. 53. 138. 398
Forni, Jos. Graf v. 32
— Ludwig Graf v. 35. 71
Forster, Albert 368
— Carl 44. 127. 133
— Carl, Reg.-Rath 372
— Christ. Zacharias Carl 62. 363
— Eduard 334
— Georg 305
— Dr. Joh. Nep. 62. 398
— Joseph 109
— Moriz 391
— Wolfgang 215
Forstner, Franz Xav. 225
Fortenbach, Carl 109. 248. 272
Forthuber, Franz 55. 355
Fortling, Sophian Christian 342
Fortner, Venanz 216

Fournier	81
— Jacob	325
Fraas, Dr. Carl	51. 246. 430
Franck, Jacob	462
Francke	71
— Franz Joachim Christian	446
Frankenstein, Georg Urbogast Frhr. v.	14. 155. 187
Fränkl, Johanna	448
Fränk, Adam	337
— Alois	331
— August	80
— Dr. Franz Georg	321
— Dr. Franz Herm. Reinhold	442. 443
— Friedrich	480
— Georg	105
— Joseph, Cassier	217
— Joseph	95
— Dr. Martell	203. 293. 295. 432
— Wilhelm	341
— Wolfgang Carl	344
Frankenburger, Aaron	467
Frankl, Anton	390
Frankreich, Napoleon, Kaiser der Franzosen	8
— Napoleon, Prinz von	10
Franque, Dr. Arnold v.	432. 435
— Otto v.	437. 441
Franz, Alois	347
— Friedrich	234
— Ferdinand	231
— Joh. Aug.	359
— Joh. Bapt.	329
— Ludwig	379
— Melchior	377
Franzis, Franz	314
Franz, Franz	60. 282. 366
— Max	217
— Dr. Wilhelm	321
Fraunberg, Theodor Frhr. v.	163
Fraunhofen, Carl August Th. Frhr. v.	12. 15. 26. 54. 149. 187. 280
— Friederike Freifrau v.	175
Fraunhofer, Rupert	207
Fraunholz, Franz	313
Frays, Aug. Frhr. v.	22. 42. 108. 131. 151
— Friedrich Frhr. v.	159
— Theodor Frhr. v.	60. 158. 256
Frederichx	76
Frei, Dr. Martin	398
Freiburger, Carl	51. 323
Freilinger, Andreas	240
Freitag, August	167. 169
— Georg	145
— Gustav	92
— Theodor	201
Frerichs, Dr. F. Th.	38. 83
Freudensprung, Sebast.	57
Freudenstein Waldner v., Generallieut.	68
Freund, Carl Friedrich	243
— Georg	405
— Joseph	244
— Michael	379
Freundl, Michael	291
Freundorffer, Carl	287
Frey, Ignaz	418
— Max	49. 107. 341
— Philipp Jacob	292
Freyberg, Alexander Frhr. v.	120. 126. 131. 134. 181. 253
— Julius, Frhr. v.	293
Freyberg=Eisenberg, Benedict Frhr. v.	150. 369
— — Joseph Frhr. v.	53. 283
— — Maximilian Frhr. v.	157
— — Maximilian Vincenz Frhr. v.	12. 22. 96. 118. 119. 125. 133. 138. 149

Freyberg-Eisenberg, Rudolph Frhr. v.	155
Freyberg-Oepfingen, Franzisca Freiin v.	179
— — Ludwig Frhr. v.	63. 158. 294
— — Reinhard Frhr. v.	157. 327. 336
Freyhöfer, Conrad	316
Freymüller, P. Willibald	457
Freyseng, Heinrich	318
Fribis, Joh. Bapt.	462
Frick, Carl Aug.	323
Fricker, Caspar	134
Frickinger, Albrecht	400
Fribrich, Friedr.	262
Friedel, Johann	81
— Paul	275
Friederich, Carl Aug. v.	22. 132
— Ludwig	285
— Wilhelm	313
Friedl, Constantin	169
— Joseph Anton	361
— Mathias	375
— Michael	308
Frieblein, Andreas	248
— Dr. Ernst	349
— Johann Gottfried	472
Friedmann, Ludwig	120. 122
Friedreich, Dr. Joh. Bapt.	47
Friedrich, v.	34
— Andreas	338
— Anton	393
— Dr. Johann	144. 429
— Gottlieb	338
— Dr. Joh. Bernh.	97
— Joseph	324
— Ludwig	386
Fries, Carl Conrad Matth.	468
— Elias	418
— Georg Adam	352
— Hermann	319
Fries, Ludwig	316
— Ludwig, Baubeamter	371
— Philipp	133
— Theodor	248
Frieß, Johann Michael	407
Frisch, Ambros	49
— Michael	235
— Nicodemus	398
— Philipp Jacob	377
Frischmann, Ludwig	421. 448
Fritsch, August	394
Fritscher, Aug.	375
— Dr. Franz	207
— Friedrich	345
— Georg Wilhelm	359
— Ignaz	223
— Theodor Christoph	473
Froberg, Ludwig Graf v.	266
Fröhlich Johann Frhr. v.	78
— Albert v.	51
— Robert v.	123. 198. 287
— Tobias	376
Frömer, Jacob	455
Frönau, Franz Frhr. v.	51
— Wilhelm	258
Frohschammer, Dr. Jacob	433
Frommel, Albert	58. 327. 328
— August	51
Froberg, Wilhelm Künsberg Frhr. v.	163
Froschmaier, Eduard Ritter v. Scheibenhof	85
Frühwein, Ludwig	358
Fruhmann, Wilhelm	286
Fruth, Gottl.	54. 310
— Philipp	303
Fuchs, Anton,	238
— Augustin	293
— Carl, Revierförster	387
— Carl,	222
— Christoph Carl	469
— Emil	240
— Franz Ludwig Frhr. v.	163
— August	370

Fuchs, Ignaz	158
— Dr. Johann	386
— Johann Nep.	65. 109. 257. 264
— Joseph	228
— Dr. Jos. Mich.	381
— Ludwig v.	288
— Max	213
— Dr. Maximilian	445
— Max Heinrich	199
— Michael	366
— Otto	246
— Otto Carl Frhr. v.	163
— Reinhold Frhr. v.	166
Füchtbauer, Georg	486
Führer, Michael	389
Führich, Joseph	88. 424
Fürholzer, Franz	299
Fürst, Jacob	289
— Joseph Theobald	394
— Leopold	194
— Moritz	384
Fürstenberg, Johann Egon Landgraf zu	32
Fürstenwärther-Kellenbach, Emil Frhr. v.	163
Fürther, Hubert	387
Fürthmaier, Johann Georg	189
— Johann Georg sen.	46
Fürtsch, Georg Michael	366
Fugger, Friedrich Graf von	138
Fugger-Babenhausen, Carl Ludwig Graf v.	14
— — Leopold Maria Fürst	14. 187
Fugger-Blumenthal, Oscar Graf v.	229
Fugger zu Glött, Charl. Gräfin	176
— v. Glött, Ernst Erbgraf	14
— zu Glött, Ferd. Graf	186
Fugger Hoheneck, Philipp Carl Graf v.	187
— v. Kirchberg u. Weissenhorn, Friedrich Graf v.	15. 190
— Kirchberg, Hartmann Graf v.	397. 400
— v. Kirchberg und Weissenhorn, Raimund J. Nep. Graf	14. 186
Fuggs, Max	105
Funk, Hermann	447
— Heinrich Friedr. Christ.	342
Funke, Bernhard Oscar	81
Furtenbach, Carl Wilh. v.	362
Furtner, Dr. Ernst	449
Fuß, Pangratz	347
Fux, Franz	375
— Joachim	336

G.

Gaab, Ferdinand	263
— Ludwig Friedrich v.	37
Gabler, Ludwig Gottfried	219
Gabriac, Comte de	195
Gachard, Louis Prosper de	419
Gack, Eduard	360
Gäbelein, Ernst	237
Gäbler, Carl v.	264
Gänßler, Michael	366
Gärth, Friedrich Wilhelm	390
Gäßler, August v.	330
— Benedict v.	239
— Bernhard v.	291
— Franz Xaver v.	305
— Johann	164
— Michael v.	298
Gagarin, Fürst	80
Gagel, Heinrich	322
Gahr Christoph	230
Gail, Wilhelm	425
Galsberg zu Neubeck, Hermann Frhr. v.	57

Galizine, Fürst	74	Gavini		33
Gallait, Louis	79. 424	Gayangos, Don Pascual de		414
Gallauer, Joseph	309	Gayer, Carl		215
Gall, Joseph Ritter	83	— Joseph		401
Gambera, Joseph	290	Gazzoli, Julius Cäsar Anton		
Gamberini, Zambieri Antonio Domenico Graf	155	Graf		100
		Gebhard, Carl		303
Gambert, Adam	235	— Heinrich		451
Gambichler, Franz	324	— Johann Christoph Carl		384
— Georg	386	— Wilhelm		304
Gamorra, Gaëtano	77	Gebhardt, Carl		397
Gangauf, P. Theodor	483	— Gustav		469
Ganghofer, August	401	— Dr. Heinrich Christian Friedrich		59. 469
— Anton	402			
Ganser, Anton	453	Gebhart, Anton		232
Ganßer Caspar,	365	— Carl		231
— Georg Friedrich	356	Gebsattel, Victor Emil Frhr. v.		155
Ganzmann, Julius	336	Gechter, Johann Conr. Lor.		373
Gar, Dr. Thomas	419	Geeck, Stephan		469
Garaycoechea, Don Jcf.	32	Geefs, Wilhelm		79
Garcin de Tassy	414	Geel, Jacob		414
Garben, N. Graf	150	Geenen, Joseph Carl		319
Gardill, Max	358	Gegenbauer, Carl		417
Gareis, Franz	354	Gehm, Carl		62. 276
— Heinrich	391	Gehring, Dr. Gustav		334
— Johann Friedrich	223	Geib, Rudolph		325
— Johann Lorenz	373	Geibel, Dr. Emanuel v.	24. 90. 91. 433
— Pius	447. 476			
— Wilhelm	329	Geigel, Dr. Alois		437
Gartner, Franz Seraphin	208	— Leonhard		380
Gassenberger, Jacob	318	— Dr. Martin		54
Gasser, Rudolph v.	139. 162. 191	— Rupert		290
		Geiger, v., Deput. in Metz		36
Gasser-Paraskovich, Joseph Frhr. v.	37	— Adam		325
		— Alexander v.		78
Gast, Joseph	302	— Baptist		352
— Dr. Xaver	55	— Candidus		358
Gasteiger, Leo	67	— Carl Wolfgang v.		401
Gaul, Franz	324	— Caspar		241
— Joseph	386	— Dr. Franz Xaver		471
Gauly, Carl	325	— Franz Bernhard		353
Gauthier, Adolph	89	— Friedrich		348
		— Georg Adam		314
		— Georg Franz		394

Geiger, Hugo		237	Genelli, Bonaventura	429
— Joseph	46.	208	Gengler, Dr. Adam v.	27. 49. 406
— Joseph, Magistratsrath		367	— Dr. Gottfried Heinrich	442.
— Nicolaus		377		443. 445
— Theodor		303	— Johann Baptist	308
Geim		37	Gennatas, Peter	84
Geis, Johann		378	Genotte, Friedr. Frhr. v.	81
Geisler, Georg		401	Gentil	33
Geiß, Andreas		183	Gentner, Alois	454
— Carl		226	Gentsch, Adolph	460
Geiße, Johann		387	Georg, Wilhelm	359
— Peter	55. 97.	386	Gerbel, Anton	290
Geissel, Johannes v.	35. 72.	419	Gerber, Georg	200
Geißendörfer, Heinrich		223	— Heinrich	115
Geißler, Friedrich		407	— Johann Andreas	347
— Georg		169	— Johann Martin	367
— Johann		169	— Stephan	378
Geißmann, Friedrich		375	Gerbig, G. Ludwig	61. 236
Geist, Adolph		396	Gerdten, v.	36
— Dr. Carl August		398	Gerersdorfer, Georg	286
— Conrad		484	Geret, Victor	359
Geldern, Carl Th. Graf v.		152.	Gergens, Ernst	320
		280	— Dr. Franz	127. 321
— Eugen Graf v.		166	Gerhäuser, Carl	61. 115. 390
— Ludwig Graf v.		151	— Gustav	277
Gelineck, Carl		80	— Ludwig	484
Gemeiner, Carl Hans Fallot			Gerhager, Alois	363. 366
Edler v.	115. 140.	162.	— Georg	210
Gemeinhardt, Johann Adam		288	Gerhard, Eduard	414
Gemeinwieser, Joseph		330	— Dr. Lorenz	478
Gemming, Carl	45.101.110.	264	Gerhardt, Abraham	356
Gemmingen, August Frhr. v.		31	Gerhauser, Christoph	173
— Carl Theodor Frhr. v.		151	— Joseph	399
Gemmingen-Hagenschieß, Gu-			Gerl, Matthäus	380
stav Frhr. v.		154	Gerlach, Anton	374
— — Oscar Frhr. v.		163	— Dr. Jos.	64. 442. 444.
— v. Massenbach, Carl Frhr.				446
v.		163	— Philipp	379
— -Massenbach, Franz Frhr.			Gerlinger, Franz Xaver	285
v.	166.	255	— Johann Baptist	483
— Joseph Eduard Frhr. v.		155	Germar, Frhr. v.	34
Gemminger, Dr. Max	421.	435	Gernler, Hubert	120
			Gerold, Johann	234

Gerstl, Max	303
— Maximilian	220
— Philipp	227
Gerstlacher, Heinrich	147
Gerstmayr, Joseph	394
Gerstner, Friedrich	276
— Georg	342
— Dr. Ludwig Joseph	436
— Dr. Max	59. 372
— Moritz	254. 261
Gerwig, Robert	82
Gerz, P. Barthol.	457
Gesell, Gg. Friedr. Christian	362
Geuder, Carl Frhr. v.	95
— Carl Frhr. v., Revierf.	402
— Ernst Rudolph Frhr. v.	159
— Rudolph Frhr. v.	74
— gen. Rabenstein, Sigmund Frhr. v.	114. 265
Gevers, J. C. Ritter v.	32
Geyer, Johann	486
Geyerstein, Andr. Frhr. v.	151
Geymann, Leonhard	231
Geyr, Carl	286
— Joseph Anton	405
Geys, Carl Joseph	202
Geyß, Johann Adam	385
Gherardesca, Graf Guido Alberto Della	29
Ghika, Alexander Fürst v.	70
Ghillany, Dr. Friedr. Wilh.	116. 127
Gibitz, Peter	86
Gibson, Bildhauer	424
Giehrl, Joseph	206
— Rudolph	294
Gienanth, Carl Frhr. v.	65. 159
Gierer, Johann Andreas	477
Gierisch, Georg	56. 396
Giesebrecht, Wilhelm	412. 428. 433
Gieße	86
Gießen, Carl	324
Gießl, Valentin	209
Gietl, Alois	390
— Carl	291
— Eduard	200
— Dr. Franz S. v.	21. 42. 107. 112. 116. 121. 126. 140. 146. 203. 430
— Heinrich	401
— Ignaz	304
Gigglberger, Joseph	338
— Michael	332
— Simon	338
Gigl, Eugen	115
Gigling, Carl Frhr. v.	34
Gilardone, Christ. Heinrich	316
Gilbert=Weeber	198
Gilg, August	447
Gilgen, Joh. Bapt.	383
Gilles, Bernhard	338
Gillitzer, Anton	386
— Johann Baptist	218
Gimbernat, Carl v.	33
Gimmi, Franz v.	146
— Otto v.	356
— Otto v., Revierf.	299
Giraud	89
Gise, Francisca Freifrau v.	174
— Ludwig Frhr. v.	158
— Maximil. Frhr. v.	24. 43. 133. 135. 156. 192
Gistl, Lorenz	312
Gittard, Adv.	81
Glas, Benedict	52
— Ludwig	326
Glasenapp, K. russ. General=Lieutenant	18
Glaser, Carl	357
— Ferdinand	350
— Johann Ludwig	409
Glaß, Martin	400

Gleichauf, Ludwig	392	Gögelein, Carl	343
Gleichen-Rußwurm, Georg Heinrich Adalb. v.	134. 151	— Lorenz	467
		Göhl, Gottlieb v.	464
— — Heinrich Ludwig Frhr. v.	163	Göbler, Alois	385
		Göhring, Albert	405
Gleifenstein, Michael	307	— Heinrich	347
Gleitsmann, Franz Xav. Wilhelm	344	Gölz, Jacob	262
		Gönner, Carl v.	273
— Georg	305	— Emma v.	448
— Jacob	306	— Michael v.	18. 27. 50. 98. 121. 249
— Joseph Andreas	286		
Gleubler, Johann Barthol.	380	Göppert, H. R.	86. 418
Glink, Joseph	404	Göritz, Hugo v.	269
Glock, Heinrich	354	Görz, Georg	223
Glockner, Heinrich	249	— Ludwig	345
Glöckle, Wilhelm	314	Goes, Carl	115. 121
Glonner, Peter	385	— Carl Friedrich	330
Glück, Dr. Christian	50	— Gottfried	97. 275
— Friedrich	288	— Gustav	351
— Ludwig	262	Göschel, Dr. med.	475
— Wilhelm	422	Göß, Ludwig	241
Gmainer, Franz v.	65. 108. 112. 114. 123. 156. 176. 253.	Götschmann	89
		Göttler, Sebastian	210
Gmelner, Alois	304	Göttling, Carl Wilhelm	414
— Michael	333	Göttner, Joseph	292
Gmeinwieser, Anton	331	Götz, Carl	128
Gobel, Max Joseph Frhr. v.	160	— Christian	37
Goblet d'Alviella, Graf	67	— Conrad	388
Gobdäus, Eduard v.	71	— Franz Jacob	286
Gobin, Bernh. Fr. Gottfr. Frhr. v.	22. 44. 97. 119. 150	— Friedrich	386
		— Dr. Georg Joseph	49. 372. 406
— Ludwig Frhr. v.	115. 124. 126. 156	— Johann	348
Gobron, August	325	— Johann, Rentbeamter	312
Goeb Carl v.	23. 45. 101. 118. 133	— Joh., Poststallmeister	227
		— Johann Adam	329
Göbel, C.	455	— Max	329
— Carl	380	— Remigius	312
— Ferdinand	383	— Dr. Thomas	398
Göbl, Ludwig	483	— Wilhelm	307
Göben, Dr. Adam	88	Götzell, Ferdinand August	383
		Götzelmann, Ferdinand	375

Göpinger, Simon	293
Gößl, Ignaz	356
— Wilhelm	222
Golch, Dr. Carl	55. 108
Gold, Georg	329
Goldmaier, Philipp	314
Goll, Martin	379
Gollwitzer, Johann	328
Golz, Frhr. von der	71
Gombart, Conrad	219
— Ludwig v.	23
—. Rudolph	121. 143
Gonella, Matthäus Eustachius	196
Gonnart	78
Gortschakoff, Andr. Fürst	10
Gorup-Besanez, Eugen Frhr. v.	204. 442. 444. 446
Gossinger, Franz	310
Goßinger, Nepomuk	229
Goßmann, Eduard	211
Gosner, Dr. Joseph Anton	357
Gottfried, Wilhelm	374
Gottgetreu, Rudolph	452
Gotthard, Joseph	342
Gottschalk, Dr. Lorenz	375
Goubau, Joseph	171
Goy, Dr. Johann Joseph	381
— Dr. Michael Eugen	382
Grabe	86
Gräberg	33
Grabner, Ludwig	337
— Max	390
Graccho, Elise bi	454
Gradl, Edmund	282. 361
Gradler, Peter	404
Gräfe, Dr. A. v.	84
Gräff, Johann Nepomuk	248
— Joseph	202
— Wilibald	172
Grähmel, Georg	407
Gränzer, Heinrich August	352
— J. Fr.	353
Gräsmann, Max v.	335
Graf, Albert	229
—. Anton	308
— Dr. Carl v.	24. 45. 102. 112. 126. 133. 203
— Ferdinand	312
— Franz	50. 238
— Franz Xav., Landrichter	393
— Franz Xaver	401
— Friedrich	324
— Dr. Friedrich Christian	381
— Gustav	375
— Johann Baptist v.	24. 43. 102. 132. 207
— Johann Bartholomäus	342
— Ludwig	103. 107. 127. 138. 341
— Paul	209
— Sebastian	332
— Ulrich	213
— Vitus	59. 457
Grafenberger, Michael	277
— Wilhelm	352
Grafenstein, Georg v.	162
— Max v.	161
Graff, Jacob	399
Graffenried-Villars, Friedrich Frhr. v.	152
Graham, Thomas	417
Grahamer, Corbinian	202
Grainger, Eduard Frhr. v.	159
— Franzisca Freifrau v.	175
— Robert Frhr. v.	27. 56. 150. 280
— Walter Frhr. v.	27. 46. 113. 116. 118. 119. 150. 280
Gramberger, Jacob	303
Grammer, Johann Nep.	328
Graney, Frhr. v.	28

34

Grandauer, Cajetan 222
Grandpair, Franz 315. 327
Granville, Dr. August Bozzo 76
Grasberger, Dr. Lorenz 438. 439. 478
Graser, Franz 207
— Friedrich 112
— Johann 399
Grasshey, Heinrich 314
Grasser, Johann Georg 237
Grattenthaler, Valentin 215
Graß, Alois 405
— Dr. Lorenz 59. 389. 405
Graßl, Michael 164
Graßmüller, P. Hieronymus 488
Grau, Christian 361
— Nicolaus 320
Gravenreuth, Casimir Frhr. v. 158. 263
— Casimir Graf v. 16. 105. 151
— Max. Joseph Graf v. 151. 187
Greb, Carl 260
— Leo 374
Grebenau, Heinrich 327
Grebert, Carl 385
Grebiner, Wilhelm v. 344
Greif, Benedict 484
— Carl 286
Greifzu, Caspar 213
Greil, Clem. 337
— Franz Xaver 456
— Joseph 405
Greinl, Joseph 329
Greiner, Friedrich 357
— Wilhelm 361
— Wilhelm Carl Ludwig v. 24. 47. 96. 342
Greppi, Dr. Joseph v. 77
Gresbach, Joseph 177

Gresbeck, Eduard 204
— Friedrich 209
— Vinzenz 288
Gresser, Franz v. 27. 53. 371
— Johann 467
— Joseph 331
Gressot, Baron 17
Gretler, Joseph Anton 395
Gribius, Georg 463
Griebl, Simon 313
Griechenland, Otto I., König von 2. 7. 268
Grief, Valentin 325
Gries, Peter 61. 340. 341
Grieser, Georg 396
Grieshammer, Herm. 56. 131. 208
Griesheim, v. 70
Griesmayer, Carl Wilh. 54. 370
— Wilhelm 369
Griessenbeck, Max Frhr. v. 233
Griesshammer, Andreas 350
Griessmayer, Joh. Bapt. 400
Grill, Joh. Wilh. 361
— Moritz 171
— Paul 96
Grillenberger, Joh. Bapt. 405
Grillparzer, Dr. Franz 80. 91
Grimaud, Max Jos. Friedrich Carl v., Graf v. Orsay 99
Grimm, Dr. 74
— Adalbert 228
— Georg Anton 377
— Heinrich 353
— Jacob 90. 414
— Dr. Joseph 464
— Peter 54. 400
— Philipp 401
Grimmeisen, Ludwig 325
Grimmel, Julius v. 270
Grimsgaard 86

Griot, Max	405
Grisebach, August Heinrich Rudolph	418
Grobben Wilhelm	386
Grob Wilhelm	386
Gröben, Graf v. der, General d. Cav.	30
— Graf v. der, Kämmerer	35
— Georg Graf v. der	37. 78
Gröbl, Joseph	93
Gröschel, Rudolph	398
Groh, Dr. Johann August	397
Grohé, Melchior	60. 310
Groll, Dr. Georg	310
Gromeder, Christian	366
Gronsfeld, Friedrich Graf v.	74
Groote, Georg Esq.	419
Gropper, Ludwig v.	57. 248
Grosch, Carl Hubert	46. 96
— Julius	330
Groß August	404
— Friedr. Ernst Ludwig	319
— Peter	440
— Theodor	343
— Wolfgang	466
— v. Trockau, Anselm Friedr. Frhr. v.	99
Großhauser, Joh. Bapt.	290
Großmann, Heinrich Carl	474
— Joh. Georg	467. 471
— Wilh. Joh. Adam	469
Großschedel, Joseph Frhr. v.	109. 141. 158. 254
Grote, August Graf v.	79
Gruber, Adolph	143
— Carl	167
— Carl, Handelsger.=Assessor	330
— Dr. Georg	335
— Johann	237
— Joseph	336
— Michael	304
Grün, Carl	391
Grünbaum, Martin	279
Grünberger, Max	291
— Michael	49
Grühbler, Otto	352
Grünewald, Carl	216
— Max	174
Grünler, Carl	50
— Julius Heinrich	73
Grünne, Carl Graf v.	29
Grützmann, Adolph	85
Grund, Julius	82
Grundherr, Carl v.	130
— Friedrich Carl Alexander v.	201
— Georg Wilh. Carl Friedrich v.	161. 200
— Joh. Carl Ferd. v.	356
— Sigm. v.	103. 273
Grundler, Joseph	388
— Ferdinand v.	262
— Ludwig	215
Grundner, Georg Ritter v.	62. 294
Gruner, Friedrich Wilh.	396
Grunert, Johann August	416
Gscheider, Georg	312
Gschwendner, Alois	287
Gschwendtner, Thomas	454
Gudden, Dr. Bernhard	383
Guerra, Joh. Bapt. Graf v.	72
Gümbel, Ernst	326
— Wilhelm	209. 413
Günder, Johann Gottfried	468
Günderode, Max Frhr. v.	103. 128. 155
— Maximilian Frhr. v.	159
Gündling, Peter	240
Gündter, Joseph	426
Günther, Ferdinand Eugen Benedict	316

34*

Günther, Franz Ludwig	463	Gumppenberg-Pöttmes Joseph Maria Frhr. v.	60. 127. 142. 151. 389
— Friedr. Wilhelm	60. 316		
— Georg, p. Rittmeister	140	— = Pöttmes, Adolph Eberhard Frhr. v.	13. 26. 58. 125. 152. 187
— Georg	329		
— Johann Baptist	112		
— Joseph	305	Gundermann, Joseph	249
— Max	332	Gunkel, Joseph	454
Günzler, Georg Mich.	367	Gutberlet, Georg Anton	385
Gürsching, Heinrich	484	Gutenäcker, Anton	422
Gürster, Joseph	333	— Dr. Joseph	58
Gußregen, Carl	468	Güth, Melchior	231
— Thomas	357	Guthy, Max Joseph	245
Güth, Georg Friedrich	375	Gutmahr, Leopold	277
Guffens, G.	425	Gutschneider, Bernhard	357
Gugel, Friedrich	320	— Carl	390
— Georg	47. 317	— Joseph	57. 205
— Wilhelm	323	— Max v.	21. 42. 118. 327
Guggenberger, Vinzenz	212	Guttenberg, Albert Frhr. v.	120. 157
Guggenbühl, Dr. J.	84		
Guimbel, Friedrich Christian	324	— Amand Joseph Frhr. v. u. zu	152
Guizot, Akademiker	414	— Carl Frhr. v.	158
Gulden, Heinrich	232	— Christoph Frhr. v.	97. 149
Gumbart, Heinrich	234	— Friedrich Carl Frhr. v.	161
Gumini, Friedrich	321	— Guido Frhr. v.	158
— Dr. Friedrich Caspar	365	— Hermann Frhr. v. u. zu	14. 153. 282
Gumposch, Michael	236		
Gumppenberg = Bayerbach, Alois Frhr. v.	149	— Phil. Frhr. v.	149
— — Carl Frhr. v.	158. 287	— Wilhelm Frhr. v.	94. 150
— — Carl Anselm Frhr. v.	20. 41. 150. 185	Guyon, Dr. J. L. G.	83. 415
		Gwinner, Georg	80. 194
— — Ludwig Albert Frhr. v.	62. 158. 371	Gyßling, Franz	325
		— Otto	325
— Ludwig Frhr. v., Landwehr-Oberstl.	159		
— Ludwig Frhr. v.	102. 110. 120. 269	**H.**	
		Haag, Georg Adam	474
— Maximilian Frhr. v.	248. 255	— Ludwig	65. 222
		— Philipp	334
		Haagn, Michael	329
— Rudolph Frhr. v.	275	Haas, Caspar Valentin	345
		— Ernst	319
— Maximilian Frhr. v.	156	— Franz Xaver	182

Haas, Friedrich	327	Hämerl, Max	306
— Georg	469	Hähle, Leo	292
— Georg Simon	403	Hänlein, August Friedrich	49
— Joseph	481	— Friedrich 53. 110. 127. 226.	
— Martin	400	— Friedrich, Zollinspector	237
— Max	229	Häring, August	328
— Richard	460	— Friedrich	273
Haaso, Franz Joseph	305	— Heinrich 64. 258. 274	
Haaß, Carl	233	— Joseph	450
Habermaier, Wilhelm	370	Härtinger, Dr. Martin	168
Habermann, Hugo Frhr. v.	166	Härtl, Ludwig	313
— Joh. Nicolaus	360	Häusler, August	84
— Philipp	325	Häuslmayr, Dr. Joh. Bapt.	295
Habersbrunner, Joh. Nepom.	304	Häusset, Dr. Ludwig	419
Haberstumpf, Wilhelm	45	Häutle, Christian	205
Habler, Georg	315	Häffenbrädl, Alois Frhr. v.	390
Hack, Georg Joseph	244	Häffner	67
Hackel, Christian	378	— Carl	399
Hacker, Friedrich	392	Hafner, Joseph	222
— Hermann	392	Hagedorn, Clamor Friedr. 78. 194	
— Hermann, Schreiber	360	Hagen	476
— Johann Michael	362	— v.	18
Hackländer, Wilhelm v.	82	— Anton	170
Haber, Andreas	330	— Carl Anton	337
Hadik von Juták, Bela Graf v.	36	— Dr. Fr. August	364
Häber, Michael	148	— Dr. Friedr. Wilh. 367. 444. 446	
Häberl, Emanuel	208	— Gustav	336
Häberle, Benedict	400	— von Hagenfels, Erhard Christ.	45
Häberlein, Heinrich	366	Hagenauer, Alois	291
Häckel, Bernhard	370	Hagens, Alexander v. 22. 107. 111. 119. 140. 153. 250. 277. 278	
Häcker, Philipp	376	— Caspar v. 50. 111. 113. 254. 261	
Häckl, Alois	308	— Ludwig v. 156. 356	
— Julius Friedrich	356	Häger, Heinrich	344
Häffner, Christian	334	Hagler, Hieronymus	334
— Friedrich Christ. Ernst	395	Hahn, v.	30
— Friedrich	354	— Adam	379
Häffner, Gottlieb	339	— Carl	246
Häfner, Carl	353	— Emanuel	71
— Christian	354		
Hähnlein, Dr. Jos. Andreas	436		
Hähnrl, Ernst 88. 92.	424		
Hälmeyer, Franz	407		

Hahn, Georg	301
— Georg, Lehrer	461
— Johann Carl	211
Hahnemann, Carl	279
Haid, Georg	66
— Joh. Paul	487
— Xaver	274
Haider, Friedrich	48. 98. 371
	372
— Friedrich, Assessor	380
— Max	167
Halbinger, Wilh. Carl	91. 418
Hall, Johann	400
Hailbronner, Carl v.	24. 94. 105.
	111. 117. 119. 133
Hailer, Ludwig	209
— Rudolph	168
Hain, Julius	245
Haindl, Ernst	227
— Eugen	289
— Franz Xaver, Assessor	305
— Franz Xaver v., Ober-Münzmeister	25. 47. 114. 119. 127. 134. 135. 142. 142. 215
— Fr. Xav., Salinen-Bau-Beamter	211
Haitinger, Max	142. 397
Hake, Joh. v.	26. 51. 95. 113
Halbig, Joseph	49. 121. 452
Halder, Korbinian	272
Halenke, Jacob	304
Haller, Alphons	268
— Dr. Joseph	53
— Sigmund v.	366
— Dr. Simon v.	23. 42
— von Hallerstein, Friedrich Frhr. v.	370
— Joh. Sigmund Carl Frhr. v.	52. 366
Halm, Dr. Carl	55. 410. 422. 428. 433
— Ludwig	304

Hamann, Samuel Friedrich	346
Hamberger, Dr. Jul. Wilh.	57. 166. 452
Hamburger	74
Hammelbacher, Michael	375
Hammer, Anton Ritter v.	71
— Johann	83
— Wilhelm	358
Hammerschmidt, Moriz	369
Hammersdorf, Philipp	319
Hammon, Dr. Christoph	487
Hamosch, Franz	180
Hanauer, Eduard	328
— Dr. Georg	464
— Jacob	229
Handel, Julius Anton Frhr. v.	80
— Franz v.	157
— Heinrich Frhr. v.	32
— Maximilian Frhr. v.	68
Handschuch, Friedrich	442. 445. 447
— Dr. Carl	358
— Wilhelm	486
Haneberg, Dr. Bonifaz	47. 410. 427. 429
Hanecker, Anton	448
Hanenberg, Joh. Leonhard	229
Hanfstängl, Franz	115. 117. 124. 136. 140
Hänkel, Dr. Wilhelm Gottlieb	416
Hann, Jacob	333
Hannes, Ludwig	217
Hannitz, Dr. August	109
Hannover, Georg V., König v.	8
Hannwacker, Georg	478
— Philipp	484
Hanslmaier, Joseph	297
Hansen	79
— Peter Andreas	415
Hanser, Anton	125. 252. 259
Hansteen, Christoph	416

Hanus, Wilhelm	326	Hartmann, Friedrich	479
Haren, Fr. Xav. v.	22. 93	— Gustav	319
Harhammer, Max	303. 311	— Hermann, Ritter v.	120.
Harlander, Hugo	286		128. 139
— Hippolyt	254	— Jac. Ritter v.	24. 43. 104.
— Julius	373	106. 110. 113. 118. 119.	
— Moriz	294	126. 130. 241. 250. 261	
— Otto	288	— Jacob	388
Harles, Hermann	474	— Johann Bapt.	213
Harleß, Dr. Adolph v.	24. 43.	— Joseph	334
	133. 187. 408	— Joseph, Schreiber	308
Harlen, Dr. Georg	417	— Julius Immanuel	343
Harnack, Dr. Theodosius	441.	— Peter	171
	443. 445	— Richard	82
Harnier, Dr. Hermann	73	— Valentin	94. 105
Harold, Adalbert Frhr. v.	162.	Hartner, Wolfgang	353
	294	Hattnig, Georg	223
— Edgar Frhr v.	139. 162	Hartwein, Peter	336
— Edmund Frhr. v.	202	Hartwich, Jac. Ferd.	219
Harrach, Franz Ernst Graf		Hartwig, Dr. Albr. Hartmann	473
v.	30	— Franz	170
— Ludwig	267	Harz, Heinr. v.	209
Harrer, Anton	303	Hase, Carl Benedict	414
— Christian	366	— Dr. Carl Fr. Ant.	321
— Ludwig	479	Haselwander, Dr. Jac. Jos.	327.
Harsdorf, Alexander Frhr. v.	357		328
— Friedr. Frhr. v.	161. 362	Hafenberger, Anton	299
Harter, Franz	452	Hasler, Georg	53. 207
Hartig, Edmund Graf v.	30	Hasselholdt-Stockheim, Gu-	
— Joseph	376	stav Frhr. v.	122. 128
Hartl, Moriz	86	Hassenwein, Heinrich	81
Hartlieb, Carl Ed. v.	47. 160.	Hassinger, Franz, Edler v.	85
	364. 367	Haßold, Dr. Eduard	56. 208
— Friedr. v.	391	Häftl, Leonhard	332
Hartmann	33	Hastreiter, Dr. Mich.	45. 126.
— Thomas, Ritter v.	76		132. 136. 181
— Anton	314	Haßipetros, Euthymios	87
— August	218	Haßiskos, Dimitrius	71
— Bernh.	169	Haubenschmied, Ferd.	200
— Dr. Carl	397	Haubenstricker, Gottfried	366
— Carl, Lehrer	453		
— Franz Seraph	291		

Hauber, Dr. Benedict	311
— Franz Ludwig	326
— Friedrich	57
— Georg	358
Hauck, August	288
— Carl	381
— Ernst Christian	357
— J.	477
— Joh. Wilhelm	353
— Kilian	53. 380
— Thomas	380
— Wilhelm	332
Hauenstein, Heinrich	233
Hauer, Friedrich Alois Georg	348
— Dr. Mathias	258
Hauerwaas, Conrad	387
— Valentin	388
— Wendelin	396
Haugk, Ernst	232
— Joseph Ludwig	368
Hauner, Dr. August	64. 431
— Georg Anton	289
Haunold, August	343
Haunreiter, Johann Nep.	288
Haupt, Dr. Andreas, Inspector	468. 471
— Andreas v.	344
— Moritz	414
Hauptmann, Adam	334
— Carl	242
— Dr. Moriz	92
Haus, Dr. Conrad v.	25. 47. 388. 389
— Johann Anton	374
— Ludwig	376
— Reinhard	78
Hauser, Andreas	427
— Franz	64. 447
— Franz, Secretär	306
— Friedrich Joseph	335
— Georg Adam	487
— Joh. Adam	474
— Lorenz	290
— Theodor	373
Haushalter, Ludwig	241
Hausinger, Franz Xav.	291
Hauslab, Franz, Ritter v.	70
Hausladen, Max Ludwig	335
Hausmann, Bernhard	82
— Carl Friedrich	366
— Max	292
— Otto	273
Haußer, Johann	371
Haußmann, Baron	31
Hautsch, Georg	403
— Johann Peter	360
Hayd, Dr. Herenäus	420
Hayder, Anton	353
— Joseph	339
Hayes, Carl	334
Haysdorff, Carl Anton v.	224
Hazinger, Joseph	94
Hazel, Eduard	354
Hebbel, Friedrich	92
Hebberling, Joseph	268
— Maximilian	276
Hebendanz, Martin	306
Hecht, Carl Alexander	317
— Georg Joh.	59. 302
Hechtel, Christoph	385
— Norbert	115
Heckel, J.	488
— Joseph v.	123. 139. 287
— Max v.	255
Heckenberger, Christoph Wilh.	342
Heckenlauer, Ferdinand	371
Heckenstaller, Carl	309
Hecker, Dr. Wilhelm Friedrich	
Carl	65. 431. 435. 455
Hedenius, Ferdinand	373
Heeg, Georg v.	356
— Joh. Bapt. v.	105
Heelein, Michael	234
Heerwagen, Carl	341
— Christian Otto	52. 243. 244
— Dr. Heinrich	473
— Wilhelm	244

Hefele, Johann	173
Heffels, Eduard	329
— Rudolph v.	281
Heffner, Carl	282
— Dr. Ludwig	382
Hefner, Ferdinand	123
— = Alteneck, Dr. Jacob Heinrich v.	58. 114. 127. 134. 413. 426
Hegel, Dr. Carl	419. 442. 444.
— Heinrich Christ. Carl	359
Hegnauer, Ignaz	169
Hegnenberg = Dux, Friedrich Graf v.	152
— — Lothar Graf v.	166
Heid, Anton	308
Heide, Simon	395
Heidegger, Christian	469
Heideloff, Carl Al.	45. 103. 124. 133. 135
Heidemann, Joh. Bapt.	215
Heidenreich, August	105
— Johann Baptist	121
— Christian Wilhelm	347
Heidinger, Xaver	297
Heidner, Conrad	482
Heigel, Helena	168
Heigl, Friedrich	289
— Dr. Fr. Ant. v.	26. 44. 390
— Joseph	330
Heil, Hugo	347
Heiligenstein, Anton v.	162
— Conrad v.	288
Heilmaier, Franz	205
— Dr. Mathias	296
Heilmann, Johann	109. 114. 127. 137. 255. 413
Helm, Friedr. Anton Ludwig	357
— Gustav	202
— Philipp	137
— Wilhelm	369
Heimerdinger, Carl	85
Heimsoet, Dr.	75
Hein, Andreas	165
Heindl, Dr. Aug.	398
— Clemens	402
— Conrad	402
— Georg	303
— Joseph	312
— Max	232
Heine, Dr. August Heinrich	78
— Dr. Joseph	60. 315. 316
Heinemann, Carl	194
Heininger = Eriswyl, Eduard Graf v.	79
Heinisch, Gg. Friedr.	470
Heinlein,	341
— Heinrich	52. 424
Heinleth, Adolph	255
— Fr. Alex. v.	287
Heinrich, Albrecht	351
— Conrad	54
— Rudolph	394
— Samuel	168. 171
Heinrichmaier, Max	299
Heinz, v.	81
— Theodor	245
Heinzelmann, Eduard	66
— Dr. Joh. Georg	63. 199
Heintz, Dr. Carl Friedrich v.	21. 41. 185. 187. 199
— Jacob Christ.	324
— Otto	319
Heiß, Dr. Andreas	311
— Franz Paul	300
— Johann Baptist	450
— Joseph	167
— Ludwig	324
— Maximilian	48. 394
Heißer, Carl	177
Heitgen, Carl	422
Helbling, Franz Paul	300
— Ludwig	279

Held, Anton 325
— Anton, Lehrer 473
— Carl 169
— Franz Nicolaus 325
— Dr. Friedrich 453
— Dr. Johann Christ. 49. 341. 415. 467. 469
— Dr. Joseph 58. 436. 438
— Joseph, Revierförster 314
— Ludwig 169
— Otto 249
— Dr. Philipp 287
Heldmann, Anton v. 333
— Franz Paul 361
Heldrich, Carl Philipp 48. 381
— Friedrich 64. 341
— Georg Michael 356
Helferich, Carl 58
Helfreich, Friedrich 60
— Friedrich, Oberstaatsanwalt 373
— Max 212
Hell, Dr. Joseph 58. 295
Hellberg, Christian 363
— Georg 385
— Heinrich 356
— Joseph 384
Helldobler, Ferdinand 422
Heller, Carl 312
— Carl Revierförster 172. 300
— Carl, Lehrer 475
— Catharina 168
— Georg 147
— Johann Jacob 133
— Joseph 165
— Rudolph 214
Hellersberg, Eugen v. 291
— Max v. 313
Hellerich, Johann Ernst 346
Hellmaier, Joseph 455. 456
Hellmann, Joseph Maria 344

Hellmuth, Anton 312
— Carl 222
— Alex. 294
— Dr. Clemens 200
— Nicolaus 268
Helmes, Georg 286
Helmholz, Heinrich 418
Helminger, Hermann 84
Helmsquer, August 477
Helmschwert Wilh. Burkart v. 73
Helmstatt, Carl Graf v. 152
Helmstätter, Carl 326
— Heinrich 403
Hemensperger, Heinrich 461
Hemmer, Erhard 182
— Max 65
Hemmerich, Joh. Georg 372
Hendrich, Adolph 212
Henggi, Carl August 305
Henin, Michael Ritter v. 150
Henke, Dr. Michael 381
— Wilhelm 386
Henkel, Carl, Peter 239
— Dr. Nicolaus 295
Henko, Georg 333
Henle, Jacob 91. 417
Henne, Adolph 396. 399
Henneberger, Max Ludwig 307
Henner, Georg 63. 371
Hennikstein, Alfred Ritter v. 73
Henning, Franz 472
Henninger, Georg 337
Henry, Joseph 416
Henschel, Samson 366
Henselt, Eduard 301
Hensler, Joseph 291
Hensold, Johann Christian 473
Hepp, Dr. Carl Ferdinand 349
— Ludwig 339
Herb, Dr. Johann Baptist 404
— Joseph 211
Herberger, Dr. Wilhelm 321
— Theodor 420

Herbert, Anton 237
— Franz 378
Herbst, Feodor 228
— Georg 61
— Johann August 67. 167
— Wilhelm 395
Herd, Dr. Friedrich 406
— Joseph 182
Herdegen, Friedrich Carl Alexander 201
— Maximilian 57. 273
— Moritz 47
Hereth, Dr. Adam 98
Herfeld, Joseph 317
Herfeldt, Franz 378
Hergenröther, Joseph 435. 436
Herigoyen, Carl de 62. 109 209
Hering, Eduard 247
— Friedrich 241
Herkoven de Varent, Vicomte J. R. L. 35
Herman, Benjamin v. 26. 97. 251. 260
— Hugo Frhr. v. 60. 138. 155. 208
— Otto Frhr. v. 157. 287
Hermann, Dr. Albrecht 290
— Alexander 239
— Alois v. 26. 48. 284
— Dr. Friedrich Benedict Wilhelm v. 21. 42. 90. 103. 104. 118. 119. 133. 133. 142. 185. 221. 411. 429
— Carl 424
— Friedrich 61. 328
— Ludwig 329
— Rudolph 214
— Ulysses Frhr. v. 158
Herold, Albin 376
— Alois 308
— Friedrich 351
— Dr. Friedrich, Professor 473

Herold, Dr. Friedrich 322
— Gottfried 473
— Gottlieb 376
— Wilhelm 286
Herrbach, Johann 362
Hergott, Adolph 228
Herrich-Schäffer, Dr. August 418
Herrlein, Adalbert v. 384
— Anton 312
— Gustav v. 378
Herrmann, August 171
— Georg 314
— Georg, Assessor 306
— Gregor 239
— Heinrich 233
— Hermann 53. 136. 221
— Johann Michael 342
— Johann Peter 58. 97. 329
— Johann Wilhelm 222
— Joseph 339
— Leonhard 379
— Dr. Ludwig 109
— Ludwig 359
Herrnböckh, C. v. 470
Herschel, Sir J. F. W. 415
Hertel, Albert 66. 399
— Carl Friedrich 390
— Georg 95. 121. 251. 265
Hertel, Dr. Johann Georg 389
Herter, Benedict 47. 107. 275
Hertle, Johann 307
Hertlein, Ludwig 271
Hertling, Ignaz Frhr. v. 62. 160
— Johann Frhr. v. 258
— Joseph Frhr. v. 61. 152. 308
— Philipp, Frhr. v. 159
Hertter, Carl 303
Herwig, Carl Justus 219
— Christoph Julius 242

Herz, Carl 287
— Franz 170
— Dr. Jacob, Profector 444. 446
— Jacob Wilhelm 210
— Dr. Johann 79
— Dr. Johann Baptist 63
— Dr. Wilhelm v. 434
Herzer, Friedrich 347
Herzing, Franz Peter 228
— Philipp 387
— Friedrich 234
Herzinger, Ignaz 51. 350
— Max 299
Herzog, Johann Christoph 462
— Dr. Johann Georg 445. 447
— Dr. Johann Jacob 442. 443
— Martin 378
— Max 243
— Dr. Paul 381
Herzogenrath, Friedrich 470
Heß, Alois 308
— Bernhard v. 29. 44. 106. 111. 125. 133. 136. 250. 276
— Carl 72
— Christian Philipp 342
— Heinrich Frhr. v. 29. 67
— Johann Michael 485. 487
— Peter v. 27. 44. 91. 103. 126. 131. 132. 423. 425
— Richard 313
— Wilhelm 481
— Wilhelm, Rechnungs-Commissär 342
Hesse 87
— Andreas Wilhelm v. 77
— Gottwald Ludwig 193
— Joseph 353
— L. F. 86
Hessel, August 360
Hessen, Alexander Prinz von 10
— Carl Prinz von 10

Hessen, Friedrich Wilhelm I., Churfürst von 8
— Ludwig, Großherzog von 8. 266
— -Homburg, Ferdinand, Landgraf v. 8
Heßler, Dr. Franz 296. 415
— Franz 374
— Joseph 376
Heßling, Dr. Theodor v. 431
Hetsch, Gustav 424
Hettele, Carl 169
— Peter 169
Hettersdorf, Georg Carl Frhr. v. 23. 95. 118. 153
Hettich, Carl 334
Hettig, Lorenz 229
Hettinger, Dr. Franz 435. 436. 437
Hetzel, Julius 358
Hetzendorf, Franz v. 93. 105
Heuber, Otto 394
Heufelder, Martin 48. 96. 405
Heumann, Eugen 455
— Michael 462
Heunisch, Carl 232
— Franz Joseph 51. 97. 122. 134. 228
— Gustav 232
— Ignaz 54. 469
Heusinger, Dr. Carl Friedrich 79
— Johann 378
Heusler, Dr. Franz Joseph 321
— Ludwig v. 118. 119. 138. 168. 182. 272
Heuß auf Trinkelsberg, Friedrich v. 400
Heußler, Ludwig 339
Heuthaler, Franz Joseph 344
Heyberger, Jos. 103. 122. 128
Heyde, Friedrich 342
— Friedr. Christian Wilh. Heinrich 347

Heydenaber, Heinrich v.	157
— Traugott v.	109. 114
Heydenreich, Dr.	83
Heyder, Carl Albert v.	338
— Dr. Carl	441. 442. 444. 445. 447
— Johann	293
— Ulrich v.	352
— Wilhelm v.	342
Heydmann, Georg Fr. A. J.	328
Heydolph, Joseph	390
Heydrich, Friedrich	373
Heydte, Otto Frhr. v. der	363
Heyeck, Andreas	312
Heyfelder, Dr. Johann Friedrich	126. 128. 131
— Dr. Oscar	122
Heyl, August	268
Heym, Franz Alois	369
Heymüller, Wilhelm	372
Heyse, Paul	64
Hibl, Hermann	306
Hieber, Carl jun.	169
— Carl sen.	169
— Michael	168. 169
— Ulrich	145
Hiebl, Hermann	308
Hiemer, Carl	400
— Nepomuk	272
Hierl, Alois	288
Hierl, Dr. Joh. Eduard	98. 432. 452
Hiermer, Franz Xaver	345
Hierneiß, Anton	223
— Dr. Carl v.	25. 48
Hilber, Norbert	313
Hildebrand, Dr. Simon	397
Hildebrandt, Adolph v.	80
— Eduard	88
Hildenbrand, Dr. Carl	436. 438.
— Ludwig, Actnar	293
Hiller, Ferdinand	92
— Franz	218. 222
Hilgard, Gustav	50. 200
Hilger, Dr. Albert	439
— Ludwig	62. 323
— Franz Alois	343
— Martin	262
Hillmayer, Dr. Joseph	310
Hilpert, Emil	368
Hiltebrandt, Ludwig	322
Hiltensperger, Georg	423
— Joh. Math.	484
Hiltner, Balthasar	329
— Joseph	200
— Michael	310
Hilz, Anton	312
— Johann	312
Himmelstein, Dr. Frz. Xav.	372. 406
Himmelstoß, Friedrich	248. 271
Hindernacht, Dr. Philipp	382
Hinterhuber, Anton	58. 328. 465
Hintermayer, Anton	399
Hintermeyer, Carl Friedrich	208
Hipp, Joseph	373
Hippolity, Joseph v.	149
Hirner, Franz Xaver	449
Hirsch, Albert v.	65
— Eduard	386
— Johann Michael	207
— Joseph v.,	61. 140. 198
Hirsch, Moritz v.	198
Hirschberg, Bernhard Frhr. v.	359
— Ernst Frhr. v.	151
— Hermann Graf v.	58. 152. 281
Hirschberger, Joseph	51
Hirschfeld, Adalbert v.	243
Hißmann, Andreas	324
Histius, Wilhelm	249

Hieth, Michael	347
Hirzinger, Nicolaus	235
Hittorf, Jacob Ignaz	73. 423
Hitz, Johannes	476
Hitzfeld, Friedrich Conrad	317
Hitzig	92
Hoch, P. Gallus	451
— Jacob	373
— Michael Anton	109. 388
Hocheder, Carl	363
— Wolfgang Joseph	61. 479
Hochenegger, Raimund	392
Hochstetter, Dr. F.	418
Hock, Dr. Carl Frhr. v.	32
Hoberlein, Franz	354
Höch, Gottfried	80
Höchel, Georg Friedrich	337
Höchstetter, Christian	232
— Chr. Heinrich	363
— Julius	210
Höfele, Dr. Joh. Bapt.	355
Höfer, P. Augustin	459
— P. Gregor	61. 450
— Johann Georg	477
Höfl, Carl	202. 204
— Carl August	52. 395
Höfler, Dr. Constantin	419
— Edmund	266
— Dr. Gustav	62. 123. 136. 296
Höflich, Dr. Johann Carl Sigmund	349
— Paul	239
Höfling, Heinr. Paul August	360
— Dr. Philipp	373
Höflinger, Jacob	306
Högel, P. Bernhard	457
Högele, Eduard	113. 266
Höger, Dr. August	398
— Franz Christian	455
Höggenstaller, Udalbert	269
— Joh. Nep.	105
Höher, Joseph	239
Höhl, Christoph	395
— Friedrich	328
— Gottfried	341
Hölderlin, Dr. David	94
Höllbobler, Joseph	231
Hölldorfer, Carl	350
Hölzlmayer, Anton	164
Hölz, Carl	182
— Wilhelm	201
Hölzl, Joseph	259
Hönig, Max	64. 300
Hönigsberg, Dr. Benedict Edler v.	88
Höpfl, Johann Baptist	352
Höppel, Joh. Chr. G.	390
Hörburger, Joseph	399
Hörger, Michael	390
Hörmann, Christian Gottlieb	344
— David	373
— Eduard v.	359
— Goswin	200. 201
— Joseph	339
— Max v.	212
— Wilhelm	287
Hörmann v. Hörbach, Ludwig v.	163
— — Winfried v.	371
Hösslin, Edmund v.	234
Höß, Karl	258
— Johann Baptist	291
— Joseph	207
— Max	303
Hößle, Dr. Marquard v.	397
Hößlin, Moritz v.	246. 271
— Wilhelm v.	360
Hößlinger, Felix	268
— Leopold	267
Höven, J. van der	417
Hofacker, Philipp	395
Hofer, Andreas	307
— Dr. Andreas	311

Hofer, Dr., Dominicus 203. 246. 432
— Fr. Wilh., 63. 127. 181
Hoffmann, Dr. Carl, Medizinal-Rath 47. 302. 303
— Dr. Carl, Prof. 456
— Franz 171
— Dr. Franz, 56. 414. 437
— Friedrich 354
— Dr. Friedrich 365
— Georg 468
— Hermann 385
— Dr. Joh. Jos. Ignaz v. 25. 46. 95
— Johann Leonhard 468
— Joseph 441
— Leonhard 351
— Lorenz 389
— Mathias 174
— Dr. Robert 55
— Wendelin 231
Hoffmeister, Johann 395
— Nicolaus Julius 346
Hoffnaß, Ferdinand v. 214
Hoffschmid de Resteigne, Constantin d' 68
Hofherr, Valentin 325
Hofneder, Joseph 287
Hofinger, Adam 317
Hofmann, A. W. 417
— Adam 482
— Adolph 240
— August 387
— Augustin 346
— Carl, Appell.-Ger.-Rath 317
— Carl, Assessor 306
— Carl, Forstmeister 98. 387
— Carl, Appell.-Gerichts-Rath 373
— Carl Joseph 353
— Carl, Verwalter 213
— Carl, Lehrer 474
— Dr. Carl Ludwig 472

Hofmann, Conrad 374
— Dr. Conrad 410. 433
— Christian 387
— Edmund 343. 344
— Friedrich, Assessor 373
— Friedrich, Prof. 468
— Friedrich Carl, 324
— Georg 385
— Georg, q. Rentb. 56
— Georg Friedrich 402
— Heinrich 51
— Johann, Bezirks-Com. 293
— Johann, Dom-Vicar 406
— Johann Baptist 441
— Dr. Joh. Christian v. 25. 55. 441. 443
— Dr. Joseph 203. 295. 431
— Joseph 453
— Julius v. 26. 49. 115. 120. 127. 174. 176
— Martin 239
— Maximilian 334
— Philipp 468
— Sebastian 386
— Stephan 232
— Valentin 481
— Wilhelm 245
Hofmeister, Dr. Wilhelm 418
Hofmühlen, Franz Xaver Frhr. v. 150
Hofpauer, Georg 311
Hofreiter, Ludwig 240
Hofstätter, Dr. Heinrich v. 23. 43. 405
Hofstetten, Friedr. Adolph v. 160. 200
Hofstetter Johann Nep. 377
Hogger, Ferdinand 296
Hoh, Christoph 239
— Dr. Georg 468

Hohe, Friedrich 221
— Friedrich, Assessor 321
— Gustav v. 21. 42. 104. 113. 125. 315
Hohenadel, Gustav 391
Hohenberger, Thomas 241
Hohenbruck, Eduard Frhr. v. 35
Hohenhausen, Johann Nepomuk Max Leonhard Frhr. v. 21. 40. 94. 99. 105. 106. 110. 117. 119. 124. 131. 149. 250. 252. 254. 267
Hohenleitner, Bernhard 391
Hohenlohe, Adolph Fürst v. 9
— Schillingsfürst, Constantin Fürst zu 37
— Schillingsfürst, Clodwig Fürst zu 123. 135. 187
Hohenlohe und Waldenburg-Schillingsfürst, Philipp Ernst Fürst zu 110
Hohenner, Erhard 222
Hohenthal, Carl Adolph Graf v. 72
Hohenzollern-Hechingen, Friedrich Wilhelm Constantin Fürst v.
— Sigmaringen, Karl Anton Fürst v. 9
— ,, ,, 10
Hohn, Melchior 406. 438
Holz, Andreas 290
Holderer, Marquard 120
Holderied, Carl 460
— Michael 401
Holl, Eberhard 377
Holle, Friedrich Wilhelm 330
Hollfelder, Ludwig 212
Hollitschka, Max. 145. 454
Hollweck, Martin 456
Holnstein aus Bayern, Carl Theodor 149

Holnstein, Otto Graf v. 163
— Ludwig, Graf v. 162
— Max Graf v., Kämmerer 154
— Maximilian Graf v. 123. 157. 187
— Theodor Ludwig, Graf v. 155. 286
— Wilhelm Theodor Graf v. 159
Holz, Franz Xaver 357
— Heinrich 316
Holzborn, Jacob 387
Holzhauser, Gustav Emil 484
Holzing, Adolph Frhr. v. 38. 75
Holzinger, Carl 114. 259
— Jacob 486
Holzmann, Moritz 400
Holzner, Dr. Joseph 478. 482
Holzschuher, August Frhr. v. 390
— Michael 289
— Wilhelm Frhr. v. 63. 321
— -Harrlach, Johann Frhr. v. 154. 367
Holzmüller, Johann Bernh. 193
Hom, Carl Theodor 166. 169
Homeyer, Dr. G. 90
Hommel, Friedrich 357
Hompesch, Ferdinand Graf v. 27. 105. 131. 132. 159. 191
Hooker, Joseph Dalton 418
— Sir William Jackson 414
Hooß, Johann Friedrich 326
Hopf, Dr. Ferdinand Theodor v. 26. 49. 329
— Dr. Friedrich 349
— Julius 347
Hopfenmüller, Leonhard 243
Hopfenstätter, Jacob 383
Hopfer, Julius Fried. 468. 480
Hopffgarten-Mülverstedt, Gustav v. 163

Hopfner, Max	307
Hopp, Friedrich	57. 96
Hoppe, Eduard	171
— Georg	95
— Georg, Assessor	291
— Wilhelm	353
Horadam, Anton	353
— Friedrich	270
Horchler, Anton	467
Horlacher, Dr. August Ludwig	398
Horn, Bernhard	375
— Carl	52
— Carl Frhr. v.	114. 122. 372
— Carl Freihr v., Edelknabe	166
— Carl, Landrichter	320
— Carl, Poststallmeister	231
— Christoph	50. 236
— Friedrich Wilhelm	301
— Johann	260
— Max Frhr. v.	120. 255
— Wilhelm Frhr. v.	111
Hornberg, Friedrich v.	52. 97. 349
Hornberger, Johann Bapt.	214
Horneck v. Weinheim, Anton Joseph Ferdin. Frhr. v.	151
Horner, Ernst	288
— Dr. Fr. S. Th.	54. 203. 285. 431
Hornig, Ehrenfried	180
Hornstein, Ferdinand Frhr. v.	105
— Ludwig	165
— Carl Mathias	457
— Wilhelm Frhr. v.	79
Hornthal, Ludwig Adalbert v.	362
Hornung, Pfarrer	477
— Johann Carl	330
— Stephan	326
Horscheld, Theodor	131. 132
Horstig d'Aubigny, Emil	403
Hosemann, Alois v.	254
— Carl Ludwig	317
Hospes, Gabriel	388
— Joseph	481
Hostombe, Dr. L.	478
Hotter, Joseph	297
Huband, Ernst	382
Huber, Alois	437
— Andreas	331
— August	214
— August, Auditor	122
— Carl	249
— Christian Wilhelm	82
— Franz Xaver	384
— Dr. Georg	311
— Gottlieb	475
— Helene	180
— Johann	399
— Johann Baptist	183
— Dr. Johann Nepom.	433
— Joseph	212
— Joseph, Rechnungscommissär	329
— Lorenz	59. 310
— Mathias	279
— Melchior	293
— Michael	345
— P. Paulus	451
— Simon	483
— Wolfgang	241
Huber-Liebenau, Theodor v.	391
Hubmann, Dr. Joh. Georg	465
Hueb, Carl v.	164. 305
Hueber, Max.	233
Hübner, Alexander Frhr. v.	72
Hübsch, Dr. Heinrich	84
— Julius	447
Hübscher, Chr. Fr.	474
Hühne, Joh. Heinrich Sab.	346
Hühner, Heinrich	164

Hillesheim, Leop. v.	59. 208
Hülße, Dr. Julius	82
Hüther, Anton	177
— Johann	293
— Joseph v.	28. 50. 109. 114. 136. 177
— Max.	218
— Philipp	146
Hütter, Ludwig	342
Hüß, Joseph	48. 103. 107. 111. 251. 263
Hug, Dr. Aurel	295
Hugo	36
Huler, Jacob	379
Huller, Dr. Georg Anton	205
Hummel, Carl	55. 221
— Friedrich	239
— Tobias	169
Hundertpfund, Johann	331
Hundt, August Graf v.	268
— Ferd. Graf v.	155
— Friedrich,	471
— Friedrich Hector Graf v.,	25. 49. 153. 203. 413
— Dr. Mathias	321
— Max Graf v.	298
— Theod. Graf v.	156. 303
Hunger, August Friedrich	357
Hungerkhausen, Friedrich v.	392
Hunoltstein, Otto Frhr. Vogt v.	26. 107. 111. 128. 130. 135. 152
Hunsicker, J.	470
Hunyady, Emerich Graf v.	38
Huppmann, Julius	241
Hurt, Friedrich	308
Hurter, Friedrich	419
Hurth, Dr. Joseph Hugo	392
Husell, P. Bruno	450
Huth, Dr. Joseph	382
— Nicolaus	441
Huther, Johann Paul	465
Hutmacher, Carl	459
Hutten, zum Stolzenberg, Chr. Friedrich Frhr. v.	149
— zum Stolzenberg, Ulrich Frhr. v.	15. 158
Hutter, Friedrich	305
— Johann Baptist	61. 450
Huyn, Johann Graf v.	73
Hyrenbach, Joseph	59. 283
Hyrtl, Dr. J.	417

J.

Jacob, Anton Eugen	232
— Heinrich Franz	320
— Johann Nep.	390
Jacobi, Carl	326
— Friedrich	386
— Ludwig	324
— Philipp Friedrich	356
— Richard	487
Jacoby	75
Jacqueminot, Gen.-Lieut.	17
Jäckel, Daniel	324
— Franz Xaver	196
Jäckle, Joseph	485
Jäcklein, Anton	483
Jäger, Albert	60. 105. 110. 114. 128
— Anton Hugo	305
— Dr. August	440
— Dr. Friedrich v.	76
— Albert	420
— Franz Carl	379
— Dr. Georg v.	23. 45. 95
— Dr. Georg Friedr. v.	77. 415
— Joseph Maria	361
Jägerhuber, Anton	66
— Carl	329
— Carl Revierförster	339
— Max	339
Jagemann, Franz v.	111

Jahn, Dr. Albert	414
— Caspar	462
— Clara	170
— Dr. Fried. Christ. Carl	341
— Johann Christoph	366
— Otto	414
Jahnel, Moritz	88
Jahreis, Christian Carl	344
— Jacob	228
Jakob, Georg	406
Jakobi, Ludwig	369
Jan, Dr. Ludwig v.	414. 472
Janbebeur, Joseph	410. 420
Janillon, Max Joseph Richard	88
Jansen, Friedrich	344
Janson, Christ.	169
Jarwart, Sixtus	127
Jaub, Dr. Mathias	349
— Paul	395
Jaus, Ferdinand	399
Jberer, Johann Baptist	284
Jblacker, Dr. Michael	333
Jechel, Dr. Wenzel	79
Jechtl, Georg	236
— Joseph	457
Jeetze, Theod. Frhr. v.	28. 55. 107. 112. 113. 119. 159. 176. 252. 253
Jegel, Bernhard	471
Jehlin, Joseph	290
Jenette, Johann	390
Jenisch, J. J. Ritter v.	283
— Ludwig Ritter v.	65. 270
Jenison-Walworth, Fr. Oliver Graf v.	19. 40. 101. 106. 119. 149. 185. 413
Jenner, Eman. Friedr. v.	154
Jennes, Melchior	205
Jergius, Ernst	357
Jessel, Louis	475
Jlg, Dr. Andreas	398
— Anton	239
— Otto	291
Jllaire, Geh. Rath	32
Jlling, Carl	335
— Johann	60. 259. 274
— Rudolph	284. 302
Jmhof, Johann Baptist	218
— Joh. Nepom. Frhr. v., auf Untermeltingen	153
— Ulrich	227
Jmhoff, Ernst Friedrich Anton Carl Frhr. v.	76
Jmm, Pius	308
Jmmel, Dr. Carl Aug. Fr.	397
Jmsland, Ferd. Maria Frhr. v., Graf v. Hoheneck	13
— Joh. Nep. Frhr. v.	13. 150
Jnama-Sternegg, Joh. Nep. v.	200
Jndest, Peter	205
Jngelheim, Friedrich Graf v.	159
Jngenbrand, Joseph	372
Jngres, Johann	423
Jnngruber, Dominicus	307
Jnterwies, Peter	279
Joachim, Bernhard	226
Joachimi, Michael	384
Jocca, Ritter Stefano	86
Jocham, Dr. Magnus	449
Jochim, Valentin	182
Jodl, Ferdinand	221
— Johann Bapt.	285
Joblbauer, Matthäus	220
Jörg, Edmund	123. 205
— Leonhard	488
— Max	244
Jörgens, Mathias	47. 96. 118
John, Adolph	366
Jolly, Dr. Joh. Phil. Aug.	57. 102. 411. 427. 428. 432. 433

35*

Jomini, Baron v.	17
Joner, Clemens Graf v.	14. 47. 111. 120. 156. 267
— Joseph Graf v., auf Tettenweis	14. 157
Jopp, Carl	61. 218
Jordan, Hermann Christoph Jacob	356
— Johann	86
— Dr. Ludwig	315
Jost, Carl	180
Jourdan, Johann	365
Jouvin, Eugen	287
— Joseph	93
Jrmisch, Gustav	476
Jrmischer, Carl Friedrich	290
Jsermann, Michael	372
Jslinger, Dr. Michael	465
Jssakoff, Nicolaus	74
Jsta, Philipp	169
Jtten, Friedrich	325
Jubinal, Achilles	76
Jübt, Carl Friedrich	466
Jüptner, Anton	73
Jung, Caspar	394
— Heinrich	358
— Joseph	358
— Joseph, Postofficial	229
— Sigmund	331
Jungbauer, Joseph	307
Junge, F. A.	82
Jungermann, Carl	305
— Georg	314
— Dr. Moritz	216
— Wilhelm	308
Jungermayer, J. N.	390
Jungkennen, genannt Münzer von Mohrenstamm, Martin Ludwig v.	160
Jungkunz, Adolph	348
— Johann Bapt.	460
— Johann Caspar	232

Junker, Moritz Frhr. v.	59
— Peter	365
—=Bigatto, Clemens Wenz. Cas. Franz Xav. Frhr. v.	99. 149
— — Sigm. Fr. Frhr. v.	56. 150
Juritz, Dr.	81

K.

Kachel, Ludwig	77
Kadner, Carl Christian	339
— Heinrich	353
— Ludwig	354
Kämmerle, Carl	543
Kämpf, Johann Christian	96
Käppel, Carl	360
Kärner, Carl	58. 285
— Carl Conrad Wilhelm v.	27. 53. 317
Käppel, Carl	360
Käs, Joseph Maria	396
Käshöfer, Johann	347
Kästner, Dr. Friedr. Eduard	349
— Ludwig	362
— Martin	408
Käß, Michael	396
Käuffer, Carl	369
Kahl, Friedrich Adolph	63. 375
— Heinrich	169
Kahn, Maximilian	463
Kahr, Georg Wilhelm	56. 371
Rainzelsberger, Joh. Ev.	405
Kaisenberg, Joh. Heinrich	284
Kaiser, Bernhard	243
— Dr. Cajetan Georg	52. 285. 430. 434. 452
— Carl	263
— Carl Napoleon	333
— Ernst	425
— Franz	387
— Max	240
— Dr. Max	
— Max Jos.	53. 243

Kalb, Dr. Joh. Georg	200
— Leonhard	294
— Wilhelm	392
Kalbfuß, Dr. Carl Heinr.	321
Kalbskopf, Carl	385
— Moritz	231
Kalchberg, Franz Ritter v.	32
Kalcher, Anton	205
Kalchgruber, Ant.	51. 302. 321
Kallisperis, Nicolaus	85
Kallée, Eduard v.	79
Kallmünzer, Franz	330
Kalsakoff, General	18
Kaltdorf, Dr. Carl	54. 295
Kaltenborn, Max	48. 172
Kaltner, Tobias	143
Kamm, Dr. Joh. Adam	381
Kammann, J. G.	323
Kammerecker, Carl	286
Kammerer, Wilhelm	229
— Wilhelm, Lehrer	454
Kammerknecht, Benno	171
— Carl	200. 201
— Jacob	143
Kandler, Joseph	334
Kane, Sir Robert	418
Kapfenberger, Andreas	96
Kapp, Friedrich Carl	375
— Dr. Georg Frdr. Wilh.	44
Kappler, Franz	378
Karaiskakis, Spiridion	87
Karajan, Theodor Gustav v.	414
Karg, v. Bebenburg, Clemens August Frhr. v.	158. 287.
Karg-Bebenburg, Joseph Frhr. v.	123
Karges, Wilhelm	346
Karl, August	324
— Eduard	279
— Ferdinand	441
— Heinrich Conrad v.	82
Karmann, Adam	342
Karmasch, Carl	82
Karrer, Dr. Gorg Carl	397
Karrmann, Max	240
Karst, Alexander Ritter v.	32. 78
Kast, Cajetan	317
— Johann	305
— Theodor Frhr. v.	35
Kasteele, A. A. van de	87
Kastner, Heinrich	291
— Jacob	289
— Jacob, Schreiber	332
— Lorenz	451
— Ludwig August	307
— Wilhelm	331
Katzenberger, Dr. Joh. Martin	468
— Dr. Michael	382
Katzensteiner, Joseph Egid	144. 145
Kauer, Anton	344
Kauffmann, Carl	387
— Valentin	374
Kaufmann, Anton	65
— Georg	376
— Johann Friedrich	198
— Dr. Mathias	296
— Melchior	384
— Xaver	312
Kaul, Johann v. Gott	64. 216
Kaulbach, Carl	481
— Wilhelm v.	23. 43. 90. 91. 102. 105. 129. 422
Kauper, Conrad	377
Kauppert, Jacob	325
Kauschinger, Adam	351
— Georg	324
Kaußler, Vincenz	475. 489
Kayser, Carl Ludwig	414
— Dr. Friedrich Ed. Ant.	355
Kaysing, Peter Nicolaus	326

Rees, Carl	377
— Friedrich Carl	326
— Otto	328
Refer, Johann Nepom.	244. 245
Reil, Dr. Heinrich	442. 444. 456
— Johann Baptist	145
Reim, Adolph	393
— Anton Friedrich	344
— Friederich Math.	479. 481
— Hermann	466
— Dr. Joseph Wilhelm	349
Reißler, Carl	86
Reitel, Conrad	367
Kelber, Carl	247
— Friedrich	369
— Johann Carl	365
— Julius	455
— Julius, Carl	454
Kellein, Andreas Carl	348
— Johann Christian	362
Keller,	476
— Graf v.	30. 68
— Dr. Adalbert	414
— Bernhard	373
— Carl	170
— Dr. Franz	459. 463
— Dr. Franz, Lehrer	470
— Franz	387
— Friedrich, Revierförster	313
— Friedrich	37
— Hermann	57. 277
— Johann	108. 112. 133. 263
— Johann Bapt., Rath	54. 317
— Joh. Bapt., Revierf.	387
— P. Pius	479
— Dr. Victor Andreas	381
Kellermann, Carl	219
— Friedrich Wilhelm	379
Kellermann, Dr. Johann Christoph	475
— Johann Christoph	477
— Johann Georg Gottlieb	477
— Joseph	303
Kellner, Dr. Andreas	407
— Cassian	483
— Dr. Franz Xav.	296
— Joseph	305
— Rupert v.	105
— v. Köllenstein, Friedrich Frhr. v.	30. 69
Remeter, Joseph	216
Remmer, Franz	468
Rempf, J.	86
— Carl	320
— Ferdinand Wilh. Emil	386
— Ludwig	387
Kempter, Friedrich	476
Kenngott, Gustav Adolph	418
Reppel, Theodor	60. 283
— Theodor, Lehrer	461
Kerler, Ludwig	489
Kern, August	366
— Christian Franz	346
— Emanuel v.	307
— Joseph	223
Kern-Kernried, Hugo v.	403
—, — Robert v.	162. 403
Kersdorf, Dr. Friedrich Ferdinand v.	28. 121. 127. 142
Kerschensteiner, Dr. Johann	398
Kerscher, Joseph	293
Kerstein, Franz Carl	194
Keßling, Ludw. Carl Frhr. v.	157
Kessel, Dr. Alexander	84
Keßler, Johann Jacob	345
Kestel, Andreas	353
Kester, Franz Seraph	288
— Friedrich	390
Kestner, Friedrich	83. 193
Kette, Carl Johann Baptist	110. 115. 136. 136. 166
Ketterl, Joseph	390
Kepl, Georg Ludwig	385
— Wilhelm	351

Keyser, Jacob	256	Killp, Franz		352
— Nicalse de	79	— Dr. Franz Th.		360
Keyßler, Friedrich Carl Heinrich Adolph	348	Kimmel, Friedrich		219
		— Stanislaus	456.	458
Khalil-Bey	70	Kimmerle, Eduard		298
Khreninger, Ludwig v.	302	Kindermann, August	169.	171
Kiamil Bey	75	Kindshuber, Heinrich		356
Kickinger, Franz	61. 241	Kindt, Julius		37
Kiderle, Dr. Johann Michael	398	Kinkelin, Georg Friedrich		399
Kiderlin, Eduard	109. 228	— Raimund		399
Kiechle, Johann Georg	394	Kinzinger, C. A.		376
Kiefer, Jacob	373			
Kieffer, Friedrich	317	Kipp, Georg		242
— Dr. Max Joseph	321	Kirchbauer, Alois v.		44
Kiefhaber, Gottfried	352	— Heinrich v.		304
Kiesl, Joseph	249	Kirchmaler, Seraph		300
Kienast, Johann Baptist	288	Kirchmair, Bartholom.	107.	127
Kiener, Mathias	96	Kirchmayer, Hubert		172
Kienhöfer, Ludwig	305	Kirchgeßner, August		375
Kienlein, Paul	279	Kirchhoff, Gustav Robert		416
Kiermayer, Alois	314	Kirchner, Andreas		169
Kieser, Dr. Georg Friedrich	407	— Friedrich		62
Kieskalt, Johann Martin	358	— Dr. Georg Ernst		365
— Leonhard	366	— Heinrich		231
Kiesner, Johann Baptist	377	— Johann		425
Kießling, Moritz	222	— Matthäus		122
Kisinger, Franz Xaver	285	Kirschbaum, Friedrich		346
Kigler, Joseph	217	— Martin	94.	105
Kihn, Heinrich	480	Kirschner, Caspar		290
Kilian, Benedict	480	Kisseleff, v.		18
— Georg	80	Kisser, Anton		169
— Kilian	233	Kistenfeger, Eduard		391
Kiliani, Emanuel	257	Kistler, Nicolaus		392
— Friedrich	375	Kittel, Caspar		481
— Friedr., Oberlieut.	111. 259	— Franz		384
— Heinrich v.	23. 45	— G.		476
— Hermann	287	— Joseph		385
— Dr. Johann Joseph v.	21. 42. 185. 200	— Dr. Martin Balduin	53. 415. 478.	481
Killer, Georg	171	Kitzing, August		277
Killinger, Georg, Revierf.	370	— Dr. Gustav		254
— Heinrich Friedr. Sigm.	363	— Martin		379
— Johann Conrad	359			
— Sigmund v.	392	Kitzinger, G.		477

Klabt, Joseph Anton v.	63
— Joseph Anton v., bab. Hofkammerrath	86
Klämpfl, Johann Nepomuk	300
Klarbach, Daniel Menſi Ritter v.	72
Klauſewitz, Georg	241
Klaußner, Ignaz	56. 297
Kleber, Franz	235
Klee, Carl Ludwig	318
Kkeberger, Johann Nep.	216
Kleemann, Albert	368
— Friedrich	359
— Johann Chriſtian	341
— Johann Ernſt	219
— Julius	244
— Otto	58
Klees, Ludwig	147
Kleeſpies, Franz	386
Klein, Anton	300
— Auguſt	165
— Baptiſt	62. 97. 112. 114. 252. 264
— Carl	181
— Eugen	181
— Ferdinand	47. 313
— Johann Adam	425
— Peter	403
— Peter, Poſtofficial	223
— Sigmund	115
— Dr. Simon Adolph	295
Kleiner, Otto	357
Kleinfeller, Adam	452
Kleinhanns, Anton	289
Kleinheinz, Joseph	232
Kleinhenz, Theodor	245
Kleinknecht, Jacob	399
Kleinkopf, Friedrich	316
Kleinſchrod, Carl v.	23. 43. 119. 124. 125
— Dr. Carl Auguſt Joseph v.	20. 40. 185. 342
Kleinſchrod, Ernſt	65. 390
— Florentin	257
— Walther	222
Kleinſtäuber, Chriſtian	465
Kleiſt, Johann Adam	474
Klemm, Franz Xaver	228
— Johann Daniel	367
— Johann Nepomuk	200
Klenſch, Ludwig	324
Klenze, Hippolyt Maria v.	120. 157. 269
— Leo v.	21. 41. 90. 91. 101. 102. 104. 105. 107. 110. 124. 126. 129. 130. 130. 131. 133. 134. 135. 138. 152. 173. 410. 413
— Maximilian v.	163
Kleßing, Carl v.	391
Klett, Fr. A.	382
Kletzl, Eduard v.	76
Kliem, Carl Theodor	376
Klingenfeld, Friedrich Auguſt	475. 476
Klinger, Chriſtoph v.	27. 48. 282
— Dr. Chriſtoph	382
— Georg	229
— Wilhelm	253
Klingler Anton	185
Klingsohr, Dr. Eduard	364
Klinkowſtröm, Rudolph Frhr. v.	197
Klinkfleck, Theodor	446
Klöckel, Ludwig v.	51. 334
Kloiber, Franz Paul	172
Kloſtermaier, Anton	259
— Paul	64. 449
Kloſtermayer, Carl	279
— Franz	342
Kloß, Carl Friedrich	351
— Johann Bapt.	395
Kluckhohn, Auguſt	433
Klüg, Ludwig	307
Klüſpies, Joseph Andreas	407

Klug, Ludwig	170		Kobell, Wilhelm Ritter v.	26. 47. 284
Klumpp, Carl	285		Kober, Gustav	343
Knab, Johann Georg	377		Kobler, Johann Anton	306
Knabl, Joseph	423		Koblitz, Johann	81
Knapp, Dr. Friedrich	430		Koch, Adolph	239
— Hermann Joseph Lorenz	358		— Carl	390
Knappe, Dr. Julius	390		Koch, Carl, Landrichter	312
Knapps, Dr. Carl	321		— Carl, Lehrer	463
Knaub, Carl	373		— Carl, Revierförster	387
Knauer, Johann Paul	302		— Franz Xaver	239
Knaus, Ludwig	425		— Friedrich	58. 284
Knesebeck, Julius Georg von dem	195		— Dr. Guido	126. 431
Kneußl, Johann Baptist	397		— Jacob	319
Knierer, Clemens	169		— P. Johann Baptist	488
— Joseph	478		— Dr. Ludwig	100. 285
Knirlberger, Georg	330		— Max, Lehrer	464
Knissel, Heinrich	47		— Michael	460
Knittl, Joseph	302		— Moritz	286
Knobelsdorf, v.	81		— Nicolaus v.	26. 49. 202
Knobloch, Dr. Martin	247		— Philipp	378
Knoch, Carl	365		— Sebastian	489
— Sigmund	387		Koch-Sternfeld, Dr. Joseph Ernst Ritter v.	22. 419
Knochel, Georg	388		— — Jos. Ritter v.	161. 292
Knöll, Carl	283		Köberlin, Carl	332
Knöpfle, Ignaz	232		— Carl, Rector	481
Knötzinger, Joseph	307		Köchel, Jacob	487
Knogler, Clemens	290		Köck, Franz	97
Knoll, Joseph	312		Kösserle, Friedr. Joseph	396
— Julius	486		Kögel, Joseph	356
Knollmüller, Georg	297		Kögler, Johann	229
Knorr, Christian	371		Köglmaier, Martin	313
— Johann Jos.	48. 200. 209		Köhl, Valentin	320
Knott, Andreas	64. 252. 279		Köhler, Anton	373
— Hermann	270		— August	443
Kob, Georg	229		— Carl, Consul	195
Kobell, Dr. Franz Wolfgang Ritter v.	46. 91. 103. 112. 132. 411. 421. 432. 434		— Paul	240
			— Pius	169
— Friedrich Ritter v.	166		— Rudolph	360
— Sebastian v.	27. 46. 121. 185		Köhne Johann Baptist	223
			Kölbl, Franz Paul	309

Köffe, Dr. Eduard	341. 349		Köhling, Georg	308
Köllfer, Dr. Albert	51. 102.		Körner, Lorenz	483
	136. 204. 417. 437. 440		Kösel, Max	395
Köllner, Wilhelm Matth. Elias			Köster, Wilhelm	127
	487		Köstler, Johann Baptist	391
Költsch, Ernst Adolph	346		— Peter	62. 316. 407
König, Carl	321		Kohl, Adam	485
— Casimir	373		— Franz Xaver	455
— Christian Theodor	289		— Johann	47. 121
— Franz Xaver	127		— Joseph	199
— Dr. Franz Xaver	297		Kohler, Carl	207
— Franz Xaver, Official	231		— Georg Friedrich	202
— Johann	114		— Johann Georg	241
— Leonhard	488		— Dr. Ludwig	434
— Ludwig	473		— Ludwig Alphons	371
König von Königsthal, Christian	115		Kohlermann, Ferdinand	47
			— Wilhelm	268
Königer, Alois	278		Kohlhagen, Franz v.	290
— Max	338		— Gustav v.	115. 228
— Peter	209		Kokscharow, Nicolaus	418
Königsberger, P. Bernhard	451		— Nicolaus v.	86
— Königsberger, Alois	110		Kolb, Adam	391
Königsegg, Alfred Graf v.	81		— Bernhard	167
Königshofer, Dr. Christian	349		— Bernh., Sattelmeister	167
Königsthal, Gustav Bernhard v.	356		— Carl	344
Könlein, Georg	108		— Dr. Carl, Joseph	311
Könneritz, Hans Heinrich v.	69		— Carl Revierf.	402
— Rudolph v.	32		— Ernst	353
Köpf, Dr. Friedrich Caspar	109. 397		— Dr. Ferdinand	139
Köppel, Friedrich	109		— Franz	167
— Friedrich Wilhelm	304		— Hermann	132
— Heinrich	214		— Johann	167
— Hermann	353		— Johann, Wagenmeister	167
Köppelle, Franz Frhr. v.	161. 240		— Jos. v.	50. 389
Köpping, H.	476		— Joseph	217
Körber, Anton	307		— Dr. Joseph	335
Körber, Leonhard	370		— Ludwig Phil. v.	34
Körbitz, Wilhelm Heinrich	380		— Max, Bereiter	178
Körbler, Franz Xav.	341		— Max, Gärtner	421

Kolb, Moritz	326
— Nicolaus	343
Kolbe, Dr Hermann	417
Koliopoulos, Dometrius Plapoutas	70
Koll, Joseph	182
Koller, Anton	398
— Conrad	291
— Florian	94
— Georg	331
Kollz, Ferdinand	88
Kollmaier, Joseph	329
Kollmann, Emil	222
— Dr. Julius	423. 432
— Ludwig	320
Koneberg, Ferdinand	63. 397
Koninck, L. G. de	417
Koplitz, Franz	316
Kopp, Anton	376
— Franz	343. 344
— Dr. Hermann F. M.	417
— Joseph	380
— J. Anton	339
— Joseph Eutych.	419
— Julius	286
— Theodor	306
Koppen, Bernhard	355
Koppmann, Friedr. Phil.	200
Korb, Christoph v., auf Püchersreuth	160
— Georg	270
— Joseph	171
Korbach, Peter Eberh. v.	21. 41. 317
Korff, Wassili Baron v.	68
Kornmüller, Franz Xaver	307
Kornprobst, Franz Seraph	293
Korren, Joseph	85
Kortfleisch, v.	70
Kosák, Dr. Ludwig	296
Kosnitz, Georg Isfordink	71
Kotschenreuther, Thomas	406
Kotzebue, Alexander v.	425
Kracher, Friedrich	214
Krackhart, Friedrich	66. 343
Krämer, Friedrich	66
— Georg	180
— Heinrich	239
— Joseph	380
— Joseph, Assessor	378
— Philipp	167
— Philipp Heinrich v.	26. 44
Krätzer, Dr. Adolph	305
Krafft, Carl Christoph v.	26. 54.
— Carl Franz Ferd. v.	304
— Fidel v.	286
— Franz	207
— Gustav	460
— Ludwig	461
— Ludwig Philipp	460
— Theodor	473
— Wilhelm	366
Kraft, Alexander	354
— Franz	282
— Georg	94
— Georg, Ingenieur	403
— Georg, Rechnungs-Commissär	208
— Hermann v.	134. 198
— Johann Anton	214
Kraft-Festenberg, Friedrich v.	339
Kralla, Oscar	233
Kramer, Ferdinand	243
— Friederika	178
— Georg Anton	339
— Gustav v.	224
— Joseph	369
— Joseph v.	480
— Michael	228
— P. Thomas	483
Kramin, Gen.-Maj.	18
Kranz, Dr. Anton	295. 431
Krapf, Carl	481
Krapp, Anton	344

Krappmann, Dr. Michael	48. 94
Krasnokutsky, Gen.-Maj.	18. 73
Kraus, Carl Thomas	485
— Georg	51
— Georg Michael	406
— Jacob	246. 279
— Johann Adam	362
— Dr. Johann Baptist	464
— Johann Georg	222
— Johann Peter Sigm.	362
— Joseph	312
— Michael	401
— Philipp	217
Krauseneck, Lorenz Carl Ferd.	332
Krauß, August	389
— Georg	350
— Johann Nep. Frhr. v.	401
— Johann Philipp	325
— Max Frhr. v.	160
— Ulrich	367
— Wolfgang	278
Kraußold, Georg Ant. Valent.	57. 357
— Lorenz	408
Krazeisen, Carl Ritter v.	26. 44. 96. 108. 125. 250. 261
Krebs, Carl	374
— Franz Ferdinand	357
— Johann	242
Krebser, Johann Paul	361
Kreglinger, Wilhelm	236
Kreichgauer, Joseph	319
Kreil, Carl	416
Kreith, Caspar Graf v.	113. 139. 159. 179. 180
— Friedrich Graf v.	161
Kreitmann, Dr. Joh. Jos.	335
Kreitner, Dr. Franz Mich.	364
— Ludwig	361
Kreittmayr, Joh. N. Frhr. v.	156
Kreling, August	65. 425. 426. 475
Krembs, Dr. Ludwig	63. 295
Kremer, Johann	399
— Johann Aug. Felix	243
Krempelhuber, August v.	209
— Eduard v.	215
— Max v.	220
Kremser, Simon	392
Krenig, Jacob	384
Krepl, Adam	391
Kreß, August	481. 482
— Carl Frhr. v.	402
— Ludwig	394
— von Kressenstein, Carl Gottl. Friedr. Frhr. v.	159. 359
— v. Kressenstein, Joseph Frhr. v.	115
Kretow, pens. Gen.-Lieut.	17
Kretschmann, Burkhard	350
Kreß, Georg	299
Kreßer, Georg	361
Kreuter, Alexander	324
— Franz	48. 127. 135
Kreutzbauer, Carl	314
Kreuzer, Heinrich	215
— Ludwig	292
Krick, Heinrich	239
Kriebel, Carl	50. 265
Kriechbaumer, Dr. Joseph	421
Krieg, Christian Theodor	363
— Friedrich Wilh. Moritz	373
Kriegelsteiner, Ferdinand	233
Krieger, Alois	375
— Eduard	456
— Johann Michael	•374
— Johann Paul	310
— Joseph	400
— Joseph, Lehrer	459
— Leonhard	287
— Dr. Ludwig	311
— Maximilian	393
Kriener, Theodor	405

Kriesmayr, Felix	164
Kriezis, Anton	29
Krisack, Joseph	180
Krisiz, Anton	89
Krobel, Ulrich	353
— Wilhelm	354
Kröber, Emil Carl	403
— Ludwig	49. 327
— Ludwig Hermann	324
Kroher, Christoph	369
Kroneck, Ludwig	261
Kronecker, Leopold	416
Kroner, Georg	475
Kronstaller, Lorenz	238
Kropf, Adam Friedrich	329
Kroyer, Antonin	362
Krüger, Otto	211
Krug, Joseph, Lehrer	470
Krumbach, Franz Paul	297
— Gottfried	289
Krupp, Alfred	82
Kuby, Wilhelm	461
Kuchler, Nicolaus	394
Kübel, Heinrich	469
Küffner, Bernhard	329
— Carl	469
— Johann Paul	379
— Peter Carl	347
— Philipp	346
Kühbacher, Albert	301
Kühlemann, Albrecht	51. 97. 298
Kühles, Jacob	407
— Philipp	122. 227
Kühlmann, Georg Albrecht	384
— Friedrich	337
Kühlwein, Ernst	231
— Hermann	370
— Johann Joseph	347
Kühne, Dr. Ludwig Bogislaus	31
— Otto v.	86
Kühnreich, Wilhelm	372
Kümmel, Friedrich	388

Kümpfler, Friedrich Johann	362
Künell, Joseph	288
Künneth, Johann Georg	344
Künsberg, Carl Theod. Frhr. v.	157
— Friedrich	200. 201
— Gustav Wilh. Frhr. v.	348
— Heinr. Frhr. v.	330
— Heinr. Gottfr. Frhr. v.	161
— Ignaz Frhr. v.	162
— Ludwig Erhard Ernst	362
— Max Jos. Frhr. v.	153
— Wilhelm Frhr. v.	157
— auf Sprgenstein, Philipp Frhr. v.	163
Künzel, Georg	353
Kürzinger, Damascen	164
— Nepomuk	180
Küsser, Dr. Johann	336
Küster, Friedrich	360
— Dr. Heinrich	234
— Dr. Valentin	365
Küstner, Theodor v.	72
Küttenbaum, Kilian	377
Küttlinger, Dr. Albert	365. 366
— Dr. Friedemann	368
Kufner, Dr. Joseph	311
Kuffner Lorenz	292
Kugler, Carl, Hoftheat.-Oekonom	170
— Carl, Professor	472
— Johann Georg	366
— Joseph	393
— Marquard	307
Kuhlmeyer,	32
Kuhn, Dr. Carl	413
— P. Caspar	483
— Jacob	238
— Dr. Joh. Adam	421. 422
— Leonhard	407. 459
Kuißl, Ignaz	405
— Johann Baptist	369

Kalenkamp, Eugen	193
Kullmer, Jacob	319
Kummer, Albert	307
— Ernst Eduard	416
— Dr. Ferdinand	421. 435
— Dr. Friedrich	398
— Robert	88
Kummerer, Carl	325
Kunst, Johann v.	21. 42. 93. 131. 140
Kunstmann, Adolph	240
— Carl	393
— Dr. Friedrich	61. 124. 139. 412. 428. 429
Kunz, Conrad Max	171
— C. Th.	35
— Georg	463
Kunz, Gustav	77
Kurz, Carl	374
— Emil	450
— Franz Xaver	394
— Dr. Heinrich Carl	376
— Jacob August	56. 315
Kurzendorfer, Joseph	323
Kuttendreier, J.	454
Kuttler, Ferdinand	395
Kutzer, Joseph	466
Kwilecki, Casimir Johann Nepomuck Graf v.	15

L.

Laaba, Georg Ludwig	342
Laar, Franz Anton	280. 295
La Barthe de Thermes, Graf	17
Labedoyere, Graf	37
Laborde, Graf Leon de	78
Labroisse, Wilhelm	319
Lacense, Adolph	293
Lacher, Franz Xaver	228
Lachertinger, Max	402
Lachner, Franz	46. 90. 91. 114. 168. 170
— Theodor	169
Lacomblet, J.	420
Ladenberg, Carl Adalbert v.	196
Lädermann, Adolph	165
Lämmermayer, Joseph	458
Lämminger, Rudolph	392. 393
Lämmlein, Johann Georg	236
Lafabrique, Adrian Frhr. v.	65
Laforet, Andreas Ludwig	407
La Grange, Carl Graf de	17
Lahitte, de	29
Laible, Johann Gottlieb	485
Lainos, Johann	87
Lamberger, Rainer	328
Lambrecht, Wilhelm	201
Lamboley, Sophie	448
Lamey, Theodor	231
Lamezan, Gustav Frhr. v.	272
Lammerer, Emil	408
— Joh. Bapt.	290
— Paul	144. 145. 422
Lammers, Carl Heinrich Friedrich	357
Lammerz, Franz Xaver	223
Lamoninari	88
Lamont, Dr. Johann	53. 91. 120. 123. 137. 411. 420. 432
Lamotte, Georg Frhr. v.	111. 114. 118. 126. 160. 270
Lampart, Georg	283. 399
Lampel, Andreas	299
— Carl Andreas	346
— Julius	477
Lampert, Alexander	380
— Ignaz	480. 481
Lamprecht, Johann	342
— Wilhelm	387
Landerer, Christian August	83
— Dr. Xaver	84

Landesberg, Arthur Gustav v. 79
Landgraf, August 299
— Carl v. 62
— Christian v. 45
— Christ. Friedrich 471
— Ferdinand 372
— Johann Christ. Theodor 348
— Joseph 322
— Leopold 346
— Wilhelm Joh. Nep. 343
Landgrebe, Joh. Nep. 297
Landmann, Anton 369
— August 366
Landsberg, Hugo Frhr. v. 396
Landshuter, Joseph 330
Landsberger, Jos. Engelbert 242
Lanfrap 80
Lang, Anton Balthasar 291
— Cäsar 388
— Eduard 200
— Ernst 331
— Ferdinand 170
— Frz. Carl 353
— Georg 350
— Heinrich 474
— Jacob Franz 61. 341
— Johann 169
— Dr. Joseph 330
— Dr. Joseph, Landger.-Arzt 296
— Dr. Leopold 296
— Ludwig 180
— Dr. Ludwig 450
— Max 306
— Valentin 360
— Wilhelm 467
Lange, Ludwig 58. 109. 423
Langen, Wilhelm v. 392. 393
Langenberger, Friedrich 170
Langenbrunner, Albert 229
Langenfaß, Wilhelm 371

Langenmantel, Joseph 331
— Otto v. 301. 453
Langer, Anton 36
— Joseph 459
Langheinrich, Ambrosius 339
— Georg 351
Langlois, Dr. Anton v. 200
— Dr. Joseph v. 286
Langmantel, Dr. Georg 215
Langoth, Johann Adam 465
Lanskoy 18
Lanz, Anton 367
— Dr. Carl 419
Lanzl, Johann Baptist 312
Lanzlott, Rosa 170
Lappenberg, J. M. 419
La Roche, Frdr. Du Jarrys Frhr. v. 23. 43. 106. 112. 113. 116. 118. 123. 135. 139. 154. 176
— Luitpold Du Jarrys Frhr. v. 163
— Max Du Jarrys Frhr. v. 120
— Heinrich Delpy v. 20. 40. 95. 105. 110. 111. 113. 115. 116. 117. 119. 122. 125. 130. 131. 140. 153. 250. 252. 257
— Michael 171
— Paul 450
— Starkenfels, Udo Frhr. v. 78
Larosée, August Basselet Graf v. 163
— Emanuel Graf v. 163
— Heinrich Joseph Xaph. Graf Basselet v. 99. 151
— Max Em. Graf Basselet v. 151
— Max Heinrich Graf Basselet v. 153
— Theodor Graf v. 26. 113. 126. 140. 151. 176. 254

Lasalle, Ludwig	233
Laßberg, Max Frhr. v.	160
Lassen, Christian	91. 414
Lauber, Dr. Thomas	60. 397
Laubmann, Heinrich	209
— Johann Georg	223
— Wilhelm Gottlob	373
Lauböck, Franz	54. 110. 112. 120. 127. 232. 235
Laubreis, Friedrich	110
Laucher, Eugen	304
Lauer, Johann Valentin	363
— Stephan Ludwig	347
Lauerer, Joseph	329
— Ludwig	367
Lauk, Dr. Ludwig	398
Lauma, Leonhard	377
Laumer, Carl	356
— Franz Ignaz	214
— Joseph	361
Laurer, Johann Christoph	474
Lautenbacher, Dr. Carl	311
— Johann Baptist	406
— Paul Eberhard	377
Lautenschläger, Ludwig	396
Lautenschlager, Georg	339
— Johann Baptist	333
Lauterer, Clemens	86
Lauth, Andreas	334
— Franz Joseph	450
Laval, Dr. Ludwig	321
Lavale, Georg	64. 115. 128. 315. 316
Lapritz, Christian	231
Lazanzky, Anton Graf v.	76
Lazl, Ernst Friedrich	347
Lebender, Albert	361
— Heinrich	314
Lebrun de Garmettes, Philipp Alex.	414
Lebzeltern-Collenbach, Franz Frhr. v.	31
— Wilhelm Frhr. v.	72
Lechinger, Anton	293
Lechner, Anton	277
— Christian	307
— Franz Paul	297
— Gustav Max	473
— Joseph	293
— Nicolaus	89
Lederer, Georg	240
— Heinrich	236
— Joseph	285
— Julius	219
— Max Joseph	232
Leeb, Alfred	109
— Johann Nepomuk	57. 304
— Joseph	239
— Joseph Ludwig	66. 312
Leers, Peter	94
Lefeldt, Adolph sen.	181
— Adolph jun.	181
Lefebure, Charles	425
— Friedrich	241
Lefèvre, Armand	68
Lefflad, Michael	407
Leffler, Carl	350
Legeditsch, Ignaz Ritter v.	68
Legopt, A.	82
Lehl, Georg Michael	376
Lehmair, Joseph	291
— Joseph v.	26. 44. 96. 107. 137. 139. 248
Lehmann, Adam	459
— Carl	323
— Eduard	223
— Johann Georg	420
— Philipp Johann	480
Lehmus, Pfarrer	477
Lehner, Anton	367
— Carl August	287
— Carl Barth. v.	21. 41. 199

Lehner, Christoph	169
— Franz	249
— Franz, Officiant	293
— Georg	291
— Hannibal	293
— Johann Baptist	147
— Johann Georg	60. 144
— Johann Lorenz	332
— Leonhard Carl Johann	357
— Mathias	330
— Peter	309
Lehsten, Friedrich Carl Frhr. v.	150
Leibinger, Ludwig	308
Leiblein, Dr. Valentin	49. 437. 438
Leich, Carl August	324
Leichtenstern, Ludwig	267
Leichtle, Johann	399
Leickert, Anton	468
Leidl, Johann Baptist	395
Leidy, Dr. Joseph	418
Leiendecker, Georg	356
Leigh, Clemens	222
— Max	170
— Max, Aktuar	170
— Paul	216
Leimbach, Carl	285
— Gustav	391
Leinfelder, Franz Seraph	65. 122. 189
— Joseph	60. 389
Leiningen, Ernst Emich Fürst zu	187
Leipert, August	392
Leipold, Peter	353
Leist, Carl Joseph Friedr.	345
— Caspar	66
Leistner, Joseph v.	373
Leitensdorfer, Max	172
Leitl, Jacob	456
Leitmayr, Joseph	401
Leitner, Albin Frhr. v.	158
— Lehrer	487
Leitschuh, J. Alois	489
Lembach, Ignaz	372
Lemercier, Joh. Bapt. Graf v.	17
Lemonnier, Anton	84
Lendvay, Albert Ritter v.	78
Lengger, Friedrich	393
Lengrießer, Johann Nepomuk v.	164
Lenk, Franz Ritter v.	281
— Philipp	199
Lenne	36. 75
Lenz, Carl	346
— Christoph Albrecht	476
— Friedrich	313
— Magdalena	168
Leo, Dr. Fr.	47. 486
Leonhard, Eugen	469
Leonhardi, Wilh. Frhr. v.	160
Leonrod, August Frhr. v.	64. 113. 120. 126. 130. 159. 270
— Carl August Frhr. v.	156. 270
— Joseph Frhr. v.	159
— Leopold Frhr. v.	162. 288
— Stephan Frhr. v.	57. 155. 371. 383
Leopolder, Joseph v.	27. 53. 303
Leoprechting, Carl Frhr. v., Kämmerer	15. 156
Leoprechting, Carl Frhr. v., Oberstlieut.	58. 246. 270
— Christ. Frhr. v.	56. 131. 269
— Joh. Carl Frhr. v.	60. 158. 396
Leppert, Friedrich	306
Lepsius, Dr.	38
Lerchenfeld, Bertha Freiin v.	448
— Ernst Frhr. v.	26. 44. 132. 138. 157. 388
— Gustav Frhr. v.	152. 185
— = Aham, August Frhr. v.	158. 166
— = Aham, Ferd. Frhr. v.	278

Lerchenfeld-Aham, Max Frhr.
v. 15. 135. 157
— — Otto Freiherr von
23. 43. 101. 101. 106. 113.
119. 125. 133. 138. 141.
155. 165
— Brennberg, Alphons Graf
v. 164
— =Brennberg, Max Graf
v. 24. 94. 131. 149. 259. 254
— =Köfering, Isabella Gräfin
v. 175
— — Ludwig Heinrich Graf
v. 15. 159. 187
Leroy d'Etiolles 419
Lesch, Ludwig 262
Lesche, Georg 110
Leschner, Julius 213
Lesseps, Graf v. 71
Lessing, Carl Friedrich 91
Lessel, Philipp 102. 114. 116. 254
Letino, Demetrio Carbonelli
bà Baroni de 76
Lettenbauer, Xaver 399
Lettenhove, Keroyn de 420
Lettenmayer, Gustav Adolph 393
Leu, Ignaz 399
Leublfing, Max. Graf v. 128.
139. 156. 263. 255. 258
— Theodor Graf v. 158
Leuchs, Carl 359
— Friedrich 434
Leuk, Dr. Xaver 248
Leupoldt, Dr. Johann Michael
51. 204. 442. 443
Leusner, Joseph 391
Leuthner, Johann Nep. 216
Leutner, Ferdinand v. 142. 274
Leverrier, Johann Adam 415
Levetzow, Ferdinand v. 224
Ley, Georg 308
— Joseph 239

Ley, Daniel 54. 198
— Theodor 386
Leybold, Carl 229
— Friedr. 218
— Sebastian 367
Leydel, Carl 229
Leyden, Carl Graf v. 152
— =Schönburg, Alfred, Grf.
v. 163
Leyen, Franz, Fürst von der 14
Leykam, Daniel 369
Leykauf, Johann Thomas 476
Leypold, Georg 352
Leys, Heinrich 79. 425
Leythäuser, August 266
— Johann 403
Lezak, Joseph 89
Lichtenauer, Anton 61. 404
Lichtenberger, Heinrich 66
Lichtenstern, Carl Reißner Frhr.
v. 25. 15. 95. 281
— Carl Reißner Frhr. v.,
Bezirksamtmann 63. 160. 334.
Lichthammer 82
Lichtscheidl, Leonhard 345
Lickleder, P. Max 457
Lidl, Max 247
Lidoritis, Nicol. Anathasius 195
Liebig, Dr. Georg Frhr. v. 296
— Dr. Justus Frhr. v. 24. 42.
90. 102. 105. 108. 110.
113. 114. 121. 129. 130.
131. 136. 137. 139. 142.
409. 411. 420. 421. 432.
Liebing, Bernhard 234
Lichtenstein, Carl Fürst v. 10. 36
Lieber v. Liebersfron, Adolph 61. 408
Liebersfron, Dr. Friedr. Leop. 321
Liefer, Math. v. 24. 44. 285

Liel, Carl v.	24. 45. 101. 113. 116. 127. 130. 142. 142. 184. 248. 251
Lienhardt, Christian	467
Liepert, Joseph	456
Lierheimer, Dr. Franz Xaver	145. 448.
Liersch, Joseph	337
Ligne, Fürst Eugen v.	9. 67
Lignes y Barbesi, Thomas de	31
Lilgenau, Carl Jos. Frhr. v.	149
— Carl Theodor Frhr. v.	158. 333
— Clemens Frhr. v.	258
Liller, Albert v.	162
Lillbopp, Philipp Eduard	65. 480
Lima, Chevalier Vianade	195
Limbach, Franz	97. 278
— Max	275
Limmer, Christoph	228
— Franz	62. 118. 252. 260
— Wilhelm	219
Limminghe, Leon Vicomte de	79
Limpert, Carl Christian	379
— Friedrich	386
Limpöck, Carl Frhr. v.	115. 128. 253
— Clemens Frhr. v.	154
Lindau, Georg	365
Linde, Eduard Julius	352
Lindemann, Dr. Anton	311
— Carl Friedrich	324
— Carl J.	326
— Johann	222
— Ludwig	326
Linden auf Bühl, Ernst Frhr. v.	154
— Franz Graf v.	34
— Phil. Heinr. Graf v.	100
Lindenfels, Carl Frhr. v.	54. 98. 128. 131. 152. 251. 264
— Julius Frhr. v.	59. 154. 355
— Wilhelm Frhr. v.	61. 131. 251. 261
Linder, Albrecht	357
Lindermayer, Dr.	47
— Ludwig	292
Lindhamer, Carl	264
Lindheimer, Dr. Carl v.	331
Lindley, Johann	418
Lindmeier, P. Ildephons	483
Lindner, Adam	329
— Albrecht	367
— August	277
— Carl v.	27. 44. 327
— Clemens	222
— Heinrich	367
— Dr. Jacob	335
— Johann Bapt.	343
— Johann David	312
— Joseph	171
— Nicolaus	63. 329
— Wolfgang	332
Lindtner, Franz	211
— Joseph	210. 212
Lindwurm, Dr. Jos.	203. 431
Lingg, Ferdinand	277
Linhart, Dr. Wenzel	62. 203. 382. 437. 439. 436
Link, Johann Jacob	366
— Ludwig	339
— Dr. Peter	321
Linné, Otto Erdmann	417
Linprun, Dr. Joseph Carl v.	63. 295
Linsmayer, Anton	166. 451
— Joseph	312
Lintl, Gustav	348
Lintner, Dr. Carl	488
Lipf, Jos.	127. 405
Lipowsky, Felix Friedrich	293
Lipp, Alexius	390
Lippachet, Carl	365
Lippe-Detmold, Leopold Fürst von	8
— -Weißenfels, Ernst Graf v.	86

Lippenberger, Joh. Martin 306
Lippl, Carl 214
Lippmann, Carl Georg 303
— Franz Alex. 305
Lips, Eduard v, 301
Lissignolo, Friedrich 139
List, Stephan 47
Littré, Emil 414
Lizius, Hermann 217
— Ignaz 384
Llamos, Marquis de los 70
Lobkowitz, Albrecht Frhr. v. 301
— Franz Frhr. v. 26. 55. 156. 207. 218
— Ludwig Frhr v. 303
Loch, Johann 332
— Dr. Valentin 465
Lochmüller, Johann 258
Lochner, Georg Wolfgang Carl 57
— Johann Ludwig 59
— -Hüttenbach, Adam Joseph Frhr. v. 157
— - Hüttenbach, Anselm Frhr. v. 163. 228
— v. Hüttenbach, Christian Frhr. v. 163
Lober, Michael 217
Lobter, Dr. Jacob 398
Loé, Hermann 469
— Dr. Johann Nep. 59
— Dr. Ludwig 122
— Max 317
Löbell, v. 38
Löffelholz, Gotthold Emanuel Friedr. Wilhelm Frhr. v. 361
— -Colberg, Friedrich Frhr. v. 370
— — Ludwig Frhr. v. 273
Löffler, Carl 365
Löher, Dr. Franz 64. 116. 412. 433
Löhner, Dr. Georg 59. 229
Löhr, Georg 347
— Georg Joseph 359

Lösch, Carl Ferdinand 343
—; Franz Xaver 212
— Max, Graf v. 241
— Otto 369
Lößl, Ludwig 265. 275
— Richard v. 289
Löwenskiold, v. 70
Löw, Carl Heinr. Gust. Joh. 362
— Jacob 318
— Johann 217
Löwel, Carl 59. 345
— Ludwig 165
Löwenstein - Wertheim, Philipp Fürst v. 19
Löwenstein-Wertheim-Freudenberg, Wilhelm Paul Ernst Fürst v. 40. 126. 129. 135. 187
Löwenstein-Wertheim-Rosenberg, Carl Fürst v. 187
— —. Carl Thomas Fürst v. 110
Löwenthal, Joseph Michael 87
Lofeyer, Willibald 336
Loher, Adam 212
— Marcus 485
Lohmann, Johann Adam 474
Loibl, Johann 330
Lombardino, Carl Phil. Cäsar 354
Lommel, Dr. Joseph 321
Lonsdale, Gwalter B. Congr. 195
Loos, François 38
Lorber, Carl 293
Lorch, Joh. Philipp 51. 320
Lordereau 87
Lorenz, Frd. Aug. 318
Loftus, Lord Augustus William Frederik, Spencer 195
Lori, Anton 64. 313
— Theodor 50
Loritz, Johann Bapt. 396
— Lorenz 327
— Simon 105

Lorsch, Carl	359
Loschge, Dr. Friedrich	55. 135. 138
Losen, The	38
Lossow, Gustav	241
— Oscar	351
Loßberg, Carl Wilhelm Jeremias v.	36
Lottersberg, Carl Frhr. v.	95. 157
Lottner, Joh. Bapt. v.	26. 48
— Johann Michael	390
— Joseph	402
Lotz, Dr. Franz	38
— Baptist Wilhelm	286
— Carl Eduard	85
— Franz	387
Loßbeck, Alfred Frhr. v.	155. 187. 414
— Dr. Carl	121
— Dr. Carl Friederich	398
— Carl Ludwig Frhr. v.	22. 128. 151
— Christian	466. 467
— Ferdinand Frhr. v.	151
— Ludwig Julius	359
Louis, Carl	114
— Carl, Lehrer	492
— Louise	448
Loureiro, A. Chevalier	76
Loy, Stanislaus	109. 248
Luber, Ernst	341
Luca, Anton Xav., Monsignore de	30
Lucas, Albert	314
— Carl	219
— Georg	209
— Wilhelm	385
Lucchesini, Marquis v.	34
Luckinger, Eugen	331
— Dr. Joseph	335
Ludhart, Nicolaus	243
Ludolf, Wilhelm Graf v.	30
Ludwig, Dr. C.	417

Ludwig, Friedrich	367
— Dr. Friedrich	127
— Friedrich Carl	347
— Dr. Georg	435. 437
— Johann	169
— Michael	276
Lüneschloß, Friedrich v.	163
Lütmann, Theodor	80. 193. 194
Lüst, Martin	342
— Quirin	63
Lützelburg, Ferd. Frhr. v.	225
Lüßerode, v.	34
Lützow, Dr. Carl v.	433
Lueger, Michael	166
Lufft, August Adolph	45. 132
— Hermann	276
Luft, Dr. Johann Baptist	83
Lukas, Victor Michael	357
Lunglmayr, Eduard	287
Lunkenheimer, Joh. Bernh.	66. 134. 190
Lunz, Anton	351
— Johann	344
Lupin, Adolph Frhr. v.	155. 200
— Agathon Frhr. v.	305
— Julius Frhr. v.	305
— Ulysses Frhr. v.	200
Lurz, Georg	353
— Raimund Frhr. v.	294
Lurz, Adam	350
Lusteck, Alois	303
Luthhardt, Aug. Emil	396
Luttenbacher, Anna	165
Lutz, Achatius Friedrich	361
— Heinrich	55. 102. 216
Luß, Carl	482
— Carl, Lehrer	479
— Caspar	383
— Eduard	266
— Dr. Emanuel	311
— Fedor	359
— Friedrich	53
— Heinrich	111. 273

Luß, Johann	122. 128. 199
— Johann Alois	386
— Martin	209
— Dr. Michael	335
— Michael	231
— Peter	425
Luxburg, Friedrich Graf v.	107. 131. 142. 158. 327
— Max Graf v.	129. 131. 157
L'woff	18
L'woff, Alexis v.	72
Lyell, Carl	418
Lynden, K. T. v.	76
Lynker, v.	85

M.

Mabru, Chevalier, Oberstl.	17
Macchi, Oreste Graf v.	75
Macedo, da Costa de, Joachimi Joseph	419
Macher, Gottfried	471
Macht, Carl Leonhard	469
Mack, Bernhard	372
— Caspar	326
— Ignaz Franz	377
— Wilhelm	481
Mackert, Caspar	324
Mabelung, v.	33
Mader, Heinrich	285
— Norbert	297
Madroux, Ludwig v.	16. 24. 94. 105. 149
— Maximil. v.	161
Mädler, Johann Heinrich	416
Mähler, Adolph	217
— Alois	286
— Clement	374
— Max	336
Mändl, Joseph	64. 108. 266
— Maria	179
Männer, Michael	325
Märkel, Christoph	374
— Joseph	394
— Johann	171
Märker, Dr.	75
— Heinrich	460
März, Anton	234
— Christian Friedr. August	474
— Julius	224
Mässenhausen, Joh. Nep. v.	200
Maffei, Andreas v.	78
— Jos. Ant. Ritt. v.	24. 45. 135
Mager, Martin	58. 264. 274
Magerl, Friedrich Frhr. v.	24. 94. 105. 130. 150
— Otto Frhr. v.	159
Mages, J. P.	81
Maggauer, Christian	291
Magnus, Ed.	88
— Gustav	416
Mahir, Oscar	235. 432
Mahla, Norbert	50
— Wilhelm	320
Mahler, August	278
— Thaddäus	485
— Dr. Valentin	398
Mahlmeister, Dr. Joseph	62. 262
Mahr, Georg Wilhelm	216
Mal, Dr. Georg	247
Malberger, Carl	217
Maier, Dr. Adolph	364
— Anton, Secretär	357
— Anton, Amtsschreiber	213
— Anselm	374
— Bonifaz	461
— Carl	376
— Carl Valentin	299
— Franz	294
— Georg	395
— Dr. Georg	335
— Gustav	389
— Dr. Hermann	387

Maier, Johann Baptist	358
— Joseph	227
— Dr. Willibald Apolinar.	405
Mailer, Joseph	291
Maißinger, Joseph	120. 248. 255
Maillot, de la Treille, Max Frhr. v.	47. 157. 315
Mairet	80
Malchofen auf Klingenberg u. Aulenbach, Franz Phil. Frhr. v.	157
Mais, Dr. Joseph	440
— Dr. Rich.	294
Maison, Friedrich	389
Maistre, Dr. Joseph	453
Majer, Julius	249
Majorano, Benedict Frhr. v.	83
Makowiczka, Dr. Franz	444
Malaisé, Eugen	262
— Ferdinand Ritter v.	28. 140. 271
Maldeghem, Carl Joseph Maria Graf v.	15. 159. 187
Malet	81
Malher, Graf v.	73
Mall, Sebastian	145. 451
Maller, Franz	122
Malsen, Albert Frhr. v.	163. 179
— Bernhard Frhr. v.	257
— Conrad Frhr. v.	162
— Conrad Adolph Frhr. v.	13. 20. 40. 96. 149. 190.
— Conrad Ludwig Frhr. v.	15. 102. 103. 140. 142. 157. 190
— Erasmus Adalbert Frhr. v.	150
— Theobald Frhr. v.	128
— Theobald Frhr. v., Revierförster	214
— Theobald Frhr. v., Unter-Lieutenant à la suite	163
Maltever, Georg	328
Maltiz, Anton v.	70
Maly, Dr. Vincenz	37
Maltzahn, Heinrich Frhr. v.	158
Malß, Heinrich	318
Manarakis, Anton	88
Mandel, Wilhelm	365
Mandl, Joh. Nep. Frhr. v.	149
— Ludwig Frhr. v.	156
Manfré, Pasquale Frhr. v.	80
Mangold, Ambros	303
— Joseph	376
— Hans Julius August v.	76
Mangstl, Carl Ritter v.	53. 284
— Caroline v.	168
— Eugen Ritter v.	273
Mank, Heinrich	164
Mann, Adolph v.	229
— Carl	351
— Christian Ritter v.	266
— Franz Carl	378
— Friedrich Ritter v.	274
— Friedrich Matth.	377
— Joseph Ritter v.	123. 162
— Ludwig Ritter v.	164
Mannhart, Max	313
Mansbach, Carl v.	69
Mansfeldt, A. E.	76
Manstorfer, Heinrich	307
Mantel, Albert	386
— Carl	325
— Eduard	326
— Friedrich	325
— Jacob	324
— Johann	386
— Dr. Joseph Nicolaus v.	27. 48. 132. 135. 207
— Julius	314
— Michael	377
Manteuffel, Frhr. v.	74
— Otto Theodor Frhr. v.	11
Mantey-Dittmer, Carl Frhr. v.	113. 114. 267
Manuel, Dr. Maximil.	209

Manz, August 62. 218
— G. F. 123
— Wilhelm Ritter v. 21. 42. 108. 113. 118. 119. 250. 264
Marbacher, Joseph 312
Marberger, Anton 233
Marc, Adalbert 110
— August 232
— Joseph 342
Marcolini, Graf v. 34
Mares, Joseph 178
Marguérite, Graf Solar de la 29
Marieni, Jacob 74
Mark, Anton von der 20. 41. 96. 119. 125. 130. 250. 254
— Heinrich von der 16. 93. 105. 130. 131
Mark, Léon von der 248
— Sebastian 377
— Xaver 50. 355. 365
Markert, Bernhard 368
Markhauser, Dr. Wolfgang 484
Markus, Dr. Fr. Ant. 35
Marmol, v. 33
Marnet, Friedrich 328
Marnier, Jul., Oberst 17
Marogna, Max Graf v. 24. 43. 106. 113. 152. 190. 191
Marquardsen, Dr. Heinrich 442. 443. 445
Marschalck, Ferdinand 216
Marschalk v. Ostheim, Emil, auf Trabelsdorf 152
Marschall, August Frhr. v. 35
Martellini, Leon. Marchese 67
Marth, Peter 344
Martin, Albert 262. 432
— Dr. Alois 295
— Anton Carl 393
— Arnold 313
— Dr. Carl 321
— Caspar Michael 66. 384
— Christian 302
Martin, Conrad 350
— Ernst 316
— Franz, Forstmeister 300
— Franz, Revierförster 352
— Franz Xaver 343
— Friedrich 334
— Friedr. August 219
— Gg. Benno 326
— Johann 348
— Dr. Johann Nepomuk 498
— Johann Nepomuk 210. 212
— Joseph 388
— Dr. Ludwig 295
Martinet, Dr. Adam 468
Martini, Adolph v. 197
Martius, Dr. Carl Friedrich Philipp v. 22. 90. 102. 103. 103. 104. 124. 132. 133. 137. 410
— Friedrich 324
— Dr. Theodor Wilhelm Christian 127. 444. 446
Marx, Johann 366
— Leonhard 475
— Sigmund 288
Marzall, Johann 463
Marzell, Theodor 231
Mascher, Johann Baptist 402
Masel, Grg. Heinrich 351. 354
Massa, Georg 349
Massenez, Carl Philipp 324
Massignac, Graf v. 71
Maßl, Johann 457
Maßmann, Dr. Hans Ferdin. 415
Mateos, José Joaquim Don 71
Mathaeus, Georg 177
Mathaus, Simon 105
Mathieu, Carl 300
Mattenheimer, Carl 344
Mattern, Friedrich 316
Matthy, Georg Nic. 323
Maubreuil, François Hyacinthe de 34

590

Mauchenheim gen. Berchtols-
heim, Friedrich Frhr. v. 158
— — Hermann Hans Christoph
Frhr. v. 164
Maukner, Michael 455
Maucler, Emil Frhr. v. 69
Maurer, Andr. Wilhelm 368
— Anton 222
— Dr. August 445
— Carl 333
— Carl Hermann 332
— Dr. Conrad 61. 429
— Franz 61. 297
— Friedrich 336
— Georg Ludwig v. 20. 40.
104. 106. 139. 141. 185.
187. 412
— Jacob Friedrich 355
— Joseph 210
Mauritii, Georg 452
Mauritz, Peter v. 83
Maurmeier, Joh. Bapt. 231
Maus, Johann Nep. 312
Mauser, Georg 308
Maußner, Johann Georg 309
Mauromichalis, Demetrius 35
— Germanos 85
May, Dr. Andreas 287
— Andr., Secretär 249
— Dr. Andreas 482
— Dr. Heinrich 122
— Jacob 57
— Jacob, Zimmerwart 147
— Ludwig 285
— Maximilian 165
Maybach 38
Mayer, Dr. 65
— Adolph 367
— Andreas 308
— Anton v. 127. 135. 271
— von Löwenschwert Anton 75
— August 305
— Carl 182
— Carl, Hofmusikus 169
— Carl, Hüttenverwalter 210

Mayer, Carl Aug., Landrichter 350
— Carl, Hauptmann 258
— Carl, Bezirksinspector 230
— Carl Joseph 290
— Dr. Carl Ritter v. 65. 115
128. 132. 163
— Conrad 231
— Christian 169
— Crescentia 168
— Franz 82
— F. E. 475
— Dr. Franz Michael 365
— Franz Xaver 378
— Georg 210
— Dr. Georg 166. 450
— Dr. Georg Carl Professor
496. 468
— Gottlieb Fr. 54. 103.
120. 127. 138. 139. 189
— Gregor 380
— Dr. Gustav 381
— Gustav 214
— Heinrich, Landrichter 332
— Heinrich 367
— Hermann 231
— Ignaz, Secretär 286
— Ignaz 50
— Johann, Gerichtsschreiber
320
— Johann, Controleur 217
— Johann, geh. Kanzl. 199
— Dr. Johann Baptist 337
— Joh. Bapt., Landrichter 333
— Johann Ev. 212
— Johann Georg 408
— Johann Georg, Zollver-
verwalter 245
— Johann Georg, Staats-
anwalt 306
— Johann Gottfried Christ. 47
— Johann 181
— Dr. Joseph Castulus Sig-
mund 358
— Joseph, Landrichter 332

Mayer, Joseph, Landrichter	309
— Joseph Maria, Secretär	200
— Joseph, Buchhalter	217
— Joseph Julius	422
— Dr. Joseph May	335
— Leonhard	390
— Louise	168
— Ludwig	169
richter	327
— Ludwig, Assessor	308
— Ludwig, Schreiber	333
— Dr. Marcus	60
— Max	164
— Dr. Max Theodor	331
— Max, Hofmusikus	169
— Max, Forstmeister	214
— Michael	334
— Dr. Michael Alois	381
— Moritz	340
— Philipp	331
— Sebastian	312
— Thomas	102. 108
— Thomas, Rath	205
— Dr. Tobias Edmund	335
— Valentin	305
Mayerhofer, Oscar	200
Mayer-Schauensee, Joseph	290
Mayler, Joseph 121. 138.	182
Mayr, Alois	312
— Dr. Alois	437. 439
— Andreas	293
— Carl, Bezirksger.-Rath	306
— Carl	306
— Dr. Carl, Landger.-Arzt	311
— Carl, Revierförster	402
— Clement	288
— Clement, Revierförster	300
— Ernst	165
— Franz Xaver	336
— Georg, Controleur	204
— Georg, Observ.	421
— Dr. Joseph	335
Mayr, Dr. Joseph Barthol.	200
— Ludwig	294
— Michael	216
— Dr. Wilhelm	290
Mayrhofer, Michael	286
Mayring, Valentin	484
Mayrrock, Franz Joseph	401
Mechel, Dr. Aug., gen. van Mecheln	46. 291
— Jacob	214
Mecheln, Theodor van	289
Mecklenburg-Schwerin, Frie. brich Franz, Großherzog v.	8
Meherer, Johann Baptist	297
Medicus, Dr. Bernhard	439
— Dr. Carl	381
— Dr. Carl Ludw. Ferd. 62.	320
— Dr. Friedrich Carl	82
— Gustav	288
— Dr. Heinrich	463
— Dr. Max Ludwig	295
Meerwitz, Leonhard	445
Mees, Caspar	105. 140
— Simon	373
Megele, Anton	308
— Joseph	320
— Lorenz	226
Mehlem, Theodor	123
Mehler, Anton	274
Mehling, Joseph	374
Mehltretter, Joseph	380
— Joseph, Secretär	287
— Ludwig	484. 488
Mehmel, Dr. Friedr. Aug.	359
Mehrl, Michael	238
Mehrlein, Johann Baptist v.	23. 44
Mehrmann, Johann Georg	334
Mehrwald, Joseph	466. 467
Meier, Alois	347
— Friedrich	276
— Johann Michael	209
— Heinrich	286

Meiler, Georg	330	Mennel, Wolfgang	352
Meilinger, Joseph	456	Menschikof, Fürst	9
Meindl, Alois	216	Menshengen, Franz Xav. Frhr.	
— Henriette	170	v.	74
— Joseph	331	Menter, Georg	169
Meineke, August	415	Menz, Carl Ritter v.	276
Meinel, Carl Friedr. Christian	331	Menzel, Gustav	354
— Carl Fr. Eugen	355	— H. M.	466
— Gottlieb	48. 363. 365	Menzing, Augnst	353
Meisinger, Joseph	313	Merck, Wilhelm	201
Meisner,	86	Merckel von Wiesenthal, Sig-	
— Carl Friedr.	418	mund Ritter v. 95. 118.	
— Joseph	376		135. 160
Meißner, Carl Ernst Johann	65.	Mercy=Argenteau, Carl Graf	
	200	v.	11. 14. 28
— Carl Michael	373	Merfort, Ubald Ritter v.	37
— Gustav Eduard	369	Mergner, Heinrich	234
— Johann Bapt.	47. 373	Merk, Andreas Carl	466
Meister, Dr. Xaver 247. 449. 453		— Dr. Carl	381
Meixner, Alois	242	— Carl, Reggs.-Rath	341
— Carl v. 25. 43. 102. 103.		— Georg	365
	119. 125. 220	— Johann Christ.	49. 359
— Heinrich	145	— Joseph	144
— Ludwig	147	Merkel, Adolph	375
— Philipp	239	— Anton	243
Meller, Melchior	61	— Friedrich	95. 126
Mellikoff, Gen.-Maj.	18	— Gustav Wilhelm	319
Melßheimer, Carl	172	— Dr. Joseph 52. 97. 478. 482
Melzer, Adam	243	— Johann Caspar Gottlieb	
— Karl, Rentb.	337		201
Melzl, Ludwig v.	390	— Ludwig	359
— Max v.	217	— Dr. Paul Johannes	128
— Wilhelm v.	54. 328	— Wilhelm 61. 95. 106. 142.	
Memminger, Adalbert	361		252. 256
Mendel, Bruno	361	Merkl, Adam	164
— Joseph v.	315	— Friedrich	279
Meneval, Eugen Baron v.	30	— Johann Christian	334
Menge, Georg	167	— Joseph	208
Mengein, Anton	45. 405	Merkle, Joseph	399
Mengert Emil	341	— Mathias	482
Menges, Ludwig	86	— P. Prosper	479
Mennacher, Christian	105	Mertel	67
— Sebastian	306	Mertl, P. Raphael	483

Merz, August	246	Meyer, Johann Mathias	358
— August Georg Albert	201	— Dr. Johann Mathias	126.
— David Georg-Carl v.	363		284
	366	— Julius	109
— Friedrich	47	— Justus	243
— Georg	47. 123	— Ludwig	202
— Joseph	329	— Martin	366
— v. Quirnheim, Ritter v.	371	— Peter	381. 384
Mesmeringer, Michael	288	— Philipp	209
Messerer, Anton	371	Meyerbeer, J.	91
— Georg	223	Meyerheim, Friedrich Eduard	
Messerschmid, Franz Xaver	220		88. 425
Messey, Gustav Graf v.	75	Meyerl, Joseph	222
Meß, Dr. Eduard	65. 296	Mezger, Friedrich	469
Meßmer, Hermann	392	— Georg Carl	474
— Dr. Joseph Anton	433	— Dr. Moriz	484
— Max	368	— Dr. Georg Caspar	47. 369.
Methschnabl, Joseph	316		483. 484. 488
Metschnabl, Franz Xaver	395	Meß, Ferdinand	426
Mettingh, Friedrich Frhr. v.	162	— Dr. Hermann	383
— Jacob Carl Frhr. v.	53. 98.	Meß, Rudolph v.	27. 53. 356
	150	Metzger, Christian	366
— Moriz Frhr. v.	162	— Jacob	169
Meuth, Franz Flaming	63. 122.	— Jacob, Magistratsrath	383
	322	Mezler, Anton	243
Meyer, Carl, Consul	198	— Joseph	285
— Carl, Staatsanwalt	304	Meßner, Carl Adolph	36
— Dr. Christ. Friedrich	45	Miauoulis, Nicolaus	79
— Constantin	214	Michaeli, Caspar	97. 275
— Cornelius	362	Michaelis, Ernst	31
— Crescentia	448	Michabelles, Carl	392
— Dr. v.	86	Michal, Philipp	48. 285
— Franz	46. 126. 316	Michel, Alfred	88
— Friedrich, Official	222	— Heinrich	331
— Friedrich, Revierförster	372	— Sebastian	449. 454
— Friedrich Ludwig	408	Micheler, Franz	331
— Friedrich Wilhelm	168. 170	— Joseph	127. 259
— Gustav	369	— Johann	292
— Hermann v.	418	Michell, August	136
— J. C.	341	Michelsen, Dr. G.	419
— J. R.	416	Miklosich, Dr. Franz	415
— Joachim Georg	61		
— Johann Adam	331		

Mdanner, Johann	89
Middendorf, A. Th. v.	417
Miedl, Jacob	355
Miehling, Johann	373
Mielach, Georg	226
Migneret	75
Mihokovic, Ferdinand	85
Milbauer, Joseph	458
Millauer, Georg	215
Miller, Anton	465
— Constantin	130
— Ferdinand v.	23. 46. 102. 121. 134. 137. 137. 142. 427
— Franz Xaver	301
— Gustav	200
— Heinrich	220
— Dr. Jacob	237
— Dr. Johann	295
— Joseph, Staatsanw.	287
— Joseph Ritter v.	94. 105. 107
— Max	449
— Michael	237
— Michael, Domcapitular	405
— William Halloms	218
— v. Altammerthal, Johann Baptist Ritter	158
Miltner, Ferdinand	233
— Johann Theodor	375
Minckwitz, Otto v.	71
Mindler, Caspar	141
— Joseph	109
Minervini, Julius Ritter	83
Minet, Dr. Eduard	434
— Dr. Johann	75
Mirbach, Alphons Frhr. v.	129. 155
Mitscherlich, Dr. Eilert	90. 417
Mittereder, Alois	217
Mitterer, Carl	223
— Simon	238
Mitterhuber, Franz	54
— Franz Xaver	336
— Julius	299
Mittermaier, Friedrich	332
Mittermayer, August	318
— Georg	297
— Theodor	363
Mittermiller, P. Rupert	457
Mittl, Dr. Ludwig	405
Mobel, Friedrich, Revierf.	370
— Friedrich	362
Modena, Franz Herzog v.	8
Möbius, Dr. August Ferdinand	416
Möhl, Dr. Arnold	50. 317
— Carl Th.	147
— Jacob	48
Möller, Adolph	235
— Carl, Revierförster	352
— Carl	376
— Heinrich	375
— Johann	419
Mördes, Joseph	51. 372
Mörike, Dr. Eduard	92
Möritz, Alois	249
Mörs, Emerich Joseph v.	321
Mörschell, Dr. Martin Joseph	381
Mösch, Ferdinand	472. 477
Mösmang, Johann Nep.	310
Mösmer, Franz Xaver	340
Mogg, Eduard	109. 138. 231
Mohl, Hugo v.	90. 418
— Julius	415
Mohnie, Johann	232
Mohr, Carl	466
— Franz	468
— Jacob	323
Mohrenheim, Arthur Frhr. v.	74
Molac, Marquis de, René Alexis Alexandre Ernest Seneschal de Rercado	104. 136. 139. 152

Moloussena — 38
Moldenhaver, August 468. 470
Mólique, Ludwig 317
Molitor, Franz Xaver. v. 23. 43. 199
— Georg 376
— Ludwig Alois 318
— Philipp 387
— Wilhelm 407
— v. Mühlfeld, Ernst Franz v. 157
— ,Mühlfeld, Ernst v. 166
Moll, Johann Frhr. v. 72
— Joseph Frhr. v. 35
— Caroline 176
Mollo, Joseph 73
Molter, Franz 386
— Joachim 397
Molza, Marquis v. 29
Mommsen, Theodor 415
Monbel, Bailin de 36
Mone, Franz Joseph 420
Monge, Marrey 68
Montanari Blanchini, Antonio Graf 158
Monteiro, Joaquin Jorge 193
Montemilletto, Franz Fürst v. 70
Montesquiou = Fezensac, Reinard Vicomte, Herzog v. Fezensac 17
Montforte Duca di Laurito, Johann Graf v. 72
Montgelas, Ludwig Graf v. 21. 41. 110. 126. 155. 191
— Max Graf v., Reichsrath 24. 151. 186. 187
Montleart, Fürst v. 28
Montmort, Marq. de 17
Monz, Carl 377
Moosmaier, Joseph 177
Moos 87

Moralt, Anton 169
— August 169
— Friedrich 169
— Joseph 170
— Josepha 168
— Maria 439
— Otto 290
— Peter 168. 170
— Theodor 168
— Wilhelm 169
Morawitzky, Max Graf Topor 114
Moreau, Friedrich Frhr. v. 58. 150
Moreau de Jonnes, Alex. 77
— — M. A. 420
Morett, Anton 309
— Joseph v. 364
Morgenroth, Heinrich Andreas v. 28. 56. 207
— Johann Friedr. Carl 342
— Dr. Theodor 349
Morgenstern, Christian 67. 424
Moticchini, Carl Ludwig 29
Moritz, Adam 346
— Johann 289
— Dr. Mauritius 487
Motzbeck, Johann 352
Moro, Johann Nep. v. 245
Moroff, Carl 470
Morzin, Peter Graf v. 72
Moschel, Friedr. Phil. Heinr. 409
— Hermann 322
Moschenbach, Andreas 462
Moser, Ferdinand 65. 207
— Franz von Paul 380
— Friedrich 332
— Gustav Carl 290
— Johann Nepomuk 164
— Johann Nepomuck, Zahlmeister 368
— Mathias 294

Moser, Nicolaus	405
— Xaver	329
Moßner, Philipp Heinrich	469
Most, J. G. A.	36
Mosthaff, Wilhelm	386
Moß, Philipp	222
Moßer, Joseph	453
Mouroufi, Constantin	77
Moy, Carl Frhr. v.	118. 120. 159. 253
Moyard, A. Ritter v.	195
Mück, Eduard	89
Mühe, Anton	328
Mühlbauer, Eduard	214
— Franz	222
— Gustav	267
— Dr. Max	365
— Theodor	262
Mühlberger, Franz	458
Mühldorfer, v.	64
— Joseph	337
Mühle, Carl Graf von der	166
— Gust. Graf von der	158
— Julie, Gräfin von der	174
Mühlfeld, Jacob	326
Mühlholz, August v.	233
Mühlmayer, Johann	340
Mühlthaler, Carl	173. 453
Müller, Dr.	60
— Dr. Senator	71
— v.	83
— Adam	44
— Adam, Lehrer	481
— Adolph	38
— Alexander	460
— Alois	279
— Andreas, Buchhalter	218
— Dr. Andreas	406
— Andreas, Maler	425
— Anton	387
— Anton, Revierf.	402
— August	37
— Carl Friedrich	31

Müller, Carl Frhr. v.	206
— Dr. Carl, Bez.-Arzt	335
— Carl Heinrich	194
— Carl Hermann	340
— Christian	377
— Christian, Landrichter	345
— Christian Aug.	359
— Christian Gottfr.	332
— Christian Heinrich	358
— Christoph Ferdinand	244
— Conrad	380
— Conrad, Reg.-Quartiermeister	277
— Conrad, Controleur	229
— Eduard	289
— Eduard, Secretär	207
— Eugen	323
— Ferdinand	347
— Franz	335
— Franz jun., Baubeamter	388
— Franz, Secretär	208
— Franz, Bez.-Amtmann	335
— Franz sen., Baubeamter	339
— Franz, Assessor	335
— Dr. Franz, Ger.-Arzt	311
— Friedrich	387
— Friedrich, Ergänzungsrichter	375
— Friedrich, Magistratsrath	384
— Friedrich Wilhelm, Controleur	204. 447
— Friedr. Wilh., Landricht.	319
— Georg, Revierf.	338
— Georg Ed.	318
— Gustav	395
— Gustav, Secretär	287
— Gustav, Secretär	391
— Dr. Heinrich	365
— Dr. Heinrich, Prof.	437. 440
— Heinrich	82
— Heinrich, Schreiber	290
— Dr. Hermann	437
— Hermann	359

Müller, Hermann, Professor	451
— Hippolyt	169
— Jacob, Quartiermeister	277
— Jacob	234
— Jacob, Oberlieut.	255
— Johann	222
— Johann, Lehrer	406
— Johann Baptist	406
— Johann Georg Friedr.	445
— Jos., Stadtger.-Assessor	379
— Joseph, Kanzelist	356
— Joseph Schreiber	293
— Joseph, Zoll-Rechnungs- Commissär	235
— Joseph Ferdinand	123. 139. 145
— Julius Ferdinand	317
— Jwan	473
— Ludwig, Assessor	378
— Ludwig	485
— Ludwig, Hauptmann	109
— Marcus Joseph	409. 410. 432
— Martin	244
— Martin, Landrichter	307
— Martin, Revierf.	300
— Max, Akad.	415
— Michael	391
— Moritz Frhr. v.	163
— Nep. Frhr. v.	57. 273
— Dr. Rudolph	335
— Vincenz	73
— Wilhelm, Assessor	397
— Wilhelm, Official	227
— Wilhelm, Revierförster	325
— Wilh., Secretär	263
— -Kränner, Joh. Nicolaus	336
Münch, August	344
— Carl Hermann	63. 351. 470
— Christian	379
— Friedr., Reg.-Quartierm.	277
Münch, Friedrich	361
— Georg	55
— Leonhard	358
— Wilhelm	320
Münch-Bellinghausen, Joach. Eduard, Graf v.	28
— — Eligius, Frhr. v.	77. 92
Münchhausen, Frhr. v.	34
Mündler, Eugen	63. 115
— G.	482
Münich, Franz Georg	217
— Gottfried	387
Münster, Adalbert Frhr. v.	160
— Dietr. Christ. Wilhelm Frhr. von u. zu Euerbach	160
— Joseph v.	216
Münster-Euerbach, Carl Jos. Frhr. v.	99. 151
Münsthal, Adolph v.	17
Münz, Johann Georg	144
Münzing, Simon	98. 109. 254
Muffat, Carl, Baurath	53. 297
— Carl August	205. 412
Muggenthaler, Joseph	62. 334
Mulzer, Carl Frhr. v.	41. 157. 184. 199
— Wilhelm Frhr. v.	157. 269
Mundorff, Joseph	385
Munker, Joh. Georg	477
— Theodor	350
Munkert, Joh. Conrad	393
Munzert, Dr. Friedrich Christian	349
Munzinger, Friedrich Philipp Ludwig	318
— Ludwig	409
Murichson, Roderik Impey	418
Murrmann, Franz	126
Murray, the honourable John Oliphant	155
Muruaga y Vildosola, Emilio de	197

Muscat, Friedrich Gg. Christoph	201	Narr, Dr. Johann	209. 440. 441. 446
Muschi, Georg	244	Naske, Wilhelm	80
Mussard, Eugen	73	Nassau, Adolph Herzog v.	8
Mussinan, Gustav	273	Naumann, Carl Friedrich	423
— Johann Baptist v.	46	Naus, Joseph	50
— Joseph	244	Navez, F. J.	78
Muszynski, Carl	83	Necco, Cesare	38
Mutschlechner, Johann Nep.	210	Neff, Anton	181
Mutzenbard, Erhard	355	— Heinrich	94. 105. 259
Mutzl, Eduard	457	— Joseph	313
— Sebast.	49. 420	Negele, Mathias	173
Muus, Carl	438	Neger, Gustav v.	305
Muxel, Julius	285	— Ludwig v.	162
		Neher, Bernhard	430
N.		— Michael	430
		Neidel, Johann	246
Nabinger, Adam	301	Neibert, Johann Bapt.	224
Nabler, Franz Xaver	167. 448	Neipperg, Erwin Graf v.	73
— Georg	301	Nelldoff, Alexander v.	202
— Joseph	46	Nellessen-Kelleter, C.	37
Nägele, Michael	314	Nepven, Stoosmale	87
Nägell, Dr. Carl Wilhelm	412. 421. 433. 435	Nero, Adolph	220
Nägelsbach, Dr. Carl	468. 470	— August	292
Nägerl, A.	487	— Max	46
Näßl, Augustin	172	Neser, Michael	314
— Christ.	173. 300	Nesselrode, Max Frhr. v.	48. 160. 275
— Johann	177	Nest, Joseph	291
Nagel, Carl v.	52. 285. 299	Neubauer, Joseph	265
— Georg Jacob	368	Neubeck, Carl Frhr. v.	276
— Heinrich v.	391	Neuberg, Johann Gemrich Frhr. v.	158
— Heinrich v., Oberlieut.	266	Neubig, Georg	350
Nagelschmidt, Johann	96	Neubronner, Adolph Ritt. v.	237
Nagler, Gustav	390	Neubegger, Dr. Julius	300. 301
— P. Joseph	488	Neuer, Carl	321
Naimer, Joseph	309	Neuffer, Georg	336. 341
Namur, Dr. Antoine	425	— Wilhelm	60
Nar, Carl	62. 340	Neuhauser, Johann Bapt.	300
— Heinrich	238		
Narcis, Ferdinand	115		
— Ludwig	94. 132		

Neuhäusl, Georg	228
Neumann	76
— v.	67
— Martin v.	22
Neumaier, Carl	337
— Leonhard Joseph	215
Neumayer, Nepomuk	50. 103. 107. 253. 273
— Theodor	189
— Thomas	460
Neumayr, Ludwig v.	25. 52. 132. 286
— Max v.	25. 41. 142. 184. 207
Neumeyer, August Friedrich	410. 420
— Johann Baptist	56. 199
Neumüller, Franz Xaver	314
Neupauer, Caspar v.	81
Neuper, August	358
Neurath, Constantin Frhr. v.	29
Neureuther, Eugen	424
— Gottfried	221. 452
Neuwirth, Emanuel Eduard	319
Ney, Georg, Major	112
— Georg Ludwig	315
— Ludwig	223
— Max, Revier-Först.	299
Nickel, Anton	319
— Jacob	223
Nickels, Ferdinand Otto	380
— Dr. Gallus	382
Nickl, Wilh. Possiblus	484
Nicklas, Georg	246
Niederhuber, Michael	169
Niederlande, Wilhelm III. König der	8
Niedermaier, Georg	312
— Carl	386
Niedermayer, Friedrich	336
— Willibald	414
Niedermayr, Johann	330
Niederreiter, Carl Wilhelm	203
Niederreither, Dr. Theodor	398
Niederreuther, Georg	326
— Ludwig	325
— Ludwig, Revierf.	325
Nies, Adolph	220
— Joh. Mauritius	377
Nieß, Carl	325
Nießler, Johann Baptist	342
Niest, Carl	169
Niethammer, Friedr. v.	129. 134. 138. 159. 190
— Julius v.	21. 42. 103. 129. 135. 141. 186. 187. 414
— Ludwig v.	159
Nieuwerkerke, Alfred Graf v.	70
Nigg, Felix	205
Niggl, Johann	301
— Johann Nepomuk	164
— Joseph	243
— Josepha	165
— Nepomuk	208
Niguet, Carl	241
Niller, Andreas	290
Nilus, v., Gen.-Maj.	18
Nirschl, Dr. Joseph	456
Nischler, Michael	333
Nißelbeck, Jacob	278
Nißl, Theodor	449
Nobel, Jacob	277
Nobile, Gaetano Ritter	88
Nobiling, Adolph	55. 120. 126. 134. 221
Nockher, Dr. Michael	316. 321
Noe, Heinrich	148
Rössel, Carl	318
— Johann	323
— Theodor	323
Noll, Adam	245
Norbegg zu Rabenau, Fr. W. C. Graf v.	149
Normann, Carl v.	234
Nostiz, Graf v.	29

Notaras, Panajotis	68
Nothomb, Baron	67
Null, August von der	80
— Eduard van der	80. 429
Nürmberger, Georg Friedr.	346
— Hermann	261
— Philipp	267
Nüßler, Andreas	56. 220
Nützel, Ernst	47
Nunez-Gallego, Manuel de	86
Nurtsch, Johann Christian	240
Nusch, August	461
Nusret-Bey	75
Nusselt, Craft Ernst	366
Nusser, Franz Ant.	56. 357
Nußbaum, Dr. Johann Nep.	123. 139. 431. 434

O.

Obel, Franz Xaver	367
Obenberger, Eduard	351
Obenhuber, Carl	377
Oberbauer, Alois	297
Obereder, Dr. Joseph	365
Oberhäuser, Carl	368
— Georg	51
Oberhofer Carl	289
Oberkamp, Ludwig Ritter v.	161
Oberländer, Dr. Friedr. Ed.	77
Obermaier, Georg	312
— Johann Mich.	223
— Joseph	290
Obermayer, Anton	292
— Carl	198. 283
— Georg	306
Obermayr, Georg v.	25. 45. 98
Obermüller, Georg	304
Oberndorfer, Joh. Bapt.	465
— Dr. Joseph	62. 311

Oberndorff, Adolph Gustav Graf v.	13. 151
— Alfr. Mar. Fort. Graf v.	14. 150
— Carl Graf v.	15
— Friedrich Graf v.	14
Oberneder, Georg	315
Obernetter, Johann	185
Oberniedermayer, Anton	392
Oberst, Adolph	289
— Carl	232
— Franz	214
Oberwenger, Joseph	55
Obreskoff	74
O'Byrn, Friedrich Wenzesl.	31
— Patrick	166
Och, Dr. Heinrich Michael	378
Ochs, Dr. Johann	460
Ochsenmaier, Joseph	333
— Anton	330
O'Donnel, Max Graf	32. 72
Oechslein, Joseph	451
Oefelein, Dr. Franz Ludwig	382
Oeffner, August	460
Oegg, Carl	374
Oegg, Dr. Joseph	381
Oehninger, Gregor	123. 376
Oelhafen, Ferdinand v.	370
Oelschläger, Dr. Franz	479
— Hermann	199
Oerthel, Friedr. Wilh.	329
— Wilhelm	231
Oertl, Dr. Julius	289
Oesterreich, Albr. Friedr. Rudolph, Erzherzog v.	9. 17
— Carl, Erzherzog v.	10
— Carl Ferd., Erzherzog v.	9
— Ferdin., Erzherzog v.	10
— Ferdin., Kaiser v.	8
— Ferdin. Maximilian, Erzherzog v.	10

37*

Oesterreich, Franz Jos. I.,
  Kaiser v.   8. 268
— Fr. Carl, Erzherzog v.   9
— Joseph, Erzherzog v.   10
— Leopold, Erzherzog v.   10
— Ludwig Joseph Anton
  Erzherzog v.   10
— Rainer, Erzherzog v.   10
Oettingen-Oettingen u. Oet-
  tingen-Spielberg, Amalie,
  Fürstin v.   174
— — Otto, Fürst v. 6. 9. 186
Oettingen-Wallerstein, Ludwig
  Crato Carl Fürst v. 9. 19.
  101. 129. 143. 185. 413.
                         423
Oettingen-Wallerstein, Fried-
  rich Fürst v.   187
Oettl, Carl   291
— Joh. Georg v. 22. 43. 106.
                    138. 407
Oexle, Friedrich   83. 194
Offenbach, Philipp   450
Offinger, Joseph   370
Ohm, Martin   416
Oldenburg, Peter Großherzog
  v.   8
Olfers, v.   74. 414. 424
Oliveira, Ant. J. Gomes, d' 72
Onnate, Athanasius   71
Oppel, Dr. Albert 413. 421. 433
Oppelt, Johann Wilhelm   375
Oppenrieder, Carl Eduard 484
Oppert, Adolph   308
Ordnung, Carl   348
— Carl Friedrich   348
Ordolff, Dr. Heinrich L. 286
Orff, Anton   176. 272
— Carl   64. 278
— Carl v.   67. 237
— Carl v., Major   120. 269
— Carl, Hauptmann   254
— Moriz   128. 261

Orges, Dr. Hermann   63
Orloff, Graf, General d. Cav. 18
Ornano, Graf, Gen.-Lieut. 17
Ornstein, Bernhard   85
Orräus.   33
Orth, Abbias   366
Orthlieb, Max v.   253
Orti di Manara Giovanni 419
Orttenburg-Tambach, Frz. Jos.
  Karl Ludw. Graf zu 128. 135.
                    186. 281
Osann, Hermann   348
— Gottfr. Wilhelm 417. 437.
                    438. 439
Osberger, Leonhard v. 28. 61.
                         202
Osius, Georg Th.   87
Osten, von der   84
Osten-Sacken, Baron v.   18
Osterchrist, Fr. B. 208. 442
Osterhuber, Max   267
Ostermaier, Ludwig   455
— Ludwig, Magistratsrath 297
Ostermayer, Johann Nep. 314
Osthelder, Ferdinand   459
Ostler, Carl   211. 467
Osuna, Herzog v.   30
Oswald, Carl   222
— Franz Xaver   207
— Franz, Ritt. v.   45
Oth, Joseph   165
Ott, Dr. Alois   398
— Bernhard   406
— Carl   389
— Christoph   470
— Franz v. Paula   209
— Friedrich   389
— Georg   333
— Dr. Johann Adam   311
— Johann   344
— Joseph   236

Ott, Joseph, Ober-Controleur 237
— Joseph, Official 223
— Maximilian 64. 400
— Paul 355
— Wolfg. v. 22. 43. 94. 125. 250. 257
Otting Camilla, Gräfin v. 183
— und Fünfstetten, Max Joseph Graf v. 114. 140. 153. 179
Ottmann, Ludwig 320
Otto, Adolph 124. 130
— Math. Christoph 359
— Philipp 366
Overbeck, Friedrich 76. 92. 423
Overmeer Fischer, v., Akad. 415
Ow, Carl Frhr. v. 158. 294
— Felix Frhr. v. 157. 293
— Max Frhr. v. 14. 114. 248. 254.
Owen, Rich., Akademiker 417

P.

Pacher, Cajetan 340
Pachmayer, Anton 286
— Johann Nepomuk 298
Pachmayr, Dr. Joh. Bapt. 349
Pakeny von Kielstädten Friedr. Frhr. 36
Pahl, Eduard 336
Pärtl, Ignaz 312
Pailler, Carl 226
Paintner, A. 127
Palacky, Franz 419
Palasca, Leonidas 38
Palffy, Carl Anton Fürst 33
Pallavicini, Andr., Marchese 14
— Cäsar, Marchese 14
— Fabius, Marquis 29
Pallis, Constantin 78
— Dr. Alexis 84
Palmrodre, Lichmann Ritter v. 73

Pangerl, Bernhard 94
Panzer, Carl 287
Panzer Eugen 242
— Dr. Georg 351
— Max 287
Paolucci, Franz, Marquis 36. 78
Papellier, Dr. August 365. 447
Papius, Ferd. v., 21. 42. 373
Pappenberger, August 217
— Joseph 288
Pappenheim, Alexander Graf zu 79
— Carl Graf zu 27. 102. 114. 116. 119. 128. 158
— Clemens Albert Graf zu 120. 126. 293
— Heinrich Graf zu 79
— Ludwig Graf zu 102. 128. 187
— Maxim. Graf von 110. 122. 126. 128. 129. 131
Parades de Nava, Juan de Zavala Graf v. 30
Parfi, Angelo 76
Parmentier, Adolph 80
Parseval, Joseph Ferdland v. 162. 398
— Otto v. 122. 131
Parst, Anton 309
— Hermann 312
Partonna, Graf Don Salvatore Grifeo des Princes de 70
Paschwitz, Dr. Carl v. 349
— Ernst v. 109
Pascolini, Raphael 297
Pasetti, Florian Ritter v. 38
Paternoster, Albert 195
Patin, Peter 363
Patronino, August 223
Patsch, Benno 243
Pattberg, Christoph 229
— Edmund 361

Pauer, Ferdinand	241
— Joseph	209
Paulfranz, Joseph	387
Paukner, Adolph	222
Paul, Lorenz	239
Pauli, Emil	258
— Friedr. Aug. v.	23. 43. 118. 120. 126. 133. 142. 221
— Leonhard	297
— Paulus	214
— Dr. Reinhard	419
Paulus, Carl	286
— Leopold	238
— Peter	393
Pauly, Joseph	292
Paumgarten, Ludwig Carl Graf v.	15. 63. 161. 191
Paur, v.	64
— Carl v.	56. 280. 309
— Franz Ser.	59. 293
— Franz Xaver v.	238
— Georg Wilhelm	288
— Johann Nepomuk	304
— Joseph,	375
— Joseph, Forstrath	390
— Joseph, Obercontroleur	240
— Ludw.	306
— Max	303
— Wilhelm	212
Pausch, Carl	56. 328
— Friedr., Forstmeister	62. 328
— Friedrich, Revierf.	369
— Georg Christ. Carl	324
— Heinrich Christ.	339
Pauvels, Ferdinand	425
Pawel-Rammingen, Heinrich Gustav v.	152
Payr, Joseph	404
Pechl, Martin	465
Pechmann, Adalbert Frhr. v.	392
— Carl Frhr. v.	160. 369
— Carl Frhr. v., Major	270
Pechmann, Carl Frhr. v., Edelknabe	166
— Eduard	37
— Dr. Heinr. Frhr. v.	335
— Otto Frhr. v.	301
— Wilhelm Frhr. v.	52. 161. 310. 312
— Wilh. Joh. Nep. Frhr. v.	27. 47. 155. 355
Pechstein, Christoph	205
Peckert, Gottfried	293
— Joachim	311
Pebrazzi, Johann Jacob	359
Pedroreno, Don Victoriano de	71
Peetz, Carl	216
— Conrad	408
— Hartwig Freimund	299
Peligot, Eugen	82
Pelkhoven, Max Frhr. v.	21. 42. 121. 123. 142. 153. 184
— Max. Graf v.	162. 316
— Wilh. Frhr. v.	160. 303
Pellegrin, J. M.	86
Pelletier, Joseph	136
Pelzl, Johann	84
Pelouze, Theophil Julius	417
Pengler, Carl	66. 173. 208
Penkmayr, Joseph	171
Pentenrieder, Xaver	169. 171
Perchtold, Melchior	486
Perfall, Carl Frhr. v.	139. 157
— Max Frhr. v.	157
Perglas, Frhr. Pergler v.	76
— Carl, Frhr. Pergler v.	31
— Max Joseph Frhr. Pergler v.	14. 22. 43. 104. 106. 110. 124. 125. 136. 154. 192
Peringer, Nepomuk	96
Permanne, P. Benedict	483
Pernat, Henriette v.	180

Perner, Dr. Ignaz	51
Pernety, Vicomte	17
Perponcher-Sedlnitzky, Wilhelm Graf v.	196
Perr, Friedrich	226
Persch, Emeran	62. 304
Peertel, R. U. A. E. Jonkherr v.	196
Perty, Maximilian	417
Perzl, Max	223
Pertz, Dr. Georg Heinrich	91. 419
Peschel, Dr. Oscar	140. 420
Pesenecker, Clemens	265
Peslmüller, Johann Nep.	297
Peßinger, Joseph	96
Peßl, Heinrich v.	466
Peßler, Moriz Ritter v.	36
Pestalozza, Fr. Ant. Graf v.	148
— Hugo Graf v.	166
Peter, Anton	36
— Adolph v.	295
— Alois Ritter v.	238
— Ernst v.	299
— Joseph, Ingenieur	302
— Ludwig	277
— Robert v.	290
Petermann, Jacob	209
Peters, Carl August Friedrich	416
— Gottlieb	274
Petersen, Adolph	460. 462
— August v.	27. 53. 373
— Eugen	444
— Friedrich	374
Petri, August	317
— Friedrich	64. 101. 114. 121. 127. 134. 136. 140. 222
Petry, Johann Albrecht	486
Pettendorfer, Alois	395
Pettenkofer, Dr. Max	55. 91. 142. 146. 203. 411. 427. 434. 431
— Michael	146
Petz, Franz Seraph	405
— Friedrich	306
— Mathias	214
— Michael	333
— Wilhelm v.	260
Petzholdt, Dr. Julius	88
Petzl, Ludwig	309
Petzold, Ignaz	353
— Theodor	339
Peucker, v.	68
Peyron, Amédée	415
Pfaff, Dr. Friedrich	444
— Dr. Hans	444
— Dr. Johann	476
— Joseph	380
— Dr. Siegfried	469
Pfaffenzeller, Georg Felix	292
Pfahler, Georg Michael	206
Pfalzer, Heinrich	223
Pfannenstiel, Eugen	338
Pfeffel, Carl Frhr. v.	156
— Max Joseph	291
Pfeffer, Franz Xaver	303
Pfelfer, Dr. Franz Xaver	144. 145
Pfelffer, Anton	262
— Carl	435
— Dr. Ehrenfried	372
— Franz	415
Pfelffer, Dr. Franz Xaver	144
— Friedrich	363
— Heinrich	319
— Heinrich, Magist.-Rath	399
— Jacob	486
— Johann, Schreiber	394
— Johann	254
— Joseph	146
— Joseph Narziß	213
— Paul	254
Pfeilschifter Michael	401
Pfersdorf, Friedrich	326

Pfetten, Anton Joseph Maria Frhr. v.   57. 154. 304
— Ignaz Frhr. v. 96. 252. 265
— Joseph Frhr. v.   166
— Joseph Marquard Frhr. v., auf Ober= u. Niederambach   51. 148. 280
— Max Frhr. v.   161
— Nepomuk Frhr. v.   264
— =Füll, Ignaz Frhr. v.   159
— =Warth, Carl Frhr. v.   152
Pfettischer, Engelbert   146
Pfeufer, Benno Heinrich v. 24. 41. 121. 142. 134. 207
— Dr. Carl v.   25. 54. 142. 202. 427. 430
— Christian   59. 218
— Friedrich   275
— Georg   375
— Joseph Friedrich   304
— Sigmund Heinrich   293
Pfirrmann, Joseph   320
Pfirsch, Wilhelm Philipp   480
Pfister, Eduard v.   53. 399
— Georg   394
— Joseph   236
— Michael   472. 477
— Simon   360
Pfisterer, Anton   357
Pfistermeister, Franz v.   25. 43. 108. 113. 114. 116. 119. 121. 126. 132. 138. 140. 173
— Joseph 102. 103. 111. 115. 128. 143. 256
Pfizer, Jacob   292
Pflaum, Carl Ludwig   338
— Dr. Ernst   465. 467
— Georg   267
— Johann Baptist   406
Pflieger, Johann Evang.   190
Pfoser, Joseph   262
Pflug, Friedrich   343

Pfordten, German von der   344
— Ludwig von der   343
— Ludwig Carl Heinrich Frhr. von der, Gesandter   20. 104. 106. 111. 112. 117. 117. 124. 129. 133. 135. 136. 138. 139. 141. 142. 185. 142. 190. 191
Pfretzschner, Adolph v.   27. 56. 131. 134. 207
Pfriem, Dr. Carl Joseph   383
— Jonas   329
Pfuel, v.   36
Philipp, Johann Adam   352
Philippovich von Philippsberg, Franz Frhr. v.   75
Philipps, Dr. Georg 44. 123. 419
Philippsborn, Max   73
Pichler, Alois   329
— Johann   36
Pichlmayr, Dionys   306
— Ludwig   207
— Max Joseph   406
Pickel, David   228
Picker, August   235
Pickl, Joseph   394
Pictet, François Louis   418
Pielmaier, Wolfgang   456. 457
Pierre, Ludwig   320
Pigenot, Carl v.   49. 334
Pilati, Ignaz   96. 260
Pillement, Carl v.   226
— Johann v.   65. 271
Piller, Martin   483
Piloty, Carl   61. 423
Pischinger, Friedrich   396
Pisciceli, Ferdinand Ritter v.   38
Pitrof, Johann Baptist   231
Pittakós, Johann   75
Pitzner, Carl   122. 293
— Max   214
Pixis, Fr. Daniel v. 28. 60. 199

Planat, Ludwig Nicol. v.	34	Pölchau, Dr. Hermann	82
Planck, Max v.	155	Pöllath, Anton	298
Plank, Andreas	480	— Christoph	64. 206
— Michael Gottlieb v.	24. 44. 236	Pöller, Friedrich	299
Plapoutas, Demetrius	31	Pöllnitz, Carl Erwin Frhr. v.	150
Plaß, Christian	333	— Friedrich Frhr. v.	57
Plaß, Paul	313	— Joseph Anton Frhr. v.	150
Plath, Dr. Joh. Heinrich	412	— Ludwig Frhr. v.	101
Platner, Albert	201	Pöppl, Dr. Alois	335
Plazanet v., Hauptmann	80	— Christoph	312
Plaze de Bury, Baron H.	78	Poer-Trench, Power Henry de	195
Platzer, Ferdinand Joseph	362	Pöschel, Ottmar	342
— Leonhard	332	Pösl, Mathias	309
Plehwe, v.	36	— Wilhelm	313
Pleitner, Carl	482	Pößl, Dr. Joseph	56. 427. 429
— Eduard	312	Pohl, Eduard	231
Plendl, Joseph	295	— Fedor	330
Pleninger, Johann Evang.	223	Poißl, Adolph Frhr. v.	288
Plessen, Ludwig Frhr. v.	150	— Carl Frhr. v.	161. 291
Pleßinger, Wilhelm Leopold	377	— Johann Nepomuk Frhr. v.	12. 95. 112. 148
Plettner, Franz W.	378		
—	89	Pola, Adolph	486
Pletzer, Albert	399	Poland, Christoph	351
— Joseph	182	Poll, Alois Joh. Nep.	337
Plitt, Gustav Leop.	443	Politi, Raphael	193
Plochmann, Friedrich	370	Pollack, Dr. Franz Xaver	482
Plöberl, Alexander	289	Polland, Franz Xaver	282
Plöberl, Johann Evang.	291	Pollich, Ad.	384
Ploner, Friedrich August	50. 380	— Georg Philipp	373
Plücker, Julius	416	Pömmer-Esche, Johann Friedr. Frhr. v.	32
Pocci, Albertine Gräfin v.	175	Ponater, Martin	222
— Franz Graf v.	23. 43. 106. 119. 123. 148. 153	Pongratz, Anton	308
Podewils, Constant. Frhr. v.	246	Ponholzer, Bartholomäus	487
— Friedrich Frhr. v.	25. 43. 158. 340	Ponickau, Julius Frhr. v.	153. 187
— Heinrich Frhr. v.	270	Poninsky, Anton de Brody, Graf v.	81. 152
— Philipp Frhr. v.	57. 114. 116. 126. 128. 274	Pons, Graf v.	31
Pöhlmann, Heinrich	384		
— Maximilian	182	Ponzellin, Joseph v.	403

Popp, Carl	223
— Carl, Oberlieut.	255
— Carl August	48
— Christian	370
— Franz	260
— Georg	246. 279
— Georg, Actuar	262
— Joh. Alb. Jul. Friedr.	342
— Justus	340
— Raimund	226
— Richard	317
— Wolfgang	207
Porbesch, Gustav	169. 170
Pornschafft, Alexander	283. 401
Port, Matthäus	456. 458
Posselt, Carl	223
— Heinrich v.	27. 51. 121. 136. 218
— Dr. N. C.	81
Possert, Antonin	213
Posset, Zacharias	293
Poßelt, Dr. N. C.	80
Post, Franz Joseph	286
Postl, Dr. August	246. 285
Pracher, Alois	62. 298
— Carl	218
— Max	61. 206
Prabarutti, Friedrich	345
Praet, Jules van	67
Prändl, Georg	453
Prätorius, Joseph v.	68. 97. 108. 237
Prager, Friedrich	369
Pramberger, Carl	55. 338
— Joseph	338
— Ludwig	215
— Wolfgang	217
Prand, Dr. Benedict	64. 454
— Franz	109. 249
— Dr. Joseph M. v.	26. 50. 404
Prandl, Ernst	212
— Johann Nepomuk	214
Prankh, Sigmund Frhr. v.	59. 120. 127. 218. 254
Prantl, Dr. Carl	410. 428. 433
Prantner, Mathias	50
Praffelsberger, Dominicus	312
Braun, Michael	361
— Sigmund v.	369
— Sigmund Christoph v.	364. 367
Prarmarer, Joseph	290
Prechter, Johann	400
Prechtlein, Gustav	374
Predl, Franz v.	401
— Max v.	396
— Xaver v.	59. 96. 108. 112. 275
Preger, Johann Wilhelm	450. 451
Preis, Carl Fr.	346
Preller, Friedrich	88
Premauer, Johann v. Gott	394
Prentner, Carl v.	404
Prestele, Dr. Ernest	189
Preu, Ernst	378
— Dr. Heinrich	364
— Johann Baptist	479
Preuschen, Ernst Frhr. v.	161
Preuß, Friedrich Heinrich Wilhelm v.	34
Preußen, Adalbert, Prinz v.	10
— Alexander, Prinz v.	10
— Friedrich Carl, Prinz v.	18
— Friedrich Carl Alexander, Prinz v.	10
— Friedrich Ludwig, Prinz v.	10
Preußen, Friedrich Wilhelm Nicolaus Carl, Kronprinz v.	10
— Georg Prinz v.	10
— Wilhelm I. König v.	8. 17. 266
Prepfinger, P. Ludwig	483

Preysing = Lichtenegg, August
 Graf v.   161
— = Lichtenegg = Moos, Max
 Joseph Franz Graf v.   14.
   152. 187
Prielmayer, Max Frhr. v.
   160. 328
Prieser, Carl Paul   206
Primbs, Anton   342
Prinner, Anton   333
Prinz, Carl Eugen   59
Prinzing, Georg   351
Prittwitz, v.   68
Probst, Johann Conrad   474
— Joseph   66
— Joseph, Schreiber   332
Pröbst, Franz Xaver   394
— Wilhelm   469
Pröls, Franz   339
— Johann   338
Prößl, Joseph   278
Progel, Otto   124
Prokesch=Osten, Anton Frhr. v.   30
Promberger, Ludwig   277
Proschek, Thomas   305
Prosinger, Alois   292
Provelegios, Constantin   70
Proß, Georg   384
Pruckner, Max   217
Prüller, Franz   170
Prugger, Alexander   305
Pruner=Bey, Franz Seraph   415
Prunner, Dr. Franz   46. 126
— Michael   63. 356
Puchner, Willibald   238
Pückler, Graf v.   71
— =Limpurg, Carl Grafv.   128
— — Friedrich Graf v.   59.
   110. 282
Pückler=Muskau, Fürst   28
Pühn, Hermann   230
— Theodor   218
Puls, Andreas   345

Pündter, Emil   334
— Dr. Franz Xaver   60. 96. 205
Pürkhauer, Carl   398
— Max Friedr. Wilhelm   362
Pürzer, Michael   216
Püttlingen, Johann Vesque v.,
 Hofrath   76
— Johann Vesque v., Con=
 cepist   87
Puille, Max   312
Pullich, Carl   400
Pummerer, Anton   123. 306
— Joseph   123
— Ludwig   65. 207
Punto, Ludwig del   77
Purpus, Friedrich Wilhelm   324
Purrucker, Sigmund   385
Pusch, Edmund v.   340
Puscher, Wilhelm   201. 366
Puschkin, Alexander   468
Pusl, Johann Baptist   485
Puttkammer, v.   70
Putz, Johann   389
— Joh., Obercontroleur   241
Putzer, Johann Edler von
 Reibegg   193
Puzzer, Max   404
Pybringer, Mich.   396

Q.

Quadt=Wickradt=Jsny, Friedr.
 Wilh. Herrn. Graf v.   14. 60.
   104. 139. 191
— — — Otto Bertram
 Graf v.   14. 187
Quaglio, Angelo   171
— Lorenz   425
— Simon   171
Quante, Philipp August   285
— Wilhelm   208
Quaranta, Bernhard   74
Quehl, Friedrich Wilhelm   447

Quelster, Heinrich	182
Queitsch, Bernhard	333
Quetelet, L. A. J.	416

R.

Raab, Andreas Sigmund	340
— Carl	322
— Gg. Friedr. Carl Oscar	357
— Heinrich Ed. Albr.	468
— Philipp	220
— Roman	225
Rabe, Johann	306
Rabel, Anton	294
Rabus, Georg	370
— Dr. L. A. Th.	472
— Theodor	300
Rab, Carl v.	327
Rabefeld, Ernst	234
Rablkofer, Dr. Ludwig	421. 433. 435
Radspieler, Joseph	297
Radziwill, Wilhelm Fürst	9
Rächl, Eugen	249
Räsfeld, Ferdinand Frhr. v.	372
Räsfeldt, Ludwig Reinhard Frhr. v.	49. 209
Rahl, Carl	425
Raimer, Ludwig	288
Raith, Georg	231
Raitmair, Franz Xaver	303
Raizer, Franz	148
— Joseph	302
Ralli, Richard	85
Ram, Peter Fr. Xav. de	85. 419
Rambaldi, Ferd. Graf v.	63. 284
— Max Graf von	161
Rambauer, Franz	231
Ramberg, Frhr. Arthur v.	425
Ramberviller, Anton Salamé v.	107
Ramier, Joh. Bapt.	348
Ramis, Dr. Carl	296
— Joh. Bapt.	351
Ramlo, Ferdinand	290
Rammelsberg, C. F.	418
Ramofer, Georg	246
Rampf, Dr. Michael Ferd.	449
Rampftler, Carl	169
Rampis, Pancraz	407
Ranft, Albert	350
Rangabé, Alexander	415
— Rizo	70
Rangoni, Jos. Marquis v.	77
Ranke, Dr. Friedr. Heinr.	56. 408
— Dr. Heinrich	432
Ranke, Johannes	432
— Dr. Leopold	73. 90. 419
Rapp, Dr. Georg	205
— Dr. Joseph Ant.	349
— Ludwig	319
— Martin	395
Rappel, Dr. Joseph	15. 48. 107. 118. 189
Rasberger, Joseph	307
Raseo, Ferdinand	399
Rascher, Ferdinand	243
— Ludwig	386
Raß, Anton	209
Rast, Ferdinand Frhr. v.	136
— Johann Baptist	210
— Joseph	277
Rath, August	230
— Hermann	285
— Michael	66
Rathgeber, Ant. August	377
Rathmayer, Philipp Jacob	66. 218
Rattinger, Hermann	287
Ratzinger, Ignaz	484
Rau, Dominicus	207
— Joh. Georg	205. 420. 459
Rauch, Adolph v.	82
— Friedrich	438
— Gustav v.	33
— Joseph	169. 171

Rauch, Lorenz	333
— P. Matthäus	389. 483. 488
Rauchenberger, Carl	50
— Carl, Rev.-Förster	214
— Franz	173. 299. 454
— Johann Nep.	217
Rauffer, Johann Bapt. v.	303
Rauh, Franz	396
— Georg	230
Raule, Georg Ritter v.	75
Raumer, Carl v.	55. 126. 419. 442. 444. 446
— Rudolph v.	442. 444. 445
Rauner, Narciß v.	348
— Philipp v.	238
Rauwolf, Joseph	177
Ravizza, Julius	289
Rawlison, H. C.	415
Rebay, Adalbert v.	396
Reber, Carl	290
— Franz Joseph	320
— Dr. Franz Xaver	433
— Gotthard v.	25. 120. 135. 218
— Joseph	218
— Wilhelm	335
Rebhahn, Julius	345
— Peter	378
Rebholz, Michael	244
Rebmann, Carl Christian	324
Rechberg u. Rothenlöwen, Alb. Graf v.	13. 141. 187
— — zu Rothenlöwen, Bernhard Graf	11. 68
— — Gabriele Gräfin v.	175
— — Hippolyte Gräfin v.	175
— — Ludw. Graf v.	25. 108. 112. 118. 120. 125. 130. 138. 155. 252
— — Otto Graf v.	15
Rechels, Mathias	333
Rechenmacher, Friedrich	332
Recht, Dr. Georg	433
Rechteren-Limpurg-Speckfeld, Ludwig Graf v.	186

Reck, Carl v.	273
— Johann Leonhard	389
— Wilhelm Frhr. v.	159
Recknagel, Dr. Adalbert	473
— Friedrich	259
— Ludwig	352
Reculet, Comte de	195
Redegelt, Johann Baptist	238
Redenbacher, Erich	109
— Oscar	273
— Wilhelm Eduard	403
Reder, Dr. Anton	392
Redern, Heinrich Graf v.	35
Redlich, Christian Adolph	346
— Wilhelm	229
Redtenbacher, Dr. Joseph	417
Redwitz, Joseph Frhr. v.	150
— Melchior Frhr. v.	166
— Dr. Oscar Frhr. v.	159
— Phil. Gg. Ad. Frhr. v.	100
— Theresia Freiin v.	175
Regemann, Hermann v.	282
— Julius v.	246
— Max	343
Regenauer, F. A.	70
Reger, Johann Bapt.	472
— Michael	405
Regler, Dr. Johann Georg	311
Regnault, August	73
— Victor	416
Regnet, Carl Albert	139. 293
Regnier, Alois	338
Reh, Georg	147
Rehbach, Christoph	51. 336
Rehle, Martin	399
Rehlen, Joh. Friedrich	400
Rehlingen, Carl Alois v.	398
— Franz Frhr. v.	166
— Marquard v.	27. 58. 118. 202
Rehm, Alois	239
— Blasius	402
— Carl	361

Rehm, Carl Wilhelm	56	Reichlin-Meldegg, Ludw. Carl	
— Eugen	485	August Frhr. v.	160
Reibeld, Rudolph Frhr. v.	115	— — Leopold Frhr. v.	26.
	152. 225		49. 95
Reibnitz, Frhr. v.	74	— — Theophil Frhr. v.	166
Reich, Heinrich	242	Reichold, Conrad	218
— Jacob	245	Reichthalhammer, Joseph 49. 95	
— Rudolph	353	Reiffel, Georg	318
Reichard, Ernst	69	Reigersberg, August Graf v.	
Reichardt, Georg Werner	351	15. 20. 40. 121. 130. 154.	
Reichel, Christoph	369		185. 192
— Dr. Wilhelm	349	— Heinrich Graf v. 9. 19. 132.	
Reichelt, Carl	477		187. 413
Reichenbach, August	80	— Max Graf v. 55. 110. 113.	
— Carl	212	119. 126. 157. 223	
— Christoph	109. 212	Reigl, Xaver	93
— Gg. Friedr. Wilh. 57. 201.		Rein, Alexander	370
	209	— Carl	379
— Ludwig	613	— Otto	374
Reichenbecher, Friedr. Wilh.	379	Reinaud, Joseph T.	415
Reichenberger, Joseph Martin 66		Reindel, Otto Franz Jos.	487
Reichenöder, Johann Nep.	146	Reindl, Anton	144
— Ludwig	407	— Friedrich, p. char. Major	127
Reichert, Carl Albert v.	310	— Friedr., Forstm.	338
— Friedrich v.	299	— Dr. Gg. v. 21. 42.	404
— Ignaz Ritter v.	24. 47	— Heinrich	309
— Ignaz	63. 374	— Ludwig, Fasanmeister	172
— Moritz Ritter v.	61. 120.	— Ludw., Forstmeister	338
	237	— Max Joseph	189
— Otto v.	286	— Wolfgang	214
Reichl, Joseph	328	Reiner, Carl	288
Reichling, Joh. Bapt.	301	— Cosmas	392
Reichlin-Meldegg, Carl Frhr.		— Friedrich	299
v.	47. 264	— Johann, Michael	347
— — Carl Frhr. v., Districts-Inspector	283	Reinert, Paul	317
— — Eduard Frhr. v.	268	Reinhard, Graf v.	69
— — Friedrich Frhr. v.		— Alexander	379
27. 54. 155. 248		— August	461
— — Johann Nep. Frhr.		— Ludwig Michael	70
v.	151	Reinhardstöttner, Gustav v. 146.	
— — Joseph Frhr. v.	77		293
— — Irene Freiin v.	180	Reinhardt, Matthäus	208
		Reinhold, Ludwig	379
		Reinlein, P. Pius	483

Reininger, Nicolaus	406	Reizamer, Ludwig	132.	366
Reinsch, Friedrich	213	Reiß, Christian v.		236
— Dr. H.	476	Reizenstein, Frhr. v.		53
Reinwald, Michael	273	— Albert Frhr. v.	53.	153
Reisach, Carl Aug. Graf v.	13.	— Albrecht Frhr. v.		339
	20. 41. 119	— Alexander Frhr. v.	50. 98.	
Reisberger, Michael	214		128. 134. 150. 237	
Reisch, Dr. Franz Joseph	316. 321	— Eduard Frhr. v.		114
— Ludwig v.	389	— Friedrich Frhr. v.		281
Reischach, Carl Frhr. v.	35	— Friedrich Frhr. v. Oberlieut.		114
— Hermann Frhr. v.	35. 138			
— Carl Graf v.	71	— Friedrich Wilhelm Frhr. v.	158. 279	
Reischl, Stephan	290			
— Dr. Wilhelm	464	— Gustav Frhr. v.		232
Reischle, Carl Joseph	393	Reißmann, Wilh. Heinrich		344
Reisenegger, Anton	62. 300	Remling, Franz Xaver	407.	420
— Anton, Rentbeamter	337	Remmlein, Franz Anton		326
— Jacob	393	— Johann		241
Reiser, Johann Evang.	293	Remond, Anton		339
Reisert, Michael	376	— Max		401
Reisinger, Johann	229	Renan, Ernst		415
— Paul	244	Renard, C. J.		415
Reisländer, Jacob	391	Renk, Georg Friedrich	206.	448
Reissert, Georg	378	Renn, Joseph		399
Reiß, Franz Joseph	343	Renner, Carl		324
— Michael	294	— Friedrich Carl		386
Reißinger, Martin	319	— Gregor		363
Reißmann, Joh. Valentin	406.	— Gustav		371
— Dr. Sebastian	61. 436	— Joseph		390
Reiter, Georg Andreas	347	— Sigmund v.	157.	390
— Joseph	210	Renz, Jacob		279
— Joseph, Assessor	293	Reschreiter, Stephan		303
— Dr. Michael	293	Resende, Ant. Telles von Silva und Menezes Marquis de	13.	
Reither, Conrad	462			
Reithmayr, Gustav Adolph	343		414	
— Dr. Franz Xav.	64. 139.	Resseguier, Vicomte de		83
	284. 428	Resser, August		401
Reithner, Carl	488	Reßl, Johann		309
— Michael Joseph	239	Reßler, Dionys		372
Reitmayer, Carl	304	Restalino, Carl		425
Reitmayr, Franz	169	Reth, Johann		395
— Gustav Adolph	383	Retter, Max		213
		Reyer, Anton		312

Reuber, Franz	353		Richer von Marthille	75
— Ignaz	292		Richstein, Albrecht	364
— Michael	348		— August	313
Reuchlin, v.	81		— Wilhelm	132
Reulbach, Friedrich	255		Richter, Dr. Ernst Julius	427. 428
Reumont, Dr. Alfred v.	78			
Reumont, Alfred v.	33. 419		— Franz Xaver	472
Reuschel, Georg	369		— Gustav	88. 425
— Franz Joseph	374		— Heinrich	170
Reuß, Carl	386		— Dr. Joh. Samuel	469
— Christian	379		— Ludwig	424
— Friedrich	372		— Ludwig Hermann	363
— Friedrich, Hauptmann	122		— Mathias	238
— Heinrich	353		— Wilhelm	360
Reuß-Schleiz-Gera, Heinrich LXVII. Fürst v.	9		— Xaver	144. 145
			Riebel, Johann Baptist	65
Reuß-Schleiz-Köstritz, Heinrich LXIV. Fürst v.	8		Rieben, Frhr. v.	33
			Riedel, August	55. 424
Reuter, Carl, Kreisbaubeamter	285. 453		— Eduard	58. 109. 173
— Carl	35		— Friedrich	353
— Dr. Franz Jos.	59. 437. 439		— Friedr. Jos. Alex.	469
— Friedrich	374		Rieder, Joseph	330
— Dr. Jacob Herm. jun.	364		— Paul	309
— Dr. Peter	478. 479		Riederer, Carl	54. 122. 123. 139. 297
— Philipp Jacob	67			
— Rudolph	352		— Eduard Frhr. v.	27. 55. 138. 138. 158. 192
Reuther, Jacob	37			
— Joseph	402		— Dr. Joh. Bapt.	51. 410. 449. 453
— Seraphin	479. 482			
Reverdys, Carl	289		Riedheim, Max Alex. Sigm. Carl Frhr. v. auf Harthausen	14. 152
— Jacob	56. 401			
Revertera, Theophil Graf v.	87		— Max Jos. Frhr. v.	160
Rezer, Anton	237		Riebinger, Friedrich	407
Rhau, Gustav	370		— Ludwig	66. 103
Rhein, Johann	323		Riedl, Andreas	392
Rheinisch, Dr. Joh. Ferdin.	381		— Emil	202
Rhien, Ferdinand	434		— Franz	305
Rhomberg, Ernst	128		— Joseph, Domcapit.	404
Ribaupierre, Joseph v.	268		— Joseph v.	301
Ricciardelli, Fabius Graf v.	57. 107. 116. 118. 156. 254		— Heinrich	314
			— Max	289
Richelot, Friedr. Julius	416		Riedlein, Carl	302
Richenbächer, Friedrich	473			

Riedmayr, Mathias	165
Riegel, Dr. Franz Michael	382
— Dr. Joh. Bapt.	335
— Dr. Joh. Michael	132. 381. 383
Rieger, Andreas	164
— Dr. Ludwig	365
Riehl, Dr. Wilh. Heinr.	64. 412. 427. 428. 430
Riehmer, Georg	262
Riem, Julius	277
Riemann, Bernhard	416
— Gustav	232
Riemerschmied, Anton	297
Riepertinger, Joseph	55. 96
Riepl, Wolfgang	238
Ries, Eugen	237
— Franz Sales	293
— Hans	344
— Johann Adam	215
Riesch, Franz	332
— Franz Carl Graf v.	150
— Ludwig	217
Riesenfels auf Seisenegg, Philipp Ferdinand Frhr. v.	13
Rieß, Hans	350
— Joh. Wolfgang	377
Rietter, Dr. Anton	65. 429
Rietzl, Anton	298
— Carl	214
Rinecker, Dr. Franz	48. 203. 436. 439. 440
— Joseph Anton	374
Ringelmann, Dr. Friedr. v.	20. 40. 185
Ringler, Friedrich	396
Ringseis, Dr. Joh. Nep. v.	22. 42. 107. 123. 202. 411. 428. 430
Rios, de los	34
Ripberger, Carl	245
Risch, Dr. Carl	436. 438
Rischmann, Ludwig	323
Riß, Franz Xaver	54
Rist, Ferdinand	394
— Georg	279
— Joseph	222
— Otto	392
Ritschl, Dr. Friedrich	87. 415
Ritter, August	226
— Friedrich	342
— Johann	320
— Marcus Ferdinand	342
— Theodor	126. 267
— Wilhelm	109
— zu Grünstein, Adolph Frhr. v.	158
— — Philipp Franz Frhr. v.	12. 150
Rittmann, Conrad	265
Rittmayer, Friedrich	294
Rizzo, Juan	83
Ritz, Christoph	107
— Franz	227
Ritzenthaler, Dr. Georg	364
Ritzler, Jodoc	177
Roberti, Friedrich Ritter	70
Rochechouart, Graf v., Oberst	18
Rochemont, Carl René Pictet de	149
Rochow, v.	68
Rochu, Anton	315
— Paul	302
Rockinger, Dr. Ludwig	205. 413. 429
Rode, Eugene Louis van	86
Rodenbach, Alexander	81
Roder, Ernst	115. 232
Rodt, Gustav	338
Rodriguez, Ferdinand	74
Rodt, Gustav	214
Röckel, Ludwig	290
Röckelein, Johann	391
Röckl, Alois	222
— Eduard	240
Röder, v.	71
— v., Ministerpräsident	34

38

Röber, v., Oberst	75	Rohe, August	464
— Angelus	375	— Julius	115
— Christian, Canzlist	408	Rohfischer, Anton	307
— Friedrich Leonhard	395	Rohmer, August Ferdinand	
— Martin	373	Christian	393
— Nicolaus	375	Rohrleitner, Carl	169
— Peter	121. 278	— Walburga	171. 168
— W. Fr. Alb. v.	363	Rohrmüller, Joseph	305
Röhlig, Carl	229	Roibl, Joseph	391
Röhm, Philipp	463	— Joh. Michael	361
Röhrer, Dr. Claudius	335	Rolin	70
— Max	314	Roll, Ferdinand	50
Röhrig, Carl	377	Romanino, Anton	336
— Dr. Georg	321	Romann, Rudolph Frhr. v.	163
— Nicolaus Johann	346	Romas, Cäsar	38. 87
Röhrle, Carl	308	Romberg, Dr.	36. 76
Römer, Baptist	97	Romeis, Franz Seraph	484
Römmich, Ludwig	59. 320	Romig, Joh. Michael	55. 476
Rösch, Carl	329	Roming, Mathias	144
— Emma	397. 399	Roon, v.	30
— Eugen	390	Roos, August	64. 207
— Johann	244	Roppelt, Bapt. v.	24. 94. 113.
Rösen, Carl	290		250. 261
Röser, Constantin	109. 383	Rosa, P. Clemens	483
— Dr. v.	24. 45	— Paul	384
Rösgen, Albert	55. 103. 108.	Roscher, Herm. Gottl.	331
	189	Rose, Gustav, Akad.	419
Rösler, Hieronymus	330	— Dr. Heinrich	417
Rösling, Friedrich	362	— Dr. Heinrich, Rector	64.
Rößler, Christian	338		475. 476
— Hector	82	— Hermann	85
Rößling, Dr. Friedr. Wilh.	342	— Hermann, Regierungs-	
Röthe, Carl	487	Rath	38
Röting, J.	88	— Ludwig	66
Röttger, Max	54. 385	— Wilhelm	227
Roggenhofer, Carl v.	208	Rosen, Dr. G.	85
Roggenmoser, J.	454	Rosenberger, Georg	313
Rogister, August v.	298	Rosenbusch, Johann	342
— Carl Theod. v.	97. 114.	Rosenhauer, Dr. Wilh.	444. 446
	124. 137. 137. 160	Rosenkranz, Dr. Wilhelm	199
Rogler, Christian Conrad	365	Rosenkranz, Christian	218
Rogues, August	82	Rosenschon, Joh. Math.	476
		Rosenstengel, Franz	264. 272

Roséri, Margareta	171
Rosipal, Carl	287
Rosmann, Hermann	300
Rosner, Dr. Alois	296
— Ignaz	222
— Max Joseph	335
Rossi, Ritter Johann	85
— Graf	67
Rost, Carl	348
Roßbach, Dr. Joseph	383
— Philipp	379
Roßén, Friedrich	318
Roßhirt, Dr. Eugen	59. 204. 442. 444. 445
Roßmann, Sebastian	169
Rotberg, Constantin Frhr. v.	80
— Eduard Frhr. v.	57. 98. 111. 251. 257
Rotenhan, Georg Frhr. v.	162
— Julius Frhr. v.	25. 43. 151.
Roth, Albert	113. 266
— Anton v.	109
— Carl	229
— Carl Albrecht	61. 222
— Caspar	481
— Emil	205
— Franz	185
— Franz, Pfarrer	48
— Friedrich	304
— Dr. Friedrich	473
— Friedr. Carl	60. 427. 430
— Gustav	370
— Johann Bapt.	313
— Joh. Georg	391
— Johann Nepomuk	223
— Joseph, Custos	439
— Leonhard	368
— Ludwig	335
— Max	172
— Michael	305
— Dr. Paul	419. 429
— Rudolph	415
Rothhammer, Nicolaus	234
Rothberg, Carl Theodor Frhr. v.	68
Rothenbücher, Franz	386
Rothenfelder, Otto	306
Rothenhöfer, Georg Friedr.	397
Rothhäscher, Anton	307
Rothgangel, August	371
Rothhammer, Joseph Carl	338
Rothlauf, Johann	406
Rothmund, Dr. August	431
— Dr. Franz Christoph v.	25. 48. 203. 430. 434
Rothschild, Carl Frhr. v.	33
— Carl Maler Frhr. v.	35. 74. 193
— Samuel Gustav James Frhr. v.	83
Rott, Joseph	456
Rottenhan, Augusta Gräfin v.	183
— Max Graf v.	156
— Natalie Gräfin v.	179
Rottenhöfer, Johann	164
Rottmann, Eduard Friedr.	377
— Jacob	113. 267
Rottner, Joseph	182
Roucche, Jacob	450
Roúlez, Emanuel	415
Rousseau, Etienne Nic.	34
Roussel, Jos. Etienne	484
Roy, Franz	386
Royackers, Heinrich	379
Roys, Georg	240
Rubenbauer, Bernhard	308
— Dr. Erhard	95
— Dr. Joseph	254
Ruchti, Andreas	294
Rubhart, Andreas	351
— August	292
— Franz Michael	294
Rubloff, Otto v.	82
Rudolph, Caroline	176
Rudolphi, Virginia	448
Rübel, Georg Eduard	292
— Wilhelm	340

38*

Rüber, Eduard 57. 136. 222	Rummel, Paul 49. 343
Rückel, Matthias 350	Rumohr, Carl 136. 235
Rücker, Carl August Ferdin. v. 163. 363	— Georg 235
— Dr. Wilh. v. 473	Rumpf, Friedrich 439
Rückert, Friedrich 44. 92. 415	— Johann Baptist 361
Rübel, Conrad 476	Rumpler, Carl Heinrich 357
— Dr. Otto 445	— Conrad 376
— Stephan 374	Ruosch, Johann Alois Marcus v. 63. 283
Rüdiger, Joseph 374	Rupp, Georg 97. 274
Rüdinger, Dr. Nicolaus 422	— Jacob 293
Rüdt, Dr. August Leop. v. 292	— Joseph 448
Rüdt-Collenberg, Ludw. Frhr. v. 68	— Joseph Anton 387
Ruef, Joach. v., Landr. 281	Ruppenthal, Carl Moritz 318
Rueff, Franz 326	— Ludwig Philipp 47
— Johann 97	— Theodor 287
Rügemer, Marcus 230	Ruppert, Carl 477
Rüger, Christian Jacob 332	— Caspar 297
Ruelle, Gen.-Maj. 17	— Conrad 376
Rümker, Carl 416	Ruppertshoven, Peter Jos. 317
Rümmelein, Theodor 331	Rupprecht, Hartschier 108
Ruepprecht, August v. 399	— Friedrich Carl 382
Rüß, Wilhelm 104	— Heinrich v. 72
Ruf, Friedrich v. 285	— Johann Baptist 396
— Joseph 337	— Johann Nep. Frhr. v. 300
— Ludwig v. 364	— Max 209
Ruff, August Ritter v. 36	— Philipp Frhr. v. 206
— Christoph 301	— Wilhelm, Joseph 360
Ruffand, Fürst v. 31	Rußland, Alexander, Kaiser v. 8
Ruffin, Oscar Frhr. v. 161. 302	— Constantin, Großfürst v. 10
— Raph. Alois Frhr. v. 160	— Michael, Großfürst v. 10
Ruhl, Eugen Julius 36	— Nicolaus, Großfürst v. 10
Ruhwandl, Max Joseph 61	— Nicolaus Alexandrowitsch, Kronprinz v. 10
Ruland, Dr. Anton 438	Rußwurm, Georg 330
— Carl 65. 142. 284. 285	Rust, Philipp 212
— Ignaz Joseph 406	Rustige, Heinrich 88
— Dr. Joseph 438	Ruß, A. 487
Rulandt, Franz 322	Ryhiner, Friedrich 322
Rummel, P. Gregor 488	Ryleef, Alexander 37
— Gustav Frhr. v. 155. 270	

S.

Saalmüller, Franz 94. 105
Sabalitschka, Franz Lorenz 396
Sabatelli, Felix Ritter 69
Saburoff, Peter v. 83
Sacconi, Carl Graf v. 30
Sachinis, Georg 70
Sachs, Carl 66. 232
— P. Roman 457
Sachsen, Albert, Kronprinz v. 10
— Georg, k. Prinz, Herzog zu 10
— Joh. Nepomuk, König v. 8. 269. 414
Sachsen-Altenburg, Ernst, Herzog v. 8
— — Friedrich Wilhelm Herzog v. 10
— Coburg-Gotha, Albert Prinz v. 10
— — — Ernst, Herzog von 8
Sachsenhauser, Dr. Franz Regis 297
Sack, Carl 93
Sämmer, Joseph 332
Särve, Anton 338
Säuberlich, Philipp 254
Säz, Johann 88
Saffenreuter, Pr. Dr. Georg 480
Sagstätter, Gottfried H. 425
Saile, Carl 305
— Friedrich 63. 389. 398
Sailer, Franz 287
Saint-Genois, Julius Frhr. v. 419
— -Germain, Stephan v. 23
— -Julien, Clemens Graf v. 31
— -Julien, Cäsar 264
— -Quentin, Carl Graf Bijot de 74
— -Simon, Marquis de 17
— — Graf Brassier de 71
Salb, Johann 334

Salis-Soglio, J., Graf v. 28
Sallaba, Johann Frhr. v. 69
Sallbach, Reinhold 87
Salviac de Viel Castel, Graf Marc Horace de 83
Salviny, Josepha 177
Salzberger, Anton 332
Salzmann, Joseph 63. 199. 201
Salza, Frhr. v. 18
Sambaber, Conrad 57
— Dr. Franz 429
— Joseph 481
Sanchez, Alejandro 83
Sand, Heinrich 338
— Otto 460
Sandberger, Dr. Fridolin 438
Sander, Karl Theodor 391
— Ludwig 46. 383
Sandizell, Cajetan Peter Graf v. u. zu, 9. 12. 15. 95. 112. 117. 133. 143. 148. 187
— Elisabetha Gräfin v. u. zu 174
— Max Ortolff, Graf v. u. zu 14. 155
San Giorgio-Spinello, Dominik Fürst v. 69
San Gregorio Marquis v. Vicomte de Ona 70
Sangro, Vincenz di 73
Santarelli, Luigi 76
Saporta, Adolph Graf v. 154
Saratrop, Alexander 397
Sartor, Clemens 111
Sartori, Johann Baptist 300
— Johann, 310
Sartorius Eduard 320
— Ernst Anton 390
— Franz 390
— Friedrich Wilhelm 467
— Ludwig 385

Sartorius, Christian	243
Sator, Adam	223
— Michael	309
Satriano, Nicolaus Herzog v.	69
— Filangieri Carl Fürst v., Duca di Taormino	29
Sattelberger, Michael	458
Sattler, Franz Joseph	242
— Max	450
— Wilhelm	44
Sauer, Anton v.	162
— Franz v.	65. 95
— Friedrich	297
— Peter	385
— Philipp Joseph	373
— Walburga	177
Sauppe, Hermann	415
Sauter, Andreas	80
— Dr. Fidel	398
— Gebhard	243
— Hans	318
— Johann	379
— Joseph Alois	44
— Tobias	244
Saur, Auguste de	84
Savoye, Christian v.	236
— Joseph v.	330
Sax, Julius	356
Sazenhofen, Carl Frhr. v.	240
— Maximilian Frhr. v.	261
Sayn = Wittgenstein, Eugen Für	197
Sayve, Gustav Adolph Marquis de	195
Scabell	84
Scanzoni, Dr. F. W. v.	25. 52. 114. 131. 137. 203. 383. 437. 440. 480
Scarlatos, Alexander	84
Schaaf, Robert	319
Schab, Anton v.	400
— Franz Joseph v.	59. 286
— Joseph v.	210
— Sigmund v.	164. 292
Schacht, Alexander Frhr. v.	142
Schack, v.	72
— Adolph Friedrich v.	91. 414
Schackert, Georg	383
Schacky, Carl Franz Frhr. v.	156
— Franz Xaver Frhr. v.	281
— auf Offendorf, Frhr. v.	161
Schad, Dr. Christoph Conrad	479
Schabelood, Carl	112
Schaden, Max v.	241
Schader, Franz	297
Schäfer, Adam	350. 470
— Emil	283
— Florenz	109
— Friedrich	321
— Georg	468. 470
— Georg Leonhard	374
— Gottfried	52. 96. 387
— Dr. Gustav	355. 364
— Heinrich	419
Schäffer,	67
— Carl	383
— Eugen Eduard	424
— Georg	277
— Ignaz	227
— Michael Joseph	384
— Paul	278
Schäffler, Johann Baptist	284
Schäffner, Martin	402
Schärtel, Christian Adam	342
Schäzler, Carl August	83. 193
— Emil Frhr. v.	158
— Ernst	366
— Gustav	213
— Lorenz,	52. 97. 125
— auf Scherneck, Wilhelm Heinrich Frhr. v.	153
Schäzler, Alfred Frhr v.	163
— August	229
— Christian Friedrich	55
— Dr. Johann Georg	295
— Moriz	486

Schaffteck, Franz 378
Schaffgotsch, Emanuel Gotthard Graf v. 31
Schaffner, Elias 229
Schafft, Joh. 164
Schafhäutl, Dr. Carl Emil 49. 105. 127. 411. 421. 427. 430. 432. 434
Schalk, Euchar Albrecht 380
Schalkhäuser, Andreas 468
Schaller, Erwin 459
— Gustav 370
— Dr. Hermann 237
— Jacob 342
— Ludwig 424
Schallern, Friedrich August v. 357
Schamberg, Eduard 390
Schamberger, Adolph 115. 122. 223
— Felix 348
Schamel, J. L. 470
Schandein, Joseph 322
— Ludwig 205
Schapperer, Dominicus 144
Scharf, Melchior 391
Scharff, Georg Friedrich 367
— Heinrich August 353
— Ludwig 401
Scharnberger, Friedrich 315
— Heinrich 470
Scharold, Dr. Joh. Bapt. 365
Scharrer, Franz Seraph 484
— Georg 181
— Ludwig 290
Schatte, Joseph Frhr. v. 97. 149
Schattenmann, Fr. August 52
— Wilhelm Carl 375
Schatz, Franz Anton 395
— Johann Franz 288
Schauber, Peter 352
Schauberg, Lorenz 322

Schauberger, Georg 390
— Johann 313
— Max Joseph 458
Schauer, Georg 354
— Theodor Ferdinand 236
— Thomas 352
— Wilhelm 352
Schaufuß, Nicolaus v. 71
Schaumberger, Joseph 220
Schaumburg-Lippe, Adolph Georg Wilhelm Fürst v. 8
Schauß, Dr. Emil v. 215
— -Kempfenhausen, Dr. Anton v. 24. 100. 103. 108. 115. 120. 121. 126. 133. 138. 142. 182.
Schebler, Carl 200
Schech, Dr. Jacob 381
— Peter 406
Schechner, Joseph 287
Scheckenhofer, Joseph 294
Schedel, Clemens 65. 108. 111. 119. 252. 265
— Max v. 67. 370
— Nicolaus 391
Scheder, Franz 387
Schedl, Joseph 217
Schedlbauer, Andreas 457
Schedler Albert 450
Scheer, Clemens 402
Scheerer, K. J. A. Theod. 417
Schefstoß, Dr. Carl 328. 335
Schefsky, Michael 180
Schegg, Peter 449
Schegn, Friedrich Wilhelm 389
Scheibenbogen, Martin 285
— Wilhelm 308
Scheibenpflug, Georg 64. 208
— Georg, Assessor 310
Scheiber, Franz Paul 299
Scheibner, Carl Friedrich 476
Scheidemandel, Julius Friedr. 363

Scheidemantel, Adolph 369
— Julius Johann Friedrich
 Carl 362
Scheidl, Anton 428
— Jacob 178
Scheidler, Joseph 52
Scheidlin, Ernst v. 232
Scheler, Eduard 391
Schelhaß, Dr. Wilhelm v. 285
Schelhorn, Christoph 44. 95
— Emil 260
Schell, Franz 164
— Franz G. A. 46
Schellenberg, Wilhelm 78
Scheller, Wilhelm 237
Schellerer, Oscar Ritter v. 62.
 110. 114. 120. 127. 159.
 230
Schelling, Dr. Friedrich 85
— Nepomuk v. 353
— Paul Heinrich Joseph 442.
 443. 444
Schellkopf, Carl 217
Schels, Joseph 141. 178
— August 331
— Dr. Bernhard 466. 467
— Joseph Paul 332
— Ludwig 308
— Max 333
— Otto 310
Schemenauer, Franz 169
Schemminger, Xaver 402
Schenk, Albert 212
— Dr. August 435. 438
— Carl 286
— Carl, Adjutant 258
— Eduard 300
— Friedrich v. 22. 97. 146
— Friedrich 209
— Ludwig 338
— Max 53. 96. 300. 301
— Theodor 402
— Wilhelm 214

Schenk v. Geyern, Carl Wilh.
 Frhr. v. 149
— — Ernst Frhr. v. 115
— v. Stauffenberg, Clemens
 Frhr. v. 112
— — Franz Ludwig Frhr. v.
 13. 21. 43. 150. 186. 187
— — Friedrich Frhr. v. 155
— zu Schweinsberg, Hein-
 rich August Ludwig Frhr. v. 36
Schenkelberg, Dr. Carl 213
— Wilhelm 213
Scheppler, Carl 215
Scherer, Christoph 290
— Edmund 376
— Friedrich 375
— Friedrich Carl August 50
— Germann 339
— Johann Baptist 350
— Dr. Johann Joseph 54. 203.
 435. 436. 439
— Johann, Simon 408
— Joseph 417
— Leopold 379
— Wilhelm 327
Scherff, Friedrich Heinrich Wil-
 helm, Jonkherr 196
Scherm, Johann Baptist 466
Scherpf, Joseph 66. 383
Scherr, Gregor v. 21. 42. 138.
 186. 404
Schertel, Ludwig 265
— Maximilian 232
Scherzer, Dr. Carl 415
Scheu, Christoph Friedrich 409
Scheubeck, Georg 385
— Joseph 337
Scheuerer, Joseph 212
Scheuermann, Joh. Friedrich 486
Scheuermayer, Alois Max 489
Scheurer, Johann Baptist 231

Scheurl, Dr Adolph v.	56. 442. 443. 444. 445
Scheurlein, Georg	220
Schiber, Achilles	265
— Joseph	200
Schicker, Georg	296
Schidermayr, Gustav	292
Schieber, Albin	331
— Anton Sigmund	200
— Bernhard	216
— Clement	392
— Engelbert	292
— Johann Baptist	329
— Johann Veit	363
— Quirin	329
Schiedermaier, Wilhelm	216
Schiefer, Johann	461
Schiener, Norbert	359
Schierlinger, Heinrich	383
Schiesl, Carl	402
Schießl, Cajetan	169. 171
— Georg	240
— Johann Jacob	289
— Joseph	333
Schilcher, Alois August v.	23. 41. 302
— Joseph	172. 300
— Dr. Max August v.	21. 40. 107. 126. 140. 185
Schild, David	315
— Michael	249
Schill, Carl Ludwig	74
Schiller, Johannes	49
— Dr. Ludwig	472
— Theresia	172
Schilling, Johann Baptist	310
Schiml, Michael	334
Schimmer, Sebastian	231
Schimon, Maria	168
Schindler, Joseph	228
Schineis, Joseph	298
Schinhammer, Dr. Johann Simon	465
Schinner, Johann	458
Schintler, Wilhelm	326
Schintling, Hermann v.	255
— Otto v.	288
Schipp, Joseph	373
Schipper, Mauritius	232
Schirlinger, Carl	54
Schirmer, August	73
— Ignaz	388
Schirnding, Adolph Frhr. v.	239
— Ferdinand Frhr. v.	68
— Friedrich v.	370
Schirsner, Anton	288
— Josephine	164
Schläfer, Carl, Rath	333
Schlägel, Joseph	222
— Max Ritter v.	16. 43. 93
Schlag, Carl	331
— Friedrich	306
Schlagintweit, Dr. Adolph	127
— Eduard	139. 260
— Dr. Eduard Michael	316
— Dr. Hermann v.	110. 111. 127. 134. 140. 416
— Robert v.	111. 113. 127. 134. 142
Schlecht, Alois	369
— Raimund	475
Schlederer, Anton	397
Schlegell, Max v.	37
Schlegl, Dr. Simon Carl	465
Schleich, Adrian	425
— Eduard	425
— Ferd. Frhr. v.	156
— Ludwig Frhr. v.	139
— Wilhelm Frhr. v.	330
— Wilhelm Ant. v.	157. 265
— Wolfgang	367
Schleicher, August	415
Schleiden, Michael	418
Schleiniß, Frhr. v.	11
Schleisinger, Stephan	247. 287

Schleiß von Löwenfeld, Dr.
Carl v. 336
—— — Dr. Max v. 27. 52.
115. 121. 146
Schleitheim, Johann Bapt.
Keller Frhr. v. 21. 42. 95.
105
— Wilhelm Keller Frhr. v. 237
Schlemmer, Heinrich Wilhelm
57
Schlenker, Johann 194
Schlereth, Eduard 61. 202
— Johann 386
Schlicht, Carl 351
Schlichtegroll, Antonin v. 25.
52. 134
Schlick, Benjamin v. 76
Schloderer, Carl 337
Schlör, Joseph 281
Schlott, Johann 387
Schlotthauer, Carl 458
Schlosser, Jacob 288
— Joseph 53. 422
— Joseph Ingenieur 232
— Maximilian 208
Schluifelder, J. C. 454
Schlund, Joseph 313
Schlupper, Ernst 370
Schmabel, Friedrich v. 222
Schmädel, August v. 332
— Carl Ritter v. 269
— Julius 301
— Otto, Ritter v. 266
Schmahl, August 319
— Ludwig 225
Schmalix, Sigmund 254
Schmalzl, Alois 312
Schmalz, Christian v. 23. 94.
105. 106. 125. 129. 137
Schmaus, Michael 165
— Wilhelmine 448
Schmauser, Hieronymus 367

Schmauß, Carl Eduard 358
— Erhard v. 330
— Dr. Erh. Friedr. Wilh. 364
— Dr. Friedrich 321
— Dr. Heinrich 355. 364
— Joseph 55. 264. 275
— Matthäus 275
Schmaußer, Heinrich 461
Schmelcher, Dr. J. Wilhelm 328.
335
— Stanislaus v. 27. 56. 286
Schmer, Joseph 164
Schmetzer, Gottfried 244
— Christian Wolfgang 189
Schmerl, Leonhard 379
Schmerling, Joseph Ritter v. 70
Schmid, Alois, Domcapit. 64.
404
— Dr. Alois, Professor 482
— Andreas, Lehrer 475
— Andreas, Leibkutscher 177
— Anton 308
— Anton, Oberstl. 98. 272
— Anton v. 106
— Anton v., q. Bezirksge-
richts=Director 58
— Apollonia 182
— August v. 54. 200. 201
— Carl, Adjutant 280
— Carl, Inspector 61. 451
— Carl Joseph 304
— Dionys 307
— Ernst 342
— Ferdinand 393
— Franz, Rev.=Förster 313
— Franz Andreas 210
— Franz Seraph 308
— Franz Wilhelm 328
— Franz Xav., Rentbeamt. 298
— Dr. Friedrich Christoph 389
— Georg 403
— Georg, Pfarrer 98
— Gustav 304
— Heinrich 329

Schmib, Dr. Heinr. Ferdin.
Friedrich 441. 442. 443. 445
— Dr. Joseph 398
— Joseph 243
— Joseph, Lehrer 356
— Joseph, Professor 456. 457
— Joseph, Magistratsrath 297
— Joseph Alois 292
— Joseph Simon 53
— Dr. Ludwig 360
— Ludwig, Hofsänger 168. 170
— Ludwig, 238
— Martin 399
— Max 307
— Max v. 276
— Max Joseph 309
— Michael 168. 171
— Robert 334
— Dr. Xaver 444
— von Dondorf, Ferdinand 73
Schmidbauer, Andreas 310
Schmidborn, Hermann 322
Schmidel, Andreas 479
Schmidmer, Ernst 366
Schmidschneider, Simon 109
Schmidt, Adam 350
— August Wilh. Ludw. 387
— Carl, Cassier 219
— Dr. Carl, Medic.-Rath 52. 132. 371. 372
— Carl Heinrich 317
— Carl Wilhelm 66. 318
— Christian 350
— Conrad 298
— Daniel Friedrich 350
— Florentin Theodor 85
— Franz Carl 480
— Dr. Franz Christ. 382
— Franz Joseph 474
— Franz Xaver 361

Schmidt, Friedrich 470
— Dr. Friedrich Adolph 203 372. 437
— Friedr. Christ. 387
— Friedrich Theodor 346
— Friedrich Wilhelm 343
— Dr. Gottfried 359
— Gottlieb 367
— Dr. Heinrich 473
— Heinrich 453
— Heinrich, Assessor 335
— Johann 274
— Johann, Official 223
— Johann Adam 56
— Dr. Joh. Bapt., Repetit. 372. 383. 427. 441. 482
— Johann Baptist, Appell.-Ger.-Rath 304
— Joh. Friedrich 287
— Johann Georg 408
— Johann Georg, Rentbeamter 351
— Johann Georg, Zollamts-Controleur 240
— Dr. Johann Wolfgang 349
— Joseph 109. 316
— Joseph Anton 320
— Joseph Dominicus 314
— Ludwig Friedrich 59
— Marcus 282
— Max 167
— Michael 353
— Michael Joseph 334
— Nicolaus 379
— Otto 255. 258
— Philipp 334
— Wilhelm 356
Schmidtborn, Adolph 319
Schmidtkonz, Joh. Nepom. 303
— Johann 238
Schmidtlein, Dr. Eduard Jos. v. 28. 48. 441. 442. 443. 444. 446

Schmidtler, Joseph	333
Schmidtmüller, Dr. Joseph Julius	311
Schmidtner, Leonhard	62. 303
Schmitt, Alois	79
— Carl	373
— Christian	132. 255
— David	464
— Franz, Rentbeamter	313
— Franz, Landrichter	56. 376
— Franz, Revierförster	385
— Franz Xaver	473
— Friedrich Carl	97. 406
— Georg	372
— Georg Aquilin	373
— Hermann	387
— Dr. Ignaz	455
— Johann	454
— Johann Baptist	237
— Johann Christoph	473
— Johann Joseph	480
— Joseph, Appellationsgerichts-Rath	373
— Joseph, Professor	478
— Jos. v., Ob.-Auditor	28. 54. 115. 248
— Dr. Julius	398
— Dr. Leonhard	306. 468
— Ludwig v.	24. 49. 317
— Martin	378
— Michael	306
— Michael, Assessor	378
— Nicolaus	342
— Peter	463
— Philipp v.	286
— Valentin	386
— Wilhelm	63. 115. 170
Schmitter, Johann Baptist	454
Schmittbüttner, Johann Bapt.	62. 122. 248. 350
Schmittschneider, Simon	326
Schmitz, Christoph	49. 200. 209
— Joseph Andreas	464
Schmöger, Christoph v.	164. 332
— Dr. Ferdinand	416. 421. 464. 466
Schmölzl, Joseph	48. 103. 101. 107. 112. 136. 272
Schmucker, Johann Baptist	331
Schmuckermaler, Barth.	449
Schmuderer, Joseph	305
Schneck, Nicolaus	171
Schneeberger, P. Hieron.	470
Schneeweiß, Adolph	375
— Rudolph v.	396
Schneider, Gen.-Lieut.	18
— Dr. Alexander	391
— Alois	276
— Anton	140. 141
— Carl	334
— Carl, Magistr.-Rath	356
— Carl, Registrator	220
— Carl Robert	345
— Caspar	381
— Conrad	369
— Dr. Eugen	49. 109
— Dr. Eugen, Rath	193
— Dr. Eugen, Magistratsrath	350. 470
— Franz Georg	358
— Franz Conrad Joseph	345
— Friedrich	350
— Friedrich, Postofficial	229
— Georg sen.	167
— Heinrich	325
— Ignaz	50
— Ignaz, Suppleant	303
— Joseph, Assessor	66. 122
— Joseph Anton	144. 166
— Joseph, Landg.-Assessor	333
— Julius	234
— L.	84
— Ludwig	164
— Max	453
— Philipp Ernst	375
— Valentin	315

Schnell, Conrad	386
— v. Schnellenbühl, Georg Heinrich v.	45
Schneller, Michael	58
Schnetz, Historienmaler	423
Schnitzelbaumer, Joh. Bapt.	298
Schnizlein, Carl Friedr. v.	22. 42. 97. 102. 107. 111. 249. 264
— Johann Friedrich	65. 355
— Wilhelm	107. 111
Schnitzlein, Dr. Adalbert	444. 446
— Carl Friedrich	362
— Dr. Eduard	431
— Franz	293
Schnitzler, Heinrich	309
Schnorr von Carolsfeld, Carl	223
— — Julius v.	35. 76. 92. 107. 129. 424
Schnurbein, Marcus Frhr. v.	391
Schnürlein, Albrecht	365
Schober, Caspar	205
Schoberer, Georg	229
Schoberth, Michael	366
Schobboch, Emanuel	488
Schoch, Carl	126. 255. 260
Schöberl, Johann	451
Schöler, v.	69
— Anton	290
Schöller, Albert Philipp	308
— Ferdinand	229
— Leopold	82
— Max Joseph	65. 351
— Maximilian Joseph	282
Schömann, Georg Friedr.	415
Schön, Hermann	236
— Johann Bapt.	393
Schönbeck, Joseph	309
Schönbein, Christian Friedr.	417

Schönborn-Wiesentheid, Erwin Graf v.	186
Schönburg-Glaucha-Rochsburg Heinrich Graf v.	28
Schönburg-Hartenstein, Joseph Alexander Fürst zu	196
Schönchen, Carl	293
— Eduard	217
— Heinrich	166
— Ludwig	190
Schönecker, Franz	181
Schöner, Christian	346
— Hermann	343
Schönfeld, Friedrich v.	268
— Wilhelm v.	128
Schönfessel, Carl	391
Schönfeßl, Franz	96
Schönhammer, Christoph 66.	223
— Philipp	51. 95. 108. 111
Schönhueb, Nepom. Frhr. v.	344
Schöning	37
Schöninger, Gustav	232
— Oscar	286
Schönlein, Dr. v.	74
Schönleutner, Dr. Eduard	296
Schönling, August	196
Schönprunn auf Mittich, Maximilian Frhr. v.	156
Schönstett, Carl Theobald Frhr. v.	154
Schöntag, Ferdinand	469
— Heinrich	474
Schönwerth, Franz v. 26. 49.	207
— Heinrich	467
Schöpf, Ferdinand v.	106
— Johann Anton	468
— Peter	425
Schörner, Georg Nicolaus	360
Schöttl, Dr. Fridolin	305
Scholl, Georg	239
— Maximilian	438

Scholler, Friedrich	282
— Georg Wilh. Christian	218
Schonger, Christian	307
Schornbaum, Johann	474
Schorr, Georg Friedrich	229
Schott, Heinrich	342
— von Schottenstein, Joh. Sigmund Frhr. v.	74
— Theodor	443
Schouwaloff, Graf	80
Schrader, Dr. Friedrich Carl	365
— Joseph	85
Schramm, Dr. Adolph	336
— Friedrich	400
— Gerhard	212
— Johann Heinrich	363
— Johann Paul Graf	17. 69
Schratz, Matth.	57. 355
Schraudolph, Joh. v.	28. 46. 92. 423
Schraut, Peter	344
Schrauth, Carl	52. 390
— Ludwig	52. 368
Schreck, Carl Jos. Ant.	329
Schrebinger, Anton	451
Schreger, Gustav	242
Schreiber, Conrad	246
— Dr. Rudolph Friedr.	472
Schreiner, Carl	310
— Franz Nicol.	345
— Franz Xaver	400
— Julius,	343
— Dr. Max	51. 311
— Peter	245
Schrembs, Sebastian	466
Schrenk, Auguste Freifrau v.	175
— Carl Freiherr v.	21. 40. 101. 111. 115. 116. 117. 117. 135. 138. 142. 153. 184. 189. 220
Schrenker, Caspar	343
Schrepfer, Ignaz	455
— Michael	201
Schrettinger, Johann Baptist	294
Schreyer, Andreas	334
— Anton	370
— Carl	334
— Carl, Mag.=Rath	67. 297
— Carl Alois	53
— Franz Xaver	300
— Dr. Georg Al.	53. 95
— Johann Georg	306
— Joseph	335
— Rudolph	299
Schricker, Anton Ignaz	299
— Gustav	209
Schriefer, Dr. Georg	470
Schroder, Franz	307
— Nicolaus	169
Schrodt, Franz Jos. Gottl. Leopold	62. 366
— Wilhelm	261. 274
Schrödel, Heinrich Ludwig	332
Schröder, Carl Friedrich	326
— Dr. Hugo	65. 115. 140. 180
— Joseph	307
— Dr. Otto	381
Schrödl, Carl	405
— Simon	98
Schrön, Christoph Theod.	52. 348
— Ernst	353
— Friedrich	347
Schröppel, Albrecht	365
Schrötter, Anton	417
Schroll, Johann Baptist	224
Schropp, Anton	287
Schrott, August	289
— Johann	144
— Ludwig	310
Schrottenberg auf Reichmannsdorf, Christoph Frhr. v.	151

Schruf, Paul Joseph	343
Schub, Joseph	332
— Franz Xaver	309
Schubarth, Bened. Jacob	51. 106. 114
— Friedrich	336
Schubart, Ernst v.	269
Schubert, Carl Theodor	343
— Dr. Ferdinand	204. 372. 481
— Heinrich v.	23. 43. 202
— Julius	207
— Ludwig Wilhelm Ferd.	346
— Wilhelm	378
Schuch, Adam	329
— Michael	112. 267
Schuchard, Victor	315
Schuderer, Georg	309
Schuegraf, Anton	145
— Joseph	244
— Thomas	296
Schuelein, Dr. Carl Christian	315
Schübeck, Gustav	237
Schübel, Johann	278
Schülein, Emanuel	169
— Franz	345
— Ludwig	169
Schüller, Friedr. Leonhard	352
— Ludwig	234
Schüllermann, Friedrich	385
Schürer, Heinrich	383
Schürmer, Johann Peter	189
— Math. Friedrich Alexander	364
— Max	307
Schüz, Joseph	396
Schuh, Dr. Franz Joseph	66. 107. 324
— Friedrich	453
— Dr. Friedrich	108
— Georg	451
— Michael Ritter v.	25. 54. 103. 130. 132. 137. 141. 251. 476
Schuhgraf, Heinrich	334
Schuhmann, Franz Xav.	313
— Heinrich	329
— Jacob	313
— Dr. Wilhelm	349
— Wilibald	249
Schuhwerk, Franz Paul	233
Schuler, Carl Joseph	319
— Ludwig	71
— Theodor	199
Schuller, Anton	304
— Carl	58
— Johann	11. 48. 109. 132. 189
Schultes, Friedrich	59. 384
— Friedrich v.	287
— Ulrich	338
Schultheiß, Anton	378
— August	229
— Friedrich	62. 97. 121. 262
Schulz, Philipp Heinr.	51. 397. 400
— Wilhelm Eugen	66
Schulze, Andreas	367
— Julius	106
Schultz, Constantin v.	38
— Dr. Georg Friedrich	316. 321
Schulze, Albert	54. 285
— August	230
— Fedor	273
— Franz	402
Schum, Conrad	375
Schumacher, Baron v.	33
— Ignaz	113. 114. 268
— Philipp	64. 275
— Wilhelm	299
Schumann, Julius	408
Schunk, Dr. Ernst Friedrich Carl	321
— Wilhelm	353
Schunke, Clara	170
Schupf, Friedrich	366
Schupp, Franz Friedr.	364

Schurg, Ludwig	387
Schuster, Andreas	405
— August	306
— Caspar	262
— Eduard	293
— Eberhard	334
— Franz	314
— Franz Xaver	339
— Dr. Friedrich Anton	349
— Georg	323
— Ignaz	352
— Johann Bapt.	400
— Johann Evang. W.	455
— Paul	222
— Richard	56. 305
Schwaab, Friedrich	376
Schwab, Caspar	358
— Martin	356
— Nicolaus	351
— Nicolaus Gottfried	351
Schwabe, Ludwig	354
Schwager, Heinrich	481
Schwaiger, Andreas	247
— Hyazinth	400
— Johann Georg	328
— Joseph v.	237
— Julius	289
— Dr. Ludwig	295
— Michael,	225
Schwalb, Joseph	113. 114. 266
Schwappach, Dr. Michael	349
Schwarz, August	316
— Benedict v.	62
— Eduard	57. 327
— Johann	292
— Johann, Mag.-Rath	399
— Johann Bapt.	50
— Wilhelm	365
— Michael	308
— Dr. Wilhelm	85
Schwarzbach, Francisca	171
Schwarzburg - Rudolstadt, Friedr. Günther Fürst v.	8
Schwarzb.-Rudolst., Georg Albrecht, Prinz von	10
Schwarzburg-Sondershausen, Carl Günther Erbprinz v.	10
— — Günther Friedr. Carl, Fürst v.	8
Schwarzl, Anton	74
Schwarzenbach, Dr. Valent.	429
Schwarzenberger, Albert	316
— Andreas	312
Schwarzhuber, Theodor Ritter v.	77
Schwarzmaier, Dr. Franz Simon	296
Schwarz, Friedrich	409
Schweden u. Norwegen, Carl, König von	8
— Oscar, Prinz von	10
Schwedes	34
Schweiger, Egid	337
— Ludwig	304
Schweizer, Wilhelm	108. 269
Schweller, Caspar	200
Schwemmer, Christian Friedr. Rudolph	366
— Johann	304
Schwendener, Simon	433
Schwender, Friedrich	367
Schwendtner, Joseph	337
Schweninger, Dr. Franz	335
Schwenk, Wilhelm	316
Schwerd, Friedr. M.	63. 102. 416. 459
Schwerdtner, Joh. Ant.	47
Schwertfelner, Ferdin.	48
— Hieronymus	286
Schwertschlag, Joseph	363
Schweykart, Friedrich	280
— Joseph	293
Schwind, Moritz v.	54. 92. 110. 134. 136. 422
Schwindl, Eduard	338
Schwingenstein, Carl	360

Schwingsack, Johann	391
Scipio, Georg	384
Schell, Ludwig	165
Scouffos, Georg	74
Sebald, Ludwig	387
Seckendorff, Adolph Georg	122.
Frhr. v.	157
— Carl Julius Frhr. v.	52. 154. 389
— Max Jos. Frhr. v.	118. 160. 267
— - Aberdar, Franz Frhr. v.	152
Sedelmaier, Dr. Friedrich	355
Sedelmair, Edmund Ritter v.	189
Sedelmayer, Michael	298
Sedlmaier, Franziska	177
— Joh. Georg	223
Sedlmair, Joseph	453
— Max	464
Sedlmayr, Andreas	200
— Franz	289
Sedlmayr, Gabriel	66
— Mathias	169
Sedlmeir, Carl	177
Sedlnitzki, Franz Freih. v.	79
Seebach, Camillo Richard v.	69
— Jacob	332
— Elise	170
Seebauer, Andreas	337
— Jacob	332
Seeber, Andreas	479
Seeberger, Gustav	423
— Johann	327
Seeburger, Dr. Johann Nep. Ritter v.	36
Seefried, Heinrich	260
— Ludwig Frhr. v.	155
— Max Frhr. v.	156. 129
— -Buttenheim, Bruno Frhr. v.	159
— — Eugen Frhr. v.	158
— auf Mühlfeld, Wilhelm Frhr. v.	150
Seehofer, Emma	168. 171
Seeholzer, Michael	304
Seekirchner, Albert	112. 268
Seel, Carl, Rentb.	323
— Conrad	294
— Carl, Revierf.	326
— Carl Ludwig	317
— Franz Xaver	214
— Otto	373
Seeland, Michael	148
Seelig, Heinrich	384
Seelos, Franz Sales	59. 303
Seelus, Joseph	309
Seemüller, Mathias	222
Segarra, Dr. Thomas	434
Segenschmid, Friedrich v.	79
Seggel, Dr. Rud. Wilhelm	349
Seglitz, Conrad	365
— Erhard	366
Segnitz, Friedrich v.	376
Ségur, Vicomte de	34
— Philipp Graf v.	17
Seibel, Valentin	482. 483
Seibert, Augustin	291
Seiberth, Dr. Joseph	54. 311
Seiberts, Engelbert	60
— Dr. Joh. Suibert	420
Seida, Gustav Frhr. v.	402
— Philipp Frhr. v.	228
Seidel, Adolph v.	52
— Carl	396
— Georg	193
— Georg Friedrich	221
— Dr. Ludwig Philipp	412. 428. 433
Seidelmann, Carl	366
Seidenbusch, Dr. Ernst	336
— P. Jacob	483
— Joseph	49
Seidenschwarz, Peter	339
Seidl, Anton	297
— Joseph	223
— Theodor	304

Seiferling, Georg 286
Seifers, Carl 143
Seifert, Adam 337
— Carl v. 38. 80
— Joseph Adrian 343
Seiff, Jacob 177
— Wilhelm 213
Seiffert, Dr. Friedrich 400
— Friedrich Ludwig 357
Seiler, Alois Frhr. v. 196
— Alphons 366
— Gottfried Wilhelm Christoph Heinrich 362
— Robert 214
— Samuel 277
— Wilhelm 61. 227
Seiling, Joh. Georg 64. 244
Seiller, Dr. Johann Frhr. v. 75
Seinsheim, August Graf v. 98. 107. 149. 187. 423
— Carl Graf v. 19. 40. 95. 102. 116. 122. 124. 131. 142. 148. 185. 186. 187
— Ferdinand Graf v. 166
— Max. J. Erkinger Graf v. 13. 15. 152
— Max Joseph Graf v., auf Grünbach 14. 107. 153
— -Grünbach, Ida Gräfin v. 175
Seipel, Ignaz 333
Seither, Daniel 464
Seiz, Georg Carl 356
— Hermann 370
Seitz, Alex. Max 109
— Dr. Anton 464
— Christian 465
— Franz 140. 171
— Dr. Franz 54. 431. 435
— Franz Ferdinand 472
— Franz Ludwig 479

Seitz, Friedrich 287
— Hermann 165
— Joseph 466
— Dr. Joseph 345
— Joseph, Appell.-Gerichts-Rath 47
— Joseph Alois 391
— Ludwig Carl 46
— Max 177
— Wilhelm 208
Seldeneck, Rudolph v. 78
Seller, Anton 377
Selling, Dr. Eduard 438
— Emil 361
Sellmayer, Carl 225
Sellmayr Max Balth. 404
Seltzer, Franz 322
Semper, Gottfried 425
Sendelbeck, Augustin 169
— Friedrich 169
Senestrey, Carl Joseph 288
— Dr. Ignaz v. 27. 405
Senft, Emil 339
— von Pilsach, Gustav Adolph 68
Sengel, Alois 287
Senning, Georg 400
Senninger, Franz Xaver 313
Sensburg, Dr. Benedict 295
— Carl 356
— Ernst 222
— Joseph 330
— Michael 293
Sepp, Dr. Johann Nep. 433
Serini, Friedrich 319
— Phil. Jacob 60. 317
Serr, Peter 319
Serracapriola, Herzog v. 30
Serra di Falco, Herzog von, Fürst v. San Pietro 414
Sertorius, Alois 356
Servantes, Manuel 83
Sester, Christian 141

Seubert, Joseph	481
Stufferheld, Alexander	271
Senffert, Dr. Joh. Adam	107. 381
— Dr. Carl	220
— Dr. Ernst August	429
— Georg	435. 438
— Georg Adam v.	58. 199
— Georg Joseph v.	28. 52
— Dr. Georg Carl v.	27. 44. 116. 121. 126. 201
— Dr. Hermann	429
— Johann Baptist	345
— Dr. Johann Bapt.	382
— Maria	448
— Philipp	383
Seutter, Hermann	399
Séverin, Demetrius v.	29. 196
Severino, Augustin	75
Sevilla, Graf v.	68
Sewalder, Joseph	96
Seyberth, Ferdinand	170
Seybold, Johann Leonhard	219
— Joseph	293
Seydel, Dr. Carl	311
— Wilhelm	46. 97. 102. 274
Seydewitz, Max Graf v.	150
Seyfert, Eduard	234
Seyssel d'Aix, Sophie Gräfin v.	175
Sharpel, Wilhelm	417
Sibenlist, Michael	339
Sibin, Constantin	376
Siccard von Siccardsburg, August	88
Sicherer, Clemens v.	109. 354
— Dr. Franz Xaver v.	50. 115. 121. 258. 276
— Theodor v.	358
Sichlern, Carl v.	394
— Heinrich v.	291
Sicilien, Franz Maria Leopold, König von	8
Sick, Franz	226
Sickenberger, Franz	210
Siebenlist, Wilhelm	469
Sieber, Heinr. Friedr.	315
— Joh. Bapt., Lehrer	453
— Johann Baptist	298
Siebert, Friedr. Joseph	321
— Max	182
Siebold, Dr. Carl Theod. v.	58. 90. 136. 411. 421. 422. 430. 432. 435
— Christian	165
— Dr. Gottfried v.	437. 440
— Dr. Ph. Fr. v.	34. 413
— Dr. Rudolph v.	364
Siegel, Christian	79
Sieger, Carl	291
Sieghart, Dr. Joachim	449
Siegler, Joseph	405
Siegner, Joseph	167
Siemon, G. Heinrich	85. 194
Sieß, Ferdinand	325
— Michael	288
Sievert, Friedrich	323
Sigl, Eduard	169. 171
— Ignaz	166. 169
Sigler, Johann Bapt.	169
Sigmund, Anton	198
— Hugo	292
— Dr. Jos. Hugo	61. 189
Sigriz, Franz Xav.	118
— Gustav	216
Silberhorn, Johann	338
Silbermann, Joseph	289
Silbernagel, Isidor	145. 449
Silva, Jose Verisimo da	77
Silzer, Joseph	212
Simmet, Joseph	297
Simon, Caspar Ludwig	360
— Friedrich	486
— Dr. Jacob	480
— Joseph Anton	305
— Ludwig	228
— Maximilian	115
Simonis	79

Simonsen, Niels	424	Somma, Nicolaus Ritter v.	73
Simrock, Carl	92	Sommer, Ferdinand	237
Sina, Simon Frhr. v.	70. 195	— Dr. Friedrich	52. 112. 121.
Sing, Carl	400		260
Singer, Andreas	370	— Heinrich	400
— Johann Friedrich	343	— Joh. Peter Christian	358
— Zacharias	238	— Ludwig	202
Sinner, Dr. Hermann	381	— Otto	235
Sipmann, Gerhard	66	Sondermann, Carl	231
Sippel, Alexander	383	— Hermann	346
Siry, Carl Theodor	141. 233.	— Wilhelm	241
	235	Sonnenburg, Max	390
— Otto	319	Sonnenstein, Julius Ritter v.	84
Sirt, Joh. Christian	64	Sonntag, Bernhard	347
Skolkoff v.	74	— Gustav	344
Skouffos	73	Sonvicho, Carl v.	238
Slane, de Mac Guxin	415	Soratroy, Alexander	405
Sloët von Oldruitenborgh		Sorg, Carl	402
Frhr. v.	72	— Franz Xaver	339
Smidt, Johann	194	Sotirlades, Johann	85
Smith, Carl Piazzi	416	Soßmann, v.	31
Soden, Oscar Frhr. v.	197	Souchay, Dr.	35
Soderini, Lorenz Graf v.	151	Soulié, Eudore	83
Sobl, Hermann	64. 388	Soumarokow-Elston, Graf	80
Söber, Carl Ludwig W.	62	Sousa Botelho, D. Pedro de	77
Söldner, Andreas	249	Soutzos, Carl	72
Söltl, Dr. Friedrich	287	Soyer, Ferdinand v.	245
— Dr. Joh. Michael	54. 190.	Sohter, Johann Baptist	290
	432	Spach, Ludwig Friedr.	46
— Ludovica	170	Spachtholz, Christoph	314
Sörgel, Johann	464	Späth, Carl	400
Sohn, Aloys	89	— Friedrich	369
Solbrig, Dr. August	56. 289.	— Friedrich Wilhelm	202
	432	— Friedr. Wolfgang Paul	396
Soleille	72	— Georg, Studienlehrer	459
Solleder, Jacob	343	— Georg Christoph	229
Sollfrank, Nepomuk	328	— Johann	58. 326
Solger, Bernhard	66. 366	— Joseph	240
Solms, Carl Fürst zu	68	— Theodor	320
Solms-Braunfels, Bernhard	68	Spandau, Dr. Carl	468
Prinz zu		— Ferdinand	403
		Spambalg, Leonhard	259
Somerard, C. du	83	Spangler, Anton	285

Spanien, Don Francesco de
  Paula, Infant von   9
— Franz d'Assis, König v. 10
Spann, Joh. Bapt.   472
Spannagel, Johann   167
— Wilhelm   461
Spannfehlner, Joseph   457
Spatny, Joseph   292
Spaur, Maximilian Grf. v. 122
Spatz, Ludwig   388
Speck, Friedrich   46. 140
Speckner, Friedrich Carl   474
— Johann Martin   351
Spegg, Dr. Franz   382
Speicher, Ludwig   300
Speidl, Edmund Frhr. v. 107.
  114. 120. 126. 128. 140.
  141. 155. 178. 272
Spencer, Frederic, aus dem
  herz. Hause Marlborough 153
Spengel, Andreas   455
— Heinr. Ludwig v.   22. 94
— Dr. Leonhard 60. 410. 427.
  428. 432
— Dr. Simon   427
Spengler, Franz   356
— Wilhelm   348
Spengruber, Joseph   177
Sperger, Johann Paul   287
Sperl, Clemens   334
Sperr, Friedrich   172
— Johann Baptist   465
Speth, Dr. Paul   56. 397
— zu Tapfheim, Peter Carl
  Frhr. v.   148
Spiegel, Dr. Friedrich 415. 444
— Joseph   67. 121. 191
— Mathias   146
Spiehler, Anton   407
Spies, Carl Ernst August
  Ferdinand v.   200
— Friedrich Carl   66. 356
— Philipp   216

Spieß, Friedrich Albert   348
— Johann   461
— Dr. Joseph   296
Spindlbauer, Carl   243
— Joseph   96
— Walburga   179
Spitz, Ignaz   228
Spitzeder, Georg   290
Spitzel, Alois   356
— Joseph v.   229
Spitzelberger, Franz Xaver 309
Spitzer, Max   295
Spitzl, Dr. Joseph Frhr. v. 295
Spöhrer, Franz Xaver   245
— Gregor   239
Spörl, Carl   329
Spörlein, Franz   338
— Johann   468
Sponfeldner, Martin   213
— Max   211
Sponsel, Andreas   182
Sporer, Ferdinand   309
Sporrer, Dr. Anton   117
— Franz S.   66
— Lorenz   208
Spranger, Joh. Nepomuk   336
Sprangler, Anton   285
Sprengler, Eugen   115. 273
— Dr. Joseph   389
Spreti, Adolph Graf v. 138. 154.
  200
— Carl Graf v.   265
— Ferdinand Graf v.   275
— Friedr. Graf v. 27. 101. 103.
  110. 251. 259
— Hieron. Marquis v.   99
— Theodor Graf v.   163
Sprety auf Weilbach, Eduard
  Graf v.   154
Spring, Dr. A.   103
— Anton   415

Spring, Ignaz	485	Stammberger, Georg Friedr.	212
Spruner, Anton v.	45	Stan, Oberst	18
— August v.	370	Stang, Carl	348
— Carl v.	27. 60. 103. 107. 112. 119. 136. 252. 253. 412	— Dr. Stephan	440
		Stanglmayr, Dr. Joseph	311
		Stanko, Joseph	450
— Wilhelm v.	109	Stapf, Wilhelm	401
Stabelmann, Georg	367	Stark, Adalbert	47
— Heinrich	485	— Christian	228
— Johann	309	— Joseph	258
— Joseph Christoph	343	— Joseph, Obergeometer	356
— Wilhelm	364	— J. G.	456. 457. 458
Stabelmayer, Dr. Friedr.	311	Stattner, Ludwig	209
— Julius	390	Stas, J. S.	422
Stabemann, Aug. Ferd.	52. 97. 108. 185	Statz, Vincenz	89
		Staub, Dr. Andreas	354
Stablbaur, Christian	395	Staubigl, Michael	237
— Joseph	361	Staubinger, Dr. Julius	209
— Dr. Max v.	24. 47. 284. 427. 428	Staudt, Dr. C. G. Ch. v.	61. 442. 444. 446
Stabler, Benno	399	Stauffenberg, Franz Frhr. v.	391
— Carl	332	Stauffer, Joh. Georg Ferd.	362
— Erhard	316	— Ludwig	243
— Friedrich Jacob	290	Stautner, Georg Heribert	306
— Heinrich	288	— Dr. Johann Bapt.	58. 202
— Dr. Johann Evang.	65. 404	— Dr. Michael	41. 96
— Ludwig	293	Stavros, Georg	77
Stadtmüller, Friedrich	325	Stedingk, Carl v.	94. 152
Städler, Simon	367	— Graf v.	67
Stählin, Alexander	485	Steeger, Willbald	334
— Christoph Friedr.	419	Steen de Jehay, Leopold Graf v.	77
Staff v., gen. Reitzenstein	125		
Stahel, Heinrich	367	Steenstrup, Johann Japet	417
Stahl, Franz	169	Stefenelli, Ludwig v.	334
— Dr. Friedr. Carl	132. 336	Steger, Franz Xaver	475
— Georg	363	— Georg	401
— Dr. Georg Ant. v.	23. 43. 406	— Joseph	367
		— Ludwig	217
— Heinrich	378	— Maximilian	402
— Dr. Wilhelm	127	Stegmann, Augustin	484
Stain zum Rechtenstein, Gust. Heinr. Frhr. v.	154	Stegmüller, Alois	395
		Stehle, Carl	170
Stange, Bernhard	66	— Sophie	171
Stangl, Math.	310	Steichele, Anton	404
— Max Joseph	308		

Steibl, Xaver	94
Steigenberger, Joseph	169. 170
Steiger, Franz Edler v.	160
Steigerwald, Anton	379
— Franz	374
— Franz Paul	478
— Johann Martin	384
— Dr. Theod.	365
Stein, Frhr. v.	76
— Bernhard Frhr. v.	377
— Dietrich, Frhr. v.	128
— Franz Joseph	478
— Friedrich	325
— Johann Friedrich	325
Steinacher, Michael	373
Steinbach, Friedrich Christoph Erhard	365
— Johann Georg	379
Steinbauer, Peter Max	293
— Wolfgang	272
— v. Ungerstein, Ignaz	38. 84
Steinbeis, Dr. Ferdinand v.	37
Steinberger, Friedrich	185
Steinbrüchel, Gustav	201
Steinecker, Leonhard	297
Steiner, Franz Ser.	242
— Dr. Johann	97
— J. W. Ch.	420
Steingruber, Johann	360
Steinhäuser, Moriz	344
Steinhauser, Franz Xaver	466
— Ludwig	297
Steinheil, Carl	65
— Dr. Carl August	44. 90. 104. 410. 421
Steininger, Franz	451
Steinkirchner, Georg	404
Steinle, Adolph	396
— Baptist	97. 108. 252. 258
— Carl	390
— Eduard	424
— Joseph	297
Steinlein, Adalbert	357
Steinling, Wilhelm Frhr. v.	293
Steinmetz, Ludwig	177
Steinsdorf, Casp. Jos. v.	24. 44. 108. 120. 297
— Max v.	105. 135. 253
Steinwarz, Director	135
Stellwag, Ludwig	84
Stemmer, Joseph	373
Stemmler, Dr. Melch.	58. 321
Stempel, Georg Friedrich	316
Stengel, Anton	255
— Carl Frhr. v.	22. 41. 118. 131
— Carl Frhr. v., Lieutenant	143
— Emil	236
— Friedrich Frhr. v.	402
— Gabriel Frhr. v.	274
— Georg Frhr. v.	388
— Georg,	304
— Gottfried	46
— Heinrich Frhr. v.	371
— Leopold Frhr. v.	261
— Leopold Frhr. v., Revierförster	325
— Nicolaus Frhr. v.	45. 97. 341
— Nicolaus Frhr. v., Assessor	392
— Otto Frhr. v.	226
— P. Stephan	483
— Stephan Frhr. v.	342
— Stephan Frhr. v., Revierförster	338
Stenger, Benedict	333
— Joseph	470
— Peter	381
Stenglein, Alb.	95. 351
— Melchior	294
— Dr. Michael	471
Stenglin, Frhr. v.	71
Stepf, J. W.	481

Stephan, Baptist 62. 108. 114.
118. 119. 125 131. 133.
252. 258. 276
— Dr. Fr. 124
— Dr. Georg 321
Steppes, Dr. Friedrich 304
Stern, M. A. 416
Sternbach, Adolph Frhr. v. 149
Sternbauer, Joseph 308
Sternecker, Johann 243
Sterzl, Eduard 307
Stetten, Albrecht Ernst v. 60.
160. 283
— Friedrich Wilhelm v. 161
— Marcus Aug. v. 190
— Paul v. 53. 94. 106. 118. 150
Stetter, Emil 401
— Ludwig 65. 389
Stettmeyer, Ludwig 169
Stettner, Joseph 405
— Ludwig 393
— -Grabenhofen, Joh. v. 361
Steurer, Georg Eduard Julius 363
Steyrer, Benno 64. 298
— Clemens 47. 199
Stich, Max 286
Sticht, Theodor 232
Stichter, Johann 460
Stieber, Ferdinand 66
— Gustav, Archivar 199
— Gustav 199
Stieger, Johann 79
Stieglhofer, Ludwig 177
Stifter, Max 303
Stiller, Robert 232
Stillfried-Ratenicz, August Frhr. v. 69
Stillkraut, Christ. Ludwig 341
Stinzing, Dr. Joh. Aug. Roderich 442. 443. 445

Stirl, Heinrich Ludw. Christ. Carl 360
Stirner, Carl Christoph 352
— Emil 122. 227
— Moritz 232
— Rudolph 339
Stobäus Albert, 121. 192
— Carl 479
— Christian 481
— Oscar 141. 399
Stockar, Kurt v. 340
Stockar-Neuforn, Carl v. 207
Stockbauer, Paul 310
Stocker, Franz Ser. 394
Stockhammern, Alois v. 265
Stockhausen, v. 81
Stockinger, Joh. Bapt. 355. 407
Stockum, Emil Frhr. v. 108
Stöber, Eduard 280
— Georg 219
— Hugo 278
— Maximilian 264
Stöckel, Carl 378
— Dominic 94
— Eduard 463
— Franz 379
— Max 111
Stöckl, Friedrich 351
Stöcklein, Aug. 334
Stöger, Auguste 171
— Hermann 333
Stöhr, Andreas 322
— Georg 332
— Dr. Georg Jacob 349
— Heinrich Wilhelm 401
Stölzl, Carl 209
— Dr. Carl 476
— Eugen 211
— Max 214
Störk, Ignaz 316
Stöß, Carl 193
Stoffel Robert 209
Stolber, Joseph Rudolph 390

Stoll, Friedr. Carl v.	155		Strehler, Friedrich	308
— Joseph	378		— Ludwig	358
Stolz, Dr. Georg Peter	462		Streicher, Franz	289
Stolzenberg, Carl v.	84		— Jonas	476
Stoß, Johann Nep.	377		Streit, Franz	387
Sträßuber, Alexander	423. 424		— Heinrich	379
	425		— Heinrich Christoph	347
Strahlenheim-Wasaburg, Carl Graf v.	263		Streiter, Albrecht	272
			— Philipp	354
Strahlenheim-Wasaburg, Friedr. Graf v.	112		— Wilhelm	268
			Streitel, Adam	380
Stramer, Johann Heinrich	359		Strelin, Ludwig Christian	298
Strammer, Georg	402		Streller, Alois	214
Straßer, Dionys	390		Streuber, Jacob	461
— Franz Xaver	336		Striedinger, Joh. Thomas	400
— Joseph Georg	389		Striegel, Friedrich	345
— Leopold	398		— Lorenz	168
Straßmann, Ludwig	170		Strigl, Anton	167
— Maria	170		Stritzl, Joseph	292
Straßner, Wilhelm	361		— Matthäus	278
Strattis, Nicolaus	78		— Wilhelm	395
Straub, Carl	242		Strobel, Carl Wilhelm	222
— Damian	448		— Johann Friedrich	367
— Franz	377		Strobl, Friedrich	219
— Franz Xaver	450		— Heinrich	450
— Michael	93		— Honorius	292
— Philipp	268		— Ignaz	317
Strauß, Anton	213		Strobl, Johann	227
— Carl	370		— Johann Wilhelm	236
— Franz	169		Ströbel, J.	452. 454
— Jacob	292		Ströhl, Johann Bapt.	391
Strebel, Adolph	370		— Dr. Johann Nep.	65. 144.
— Lorenz Friedrich	476			435
Streber, Dr. Franz	61. 123.		— Simon	209
	434. 432. 420. 410		Strößenreuter, Carl Christoph Friedrich	331
— Ignaz	145			
Strecker, Dr. A.	417		Strößner, Ulrich	347
Strehl, Anton	277		Strohl, Friedrich	82
— Carl Sigmund Fr.	346		Strohmayer, Wilh.	245
Strehl-Brizay, Albert Frhr. v.	157		Stromer, Otto Frhr. v.	362
			Strozi, Duca di	80
— — Gottlieb Emanuel Frhr. v.	156		Strunz, Emil	107. 112. 120. 132. 181. 253. 255

Struve, J. G. Wilhelm v.	416
Stubenböck, Max	390
Stubenrauch, Carl v.	313
— Christoph	208
— Johann v.	242
— Joh. Nep. Ritter v.	401
— Ludwig v.	289
— Maximilian v.	358
— Martin	329
Stucky, Dr. Adam	115
Studer, Bernhard	419
Stübinger, Lorenz	227
Stüler, Aug.	73. 92. 424
Stülz, Jodok	420
Stümmer, Thomas	359
Stürmer, Bartholomäus Graf v.	28
— Jacob	223
— Joseph	182
Stuers, Fr. Ritter van	31
Stürzer, Franz v.	314
Stuirbrink, Franz Anton	324
Stumm, Joseph	362
Stummvoll, Carl	229
Stumpf, Carl	51. 215
— Dr. Eugen	382
— Georg	165
— Johann Georg	394
— Joseph	139. 220
— Joseph, Assessor	334
— Pleickhard	63. 188. 413
Stupp, Max	209
Sturm, Andreas	285
— Anton	300
— Adolph	400
— Carl Rudolph	319
Sturz, Christian	106
— Friedrich	353
Stutz, Friedrich August	208
Styppas, Andreas	84
Sucro, August	474
Süß, Joseph	308
— Joseph, Schreiber	394

Süßkind, Adalbert Frhr. v.	64
— Gottlieb Frhr. v.	128
Süßmaier, Nicomedes	209
Sulak, Alphons	85
Sulzberger, Andreas	405
Sulzer-Warth, Jac. Heinr.	81. 193
— Joh. Heinrich Frhr. v.	53. 80. 154. 194
Sundahl, Gustav Friedrich v.	26. 44. 93. 102. 108. 120. 125. 228
Sunstenau von Schützenthal, Heinrich Frhr.	68
Sutner, Georg Ludwig v.	348
— Joh. Nep. v.	23. 42. 102. 162. 173. 216
Sutor, Peter	65. 214
Sutter, Ludwig	464
Suttner, Georg	297
— Michael	61. 220
Swerts, J.	425
Swistounoff, Alexis	70
Swoboda, Joseph	86
Sybel, Dr. Heinrich Carl Ludolph	91. 126. 419
Syberg, Carl v.	341
Syffert, Chaumont	323
— Philipp	323
Syller, Dr. Jos.	53. 303. 310
Syller, Peter	309
— Wilhelm	308
Szechenyi, Coloman, Graf	77
Szwirschina, Antonie	165

T.

Tämmler, Wilhelm	182
Tänzl von Trazberg, Amalie Frein v.	183
— — Phil. Frhr. v.	149. 302
Täuber, Theodor	231

Täubler, Matthäus	380		Tauffkirchen, Carl Graf v.	159
Tauffenbach, Anton Ritter v.				200
—	268		— Max Graf v.	14. 136.
— Carl Ritter v.	156. 288			152
— Franz Ritter v.	299		— auf Englburg u. Tittling,	
Tafratshofer, Joh. Bapt.	465		Max Graf v.	155
Tainbosi, Joseph	11. 164		Tausch, Baptist v.	114. 271
Tampieri, Joseph Graf	151		— Ludwig	213
Tanera, Joseph	316		Tauscheck, Wolfgang	456
Tann, Friedr. Frhr. v. d.	127.		Tautphöus, Albrecht Frhr. v.	295
	265		— Cajetan Jos. Frhr. v.	52.
— Hugo Frhr. v. u. zu der	116.			138. 153. 189
	157. 273		— Franz Frhr. v.	293
— Ludwig Frhr. von der			— Georg Frhr. v.	23. 45. 152.
	16. 22. 43. 106. 111. 111.			199. 200
	113. 116. 116. 119. 125.		— Ludwig Frhr. v.	223
	129. 131. 137. 141. 132.		— Ludwig Edgeworth Frhr.	
	156. 250. 252. 257			163
— Johann Frhr. von und			Tansen, v.	87
zu der	439		Teicher, Georg	343
— Luitpold Frhr. v. d.	166		Teichlein, Carl Friedrich	393
— Rudolph v. d.	103. 106.		— Joseph	67. 297
	140. 158. 255. 259		Teisler	76
— Wilhelm v. d.	162. 254		Telser, Friedrich	281
Tannenberg, Joh. Gottfr.	357		Temme, Dr. Christian Heinrich	82
Tarent, Macdonald, Herzog v.	78		Tenerari, Peter	77. 423
Tascher de la Pagerie, Carl			Teng, Luitpold v.	484
Graf v.	41. 106. 152		Terceira, Herzog v.	413
Tattenbach, Franz Graf v.	284		Testa, Theophil Baron v.	87
— Ludwig Graf v.	271		Texier, Charles	415
— Max, Graf v.	57. 142.		Tettenhammer, Franz Paul	348
	264. 272		Textor, Dr. Carl	372. 437
— Heinrich, Graf v.	57		Thaden v.	87
Taube, Oscar Frhr. v.	161		Thäter, Julius	61. 423
Taubenhein, Wilhelm Frhr. v.	69		Thaler, Adam	282
Tauber, Bernhard	366		— Georg Conrad	363
— Friedrich	462		Thalhauser, Georg Lorenz	334.
Taubert, Wilhelm	82		— Michael	238
Taucher, Joseph	338		Thalhofer, Valentin	482
— Ludwig	343		Thedy, Johann Val.	428
— Simon	49. 310. 312			

Thelemann, Franz	372
— Friedrich	373
— Georg	243
Then, Franz	342
Thenn, Johann	118. 134. 223
Theocharis, Nicolaus	71
Thielau, Friedrich v.	81
Thielen, Max Friedrich v.	17
Thiereck, Heinrich Ritter v.	50. 266
— Max Ritt. v.	93. 130
Thierry, Adolph Baron v.	73
— Bertha	171
Thiersch, Dr. Carl	64. 204. 442. 448. 435. 446
— Ludwig	69. 109. 131
Thile, Carl Hermann v.	32
Tholmann, Philippert	377
Thoma, Alfred	300
— August	328
— Franz	300
— Friedrich	339
— Joh. Christoph Franz	333
— Max, Revierf.	300
— Max	338
— Max, Salzbeamter	214. 215
— Michael Ignaz	399
Thomann, Heinrich	327
— Carl	109
Thomas, Georg Mart.	410. 422
Thomasius, Dr. Gottfr.	53. 441. 443
Thoms, Anton	169
— Carl	169
— Xaver	169
Thomson, Wilhelm	416
Thon, v.	34
Thorpe, Benjamin	415
Thoir, Joseph	54
Thouvenel, Eduard v.	30. 68
Thüngen, Carl Frhr. v.	161
— Carl Phil. Frhr. v.	150
— Franz Carl Hugo Frhr. v.	160
— Phil. Heinr. Frhr. v.	62. 150
Thüngen, Reinhard Frhr. v.	158
— Wilhelm August Frhr. v.	62. 154. 187
— Wolfgang Frhr. v.	58. 111. 136. 156. 191
Thum, Jos. Wilh.	64. 146. 484. 489
Thumann, Dr. Carl	427. 428. 429
Thun-Hohenstein, Friedr. Graf v.	29. 425
Thurmayer, Joseph	232
Thurmbichler, Joseph	223
Thurn, August	208
— Ferdinand	363
Thurn u. Taxis, Carl Theodor Fürst v.	9. 12. 19. 40. 111. 117. 117. 124. 129. 134. 187. 249. 253. 270
— — Egon Fürst v.	15
— — Emerich Fürst v.	18. 33
— — Friedrich Fürst v.	85
— — Lamoral Fürst v.	85
— — Max Fürst v.	14. 111. 120. 137
— — Maxim. Carl Fürst v.	6. 9. 108. 114. 114. 121. 125. 180
— — Maximilian Fürst v.	9. 110
— — Theodor Fürst v.	15. 123. 137
Ills, Tobias	346
Timirjazeff	18
Tineo, Ritter Vincenz	81
Tischendorf, Dr. Constantin	83
Tischler, Dr. Joseph	311
Titzenhofer v.	74
Tochtermann, Carl Heinrich Ludwig	326
Tönsberg, Christian	85. 193
Töpfer, Heinrich	278
Törmer, Julius Anton	76

Törring-Seefeld, Max Graf v.	14. 187	Trendelenburg, Dr. Friedrich	415
Tombo, August	170	Trentini, Ludwig	277
Tomschitz, Ernst	170	Treppner, Hermann	380
Torecuso, Graf Louis Cito de	197	Tretter, Eduard	330
		— Franz	290
Toscana, Ferdinand IV., Großherzog v.	8	— Wolfgang	216
		Treu, Anton	229
Tournemine	83	— Joseph Benedict	320
Toussaint, August	331	Treuberg, Friedrich Frhr. v.	248
— Carl	359	Treuner, Johann Nicolaus	350
— Max	229	Treviranus, Ludwig Christ.	418
Trabert, Daniel	378	Tricoupis, Spiridion	68
Trabler, Carl	286	Trieb, Math.	62. 466. 467
Träger, Carl	452	Trient, Ambros	230
Traitteur, Carl v.	325	Trillhaas, Elias	474
— Ludwig v.	316	Tritschler, Hermann	353
—: Brauneberg, Ferdinand Graf v.	151	Trockenbrodt, J. J.	374
		Tröbert, Carl	363
Tramer, Johann	328	Tröltsch, Dr. Anton Frhr. v.	117. 134. 407
— Mathias	341	— Carl Frhr. v.	370
Trammer, Otto	332	— Friedr. Sigm. Frhr. v.	306
Trani, Ludwig Maria Graf v. Prinz beider Sicilien	10	Trost, Franz Xaver	312
		— Johann Nicolaus	288
Trapp, Bernhard	327	Trotha, Frhr. v.	32
— von u. zu Ehrenschild	37	Trott, Dr. Wilh. Heinr.	444
Trau, Franz	327	Trubetzkoi, Fürst	80
Traut, Franz Joseph	396	Truchseß-Wetzhausen, Friedr. Frhr. v.	110. 129. 157. 192
Trautmann, Ferd. Moriz	451	Truchseß, Hermann Frhr. v.	357
— Dr. Franz	109	— Max Frhr. v.	283
— Maurice	166	— Otto Frhr. v.	262. 272
Trautmannsdorf, Joseph Graf v.	28	Trümmer, Gallus	337
Trautner, Georg	337	Trunk, Joseph	438
— Joh. Georg Friedr.	49. 95	Trutzer, Friedrich	462
— Pius	356	Tschirsky-Bögendorf, Otto Julius v.	81
Travers, Wilhelm Andr.	198	Tschudi, J. J. v.	418
— v. Ortenstein, Anton Victor Graf v.	148	T'Serclaes, Graf v.	72
		Tuchen, Wilh. August	77
Trazberg, Pappus Max. v.	162	Tucher, Chr. Carl Frhr. v.	56. 200
Trebes, Heinrich	345		
Treiber, Georg	242	— v. Simmelsdorf, Carl Friedr. Wilh. Frhr. v.	150
— Dr. Heinrich	75		

Tümpling-Sorna, Wolf v. 149
Tünnerman, Friedr., p. Oberst-
   Lieut. 110
  — Friedrich 226
Türk, Christian Friedrich 365
  — Jacob 145
Tulasne, Ludwig René 418
Tunner, Peter v. 82
Tutscheck, Dr. Lorenz 177

U.

Uebel, Georg Friedr. Chr. 317
  — Hermann 219
  — Thomas 353
Uebelacker, Joseph 222
Uebeleisen, Theodor 369
Ueberreiter, Emanuel 292
Uebler, Conrad 115
Uechtritz, v. 33
  — Ernst v. 222
  — Friedrich Adolph v. 150
Uffinger, Joseph 178
Uhden, 35
Uhl, Daniel 290
  — Friedrich 370
  — Georg Eduard 441
Uhlmann, Heinrich 391
Uhrig, Dr. Adam Joseph 482
  — Johann Adam 316
Ullersberger, Ludwig 209
Ullher, Johann Conrad 486
Ullrich, Friedrich 401
  — Georg 380
Ulmer, Dr. Carl 472
  — Ludwig 399
  — Wilhelm 62. 341
  — Franz Xaver 396
Ulrich, Franz Xaver 396
  — Joseph 480
  — P. Stanislaus 479
  — Ulrich 229
  — Dr. Valentin 451
  — Wilhelm 352

Ulsenheimer, Johann Friedr. 361
Umbscheiden, Carl 319
  — Theodor 320
Ungemach, Ignaz 379
Unger, Benedict 223
  — Ernst Christian Franz 378
  — Franz 418
  — Georg Friedrich 469
Unkauf, Georg 462
Unold, Georg v. 395
  — Sigmund Adolph v. 368
Unsöld, Mathias 399
Unterberger, Joseph 66
Unterrichter, Carl Frhr. von
   Rechtenthal 154
  — Oscar, Frhr. v. 166
Unterstein, Franz August 332
Uracca, Joseph Frhr. v. 79
Urban, Dr. Alois 146. 172
  — Carl Frhr. v. 76
  — Dr. Carl 296
  — Joseph 390
Urlichs, Dr. Carl Ludwig 127.
   438. 439
Uschold, Dr. Johann Nep. 465
Usselmann, Friedrich 232
Uz, Georg Andreas v. 216
  — Johann 277
Uzuber, Wolfgang 387

V.

Vältl, Johann 456
Vaillant, Ludwig Reinhard 319
Vailles, Hermann 470
Valentinelli, Joseph 415
Vallade, Carl v. 111. 260
  — Heinrich v. 141. 179
Valta, Max v. 391
Valtinos, Anastasius 33. 75
Vanderome, Conrad 397

Damino, Johann Georg	285		Vervier, Marcus	379
Dara, Dr. Felix	335		Vestner, Heinrich	236
Varicourt, Franz Lambert Frhr. v.	104. 104. 154		Vetter von der Lilie, Ferdinand Graf	73
Varlet	34		— Hermann	351
Varnhagen, Adolph v.	419		— Hugo	372
Varrentrapp, Albert	86		— Ludwig	201
Vaublanc, Vicomte de, W. H. 21. 40. 107. 113. 124. 131. 153. 174			— Moritz Anton	374. 384
			Vetterlein, Carl	208
			Vial, Hauptmann	80
Vécsey v. Hainácsked, Eugen Graf	77		Viebahn, Georg v.	74
			Viel, Castel Graf v.	32
Vegesack, Otto v.	74. 197		Vieregg, Carl Theodor Math. Graf v.	13. 42. 156. 280
Veiel, Dr. Albert	87			
Veit, Franz	345		Vierheilig, Michael	478
— Philipp	88. 423		Vießmann, Andreas	383
Veith, Baptist	114. 266		Vigl, Johann Baptist	391
Velasco, Anton v.	243		Vill, Carl	387
— Ludwig Anton v.	292		Villeneuve, v.	33
Velden, Friedrich	18. 249		Villeroy, Felix	104
Venningen, Carl Frhr. v.	152		Vincenti, Carl v.	276
— Hermann Frhr. v.	161		Virchow, Dr. Ludwig Carl Rudolph	57
Venzl, Jacob	249			
— Joseph	169		Visino, Friedrich	299
Vequel-Westernach, Max Frhr. v.	54. 156. 280		— Tito	193
			Vitalis, Nicolaus	87
Verböckhoven, Eugen Joseph	79		Vittorelli, Franz	228
Verdier	34		— Joseph	93
Verger, Ferd. Nouvion Frhr. v.	20. 40. 101. 125. 138. 153. 191. 192		Vizthum, Joseph	163
			Vizthum, Ludwig	285
— Ludw. Frhr. v.	150		Vocke, Carl	60. 208
Vergho, Friedrich	352		— Carl, Consul	193
Verhette	87		— Heinrich	52. 121. 237. 242
Verri della Bosia, Carl Ascan Graf v.	24. 94. 106. 131. 149		— Heinrich, Assessor	361
			— Wilhelm	356
— — Maximilian Joseph Graf v.	126. 128. 161. 253		Wöldenrndorff, Heinrich Frhr. v.	357
			— Otto Frhr. v.	201
Versl, Andreas	277		Wölf, Carl	255. 259
Verstl, Adam	290		— Wilhelm	61. 206

Völkel, Carl Wallfried	357	Voit, Joseph v.	254
— Friedrich Gottlieb	63. 204. 447	— Peter	366
— Johann Michael	367	Voithenberg, Johann Nep. Voit Frhr. v.	155
Völker, August	387	— Ludwig v.	304
— Philipp	325	— Max. v.	122. 308
— Valentin	460	Volkamer, Carl Wilhelm	393
Völlinger, Leopold	466	Volk, Carl	359
Vogel, Adam	378	Volkert, Andreas	262
— Alfred	203. 432	— Ferdinand	110
— Aquilin	398	Volkheimer, Carl August	380
— Dr. Aug. jun.	413. 433. 434	Volkmann, Alfred Wilhelm	417
— Carl Ernst	314	Vollert, Johann Baptist	374
— Conrad	232	Vollhard, Dr. Jacob	434
— Florus	325	Vollkomm, Anton	215
— Gregor	381	Vollmann, Leonh. Ant.	427. 428
— Dr. Heinrich August v. sen.	23. 410	Vollmar, Anton v.	206
— Johann Georg Carl	57. 355. 408	— Friedrich v.	217
— Josepha	168	Vollmuth, Theodor	375
— Thomas	346	Vollrath, Johann Adam	447
— v. Vogelstein, Dr. Johann Aenulph	290	Volpi, Dr. Alexander	81
Voggenauer, Wolfgang	394	Voltz, Bernhard Ludwig Fr. v.	21. 42. 102. 133. 184
Vogl, Friedrich	401	— Carl Wilhelm	219
— Johann Baptist	123. 139	Vorhauser, Peter	241
— Ludwig	272	Vorhölzer, Franz Ludw.	456. 458
Voglbeer, Georg	223	— Ignaz	59. 229
Vogler, Dr. Leonhard	380	Vornberger, Philipp	347
Vogt, Dr. Franz v.	27. 61. 199	Vrière, Léon de	85
— Dr. Friedrich August	372. 381	Vrints-Treuenfeld, Alexander Frhr. v.	99
— Niclas	387	Vulger, Emil	87
— Wilhelm	319		
Vogtherr, Gottfried	164		
— Rudolph	218	**W.**	
Voigt, Carl	46. 108. 114. 123. 215	Waagen, Carl	127. 142
		— Gustav	257
— Georg Heinrich Wilh.	384	— Gustav F.	415
— Johann	343	Wachersleben, v.	71
— Johannes	419	Wachter, August v.	286
Voit, August v.	24. 46. 92. 126. 221. 424	— Friedrich	228
		— Friedrich v., Unterlieut.	255
— Dr. Carl	422. 431	— Friedrich v.	69

Wachter, Johann	347
— Joseph	383
— Edler v. Wachtenheim, Carl	78
Wack, Georg	292
Wackenreuder, Carl	385
Wacker, Carl	338
Wächter, Dr. Carl Georg v.	91
— August Frhr. v.	35
— Maximilian v.	27. 55. 136. 142. 366
— Wilhelmine	147
Wäger, Carl	343
Wagenbauer, Max Joseph	237
Wagenführ, Lehrer	477
Wagenhäuser, Kilian	276
Wagenheimer, Franz Xaver	394
Waginger, Robert	314
Wagner, Dr.	81
— Adolph	329
— Alois	336
— Anton	298
— Bruno	223
— Dr. Carl	373
— Carl, Assessor	380
— Carl Anton	239
— Carl,	477
— Eduard	212
— Ferdinand, Registrator	408
— Ferdinand, Zeichnungslehrer	457
— Franz, Förster	339
— Franz, Bezirksamtm.	310
— Georg	308
— Gottfried	244
— Heinrich	291
— Heinrich Joseph	373
— Jacob	354
— Jacob, Präfect	488
— Johann Baptist	451
— Johann Evang.	482
— Dr. Johannes Rudolph	435. 436. 439
— Joseph	211
Wagner, Joseph Max	347
— Dr. Moriz	413. 423. 433
— Dr. Rudolph	417
— Theodor	350
Wahl, Emil	128. 255. 261
— Franz Theobald	87
Walchner, Thomas	289
Waidhaas, Anton	397
Waitz, Georg	419
— von Eschen Frhr. v.	78
Walber, Dr. Heinrich Wilh.	349
Walch, Sebastian	165
— Theodor	399
— Ulrich	399
Walchner, Dr. Friedrich	417
— Maximilian	402
— Xaver	403
Waldbott-Bassenheim, Graf v.	186
Waldburg-Zeil-Trauchburg, Wilhelm Erbgraf v.	15
Waldburg-Zeil-Wurzach, Leopold Fürst v.	187
Waldeck, Ernst	304
— Georg Victor Fürst v.	8
Waldenfels, Carl Frhr. v.	25. 43. 153. 304
Waldenfels, Ernst Frhr. v.	53. 343
— Friedr. Wilh. Frhr. v.	160
— Joseph Frhr. v.	256
— Max Frhr. v.	159. 354
— Otto Frhr. v.	118
— Wilh. Frhr. v.	112. 128
Walder, Erhard	487
Walderdorf, Eduard Graf v.	42
Walderdorff, Franz Wilberich Graf v.	15
Waldherr, Max	228

40

Waldkirch, Franz Graf v.	166	Wanzel, Robert		326
— Mathilde Gräfin v.	175	Wappers, Baron		77
Waldmann, Franz Xaver	285	— Gustav Frhr. v.		424
— Georg	216	Warnberg, Carl		127
— Vincenz 52. 112. 120. 126.	221	Warnkönig, Leop. Aug.		419
		Wartmann, Elias		416
Waldvogel, Johann Adam	484. 489	— Johann Georg		339
		Wasa, Gustav Prinz		9
Walewsky, Graf Alexander Collona	11	Washeim, Philipp		371
		Washington, Carl Frhr. v.		163
Wallani, Georg	312	— Max Frhr. v.	122.	129
Wallbillich, Heinrich	320	Wasser, Adolph		397
Walli, Anton	75	— Gustav Adolph		394
Wallmenich, Carl v.	343	Wastl, Johann Baptist		387
Wallmüller, Max	356	Wattenbach, Philipp		419
Wallner, Georg	305	Watzl, Julius		313
Waltenberg, Carl	229	Waydelin, Gustav Friedrich		359
Walter, Benno	169	Webel, Christ.		320
— Carl	402	Weber, Albrecht		415
— Johann Baptist v.	337	— Carl		447
— Joseph	169	— Dr. Carl v.		75
Walther, v.	84	— Carl Julius		343
— Carl	486	— Dominic		208
— Carl, Mag.-Rath	366	— Dr. Franz Anton		382
— Friedrich	375	— Franz Martin		384
— Friedrich, Professor	421	— Franz Paul		310
— Friedrich, Revierf.	353	— Friedrich Wilhelm		347
— Theodor	323	— Friedrich, Forstmeister		285
— Wilhelm	265. 413	— Friedrich, Postmeister		231
Waltl, Dr. Joseph	456. 457	— Friedrich Carl		485
Walz, Friedrich	78. 194	— Gallus 52. 114. 131.		133
Wand, Heinrich	56. 315	— Georg Johann		376
— Hermann Ludw.	320	— Heinrich	479.	482
Wanderer, Christian	370	— Heinr., Zollb.		244
— Friedrich	390	— Dr. Johann Baptist		311
— Johann Friedrich	304	— Joh. Bapt., rechtsk. Magistrats-Rath 48. 303.		311
Wandinger, Corbinian	449			
Wandner, Dr. Johann Baptist	60. 464. 466	— Johann Bapt., Revierf.		387
		— Johann Burkard		392
Waninger, Mathias	242	— Joseph		374
Wanisch, Joseph	228	— Joseph, Revierf.		299
Wankel, Michael	137	— Joseph, Taxb.		333
Wankmiller, Joseph	405	— M. J.		417
Wanner, Dr. Johann Ev. v. 21. 42. 102.	208	— Ludwig		223
		— Max		297

Weber, Nicolaus	404
" Otto	423
— Theodor	462
— Wilhelm	265
— Wilhelm v., Minist.-Rath 25. 45. 105. 118. 134. 135. 142.	189
— Wilhelm, Revierförster	325
— Dr. Wilhelm Eduard	91. 416
Webster, Franklin	198
Weckbecker, Hugo v.	36
Weckerle, Andreas	294
Weckert, Joseph	405
— Michael	249
Weckherlin, W. van	71
Weckmann, Friedrich	218
Wedding,	37
Wedel-Jarlsberg, Baron	70
Weeber, Sebastian	398
— Silvan Michael	298
Weech, Sigmund v.	226
Weegmann, Carl	85
Wegele, Dr. Franz Xaver 65. 419. 435. 438.	439
Weger, Dr. Heinrich 475. 476.	477
Wegert, Leonhard	368
Wehner, August	391
— Georg v. 26.	50
— Stephan	468
Wehrl, Johann Baptist	352
Wehrmann, Georg	211
Weichs, Friedrich Frhr. v.	158
Weichselbaumer, Dr. Carl 61.	143
Weichselbaumer, Friedrich	290
Weichselberger, Carl	229
Weichöler, Friedrich 46. 126.	133
Weicht, Georg	319
Weidemann, Carl 122. 348.	351
Weidenbusch, Joseph	385
— Dr. Wilhelm	382
Weidenkeller, Dr. Joh. Jacob	48
Weible, Johann	399
Weidmann, Dr. Johann Georg 59. 372.	478
— Johann Michael	324
— Joseph	211
Weidner, Johann Franz 63.	380
Weierstraß, Carl	416
Weig, Georg	211
Weigand, Ad. Joseph	478
— Alois	480
— Anton	381
— Moritz v. 20. 41. 112. 133. 141	185
— Peter Joseph	379
Weigel, Carl	316
— Wilhelm	376
Weigert, Michael	235
Weigl, Wolfgang	239
Weigleln, Franz	370
Weiher, Modestus	306
Weikard, Ludw. Franz Jos.	199
Weilamann, Ludwig	408
Wein, Dr. Franz Xaver	303
— Dr. Hermann 64. 328.	405
Weinbach, Max Ritter v.	162. 381
— Wilhelm Frhr. v.	158
Weindl, Joseph	82
Weingärtner, Franz	380
Weinhard, Georg	488
Weinhart, Benedict	449
Weinhöppel, Michael	237
Weininger, Franz Seraph	308
Weinkammer, Franz Joseph	372
Weinkauf, August	325
Weinkauff, Georg August	325
Weinlig, Dr. Christian Albert	33
Weinmayer, Johann	361
Weinrich, Carl v.	271
Weinzierl, Joseph	223
— Mathias	109. 407
Weinß, Carl August	247
— Hermann Jacob	242

40*

Weippert, Heinrich	376
Weis, Franz Joseph	441
— Dr. Ludwig	199
— Dr. Nicolaus v.	21. 42. 125. 407
Weise, Julius Ferdinand	77
Weisenauer, Franz	324
Weisenseel, Dr. Andreas	382
Weiser, Friedrich	352
Weishaupt, Alfred v.	27. 54. 211
— Carl	297
— Eduard v.	20. 94. 101. 118. 125
— Dr. Matthäus	484
Weismann von Weißenstein, Richard Heinr. Frhr. v.	152
Weisweiler, Daniel	38. 194
Weiß, Dr. Adam	476
— Andreas Friedrich	242
— Carl	229
— Carl, Lehrer	461
— Carl, Mag.-Rath	351
— Conrad	274
— Eduard, Hauptmann	255.
— Franz	45
— Franz Joseph	407
— Friedrich	353
— Friedrich, Assessor	364
— Friedrich, Hauptm.	65. 255
— Friedrich Carl	396
— Heinrich	330
— Heinrich, Bereiter	167
— Johann	222
— Johann Caspar	365
— Joseph	452
— Leopold	332
— Ludwig	324
— Nicolaus	460
— Peter Franz	333
— Rudolph	365
— Tobias	475
— Wolfgang	393
— Xaver	290
Weißbeck, Georg Christoph	302
Weißbrod, Dr. Joh. Bapt. v.	23. 95
Weißenberger, Christ. Paul	182
Weißenburger, Alois	460
Weissenthurn, Ludwig Frunel v.	36
Weißgärber, Eugen	465
Weißhäupel, Wilhelm	223
Weißmann, Wilh. Friedrich Zacharias	347
Weißenhofer, Joseph	407
Weizer, Johann	453
Weizsäcker, Julius	433
Weitzel, Johann Jacob	77
Welden, August Frhr. v.	48. 257
— Carl Frhr. v.	154
— -Großlaupheim, Max August Frhr. v.	167
Welker, Adam	173
— Friedrich Gottlieb	91. 415
— Leonhard	51
— Vincenz	180
Welle, Carl	372
Wellnhofer, Jacob	167
Welly-Zungkenn, Friedrich Ludw. Frhr. v.	150
Welsch, Dr., Brunnenarzt	112. 122. 136
— Friedrich v.	49. 217. 281
— Gustav Ritter v.	267
— Otto	306
Welser, J. Michael Frhr. v.	60. 156. 358. 359
Welz, Joseph	292
— Dr. Robert Ritter v.	437
Welzel, Max	238
Wendel, Johann Martin	55. 356
Wendland, Franz	33. 72
— August Frhr. v.	20. 41. 104. 106. 116. 119. 130. 138. 139. 156. 196. 192

Wendling, Dr. Georg	147		Weste, G.	75
— Ludwig	425		Westenberg, B. O. T.	196
Wendt, Maximilian v.	238		Wester, P. Friedrich	479
Wenewitinoff, Alexis v.	69		Westerholdt, Carl Alex Grf. v.	149
Wengersky, Eduard Graf v.	72		Westermann, August	355
Weniger, Jos. v.	25. 93. 106. 113		Westermayer, Joseph	291
			— Richard	390
Wening, Julius	57		Westermayr, Michael	308
Wening-Ingenheim, Carl v.	232		Westheimer, Ernst	284
Wenk, W. B.	420		Westner, Alois	51. 114
Wening, Franz Xaver v.	391		Westphal, Alfred	194
Wenz, Wilhelm	402		Wetzel, Georg Friedrich	219
Wenzel, Joseph	313		— Heinrich	361
Wenzing, Georg	228		— Leo	469. 471
Wentz, Carl	319		Weveld, Anton Frhr. v.	161
Wepfer, Max	109. 114. 131. 142		— Joh. B. Frhr. v.	22. 41. 149
			Weyrich, Christian	319
Werle, Martin	284		Weyse, Carl	132
Wermuth, Joseph	169		Wheatstone, Carl	416
Werner, Carl Eugen	341		Wibmer, Dr. Carl	54. 107. 284. 285
— Ernst	360			
— Franz August	318		Wich, Ernst	369
— Friedrich	165		— v. der Reuth, Ludw. v.	22. 43. 118. 119. 141. 141. 191
— Joseph, Hofmusikus	169			
— Joseph Frhr. v.	32. 68		Wickede, Wilhelm Frhr. v.	84
— Joseph, Stabsofflc.	148		Wickenburg, Math. Constant. Graf v.	30. 99
— Jos., Stadtpfarrer	302			
— Dr. Julius	321		Wickenmayer, Ludwig	59. 406
— Maximilian	402		— Valentin	383
Wernhammer, Franz Xaver	337		Widder, Anton v.	27. 53. 297
Wernz, Johann	318		— Camillo	217
Werr, Anton	224		— Cäsar	53. 294
— Dr. Philipp	365		Widemann, Gustav	403
Wertensohn, Peter	322		Widenmann, August	380
Wertheim, Dr. Leopold	130		Widerer, Eduard	396
— Dr. M.	434		Widmann, Eduard v.	304
Wertheimstein, Leop. Edler v.	194		— Georg Anton	52. 116. 237
Werthmüller, Moriz	277		— Michael	456
Wesselak, Franz Xaver	307		Widmann, Dr. Eduard	296
Wessenig, Bruno v.	270		— Joh. Gg.	305
Wessinger, Anton	309		— Max	46. 423
Weßenschneid, Franz	314			

Wiebe		86	Wild, Georg	182
Wiebeking, Dr. Friedrich		358	— Georg Heinrich	473
Wieck, Friedrich Georg		81	— Joseph	255
Wied, Durchlaucht Prinz Maximilian v.		413	— Peter	456
			— Silvan	218
Wiedamann, Simon		222	— Simon	182
Wiedemann, Alois		392	Wilbauer, Dr. Tobias	38
— Franz Xaver		391	Wildegger, Michael	483
— Franz Xav. Revierf.		300	Wilfert, Ferdinand	233
— Friedrich	57.	297	Wilhelm, Alexander	136
— Dr. Georg Friedrich	44.	404	— Joseph	330
— Joseph		286	— Otto	292
— Michael		238	Wilke, Robert	74
Wiedenhofer, Joseph		333	Wilkoszewski, Adalbert	169
— Michael		327	Will, Conrad	421. 422
Wiedenmann, Adolph		236	— Ernst v.	25. 48. 329
Wiedmann, Carl	60. 420.	422	— Dr. Joh. Gg. Friedr. 204. 442. 444. 445. 446.	
Wiegand, Joh. Bapt.		89	Willacker, Max	376
— Dr. Paul	79.	419	Willisen, v.	70
Wiegel, Peter		226	Wilm, Mathias	328
Wieland, Carl		369	Wimbäck, Joh. Nepomuk	249
— Erdmann		213	Wimmer, Anton	56. 335
— Friedrich	58.	299	— Anton, Lehrer	305. 458
Wielhorski, Graf		67	— Carl	345
Wiellenbacher, Friedr.		356	— Carl Ludwig	293
Wiener, Anton		441	— Georg	345
— Jacob	51.	95	— Gotthard	309
Wiesbauer, Sigmund		312	— Joseph	309
Wiesend, Franz Anton		392	— Ludwig	222
— Franz Anton, Assessor		285	Winder, Dr. Balth.	50
— Georg	60.	294	Windfelder, Peter	279
Wieser, Franz Xaver		391	Windisch, Carl Wilhelm	384
— Mathias		405	— Eduard	263
— Dr. Thomas		328	— Friedrich	274
Wiesner, Adolph		402	Windorfer, Baptist	312
— Franz		377	Windscheid, Dr. Bernhard Jos. 427. 429	
Wiethalm, Georg		451	Winkelbauer, Alois	362
Wißling, Anton		466	Winkelmann, Dr. Johann	445
Wigard, Alois	62.	355	Winkler, Ferdinand	332
Wilcke, Johann Fr. Phil.		355	— Franz	64. 356
			— Georg	360
			— Dr. Georg	421

Winkler, Gottfried 387
— Dr. Gustav Georg 433
—. Dr. Joh. Joachim Ludwig 364
— Joseph 337
— Joseph, Lehrer 475
— Ludwig 479
— v. Mohrenfels, Ludwig v. 343
Winklmair, Georg 54. 185
Winklmayr, Gustav 301
Winspear, Franz Frhr. v. 69
Winter, Andreas 172
— Anton 121. 291
Winter, Christian 86
— Xaver 471
Winterfeld, Rudolph v. 86
Winterling, Dr. Christ. Mart. 444. 447
Winterstein, Lorenz 363
— Wolfgang 343
Wintrich, Anton 444
— Dr. Marquard 398
Winzhelmer, Dr. Mathias 349
Wippert, Lorenz 148. 165
Wirschinger, Edmund 390
— Dr. Heinrich v. 27. 54. 390
Wirsing, Dr. Gg. Adam 436. 438
Wirth, Adam 350
— Christian 470
— Franz 332
— Joh. Heinr. Christlieb 356
— Joh. Martin 407
— Joseph 239
— Oscar 322
Wirthmann, Burkhard 96. 256
— Joachim 115. 249
Wisnet, Adolph 390
Wissel, Joseph 377
Wisznlowsky, v., Major. 18
Wiß, Joh. David 51. 127
— Oscar 359
Wißell, Börries v. 268

Wittmer, Michael 425
Wittwer, Dr. Wilh. Constant. 464
Witzgall, Johann 48
Wochinger, Ernst 229
Wöhler, Friedrich 90. 417
Wöhrle, Joseph 370
Wöhrnitz, Ferdinand 374
Wölffel, Dr. Joh. Heinrich 473
Wölfle, Anton 399
Wörlein, Carl 120. 123
Wörlen, August 400
Wörner, Bernhard 228
— Ludwig 481
Wösch, Carl Friedrich 352
Wöscher, Georg Jacob 318
Wohnlich, Georg 333
— Jacob 293
Wieth, Emil 88
Wittel, Xaver 169
Wittenbauer, Max 298
Witter, Michael 210
Witting, Alois 239
Wittmann, Alfeld 215
— Dr. Conrad 479
— Franz 388
— Dr. Julius 365
— Dr. Patricius 123
— Thomas 331
Wolf, Adolph 54. 200
— Andreas 313
— August Heinrich 109
— Carl 297
— Carl, Lehrer 463
— Christian Carl 317
— Ferdinand 90
— Franz Seraph 396. 399
— Friedrich 139
— Friedrich Math. August 353
— Heinrich 64. 276
— Heinrich, Revierf. 441
— Joseph 53. 327
— Joseph, Landrichter 306
— Joseph, Professor 479
— Ludwig Friedrich 324

Wolf, Ludwig Lorenz	167. 169
— Max	224
— Otto Conrad	344
— Wilhelm, Assessor	373
Wolfanger, Carl	66. 245
— Eduard v.	26. 50. 220
— Josepha	448
Wolfart, Joseph Benedict	202
Wolfers, François v.	37
Wolfersdorf, Adolph Ritter v.	38
Wolff, Benedict	332
— Emil	323
— Erdmann Jacob	344
— Dr. Johann	296
— Johann Georg	475. 476
— Joseph	318
— Leonhard	367
— Philipp	323
— Salomon	351
Wolfram, Christian August	483
— Johann Peter	362
— Joh. Rudolph	344
Wolframsdorf, Ludwig v.	33
Wolfring, Carl	392
— Dr. Max Candidus	284. 296
Wolfrum, Carl	486
— Friedrich	389. 399
Wolfsteiner, Johann Baptist Domcapit.	407
— Joseph	432
— Dr. Joseph	146
Wohlwend, Jacob	367
Wollner, Carl	358
— Dr. Georg	364
Wollschläger, Ludwig	290
Wolowski, Ludwig v.	82
Wopperer, Georg	181
Wortmann, Georg	63. 193
Wrangel, Frhr. v.	29
Wrana, Eugen Graf v.	32
Wrede, Adolph Fürst v.	153
— Carl Fürst v.	20. 185. 187
— Joseph Fürst v.	71
Wucherer, C. Fr. Ludwig Otto	484
— Ferdinand	369
— Lorenz	229
— Michael	287
— Wilhelm	219
Wühr, Marie	168
Wülfert Carl	288
Würthmann, Joseph	256
Württemberg, Carl, Kronprinz v.	9
— Friedrich Prinz v.	9
— Friedrich August Eberhardt Prinz v.	10
— Friedrich Wilhelm Alexander Herzog v.	10
— Wilhelm Friedrich Carl, König v.	8
— Wilhelm Graf v.	10. 414
Würzburger, August	288
Würz, Adolph	419
Würzburg, Carl Fr. Vitus Christoph Frhr. v.	13. 150
— Carl Phil. Veit Frhr. v.	153
— Joseph Fr. Lothar Frhr. v.	14. 187
— Ludwig Frhr. v.	253
Würz, Johann Baptist	364
Würzenthal, Lorenz	282
Wüst, Michael	379
Wüstendörfer, Friedrich	278
Wüstner, Florentin	403
Wütscher, Andreas	358
Wuhrer, Joseph	307
Wulffen, Carl Friedrich Frhr. v.	119. 134. 138. 138. 157. 183
— Friedrich Frhr. v.	157
Wulzinger, Dr. Michael	311
Wunderer, Hermann	341
Wunderlich, Christoph	249
Wunsch, Franz Borgias	219
Wurm, Dr. Alois	131. 132. 137
— Johann Baptist	291
— Joseph	60. 97. 404

Wurzer, Gustav	256
— Joseph	395
Wurzinger, Carl	85
Wussow, v.	30
— v., Generallieutenant	69
— v., Hauptmann	86
Wuß, Joseph	303
Wustlich, Otto	417

X.

Xaintrailles, de, Oberstl.	17
Xylander, Wilhelm v.	108

Y.

Yberle, Kilian	307
Yblagger, Joseph	298
Yelin, Friedrich	329
Youssoupoff, Fürst Nicolaus	74
Ysch, Carl Theodor Graf v.	162
— Maria Anna Louise Gräfin v.	175
— Friedrich Graf v.	163
— -Pienzenau, Sigmund Graf v.	131. 153
Ysenburg, Graf v.	78
— -Philippseich, Ludwig Graf v.	265
— — Moritz Graf v.	271
— — Philipp Graf v.	265
— — Ferdinand Graf v.	33

Z.

Zabuesnig, Johann Bapt. v.	311
Zach, Nicolaus	185
Zabuck, Sigmund	169
Zäch, Anton	106. 108
— Bernhard	230
Zängerle, Max	463
Zäuner, Joh. Carl Benedict Friedrich	53. 344

Zagel, Johann	217
Zahler, Leopold	310
Zahn, Christian	471
— Christoph Andreas	474
— Eduard	471
— Georg Benedict	66. 201
— Heinrich	359
— Johann Benedict	359
— Joh. Carl Friedr. Wilh.	335
— Joseph	325
— August Wilhelm	370
— Dr. Leonhard	381
Zahner, Adolph	232
Zahnleiter, Stadtpf.	477
Zakrewsky, v. General	18
Zalakostas, Nicolaus	84
Zamezer, Andreas	348
Zander, Ernst	122. 123. 139
Zanders, Friedrich	165
Zandt, Carl Frhr. v.	161. 232
— Emilie Freifrau v.	175
— Max Frhr. v.	41. 93. 106. 133. 135. 151. 268
Zang, Alexander	395
Zanon, Carl Fr.	342
Zantedeschi, Franzesco	416
Zaspel, Johann Nepomuk	223
Zaubzer, Dr. Ignaz	46
Zauner, August	373
— Sebastian	147
— Dr. Simon	472
Zech, Anna Gräfin v.	448
— Friedrich Graf v.	162
— Friedrich Graf v., Assessor	291
— Julius Graf v.	259
— Rudolph	279
— von Deubach, Ludwig Frhr. v.	162
— -Lobming, Max Graf v.	144. 145
Zechel, Wolfgang	217
Zechos, Georg	84

Zeckl, Joseph	286	Zenns, Joseph	297
— Leonhard	467	Zentner, Frbr. Ritter v.	108. 113.
Zehbauer, Franz Xaver	241		138. 157. 264
Zehelein, Christian	353	Zenz, Joseph	398
Zehetmaier, Johann	215	Zernott, Christian	357
Zehetmayr, Magdalena	168	Zerreis, Carl	238
— Sebastian	449	Zerreiß, Joseph Hugo	208
Zehnter, Carl	346	Zerwick, Conrad	97
Zehrer, Adolph	242	Zerzog, Carl v.	386
— Jos. Ritter v.	24. 46. 93.	— Ferdinand	470
	108	Zeschau, Heinrich Anton v.	28
Zeiler, Cajetan	103. 167	Zethner, Carl Joh. Friedrich	363
Zeis, Anton	292	Zetl, Adolph	289
Zeischner, Johann Paul	368	— Dr. Joseph	296
Zeiß, Georg	455	Zettel, Carl	472
Zeitler, Adolph	311	Zeyß, Friedrich	364
— Andreas Joseph	328	Zezschwitz, Robert Eduard v.	36
— Franziska	348	Zick, Johann Martin	208
— Dr. Johann Baptist	335	Ziebland, Adolph	243
Zeitlmann, Carl	334	— Anna	179
Zelger, Carl	388	— Carl	97
Zeller, Dr.	82	— Carl, Rechnungscomm.	321
— Ambros	216	— Friedrich	45. 92. 126. 423
— Carl	334	— Georg	340
— Joseph	168	— Marie	179
— Leonhard	54	Ziegelauer, August v.	296
— Nicolaus	462	Ziegelwallner, Georg	238
Zellhöfer, Johann Michael	362	Ziegelwalner, Carl	319
Zellner, Michael	403	Ziegenhain, Ferdinand	327
Zeltner, Johann	47	Ziegler, Alois	330
Zenetti, P. Bartholomäus	483	— Alois, Professor	449
— Julius	321	— Andreas	337
Zenger, Emeran	234	— Anton, Hauptm.	44
— Dr. Franz Xaver	53. 427.	— Carl	102
	428. 429	— Franz Frhr. v.	283
— Gustav	396	— Franz	400
— Ludwig	236	— Friedrich	190
Zenker, Friedrich	233	— Jacob	290
— Friedrich, Obertelegraphist		— Joseph,	378
	231	— Joseph, Lehrer	485
— Dr. Friedrich	444	— Lorenz	15. 189
		— Michael	49. 97. 213
		— Peter	208

Zieglwallner, Joseph	236	Birngibl, Dr. Franz Xav.	346
Zieglwalner, Wilhelm	93	— Mathias	96
Ziehr, Joseph	171	Bitelsperger, Joseph	467
Ziel, Wilhelm	360	Bißmann, Joh. Andr.	300
Ziellesen, J. E.	89	Zobel, Thomas Frhr. v. auf	
Zierels, P. Otto	483	Giebelstadt u. Darstadt	18. 69.
Ziever, Martin	310	— Christian	459
Zißlbauer, Anton	177	— Wilhelm	89
Ziherer, Rogert	15	Zölch, Anton	339
Zillober, P. Mathias	483	— Carl	63. 293
Zimmer, Hermann	74	— Joseph	331
Zimmerer, Joseph	63. 340	— Ludwig	331
— Joseph, Schreiber	361	Zöhnle, Alois	200
Zimmermann, Albert	88. 425	Zöller, August	370
— Carl	241	— Franz	462
— Carl, Secretär	426	— Ludwig	318
— Clemens v.	24. 48. 121. 142. 426	— Otto	363
		— Dr. Rudolph Phlipp	421
— Dr. Daniel	473	Zöllner, Dr. Joseph	381
— Georg	38	— Martin	297
— Jacob	222	— Dr. Michael	349
— Johann Baptist	432	Zöpffel, Franz Ludwig Frhr. v.	34
— Joseph	308		
— Julius	448	Zöpfl, Christoph	368
Zink, Dr. Balduin	58. 109. 134. 140. 178. 448	Zöschinger, Theodor	243
		Zoll, Carl	378
— Caspar	480	Zoller, Friedrich	84
— Dr. Clemens	398	— Oscar Frhr. v.	23. 107. 125. 133. 153. 250. 260
— Eduard v.	26. 46. 199		
— Peter	65. 364	— Ulrich v.	65. 399
— Rudolph	341	Zorn, Elias	400
— Wilhelm d. ä.	169	— Johannes, Inspector	463
— Wilhelm d. j.	169	— Johannes	355
Zinkgraf, Carl Theodor	318	— Rudolph	232
Zinn, Dr. Carl Ludwig	382	Zorpas, Nicolaus	85
— Friedrich	376	Zottmann, Eduard	281. 312
Zinnagel, Michael	307	— Max	313
Zippe, Franz Xaver	419	— Willibald	454
Zipprich, Registrator	373	Zottmayr, Meinhard	56. 126. 181
Zipser, Dr. Christ. Andreas	419		

Huber, Andreas	217
— Carl	353
Huechi von Morecci, Ritter v.	35
Bülow Ludwig	235
Bündt, Xaver Frhr. v.	202
Bürn, Dr. Georg	391
— Joseph	181
— Max	288
Bunner, Georg	303
BuRhein, Friedrich Frhr. v.	20. 41. 117. 130. 151. 185. 187. 371
— Ludwig Frhr. v.	160
— Phil. Frhr. v.	24. 43. 121. 135. 154. 284
— Theodor Frhr. v.	160
Huylen-Nyeveldt, Alex. Fhr. v.	150
Zwehl, Johann Carl v.	166
— Theod. v.	20. 40. 184. 206
Zwengauer, Anton	426
Zweybrücken, Caroline Freifrau v.	174
Zwick, Andreas	343
Zwickh, Johann Nep.	243
— Max	285
Zwiedinek von Südenhorst, Ferdinand	36
Zwierlein, Ludwig	49. 103. 108. 236
Zwierzina, Ferdin. Rud. Ritter v.	27. 78. 196
— Leopold Ritter v.	196